Otto Julius Bierbaum

Lehr- und Lesebuch der französischen Sprache

nach der analytisch-direkten Methode, III. Teil

Otto Julius Bierbaum

Lehr- und Lesebuch der französischen Sprache
nach der analytisch-direkten Methode, III. Teil

ISBN/EAN: 9783744600439

Hergestellt in Europa, USA, Kanada, Australien, Japan

Cover: Foto ©Paul-Georg Meister /pixelio.de

Weitere Bücher finden Sie auf **www.hansebooks.com**

Lehr- und Lesebuch

der

Französischen Sprache

nach der

analytisch-direkten Methode

für

Höhere Schulen

von

Prof. Dr. Julius Bierbaum.

III. Teil.

Mit zwei Plänen von Paris und Umgegend.

Fünfte, unveränderte Auflage.

21. bis 25. Tausend.

Leipzig.
Druck und Verlag der Rossberg'schen Hof-Buchhandlung.
1898.

Vorrede.

Mit dem vorliegenden III. Teile bringen wir unser Lehrbuch der französischen Sprache zum Abschluss. Wir haben in demselben unseren Grundsatz, dass beim Sprachenlernen die Sprache selbst die Hauptsache ist, die Grammatik, als die Theorie von der Sprache, aber nur eine dienende und ordnende Stellung einnimmt, bis ans Ende zur Ausführung gebracht. Nicht das Kennen allein, sondern das Können ist das Endziel unserer Methode, wie überhaupt jedes rationellen Unterrichts; unser Lehrbuch ist daher auch nur für solche Lehrer und Lehrerinnen bestimmt, die selbst des Französischen einigermassen mächtig sind.

Die von uns vertretenen und in unserem Lehrbuche praktisch durchgeführten Ansichten über das Erlernen fremder Sprachen haben in den letzten Jahren nicht nur in der Lehrerwelt, sondern unter allen Gebildeten so viel Anerkennung und Verbreitung gefunden, dass es völlig überflüssig erscheinen dürfte, unseren Standpunkt noch weiter zu begründen.

Keine Zeit hat je, wie die unserige, so hohe Anforderungen an das Können gestellt; und „unsere Zeit steht im Zeichen des Verkehrs". Im Verkehr aber nehmen die Sprachen — und besonders die Weltsprachen, zu denen auch das Französische gehört — die erste Stelle ein. Mit dem Auswendiglernen von Regeln und dem Übersetzen zusammenhangloser, grammatisch zugespitzter Sätze über zeitlich, räumlich und inhaltlich fern liegende Dinge jedoch ist es beim Erlernen derselben nicht gethan; da ist nur die wirkliche lebensvolle Sprache der Gegenwart an ihrem Platze. Darum trägt denn auch unser Lehrbuch zugleich den Charakter eines Lese- und Unterhaltungsbuches an sich, um die Lernenden in die mannigfaltigsten Erscheinungen des täglichen Lebens und der sprachlichen Ausdrucksweisen einzuführen und ihnen den Lernstoff zugleich angenehm und anziehend zu machen. Keine Stilgattung ist daher in unserem

Lehrbuche vernachlässigt worden: die Erzählung, Schilderung und Beschreibung, der Dialog und der Briefstil, die historische und didaktische Darstellung haben alle ihre Behandlung gefunden. Dabei haben wir stets den berechtigten Grundsätzen Rechnung getragen, so viel nützliche und angenehme Kenntnisse als möglich zu vermitteln und die Stoffe selbst mit der Anschauung in Verbindung zu bringen, sei es mit der unmittelbaren, oder der inneren, die stets an Bekanntes anknüpft, oder sei es nur mit der vermittelnden, welche sich der bildlichen Darstellungen oder Karten bedient.

Aus der Umgebung und von den das Jugendleben erfüllenden Beschäftigungen, Vergnügungen und Thorheiten führen die Stoffe allmählich hinüber in das Land und Volk, dessen Sprache die Schüler lernen, um sie auch zugleich mit diesen bekannt zu machen, nicht aber in abgelegene Gebiete, wie z. B. die griechische Mythologie oder die Thaten eines Alexander oder Hannibal, die freilich in unserem französischen Lehrbuche zu kurz gekommen sind. Dafür aber erfahren die Schüler mancherlei über Frankreich und die Franzosen und in erster Linie über Paris, welches doch für die meisten das Ziel einer Reise nach Frankreich bleibt. Doch nicht aus diesem einfach praktischen Grunde allein, sondern aus wichtigen pädagogischen Rücksichten ist Paris von uns in besonderer Weise behandelt worden. Die Mannigfaltigkeit der Einrichtungen und Erscheinungen dieser Weltstadt bot uns zugleich die Möglichkeit, alles für den Gebildeten Wissenswerte sprachlich zu behandeln und dadurch die Schüler mit vielen Ausdrücken, Bezeichnungen und Wendungen bekannt zu machen, die für den mündlichen und schriftlichen Verkehr unerlässlich sind. Dabei gestattete uns die Beigabe der Pläne von Paris und Umgegend, auch unserem Grundsatze von der Anschaulichkeit des Unterrichts gerecht zu werden und denselben durch ein neues Hilfsmittel zu beleben und belebend zu gestalten.

Dass wir neben der Beschreibung von Paris die Geographie des Landes etwas berücksichtigt haben, hat, neben der praktischen Bedeutung, seinen Grund auch darin, dass sich der geographische Unterricht mit am meisten dazu eignet, die allgemeine Teilnahme der Schüler an der Konversation zu wecken und lebendig zu erhalten, wie wir es aus der eigenen Praxis erfahren haben. Die Kenntnis der Geographie ist nach unserer Ansicht auch die natürliche Grundlage der Geschichte. Umgekehrt zu verfahren, wie es in vielen fremdsprachlichen Lesebüchern noch Brauch ist, ist — verkehrt. Dass aber der fremdsprachliche Unterricht nach der neuen Methode in hervorragender Weise zugleich Sachunterricht ist, soll zur Beleuchtung unseres Standpunktes nur noch kurz angedeutet sein.

Wenn die Lesestücke nach und nach an Umfang zunehmen, so ist das in vollem Einklange mit der oben angedeuteten pädagogischen Wahrheit, dass nur durch vieles Üben in der lebendigen Sprache selbst, sei es durch Lesen, Konversieren, Erzählen und dergl., das Einleben in die Sprache und das allmähliche Beherrschen derselben ermöglicht werden kann. Es ist dabei auch zu berücksichtigen, dass die Leseschwierigkeiten, an denen bei der alten Methode ein solches Vorhaben von vornherein gescheitert wäre, längst überwunden sind.

Auch ergiebt sich naturgemäss ganz von selbst, dass, um die Hauptformen eines grammatischen Pensums oder die Anwendung einer syntaktischen Regel in ungezwungener und genügender Weise zur Veranschaulichung zu bringen, die Texte nicht, wie das wohl nach der alten Methode Sitte war, aus einer trockenen Aneinanderreihung steifer, grammatikalischer Sätze bestehen können. Die Grammatik oder die grammatischen Regeln dürfen niemals der Sprache Gewalt anthun: die Sprache selbst in ihrer natürlichen Gangart, als Ausdruck eines anregenden und bildenden Inhalts, muss stets Zweck und Hauptsache eines naturgemässen Sprachunterrichts, folglich auch der analytisch-direkten Methode sein.

Es ist auch ferner wohl zu beachten, dass unser Lehrbuch zugleich das Lesebuch mit in sich vereinigt und dadurch der nach dem früheren System üblichen und höchst unpädagogischen Trennung von Grammatik und Lektüre ein Ende macht. Ein Zustand, nach welchem in manchen Schulen die Grammatik in einer Hand, die Lektüre in einer andern und die Konversation wohl gar noch in einer dritten lag, ist freilich bei unserer Methode nicht mehr denkbar.

Was den grammatischen Teil unseres Lehrbuches

anbetrifft, so dürfte, trotz seiner Knappheit, darin nichts vermisst werden, was in einem Elementarbuche enthalten sein soll, wenngleich nicht jede grammatische Erscheinung in einem besonderen Lesestücke zur ausführlichen Behandlung kommen konnte. Der geschickte Lehrer wird es an richtiger Stelle herbeizuziehen und einzufügen wissen; an Gelegenheit dazu dürfte es bei dem reichlichen Lesematerial nicht fehlen.

Unsere Methode geht nicht auf betretenen Wegen, wenn sie sich auch das Gute anderer Methoden zunutze gemacht hat. Sie bedurfte daher auch einer besonderen Bezeichnung. „Analytisch", wie sie ihrem Wesen nach ist, konnten wir sie deshalb nicht nennen, weil schon andere Lehrbücher unter dieser Bezeichnung erschienen waren, die zwar das Lesestück eingeführt, aber nicht vollständig, wie das unserige, zum Mittelpunkte aller Übungen gemacht, sondern daneben dem Einzelsatze noch einen hervorragenden Platz eingeräumt hatten. Und das ist nach unserer Auffassung nicht „analytisch". Auch die Übersetzung aus dem Deutschen — dieser indirekte und mühselige Weg des Spracherlernens gleich von Anfang an — widerspricht dem Begriffe der Analytik. Beides verwirft deshalb unser Lehrbuch. Alle Übungen werden direkt der Fremdsprache entnommen; die Übersetzungen aus dem Deutschen* sind im ersten Teile ganz vermieden, im zweiten durch umgestaltende Retroversionen ersetzt und gehen erst im dritten allmählich zu den eigentlichen Übersetzungen über, die jedoch fast stets in lebendigem Zusammenhange mit dem Lesestücke bleiben. Darum haben wir unsere Methode, um sie auch zugleich von anderen zu unterscheiden, die analytisch-direkte genannt.

Doch ehe wir die Feder aus der Hand legen, gebührt es uns noch, allen denen unseren wärmsten Dank auszusprechen, die unsere Arbeit mittelbar und unmittelbar unterstützt und gefördert haben. Die Namen derer jedoch zu nennen, deren Schriften und Werke anregend auf uns gewirkt und die wir bei der Abfassung unserer Lehrbücher zu Rate gezogen haben, würde einer Aufzählung der bekanntesten Namen und neueren

---

* Auf Wunsch verschiedener Schulen haben wir im Anhange zum I. Teile eine Reihe deutscher Übersetzungsstücke erscheinen lassen, die sich eng an die französischen anschliessen.

Lehr- und Lesebücher gleichkommen. Wir bitten daher von einer solchen abstehen zu dürfen.

Einigen Kollegen aber drängt es uns, ausdrücklich an dieser Stelle unseren aufrichtigsten Dank auszusprechen. Leider ist es uns nicht vergönnt, den Namen des ebenso liebenswürdigen wie feingebildeten Kollegen in Nantes zu nennen, der in zuvorkommendster Weise die französischen Texte des vorliegenden Teiles im verflossenen Sommer mit uns durchgesehen hat. Politische Bedenken liessen es ihm angezeigt erscheinen, auf die Erwähnung seines Namens zu verzichten.

Zu ganz besonderem Danke sind wir ferner Monsieur Isaac Reverchon, régent au collège de Genève, und Herrn Dr. Fritz Fath, Professor an dem hiesigen Lehrerinnen-Seminar Prinzessin-Wilhelmstift, verbunden, die durch ihre unermüdliche und gewissenhafte Durchsicht der Korrekturbogen wesentlich zu dem Gelingen unserer Arbeit beigetragen haben.

Mit diesem III. Teile halten wir unser Versprechen und unsere Aufgabe, für den rationellen und naturgemässen Betrieb des französischen Unterrichts ein zweckmässiges Hilfsmittel zu liefern, für erledigt; ob wir unsere Aufgabe auch völlig gelöst, möge die Zukunft entscheiden. Doch dürfen wir wohl am Schlusse unserer Arbeit, die wir infolge unserer Reformschriften* unternehmen mussten, noch der ungeahnten freundlichen Aufnahme gedenken, die das Lehrbuch gleich nach dem Erscheinen des I. Teiles erfahren hat, und wir vergessen deshalb gerne die mannigfaltigen Schwierigkeiten, die sich uns im Verlaufe der Ausarbeitung unserer Methode entgegenstellten, sowie auch die vielfachen Anfeindungen, die wir von einer Reihe von Fachgenossen zu erfahren hatten. Weder das eine noch das andere hat unseren festen Glauben an die Richtigkeit unserer Methode erschüttern, noch unseren Arbeitsmut lähmen können. Auch hat der Erfolg unser Streben bereits in glänzender Weise gerechtfertigt.

Karlsruhe, im Mai 1891.

Der Verfasser.

---

* Die Reform des fremdsprachlichen Unterrichts. Frankfurt, Kesselring'sche Hof-Buchhandlung, 1886. — Die analytisch-direkte Methode des neusprachl. Unterr. Frankfurt, Kesselring'sche Hofbuchhandlung, 1887.

Vorrede zur zweiten Auflage.

Auch dieser **dritte** Teil hat, wie die beiden **ersten**, eine **über Erwarten** freundliche Aufnahme gefunden, so dass der ersten **Doppelauflage** desselben bereits eine zweite folgen kann. Diese ist einer gründlichen Neubearbeitung unterzogen worden, wobei eigene Erfahrungen, sowie berechtigte Wünsche und Ausstellungen anderer gewissenhaft berücksichtigt worden sind, so dass auch dieser Teil in durchaus **verbesserter und erweiterter** Gestalt vorliegt. Vor allem war es uns darum zu thun, das grammatische Pensum zu einem „wünschenswerten Abschlusse" zu bringen (Oberschulrat D. E. von Sallwürck, Deutsche Blätter für erziehenden Unterr. 1892, Nr. 5), da es auch unserer Ansicht entspricht „dass **fünf** Jahre grammatischer Unterweisung im Französischen für unsere Schüler durchaus hinreichend sind". Die letzten Schuljahre sollten unbedingt und unbeschränkt den Aufgaben der zusammenhängenden Lektüre gewidmet sein. Es ist demgemäss dieser dritte Teil dahin ergänzt worden, dass er alles das enthält, was einem Schüler oder einer Schülerin unserer Mittelschulen aus der französischen Grammatik zu wissen nötig ist, um den Unterricht mit Erfolg zu betreiben. Dass dabei von einer Zusammentragung grammatischer Ausnahmen, Feinheiten, Seltenheiten und Spitzfindigkeiten, wie sie sich noch in manchen stattlichen **Schulgrammatiken** aufgespeichert finden, abgesehen werden musste, versteht sich von selbst; doch dürfte man uns in diesem Punkte vielleicht noch eher den Vorwurf des „Zuviel" als des „Zuwenig" machen.

Für das Kapitel der Pronomina, die in der ersten Auflage ziemlich unvollständig zur Behandlung gekommen waren, mussten zu diesem Zwecke ganz neue Lektionen (Nr. 19 u. 26) bearbeitet werden, um die nötige sprachliche Anschauung zu gewinnen. Ausserdem sind noch weitere Hinzufügungen von Gedichten und Exerzitien gemacht worden, die letzteren besonders in der Gestalt von „Exercices de répétition", womit wir den Lehrenden einen Dienst erwiesen zu haben glauben.

Freilich ist dadurch der Umfang des Buches in nicht unerheblicher Weise gewachsen, doch wird der Stoff auch jetzt noch in zwei Schuljahren bei 4—5 wöchentlichen Unterrichtsstunden zu bewältigen sein, zumal wenn manches Lesestück schon mehr kursorisch behandelt wird.

Wir wollen an dieser Stelle nicht unerwähnt lassen, dass der Vorwurf, den einige Kritiker unseren französischen Lehrbüchern machen zu müssen glaubten, dass sie sich **nur für Mädchenschulen** eigneten, nicht nur durch einen genauen Einblick in die Stoffe* derselben, sondern auch durch die Thatsache glänzend widerlegt wird, dass die Bücher schon seit Jahren an einer Reihe von Knabenschulen (Real- und Progymnasien und Realschulen) mit Erfolg im Gebrauch sind.

Zum Schlusse sprechen wir noch Herrn Dr. Rud. Haubold am **Realgymnasium in Chemnitz** für die sorgfältige Durchsicht der Korrekturbogen, sowie Herrn **Premier-Lieutenant Pasquay**, Militärlehrer am hiesigen **Kadettenhause**, für die wesentliche Unterstützung, die uns derselbe bei der Bearbeitung der 19. Lektion geleistet hat, unseren wärmsten Dank aus.

Karlsruhe, im April 1893.

Der Verfasser.

Vorrede zur vierten Auflage.

Die grosse Anerkennung, die unsere Lehrbücher gefunden haben, und die zahlreichen und tagtäglich sich mehrenden Einführungen derselben haben auch eine Reihe Wünsche gezeitigt die wir z. T. als berechtigt anerkennen mussten und die daher bei der Bearbeitung der vorliegenden vierten Auflage berück-

---

* Unter den ca. 70 französischen Lesestücken des vorliegenden Teiles befinden sich im ganzen nur **drei** (Nr. 37, 40 und 61), die der Lebenssphäre der Mädchen entnommen sind; alle übrigen sind in erster Linie für Knaben bestimmt oder für beide Geschlechter zugleich. So ist z. B. die ganze Reise nach und durch Frankreich nur für Knaben gedacht. Und wegen dieser **drei** bezeichneten Lesestücke sollte das Buch nicht für Knabenschulen geeignet sein? Von diesem Gesichtspunkte aus dürfte es dann an Mädchenschulen erst recht nicht zu gebrauchen sein. Die Erfahrung aber hat nach beiden Seiten hin gerade das Gegenteil gelehrt.

sichtigt werden konnten. Die Hinzufügung einer **guten Auswahl von französischen Originaltexten** (analog unserem englischen Lehr- und Lesebuche) und eine teilweise dadurch bedingte **Verkürzung** einzelner französischer **Übungsstücke**, besonders über die Geographie des Landes, stehen dabei im Vordergrunde.

Was den ersteren Punkt anbetrifft, so haben wir in der angefügten Textsammlung eine Auswahl getroffen, die auch den weitestgehenden Ansprüchen gerecht werden dürfte. Es sind darin nicht nur alle Stilgattungen, sondern auch alle hervorragenden Vertreter der modernen französischen Litteratur berücksichtigt worden, soweit dieselben überhaupt für die Schullektüre in Frage kommen. Besondere Aufmerksamkeit haben wir dabei der Schullektüre Frankreichs zugewandt und eine beträchtliche Anzahl solcher Stücke aufgenommen, die durch ihren beschreibenden und belehrenden Inhalt ganz besonders Gelegenheit bieten, die Sprache des täglichen Lebens zu erlernen und zu üben.

Auch die poetische Litteratur ist in reicher Fülle vertreten und dabei allen Bedürfnissen der Schule Rechnung getragen worden.

Die Zusammenstellung der Lektüre, der Prosastücke sowohl wie der Gedichte, ist in demselben Sinne und Geiste gehalten, in dem die Lehrbücher des Verfassers selbst bearbeitet sind: nämlich, die Schüler einzuführen **in die Kenntnis des Landes und Volkes, dessen Sprache sie lernen, und diese letztere** zugleich in ihren ureigensten und verschiedenartigsten **Ansdrucksformen zur Darstellung zu bringen.** Dass dabei die Sprache des gegenwärtigen, modernen Frankreichs massgebend war, bedarf wohl kaum der Begründung denen gegenüber, welchen die eigentlichen Zwecke des neufremdsprachlichen Unterrichtes klar sind. Die Sprache vergangener Zeiten und Jahrhunderte ist unserer Meinung nach Sache des historischen Sprachstudiums und der Litteraturgeschichte. Es ist ferner darauf hingestrebt worden, dass sich diese Originaltexte so viel als möglich den im Lehrbuche enthaltenen Übungsstoffen angliedern und gewissermassen als Erweiterung und Illustration der darin behandelten Gegenstände dienen, wodurch zugleich die Einheitlichkeit zwischen Lehr- und Lesebuch gewahrt worden ist. Bei dieser Arbeit hat uns die freundliche Mithülfe und die reiche Erfahrung des Herrn Oberlehrers Dr. Bernhard Hubert an der Höheren Schule für Mädchen in Leipzig treulich zur Seite gestanden.

Was die mehrfach gewünschte Kürzung einzelner französischer Übungsstücke des Lehrbuchs selbst, besonders die Paris behandelnden Kapitel, anbetrifft, so durfte dies nur in mässigem Umfange geschehen, um erstens den Charakter und Zweck des Buches nicht zu schädigen, zweitens aber auch mit Rücksicht auf die anerkennenden Urteile kompetenter Persönlichkeiten, welche gerade diese Wanderungen in dialogischer Form durch die Hauptstadt Frankreichs an der Hand der beigegebenen Pläne als äusserst wichtig und interessant bezeichnet haben. Ist doch Paris mehr als irgend eine Hauptstadt der civilisirten Welt der Mittelpunkt alles geistigen, gesellschaftlichen und politischen Lebens des ganzen französischen Volkes: Frankreich ist sozusagen in Paris verkörpert.

Wohl könnte dem Buche in seiner jetzigen Gestalt zum Vorwurf gemacht werden, dass der reiche Stoff desselben nicht mehr, dem ursprünglichen Plane gemäss, in zwei Jahren zur Durchnahme gelangen kann, ganz besonders da, wo das schon bisher nicht recht gelingen wollte. Dem gegenüber möchten wir zunächst nochmals darauf hinweisen, — wie wir es bereits in der Vorrede zur zweiten Auflage gethan haben, — dass manches Lesestück des Lehrbuchs schon mehr kursorisch zu behandeln ist, dann aber auch zu bedenken anheim geben, dass durchaus keine Notwendigkeit vorliegt, den ganzen Lesestoff Nummer für Nummer durchzunehmen. Der erfahrene und vorsichtige Lehrer wird sich auch hier zu beschränken und je nach Bedürfnis und dem Standpunkt seiner Klasse eine geeignete Auswahl zu treffen wissen, abgesehen davon, dass es ihm gewiss willkommen sein wird, nicht jedes Jahr an denselben Lesestoff gebunden zu sein. Es liegt auch fernerhin kein Grund vor, das Buch mit der Erledigung der Grammatik aus der Schule verschwinden zu lassen; es kann sehr wohl, wie das deutsche Lesebuch, bis in die oberste Klasse Verwendung finden und bei schriftlichen Arbeiten, Diktaten und Aufsätzen, recht gute Dienste leisten.

Dass mit der erwähnten Erweiterung des Buches neben dem äusseren Umfange auch der Preis desselben zunehmen musste, ist selbstverständlich. Wenn aber die daraus erwachsenden Vorteile: Vereinigung von Lehrbuch, Lesebuch und Gedichtsammlung mit einem erschöpfenden Wörterbuche in Betracht gezogen werden, so müssen alle sonstigen Bedenken oder Ausstellungen in den Hintergrund treten. Ob uns aber der Wurf ganz gelungen, muss die Zukunft lehren. Unserem verehrten Kollegen Herrn Oberlehrer Dr. B. Hubert aber sagen wir noch an dieser Stelle für seine schätzenswerte und ausdauernde Mitarbeiterschaft, die sich bis auf die gewissenhafte Durchsicht der Korrekturen erstreckte, unseren wärmsten Dank.

Leipzig, Neujahr 1896/97.

Der Verfasser.

Vorrede zur fünften Auflage.

Es gereicht uns zu besonderer Genugthuung, dass der III. Theil des Lehrbuchs in seiner durch die Beigabe von Originallesestücken veränderten Gestalt eine so günstige Aufnahme gefunden hat, so dass bereits nach Jahresfrist eine neue Auflage nötig geworden ist.

Bei dieser Gelegenheit möchten wir nicht verfehlen, auf die im August v. Js. erschienene „Repetitions- und Ergänzungsgramatik", sowie die dazu gehörigen, demnächst erscheinenden „Deutschen Übungsstücke" aufmerksam zu machen. Ausserdem sei noch bemerkt, dass zum vorliegenden Teile eine Sammlung von 16 Ansichten von Paris kürzlich erschienen ist, die bereits viel Anerkennung gefunden hat.

Leipzig, im März 1898.

Der Verfasser.

ns.

Inhaltsverzeichnis.

I.

Conjugaisons archaïques ou irrégulières. Verbes en -re à radical invariable.

	Seite
Leçon: Présent de l'indicatif; participes présent et passé	1—4
1. L'été	1
2. Das Gewitter	3
Leçon: Imparfait et passé défini. Emploi	4—6
3. Un bon cœur	4
4. Die Befreiung. Proverbe	5
Leçon: Futur et conditionnel. La conjonction „si"	6—8
5. Le petit guerrier et la petite sœur de charité	6
6. Die Schafschur. Proverbes. Exercices de répétition	7
Leçon: Accord du participe passé, employé seul ou conjugué avec être	8—10
7. Tombée du nid	8
8. Der Unglücksfall. Proverbe. Devinette	10
Leçon: Verbes en -ir, à radical abrégé: part. passé en -i. Verbes intransitifs ou neutres	10—13
9. Le matin	10
10. Der Langschläfer. Proverbes. Canon	12
Leçon: Verbes en -ir, à radical simple; part. passé en ert. Les prépositions de et à	13—15
11. Le mendiant	13
12. Das kranke Brüderchen	15
Leçon: Verbes en -ir, à radical simple; part. passé en -i. Les prépositions de et à (suite)	15—17
13. L'automne	15
14. Im Obstgarten	17
Leçon: Verbes en -ir, à radical allongé; part. passé en -u	18—21
15. La migration des oiseaux	18
16. Einladungsbrief. Proverbes	20
Leçon: Verbes en -ir, aux changements variés	21—24
17. La course	21
18. Récapitulation. Proverbes. Exercices de répétition	23

XIV

	Seite
10me Leçon: Accord du participe passé, conjugué avec avoir. Place du sujet et forme interrogative	24—29
19. La leçon d'écriture	24
20. Auf dem Markte. Proverbe. Exercices de répétition générale	28
11me Leçon: Verbes en -uire; passé défini en -(s)i, part. passé en -t	29—33
21. Causerie	29
22. Plaudereien: a. Der Unterricht; b. In der Küche	32
12me Leçon: Verbes en -re, aux changements variés	33—36
23. Lettre	33
24. Récapitulation. Proverbes	35
13me Leçon: Verbes en -indre, aux changements variés	36—39
25. Réponse	36
26. Der alte Maler. Proverbes. Amusette	39
14me Leçon: Verbes en -aître et oître; passé défini et part. passé en -u. L'adjectif	40—42
27. La pomme de terre	40
28. Das Getreide	41
15me Leçon: Verbes en -re, aux changements variés. Emploi des nombres cardinaux	42—46
29. L'empereur Guillaume Ier	42
30. Der Kampf. Proverbes	45
16me Leçon: Verbes en -re, à radical changé; part. passé en -s. Substantifs composés	46—52
31. Le voyage; a. Les préparatifs	46
b. Le départ	47
c. En chemin de fer	48
d. A la douane	49
e. L'arrivée	49
32. Das Studium fremder Sprachen. Devinette. Proverbes. Dictons. Exercices de répétition	51
17me Leçon: Place et combinaison des pronoms personnels	53—56
32. La lettre	55
34. Die Schulbibliothek	55
18me Leçon: Verbes en -re; passé défini en -i. Emploi de l'Article. Pronoms possessifs	56—61
35. A Paris; a. Les Boulevards	56
36. Möblierte Zimmer. Proverbes. Devinette	60
19me Leçon: Pronoms relatifs et interrogatifs	62—66
37. Lettre	62
38. Antwort. Proverbe. Devinettes	65
20me Leçon: Verbes en -re, aux changements variés, part. passé en -u	66—69
39. La leçon de couture et la visite au moulin	66
40. Die alte Näherin	69

	Seite
21me Leçon: Verbes en -re, à radical abrégé; passé défini et part. passé en -u	69—72
41. Réponse	69
42. Glücklich derjenige, welcher glaubt	72
22me Leçon: Verbes en -re, à radical abrégé; passé défini et part. passé en -u	73—76
43. La leçon de lecture	73
44. Das Lesen. Proverbes	75
Exercices de répétition	76
23me Leçon: Verbes en ev-oir, à radical changé et abrégé	76—79
45. A Paris; b. La place de la Concorde et les Champs-Élysées	76
46. In den Strassen von Paris	79
24me Leçon: Verbes en v-oir, à radical changé et abrégé. Verbes impersonnels	80—83
47. L'hiver	80
48. Der Sommer und der Winter	82
Couplet légendaire. Amusette	83
25me Leçon: Verbes en -oir, à différents radicaux	83—87
49. A Paris; c. Les Théâtres	83
50. Im Theater. Amusette. Proverbe	86
26me Leçon: Pronoms démonstratifs et indéfinis. Adverbes	87—92
51. La construction d'une maison et les métiers	87
52. Bei dem Schuhmacher. Proverbes. Devinette	91
27me Leçon: Verbes en l-oir, à différents radicaux; passé défini et part. passé en -u	92—97
53. A Paris; d. La Bourse, le Palais-Royal, le Louvre, les jardins des Tuileries, la colonne Vendôme	92
54. Im Restaurant	95
Amusette. Proverbes. Exercices de répétition	97
28me Leçon: Article partitif „de"	98—100
55. Les mesures et les poids	98
56. Récapitulation	99
29me Leçon: Emploi du subjonctif; propositions principales; verbes exprimant la volonté; les conjonctions	100—105
57. A Paris; e. Les Parcs et le Père-Lachaise	100
58. Ein Regentag. Im Louvre	104
30me Leçon: Emploi du subjonctif; verbes exprimant un mouvement de l'âme. L'infinitif	105—110
59. A Paris; f. L'île de la Cité et le jardin des Plantes	105
60. Der Besuch und die Gesellschaftsspiele	109
31me Leçon: Emploi du subjonctif; verbes exprimant le doute ou l'incertitude	110—115
61. A Paris; g. La rive gauche de la Seine	110
62. Auf dem Eiffelturme. Proverbes	115

XVI

                                                                                        Seite
32me Leçon: L'emploi du subjonctif; propositions relatives . 116—120
   63. Les alentours de Paris 116
   64. Ludwig XIV. Proverbes 120
33me Leçon: Genre du substantif. Emploi de l'article (suite).
          Place de l'adjectif . . . . . 121—130
   65. La France; a. Situation et limites 121
             b. Littoral 122
             c. Relief de la France 122
             d. Cours d'eau 124
             e. Régions 125
             f. Division et administration 127
             g. Principales possessions ou colonies . . . 128
   66. Frankreich aus der Vogelperspektive. Proverbes . . . 129
34me Leçon: Participes et Gérondif . . . . 130—134
   67. Les Français; a. Origine et formation de la nation et de
             l'empire français 130
             b. La langue française 132
   68. Karl der Grosse 133

II.
A. Formenlehre.

§§ 1—24. Conjugaisons archaïques . . . . 135—160
§ 25. Intransitive Verben 160
§ 26. Unpersönliche Verben 161
§ 27. Zum Substantiv. Pluralbildung 162
§ 28. Pluralbildung der zusammengesetzten Substantive . . 162
§ 29. Geschlecht der Substantive 163
§ 30. Zum Adjektiv 164
§ 31. Die Konjunktionen 166

B. Syntaktisches.

§ 32. Gebrauch des Imperfekt und historischen Perfekt . . . 167
§ 33. Futur und Konditional 168
§ 34. Folge der Zeiten 168
§ 35. Übereinstimmung des Part. Perfekt 170
§ 36. Der Konjunktiv im Hauptsatze 171
§ 37. Der Konjunktiv im Nebensatze:
       a. Willensäusserung 171
§ 38.   b. Gemütsbewegung 172
§ 39.   c. Ungewissheit, Nichtwirklichkeit 173
§ 40.   d. Relativsatz 175
§ 41. Zum Infinitiv 175
§ 42. Particip Präsens 176
§ 43. Gerundium 177
§ 44. Participialkonstruktionen 177
§ 45. Zum Artikel und Substantiv 177
§ 46. Zum Teilungsartikel 180
§ 47. Stellung des Subjekts; Fragekonstruktion 180
§ 48. Zum Adjektiv 181
§ 49. Zum Adverb 182
§ 50. Tout und quelque als Adverbien 183
§ 51. Zum Zahlwort 184

		Seite
§ 52.	Die Pronominaladverbien en und y	184
§ 53.	Stellung und Verbindung der persönlichen Fürwörter .	184
§ 54.	Zu den besitzanzeigenden Fürwörtern	187
§ 55.	Zu den bezüglichen Fürwörtern	188
§ 56.	Zu den fragenden Fürwörtern	189
§ 57.	Zu den hinweisenden Fürwörtern	190
§ 58.	Zu den unbestimmten Fürwörtern	191
§ 59.	Zu den Präpositionen	193

III.
Lectures françaises.
(Die mit * bezeichneten Nummern enthalten Gedichte.)

1.	Les épis de blé (L. I)	198
2.	Le vol des insectes	198
*3.	La fenaison	199
4.	L'aveugle et le paralytique (L. II)	200
5.	Augustin Carrache et son frère	200
*6.	Honore les vieillards	200
*7.	La laitière et le pot au lait	201
8.	Le carnage de Bazeilles (L. III)	201
9.	Le sergent Marinel	202
*10.	Le départ pour la Syrie	203
*11.	Le petit soldat	203
12.	L'oiseau-mouche (L. IV)	204
13.	Le sansonnet	205
*14.	Le nid de fauvette	205
*15.	La mort des oiseaux	206
16.	Le lever du soleil (L. V)	207
17.	Bonne réponse	207
*18.	L'aurore	208
*19.	Aveu plaisant	208
*20.	Le réveil du laboureur	208
21.	La vraie charité (L. VI)	209
22.	La chemise d'un homme heureux	209
*23.	Bonhomme	210
*24.	La petite mendiante	211
25.	Délicatesse d'un mendiant	212
26.	Le vin (L. VII)	212
27.	La chasse	214
28.	La vigne	214
*29.	L'automne	215
*30.	La feuille	215
*31.	L'hôte	216
32.	Le rossignol émigrant (L. VIII)	216
33.	Insectes venimeux	218
34.	Tel père, tel fils	219
*35.	Les oiseaux	219
*36.	Le rossignol et le prince	220
37.	Les accidents; a. L'asphyxie (L. IX)	221
	b. La submersion	222
38.	Une ruse sublime	223
*39.	Le tombeau d'un enfant	224
*40.	Jeune fille et jeune fleur	225
41.	Les matières dont on fait le papier (L. X) . . .	225

XVIII

		Seite
42. La fabrication du papier		226
43. Plumes à écrire et encre		227
44. La pêche		228
*45. La cigale et la fourmi		229
*46. Tableau		230
47. Sel de cuisine (L. XI)		230
48. Une nuit à la belle étoile		231
49. Écoles et maîtres d'écoles sous l'ancien régime		232
*50. A ma bonne mère		233
*51. L'étoile du soir		234
52. Les sentiments de nos pères pour la montagne (L. XII)		234
53. Une tourmente dans les Alpes		235
54. Instruction à une fille		236
*55. Le mal du pays		237
*56. Retour		237
57. Allumettes chimiques (L. XIII)		238
58. Histoire du peintre Claude le Lorrain		238
59. Les aérolithes		240
*60. La cloche		241
*61. Rappelle-toi		242
62. Le café (L. XIV)		242
63. Ignorance d'un Indien		243
64. Henri IV		244
*65. Les deux épis		246
*66. L'automne		246
67. Proclamation de Napoléon Ier à l'armée (L. XV)		247
68. Souvenirs de l'invasion		248
69. Napoléon Ier après la bataille d'Arcole		249
70. La rixe		249
*71. La sainte alliance des peuples		250
*72. Souvenir militaire		251
73. Les chemins de fer (L. XVI)		251
74. Les coches et les diligences		252
75. Un voyage en Calabre		253
*76. Mon habit		255
*77. Les deux voyageurs		256
78. La poste aux lettres (L. XVII)		256
79. La poste à Paris		257
80. La poste dans l'ancienne France		258
81. Grandeur d'âme d'un nègre		259
*82. Ma sœur		260
83. Les voitures publiques, chaises et carrosses (L. XVIII)		260
84. Noms de rues		261
85. Les papiers peints		262
86. Aimons-nous les uns les autres		262
87. Le Français et l'Anglais		264
*88. Le corbeau et le renard		264
*89. Le rat de ville et le rat des champs		264
90. Les Français au commencement de la guerre (L. XIX)		265
91. La discipline des soldats français		266
92. Les Allemands et les Français		267
93. Généreuse franchise		268
*94. Marche de cadets		268
*95. L'Allemagne		268
96. Le lin (L. XX)		269
97. Devoirs de la jeune fille et de la femme dans la société		270

		Seite
98.	Jacquard	271
99.	Charbonnier est maître chez lui	272
100.	Le meunier, son fils et l'âne	273
*101.	Crainte de Dieu	274
*102.	La grand'mère	274
103.	Paris en octobre 1870 (L. XXI)	276
104.	La Marseillaise	277
105.	Jugement d'Alexandre-Sévère	278
*106.	Dieu	279
*107.	Prière pour tous	279
108.	La prise du Bourget et de Metz (L. XXII)	280
109.	Vouloir, c'est pouvoir	281
110.	Comment se font les livres	282
111.	Générosité	283
*112.	L'enfant aimé du Seigneur	284
*113.	Souvenirs d'un écolier	284
114.	Fuite de Louis XVI (L. XXIII)	285
115.	L'éclairage de Paris	288
116.	Amitié de deux aveugles	289
*117.	Les étoiles qui filent	290
*118.	Le régiment qui passe	291
119.	Paris en janvier 1871 (L. XXIV)	292
120.	La femme, gardienne du foyer	293
121.	Sauvetage	294
*122.	L'hiver	295
*123.	Les saisons	295
124.	Mort de Louis XVI (L. XXV)	296
125.	Les théâtres	297
126.	Le génie	298
127.	Louis XIV et le filou	299
*128.	La nostalgie	299
129.	Les ressorts d'horlogerie (L. XXVI)	301
130.	Horloges, pendules et montres	301
131.	Grandeur d'âme d'un soldat	302
*132.	De l'amitié; Parole de Socrate	303
*133.	Les métiers	303
*134.	Jacques le maçon	304
135.	Paris le matin (L. XXVII)	305
136.	Paris pendant le siège	305
137.	Enfance de Turenne	308
138.	Un orgueil naïf	308
*139.	La bague d'or	309
140.	Ballons et aérostats (L. XXVIII)	310
141.	Le commerce et la monnaie	312
142.	Les boulangers attrapés	313
*143.	Le renard et les raisins	314
*144.	Mon souhait	314
145.	Prise de la Bastille (L. XXIX)	315
146.	Les pluies étranges	316
147.	L'homme au masque de fer	318
*148.	Aux mânes	320
*149.	Le roi des aunes	320
150.	Lettre de Monsieur de Vineuil à sa femme (L. XXX)	321
151.	Prix des différentes denrées pendant le siège	322
152.	L'assemblée des animaux pour choisir un roi	323
153.	L'esprit de conversation	324

		Seite
°154.	Le lion de Florence	325
155.	Le bouquiniste et le bouquineur (L. XXXI)	326
156.	Bombardement de Paris	328
157.	Dix mille livres de rente	328
*158.	La pierre sculptée	330
°159.	Les souvenirs du peuple	330
160.	Louis XIV (L. XXXII)	332
161.	La cour de Louis XIV	333
162.	La Fontaine	334
163.	Les poteries	335
164.	Adieux à la Garde	336
165.	Les pigeons voyageurs	338
°166.	Versailles	337
167.	Coup d'œil sur la France (L. XXXIII) .	339
168.	La France industrielle	341
169.	La Touraine et les rives de la Loire . .	342
170.	Le printemps en Bretagne	344
171.	Le Mont-Saint-Michel	344
172.	Dunes et landes	345
173.	Tableau champêtre dans les Pyrénées .	346
174.	L'Auvergne	347
175.	La soie	348
176.	Fondation de Marseille	350
177.	La Provence et Marseille	352
178.	Le Mistral un jour d'été en Provence .	353
179.	La Corse	354
*180.	Romance	354
°181.	Ma Normandie	355
*182.	Fable-Proverbe	356
°183.	Le départ du petit Savoyard . . .	356
184.	La nation française (L. XXXIV) . .	358
185.	Caractère de la nation française . . .	359
186.	Universalité du français	361
187.	Les habitants des Pyrénées et la danse .	362
188.	Les habitants de la Camargue . . .	363
°189.	Les hirondelles	364
*190.	Les petits Savoyards	366
°191.	Le retour dans la patrie	366

IV.

Vocabulaire 368—421

Deutsch-franzõs. Wörterverzeichnis 422—428

Appendice . . 429—436

I.
Le verbe.

B. Conjugaisons archaïques ou irrégulières.

1ère Leçon.
Verbes en -re à radical invariable.

a. Présent de l'indicatif; participes présent et passé.
II, § 1 & 2.

1. L'été.*

Nous voilà dans la belle saison de l'été. Le soleil se lève déjà de très bonne heure et répand une chaleur presque insupportable pendant les longues journées. Pendant les journées si longues on ent**end** à peine le chant des oiseaux; ils se sont retirés dans les bois ou les buissons, attend**ant** à l'ombre le retour du crépuscule qui amène la fraîcheur.

Mais ces rayons brûlants du soleil, qui fond**ent** les neiges sur les cimes des montagnes et auxquels nous défend**ons** l'entrée de nos maisons au moyen de volets, de persiennes et de stores, font mûrir des fruits délicieux. Dans les forêts, on cueille les fraises, les framboises et les myrtilles; dans les vergers, les cerisiers nous tend**ent** leurs fruits savoureux, et les jardins nous rend**ent** une quantité de bons légumes et de fleurs odoriférantes.

Les prés sont très animés, car la fenaison a lieu. Descend**ons**-y! Les faucheurs ont déjà commencé leur besogne depuis les trois ou quatre heures du matin, afin de profiter de la rosée. Ils aiguisent leurs faux, puis ils fauchent l'herbe,

---

* Hierzu benütze man Hölzels Wandbild: Der Sommer.

que des jeunes filles et end ent avec leurs fourches. En voilà déjà beaucoup d'étendue. Maintenant les faucheurs suspendent leur travail pour se reposer. Enfin le pré est ras, comme tondu. L'herbe sèche au soleil, et on la recueille: le foin est fait.

Rendons-nous aux champs! Quel aspect ravissant qu'un champ de blé ondulant! La moisson a commencé. Les épis, remplis de grains mûrs, pendent aux tiges dorées qui tombent sous les faux et les faucilles des moissonneurs et qui sont liées en gerbes pour qu'aucun brin ne soit perdu. Puis on les charge sur des chars à ridelles pour les transporter à la grange où l'on bat* le blé avec des fléaux. Quelle vie et quelle gaîté partout! Entendez-vous les chants joyeux des moissonneurs et les cris d'allégresse des garçons qui se baignent dans la rivière?

Mais voilà un orage! Il va fondre sur nous. J'entends déjà le tonnerre qui gronde dans le lointain et qui rompt* le calme de la nature. Ne l'entendez-vous pas? Voyez-vous les éclairs rapides fendant les sombres nuages? Ne perdons pas de temps, et rendons-nous vite à la maison! La pluie commence déjà à tomber. — Mais tu ne me réponds pas, mon cher Octave! As-tu peur de la tempête? — Ne t'avise pas de chercher un abri sous les arbres: ils attirent la foudre. — Quel terrible coup de tonnerre! — Ah voilà ce grand arbre fendu du haut en bas! La foudre est tombée dessus. Dépêchons-nous! Quand nous serons rentrés et que la tempête sera passée, toute la nature sera rafraîchie et l'air épuré; alors nous respirerons plus à l'aise.

Mots dérivés à apprendre:

La défense die Verteidigung
l'étendue, f. die Ausdehnung
l'attente, f. die Erwartung
la perte der Verlust
la tonte, la tondaison die Schafschur
la descente der Abstieg
la pente der Abhang

la fente die Spalte
la fonte das Schmelzen
la bataille die Schlacht
le bataillon das Bataillon
la rupture der Bruch
interrompre unterbrechen
l'interruption die Unterbrechung

Exercices.

1. Conjuguez au présent de l'indicatif les phrases suivantes:

J'entends le chant des oiseaux;
J'attends à l'ombre le retour de la fraîcheur;
Je défends aux rayons l'entrée de la maison;
Je descends dans les prés où la fenaison a lieu;

* II, § 2*.

J'étends l'herbe avec ma fourche;
Je suspends mon travail pour me reposer;
Je me rends aux champs où la moisson a commencé;
Je ne perds pas de temps, et je me rends vite à la maison;
Je ne réponds pas parce que j'ai peur.

2. Mettez au pluriel toutes les personnes du singulier de quelques phrases! [Exemple: J'entends le chant des oiseaux; — Plur.: Nous entendons les chants des oiseaux; tu entends — vous entendez etc.]

3. Conjuguez quelques phrases à la conjugaison réciproque en les augmentant d'une particule interrogative:

Exemple: 1. Question: Où est-ce que j'entends le chant des oiseaux?
Réponse: Tu entends le chant des oiseaux dans les champs

2. Quest.: Où entends-tu le chant des oiseaux?
Rép.: J'entends le chant des oiseaux dans les prés.

3. Quest.: Où entend-il le chant des oiseaux?
Rép.: Il entend le chant des oiseaux dans la forêt.
etc. etc.

4. Formez les participes présents et passés de tous les verbes espacés, et conjuguez quelques phrases au passé indéfini.

5. Formez et conjuguez quelques phrases en changeant de compléments à chaque personne.

Exemple: J'entends le chant des oiseaux;
tu entends le tonnerre [qui gronde];
il entend les moissonneurs [qui chantent];
nous entendons les faucheurs [qui aiguisent leurs faux];
vous entendez les fléaux [à la grange];
ils entendent les cris d'allégresse [des garçons qui se baignent].

2. Das Gewitter.

Siehe da, ein Gewitter! Hörst du nicht den Donner grollen? Der Sturm erhebt sich schon; finstere Wolken verbreiten sich am Himmel. Schon fällt der Regen. Das Gewitter bricht über uns los. Unterbrechen wir unsere Arbeit und begeben wir uns schnell nach Hause. Laßt uns unsere Sensen und Sicheln an die Bäume hängen! Warten wir nicht länger! Karl, verliere deinen Hut nicht! Er schützt* dich gegen den Regen. Der Himmel ist düster. Ein Blitz durchbricht die Dunkelheit.* O welche Donnerschläge! Das Echo* der Berge antwortet, hört ihr es? Wir sind verloren! Begeben wir uns unter jenen Baum, der seine

* Die mit einem * bezeichneten Vokabeln finden sich im deutschen Wörterverzeichnisse.

Zweige ausbreitet, um uns zu beschützen. Gehet nicht dorthin! Es ist sehr gefährlich unter den Bäumen während eines Gewitters. Jetzt hört der Regen auf; das Gewitter ist vorbei. Danken (rendre grâce) wir Gott, der uns gerettet hat.

Énigme: Je viens sans qu'on y pense,
Je meurs en ma naissance,
Et celui qui me suit
Ne vient jamais sans bruit.

(L'éclair.)

Devinette: Qui me nomme me rompt.

(Le silence.)

Proverbes: On ne récolte point sans avoir semé.
Après la pluie le beau temps.
Ce qui est différé n'est pas perdu.

2me Leçon.
Verbes en -re à radical invariable.
b. Imparfait et passé défini. Emploi.
II, § 2.   II, § 32.

3. Un bon cœur.

Un matin que nous allions nous promener et que le soleil répandait déjà une grande chaleur, nous rencontrâmes une vieille femme qui se rendait au marché où elle vendait d'habitude les légumes cultivés dans son potager. Nous descendions précisément la colline qu'elle gravissait avec peine, car la corbeille qu'elle portait était très lourde. Elle se tordait sous le poids de son fardeau et suspendait souvent sa marche pour reprendre haleine, et au moment où elle s'approcha, nous l'entendîmes haleter très péniblement.

A peine l'eûmes-nous dépassée, qu'Arthur, qui a un très bon cœur, me demanda la permission de lui porter son fardeau jusqu'au haut de la colline. Je lui répondis que je ne demandais pas mieux, et vite il courut après elle. Lorsqu'elle l'entendit s'approcher, elle s'arrêta. Et quand il lui offrit de porter sa charge, elle en fut tout émue et se confondit en remerciements. Arthur ne perdit aucun instant, se chargea de la lourde corbeille et la porta avec aisance — car il est fort et courageux. Pendant ce temps, la vieille femme reconnaissante fondait en larmes.

Nous autres, nous suspendîmes notre promenade et attendîmes le retour d'Arthur, à qui je tendis la main quand il arriva. Puis nous continuâmes notre chemin et **descendimes** au village pour prendre quelques rafraîchissements. Arthur n'était point fatigué du tout, mais très heureux de ce qu'il venait de faire. Cependant quand nous commencions à le louer de sa bonne action, il nous **interrompit** en disant: „Ne faites pas tant de bruit pour une omelette!"

Mots dérivés à apprendre:

La vente der Verkauf
le vendeur der Verkäufer
l'entente, f. das Einverständnis

la tendance das Streben, der Hang
la suspension der Aufschub.

Exercices.

1. Conjuguez à l'imparfait les phrases suivantes:
Un jour je me rendais au marché.
J'y vendais les légumes que je cultivais dans mon potager.
Je descendais justement la colline quand tu la montais.
Je suspendais souvent la marche pour prendre haleine.
Je l'entendais haleter très péniblement.

Passez-en quelques phrases au plus-que-parfait et conjuguez-les.

2. Conjuguez au passé défini:
Je lui répondis que je ne demandais pas mieux.
Lorsque je l'entendis, je m'arrêtai.
Je ne perdis aucun instant et me chargeai de la lourde corbeille.
Je suspendis ma promenade et j'attendis son retour.

3. Transformez quelques phrases au passé antérieur et conjuguez-les.

4. Voir en outre les exercices de la 1ère leçon.

4. Die Befreiung.*

Eines Tages, als ich mich zur Schule begab, hörte ich plötzlich den Schrei eines Mädchens, welches sich gegen einen Knaben meines Alters verteidigte. Er schimpfte* es und verdrehte* ihm die Arme. Das arme Kind schrie und zerfloß in Thränen.* Ich wartete nicht lange, sondern lief* schnell den kleinen Hügel hinab. Als (comme) er mich kommen hörte, unterbrach er seine Beleidigungen* und fragte mich, was ich wünschte. Ich antwortete ihm, daß er ein Taugenichts wäre und daß ich ihn züchtigen würde. Da stürzte er (sich) auf mich mit (le) drohender Faust.* Ich aber verlor (den) Mut nicht und verteidigte mich tapfer. Endlich ergriff ich ihn mit meinen beiden Armen. Er wandte sich* und biß*

mich (in) die Finger. Aber ist streckte ihn zu Boden. — Dara
reichte ich dem Mädchen die Hand, und wir begaben uns zusamm
zur Schule.

Proverbe: Le fardeau qu'on aime n'est qu'à demi pesant.

3me Leçon.
Verbes en -re à radical invariable.
c. Futur et conditionnel. La conjonction
„si" (wenn).

II, § 2,   § 33.

5. Le petit guerrier et la petite sœur de charité.

„Quand je serai un homme, dit le petit Guillaume à
sœur Blanche, je me ferai soldat; et si la guerre éclate,
vendrai tout ce que j'ai, mes habits, mes livres et mes jo
joux, pour avoir un uniforme et des armes. J'aurai un b
habit aux boutons dorés et au col cramoisi, un beau casq
reluisant, un grand sabre tranchant, un sac à cartouches
un bon fusil qui tirera au moins dix coups à la minute.
serai très brave; je me battrai comme un homme, et
perdrai jamais courage; et si je suis blessé, je me mordr
plutôt les lèvres jusqu'au sang que de pousser des cris.
défendrai ma patrie et mes camarades jusqu'à la mort. P
nous tuerons les ennemis de la patrie et nous répandro
leur sang à grands flots; enfin nous les abattrons et nous
étendrons tous raide morts à terre avec nos balles. Vo
entendrez parler de moi et de mes exploits, car le bruit de
gloire se répandra partout." Ainsi parla le petit Guillaum

A quoi la petite Blanche répondit doucement: „Et m
i j'étais une grande fille et que la guerre éclatât, je n'a
tendrais pas un seul instant pour accourir aux champs
bataille et offrir mes services comme sœur de charité.
maman ne le défendait pas, je soignerais les blessés et
malades, je les étendrais doucement sur leurs couches
je panserais leurs blessures; s'ils avaient soif, je leur te
drais des rafraîchissements et leur donnerais les remèdes;
leur apporterais à manger, s'ils avaient faim; bref, je le
rendrais tous les services que je pourrais jusqu'à ce qu'
fussent guéris." Ainsi dit la petite Blanche.

Alors la maman, qui n'avait pas perdu un seul mot
l'entretien, leur dit: „Ainsi, mes chers enfants, vous rendri
tous les deux de grands services à votre patrie; mais plai

au ciel, qu'elle n'en ait jamais besoin! Toi, Guillaume, tu la défendrais au risque de ta vie, pendant que Blanche lui vouerait sa force et sa santé. Mais tandis que toi, Guillaume, tu t'efforcerais de détruire la vie, Blanche se sacrifierait pour la préserver. Lequel des deux croyez-vous aurait le plus de mérite?" — „C'est Blanche!" s'écria Guillaume. — Et la mère tira sa fille sur ses genoux et la baisa tendrement sur son front candide.

Exercices.

1. Choisissez ou formez des phrases et conjuguez-les au futur et au conditionnel.

Exemples:* Si la guerre éclate, je vendrai tout ce que j'ai.
Si je suis blessé, je me mordrai plutôt les lèvres jusqu'au sang que de pousser des cris.
Si j'étais une grande fille, j'offrirais mes services.
Si la guerre avait lieu, je soignerais les blessés.
Si j'avais la permission, je panserais les blessures.

2. Formez les participes et conjuguez quelques temps composés.

3. Voir aussi les exercices de la 1ère leçon.

---

* Ces exemples doivent être multipliés par les élèves.

6. Die Schafschur.*

Morgen werden wir unsere Schafe scheren, wobei (où) wir sehr lustig sein werden. Ich werde dich dazu erwarten. Du wirst das Blöken* der Schafe schon von weitem hören. Es wird dir Vergnügen machen zu sehen, wie sich die Schafe wehren werden unter den Händen und den Scheren* der Scherer´; aber man thut ihnen nicht weh. Wir würden auch zusammen zu dem Flusse hinuntergehen, wo man die Wolle wäscht. Dann werden sie die Arbeiter an der Sonne ausbreiten, um sie zu trocknen. Wir werden dich bestimmt (pour sûr) erwarten. Du würdest mich glücklich machen, wenn du deinen Bruder mitbrächtest. Ihr würdet nicht viel Zeit verlieren, auch würdet ihr den Gesang unserer Landsleute hören. Mit großer Freude (C'est-que) würde ich euch die Hand reichen und auf (à) alle euere Fragen antworten. Nächste Woche werden wir die Wolle in der Stadt verkaufen. Papa wird seine Arbeit (an) diesem Tage ce jour-là) aufschieben, und ich werde meine Studien unterbrechen."

Proverbes: Plus fait douceur que violence.

Charité bien ordonnée commence par soi-même.

Exercices répétitoires
sur les verbes en -re à radical invariable.

Conjuguez, dans tous les temps simples, chaque personne des phrases suivantes:

a. Je descends la colline (Exemple: Je descends, je descendais, je descendis, je descendrai, je descendrais, je descende, je descendisse la colline); j'y attends mon frère; je fonds en larmes; je me tords les bras; je te tends la main.

b. Je fends et je vends le bois;
J'attends les oiseaux et puis je les entends;
Je réponds et je répands de la joie;
J'étends l'herbe, mais tu me le défends;
Je suspends mon travail et je me rends à l'ombre;
Je te rends un service et tu te confonds en remerciements.

4me Leçon.
Accord du participe passé, employé seul ou conjugué avec être.
II, §§ 35, 1 & 2.

7. Tombée du nid.

Par une belle matinée de l'année passée, mes sœurs et moi, nous étions allés nous promener dans notre jardin, quand nous aperçûmes à terre une petite hirondelle qui était probablement tombée de son nid. Elle était presque morte de froid, et l'une de ses petites pattes était cassée. Nous la ramassâmes doucement et, rentrés à la maison, nous lui préparâmes avec de la laine une petite couche bien molle pour l'y soigner.

Ensuite nous lui apportâmes des mouches et des miettes trempées dans l'eau; mais elle ne voulut rien prendre, et le lendemain, son état semblait même avoir empiré. Sa jolie tête était inclinée de côté, et ses petits yeux étaient fermés. Cependant, l'après-midi, quand nous fûmes revenus de l'école, sa santé s'était beaucoup améliorée: elle tenait la tête levée et les yeux grand ouverts; elle prit aussi la nourri-

elle était guérie, et un beau matin, nous ne trouvâmes plus notre gracieuse petite malade; elle était partie sans prendre congé.

Il y a quelques jours, nous étions à table pour prendre notre dîner, lorsqu'une hirondelle entra par la fenêtre ouverte et voltigea plusieurs fois autour de nos têtes en gazouillant avec insistance; puis elle disparut par la même fenêtre par laquelle elle était entrée. Nous fûmes tous très étonnés de cette familiarité et pensâmes tout de suite à notre petite hôtesse de l'année dernière, quand elle revint pour répéter la même manœuvre. Mais lorsqu'elle parut pour la troisième fois, nous nous levâmes de table pour suivre son vol et voir ce que cela signifiait.

Arrivée au dehors, nous vîmes alors qu'elle faisait le tour du jardin, tournant plusieurs fois autour du même endroit où nous avions ramassé la petite infortunée de l'année passée. Et en m'approchant, voilà que je découvris une autre petite hirondelle qui, sans doute, était tombée du même nid ou d'un autre tout près. Mais cette fois, notre secours vint trop tard; vainement essayâmes-nous de la rappeler à la vie, car il n'y avait plus de vie à sauver: la petite hirondelle était morte. Nous la relevâmes et l'ensevelîmes sous un lilas fleurissant. Et sa mère — car c'était elle, sans doute — consolée de sa perte ou en proie à un trop grand chagrin, ne gazouilla plus sous nos fenêtres et ne reparut plus dans notre chambre.

Exercices.

1. Changez toutes les propositions du morceau, renfermant des participes passés, du masculin au féminin, du singulier au pluriel et vice versa!

2. Transformez les phrases suivantes
   a. à la 3ᵐᵉ personne du singulier féminin,
   b. à la 1ᵉʳᵉ personne du pluriel masculin,
   c. à la 3ᵐᵉ personne du pluriel masculin,
   d. à la 3ᵐᵉ personne du pluriel féminin.

J'étais allé me promener dans mon jardin;
Rentré à la maison, je lui préparai une couche:
Quand je fus rentré à la maison, je trouvai son état amélioré;
Trois ou quatre jours après, j'étais guéri;
Je fus très étonné de cette familiarité.

3. **Formez** des exemples de propositions contenant des participes passés s'accordant en genre et en nombre avec le substantif

4. **Lisez** le morceau en changeant le masculin au féminin, le singulier au pluriel.

8. Der Unglücksfall.*

Neulich, als wir auf der Wiese spazieren gingen, ist meine Schwester gefallen. Da (comme) ihr Bein verletzt war, ist sie auf der Wiese geblieben. Mein älterer Bruder und ich sind nach Hause zurückgekehrt. Während dieser Zeit ist unser jüngster Bruder* bei (auprès d') ihr geblieben. Zu Hause angekommen, fanden wir den Arzt, der sogleich mit uns ging. Als wir ankamen, weinte sie nicht mehr, sondern war ganz beruhigt.* Der Arzt fand, daß ihr Bein nicht gebrochen war, nur* ein wenig verletzt. Er verband es mit in Wasser getauchten Binden.* Auf unsere Arme gestützt, ging sie langsam mit uns nach Hause. Wir kamen dort leicht* ermüdet an. Am nächsten Tage war ihr Zustand nicht verschlimmert; nach drei Tagen war das Bein geheilt. Sie war sehr erfreut; aber wir alle waren erstaunt darüber. Heute ist sie wieder in die Schule gegangen.

Proverbe: A quelque chose malheur est bon.

Devinette: Qu'est-ce que c'est qu'un oiseau qui chante, quand on met le doigt dessus?

(Un piano.)

5me Leçon.

Verbes en -ir, à radical abrégé; part. passé en -i.
Dormir, sortir, partir, sentir, mentir, servir, bouillir, se repentir.

Verbes intransitifs ou neutres.

II, § 3; § 25.

9. Le matin.

Jacques, dors-tu encore? La nuit est passée, l'aurore annonce le jour! Voilà le soleil qui se lève beau et resplendissant. Sortons du lit et habillons-nous? Nous avons dormi assez longtemps. N'entends-tu pas les oiseaux qui saluent l'astre du jour de leur chant matinal? Ah, quelle belle

rosée et brillent comme ornées de mille et mille diamants. Les abeilles **sortent** de leurs ruches. Les fleurs ouvrent leurs calices et exhalent des odeurs délicieuses. Ne **sens**-tu pas leur doux parfum? Oh, que ces roses devant la fenêtre **sentent** bon! Il faut que tu **sentes** leur parfum même au lit.

Toute la nature est animée d'une vie nouvelle. Je me **sens** tout frais et joyeux après m'être lavé et habillé. Voilà que tout le monde est déjà réveillé; personne ne **dort** plus, excepté quelques paresseux comme toi. N'as-tu pas honte? Ne **t'en repens**-tu pas? Ne te **rendors** pas! A quoi sert de tant **dormir**? Faut-il donc que tu **dormes** toujours si longtemps? Bien sûr, tu t'en **repentiras** après. Allons, lève-toi et suis-moi au jardin! Maintenant je **sors**. **Dormiras**-tu encore? Oh, quel fainéant? N'as-tu pas **consenti** hier à te lever désormais de bonne heure avec moi? Un garçon honnête ne **ment** pas, et ne se **dément** jamais.

Partons et respirons l'air frais de la matinée! Respirons les parfums des fleurs, écoutons les chants des oiseaux et aidons notre père au jardin. Déjà les paysans vont à leurs travaux, les voyageurs **partent** pour leurs journées. Maman aussi est déjà **sortie** de sa chambre et s'occupe du ménage. Elle dit que l'eau pour notre café a déjà **bouilli**; elle l'a déjà fait **bouillir** pendant cinq minutes. Tu ne réponds pas? Ah, le sang me **bout** dans les veines de te voir si paresseux!

Mais frère Jacques ne **sortait** pas de sa couche molle et tiède. Il s'était **rendormi**, il fallait qu'il **dormît** encore; il ne **sentait** ni l'air frais du matin ni le doux parfum des fleurs; il n'entendait même pas le chant matinal des oiseaux, et ne se **repentait** pas de son oisiveté. — Il **dormait**; et en **dormant** il souriait d'un air béat. C'était décidément un fainéant chez qui ni prières, ni exhortations, ni bons exemples ne **servaient** à rien.

Mots dérivés à apprendre:

Le dormeur der Langſchläfer
la dormeuse der Schlafſtuhl
le dortoir der Schlafſaal
la sortie der Ausgang, Ausfall
le sens der Sinn
le sentiment das Gefühl
le serf (ſpr. f) der Leibeigene
le serviteur der Diener
la servitude die Knechtſchaft, Dienſtbarkeit

le consentement die Zuſtimmung, Einwilligung
le menteur der Lügner
le mensonge die Lüge
le démenti die Ableugnung
le repentir die Reue
le bouilli das Suppenfleiſch
la bouillie das Mus, der Brei
le bouillon die Fleiſchbrühe

Exercices.

1. Formez des phrases avec les verbes espacés et conjuguez-les au présent, à l'imparfait (au passé défini et au futur) de l'indicatif et au présent et à l'imparfait du subjonctif.

2. Formez les participes présent et passé et formez et conjuguez quelques temps composés.

Exemples*: Je me suis rendormi à huit heures.
Je me suis repenti de ma paresse;
Je m'en suis repenti.
Je suis parti pour ma journée.
J'ai menti à mon père.
J'ai fait bouillir l'eau (les pommes de terre).

3. Voir en outre les exercices de la 1ère leçon.

4. Lisez le morceau en changeant les deux premières sections au pluriel, la 3me au singulier et la 4me au pluriel.

10. Der Langschläfer.

Die Sonne geht auf; die Natur erwacht; die Menschen und die Tiere schlafen nicht mehr. Die Blumen duften schön. Die Menschen kleiden sich an, treten aus ihren Häusern und gehen an die Arbeit. Alles ist erwacht und empfindet (ein) neues Leben: der Morgen ist da (arrivé).

Schlafet ihr noch, ihr Faullenzer? Bereut ihr euere Trägheit* nicht? Schlafet nicht mehr! Erwachet, verlasset das Bett, kleidet euch an und helft euren (acc.) Eltern! Auf (allons) und schlafet nicht wieder ein! Wer würde noch schlafen, wenn jedermann wacht?

Schon gestern schliefest du noch, als ich aus dem Schlafzimmer ging. Du sagtest, daß du krank wärest, aber ich glaube, daß du logst; denn eine Stunde später bist du ausgegangen. Und heute hast du es noch nicht bereut? Mußt du denn immer so lange schlafen (Konj.)? Du wirst also nicht aus dem Bette gehen? Dann wirst du nicht die frische Morgenluft empfinden, noch (ni) den angenehmen Duft der Blumen riechen! Doch die Mutter wünscht, daß du dem Vater im Garten dienest (Konj.); denn wenn (en) man zu lange schläft, wird man (on devient) faul. Ich möchte, daß du bald diesen Fehler bereutest (Imp. d. Konj.).

* Cf. remarque p. 7.

Proverbes: L'oisiveté est la mère de tous les vices.
Ne réveillez pas le chat qui dort!

Canon:* Frère Jacques, frère Jacques, dormez-vous? dormez-vous?
— Sonnez les matines, sonnez les matines, din din don, din din don!

6me Leçon.

Verbes en -ir, à radical simple; part. passé en -ert.

Ouvrir, couvrir, découvrir, offrir, souffrir.

Les prépositions de et à.

II, § 4; § 59, 2 & 3.

11. Le mendiant.

Voyez-vous venir là-bas le vieux père Bertrand à la jambe de bois, appuyé sur sa grosse canne ferrée et s'avançant clopin-clopant? C'est un pauvre mendiant qui **souffre** beaucoup en marchant; déjà dans sa jeunesse, il a **souffert** d'une longue maladie. Mais il ne se plaint jamais, ni **de** ses souffrances ni **de** sa pauvreté. Seulement, quand il **souffre** trop, il pousse un douloureux soupir et montre le ciel en disant: „Quand j'aurai assez **souffert** ici-bas, là-haut, je ne **souffrirai** plus!"

Tout le monde aime et respecte le père Bertrand, car c'est un homme vénérable à la figure douce et souriante, **aux** cheveux blancs, à la barbe grise et **aux** yeux bleus et expressifs. Quand il **ouvre** les yeux sur vous, vous êtes touchés **de** ce regard plein de douceur. Vous **ouvrez** vite vos cœurs et vos mains, et **vous** lui **offrez** volontiers quelque petit don qu'il accepte à tête découverte et avec une profonde gratitude. **Offrons**-lui donc aussi quelque chose! Émile, **offre**-lui ton petit pain! Je lui **offrirai** deux sous. Qu'est-ce que tu lui **offriras**, Clémence? Ah, tu lui as déjà **offert** quelque chose! Tu as très bien fait.

Regardez les pauvres habits qui **couvrent** son corps! Ils sont rapiécés, mais bien propres, et jamais vous n'y **découvririez** un seul trou, tandis que d'autres mendiants ne sont **couverts** que **de** lambeaux. Et puis, il est si bon, si patient, si pieux et si poli! Il salue tout le monde, dé-

* Pour l'air voir l'appendice.

couvrant sa tête blanche avec une grande politesse à quiconque passe près de lui. Il raconte aux enfants de charmantes histoires et leur fait des joujoux avec son couteau. En revanche, ceux-ci lui offrent toujours une part de leur goûter. Quand j'étais jeune, je lui apportais souvent une bonne soupe et quelquefois un bon morceau de viande que mes parents lui offraient les jours de fête.

L'autre jour, un étranger lui offrit une pièce de monnaie. Quand le père Bertrand découvrit que c'était une pièce d'or, il rappela son bienfaiteur à haute voix pour la lui rendre. Mais celui-ci, touché de son honnêteté et de son air respectable, la lui laissa en récompense. Le père Bertrand en fut tellement surpris qu'il tomba à ses pieds et le remercia chaudement. Nous lui offrîmes notre secours et le reconduisîmes au banc.

Père Bertrand ne souffre donc pas de sa pauvreté, car toutes les mains sont ouvertes pour lui. Et quand il mourra un jour, je suis sûr que le ciel aussi s'ouvrira pour lui.

Mots dérivés à apprendre:

La souffrance das Leiden
entr'ouvrir halb öffnen
l'ouverture, f. die Öffnung, Eröffnung
l'offre, f. das Anerbieten, der Antrag
la découverte die Entdeckung

le couvert* das Gedeck, das Besteck, das Obdach, der Überzug
* der Briefumschlag heißt enveloppe, f.
le couvercle der Deckel
la couverture die Decke, Bedeckung.

Proverbes: Pauvreté n'est pas vice.

Contentement passe richesse.

Comme on fait son lit, on se couche.

Exercices.

1. Formez des phrases avec les verbes espacés et conjuguez-les au présent, au passé défini et au futur (conditionnel) de l'indicatif et au présent et à l'imparfait du subjonctif.

2. Formez les participes présent et passé, et conjuguez quelques temps composés.

Exemples: J'ai souffert d'une longue maladie — j'en ai souffert.
Je ne suis couvert que de lambeaux — je m'en suis couvert.
J'ai beaucoup souffert et je souffrirai encore.

Il faut que je couvre ma tête — il faut que je la couvre.
Je te l'offre à tête découverte.

3. Formez d'autres phrases avec les prépositions de et à.
4. Voir en outre les exercices de la 1ʳᵉ leçon.

12. Das kranke Brüderchen.

Seht ihr, wie euer Brüderchen mit den bleichen Wangen leidet? Es öffnet kaum die Augen. Jetzt öffnet es halb die Augenlider. Bieten wir ihm etwas zu trinken an. Agnes, biete ihm dein Sträußchen an! Meine Kinder, öffnet das Fenster; die Luft ist nicht rein im Zimmer; draußen ist sie besser und auch heilsamer. Ich werde dem Brüderchen den Kopf bedecken, weil es geschwitzt hat. Jetzt entblößt es seine Händchen; Agnes, decke sie mit der Decke zu! Ach, wie leidend es ist!

Mama, wird unser Brüderchen noch lange leiden? Gewiß, es hat schon genug an seiner Krankheit gelitten! Wird es seine Lippen nicht mehr öffnen, um zu sprechen? Wenn es wieder gesund sein wird, werde ich ihm mein Spielzeug anbieten; mein Bilderbuch habe ich ihm schon angeboten. Wieviel Tage leidet es (denn) schon? — Es sind jetzt sechs Tage her. Am verflossenen* Montag entdeckten wir, daß sein Gesicht ganz mit Röte bedeckt war. Der Arzt entdeckte bald, daß es die Masern* waren und nicht das Scharlach,* sonst wäret ihr nicht hier an seinem Bette. Jetzt spricht es; es wünscht, daß wir ihm die Medizin anbieten (Konj.). Welch gutes Kind!

7ᵐᵉ Leçon.

Verbes en -ir à radical simple, part. passé en -i.

Cueillir, accueillir, recueillir, saillir, assaillir, fuir (s'enfuir).

Les prépositions de et à (suite).

II, §§ 5 a, b & c. § 59, 2 & 3.

13. L'automne.

Le vingt et un septembre, c'est-à-dire, vers la fin du moi, l'été nous dit adieu, et l'automne lui succède. Les campagnards l'accueillent avec grande joie, car il ne se présente pas les mains vides. Les enfants surtout tressaillent d'allégresse à l'aspect des fruits colorés et savoureux qu'il apporte. Allons faire une promenade à la campagne; car c'est là qu'il se montre le plus prodigue et que tout le monde est content et se livre à la gaîté; il y a même des enfants qui tressaillent de joie.

On nous y **accueillera** bien, j'en suis sûr, car il y a grande abondance en tout cette année. Mais habillez-vous un peu plus chaudement qu'à l'ordinaire, autrement vous tremblerez **de** froid à notre retour; car l'air est déjà plus frais, les jours sont plus courts et les soirées quelque peu froides.

Êtes-vous prêts enfin? Alors traversons ces prés qui sont fauchés et où l'on ne voit plus que la colchique, mélancolique fleur d'automne. Ne la **cueillez** pas; elle est vénéneuse! — Comment, vous **tressaillez de** crainte qu'on ne nous défende de passer par ici! N'ayez pas peur! Personne ne criera, et aucun chien ne nous **assaillira**; car tout y est déjà **cueilli**. Cependant, les paysans récoltent encore des pommes de terre; d'autres **recueillent** les navets et les betteraves pour les bestiaux; quelques-uns enfin labourent les champs avec la charrue.

Regardez donc les bois, comme ils sont beaux avec leur feuillage coloré en vert, jaune, rouge et brun! Hélas! bientôt les feuilles se faneront. Dès qu'un vent glacial les **assaille**, elles tombent. C'est la fin de tout. — Entendez-vous ces coups de fusil? Ce sont les chasseurs qui font la chasse **aux** lièvres, aux chevreuils, aux cerfs, aux sangliers et à toute sorte d'autre gibier. Voilà un lièvre qui **fuit** devant les chiens de chasse! Pauvre petit, comme tu **tressailles de** terreur! Cours vite! Il y va **de** ta vie! Ah, malheureux, c'en est fait **de** toi!

Nous voici arrivés au village. Voyez-vous dans ce verger les grands pommiers qui portent tant de pommes rougeâtres? Là, un garçon les **cueille** et les jette du haut de l'arbre; d'autres enfants les **recueillent** dans des corbeilles. Une petite fille les **recueille** dans son tablier. On nous en offre. Merci bien, mon cher! Oh, qu'elles sont savoureuses! — Et regardez là-bas cette belle vigne, chargée **de** grappes de raisins rouges et dorés. En voilà plusieurs qui **saillent** sur le mur. On les **recueillera** pour en faire du vin.

Mais quel est ce bruit animé dans les airs? Ah, ce sont les hirondelles qui se rassemblent pour nous quitter; car elles **fuient** l'hiver comme nous **fuyons** le froid trop glacial **dans** les rues. Beaucoup d'autres oiseaux de passage se sont déjà **enfuis** ou **s'enfuiront** encore. Chers voyageurs, que de dangers, que de maux et d'accidents vous **assailliront** dans votre long voyage! Revenez tous sains et saufs au printemps, nous vous **accueillerons** comme nous vous avons toujours **accueillis**, à cœur et à bras ouverts.

Maintenant, rebroussons chemin! La brume se lève; l'air est rempli **de** brouillard; le ciel s'est couvert **de** nuages; la nuit s'approche et la fraîcheur devient déjà sensible. Tout s'enfuit et cherche un refuge. Enfuyons-nous aussi à la maison où la chambre bien chauffée nous recueillera. Adieu, chère campagne; nous reviendrons en hiver!

Mots dérivés à apprendre:

L'accueil die Aufnahme, der Empfang
le recueil die Sammlung
la récolte die Ernte
le recueillement die Sammlung, die Andacht
la cueillette die Obsternte

l'assaut der Anfall, Angriff, Ansturm
le tressaillement das Beben, Schaudern, Zittern
la fuite die Flucht
le fuyard der Flüchtling
fugitif flüchtig.

Exercices.

1. Formez des phrases et conjuguez-les au présent, au passé défini et au futur de l'indicatif et au présent du subjonctif.

2. Formez les participes et conjuguez quelques temps composés.

Exemples: J'ai tressailli de terreur.
J'ai fui devant les chiens.
Je me suis enfui de la maison — je m'en suis enfui.

3. Formez d'autres phrases avec les prépositions de et à.

4. Voir les exercices de la 1ère leçon.

14. Im Obstgarten.

Heute kommen eure Freunde an; nehmet sie gut auf! Bindet den Hund an, damit er sie nicht anfällt (Konj.). Er hat letzthin (l'autre jour) einen alten Bettler angefallen. Der kleine Peter zittert stets vor Furcht und flieht vor ihm. — Ihr werdet dann zusammen die reifen Birnen pflücken; ihr werdet welche davon essen und die übrigen in Körbe sammeln. Pflücket besonders diejenigen, die über die Mauer hängen, weil sie sonst auf die Straße fallen. Karl, du wirst nicht wieder die unreifen* pflücken wie gewöhnlich (à l'ordinaire). Ihr werdet auch welche für den Tisch pflücken. Verjaget auch die Spatzen*! Sie fliehen nicht immer, wenn man kommt, aber sie werden fliehen, wenn ihr (mit) Steinen werft. Seht, jetzt sind sie entflohen, die Spitzbuben.* Letztes Jahr sammeltet ihr auch viele Äpfel. Als ihr fortgingt, fielen euch zwei Taugenichtse an. Ihr aber verteidigtet euch so tapfer, daß sie vor Furcht zitterten und entflohen. Sie werden euch heute nicht wieder (de nouveau) anfallen.

Proverbes: Qui ne dit mot, consent.
Qui va à la chasse, perd sa place.

8ᵐᵉ Leçon.

Verbes en -ir à radical allongé, participe passé en -u.

Venir et tenir etc.

II, § 6.

15. La migration des oiseaux.

Vous souvenez-vous encore des hirondelles que n[ous] avons vues l'autre jour? Elles étaient sur le point d'émig[rer]. Tenez! voilà un autre vol d'oiseaux de passage qui font [leur] migration vers le sud. Ce sont des oies sauvages; on ne [les] reconnaît pas seulement aux cris qu'elles poussent continu[elle]ment, comme si elles s'entretenaient en route, on le [voit] encore à l'ordre parfait et curieux qu'elles main tiennent [dans] leur vol soutenu. Elles se rangent sur deux lignes obliq[ues] formant un angle plus ou moins aigu, la plus forte à la t[ête] fendant l'air la première. Quand celle-ci est fatiguée, elle [se] retire au dernier rang, et tour à tour les autres parvienn[ent] à la première place. Les grues aussi et les canards sauva[ges] observent cette disposition, parce qu'elle permet à la tro[upe] entière de fendre l'air sans trop de fatigue.

Il y a quantité d'espèces d'oiseaux — comme les gri[ves] les fauvettes, les rossignols, les hirondelles, les étourne[aux] les merles, les coucous, les cigognes, les hérons et beauc[oup] d'autres — qui, dans certaines saisons de l'année, cherch[ent] dans d'autres climats, la température qui leur convient, [et] la nourriture qu'il leur faut. A certain jour, ils vienn[ent] de tous côtés et se rassemblent à un endroit convenu. [Là] on tient une espèce de conseil, qui devient excessivem[ent] animé. D'abord il semble qu'on ne soit pas d'accord de l'h[eure] du départ, tant on se dispute, on se querelle; il arrive mê[me] parfois qu'on en vienne aux becs et aux ailes, bien que c[ela] ne convienne pas à des êtres si raisonnables en apparen[ce]. Peu à peu le bruit cesse; l'avis des plus âgés ou des p[lus] expérimentés, peut-être celui des plus forts, prévaut sur [les] autres: on est convenu du temps du départ. On ne s'[en]tretient plus si bruyamment, et enfin on se sépare pour p[lier] bagage ou pour dormir.

Le lendemain, à une certaine heure, tous sont reven[us] au même endroit; ils sont prêts à partir. Tout à coup la ma[sse] s'ébranle, s'élève en tournoyant pendant quelques momen[ts], va et revient comme pour prendre congé, et enfin s'env[ole] à tire-d'ailes vers le sud. En route, on se sépare; les dividus apparten**ant** à la même famille ou au même âge se réunissent pour former des troupes séparées. On dit que, chez quelques espèces, il y en a qui s'abs**tiennent** d'eux-mêmes du long voyage, rete**nus** par cause de maladie ou d'infirmité.

Les voilà qui **viennent de** partir! Par**viendront**-ils tous au but de leur voyage? Et surtout les jeunes, sou**tiendront**-ils aussi toutes les fatigues? — Nous souhaitons de bon cœur qu'ils re**viennent** tous avec le printemps pour nous réjouir. Mais malheureusement, beaucoup de nos fuyards ne **tiendront** pas tête aux dangers qui les attendent et ne re**viendront** pas revoir leur pays natal: les fatigues, les orages, la faim, la traversée de la mer et d'autres périls épuiseront leurs forces avant la fin du voyage, et ils périront en route; d'autres de**viendront** la proie des chasseurs ou des oiseaux carnassiers ou des hommes méchants. — **Tiens**! voilà une nouvelle volée! Adieu, chers oiseaux, bon voyage! Que Dieu vous **tienne** en sa sainte protection!

Qu'ils sont merveilleux, les ouvrages de Dieu! Qui a marqué à ces animaux le temps de leur départ, et qui les pré**vient** de l'heure de nous quitter? Qui leur montre la route et qui leur dit quand il est temps de re**venir**? — Et ce qui est plus merveilleux encore, ce sont l'exactitude avec laquelle ils re**viennent** à certaines époques fixes, et la fidélité avec laquelle ils se sou**viennent** de leurs anciens séjours, s'ils ne **viennent** à périr en route.

Je me sou**viens** d'avoir lu ou ouï dire qu'un tailleur avait attaché un mince ruban de soie bleue au cou d'une hirondelle nichant sous son toit. Elle partit avec ses compagnes en automne et re**vint** fidèlement au printemps, portant toujours son petit ornement. La joie de notre tailleur, qui avait déjà douté qu'elle re**vînt**, fut grande. Il appela tous ses amis et connaissances pour qu'ils **vinssent** voir sa chère hirondelle. Ceux-ci par**vinrent** à la prendre pour lui ôter son ruban. Mais quelle ne fut pas leur surprise quand ils y découvrirent quelques mots tracés en caractères étrangers! Que con**tenaient** ils? Probablement un salut d'outre-mer.

Mots dérivés à apprendre:

La venue das Kommen
le souvenir die Erinnerung
le revenant das Gespenst, der Geist
le parvenu der Emporkömmling
la consenance die Übereinstimmung, die Schicklichkeit
convenable schicklich
la tenue die Haltung
la tenue des livres die Buchhaltung
le teneur des livres der Buchhalter
la prévenance die Zuvorkommenheit
le contenu der Inhalt
l'entretien, m. die Unterhaltung
le soutien die Unterstützung
le maintien die Aufrechterhaltung
l'abstinence, f. die Enthaltsamkeit
abstinent enthaltsam
la contenance die Haltung, der Anstand

Exercices.

1. Formez quelques phrases et conjuguez-les au présent, au passé défini et au futur de l'indicatif et au présent et à l'imparfait du subjonctif.

2. Formez les participes et conjuguez quelques temps composés.

Exemples: Je suis convenu du départ avec toi.
Je viens de partir avec mon camarade.
Je viens à m'entretenir avec mon ami.
Je me suis souvenu de mon ancien séjour.
J'ai tenu tête aux dangers qui m'attendaient.

3. Voir aussi les exercices de la 1ʳᵉ leçon.

16. Einladungsbrief.*

Bern,* den 8. Dezember 1892.

Liebe Freundin,

Heute komme ich, (um) Dich zu bitten, uns während des Weihnachtsfestes zu besuchen (venir voir). Ich hoffe, daß Du Dich Deines Versprechens* erinnern wirst und daß Dich Deine Eltern nicht zurückhalten werden. Vorigen Sommer sind wir übereingekommen, daß Du zu Weihnachten zu uns kommen würdest. Wir werden uns sehr gut unterhalten. Ich benachrichtige Dich, daß wir keinen andern Besuch haben werden.

Wir haben soeben einen kleinen Verlust erlitten*; unser Kanarienvogel ist gerade in diesem Augenblicke entflohen. Du erinnerst Dich vielleicht, daß er mir gehörte. Draußen ist es sehr kalt; was wird (aus) ihm werden? Wird er wiederkommen? Die Thür des Käfigs* war offen, und so gelang es ihm (persönlich er gelang) (p. déf.) zu (à) entfliehen. Als ich im Zimmer anlangte, war er fort (loin). Wir hielten Rat zusammen, und wir kamen überein, ihn zu suchen. Ich enthielt mich jedoch der Verfolgung, um Dir zu schreiben. Ich behaupte,* daß sie ohne den Vogel zurückkommen werden.

Man kommt in diesem Augenblicke zurück. Eduard hält den Vogel in der Hand. Welche Freude! Er behauptet, daß wir die Fenster oder die Thüre des Käfigs immer verschlossen halten sollten (devrions); ich gebe zu, daß er recht hat.

Indem ich hoffe, daß Du mich von Deinem Entschlusse* benachrichtigen wirst, bin ich

Deine ergebene Freundin
Laura.

Proverbes: Un tiens vaut mieux que deux tu l'auras.
On revient toujours à ses premières amours.
A l'impossible nul n'est tenu.

9ᵐᵉ Leçon.
Verbes en -ir aux changements variés.
Courir, mourir, acquérir, vêtir.

II, § 7 a, b, c & d.

17. La course.

Croyez-moi, mes enfants, un des exercices les plus salutaires pour la jeunesse c'est la course. Voilà pourquoi vous sentez continuellement le besoin de courir. Un enfant qui ne court pas ou qui ne peut pas courir n'est qu'à moitié enfant. Tous les enfants courent s'ils ne sont pas malades ou estropiés, trop faibles ou — trop paresseux. Chaque mère désire que son enfant coure, afin qu'il acquière de la fermeté et de la force. Vous courez au jeu, à la promenade, et, en allant à l'école, il faut aussi que vous couriez si vous êtes en retard.

Quelquefois je cours avec vous quand nous parcourons les bois. Vous souvenez-vous comme nous avons couru, l'année dernière, en cherchant des muguets? Oh, je me rappelle encore parfaitement comme ce drôle de petit Jean courait toujours du côté où il n'y en avait pas, tandis que nous courions vite de l'autre où nous en cueillions à pleines mains. Le printemps prochain, nous courrons de nouveau dans les magnifiques bois pour cueillir des fleurs, surtout des muguets des bois; je vous promets qu'alors je courrai souvent avec vous; peut-être vos sœurs courront-elles aussi avec nous.

En courant on n'acquiert pas seulement de la force et de la fermeté, mais encore de la souplesse et de l'élasticité. De plus, les poumons s'élargissent, acquérant en même temps plus de force de résistance. Nous acquérons encore de l'énergie d'esprit et de la vivacité de caractère. Ce sont surtout les garçons qui doivent acquérir ces qualités. S'ils courent beaucoup, ils acquièrent encore de la justesse, de l'adresse et de l'agilité dans leurs mouvements, excellentes qualités qui ne sont acquises qu'à la suite de beaucoup d'exercices. Vous ne les acquerrez pas en vous traînant dans les chambres ou dans les rues; au moins n'égalerez-vous pas ceux qui courent beaucoup. Courez donc tant que vous êtes jeunes!

Chez les Grecs et les Romains, surtout chez les premiers, la course fut un des principaux exercices. Les vainqueurs y acquéraient (recevaient) des couronnes de lierre ou de laurier. Aussi les Romains sont-ils devenus supérieurs à toutes les autres nations de leur temps, conquérant et soumettant à leur pouvoir le monde presque entier. Dans leurs courses, les jeunes gens étaient peu ou point vêtus pour être plus libres dans leurs mouvements.

Il y a aussi quelquefois des courses chez nous aux fêtes scolaires. Alors les coureurs se vêtent légèrement en blanc ou en gris. On court vers une borne marquée; le premier qui y arrive acquiert (remporte) un prix. Du temps de ma jeunesse, j'ai souvent concouru et j'ai acquis plusieurs prix. Par ces exercices, nous acquîmes une très forte santé.

Un jour survint un triste accident. La chaleur était extrême. Nous courûmes de toutes nos forces pendant cinq ou six minutes. Le vainqueur, ayant couru trop vite et s'étant trop échauffé, chancela en arrivant au terme. Nous accourûmes pour l'assister. „De l'eau!" murmura-t-il, „je me meurs!" On lui en donna; puis on transporta notre jeune camarade sous la tente où il mourut quelques instants après. Une attaque d'apoplexie avait terminé cette jeune vie. „Ne meurs pas, oh ne meurs pas, mon enfant!" s'écriait sa mère en se jetant sur son corps. Mais il était mort; et l'on emporta la mère presque mourante.

Gardez-vous donc, mes enfants, de courir trop, quand il fait chaud, et de boire quand vous avez trop couru. Ce n'est pas à dire qu'on en meure toujours; mais de longues maladies ou des infirmités peuvent en résulter. Il y a longtemps que mon ami est mort; cependant ce triste souvenir ne mourra jamais dans ma mémoire.

Mots dérivés à apprendre:

Le cours der Lauf, Lehrgang
la course der Lauf, Wettlauf
le coureur der Läufer
le courrier die Eilpost
le coursier das Rennpferd
le courant die Strömung
la mort der Tod
le mort der Tote
mortel, le sterblich
la mortalité die Sterblichkeit
le concours das Zusammentreffen, die Mitbewerbung
la concurrence die Mitbewerbung, die Konkurrenz
le concurrent der Mitbewerber
le discours das Gespräch, die Rede
le secours die Hilfe
recourir seine Zuflucht nehmen
le recours die Zuflucht
l'acquisition die Erwerbung
la conquête die Eroberung
le conquérant der Eroberer.

Exercices.

1. Formez des phrases et conjuguez-les au présent, au passé défini et au futur de l'indicatif et au présent du subjonctif.

2. Formez les participes et conjuguez quelques temps composés.

Exemples: J'ai souvent couru avec toi.
J'ai concouru et j'ai acquis plusieurs prix.
Je suis mort d'un coup d'apoplexie.

18. Récapitulation.

Wohin laufet ihr so schnell? Wir werden mit euch laufen! — Kommt und laufet mit uns! Wir laufen aufs Feld (plur.), wo man Hasen jagt. Sehet ihr die Jäger mit ihren Flinten und die Hunde, welche hinter den Hasen herlaufen? Viele Hasen und auch Rehe sterben heute, sind schon gestorben und werden noch (in) diesem Winter sterben; denn die Jagd ist seit einigen Tagen eröffnet.

Ich bin müde, denn ich bin zu viel gelaufen. Gestern sind wir auch viel gelaufen beim Spiele. Papa will, daß wir viel laufen, weil wir dadurch (par là) Kraft und Gelenkigkeit erwerben. Mein älterer Bruder hat schon viel Kraft und Gelenkigkeit erworben; auch ich würde sie erwerben, wenn ich viel liefe und spränge. Ich würde sie schon erworben haben, wenn ich auf meinen Vater gehört* hätte (j'eusse).

Werdet ihr nicht auch viel laufen? Ihr würdet dadurch eine feste* Gesundheit erwerben; wenn nicht,* müßt ihr zum Arzte eure Zuflucht* nehmen. Unsere Eltern liefen auch viel, als sie jung waren, und erwarben dadurch ihre gute Gesundheit. Aber manche* Menschen erwerben lieber* Geld als Gesundheit; sie laufen dem Gewinne* nach. Der beste Erwerb* ist die Gesundheit. Der gesunde Mensch stirbt nicht so schnell als der schwache, obgleich wir alle eines Tages sterben (Konj.). Ja, wir werden einst alle sterben, selbst die gesündesten werden sterben, wie unsere Großeltern, die schon gestorben sind.

Aber wenn ihr lauft, kleidet euch leicht. Vorige Woche liefen meine Brüder und ich eine halbe Stunde, ohne auszuruhen, und wir haben uns keinen Tadel zugezogen,* sondern wir erwarben uns das Lob* unseres Vaters; aber wir waren auch sehr leicht gekleidet. Ich wünsche, daß ihr auch diese Ausdauer* erwerbet (Konj.). — Übrigens reden* wir nicht so viel darüber, sondern laufen wir lieber!

Proverbes: Bien mal acquis ne profite jamais.

Qui court deux lièvres n'en chasse aucun.

Exercices répétitoires
sur les verbes en -ir:

Conjuguez, dans tous les temps simples, chaque personne des phrases suivantes*:

a. Je sens le doux parfum des fleurs; je t'offre mon pain; je m'enfuis devant toi; je m'entretiens avec mon camarade; je cours avec les autres.

b. J'acquiers et j'offre des présents.
Je meurs et je dors.
Je pars, mais je reviens.
Je me vêts légèrement et je m'en repens.
Je cueille les roses et les tiens à la main.
Je secours les pauvres et je me souviens d'eux.
Je sens le froid, j'en tressaille et je le fuis.
J'ouvre ma maison et j'y accueille mes amis.

Exercices répétitoires généraux
sur les verbes en -er, -ir et -re:

Je monte, je gravis et je descends la montagne.
J'emploie l'ouvrier, je le paye, et je lui offre du secours.
J'appelle le domestique à la chambre, je lui tends la main, je l'y retiens et puis je le renvoie.
J'accueille, je protège et je défends le malheureux, et je lui offre du secours.
J'accours et j'attends mon frère longtemps; alors je m'ennuie et je m'en vais.
J'acquiers des pommes, je les pèle, je les mange et je m'en réjouis beaucoup.

10me Leçon.
Accord du participe passé conjugué avec avoir. Place du sujet et forme interrogative.

II, § 35,3.   II, § 47.

19. La leçon d'écriture.

Préparez-vous pour la leçon d'écriture! Prenez vos plumes et vos cahiers de thèmes français! Les encriers sont-ils ouverts? — Nous allons finir aujourd'hui la dictée que nous avons commencée avant-hier. Tenez-vous droits et ne vous

---
* Voir les exercices répétitoires p. 8.

penchez pas trop en avant! Prenez la peine de vous accoutumer à bien écrire et souvenez-vous de toutes les règles **que** je vous ai do**nnées** l'autre jour!

Charles, où est ton cahier? — Comment, tu l'as ou**blié**? Eh bien, tu auras une mauvaise note. Montre-moi le tien, François! — Qu'est-ce que c'est? Tu ne l'as pas ré**glé**! — Tu le régleras tout de suite. Prends la règle! — Que dis-tu? Tu l'as laiss**ée** à la maison! Alors emprunte celle de ton voisin! — Emile, tes lignes sont trop serrées et la marge **que** tu as laiss**ée** est trop étroite pour y corriger toutes les fautes que tu fais d'ordinaire. — Jacques et André, le papier de vos cahiers est trop mauvais. Où **les** avez-vous ach**etés**? N'achetez donc plus du papier qui boit! Et vos papiers brouillards, où sont-ils? — Vous **les** avez perdus! Vraiment, vous êtes des écoliers par trop négligents!

Paul, qu**elle** plume as-tu ap**portée** aujourd'hui? N'est-ce pas une plume d'oie? — Qui te l'a do**nnée**? — Tu l'as ach**etée** à la papeterie? Mais qui t'a dit de l'acheter? — Ton père! Il dit que les plumes métalliques gâtent la main! — Ah mon cher, dis-lui donc qu'il n'y a plus rien à gâter à la tienne! Ce ne sont pas les plumes d'acier qui l'**ont gâtée**, mais c'est toi-même! Cependant, aujourd'hui ton écriture est encore plus mauvaise qu'à l'ordinaire. On n'y voit presque pas de *déliés*; il n'y a que des *pleins*. C'est que tu appuies beaucoup trop! Les plumes d'oie sont trop molles pour être maniées de la sorte! — Toujours est-il que ton père n'a pas tout à fait tort: autrefois on se servait de plumes d'oie; je **les** ai aussi emplo**yées** dans ma jeunesse. Mais aujourd'hui, on **les** a rempl**acées** par des plumes métalliques pour plusieurs raisons.

Eh quoi, Charles, quelles pattes de mouche as-tu donc trac**ées** dans ton cahier? Ma foi, ce n'est qu'un horrible griffonnage! Et pourquoi n'écris-tu jamais droit? Quand on n'a pas une bonne main, comme toi, il faudrait au moins s'efforcer d'écrire lisiblement!

Edmond, tu sais que je n'aime pas ton écriture non plus; mais aujourd'hui c'est un véritable barbouillage, impossible à déchiffrer! Et **combien de** ratures as-tu faites? Ne vous ai-je pas interdit de gratter, et ne vous rappelez-vous pas que je **vous** ai déjà pu**nis** à cause de cela? Rayez ou barrez les fautes quand vous **en** avez fait, mais n'employez ni le grattoir ni le canif! — Ah, Edmond, ce sont des pâtes **que** tu as gratt**és**! Tant que tu en as faits, autant tu en as grattés. Ta plume ne va-t-elle pas bien? Est-ce qu'elle crache? — Mais, c'est parce que tu l'as gâtée pour l'avoir trop maltraitée comme tu le fais de coutume! Bien que les plumes métalliques soient faites d'acier ou de fer, elles supportent difficilement les mauvais traitements. Il y en a deux espèces, de pointues et de larges; **lesquelles des deux as-tu préférées**? — Les pointues! Mais, mon cher, la pointe de la tienne n'est-elle pas émoussée? Tu ne l'auras pas nettoyée après l'avoir employée! Prends-en une autre dans ton étui! Ton essuie-plumes où est-il?

Richard, ne serre pas trop ton écriture! Et puis, il me semble qu'il manque des feuillets à ton cahier! Est-ce que tu **les aurais arrachés** à plaisir par exemple? — Comment, tu dis que tu n'as arraché qu'un seul feuillet! Mais pourquoi l'as-tu donc enlevé? — Ah, encore une tache d'encre que tu as raturée! Ne vois-tu pas que tu as troué le papier en même temps? **Que de** taches tu as déjà faites dans ce nouveau cahier! Eh bien! tu me feras une copie de la dictée à titre de pensum. C'est bien ta faute à toi!

Ah ça, Maurice, **qu'as-tu** donc fait? Ta dictée fourmille de fautes d'orthographe! Tu n'apprendras donc jamais l'orthographe française! Pourquoi mets-tu toujours des minuscules où il faut mettre des majuscules comme p. e. dans les noms propres? Les noms de mois et de jours, au contraire, s'écrivent avec des minuscules. Et les signes de ponctuation, pourquoi ne **les** as-tu pas **mis** comme je **les ai indiqués**? — Ici, il faut remplacer la virgule par un point et virgule, là, le point d'exclamation par un point d'interrogation! Les alinéas, tu ne **les** as pas **observés** non plus. Tu es un petit étourdi. Ne m'as-tu pas **compris**?

Quant à l'accentuation, je vois à mon grand regret que la plupart d'entre vous pèchent contre les règles **que** je vous **ai enseignées**. Encore faudrait-il que vous observassiez la règle de ne pas mettre d'accent sur un **é** suivi d'une s avec une autre consonne; que de fois ne vous l'ai-je pas **répétée**? Eh! ne mettez donc plus de point sur l'i surmonté d'un accent circonflexe comme p. e. dans le mot „maitre". Ça a l'air très drôle! Vous avez encore presque tous la mauvaise habitude de ne pas décomposer les mots en syllabes à la fin des lignes. C'est une négligence pour laquelle je **vous** ai déjà très souvent blâmés. Et quand vous décomposez les mots, n'employez pas deux traits, comme on fait en allemand; n'en mettez qu'un.

Fermez les cahiers et recueillez-les!

Exercices.

1. Donnez des phrases dans lesquelles le **régime direct qui précède** le participe passé conjugué avec avoir, est:

   a. un pronom personnel conjoint (me, te, le, la, les etc.);

   b. un pronom relatif;

   c. un pronom interrogatif;

   d. un substantif accompagné d'un pronom interrogatif ou de **que de, combien de.**

2. Transformez, dans les phrases suivantes, les régimes directs en pronoms personnels:

Nous avons commencé la leçon — (nous l'avons —). Je t'ai donné des règles — (je te les ai —). Elle a perdu ses plumes —. Tu n'as pas réglé ton cahier —. Il a emprunté ma règle —. Vous avez acheté les plumes —. Tu as gâté ta main —. J'ai raturé deux pâtés —. Ils ont préféré les plumes pointues —. Il a employé le canif et le grattoir —. Elle a fait une tache d'encre —. Tu n'as pas observé les signes de ponctuation —. Nous avons ouvert nos livres —. Le maître nous a enseigné l'écriture —. Les élèves ont oublié les règles —. As-tu apporté tes cahiers? — A-t-il retrouvé son livre français? —. Avez-vous corrigé vos fautes d'orthographe? —. Ont-ils raturé les pâtés?

3. Complétez les phrases suivantes en mettant des **participes passés**:

   a. Mes enfants, je **vous** ai souvent —. Malheureusement, le maître **nous** a —. Votre écriture je l'ai —. Toutes ces fautes, ils **les** ont —. Il y manque des feuillets: **les auriez-vous** —? Sa règle, l'aurait-il —? Ses cahiers, je ne **les ai** pas —.

   b. Charles, où est la plume **que** je t'ai —?
   Ce sont trop de fautes d'orthographe **que** tu as —;
   Voici les plumes métalliques **lesquelles** nous avons —;
   Quand finirez-vous les tâches **que** vous avez —?
   Pourquoi les élèves ont-ils oublié les cahiers **qu'ils** ont —?

   c. Voici plusieurs plumes; **lesquelles** avez-vous —? **Laquelle** de tes règles **as-tu** —? De tous leurs livres **lesquels ont-ils** —? **Lesquelles** de ces élèves le maître a-t-il —?

   d. **Quelle** faute **ai-je** —? Quel cahier **as-tu** —? **Quels** pâtés ont-ils —? **Quelles** plumes avez-vous —? **Combien de** ratures a-t-elle —? **Que** de feuillets avons-nous —? **Quelles** règles vous ai-je —?

4. Formez des exemples pour chacune de ces règles et écrivez-en quelques-uns!

5. Choisissez ou formez des phrases interrogatives dans lesquelles le sujet est:
- a. un pronom personnel: (je, tu, il, elle, on etc.) ou le pronom démonstratif ce;
- b. un pronom interrogatif ou un substantif accompagné d'un pronom interrogatif;
- c. un substantif sans pronom interrogatif (forme absolue).

20. Auf dem Markte.

Wir sind heute (diesen) Morgen auf den Markt gegangen, wo wir viele Blumen, Gemüse und Früchte gesehen haben. Die Blumen, welche wir dort gefunden haben, waren sehr schön. Wie viele Rosen aller Farben haben wir dort gesehen! Ich würde sie gekauft haben, wenn ich Geld genug gehabt hätte. Aber auch die Nelken,* die Hyacinthen,* die duftigen Veilchen, die Lilien und die Tulpen, ich habe sie alle bewundert. Eine Blumenverkäuferin* fragte mich plötzlich: „Welche von diesen Blumen, mein Fräulein, haben Sie gewählt?" Ich würde sie alle gewählt haben. Doch war ich sehr verwirrt* und habe mich davon gemacht.* Bald fand ich meine Freundinnen wieder, die mich schon gesucht hatten.

Darauf haben wir den Blumenmarkt* verlassen und uns auf den Gemüse-* und Obstmarkt begeben. O welche herrlichen Früchte wir dort gefunden haben! Und welche schönen Gemüse hat man dort verkauft! Unter den ersteren waren es die Erdbeeren, die ich den Himbeeren und Stachelbeeren vorgezogen haben würde. Wir haben sie auch gekostet* und nachher haben wir auch welche (en) gekauft, die wir unterwegs gegessen haben.

Aber alle Gemüse haben wir beiseite* gelassen. Diejenigen, welche Mama neulich mitgebracht hat, waren noch schöner als diejenigen, die man uns angeboten hat. Übrigens war das Körbchen, das wir mitgebracht hatten, zu klein. Die Erbsen, die Bohnen und die Spargel habe ich am meisten bedauert; diese Küchenpflanzen* hatte ich noch nie so schön gesehen. Mama hatte keine davon mitgebracht.

Proverbe: La parole est d'argent, le silence est d'or.

Exercices répétitoires généraux
sur l'accord du participe passé.

II, § 35, 1–3.

Complétez les participes passés:

Il faut qu'une porte soit ouv —ou ferm —. La nôtre est-elle ferm —? Oui, je l'ai ferm —. Ta sœur l'as-tu appel —? Elle a été appel —; elle a mang — les fruits que nous avons cueill —. Les a-t-elle tous mang —? Non, elle en a laiss — quelques-uns. Combien de pêches le père a-t-il achet —? Il en a achet — quatre. Vous vous êtes tromp —, mes amis, il en a achet — cinq; je les ai compt —.

Nous nous sommes procur — une voiture. Quelle voiture vous êtes-vous procur —? Celle qui était tomb — hier et dont l'une des roues était cass —. Ma tante est très abatt —; sa fille est mor —. Laquelle de ses filles est mor —? L'aînée qui avait trop cour — l'autre jour. Lequel de ses fils le père a-t-il blâm —? Quelles qualités les garçons ont-ils acqui — en courant? Quelle maison avez-vous acqui —? Celle qui est couv — de tuiles.

Les lièvres sont beaucoup poursuiv — cet hiver; on en a tu — six cents la semaine pass —. De chevreuils il y en avait aussi beaucoup de tu —. Qui a décou v — cette faute? C'est le maître qui l'a découv —. J'ai entend — les rossignols au bois voisin; j'en ai entend — au moins trois. Nous avons entend — hier les chansons que vous avez chant — à l'école. Que de jolis chants vous avez chant —! La tempête a éclat —; les feuilles tomb — des arbres sont balay — par le vent; beaucoup d'arbres sont romp —. Vous vous êtes cach — sous les arbres! Vous serez frapp — par la foudre. Regardez les nuages chass — par l'orage! Maintenant la pluie et l'orage ont cess —; ils sont pass —. Nous sommes sauv —.

Où est ta corbeille, Clémence? Tu l'as perd —! Elle sera gât — par la pluie. Pourquoi ne vous êtes-vous pas lav — les mains? Nous les avons déjà lav —. Nous nous sommes aussi lav — la figure. Êtes-vous all — à l'église, mes filles? Je ne vous ai pas rencontr —. Laquelle de ces filles est tomb —? Celle que vous avez — hier. Elle s'est cass — la jambe. J'espère qu'elle sera bientôt guér —.

IIme Leçon.
Verbes en -uire, passé défini en -si, part. passé en -t.

Conduire, produire, construire, détruire, instruire, nuire, cuire, luire.

II, § 8 a & b.

21. Causerie.

Bonjour, mademoiselle, comment vous portez-vous?
Très bien, merci, monsieur! Et vous?

Pas mal, mademoiselle, je vous remercie. Mais comment se porte madame votre mère?

Dieu soit loué, elle se porte mieux maintenant. Je la **conduis** au soleil presque tous les jours; cela **produit** toujours un très bon effet.

Je suis bien aise de l'apprendre, mademoiselle. Le petit accident de l'autre jour ne lui a donc pas nui?

Heureusement, non, monsieur. La frayeur a été plus grande que le mal qu'elle en a ressenti. Cependant pour se remettre complètement de sa faiblesse, elle doit passer l'hiver à Nice où je la **conduirai**.

Je vous félicite du beau séjour, que vous devez faire dans cette ville, mademoiselle! Mais parlez-vous français?

J'en sais juste assez pour me faire comprendre, et je comprends mieux que je ne parle. D'ailleurs, ma mère parle cette langue passablement. Nous lisons et nous **traduisons** maintenant un beau livre français. Pour nous exercer dans la conversation, nous nous questionnons toujours mutuellement sur notre lecture, et ensuite nous la **reproduisons** de vive voix tant bien que mal. Cela nous fait toujours faire quelques progrès.

Vous faites très bien, mademoiselle; continuez comme cela! **Construisez**-vous aussi quelquefois des phrases d'après des règles de la grammaire?

De temps en temps, cependant nous ne **produisons** pas toujours de bon français. Mais nous **reconstruisons** très souvent des phrases idiomatiques pour les apprendre par cœur ensuite.

Je ne puis qu'applaudir à cette méthode rationnelle; car il est évident qu'on s'instruit beaucoup mieux par de bons exemples que par les vains efforts que l'on fait en voulant **produire** ce qui est au-dessus de nos forces. — Mais n'avez-vous pas peur d'aller à la Rivière où des tremblements de terre ont détruit beaucoup de maisons, il y a quelque temps? Je me rappelle avoir lu qu'une seule secousse en **détruisit** plus d'une vingtaine et que les trépidations **produisirent** une telle terreur parmi les habitants qu'ils abandonnèrent leurs habitations pour camper en plein air, à la belle étoile, comme on dit, sous des tentes et des baraques **construites** à la hâte.

C'est vrai, monsieur; mais on a aussi constaté que les tremblements de terre ne se **reproduisent** guère au même endroit avec la même intensité que la première fois. Du reste, tous les bâtiments ont été plus solidement **reconstruits** depuis, et les tremblements ne se sont plus répétés. Je n'ai donc pas la moindre peur, et je me réjouis d'avance de voir enfin ce merveilleux pays avec ces magnifiques jardins, où le soleil brille avec tant d'éclat, où la mer reluit et offre un aspect enchanteur, où les fleurs sont plus odorantes et les fruits plus savoureux qu'ailleurs.

Gardez-vous bien, mademoiselle, d'y voir tout en rose! C'est surtout ici que l'ancien proverbe trouve son application: „Tout ce qui re**luit** n'est pas or." Prenez garde de trop manger de fruits! Ils vous **nui**ront si vous êtes imprudente.

Ce ne sont pas les fruits que je crains, monsieur, c'est plutôt la cuisine méridionale. On m'a dit qu'on y **cui**sait tout à l'huile, ce que je ne pourrais pas supporter. Il n'y a, m'a-t-on dit, que le pain qui doit y être bien **cui**t.

On vous a mal renseignée, mademoiselle. La cuisine française est très bonne, même dans le midi. On l'a déjà intro**dui**te chez nous, et je l'aime beaucoup. Les viandes sont bien apprêtées et les légumes bien assaisonnés; et, dans les meilleurs restaurants et hôtels, on prépare tout au beurre; j'en excepte la salade qu'on assaisonne avec une huile d'olives excellente, ne **nui**sant point à la santé.

Tant mieux; je vous remercie bien de vos renseignements. Mais il est déjà tard; le temps a passé si vite! Voilà déjà les étoiles qui **lui**sent (scintillent) au firmament! La lune **lui**t déjà depuis une demi-heure. Il faut que je retourne vite à la maison.

Permettrez-vous, mademoiselle, que je vous re**condui**se? Merci infiniment, monsieur; j'accepte avec reconnaissance. Vous me re**condui**rez, s'il vous plaît, par le chemin le plus court. — Me voilà arrivée. Mille remerciements! Bonne nuit!

Mots dérivés à apprendre:

La conduite die Führung, das Betragen
le conducteur der Leiter, Schaffner
l'introduction, f. die Einleitung
la production die Erzeugung
le produit das Erzeugnis, Produkt
la reproduction die Wiedererzeugung, Wiedergabe
la traduction die Übersetzung
la construction die Erbauung, der Bau
le constructeur der Erbauer
la reconstruction der Wiederaufbau
la destruction die Zerstörung
le destructeur der Zerstörer
destructif, ve zerstörend
l'instruction, f. die Belehrung, der Unterricht
l'instructeur der Exerziermeister
instructif, ve belehrend
instruit lenntnisreich, gebildet
la cuisine die Küche
le cuisinier, ère der Koch, Köchin.

Exercices.

1. Formez quelques phrases et conjuguez-les au présent, au passé défini et au futur, et au présent du subjonctif.

2. Formez les participes et conjuguez quelques temps composés.

Exemple: J'ai conduit ma mère; je l'ai conduite.

3. Voir aussi les exercices de la 1ère leçon.

22. Plaudereien.

a. Der Unterricht.

Wohin führst du deinen kleinen Bruder?

Ich führe ihn in die Elementarschule,* wo er unterrichtet werden wird. Es giebt dort mehrere Lehrer* und Lehrerinnen,* die ihn unterrichten werden. Man wird ihn dort unterrichten vor allem gut zu (à) lesen, zu schreiben und zu rechnen. Dort muß er sich auch gut aufführen (Konj.), aufmerksam und fleißig sein; denn wer sich nicht gut führt, wer unaufmerksam* und träge ist, macht keine Fortschritte.*

Wirst du dich gut betragen, mein lieber Junge? O gewiß, ich werde mich gut betragen, ich werde folgsam und fleißig sein.

Sehr gut, mein Lieber; das wird eine gute Wirkung auf deinen Lehrer hervorbringen und du wirst gute Zeugnisnoten* bekommen (avoir).

Und in welche Schule gehst du, mein Freund?

Ich gehe in die Realschule,* weil man dort gut in den neueren (modernes) Sprachen unterrichtet wird. Unser Lehrer läßt uns nicht nur lesen und übersetzen, er lehrt uns auch zu sprechen, Sätze zu bilden und nachzubilden,* was wir gelesen haben. Oft bilden wir falsche* Sätze; einige Schüler jedoch bilden immer richtige Sätze. Beim (en) Übersetzen bringen wir manchmal schlechtes Deutsch hervor; dann müssen wir die Sätze von neuem bilden.

Hast du auch schon richtige Sätze gebildet, mein Lieber?

O ja, gestern habe ich sogar zwei gebildet.

Übersetztet ihr (p. d.) sie auch?

O ja, wir übersetzten und konjugierten sie nachher. Diese Übungen erzeugen stets viel Vergnügen unter den Schülern. Jedoch giebt es auch welche, die sich in der Schule nicht gut benehmen, die schlecht übersetzen und die nur schlechtes Französisch hervorbringen. Es giebt sogar welche, die ihre Bücher zerstören; doch dieses schlechte Betragen schadet ihnen sehr; ihre Betragenszeugnisse (bulletin de) sind immer sehr schlecht.

Werdet ihr heute übersetzen oder Sätze bilden?

Ich hoffe, daß wir wieder* Sätze bilden werden; wenn sie leicht sind, werden sie nicht übersetzt. Gewöhnlich müssen die besten Schüler übersetzen; das letztemal mußte (il fallait) ich alle Sätze übersetzen.

b. In der Küche.

Sage mir, wo bäckt man das Brot?

Das Brot wird gewöhnlich im Backofen gebacken: den Kuchen aber backen wir im Ofen,* andere backen ihn auch im Backofen. Das Brot und der Kuchen müssen gut gebacken sein; unausgebackenes* Brot und Kuchen schaden der Gesundheit: frisch gebackenes Brot ist auch schädlich.

Neulich war ich in der Küche, wo das ganze Küchengerät* glänzte. Ich betrachtete auch das leuchtende Feuer im Backofen; es glänzte so sehr, daß es mir das Gesicht blendete.* Mama sagte, daß es den Augen schadete; aber ich glaube, es hat ihnen nicht geschadet. Ich sehe sehr gern das glänzende Licht,* besonders auch dasjenige der Sterne, die des Abends leuchten. Wie (woher) kommt es, daß die Kinder und die Vögel alles lieben, was glänzt?

Amusette: Si huit fruits cuits lui nuisent, donnez-lui huit fruits crus!

Proverbe: L'homme propose et Dieu dispose.

12me Leçon.
Verbes en -re, aux changements variés.
Écrire, suivre, vivre.

II, § 9 a, b & c.

23. Lettre.

Genève, le 11 juin 1890.

Ma chère maîtresse,

Veuillez bien excuser votre élève de ne pas vous avoir écrit dès son arrivée ici. Mais toutes les fois que j'ai voulu vous écrire, on m'en a empêchée. Tout le monde est si aimable ici et me comble de tant d'attentions que je vis pour ainsi dire au milieu des plaisirs et des distractions. Je ne suis presque jamais seule; tout le monde s'empresse autour de moi et me comble d'égards, jusqu'au petit chien Mignon qui me suit partout.

Je vous écris donc ces lignes à la dérobée, dans un petit pavillon au fond du jardin, espérant que personne ne me poursuivra jusque dans cette cachette. Toutefois, Mignon m'a suivie et s'est couché en face de moi, suivant de ses yeux intelligents tous mes mouvements.

La dernière fois que je vous écrivis, je vivais à Lyon près de ma pauvre tante qui, hélas! ne vit plus aujourd'hui, mais dont je conserverai à jamais le souvenir. Elle est morte il y a trois semaines, et, après sa mort, j'ai dû quitter Lyon et venir à Genève retrouver mon vieil oncle qui y a vécu depuis de longues années et qui a survécu de dix ans à sa femme. Je vous décrirai mon voyage une autre fois, quand je vivrai plus tranquillement que maintenant; car on me laisse à peine disposer d'un seul instant: c'est toujours visites, promenades et excursions. Ici on peut dire avec raison: „Les jours se suivent, et ne se ressemblent pas." Voulez-vous que je vous décrive un peu une excursion que nous avons faite la semaine dernière dans les montagnes du Jura?

Nous partîmes de grand matin. Le temps ainsi que le pays que nous traversâmes étaient ravissants. Arrivés au pied de la montagne, nous suivîmes un chemin ombragé à travers des bois de pins jusqu'à un petit chalet. Après y avoir goûté de bon lait, notre compagnie suivit un sentier qui conduisait au plateau de la montagne. Là, une vue magnifique se déroula devant nous yeux. Vers l'est, on voyait le beau lac Léman couvert de voiles blanches et bordé de hautes montagnes. A l'horizon s'élevait le majestueux Mont-Blanc, dominant la chaîne des Alpes que les yeux suivaient à perte de vue. A l'ouest, se montraient de sombres rangées de petites montagnes couvertes de forêts de sapins et se suivant les unes les autres jusqu'au bout de l'horizon. Nous restâmes quelques heures devant ce panorama, puis nous retournâmes très contents à notre demeure.

Hier, nous avons fait une longue promenade en bateau sur le lac; cette après-midi, nous serons en visite, demain, il y aura un concert, et après-demain et les jours suivants, d'autres plaisirs se suivront. Ainsi nous vivons au jour le jour. Mais qu'est-ce qui s'en suivra de cette vie légère? — Qui vivra verra! — Cependant rassurez-vous, chère mademoiselle! Ne craignez pas que je devienne une personne ne vivant plus que de plaisirs et de distractions! Dieu m'en garde! Je commence déjà à m'en lasser, et bientôt je poursuivrai de nouveau les études sérieuses et utiles que j'avais commencées sous votre direction. Ma cousine suit un cours de littérature française, que je suivrai aussi dès demain; je vous en écrirai, ainsi que de la belle ville de Genève, dans ma prochaine lettre. — On m'appelle. —

Adieu, chère mademoiselle; excusez-moi que j'écris ces lignes un peu à la hâte. Présentez, je vous prie, mes compliments à votre sœur et à toutes mes anciennes camarades d'école. Écrivez-moi bientôt, s'il vous plaît, en envoyant votre lettre à l'adresse de Monsieur Vinet, rue du Rhône No. 17. En attendant le plaisir de vos nouvelles, je vous prie d'agréer mes salutations cordiales et respectueuses.

Votre toute dévouée élève,
Marie F.

Mots dérivés à apprendre:

L'écriture die Schrift, Handschrift
une écritoire ein Schreibzeug
un écriteau ein Zettel, Anschlag
un écrivain ein Schriftsteller, in
la description die Beschreibung
descriptif, ve beschreibend, schildernd
l'inscription die Inschrift, Überschrift

la suite die Folge, das Gefolge, die Fortsetzung
la poursuite die Verfolgung
la vie das Leben
les vivres, m. die Lebensmittel
vivant lebendig
vif, ve lebhaft.

Exercices.

1. Formez des phrases et conjuguez-les au présent, au passé défini et au futur, et au présent du subjonctif.

2. Formez les participes et conjuguez quelques temps composés.

Exemples: J'ai écrit à mon ancienne maîtresse, je lui ai écrit;
J'ai suivi mon oncle; je l'ai suivi;
J'ai suivi tes conseils; je les ai suivis;
J'ai survécu de 30 ans à ma mère.

3. Voir aussi les exercices de la 1ère leçon.

24. Récapitulation.

München,* den 9. Oktober 1890.

Mein lieber Freund,

Schon sind es zwei Monate, daß ich Dir geschrieben habe, ohne eine Antwort von Dir zu erhalten.* Warum schreibst Du mir nicht? Was machst Du? Lebst Du noch? Bist Du krank oder verfolgst Du Deine Studien mit zu großem Eifer*? Ich lebe in (einer) großen Unruhe um Dich (à ton sujet), jeden Tag hoffend, daß Du mir einige Zeilen schreiben wirst. Soll ich (faut-il) noch länger in der Ungewißheit leben (Konj.)?

Wir leben jetzt nicht mehr auf dem Lande; daher schreibe ich Dir aus der Stadt, wo wir unseren alten Beschäftigungen und Gewohnheiten folgen: meine Schwester nimmt (suivre) einen Musikkursus,* meine Brüder verfolgen ihre Studien am Gymnasium (auch le collège) und der Kunstgewerbeschule*; ich selbst folge meinen alten Neigungen* in der Malerei." Unsere Eltern jedoch wünschen auch, daß wir unsere fremdsprachlichen* Studien fortsetzen und daß wir jede Woche einige deutsche und englische Aufgaben," Übersetzungen, Rückübersetzungen* und Nachbildungen* schreiben (Konj.). Aber warum b e s ch r e i b e ich Dir alles das? Es (cela) langweilt Dich sicherlich.

Ich muß dir noch schreiben, daß unsere alte Großmutter, die fünf Jahre bei uns g e l e b t h a t, seit vier Wochen nicht mehr l e b t. Sie l e b t e stets sehr ruhig und starb, wie sie g e l e b t h a t t e, glücklich und zufrieden. Du erinnerst Dich, daß sie während vier Jahren in Amerika l e b t e, wo ihr Mann verschiedene Handels=unternehmungen* v e r f o l g t e. Sie hat ihn um mehrere Jahre überlebt.

Vorige Woche schrieb mein Vetter, daß er Offizier geworden ist. Nächstens* wird er seinem Regimente nach Regensburg* folgen. Doch genug für heute. Nicht wahr, Du w i r s t mir bald s ch r e i b e n? Oder soll ich Dir nochmals vorher schreiben?

Du weißt nun, wie wir hier leben und daß, indem wir unsere Arbeiten und Liebhabereien* verfolgen, wir auch von Zeit zu Zeit unseren Freunden schreiben.

Indem ich hoffe, daß Du mir bald schreiben wirst, grüße ich Dich von ganzem Herzen,

Dein ganz ergebener Freund
Albert.

Proverbes: Toute médaille a son revers.
Chacun est l'artisan de sa fortune.

13me Leçon.
Verbes en -indre aux changements variés.
Craindre, peindre, joindre etc.
II. § 10.

25. Réponse.

Cologne, le 2 juillet 1890.

Chère mademoiselle Marie,

Vous ne sauriez vous imaginer quelle joie j'ai éprouvée en recevant votre aimable lettre. Je ne c r a i g n a i s pas, il est vrai, que vous m'eussiez oubliée, cependant votre aimable lettre m'a fait un bien infini: au milieu de vos délassements vous pensez à moi, votre ancienne maîtresse et sincère amie. Vous êtes vraiment une excellente fille, car à vos qualités d'esprit vous jo**ignez** encore celles d'un bon cœur. Maintenant je ne suis plus mécontente et ne me pl**ains** plus de l'ingratitude apparente des hommes. Sans doute, c'est souvent à tort que nous nous pl**aignons** d'autrui; si nous connaissions toujours les circonstances ou les difficultés qui les contr**aignent** au silence, nous serions souvent plus indulgents et plus patients.

Je suis très heureuse des bonnes nouvelles que vous m'envoyez, surtout de l'excellent accueil qu'on vous a fait dans votre nouveau séjour. Mais je le serais encore davantage, si je pouvais avoir le bonheur de vous accompagner dans ces belles excursions que vous dé**peignez** si bien. J'y ferais des esquisses que je p**eindrais** plus tard. N'en faites-vous point? Ou ne pe**ignez**-vous plus? — Ce serait bien dommage de ne plus continuer, car vous aviez déjà atteint un certain degré de perfection dans l'aquarelle. L'hiver dernier, j'ai p**eint** plusieurs petites choses dont l'une est destinée à ma chère amie.

Jouissez bien, ma chérie, des plaisirs innocents que l'on vous offre! Cependant dois-je vous le dire? Je cr**ains** un peu que, malgré vos protestations, vous **ne** deveniez une enfant gâtée! Ai-je raison ou non? Mais n'importe! Le temps viendra assez vite où vous serez restr**einte** dans vos mouvements.

Que voulez-vous que je vous dise de moi? Mes occupations se restr**eignent** toujours aux choses habituelles. Je donne mes leçons, je fais mes commissions et mon petit ménage — parfois même des visites —, je joue du piano, je p**eins** et je lis beaucoup. A propos de lecture, savez-vous ce qui est arrivé l'autre jour à votre amie Clotilde Gérard? Elle avait pris la mauvaise habitude de lire au lit fort avant dans la nuit. Ses parents lui avaient souvent enj**oint** d'éteindre la lumière immédiatement après s'être couchée. Elle l'ét**eignait** bien régulièrement, mais trompait ses parents en f**eignant** de dormir. Quand elle les croyait endormis, elle rallumait la bougie, ne cr**aignant** plus d'être découverte. De cette manière, elle avait déjà enfr**eint** depuis longtemps leur défense, quand, une nuit, elle oublia d'éteindre la lumière avant de s'endormir. Dans son sommeil, le livre lui tomba de la main près de la chandelle qui brûlait jusqu'à la bobèche en papier. De là la flamme att**eignit** le livre ouvert et par suite les draps de lit. A la fin, Clotilde, atteinte elle-même, se réveilla en sursaut. Vite elle ét**eignit** les flammes à l'aide de ses oreillers en criant: au secours! Quand son père att**eignit** la chambre, elle avait déjà éteint les flammes. Mais elle en avait rapporté d'affreuses brûlures aux mains, aux bras et même à la figure. On cr**aignait** d'abord qu'elle **n'**en perdît la rue, mais heureusement, cette crainte n'était pas fondée. Cependant Clotilde est encore contrainte de garder la chambre. On dit qu'elle ne se plaint point, mais qu'elle supporte ses souffrances comme un juste châtiment de sa désobéissance et de son étourderie. Mais, pour sûr, désormais elle éteindra toujours sa lumière au moment de se coucher et ne la rallumera plus.

Mais voici le papier qui me fait défaut; il faut donc conclure. J'espère que ces lignes, auxquelles je joins la petite peinture mentionnée, vous rejoindront en bonne santé. Gardez-moi toujours vos bons sentiments, ma chère amie, et soyez rassurée de ma vieille et durable affection. Toutes vos amies et anciennes camarades se réjouissent sincèrement de votre bonheur et joignent leurs amitiés cordiales aux miennes. Adieu, ma chérie, je vous embrasse mille et mille fois.

A vous de tout mon cœur!

Votre affectionnée:

Jeanne B.

P. S.

Ci-joint des timbres-poste étrangers dont vous faites collection. Veuillez faire parvenir la lettre ci-jointe (ci-incluse) à son adresse!

Mots dérivés à apprendre:

Le peintre der Maler
la plainte die Klage
plaintif, ve klagend
la crainte die Furcht
craintif, ve furchtsam
le teint (teindre) die Färbung, Gesichtsfarbe
le teinturier der Färber

l'atteinte, f. die Berührung, Verletzung
la feinte die Verstellung, Finte
la restriction die Beschränkung
la jointure das Gelenk
la conjonction die Konjunktion, Bindewort
l'extinction das Auslöschen.

Exercices.

1. Formez des phrases et conjuguez-les au présent, au passé défini, au futur et au présent du subjonctif.

2. Formez les participes, et conjuguez quelques temps composés.

Exemples: J'ai craint que tu ne perdisses la vue;
J'ai craint que tu ne m'écrivisses pas;
Je n'ai pas craint que tu m'eusses oublié.
J'ai éteint la lumière; je l'ai éteinte.

3. Voir les exercices de la 1ère leçon.

26. Der alte Maler.*

Jener Mann ist ein großer Maler; er hat viele schöne Bilder gemalt und malt noch welche, obgleich er schon ein hohes (grand) Alter erreicht hat (Konj.). In seiner Jugend malte er Porträts*; später malte er nur Landschaften.* Er erreichte (p. déf.) nicht leicht den Gipfel* seines Ruhms* und war oft auf das Allernötigste (superl.) beschränkt. Oft fürchtete er, daß er arm und unbekannt* bleiben würde. Zu (dans) jener Zeit (époque, f.) war er gezwungen, seine Gemälde billig* zu verkaufen; aber er beklagte sich niemals.

Eines Tages malte er im Gebirge, als sich ein Fremder zu ihm gesellte*; aber er stellte sich, als ob er ihn nicht sähe (inf.). Am nächsten Tage gesellte sich der Fremde wieder zu ihm und so fort (ainsi de suite) jeden Tag, bis das Bild fertig war. Dann fragte ihn der Fremde, zu welchem Preise er es verkaufen würde. Da die Not* ihn zwang, verlangte er eine bescheidene* Summe. Sie wurde verdoppelt.* Von diesem Tage an (dès) war er ein berühmter Mann; denn der Fremde, welcher vorgegeben hatte, ein einfacher Bürger* zu sein, war der Fürst von Schlaraffenland.* Dieser wünschte, daß er ihm eine Reihe* von Bildern malte (Konj.), indem er ihm zugleich* einschärfte, die Farben nicht zu schonen.*

Indem er so für den reichsten Fürsten malte, erlangte* er eine große Berühmtheit und gewann auch ein großes Vermögen. Nun zwingen ihn die Umstände* nicht mehr, seine Werke billig zu verkaufen. Wenn er malt, bekleidet er sich mit einer roten Bluse, gürtet* sich den Körper mit einer seidenen Schärpe* von derselben Farbe und setzt ein schwarzes Barett* auf. Aber er wird nicht mehr lange malen, denn sein Augenlicht verlischt* nach und nach (peu à peu). Aber darüber (en) wird er sich nicht mehr beklagen, als er sich (nicht) über seine Armut beklagt hat. Wünschen wir ihm wenigstens, daß er sein achtzigstes Jahr erreiche; er selbst jedoch fürchtet, daß er es nicht erreichen werde. — Holen wir den ehrwürdigen* Greis* ein und begrüßen wir ihn!

Proverbes: Qui trop embrasse, mal étreint.

          Chat échaudé craint l'eau froide.

Amusette: Cinq cordeliers saints, le corps sain, les reins ceints, portèrent dans leur sein le seing de leur saint monastère.

14me Leçon.

Verbes en -aître et -oître; passé défini et part. passé en -u. L'adjectif.

Connaître, paraître, croître etc.

II, §§ 11 a & b § 30.

27. La pomme de terre.

Connaissez-vous la pomme de terre? Qui ne connait pas ce végétal salubre et bienfaisant? Moi, en vérité, je ne connais pas de plante plus importante et plus indispensable que la pomme de terre; c'est la plante alimentaire la plus commune et la plus utile qu'on connaisse aujourd'hui en Europe. Cependant ce végétal, dont on fait tant de cas aujourd'hui, n'était presque pas connu, pas même de nom, il y a cent ans, quoiqu'il eût déjà paru en Europe deux siècles auparavant. Jusqu'au commencement de notre siècle, on n'en connut ni l'usage ni l'utilité; il ne fut d'abord cultivé que comme un objet de curiosité. Mais à la fin de deux cents années d'insouciance et de négligence, on apprit à le connaître et on reconnut l'importance de ce précieux aliment, trop longtemps méconnu et dédaigné.

La pomme de terre nous est venue d'Amérique. Les Anglais la connurent les premiers; ce fut en 1586 qu'elle parut pour la première fois en Angleterre. Elle fut d'abord cultivée en Irlande où elle crût dans un jardin sur la côte méridionale de cette île. C'est le navigateur Francis Drake qui est généralement reconnu comme l'ayant fait connaitre en Europe.

La pomme de terre ne demande pas un sol très fertile; elle croit même dans un terrain stérile et sablonneux, paraissant en général peu propre à la culture. C'est au mois de mai qu'on plante les pommes de terre. Quelques semaines après, de petites plantes aux tiges charnues et aux feuilles pennées apparaissent à la surface de la terre. Elles croissent très vite, et au bout de six semaines, elles commencent à fleurir. Quand les fleurs blanches, lilas rouge ou violettes ont disparu, de petites baies vertes apparaissent à leur place. On dit que les premiers cultivateurs, n'en connaissant pas les propriétés, mangèrent ces globules séminaux. Il parait que cette méprise leur inspira un grand dégoût pour cette plante précieuse. Les véritables fruits, proprement appelés pommes de terre, sont des tubercules farineux qui naissent sous terre où ils croissent à mesure que la plante elle-même décroit en dehors.

La pomme de terre est une véritable mine d'or pour les peuples qui la cultivent; aussi, sa culture et son utilité une fois co**nnues**, allèrent-elles toujours cr**oissant** et s'accroissent-elles encore. Que deviendrions-nous si un jour la pomme de terre dispar**aissait** de la terre? Peut-être par suite les populations de certains pays décroît**raient** elles-mêmes; car il y a des milliers d'êtres humains qui ne co**nnaissent** presque pas d'autre aliment. — Mais ne nous inquiétons pas de cela! L'intelligence humaine conn**aîtra** toujours ou parviendra à découvrir des moyens propres à combattre ou à exterminer les maladies et les ennemis de cette plante. Les pommes de terre cr**oîtront**, j'en suis sûr, aussi bien à l'avenir qu'elles ont cr**û** dans le passé. Soyons donc reconn**aissants** envers Dieu, à qui nous sommes redevables de ce bienfait!

Mots dérivés à apprendre:

La connaissance die Kenntnis, Bekanntschaft
le connaisseur der Kenner
la reconnaissance die Wiedererkennung, Erkenntlichkeit
l'apparence, f. der Anschein
apparent augenscheinlich
la croissance das Wachstum

le croissant der zunehmende Mond
le crû das Gewächs
l'accroissement, m. der Zuwachs, die Vermehrung
le décroissement die Abnahme, Verminderung
la recrue der Nachwuchs, der Ersatz, der Rekrut.

Exercices.

1. Formez des phrases et conjuguez-les au présent, au passé défini et au futur et au présent du subjonctif.

2. Formez les participes et conjuguez quelques temps composés.

Exemples: Je t'ai connu de nom depuis longtemps.
J'ai paru il y a dix ans.

3. Voir les exercices de la 1ʳᵉ leçon.

28. Das Getreide.*

Kennst du alle Getreidearten, mein Freund?
O ja, ich kenne sie sehr gut; ich habe sie schon als (étant encore) kleines Kind gekannt; um unser Landhaus herum wuchsen alle Arten von Getreide. Wir (autres) Kinder kannten sie schon, wenn sie kaum als (en) Saat* erschienen, nachdem der Schnee verschwunden war. Jedes Dorfkind kennt die verschiedenen Getreidearten, die auf den Feldern wachsen, wie den Weizen* mit seinen Hülsen*, den Roggen* und die Gerste* mit ihren Grannen,* den Hafer* mit seinen Rispen*; aber die Hirse* und das Haidekorn* kennen sie

nicht alle. Meine Geschwister und ich jedoch, wir kennen sie genau; denn auch diese wuchsen in unserer Nähe.

Würdest du sie jetzt noch wiedererkennen?

Warum nicht? Ich würde sie gewiß leicht wiedererkennen, wie auch ihr sie wiedererkennen würdet, wenn ihr sie früher gut gekannt hättet. Denn man vergißt und verkennt nicht leicht, was man in seiner Jugend gründlich* gelernt und gekannt hat.

Ist es wahr, daß dasselbe Getreide oft da wieder erscheint, wo es im vorhergehenden Jahre gewachsen ist? — Es ist wahr, daß es manchmal wieder erscheint; doch verschwindet es bald, wenn die neue Feldfrucht* schnell wächst. Auch wünscht der Landmann nicht, daß das alte (ancien) Getreide wieder erscheine, sondern daß es völlig verschwinde. Ich erinnere mich eines Jahres, wo auf einem mit Gerste besäten Felde fast ebenso viel Roggen wieder erschien als Gerste. Diesesmal jedoch verschwanden die Roggenhalme* nicht. Indem das Getreide zusammen wuchs, wurde es schließlich zusammen geerntet, gedroschen, gemahlen, gebacken und gegessen.

Proverbes: Mauvaise herbe croît toujours.

Manger son blé en herbe.

15me Leçon.
Verbes en -re aux changements variés.
Emploi des nombres cardinaux.

Naître et vaincre.

II, §§ 12 & 13. — § 51.

29. L'empereur Guillaume Ier.

Le plus grand monarque de notre siècle et l'un des plus célèbres qui aient jamais vécu, est Guillaume Ier, empereur d'Allemagne, né vers la fin du siècle dernier. Il naquit le 22 mars 1797 et fut le second fils du roi Frédéric Guillaume III et de son épouse, l'incomparable Louise, née princesse de Mecklembourg-Strélitz. Dès sa plus tendre jeunesse, il montra une grande inclination pour l'art militaire, et déjà au nouvel an de 1807, il reçut des mains de son père l'uniforme des Gardes à pied. Ce fut le temps de la plus grande humiliation de l'Allemagne. Napoléon Ier, empereur des Français, après avoir vaincu l'Italie, battit les Autrichiens et les Russes, leurs alliés, près d'Austerlitz, le 2 décembre 1805, et vainquit et défit entièrement l'armée de Prusse à la double bataille d'Iéna et d'Auerstaedt, le 14 octobre 1806. La Prusse fut presque anéantie; la famille royale s'enfuit à Kœnigsberg, et Napoléon fit son entrée à Berlin le 27 octobre. Quatre ans plus tard, la reine Louise mourut à la suite de désastres, d'humiliations et de chagrins, le 19 juillet 1810.

Cependant l'étoile de Napoléon commençait à pâlir. Son armée, jusqu'alors invincible, fut détruite en Russie par les rigueurs de l'hiver de 1812. L'espoir de la délivrance renaissait en Allemagne. A la bataille de Leipzig, du 16 au 19 octobre 1813, une nouvelle armée de l'empereur Napoléon fut complètement battue et mise en déroute. Dans la nuit du nouvel an de 1814, le jeune prince passa le Rhin avec les troupes près de Mannheim, et le 1er février, il reçut le baptême du feu à la bataille de Brienne.

Le temps de calme qui suivit la paix de Paris (20 novembre 1815) fut employé par le prince aux études et aux travaux militaires ainsi qu'à des voyages. Le 11 juin 1829, il se maria avec l'aimable et spirituelle princesse Augusta de Saxe-Weimar. De cette union naquirent deux enfants; premièrement le prince royal Frédéric Guillaume, le grand héros et favori de la nation, qui après la mort de son père devint empereur d'Allemagne et ne régna que pendant 99 jours, — secondement la princesse Louise, la présente grande-duchesse de Bade. Le premier de ces enfants naquit le 18 octobre 1831 et mourut le 15 juin 1888 d'une terrible maladie qu'il supporta en véritable héros chrétien; la dernière est née le 3 décembre 1838.

Le 7 juin 1840, Frédéric Guillaume III mourut, et son fils aîné lui succéda sur le trône sous le nom de Frédéric Guillaume IV. Le prince Guillaume, qui à l'avènement de son frère reçut le titre de „prince de Prusse", voua dès lors tout son temps et son activité à l'amélioration de l'armée prussienne, qui, grâce à lui, s'éleva au premier rang de toutes les armées du monde. La révolution de 1848 l'obligea à passer quelque temps en Angleterre. L'année suivante, il fut envoyé avec une armée dans le grand-duché de Bade pour mettre un frein à l'insurrection. Il abattit dans plusieurs combats et en peu de temps l'audace des insurgés et les vainquit.

Mais un grand malheur devait affliger la famille royale: le roi fut atteint d'une maladie incurable. En conséquence, le prince Guillaume de Prusse fut nommé régent du royaume, le 9 octobre 1858. Dans cette nouvelle dignité, il se montra à la hauteur des obstacles et des difficultés naissant autour de lui. En premier lieu, il appliqua ses soins au perfectionnement de l'armée prussienne, étant convaincu que de là dépendrait un jour le salut de la patrie; et peu à peu, la nation se convainquit de la justesse de ses idées, malgré la résistance qu'elle lui avait opposée tout d'abord.

Le 22 janvier 1861, le cœur du monarque cessa de battre, et le prince-régent monta sur le trône sous le nom de Guillaume Ier. Bientôt après, le roi Frédéric VII de Danemark mourut, et la confédération allemande résolut de faire la guerre au Danemark pour affranchir les provinces allemandes de Slesvig-Holstein du joug étranger. La Prusse et l'Autriche combattirent côte à côte et vainquirent ensemble. Les provinces affranchies échurent aux deux puissances alliées; mais celles-ci ne pouvant s'entendre sur le régime, en vinrent aux armes deux ans après; la Prusse vainc l'Autriche, et à la bataille de Kœniggrætz, le 3 juillet 1866, cette dernière est entièrement défaite. La Prusse victorieuse agrandit son territoire des deux provinces disputées et de plusieurs autres pays allemands qui avaient combattu contre elle.

Enfin la guerre déjà tant redoutée avec la France éclate au mois de juillet de 1870. Peu de jours après la déclaration de guerre, les armées allemandes franchissent les frontières, attaquent l'ennemi en plusieurs endroits, et le vainquent sur tous les points, quoiqu'il combatte aussi avec grand courage; elles prennent des villes et des forteresses, et assiègent l'empereur Napoléon avec le gros de l'armée française dans la forteresse de Sedan. Elle est prise le 2 septembre et Napoléon fait prisonnier avec 83000 combattants. Enfin, au mois de janvier de l'année suivante, Paris se rend, et la France abattue accepte les conditions de paix: les anciennes provinces allemandes de l'Alsace et de la Lorraine sont reconquises, et désormais leurs habitants ne combattront plus contre leurs frères allemands, mais, s'il le faut, vaincront sous nos drapeaux. Le 18 janvier 1871, le roi Guillaume Ier est proclamé empereur d'Allemagne au château de Versailles, et le 10 mai, la paix est conclue à Francfort-sur-le-Mein entre les deux puissances. Le 17 mars l'empereur Guillaume „le victorieux", le vainqueur en tant de batailles, fait son entrée à Berlin au milieu des acclamations joyeuses de son peuple.

Désormais l'empereur se livra entièrement aux œuvres de la paix, surtout à l'amélioration de l'existence des classes ouvrières. Dans cette œuvre, il fut assisté et conseillé par son grand chancelier, le prince de Bismarck, qu'il s'était déjà attaché depuis 1862. Dans les affaires ecclésiastiques, il montra un esprit fort conciliant. Mais malgré ses hautes vertus chrétiennes et son amour du peuple, son auguste personne fut l'objet de deux attentats en 1878; déjà en 1861, elle avait été exposée à la balle d'un misérable à Bade. En 1879 il eut le bonheur de célébrer ses noces d'or et en 1887 le 80ᵐᵉ anniversaire de son entrée au service militaire.

Les derniers jours de sa vie glorieuse furent péniblement attristés. Le vénérable monarque, chargé d'années et de gloire, survécut à tous ses frères et sœurs, et vit périr ses proches-parents, ses amis et ses camarades de guerre avant lui. Il eut encore la douleur de voir son fils unique, le prince royal Frédéric Guillaume, consumé par une perfide maladie. Cependant il ne le vit pas mourir; le bon Dieu lui épargna ce coup si cruel, en le rappelant à lui le 9 mars 1888. Son nom et sa mémoire vivront à jamais.

II. Timothée IV, 7 et 8: „J'ai combattu le bon combat, j'ai achevé ma course, j'ai gardé la foi. Au reste, la couronne de justice m'est réservée, et le Seigneur, juste juge, me la donnera ce jour-là."

Mots dérivés à apprendre:

La naissance die Geburt
la fête de naissance der Geburtstag
la renaissance das Wiederaufleben,
    die Renaissance
le vainqueur der Sieger
la victoire der Sieg
victorieux siegreich
la conviction die Überzeugung.

Exercices.

1. Formez des phrases et conjuguez-les au présent, au passé défini et au futur et au présent du subjonctif.

2. Formez les participes et conjuguez quelques temps composés avec des nombres cardinaux.

  Exemples: Je suis né(e) le deux juin 1880
           Tu es né(e) le trois juillet 1881
           Il (elle) est né(e) le quatre août 1882
                    etc.
           J'ai vaincu mon adversaire le 8 janvier 1871
           Tu as vaincu ton ennemi le 9 février 1872
                    etc.

3. Voir les exercices de la 1ᵉʳᵉ leçon.

30. Der Kampf.

Kaum ist das Kind geboren, (so) beginnt schon seine Erziehung*; denn mit dem Kinde werden auch zugleich seine guten und bösen Neigungen geboren. Die ersteren müssen gepflegt,* die letzteren bekämpft werden. Das Gute* muß das Böse in der Natur des Kindes besiegen; dann wird dieses ein nützlicher Mensch werden. Fast von (dès) Geburt an sind die Neigungen* der Knaben und Mädchen verschieden: während die Knaben mit einander (ensemble) kämpfen, be=

schäftigen sich die Mädchen mit ihrer Puppe oder im Haushalte." So lange es Knaben geben wird, werden sie sich auch bekämpfen und gegenseitig* besiegen.

Schon im Altertum,* wie z. B. bei den Griechen,* bekämpften sich die Knaben, um ihre Kräfte zu üben. Die Sieger erlangten Preise; die Besiegten übten sich von neuem, bis sie auch im Kampfe siegten.

Auch unsere jungen Leute müssen sich im (à) Kämpfen üben, besonders wenn sie Soldaten geworden sind, damit sie im Kriege die Feinde des Vaterlandes besiegen. Ich würde mich sehr freuen, wenn ihr auch einst tüchtig kämpftet und im Kriegsfalle* die Feinde besieget. Doch bin ich überzeugt, daß ihr wie (en) tapfere Männer kämpfen würdet. Ich wünsche nur, daß ihr euere Gegner stets besieget.

Einer der größten Soldaten war Napoleon I. Er wurde am 15. August 1769 geboren. Er kämpfte unaufhörlich und besiegte fast ganz Europa; aber was er nie besiegt hat, das waren seine Leidenschaften,* besonders sein Ehrgeiz* und seine Herrschsucht.* Er besiegte die Oesterreicher, Preußen und Russen in vielen Schlachten, doch wurde seiner Siegeslaufbahn* ein Ziel gesetzt durch den großen Sieg der Verbündeten in der Schlacht bei Leipzig vom 16. bis 19. Oktober 1813.

Proverbes: Aide-toi, le ciel t'aidera.
   Chacun pour soi, Dieu pour tous.
   Il faut battre le fer quand il est chaud.
   Il ne faut pas chanter victoire avant le combat.

16me Leçon.

Verbes en -re à radical changé; part. passé en s.
Prendre et mettre.
Substantifs composés.
II, § 14 a & b. § 28.

31. Le voyage.

a. Les préparatifs.

Oui, mes enfants, j'ai **pris** la résolution de faire avec vous le voyage à Paris que je vous avais promis il y a quelque temps. Vous avez rapporté d'excellents certificats, vous avez bien **appris** le français et **vous le comprenez** déjà suffisamment pour faire un voyage en France. Nous irons donc à Paris pour quelques semaines afin que, par la pratique, vous appreniez à mieux connaître cette langue. Nous entreprendrons notre voyage dès demain matin; faisons donc nos préparatifs et n'oublions rien! Ne prenons que le strict nécessaire! Voici la liste des objets que nous prendrons avec nous. Adolphe, tu la liras, tandis que toi, Ernest, tu mettras toutes les pièces dans les malles: quatre chemises et trois flanelles pour chacun, et pas plus, parce qu'elles prennent trop de place; une douzaine de faux-cols, quatre paires de manchettes, six paires de chaussettes, huit mouchoirs et deux essuie-mains. — Mais doucement, mon cher, n'y mets donc pas nos passeports! Ne comprends-tu pas qu'il faut les porter sur nous pour prouver notre identité, ainsi que les porte-monnaie pour payer ce que nous dépenserons en route? Les nécessaires de voyage, contenant les différentes brosses — brosses à habit, à cheveux, à dents —, le savon, les peignes et les éponges, tu les mettras dans le sac de nuit, tu y ajouteras l'indicateur des chemins de fer, pour l'avoir toujours à notre portée. — Eh bien, les valises sont-elles prêtes? — Prenons donc notre souper et puis allons nous coucher. Puisque l'express que nous prendrons part déjà à six heures du matin, tu feras bien, Adolphe, d'aller retenir un fiacre pour 5 h $^1/_4$, car je n'aime pas à être en retard.

b. Le départ.

Jean, prenez ces valises et portez-les au fiacre! Ernest, tu prendras le sac de nuit et toi, Adolphe, tu porteras les couvertures de voyage avec les cannes et les parapluies! Cocher, à la gare de l'ouest! — Nous voilà arrivés! Voici les deux marcs que je vous dois.

Vous vous êtes mépris, monsieur; ça fait deux marcs soixante! — Ah ça, cocher, montrez-moi votre tarif! votre taxe me paraît un peu élevée! — Excusez, monsieur, la taxe est de deux marcs, mais les bagages sont comptés à part à vingt pfennig la pièce. — Vous avez raison; c'est juste; voici trois marcs! Gardez le reste comme pourboire! — Je vous remercie bien, monsieur.

Maintenant il faut que nous prenions nos billets. Commissionnaire, portez ces valises au bureau des bagages pour les faire expédier. Je prendrai les billets au guichet! — Me voilà de retour. — Comment, l'employé dit qu'il y a dix kilogrammes d'excédant? C'est impossible puisque nous avons trois billets. On a donc commis une erreur. Les voici! — Maintenant, que tout est en règle, prenons nos places! — Conducteur, trois places de deuxième pour Paris! — Pardon, messieurs, le train ne fait pas le trajet direct à Paris; il s'arrête à Avricourt. Voici un wagon de deuxième classe. Ce compartiment n'est pas encore **pris**! — Quelle chance! **Nous prendrons** donc les **places de coin**! — **Permettez-vous que je prenne** celle de devant? — Pourquoi pas, mon cher, puisqu'il n'y en a point de **prise**! **Mets**-toi à ton aise! Mais auparavant, ôte les cannes et les parapluies de devant la portière et **mets**-les dans les filets où j'ai déjà **mis** le sac de nuit et les couvertures. Moi, je préfère une place du milieu, parce qu'on y peut voir des deux côtés également. Nous voilà donc installés. — Messieurs, **permettez**-moi de voir vos billets, s'il vous plait! Vous changerez de train à Avricourt. — Quand partirons-nous? — Dans deux minutes, messieurs, la locomotive s'alimente encore. — Ah, voici le signal du départ! Le train se met en mouvement; nous voilà en route pour Paris!

c. En chemin de fer.

Oh, quil va vite, notre train! — Mais c'est un **train express**, mon cher, et non un **train-omnibus** ou **train-poste**. — Malgré cela, il me semble que nous allons avec une rapidité extraordinaire. — **Permets**-moi donc de regarder par la portière! Oui, c'est ça, nous sommes sur une pente bien douce; on le voit au terrain qui s'élève derrière nous. **Mettez** vos chapeaux et vos paletots, mes enfants, il y a un courant d'air mortel. Il a plu la nuit dernière, et l'air est encore très froid ce matin, quoique le temps **promette** d'être beau aujourd'hui. Ah, regardez, un **arc-en-ciel**! — Ernest, ne t'appuie pas contre la portière, c'est très dangereux! Savez-vous, mes garçons, ce qui est arrivé un jour à votre oncle Maurice quand il était de votre âge? Eh bien! Un jour de vacances, nous entre**prîmes** un voyage en Suisse avec notre père. Nous étions très gais, et un instant, mon frère Maurice se **mit** à la portière, qu'on avait **omis** de fermer soigneusement, en s'y appuyant. Soudain elle s'ouvrit, et Maurice tomba dehors. Je n'eus que le temps de le saisir et de le retenir. Mon père accourut aussitôt à mon secours, le **prit par** les pans de l'habit et le retira de sa périlleuse situation. Mon frère, tout pâle de terreur, se **mit** à pleurer mais se re**mit** bientôt. Heureusement il n'avait eu aucun mal et pro**mit** de ne jamais plus s'appuyer contre les **portes de voiture**. C'est l'expérience qui nous **apprend** à être sages et prudents.

Entendez-vous le sifflet? Le train ralentit sa marche; il s'arrête; voici la première station. Cinq minutes d'arrêt.

Allons vite au buffet pour prendre une tasse de café chaud, car je suis presque transi de froid! — Allez toujours, je n'en prends pas, je prendrai un peu l'air sur le perron en attendant. — Maintenant reprenons nos places! — Excusez, messieurs, vous vous êtes mépris, ce sont nos places. — Pardon, messieurs, nous les cédons très volontiers. — Merci bien, messieurs. Permettez que je prenne la liberté de mettre ce petit sac de voyage dans les filets. — Voyez-vous, mes enfants, ces trains sur les autres voies? L'un est un convoi de marchandises, l'autre un convoi mixte. Il y a plusieurs embranchements ici, à ce qu'il paraît. Mais voici notre train qui se remet en mouvement.

d. A la douane.

„Avricourt! Vingt-cinq minutes d'arrêt! Visite douanière des bagages! Tout le monde descend! Voilà la salle de visite!" — Ah, que c'est ennuyeux! Mais il faut s'y soumettre. — Avez-vous quelque chose à déclarer, du tabac, des cigares ou des cigarettes? — Oui, j'en ai environ une douzaine pour mon usage personnel; les voici! — C'est bien; vous n'avez rien à payer. Remettez vos affaires et refermez votre malle. Passez par là!

Hâtons-nous de nous assurer de bonnes places. Maintenant nous entrerons en premières, parce qu'en France, la plupart des trains express n'ont pas de secondes, aussi les deuxièmes n'y sont-elles pas convenables. L'employé appelle Nancy, Bar-le-Duc, Châlons-sur-Marne, Paris! Pourquoi n'appelle-t-il que les noms de ces villes? — Probablement parce que ce sont les chefs-lieux des départements de France que nous allons traverser. — En combien de départements la France est-elle divisée? — Elle comprend quatre-vingt-six départements aujourd'hui; autrefois, avec l'Alsace-Lorraine, elle en comprenait quatre-vingt-neuf. — Mais nous voilà sur le sol français; vous admettrez qu'il est beau et fertile, le pays de France. — Mais on ne nous a pas demandé nos passe-port(s)! — Tant mieux! On ne nous a donc pas pris pour des espions, mais pour de simples touristes, dont la France n'aura rien à craindre, et on nous a laissés passer en liberté.

e. L'arrivée.

Entendez-vous le sifflet de la machine? Nous arrivons. Tiens! voilà Paris! C'est la gare de l'Est. Dieu merci; en voilà assez pour quelque temps! A présent il faudra réclamer nos bagages enregistrés. Mais on ne voit pas de porte**f**aix pour les porter d'abord à la salle d'inspection et puis à la voiture. **Mettons** à profit tous nos moments! **Remettez** les bulletins de bagages au commissionnaire pour retirer nos bagages pendant que j'irai retenir un fiacre. Dépêchons-nous un peu, car je suis presque affamé. — Moi aussi, je me sens une faim de loup. — Cocher, conduisez-nous a un bon hôtel près de la gare! — Plus tard, **nous prendrons** des chambres meublées.

Bonjour monsieur; ai-je l'honneur de parler au **maitre d'hôtel**? — C'est moi-même, monsieur; en quoi pourrais-je vous servir? — Veuillez nous donner deux chambres au deuxième, l'une à un lit, l'autre à deux. — Très bien, messieurs, veuillez vous donner la peine de monter. — Quel est le prix de ces chambres? — Sept francs par nuit, tout **compris**; le déjeuner se paye à part. Est-ce que les chambres vous conviennent, messieurs? — Parfaitement, monsieur. — Tant mieux, messieurs. Alors je ferai monter vos valises à l'instant.

Diable! quels magnifiques appartements! Quelles splendides tentures de velours, quel goût dans l'ameublement! Regardez ces rideaux, ces glaces, ces fauteuils, ces divans, ces garde-robes, ces riches tapis! Et voyez donc ces lits avec deux matelas! Vraiment, je suis **surpris** non seulement du luxe, mais encore de la modicité des prix. Il y a tout ce qu'il faut, même un **tire-bottes**, un **essuie-mains**, un **porte-montre** et un **abat-jour**. N'est-ce pas surprenant? Ma foi, on ne peut être mieux logé! Mais souvenez-vous, mes enfants, que nous sommes à Paris.

Mots dérivés à apprendre:

La prise das Nehmen, die Einnahme, die Prise
l'entreprise, f. das Unternehmen
l'entrepreneur der Unternehmer
entreprenant unternehmend, kühn
la surprise die Überraschung
surprenant überraschend
la méprise der Irrtum
la reprise die Wiederaufnahme
à plusieurs reprises zu wiederholten Malen

la promesse das Versprechen
le permis der Erlaubnisschein
la permission die Erlaubnis
la soumission die Unterwerfung
l'omission die Versäumnis
la commission der Auftrag
le commissionnaire der Beauftragte, Dienstmann, Gepäckträger, Kommissionär
l'admission. f. die Zulassung.

Exercices.

1. **Formez des phrases et conjuguez-les au présent, au passé défini et au futur et au présent du subjonctif.**

2. Formez les participes et conjuguez quelques temps composés.

Exemples: Je t'ai pris **par** les pans de ton habit.
J'ai pris la liberté de m'asseoir.
Je t'avais pris **pour** un simple touriste.
Je n'avais pris aucun mal et je me suis bientôt remis.
Je me suis mis à pleurer.

3. Voir aussi les exercices de la 1ʳᵉ leçon.

4. Mettez au pluriel tous les noms et pronoms des phrases suivantes:

   a. J'ai mis dans mon *sac de voyage* mon *nécessaire de voyage*, ma *brosse à habit*, mon *porte-monnaie*, mon *passe-port(s)* et mon *bulletin de voyage*. J'ai vu dans mon voyage en *chemin de fer* un *train express*, un *train-poste*, un *train-omnibus* et un *convoi de marchandises*; j'ai aussi vu un *arc-en-ciel*.

   b. Tu as trouvé dans ta chambre un *tire-botte*, un *porte-montre* et un *abat-jour*.

   c. Il a donné au cocher un *pourboire* et sa valise au *maître d'hôtel*.

   d. Quel est le pluriel de *chef-lieu*, *cerf-volant*, *rouge-gorge* (Rotkehlchen), *garde-robes*, *train mixte*?

32. Das Studium fremder Sprachen.

Um eine Sprache gut zu lernen, muß man viel studieren, sprechen und schreiben. Aber unternehmet es nicht, wenn ihr nicht auch viele Geduld* und Ausdauer* besitzet. Macht euch an die Arbeit wenigstens zwei Stunden jeden Tag und verschiebet* nie etwas auf den folgenden Tag. Ein schwacher Schüler muß jedoch bis zu drei Stunden lernen (Konj.). Nehmet auch fleißig die Feder zur Hand, um zu schreiben. Leset stets mit lauter Stimme und lernet auch viel auswendig; dann werdet ihr auch bald die anderen verstehen, wenn sie sprechen. Man irrt sich leicht, wenn man nicht richtig hört. Ihr müßt euch besonders allen Vorschriften und Anordnungen* eurer Lehrer unterwerfen (Konj.).

Man lernt eine Sprache freilich (il est vrai) am besten in dem Lande der Sprache selbst. Diejenigen, welche dorthin gehen, lernen schneller (à) sprechen, besonders wenn sie ein gutes Ohr haben und wenn sie außerdem* noch Stunden nehmen. Nachdem ich schon (das) französisch in der Schule gelernt hatte, begab ich mich auf (à) Reisen in der französischen Schweiz,* und später unternahm ich noch mehrere Reisen nach Frankreich. In Paris (c'est à) und in den Städten der Loire (que) lernte ich die feine (pur) französische Aussprache* (à) kennen. Aber ich unterwarf mich auch gern allen Mühen* und Mühseligkeiten* solcher Reisen. Nur selten hielt man mich für einen Fremden.

Wenn ihr meinem Rate* und meinem Beispiele folget, werde ihr gewiß gut französisch l e r n e n . Indem man fremde Sprachen lernt, erweitert* man den Horizont* des Geistes und erwirbt Kenntnisse, die uns (vous) in (den) Stand setzen, über (de) den Charakter und die Sitten* fremder Völker zu urteilen.* Jeder gebildete* Mensch sollte (devoir) wenigstens eine fremde Sprache lernen, verstehen und sprechen (Konj.). L e r n e t demnach gut, damit ihr auch zu den gebildeten Menschen gehöret.*

Devinette: Je suis le capitaine de vingt-quatre soldats; sans moi
           Paris serait pris.

                                        (La lettre a.)

Proverbes: Promettre et tenir sont deux.
              Une souris qui n'a qu'un trou est bientôt prise.
Dictons: Mettre la charrue devant les bœufs.
         Promettre monts et merveilles.

Exercices répétitoires
sur les verbes irréguliers en -re.

Conjuguez, dans toutes les personnes et dans tous les temps, les phrases suivantes:

a. Je conduis ma mère au jardin.
   Je te décris mon voyage.
   J'apprends mon poème par cœur.
   Je me plains de toi.
   Je parais plus grand que toi.

b. J'écris une lettre, puis je la détruis.
   Je suis mon maître, mais je ne le crains pas.
   Je vis chez moi et je me restreins au nécessaire.
   Je connais mes ennemis et je les vaincs.
   Je rejoins et j'instruis mon élève.
   Je mets mon chapeau et je reparais à la porte.

c. Je poursuis mon but, je l'atteins et je ne me plains de rien.
   Je nais, je vis, je crois et je m'instruis.
   Je produis de la farine, je cuis du pain et je ne nuis à personne.
   Je peins un tableau, je le détruis ensuite, j'éteins la lumière et je disparais.
   Je comprends tes ordres, je m'y soumets et je les suis.

17ᵐᵉ Leçon.
Place et combinaison des pronoms personnels.
II, §§ 52 & 53.

33. La lettre.

Voilà déjà huit jours et pas de nouvelles de nos voyageurs! C'est très mal à **eux** de **nous** négliger de la sorte. Je vais **leur** écrire une lettre. Va chercher le papier à lettre dans le secrétaire, Hermance; tu **en** t r o u v e r a s une main entière. D o n n e - **m'en** une feuille avec une enveloppe, s'il **te** p l a î t ! — Quel est le quantième du mois aujourd'hui?

C'est aujourd'hui le 8 avril, chère maman. Ernest et Adolphe ne **m'** o n t jamais écrit à **moi** non plus; c'est très vilain à **eux**! N'oublie pas de **leur** r a p p e l e r le beau livre d'estampes qu'ils ont promis de **me** r a p p o r t e r de Paris! **T'en** s o u v i e n s - tu? E c r i s - **le-leur**, s'il **te** p l a i t, chère maman!

Oui, je **m'en** s o u v i e n s ; mais il est très probable qu'**eux**, ils ne **se le** r a p p e l l e r o n t plus. Je **le leur** remettrai donc en mémoire.

Merci, maman; je **t'en** s u i s bien reconnaissante.

Le voilà fait. Je n'ai plus qu'à **y** a j o u t e r la signature. Passe-**moi** le plioir pour plier la lettre. Et l'enveloppe où est-elle? — Mais, ma chère, je ne **t'en** ai demandé qu'une seule! Puisque ces enveloppes ne sont pas gommées, apporte-**moi** la cire à cacheter avec mon cachet pour que je cachette la lettre! — C'est ça! — Maintenant il n'**y** f a u t plus que l'adresse et le timbre-poste pour affranchir la lettre.

Voici la boite à timbres, maman!

Très bien. **Y en** a-t-il encore un de vingt-cinq centimes?

Non, maman, il n'**y en** a plus; le dernier tu **me l'**as demandé l'autre jour.

Tant pis! Alors tu porteras la lettre à la poste pour l'**y** a f f r a n c h i r. Et surtout pas d'erreur! Le port simple est de 25 c., mais toute lettre franche de port, revêtue d'un timbre insuffisant est considérée comme non affranchie, de sorte que le destinataire est tenu de payer la taxe entière. Cependant pour plus de sûreté, j'enverrai la lettre comme lettre chargée ou recommandée: tu recevras alors au bureau un reçu ou bulletin de dépôt, et tu **me le** r a p p o r t e r a s ! — Cette carte postale, tu peux **la** mettre dans la boîte aux lettres. Maintenant v a - **t'en** et dépêche-**toi**!

Mais tu ne m'as pas encore remis la lettre, maman! Donne-**la-moi**, s'il te plaît! —

Ne **te** l'ai-je pas encore donnée? Ah, la voici! — D'où viens-tu, Adèle, et que m'**apportes-tu** là? — Deux lettres, chère maman, qui viennent de Paris. Le facteur, que j'ai rencontré, **me les** a remises quand je **les lui** ai demandées. Il ne **se** l'est pas fait dire deux fois, car il **en** avait encore beaucoup d'autres à distribuer, le pauvre homme. Et voici encore le sous-bande qu'il m'a donné.

Allons, tais-**toi**, bavarde, et rends-**les-moi**! Et maintenant cours vite après Hermance que j'ai envoyée à la poste avec une lettre! Dis-**lui** de la rapporter tout de suite! Je ne la lui ai remise qu'il y a un instant. Je **me** fie à **toi** et à ta promptitude. Rends-**y-toi** vite, cours, vole! — —

Vous voilà déjà de retour? Et la lettre, où est-elle?

La voici, maman! Hermance était déjà au guichet de la poste; je **m'y** trouvai juste à temps pour **lui** crier: „Garde la lettre et ne **la** mets pas à la poste; maman veut que tu **la lui** rapportes!" N'est-ce pas, Hermance?

C'est exactement vrai! J'avais déjà remis la lettre à l'employé, mais je **la lui** ai tout de suite redemandée. D'abord le monsieur ne voulait pas **me la** rendre parce qu'il avait déjà commencé à écrire le bulletin; mais quand Hermance s'est encore adressée **à lui**, il **me** l'a rendue, et je l'**en** ai remercié!

Tu as très bien fait, ma fille! Maintenant, venez voir les jolies vues que Papa **vous** a envoyées de Paris! Regardez-**les** bien, mais ne **me les** gâtez pas! Savez-vous ce que Papa écrit en parlant **de vous**? — „Ne **les leur** donne pas, si elles n'ont pas été sages." Qu'en dites-vous, mes enfants?

Nous disons, chère maman, que Papa est notre cher bon petit papa; que tu es notre charmante petite maman, que nous t'aimons beaucoup, et que nous avons été sages, très sages! N'est-il pas vrai? —

Exercices.

1. Conjuguez à la conjugaison réciproque les phrases suivantes en remplaçant, dans les réponses, les régimes directs et indirects par les pronoms personnels correspondants:

Est-ce que je cherche le papier? — (Oui, tu le cherches. — Non, tu ne le cherches pas).

Demandai-je le timbre-poste? — (Oui, tu le demandas etc.)

Écrivais-je la lettre? — Trouvais-je la plume?
Ai-je apporté du papier à lettre? — (Oui, tu en as apporté etc.)
Ai-je écrit de mon voyage? —
Porterai-je la lettre à la poste? — (Oui, tu l'y porteras etc.)
Me rendrai-je à Paris? — Ai-je été à Paris? —
Te donnerais-je l'enveloppe? —
Te rapporterais-je la carte postale? —
T'ai-je parlé de cette affaire? —
T'ai-je remercié de la nouvelle? —

2. Passez les phrases suivantes à toutes les personnes du singulier et du pluriel et remplacez, dans les réponses, tous les substantifs (sujets et régimes directs et indirects) par des pronoms personnels:

Mon père a-t-il envoyé la lettre à ma mère? — (Oui, il la lui a envoyée. — Non, il ne la lui a pas envoyée).
Mon ami a-t-il remis la boîte au facteur? —
Moi, allais-je à l'école?
Ma sœur allait-elle à l'école?
Notre facteur pensait-il à notre lettre? —
Mon frère se souviendra-t-il de sa promesse? —
Ma tante reviendrait-elle de la ville? —

3. Transformez ces phrases

    a. en remplaçant les substantifs par des pronoms personnels,

    b. en les changeant au pluriel,

    c. en les mettant à la forme négative:

Ferme la lettre! — Prends le plioir! — Donne-moi la plume! — Écris-lui la lettre! — Remets la lettre au facteur! — Rends le sous-bande à la mère? — Va à la poste! — Donne-moi du papier! — Apporte la carte postale à la poste! — Rends-toi au bureau! —

4. Augmentez ces phrases.

34. Die Schulbibliothek.*

Was trägst du unter dem Arme? — Es sind Bücher, die ich entliehen* habe. — Wer hat sie dir geliehen? — Unser Lehrer hat sie mir geliehen. Ich hatte ihn vor vierzehn Tagen darum (les) gebeten.* — Hast du sie auch gelesen? Und wie haben sie dir gefallen? — Ich habe sie alle gelesen, und sie haben mir sehr gefallen.* — Willst du sie mir auf einige Tage leihen? — Es thut mir leid; aber ich kann sie dir nicht leihen, da ich meinem Lehrer versprochen habe, sie ihm heute zurückzubringen. — Gut. Doch die Bücher ermüden dich; gieb sie mir einen Augenblick, daß ich sie trage! — Das ist sehr liebenswürdig von dir; hier sind sie.

Ist euere Schulbibliothek groß und giebt es viele schöne Bücher darin? — O ja, es giebt deren (sehr) viele. — Welcher Lehrer giebt sie euch? — Der deutsche (d'allemand) Lehrer giebt sie uns alle Sonnabende, wenn wir ihn darum (les) bitten. — Bekommen* alle Schüler welche? — Nein, die trägen bekommen keine. Der Lehrer verspricht sie ihnen nur, wenn sie gute Fleißnoten* erhalten. Er fragt stets: Wo sind eure Zeugnisse*? Zeiget sie mir! Aber wenn man sie ihm nicht zeigen kann, giebt er keine Bücher. — Giebt er dir stets welche? — Ja, er giebt mir stets welche. Er hat sie mir nie verweigert. Aber meinem Bruder hat er sie neulich verweigert.

Wo ist eure Schule? — Könnte ich (pourrais-je) dort auch Bücher haben? — Ich werde dich hinführen. — Vielleicht, daß der Lehrer dir welche giebt; aber ich glaube es kaum. — Schön, führe mich hin! — Jetzt hast du die Bücher lange genug getragen; gieb mir sie zurück, bitte! — Laß sie mir noch einen Augenblick; nimm sie mir nicht! — Nun denn, so gieb mir wenigstens einige davon! — Jetzt sind wir angekommen: treten wir hinein!

18me Leçon.

Verbes en -re; passé défini en -i. Emploi de l'Article. Pronoms possessifs.

Faire, dire, suffire, confire, rire.

II, § 15 a, b, c & d; § 45, 1; § 54.

35. A Paris; a. Les boulevards.

Paris, le 6 avril 1890.

Cher Monsieur,

Que dites-vous de mon long silence? Voilà déjà plus d'une semaine que je ne vous ai donné de mes nouvelles. Le fait est qu'on trouve à peine un moment de loisir dans cette ville immense, pleine de distractions et de curiosités. Agréez donc mes excuses, cher monsieur, et agréez-les d'autant plus que ce que vous m'aviez prédit m'est précisément arrivé: je demeurai tout interdit quand je me trouvai en face de ce peuple charmant, dont nous avions si souvent médit, et de cette ville qui est probablement la plus maudite et la plus aimée de l'univers. Maintenant j'ai complètement changé d'avis et je me dédits de mes anciens préjugés et fausses opinions, et à l'avenir, je **contredirai** hardiment tous ceux qui médi**sent** de Paris et des Parisiens. Que di**rez**-vous de mon changement d'opinion? N'importe! Je **dirai** toujours que les Français sont certainement, quoi qu'on en **dise**, un peuple très civilisé, aux manières civiles et engageantes, et **faisant** voir une prévenance et une politesse exquises surtout envers les étrangers.

Déjà les premiers jours ont suf**fi** pour me débarrasser de mes anciennes préventions et pour me donner une impression favorable à cette population aimable de la plus charmante des villes. En **disant** cela, je ne re**dis** que ce que notre père **dit** à tout instant et ce qui ne sera pas contredit par qui connaît Paris et les Parisiens, non seulement par ouï-**dire**, mais par expérience. Redi**tes**-le, s'il vous plaît, de votre part à qui vous voudrez; ri**ez** même de mon enthousiasme, mais ne me contre**disez** pas et ne médi**sez** plus des Français!

Pardonnez-moi ma franchise; mais que voulez-vous que je fasse? Il faut qu'un homme honnête **dise** toujours ce qu'il pense.

Vous voyez donc, cher ami, que nous sommes très satisfaits de notre séjour, et je crois que nous le serons encore davantage.

Mais vous voudrez savoir comment nous avons passé notre temps à Paris, cela va sans **dire**. Je vous **ferai** donc aujourd'hui une description succincte de notre première journée remettant la continuation à la prochaine lettre.

Après nous être reposés un peu des fatigues de notre voyage, nous **fîmes** une course d'orientation à travers la ville. Nous prîmes une voiture de place, que l'on appelle communément „fiacre" ou vulgairement „sapin". Nous retînmes notre voiture „à l'heure", c'est-à-dire à deux francs pour chaque heure passée. On peut aussi les prendre „à la course" ce qui **fait** 1 fr. 50 c. pour le trajet parcouru d'un point quelconque de la ville à un autre. Cependant pour nous, le premier mode était préférable, bien que notre „chevalier du fouet" — c'est ainsi qu'un spirituel écrivain a si justement appelé les cochers — ne **fit** pas d'effort pour accélérer le pas engourdi de sa haridelle, de sorte que nous n'avancions que très lentement. Il est vrai que nous lui **dîmes** d'aller un peu plus vite, mais il n'y **fit** pas attention ou, comme on dit ici: il **fit** le sourd, ou la sourde oreille. Il fallait donc que nous **fissions** bonne mine à mauvais jeu, ce qui, du reste, nous fut d'autant plus aisé, que cette course lente nous permit de satisfaire notre curiosité.

Après avoir suivi le boulevard de Strasbourg, qui commence à la gare de l'Est et auquel fait suite le boulevard de Sébastopol, un des plus fréquentés de Paris, nous nous engageâmes à droite sur la ligne des grands boulevards, appelés „anciens boulevards" ou boulevards intérieurs, qui s'étendent de la place de la Bastille jusqu'à la Madeleine, et qui séparent l'ancienne cité des quartiers modernes. Ils sont ainsi nommés parce qu'ils ont remplacé sous Louis XIV les véritables boulevards (Bollwerke) de l'enceinte fortifiée, transformée alors en promenades. Les boulevards sont au nombre de onze, dont les principaux sont: les boulevards Beaumarchais, Saint-Martin, Saint-Denis, Poissonnière, Montmartre, des Italiens et de la Madeleine. Entre le boulevard du Temple et le boulevard Saint-Martin se trouve la belle place de la République ornée de la statue magnifique portant le même nom.

Sur les boulevards, tout est mouvement, richesse et splendeur. Les grands magasins, les cafés et les théâtres y attirent une foule immense de visiteurs, de promeneurs, de curieux et de flâneurs, de sorte que la circulation des voitures ne se fait que très lentement et que les piétons ont de la peine à traverser la chaussée d'un trottoir à l'autre. Les trottoirs sont extrêmement larges, mais encombrés, dans la belle saison, de nombreuses tables et chaises devant les cafés, où le beau monde prend du café, des glaces, des sorbets et d'autres rafraîchissements à l'ombre de beaux arbres, véritables bienfaits dans cette grande ville. Sur les bords des trottoirs, il y a encore des kiosques où se vendent les journaux, de grosses colonnes avec les affiches des théâtres etc., et des bancs à l'usage de tout le monde.

Sur la droite des boulevards, nous aperçûmes d'abord deux grands monuments en forme de portes triomphales: la Porte Saint-Martin et la Porte Saint-Denis, érigées en l'honneur de Louis XIV de son vivant, et qui ont donné leurs noms à deux boulevards. Nous y vîmes aussi une quantité de théâtres de premier ordre, entre autres le magnifique édifice du Grand Opéra, autour duquel toutes les rues portent les noms de grands compositeurs ou écrivains. Un peu avant, sur la gauche du boulevard des Italiens, nous remarquâmes encore l'emplacement de l'Opéra-Comique détruit le 25 mai 1887 par un terrible incendie qui fit un grand nombre de victimes. A l'extrémité des boulevards s'élève la Madeleine, église construite dans le style des temples grecs, dédiée à Sainte Marie-Madeleine, et que les Parisiens, par abréviation, appellent simplement „la Madeleine."

De là nous entrâmes dans la rue Royale qui débouche sur la place de la Concorde. Nous la traversâmes pour passer le pont de la Concorde et pour visiter l'autre rive de la Seine.

Mais je vois que ma lettre prend déjà des proportions démesurées; je vais donc remettre à ma prochaine lettre la suite de cette description. Permettez-moi de vous raconter encore la fin risible de notre première journée à Paris: Ce sera, comme disent les journaux, „le mot de la fin."

En **faisant** le tour de je ne sais plus quelle rue, notre fiacre **fit** tomber la charrette d'une fruitière ou marchande des quatre saisons. A l'instant, il y eut un tas de badauds assemblés qui **riaient** de l'accident, tandis que la vendeuse mau**dissait** la maladresse de notre cocher. Celui-ci, trouvant que son véhicule n'était pas sorti intact de la rencontre, ne manquait pas de lui rendre la pareille. Cet accident était sans doute très risible; nous **en riions** aussi sous cape; mais n'ayant pas envie d'attendre la fin de la querelle et pris d'un vif appétit, nous congédiâmes notre „chevalier" en lui payant le prix qu'il nous demanda, quoiqu'il nous sur**fît** évidemment. Mais auriez vous voulu que nous lui **fissions** une scène à notre tour? Il n'aurait manqué que cela pour qu'on **rît** aussi à nos dépens; car les Français, et surtout les Parisiens, aiment le **rire** comme ils aiment le soleil et le beau temps. Nous le laissâmes donc partir, ayant du reste bien sati**sfait** notre curiosité.

Nous entrâmes dans un restaurant, où nous nous **fîmes** servir un bon souper avec de la friture et des confitures, aliments qu'on prépare très bien en France. On appelle friture tout ce qui est **frit** dans du beurre ou de la graisse, particulièrement du poisson, et confitures, les fruits que l'on **confit** avec du sucre et certaines épices. Après nous être re**faits**, nous **fîmes** encore une promenade sur les boulevards. Demain, si le temps le permet, nous **ferons** une excursion à Versailles. J'espère que cela vous su**ffira** pour aujourd'hui.

Faites mes salutations respectueuses à Monsieur votre père et mes amitiés à mesdemoiselles vos sœurs. Saluez aussi nos amis de ma part et, si vous voulez, **faites part** de cette lettre à toutes mes connaissances. Mon père et mon frère me chargent aussi de leurs compliments. Adieu, cher monsieur! Donnez-moi bientôt de vos nouvelles.

A vous de cœur!

Votre affectionné,

Ernest C.

Mots dérivés à apprendre:

Le fait die That, Thatsache, Vorfall
le bienfait die Wohlthat
le méfait die Missethat
le forfait die Frevelthat
la bienfaisance die Wohlthätigkeit
le bienfaiteur der Wohlthäter
le malfaiteur der Übelthäter
défaire vernichten, losmachen
la défaite die Niederlage
satisfaire Genüge thun, befriedigen
la satisfaction die Genugthuung
satisfaisant genugthuend
la suffisance Genüge, Selbstgefälligkeit
le dit der Spruch
le dicton die sprichwörtliche Redensart
dicter diktieren
la dictée das Diktat
le dictionnaire das Wörterbuch
le diseur der Erzähler
la bénédiction der Segen
la malédiction der Fluch
interdire untersagen
prédire voraussagen
la médisance die üble Nachrede
le rire das Lachen
la risée das Gelächter, der Spott
le rieur der Lacher
le confiseur der Zuckerbäcker
la confiserie die Zuckerbäckerei
la friandise die Leckerei
friand leckermäulig.

Exercices.

1. Formez et conjuguez quelques phrases au présent, au passé défini et au futur, ainsi qu'au présent et à l'imparfait du subjonctif.

2. Formez les participes et conjuguez quelques temps composés.

Exemples: J'ai fait venir une voiture; je l'ai fait venir.
(J'ai laissé passer l'occasion); je l'ai laissée passer.
Je me suis fait servir un bon souper; je me le suis fait servir.
Je suis satisfait de mon voyage; j'en suis satisfait.
J'ai satisfait ma curiosité; je l'ai satisfaite.
J'ai ri à tes dépens.
J'ai ri de ton curieux accident; j'en ai ri.

3. Voir en outre les exercices de la 1ère leçon.

4. Enumérez, en formant des phrases, des exemples de noms de places, de rues, de boulevards et de portes:
  a. avec de et l'article défini,
  b. avec de sans article,
  c. sans de et sans article.

36. Möblierte Zimmer.

Nun, meine Jungen, was sagt ihr zu (de) Paris? Seid ihr von unserer gestrigen Spazierfahrt befriedigt? — Ihr lächelt und eure Blicke sagen mir: das versteht sich von selbst. Doch jetzt muß ich euch sagen, daß wir uns möblierte Zimmer suchen müssen, da wir einen Aufenthalt von mehreren Wochen in Paris nehmen (faire) werden. Zwei Zimmer werden uns genügen. Wir müssen noch heute Schritte* thun, um welche zu finden. Machen wir demnach einen Spaziergang durch die Stadt!

Guten Tag, Madame; Sie haben möblierte Zimmer zu vermieten,* wie Ihr Aushängezettel* uns sagt. Sehr gut: lassen Sie sie gefälligst sehen! In (à) welchem Stockwerk sind sie? — Im vierten! Das ist, offen gesagt (à vrai dire), sehr hoch.

Hier sind die Zimmer; sie sind sehr geräumig und hell.* Die Fenster gehen auf einen großen Platz; die Betten sind vorzüglich, das Mobiliar* ganz neu. Die Stühle sind gepolstert;* die schöne Kommode, der Schreibsekretär,* der Waschtisch* und der Kleiderschrank* sind aus (en) Nußbaumholz;* alles ist im besten Zustande: Sie werden mir gewiß (certes) nicht widersprechen. Nun, meine Herren, was sagen Sie dazu? Genügen sie Ihnen?

Sagen Sie uns zunächst gefälligst den Preis derselben; dann werden wir Ihnen sagen, was wir denken. — Das größere kostet 80 Franken und das kleine 60 Franken den (par) Monat, die Bedienung* inbegriffen.* Warum lachen Sie? Es sind unstreitig* zwei sehr schöne Zimmer!

Wir lachen, weil Sie uns unstreitig überteuern, liebe Frau. Thun Sie uns den Gefallen und sagen Sie uns den genauesten (le juste, dernier) Preis. Übrigens genügt uns die Ausstattung* nicht. Sie müssen uns einen Armstuhl oder ein Sofa* und ein Büchergestell* hineinstellen lassen.

Nun denn, es sei! Aber indem ich thue, was Sie wünschen, kann ich von meinem Preise nichts ablassen.* Die letzten Mieter* machten (p. d.) keinen Einwand* als ich ihnen den Preis sagte (imp.). Als sie abreisten, sagten sie mir, daß sie sehr befriedigt von der Wohnung gewesen wären (ind). — Nun denn, es ist abgemacht (c'est dit), ich miete* die Zimmer; hier ist das Aufgeld.* Aber Sie müssen auch nicht zurücknehmen, was Sie inbetreff* der Möbel* zugesagt* haben.

Meine Herren, wenn ich einmal etwas gesagt habe, (so) ist es abgemacht.

Proverbes: Faites ce que je dis et non pas ce que je fais.

 Rira bien qui rira le dernier.

 Qui se fait mouton, le loup le mange.

 A chose faite, point de remède.

 Ce qui est fait, est fait.

Devinette: Qu'est-ce qui va à Paris sans s'arrêter?

(La route.)

19me Leçon.
Pronoms relatifs et interrogatifs.
II, §§ 55 & 56.

37. Lettre.
Carlsruhe, le 9 septembre 1892.

Mon cher oncle,

Ne croyez pas que je vous aie oublié, vous, mon cher oncle, auquel je dois le beau voyage que je viens de faire aux bords du Rhin. Mais ce n'est qu'aujourd'hui que je trouve le temps de répondre à la lettre à laquelle vous avez bien voulu joindre quelques lignes de recommandation pour la famille de N. avec le fils de laquelle je me suis lié en amitié depuis.

Par quoi dois-je commencer? — Si vous permettez, par mon séjour à Carlsruhe où j'ai passé quelques belles journées avec le jeune homme au père duquel j'ai présenté vos compliments avec la lettre de recommandation. J'y fus très cordialement reçu surtout par la dame de la maison à la mère de laquelle j'ai fait aussi les salutations dont grand'maman m'avait chargé.

Le lendemain de mon arrivée, on me conduisit à la nouvelle école des Cadets qui a été inaugurée il y a quelques mois et dans laquelle on espérait pouvoir me faire serrer la main à plusieurs de mes anciens camarades que je n'avais plus vus depuis longtemps.

Quand nous y arrivâmes, qui croyez-vous que j'y ai rencontré le premier? — Mon ancien professeur de langues à la bonté duquel je dois tant de bienfaits. Il me demanda ce qui m'amenait; et quand je le lui eus dit, il se joignit à nous et me montra tout dans l'établissement.

Les cadets avaient leur récréation et se divertissaient dans la grande cour autour de laquelle il y a un grand mur qui la sépare du bois voisin. L'école se compose de deux compagnies dont chacune a 110 cadets et est commandée par un capitaine, qui a sous ses ordres cinq lieutenants dont chacun fait fonction d'officier d'inspection à tour de rôle. Les 22 élèves qui forment une inspection ont leurs deux chambres à côté de celle de leur officier afin que celui-ci puisse toujours les surveiller et diriger leurs travaux.

Nous avons visité la chambre de mon nouvel ami Charles, dans l'armoire duquel régnait un ordre parfait; de là nous nous rendîmes dans le bâtiment central où se trouvent les salles de classe qui vont de la sixième jusqu'à la troisième supérieure. Elles étaient bien aérées et éclairées. Ce qui me plut surtout c'était la quantité de tableaux accrochés aux murs, ainsi que les nouveaux bancs d'école sur l'arrangement desquels je vous parlerai à la longue à mon retour.

Les cadets se lèvent de très bonne heure, ce que le petit Charles n'avait pas l'air d'apprécier, mais ce qui permet de tenir les classes le matin et d'employer toute l'après-midi aux exercices corporels, auxquels on me permit d'assister. Le peloton duquel Charles faisait partie eut d'abord à faire quelques exercices militaires. Il était placé en rang et marcha d'abord de front, ensuite par le flanc droit et le flanc gauche, au pas ordinaire et au pas de course. Un petit caporal qui n'avait que 14 ans le commandait. Les cadets des exercices desquels il n'était pas satisfait devaient les répéter seuls un à un.

De là nous nous rendîmes dans la salle de gymnastique où quelques officiers donnaient des leçons. Mais quelle différence entre la gymnastique que l'on voyait faire ici et celle de notre gymnase! Au trapèze, à la barre fixe, aux barres, au cheval, à tous les appareils, partout on voyait de vrais acrobates! Lequel de ces groupes m'a le plus plu? — Je ne saurais le dire.

A côté de la salle de gymnastique se trouve une salle de natation d o n t l'arrangement permet de nager en hiver. Une dizaine d'élèves y prenaient leurs ébats, nageaient sur le ventre, sur le dos, faisant planche, et plongeaient.

„Qu'est-ce qui se trouve derrière ces palisades au bout de la cour?" demandai-je. — „Ce sont des places de tir." — „Q u o i?" répliquai-je, „vous tirez aussi? Mais a v e c q u o i tirez-vous?" — „A v e c q u o i?" riposta mon ami, „mais pour sûr avec des fusils! Ce sont des fusils spéciaux qui se chargent par la culasse, ce que vous n'avez peut-être pas vu et que je vais vous montrer." — Et voilà à quoi il se mit aussitôt, et moi d'admirer son adresse.

Une section de cadets était à tirer sur une cible qui représentait un cerf. Après chaque coup on la ramenait sur un petit chariot dans une tranchée derrière laquelle se trouvaient les marqueurs. Chaque élève tirait à tour de rôle cinq coups, dont on inscrivait le résultat sur un registre; le cadet qui avait tiré le plus de points reçut la cible comme souvenir.

Après avoir encore fait l'inspection du dortoir dans lequel couchent les 110 cadets d'une compagnie, ce qui demande une salle de grande étendue, je dis à Charles: „Laquelle de toutes ces couchettes est la vôtre? Je voudrais bien savoir où vous passez la nuit." — „La voilà", me dit-il, „et je vous assure qu'on y dort très bien après avoir bien travaillé toute la journée!" ce à quoi je n'eus pas à objecter le moindre doute.

Prochainement, mon cher oncle, je vous donnerai encore des nouvelles de mon séjour dans cette charmante ville dans les alentours de laquelle je vais encore faire quelques excursions ces jours venants.

    Je ne puis écrire davantage aujourd'hui. Adieu, mon cher oncle; que le bon *Dieu* vous comble de ses bienfaits! Agréez l'assurance de ma parfaite gratitude;

Votre affectionné,

Ernest.

Exercices.

  1. Complétez les phrases suivantes:

a. J'ai vu les dortoirs — chacun renferme 110 —.
    J'écris à mon oncle — j'ai reçu —.
    Voici le monsieur avec le fils — j'ai fait —.
    J'ai visité le bâtiment sur l'arrangement — je t'écrirai.
    C'est la dame au fils — je me suis lié en amitié.
    Voilà l'école dans la cour — les élèves font —.
    La dame — nous parlons et — je connais le fils est l'amie de ma mère.
    Ce sont les deux cadets des exercices — l'officier n'a pas été —.
    Le monsieur — — je demeure et à la femme — j'ai présenté les compliments est officier.
    Les appareils de gymnastique — — vous faites les exercices sont tout nouveaux.
    La fille de ce monsieur — est veuve hier est tombée malade.
    Voici l'officier d'inspection — je dois tant de —.
    Voilà — — je vous ai parlé.
    On y tirait avec des fusils — — je trouvais charmant.
    Dans la salle de natation on peut aussi nager en hiver — — est très agréable.
    Je ne lui ai pas fait les compliments; voilà — — je n'ai pas pensé.

b. — as-tu vu? — se trouve dans la salle de gymnastique? — vous faites dans la cour? — penses-tu, mon ami? — de ces salles est la plus grande? Sur — tirez-vous? — deviendront-ils? — vous plut surtout? — commande une inspection? — de ces officiers est votre officier d'inspection? — — parlez-vous?

  2. Réunissez deux phrases en une seule:

    Je réponds à la lettre; j'y ai trouvé quelques lignes de mon père.
    Le frère de la jeune fille est cadet; elle est malade.

Le frère de la jeune fille est parti; nous l'avons vu.

La chambre était bien aérée et éclairée; j'y ai passé la nuit.

Connaissez-vous cet officier; je vous ai rencontré avec son frère.

J'ai été à l'école des cadets; dans le bâtiment central se trouvent les salles de classes.

J'ai fait la connaissance du petit Charles; par sa complaisance j'ai pu tout voir.

J'ai assisté aux exercices; je vous écrirai plus à la longue de leur manière.

Il y a une salle de natation; les élèves y prennent leurs ébats.

38. Antwort.

Hannover, den 11. September 1892.

Mein lieber Neffe!

Dein Brief, mit welchem ich auch einige Zeilen von meinem alten Freunde erhielt, hat mir viele Freude bereitet. Es freut mich, daß die Mutter Deines neuen Freundes, welche ich niemals gesehen, von der ich aber so viel Gutes (bien) gehört habe, Dich so gut aufgenommen hat. Nicht minder freue ich mich, daß Karl, dessen Vater mir stets ein treuer Freund gewesen ist, ein so braver Bursche geworden ist.

Aber was mir in Deinem Briefe besonders gefällt, ist das Interesse, das Du für die Kadettenschule zeigst, und die Art, mit welcher Du sie und ihre Einrichtungen beschreibst. Gewiß (certes), eine Anstalt,* deren Einrichtungen und Zucht* so ausgezeichnet sind, ist ein großer Segen,* und glücklich die Eltern, deren Söhne in ihr erzogen werden.

Du schreibst mir von Deinem früheren* Sprachlehrer, dessen Vater ich einst einen kleinen Dienst erwiesen habe, daß er sich so freundlich* gegen Dich gezeigt hat. Es wundert mich nicht, denn ich habe ihn stets für einen Ehrenmann* gehalten, auf den man sich verlassen* und auf (de) dessen Freundschaft man stolz sein kann. Bestelle* ihm meine besten Grüße!

Aber was, Du schreibst mir gar nichts von dem (Herrn) Hauptmann,* dessen Schwester eine gute Freundin Deiner Mutter ist! — Und wen hast Du noch von Deinen früheren Bekannten* gesehen?

Was Du mir von der Stadt Karlsruhe schreibst, ist vollständig richtig. Ich kenne keine andere Stadt, in der ich mich so wohl befunden und in deren Umgebung ich so schöne Tage verlebt* habe. Die Personen, durch deren Liebenswürdigkeit* ich damals so viel Schönes* erlebt² habe, sind fast alle tot, was mich zuweilen sehr traurig macht.

Mit großem Vergnügen (c'est) erinnere ich mich des schönen Schloßparks und der herrlichen Waldungen, wo ich manchen Spaziergang mit meinen Freunden gemacht habe und durch welche ich oft geritten* bin. Daran (c'est) denke ich noch oft, sowie an die schöne Zeit, da ich noch jung war.

Sei glücklich und vergiß nicht

Deinen Dich liebenden Onkel
Moritz.

Proverbe: C'est être riche que de se contenter de ce qu'on a.

Devinettes: Qu'est-ce qui montre les dents au bois!

(La scie.)

Qu'est-ce qui ne peut se réchauffer au feu?

(La glace.)

20me Leçon.

Verbes en -re aux changements variés, part. passé en -u: Résoudre, moudre, coudre.

II, §§ 16 (a & b) & 17.

39. La leçon de couture et la visite au moulin.

A quatre heures, vous viendrez auprès de moi pour prendre votre leçon de couture. Si v o u s c o u sez bien, et surtout s'il ne faut pas que je d é couse toujours ce que vous avez c o usu, je me r é sou drai à faire ensuite une promenade avec vous au vallon des moulins. La, je vous ferai voir comme on m o u d le blé dans un moulin à eau. Vous savez qu'il y a là plusieurs moulins qui m o u lent jour et nuit. Soyez donc promptes à la leçon!

Allez chercher vos corbeilles à ouvrage! N'y manque-t-il rien? Avez-vous aussi vos ouvrages à l'aiguille? — J'ai égaré mon dé et je ne puis pas c o u d r e sans dé. — Bien entendu! Cherche-le donc au fond de ta corbeille! — Ah, le voici! — Mes ciseaux ne coupent pas bien. — Il faut les porter alors au rémouleur pour les faire é m o u dre (aiguiser). Monsieur Favre les é m o u d très bien; il a aussi r é m o u lu (aiguisé) les miens l'autre jour. Françoise, tu c o u d ras ton tablier, et toi, Blanche, tu achèveras l'ourlet de ce mouchoir! J e c o u d s avec vous. — J'ai besoin de quelques épingles! — En voici. — Chacune a quelque chose à coudre maintenant.

Nous voilà donc toutes à l'ouvrage. Cou**sons** attentivement et ne causons pas; car on ne cou**d** pas bien quand on babille toujours, et l'on se pique aussi quelquefois les doigts. Ma sœur cadette p. ex. causait toujours en cou**sant**. Je me rappelle qu'un jour, elle cou**sit** … oh làlà! je me suis piquée! — Voyez-vous, maman, c'est parce que vous avez toujours causé, tandis que nous autres cou**sions** attentivement. — Oh, j'ai cassé mon aiguille! — Prends-en une autre, petite maladroite! — Il n'y en a plus sur la pelote! — Alors prends-en une dans l'étui! — Pourquoi ne cou**ds**-tu pas, Blanche? — Je n'ai plus de fil et je ne trouve pas mon peloton. — Voici une bobine de fil blanc. — Merci bien. —

Françoise, tes arrière-points sont trop serrés. Décou**ds**-les sur-le-champ, et quand tu auras déco**usu** ta couture, tu la cou**dras** de nouveau; aie bien soin de la faire moins serrée! Il faut que tu redoubles d'attention, ma chère! Mais, maman, je l'ai faite de mon mieux! — Tais toi, petite babillarde, et couds plus attentivement! — Maintenant, ça va bien. As-tu terminé ton tablier? — A l'instant, maman; je n'ai plus qu'à finir la ceinture et à faire la boutonnière. — Et moi aussi, je suis sur le point de finir mon ouvrage. — Voilà qui est fini. — Faites voir! Bon; ce n'est pas mal cou**su** du tout. Maintenant à la promenade! …

Nous y voilà! C'est le moulin de maître Bernardin. On dit qu'il fait la meilleure farine. Connaissez-vous le grand malheur qui lui est arrivé? — Non, chère maman, racontez-nous cela, s'il vous plaît! — Attendez-vous donc à entendre quelque chose de très triste! … Maître Bernardin et sa femme avaient deux enfants, un fils Robert, et une fille Marianne. Robert était un jeune homme di**ssolu** qui prodiguait tout ce qu'il gagnait en folles dépenses. Pour se procurer de l'argent, il avait ré**solu de** détourner toujours à son profit une grande quantité du grain envoyé au moulin pour être mou**lu**. D'abord on ne se douta pas de la fraude, mais peu à peu, on la découvrit, et l'on soupçonna Robert du larcin. Il fut accusé, mais traduit devant le tribunal, il fut ab**sous**, faute de preuves évidentes. Pendant son absence, sa sœur Marianne assistait son père au moulin. Inaccoutumée à cette sorte de travail, elle s'approcha trop de l'engrenage et fut broyée sur-le-champ. Dans ce moment, Robert entra au moulin, et, voyant le grand malheur dont il était la cause indirecte, il fut saisi d'un désespoir tellement violent qu'il mit fin à sa vie. La pauvre mère, déjà très souffrante, ne survécut pas à cette double catastrophe; quelques jours après, on l'enterra auprès de ses enfants. Mais père Bernardin, un homme ré**solu**, ne désespéra pas de la vie. Il résolut de continuer la meunerie avec un garçon meunier et une ménagère. — Ah, le voilà à la porte!

Bonjour, monsieur Bernardin; nous permettriez-vous de voir un peu votre moulin? — Très volontiers, mesdames; seulement, prenez garde de ne pas vous approcher du rouage! — Voici les meules avec lesquelles le grain est moulu. — Combien de sacs de blé moulez-vous par jour? — Ordinairement j'en mouds une douzaine; mais quand il y a abondance d'eau, nous en moulons parfois une quinzaine; et si j'avais un tournant de plus, j'en moudrais à peu près deux fois autant. Mais à l'avenir, je ne moudrai plus fort avant dans la nuit; car je me sens vieux et cassé; cependant, en moulant, j'oublie un peu mes chagrins.

Pauvre monsieur Bernardin! nous avons pris part à votre grand malheur. Que Dieu vous protège! Bonsoir, monsieur Bernardin, et mille fois merci! — Maintenant, marchons vite! Le brouillard s'est résous en pluie. Il faut que nous nous résolvions à courir. — Ah, j'ai le corps tout moulu.

Mots dérivés à apprendre:

La couturière die Näherin
la décousure der Schlitz
le rémouleur der Schleifer
la résolution die Lösung, der Entschluß
la dissolution die Auflösung, Zügellosigkeit
l'absolution, f. die Freisprechung.

Exercices.

1. Formez quelques phrases et conjuguez-les au présent, au passé défini et au futur, ainsi qu'au présent du subjonctif.

2. Formez les participes et conjuguez quelques temps composés.

Exemples: J'ai résolu de continuer mon métier.
Je suis résolu à faire une promenade avec toi.
Je me suis résolu à t'entendre.

3. Voir aussi les exercices de la 1ère leçon.

Amusette: L'habit se cond-il? L'habit se coud.
Le grain se moud-il? Le grain se moud.

(Prononcer très vite.)

40. Die alte Näherin.

Einst war diese Frau reich; ihr Mann war (ein) Müller, aber ein ausschweifender Mensch. Er mahlte nur, wenn er dazu (en) Lust* hatte. Dabei war er ein sehr gebieterischer* Mensch. Eines Tages mahlte (p. d.) er nicht mehr; seine Mühle war ihm genommen. Da beschloß er, nach (en) Amerika* zu gehen. Den Rest seines Vermögens (den) nahm er mit sich; wenn er damit fertig* sein wird, wird er wieder mahlen, aber für andere (autrui). Schließlich,* ob (que) er mahlt (Konj.), oder ob er nicht mahlt, thut nichts.* Doch seine Frau ist jetzt arm und muß für andere nähen (Konj.). Jedoch sie ist eine fleißige* und entschlossene Frau. Sie näht (en) Weißzeug.* Schon als (comme) Kind nähte sie sehr gut; meine Mutter hat in der Schule mit ihr genäht. Sie hat auch eine Nähmaschine.*

Wir gehen zuweilen zu ihr und nähen mit ihr. Sie erzählt uns oft Geschichten, indem sie näht. Vorgestern nähten wir auch zusammen; ich nähte ein Hemd; ich muß deren sechs nähen bis zu Weihnachten. Als ich einen Ärmel fertig hatte, trennte sie die überwendliche* Naht wieder auf; sie war zu schlecht genäht. Nächste Woche werden wir wieder dort nähen; die alte Frau ist so unterhaltend.* Ich nähe dort stets fleißiger als zu Hause. Denn indem man mit einander näht, näht man auch fleißiger. Wirst du nicht auch mit uns nähen? Was nähst du jetzt? Wirst du dich entschließen, mit uns zu nähen? Entschließ dich doch! Ich werde dich morgen fragen, was du beschlossen hast.

21me Leçon.

Verbes en -re à radical abrégé; passé défini et part. passé en -u.

Croire, boire, conclure (éclore).

II, §§ 18 a, b & c (23).

41. Réponse.

Strasbourg, le 20 avril 1890.

Cher Monsieur,

Vous me croyez certainement très négligent de ne pas avoir répondu plus tôt à votre lettre aussi aimable qu'intéressante; vous devez avoir conclu de mon silence que j'étais un très mauvais correspondant. Je le crois moi-même; mais je serais très malheureux, si vous vouliez me croire indigne de votre amitié et m'exclure du nombre de vos meilleurs amis.

En croirai-je mes yeux? Quel miracle s'est donc opéré en vous que vous plaidez si chaleureusement la cause des Français? Voudriez-vous m'en faire accroire! — Non, vos paroles sentent trop la sincérité pour que je puisse en douter; *j'en conclus* au contraire que vos preuves sont incontestables. Tant mieux! *Je crois* très volontiers que les Français sont très aimables; *je crois* même à leur sincérité; mais *vous croirez* aussi avec moi qu'ils ne sont pas sans défauts. On *croiriez-vous* vraiment qu'ils n'en aient pas, parce que vous êtes tout charmé de leur politesse et de leur prévenance pour les étrangers? *Croyez-moi*, les Français n'ont pas seulement des défauts de caractère comme individus, ils ont aussi commis de graves erreurs comme nation. Je ne veux vous rappeler qu'un fait. Ne savez-vous pas que du temps de la première Révolution, les Français ne *crurent* même plus ni en Dieu ni en Jésus-Christ, qu'ils remplacèrent le culte de Dieu par celui de la déesse Raison, représentée par une femme et adorée à l'église Notre-Dame? — Cependant *je crois* que vous ferez bien de tenir bouche *close* sur ces affaires à Paris; car les Français sont trop vaniteux et trop orgueilleux pour supporter qu'on parle de leurs erreurs ou de leurs défauts. Vous courriez risque d'être insulté. Cependant, j'ai *cru* devoir vous en parler pour ajouter quelques ombres aux jours de votre peinture.

Par suite de leur amour-propre, les Français se *croyaient* autrefois la première nation du monde, peut-être non sans raison. Le *croient-ils* encore? De tous temps, on a vanté leur esprit. Qu'en pensez-vous? Moi, *je crois* qu'il le faut attribuer d'abord au climat de leur pays et puis à ce fait qu'ils *boivent* plus de vin que de bière. Qu'en *croyez-vous*, mon ami? Est-ce qu'on y *boit* toujours à table du vin rouge mélangé d'eau? Nous autres Allemands, *nous ne buvons* que du vin pur à table; cependant je crois bien que la manière française convient mieux à la santé. Avez-vous déjà *bu* beaucoup des bons vins de France, comme p. ex. du Bordeaux, du Bourgogne et du Champagne? On dit qu'en *buvant* de ces vins on sent le cœur s'égayer et l'esprit se ranimer, tandis qu'en *buvant* de la bière, on se sent alourdi. Cependant j'ai ouï dire qu'on *boit* aujourd'hui beaucoup plus de bière en France qu'on n'en *buvait* autrefois.

Voici une drôle d'idée qui me vient: Pourquoi ne *boit-on* pas le vin et la bière *dans des tasses* comme on prend le café, le thé et le chocolat? — Sauriez-vous me le dire? — Et pourquoi dit-on: je *prends* une boisson chaude, tandis qu'on *boit* une boisson froide? Sauriez-vous m'expliquer encore ces deux proverbes: Le vin est tiré, il faut le b o i r e , et: c'est la mer à boire? —

A en juger par la température qui règne ici, le temps doit être très beau à Paris. Chez nous les fleurs des champs éclo**sent** à vue d'œil; les perce-neige, les anémones, les violettes et les primevères sont déjà éclo**ses** et les muguets éclô**ront** bientôt. Ce matin nous avons cueilli des poignées de petits muguets, qu'on appelle aussi reines des bois, pour en faire du vin aromatisé ou „la boisson de mai" (maitrank). Ce soir, nous boi**rons** à votre santé.

Mais il faut que je conclu**e** ma lettre, et je la conclu**rai** en vous disant que nous allons tous bien ici.

Adieu, cher ami. Mille amitiés. Veuillez faire mes compliments respectueux à messieurs votre père et frère, et croy**ez**-moi toujours

Votre bien dévoué,

Théodore L.

Mots dérivés à apprendre:

La croyance der Glaube, das Ver
(in)croyable (un)glaublich [trauen
le crédit das Vertrauen
le créancier der Gläubiger
le croyant der Gläubige
le (in)fidèle der (Un)Gläubige
crédule leichtgläubig
incrédule ungläubig
la boisson das Getränk
le buveur der Trinker

la buvette das Erfrischungszimmer
 (ohne Speisen)
le buffet das Buffet (mit Speisen)
le buvetier der Schänkwirt
le buvard das Löschblatt
le biberon der Becher [folgerung
la conclusion der Schluß, Schlußl'exclusion, f. der Ausschluß
exclusif, ve ausschließlich, exklusiv
une écluse eine Schleuse
la clôture die Einfriedigung.

Exercices.

1. Formez des phrases et conjuguez-les au présent, au passé défini, à l'imparfait et au futur ainsi qu'au présent du subjonctif.

2. Formez les participes et conjuguez quelques temps composés.

Exemples: Je t'ai cru le premier de tous.
 Je t'ai cru et je te croirai toujours.
 J'ai cru **en** Dieu et **en** Jésus-Christ.
 J'ai bu ce vin **dans** mon verre.
 J'ai bu **à** ta santé.

42. Glücklich derjenige, welcher glaubt.

Jeder Mensch muß an etwas glauben, wenn er glücklich leben will. Die Christen,* Juden* und Muhamedaner* glauben an einen Gott. Wir (autres) Christen glauben außerdem* an Jesum Christum;* die Juden glauben an den Messias* und die Muhamedaner an Muhamed.* Wer an nichts glaubt, ist ein Ungläubiger,* wer nicht an Gott glaubt, ein Atheist;* dieser ist ausgeschlossen aus der christlichen Gemeinde.* Glaubst du, daß ein Mensch glücklich sein kann (Konj.), der an nichts glaubt? — Ich glaube es nicht.

Ein junger Mensch sagte mir einst, daß er nur glaube (Imp. indic.), was er begriffe (Ind.). „Dann glaubst du in der That sehr wenig", erwiderte ich ihm. Durch eine Beweisführung glaubte ich ihn zu überzeugen. „So begreifst du z. B. nicht", sagte ich zu ihm, „wie die Hitze die Butter zum Schmilzen bringt (faire fondre) und die Eier gerinnen* läßt, und doch glaubst du an den Eierkuchen." Doch vergebens; er glaubte mir nicht. Aber ich bin überzeugt, daß er eines Tages noch glauben wird; denn viele Menschen glauben erst, wenn es zu spät ist; das sind die Unglücklichen. —

Im täglichen Leben dürfen wir nicht alles glauben, was uns die Leute sagen: wer alles glaubt, ist abergläubisch,* wer zu leicht glaubt, leichtgläubig.* Ich hatte einen Kameraden, der alles glaubte, was man ihm weis machte.* Er hatte nie Wein getrunken.* Eines Tages tranken wir eine Flasche Rheinwein.* Wir machten ihm weis, daß er ganz harmlos sei. Er glaubte es und trank mindestens vier Glas davon. Kaum hatte er ihn getrunken, als er krank wurde. Er glaubte zu sterben; wir glaubten es beinahe auch. Aber er starb nicht; doch wird er wohl (peut-être, probablement) keinen mehr trinken. — Trinkst du welchen? — Trinke nur welchen, aber nicht zu viel Du mußt auch nicht zu starken Wein trinken. Kleine Kinder sollten überhaupt wenig oder lieber gar keinen Wein trinken. Hiermit* schließe ich meine Rede.

Proverbe: Qui a bu, boira.

Amusette: Qu'a bu l'âne au lac?
L'âne au lac a bu l'eau. —

(Prononcer très vite.)

22me Leçon.

Verbes en -re: à radical abrégé; passé défini et part. passé en -u.

Lire, plaire, taire (traire).

II, § 18 d, e & f.

43. La leçon de lecture.

Avez-vous déjà lu votre leçon de français, mes enfants?

Oh oui, papa, nous l'avons déjà lue et relue plusieurs fois, nous l'avons traduite et nous en avons aussi épelé les mots.

Très bien! Alors lisez-moi encore une fois le morceau! — Cela ne me plaît pas. Il faut que vous lisiez à haute voix, plus lentement et plus distinctement! — Tais-toi, Alphonse! Clémence, lis seule! —

Cela me déplaît encore. D'abord, tu n'articules pas nettement toutes les syllabes, et puis tu accentues à la façon allemande, en appuyant toujours sur les premières syllabes des mots. Ne sais-tu donc pas où il faut mettre l'accent en français?

Si fait, je le sais bien; le professeur de français nous l'a dit maintes fois: Il faut toujours appuyer sur la dernière syllabe pleine d'un mot isolé ou sur celle du dernier mot d'une partie de la phrase, qui est détachée par un temps d'arrêt indiqué ou non par la ponctuation.

C'est juste! Mais alors pourquoi ne le fais-tu donc pas? Relis encore une fois ces phrases en observant bien toutes les règles! Cependant, ne sois pas distraite!

Clémence lit: Nous ne plaisons jamais aux autres autant que nous nous plaisons à nous-mêmes — La mer et les vents se turent à la voix de Jésus-Christ. — Saül fut élu roi d'Israël. —

Ça va mieux maintenant. Seulement il ne faut pas que tu t'interrompes trop souvent ou que tu lises d'une voix saccadée. Car dans la langue française il faut avant tout observer les règles de l'harmonie et de l'élégance.

Ne vous déplaise, papa, mais il me fallait éternuer.

Alphonse, tu es distrait! Pourquoi ne fais-tu pas attention?

Excusez, cher papa; mais puisque vous me le demandez, je ne veux pas vous taire que ces règles de lecture ne me plaisent pas; elles m'ennuient. Il est impossible de les observer toutes en lisant.

Te tairas-tu, méchant garçon! Ne sais-tu pas que ces remarques me déplaisent? D'ailleurs, je ne veux pas que tu te soustraies à des exercices si nécessaires pour arriver à une bonne lecture. Maintenant lis à ton tour ces trois phrases!

Plaît-il, papa?

Je veux que tu lises encore une fois ces phrases!

Tu lis avec trop de précipitation et tu ne détaches pas bien les différentes parties des phrases, parce que tu ne penses pas à ce que tu lis. C'est la pensée qui donne à la lecture l'expression naturelle et l'harmonie agréable. Remarquez encore, mes enfants, qu'en lisant il ne faut respirer qu'aux temps d'arrêt (ou de repos), pour rendre la lecture moins fatigante au lecteur et plus intelligible à l'auditeur. N'inclinez pas trop le front en lisant!

Je ne vous cacherai pas, mes enfants, que votre manière de lire ne m'a pas beaucoup plu. Vos frères et sœurs aînés lisaient beaucoup mieux. De mon temps aussi, nous lisions avec plus d'expression et de facilité. À Dieu ne plaise que j'en veuille à votre maître; ce que je voudrais c'est que vous lussiez plus souvent avec moi. Dorénavant nous lirons plus souvent ensemble, et quand j'aurai le temps, je vous lirai quelquefois pour accoutumer votre oreille à la prononciation correcte, à la bonne lecture française. Je crois que vous plairez aussi mieux à votre maître de français, si vous lisez plus correctement.

Mots dérivés à apprendre:

Le lecteur der Leser, Vorleser
le liseur der Vielleser
lisible lesbar
l'élection, f. die Wahl
l'électeur der Wähler, Kur (Wahl-)
le plaisant der Spaßvogel
plaisanter scherzen
la plaisanterie der Scherz
se plaire à Gefallen finden an
complaire gefallen, willfahren
la complaisance die Gefälligkeit
complaisant gefällig
déplaisant mißfällig
le déplaisir das Mißfallen
extraire ausziehen
l'extrait der Auszug.

Exercices.

1. Formez et conjuguez quelques phrases au présent, au passé défini, au futur et au présent du subjonctif.

2. Formez les participes et conjuguez quelques temps composés.

Exemples: Je t'ai lu le morceau à haute voix.
Je fus élu président de la société.
Je me suis tu quand il t'a plu.

3. Voir aussi les exercices de la 1ère leçon.

44. Das Lesen.

Das Lesen ist eine der schönsten und reizendsten Annehmlichkeiten; es ist auch eines der besten Mittel, seinen Geist zu bilden. Wer nicht täglich* etwas l i e s t, verarmt* geistig,* wie der Körper schwach* wird, wenn er keine Nahrung (zu sich) nimmt. Diejenigen, welche viel l e s e n, haben naturgemäß* viele Gedanken, die, welche wenig lesen, haben wenig Gedanken, und diejenigen, welche gar nicht lesen, haben fast gar keine Gedanken. Wenn jemand keine Gedanken hat, muß er s ch w e i g e n (Konj.), wenn andere sprechen. Wer aber immer schweigt, gefällt niemandem. Darum leset viel, und ihr werdet in guter Gesellschaft gefallen. Ich kenne jemand, der früher immer geschwiegen hat; seitdem er l i e s t, spricht er und gefällt er jedermann.

Wenn wir ein gutes Buch l e s e n, s ch w e i g e n die Sorgen,* selbst der Schmerz wird manchmal vergessen. Eine angenehme Lektüre zerstreut uns, wenn wir unseren Geist zu sehr angestrengt* haben, sie vertreibt* die Langeweile* und die Traurigkeit.

Aber ihr werdet mich fragen: was sollen wir lesen? (Konj.) Ich werde euch nicht verschweigen, was ich darüber denke. An erster Stelle* leset keine schlechten Romane. Dann fraget euere Eltern und Lehrer, was ihr l e s e n sollt (il faut). Wenn wir Romane l e s e n, gefallen sie zwar* unserer Einbildung,* aber sie verderben* sie auch zuweilen. Dafür werdet ihr gute, lehrreiche* und unterhaltende Bücher l e s e n, die eueren Geist erheben, die euch edle Gedanken und Gefühle einflößen* und die euch nützliche Kenntnisse vermitteln.*

Wenn ihr ein gutes Buch gelesen habt, leset es wieder! Es wird euch alsdann noch besser gefallen, während euch schlechte Bücher mißfallen werden. Auch mein Bruder und ich, wir lasen früher viel Romane. Einstmals l a s e n wir einen, der uns sehr mißfiel, der uns sogar anwiderte.* Von diesem Tage an lasen wir keine Romane mehr, und wir bereuten es nicht. Oft, indem ich ein schönes Buch l e s e, exzerpiere (ausziehen) ich die Gedanken, die mir besonders* gefallen, und lese sie dann wieder. Ich finde auch Gefallen daran, ein schönes Gedicht zu lesen. Zuweilen lese ich meinen Eltern vor (à); diese wählen dann gewöhnlich die Lektüre für mich a u s. Dann muß ich laut lesen. Da ihnen meine Art zu lesen gefällt, bin ich (zum) Vorleser unserer Familie erwählt worden. Welche Ehre, nicht wahr?

Proverbes: A chaque fou plaît sa marotte.
Besogne qui plaît est à demi faite.

Exercices répétitoires
sur les verbes irréguliers en -re.

Conjuguez, dans toutes les personnes et dans tous les temps:

Je fais ma tâche et je me tais.
Je ne crois pas ce que je lis.
Je résous l'énigme et j'en ris.
Je couds, je confis des fruits et puis je bois un verre d'eau.
Je souris et j'en conclus que je suffis à moi seul.
Je ne médis de personne et ainsi je plais à tous.
Je me résous à faire un voyage, mais je me tais encore.
Je t'en fais accroire et tu me contrefais et me maudis pour si peu de chose.
J'omets souvent moi-même ce que je prescris aux autres.

23me Leçon.
Verbes en -ev-oir à radical changé et abrégé.
Apercevoir, recevoir, concevoir, devoir, décevoir.

II, § 19 a.

45. A Paris.
b. La place de la Concorde et les Champs-Élysées.

Dois-je vous conduire sur la *place de la Concorde*, mes amis? Suivez-moi donc! En sortant de la *rue Royale*, nous aper**cevons** cette place, qui est une des plus belles, des plus grandes et des plus curieuses de Paris. Tenez! nous y sommes déjà. Plaçons-nous au milieu pour jouir d'une quadruple perspective: sur la *Madeleine*, que vous aper**cevez** au fond de la rue Royale, sur le *palais de la Chambre des Députés*, aussi appelé *Palais-Bourbon*, qui se trouve sur la rive gauche de la Seine, sur le *Louvre* à l'est, et à l'ouest, sur l'immense avenue des *Champs-Élysées* avec *l'arc de Triomphe de l'Étoile* qu'on aper**çoit** dans le lointain.

Regardez cet obélisque, appelé „Obélisque de Louqsor", au centre de la place! Il se compose d'un seul bloc de granit rose de Syène. En le regardant de près, on **conçoit** à peine sa hauteur; avec le piédestal, il a environ 28 mètres de haut. Mais ce que **vous concevrez** encore moins, c'est son grand âge qui remonte à 3400 ans. Les hiéroglyphes sur chacune des quatre faces se rapportent au roi Ramsès II et à ses successeurs. Paris **doit** ce monument à la munificence de Méhémet-Ali, pacha d'Égypte, qui le donna à Louis-Philippe. Il fut érigé en 1836.

Maintenant tournez vos regards sur ces magnifiques statues représentant les plus grandes villes de la France, sur ces fontaines jaillissantes, sur ces colonnes et ces candélabres! Cet ensemble ne compose-t-il pas une décoration splendide? Et le soir, quand tout est magnifiquement illuminé, c'est un spectacle vraiment magique, surtout du côté des Champs-Élysées, où l'œil découvre une rangée de flammes s'étendant à perte de vue. Nous **devrions** y revenir ce soir; vous ne seriez pas **déçus** dans votre attente.

Il est vrai qu'il **devrait** y avoir un peu plus d'ombre pendant les chaleurs de l'été; mais alors on préfère les jardins et les parcs publics qui sont en grand nombre à Paris.

En 1763, une statue équestre en bronze fut érigée sur cette place à Louis XV, en mémoire de la paix d'Aix-la-Chapelle (1748). Le piédestal était orné des statues de la Force, de la Prudence, de la Justice et de l'Amour de la paix. Peu de temps après son érection, on **aperçut** un jour sur ce piédestal les vers suivants:

„O la belle statue! ô le beau piédestal!
Les vertus sont à pieds, le vice est à cheval."

Peu de jours après, la statue **reçut** encore une autre inscription:

„Il est ici comme à Versailles;
Il est sans cœur et sans entrailles."

En 1792, cette statue fut enlevée et remplacée par une statue de la Liberté, et la place **reçut** le nom de „Place de la Révolution." Ce fut ici que la guillotine commença son œuvre sanglante en 1792 et que périrent le roi Louis XVI, le 21 janvier 1793, et sa femme, la reine Marie-Antoinette, le 16 octobre de la même année. Plus de trois mille personnes **durent** y laisser leur vie. Cependant c'est sur la *place de Grève* que périrent la plupart des victimes de la Révolution. En 1795, la place **reçut** le nom de *place de la Concorde*.

Dirigeons-nous maintenant vers les *Champs-Élysées!* C'est une espèce de parc et une des promenades les plus fréquentées tant par les piétons et les cavaliers que par d'innombrables équipages. Tournez-vous à droite pour que v o u s a p e r c e v i e z à travers les arbres le *palais de l'Elysée*, habité par le Président de la République. Il y a, en outre, dans ce parc le grand *palais de l'Industrie* qui sert aux diverses expositions et plusieurs *cafés-chantants*, qui ne reçoivent leur monde que le soir.

Voici l'*arc de Triomphe!* En l'a p e r c e v a n t de loin, on ne dirait pas qu'il est le plus gigantesque de tous les arcs de triomphe du monde. Vu de près, l'ensemble en paraît lourd, ce qui est d û à ses énormes massifs de maçonnerie. Les trophées mêmes, servant de décoration, sont d'une grandeur colossale. Les Parisiens ne d o i v e n t pas en être trop fiers, et je c o n ç o i s fort bien que les étrangers en le voyant soient quelque peu d é ç u s. Tout l'édifice a presque 50 m. de hauteur sur près de 45 m. de largeur. Il fut commencé par Napoléon Ier en 1806 et terminé sous Louis-Philippe en 1836. De la plate-forme, où conduit un escalier en colimaçon, on jouit d'une vue superbe sur Paris et ses environs. Montons-y afin que v o u s c o n c e v i e z l'immensité de cette ville.

Mots dérivés à apprendre:

L'aperçu, m. die Übersicht, der Überblick
le reçu der Empfangschein, Quittung
la recette die Einnahmen, der Ertrag
la réception der Empfang

le devoir die Pflicht, Schuldigkeit, Schulaufgabe (schriftl.)
la dette die (Geld-)Schuld
la conception die Vorstellung, der Gedanke
la déception die Täuschung.

Exercices.

1. F o r m e z des phrases et conjuguez-les au p r é s e n t, au p a s s é d é f i n i et au f u t u r, ainsi qu'au présent du subjonctif.

2. F o r m e z les participes et conjuguez quelques temps composés.

3. Voir aussi les exercices de la 1ère leçon.

Proverbe: Chose promise, chose due.

Fais ce que dois, advienne que pourra.

Devinette: Quel est le milieu de Paris?

(La lettre r.)

46. In den Straßen von Paris.

Wer nicht in Paris gewesen ist, **begreift** kaum die Lebhaftigkeit,* welche dort in den Straßen herrscht; und als ich zum erstenmal hinkam (p. d.), **begriff ich nicht**, wie man dort leben kann. Die Wagen und Omnibusse sind unzählig,* manchmal **müssen** sie Minuten (lang) anhalten,* derartig (tel) ist das Gedränge.* Wir **begriffen** erst nicht, wie sich die Fußgänger zwischen diesen Fuhrwerken durchwanden,* ohne sich Schaden zu thun. Doch bald mußten wir es auch so machen (en faire autant).

Aber noch weniger als das Gedränge **würdet ihr** den Lärm, den Tumult* und das Geschrei* **begreifen**, welches die Straßenverkäufer* machen. Das **sollte** man doch etwas (quelque peu) einschränken. Aber ich glaube, daß die Leute so schreien **müssen**, um die Aufmerksamkeit der Vorübergehenden auf sich zu lenken. Da hört man die seltsamsten und unharmonischsten* Ausrufe und **bemerkt** die verschiedenartigsten* Waren. Unter den Lebensmitteln* bemerkten wir auch kleine Wagen voll Schnecken,* und unter den Gewerbtreibenden* sogar Hundescherer* und Fleckenreiniger.* An (de) Stiefelputzern* muß Paris ein kleines Heer besitzen. Ich **bemerkte** deren fast an jeder Ecke. Man **muß** auch sehr auf seine Taschen aufpassen,* weil man bestohlen wird, ohne daß **man es bemerkt** (Konj.). Ich darf nicht vergessen, noch die Rufe der Zeitungsverkäufer* und die Hörnchen* der Pferdebahnwagen zu erwähnen,* welche das Getöse* vermehrten.*

Als wir neulich durch eine Seitenstraße* gingen, **bemerkten** wir hinter einem Tische einen Menschen ohne Arm, welcher mit dem Munde Visitenkarten schrieb. Als wir **bemerkten** (p. prés.), daß sie sehr schön geschrieben waren, ließen wir uns auch welche schreiben. Wir waren nicht **enttäuscht**, sondern sehr zufrieden und gaben ihm mehr, als wir ihm **schuldeten**. Er empfing das Geschenk mit einem: ich danke Ihnen, meine Herren! Dann fügte er hinzu: Sie **sollten** mich Ihren Bekannten empfehlen, m. H. Wir versprachen es und **werden ihn nicht täuschen**. Er wird es freilich nicht **inne werden**.* Ich wünsche, daß er manch (maint) reiches Geschenk erhalte, denn er ist nicht nur ein unglücklicher, sondern auch ein geschickter, bescheidener und höflicher Mensch. Damit ihr einen Begriff von seiner Geschicklichkeit erhaltet, sende ich euch die beigefügte Karte.

24me Leçon.

Verbes en -v-oir à radical changé et abrégé :
Mouvoir, pouvoir, savoir, pleuvoir.
Verbes impersonnels.
II, § 19 b, c, d & e. § 26.

47. L'hiver.*

L'hiver vient enfin d'établir son empire sur la terre! Il l'a couverte d'un immense tapis blanc, ressemblant à un linceul; un morne silence règne partout. Le ciel est voilé de nuages grisâtres qui se **meuvent** lourdement et qui font pâlir le soleil. Les oiseaux se taisent et se réfugient dans les villes ou dans les villages pour y chercher un peu de nourriture; partout où **peut** s'étendre la vue, la terre n'offre plus qu'un vaste désert: c'est la saison de la mort.

Ces dernières semaines, il p l e u v a i t beaucoup; la température se refroidissait; tout présageait le retour de la saison des frimas. Soudain la pluie cessa et il c o m m e n ç a à neiger et à geler; depuis cinq jours, il a g e l é constamment. Les étangs et les cours d'eau sont pris, et la glace est déjà assez forte pour nous porter, et n o u s p o u vons nous livrer au plus grand divertissement de l'hiver, le patinage.

Prenez donc vos patins, mes enfants; nous irons patiner; car je **sais** que vous aimez beaucoup cet exercice. Les deux petits, Maurice et Madeleine, qui ne **savent** pas encore patiner, **peuvent** prendre leur petit traîneau et faire une partie de glissade sur la pente de la colline avec les autres enfants. — Madeleine dit qu'elle ne **sait** pas glisser! Ah, je m'étonne que tu ne le **saches** pas! — Tu lui montreras donc comment elle doit s'y prendre, Maurice, afin qu'elle **sache** glisser comme ses camarades! Je t'en **saurai** bien gré, mon ami! — Quand il ne n e i g e r a plus, nous p o u r r o n s partir. Mais habillez-vous chaudement! On ne **saurait** assez se protéger contre le froid, surtout au commencement de l'hiver.

Voyez sur la glace, combien il y a déjà de monde, se m o u v a n t pêle-mêle par-ci par-là! À droite, Pierre et sa sœur Marguerite on fait un bonhomme de neige, tenant à la bouche une pipe qu'il ne **peut** pas fumer; car la fumée p o u rrait lui fondre la tête. Marguerite vient de lui mettre un bâton à la main, tandis que Pierre ramasse encore de la neige, probablement pour en faire des pelotes. René roule

* Hierzu Hölzels Wandbild: Der Winter.

une grosse boule de neige, ne sa**chant** qu'en faire ensuite. Tiens, voilà Jean qui fait une culbute, au grand plaisir de son frère. Il s'en relèvera sans aucun mal et il **pourra** continuer ses évolutions gracieuses.

Regardez comme les patineurs, glissant seuls ou deux à deux, patinent gracieusement! Mettez donc aussi vos patins et suivez-moi! André, serre les courroies plus fort! Tu ne **pourrais** pas aller comme cela! — Mais vous **mouvez** trop les bras, mes enfants! Et n'écartez donc pas trop les pieds! Penchez-vous un peu plus en dehors! Maintenant, tenons-nous par les mains et patinons ensemble en **mouvant** les pieds de concert! Faites les courbes un peu plus grandes! Voilà qui va bien! Ah, je ne **savais** pas que vous patiniez déjà si bien! J'en suis bien aise. — Vous n'en **pouvez** plus? Eh bien, reposons-nous un instant; vous **pourriez** trop vous fatiguer. Ah, quel plaisir! Je ne **puis** vous dire combien j'en suis enchanté! **Puisse**-t-il durer pour longtemps! Quel dommage que Thérèse n'ait **pu** venir aussi! **Sachez**, mes enfants, qu'il n'y a rien d'aussi salutaire et de bienfaisant que les jouissances et les plaisirs innocents que cette bonne mère, la nature, nous offre gratuitement.

Voyez-vous là-bas la voiture de poste changée en traineau, qui fait halte devant l'auberge? Le postillon sur le siège, enveloppé dans sa fourrure, se fait servir un petit verre pour se réchauffer, pendant que le maréchal-ferrant remet un fer au cheval. Sa femme balaye la neige devant la porte, pour qu'on y **puisse** marcher plus à l'aise. Un voyageur allume son cigare, tandis qu'une dame regarde par la portière. **Puissent**-ils arriver sains et saufs chez eux! A présent, ils partent au son des grelots attachés au cou des chevaux pour prévenir les piétons qui **pourraient** ne pas entendre le traineau.

Vous êtes-vous reposés? Remettons-nous donc à patiner! — Mais qu'est-ce que c'est que cela? Je crois qu'il **pleut** ou qu'il **pleuvra** dans quelques minutes! Hâtons-nous donc de quitter la glace avant qu'il ne **pleuve**! Que de fois de sinistres accidents sont arrivés quand il a **plu** et que le dégel est survenu trop à l'improviste! La glace s'est rompue, engloutissant les malheureuses victimes qui ne **pouvaient** plus s'enfuir.

Gardez-vous surtout, mes enfants, d'aller sur la glace quand elle n'est pas encore assez forte! Je me rappelle un grand malheur arrivé ici, il y a quelques années. Un certain nombre d'enfants étaient allés glisser sur cet étang, le plus hardi en tête, les autres le suivant. Tout à coup, il disparut sous la glace et tous les autres après lui. Il n'y eut qu'une jeune fille qui **pût** se sauver, parce qu'elle ne **savait** pas glisser. D'abord, on ne **sut** rien du désastre au village, la jeune fille étant trop consternée et trop **émue** pur **pouvoir courir**. Quand nous arrivâmes à l'endroit du malheur, il était trop tard: nous ne **pûmes** plus les sauver; nous ne trouvâmes que des cadavres. Je **ne saurais** vous décrire la douleur et le désespoir des infortunés parents. Tout le monde en fut **ému**, et le souvenir de cette catastrophe m'**émouvra** toujours aux larmes.

Mots dérivés à apprendre:

Le mouvement | die Bewegung
la motion |
le motif der Beweggrund, das Motiv
la meute die Meute
l'émotion, f. die Bewegung, Erregung
l'émeute, f. der Aufruhr
promouvoir befördern
la promotion die Beförderung
le pouvoir die Macht (gesetzl.)

la puissance die Macht, das Vermögen
(im)puissant (ohn)mächtig
le savoir das Wissen, die Gelehrsamkeit
le savant der Gelehrte
le savoir-vivre die Lebensart
le savoir-faire die Geschicklichkeit
la pluie der Regen
pluvieux, se regnerisch.

Exercices.

1. Formez quelques phrases et conjuguez-les au **présent, au passé défini et au futur**, ainsi qu'au **présent du subjonctif**.

Exemples: Je sais bien patiner, mais je ne peux pas aujourd'hui.
Je ne saurais te décrire la douleur de mes parents.
Je ne sus rien du désastre avant le soir.

2. Formez les participes et conjuguez quelques temps composés.

3. Voir aussi les exercices de la 1ère leçon.

48. Der Sommer und der Winter.

Wir Kinder lieben die beiden Jahreszeiten. Ich kann nicht sagen, welche von beiden mir am meisten gefällt (aimer). Eine jede hat ihre Reize.* Im Sommer können wir zwar länger im Freien* zubringen und allerlei Spiele machen, wie das Ball=,* Kugel=,* Reifen=,* Federball=* und Kreiselspiel.* Wir können auch noch andere Spiele, wie Blindekuh,* Stubenvermieten,* Abschlagen* und das Kriegsspiel;* da muß man die Beine gut bewegen. Aber wenn es regnet, ist alles vorbei.

Auch im Winter bewegen wir uns viel im Freien, besonders wenn es geschneit hat. Da können wir Schneebälle und Schneemänner machen, und wenn es gefroren hat, kann man schlittschuhlaufen; und wer nicht schlittschuhlaufen kann, kann wenigstens gleiten; diejenigen, die es noch nicht können, lernen es bald. Könnt ihr auch schlittschuhlaufen? Wir können es sehr gut; wir können auch rückwärts laufen und Kunststücke* machen. Viele Schlittschuhläufer* bewegen die Arme zu sehr; sie wissen nicht, daß es schlecht aussieht.*

Aber im Sommer kann man sich auch im Freien baden. Wenn das Wasser tief ist, muß man schwimmen können (Konj.). Im vorigen Sommer haben wir es noch nicht gekonnt, aber nun werden wir es bald können. Ich könnte (Kond.), wenn es sehr heiß ist, immer im Wasser sein. Wenn (cn) ich stets die Arme und Beine bewegte, würde ich nicht frieren. Wenn es regnete, würde es mir nichts thun. Dann würde ich bald besser schwimmen können, als der beste Schwimmer.* Aber der beste Schwimmer kann ertrinken.* Das erfuhren wir voriges Jahr, als unser Vetter, der sehr gut schwimmen konnte, ertrank. Plötzlich bewegte er die Arme über dem Wasser und verschwand vor unseren Augen. Wir konnten ihn nicht retten. Jedermann war tief bewegt. Wir liefen ans Ufer, indem wir nichts anderes thun konnten, als um Hilfe schreien. Er war verloren.

So haben der Sommer und der Winter ihre Annehmlichkeiten und ihre Gefahren. Unser Lehrer sagt: Versteht die einen zu genießen und die anderen zu vermeiden. Aber wer kann das stets? Damit wir die Gefahren vermeiden können, müssen wir auch wissen, wo sie sind. Wir würden daher nicht besser thun können, als immer auf die Stimme unserer Eltern und Lehrer zu hören.

Couplet légendaire: Il a tant plu
　　　　　　　　Qu'on ne sait plus
　　　　　Dans quel mois il a le plus plu;
　　Mais c'que je sais, c'est qu'au surplus,
　　S'il eût moins plu, ça m'aurait plus plu!

Amusette: Si ceci se sait, ses soins sont sans succès.
(Prononcer très vite.)

25me Leçon.

Verbes en -oir à différents radicaux.

Voir (pévoir, pourvoir), s'asseoir (seoir).

II, § 20 a, b & c.

49. A Paris. c. Les théâtres.

Vous avez parfaitement raison, messieurs; quand on visite Paris, il ne faut pas négliger de voir les théâtres, qui sont

en grand nombre. Il y a environ vingt gr
prement dits; mais vous ne les verrez pa
visiterez que les principaux. Nous voici sur
vards! Je vois que vous êtes fatigués de
nade; vous n'êtes pas accoutumés, comme n
à battre le pavé. Asseyons-nous donc dev
et faisons nous servir quelque chose! Tout
et en nous restaurant, nous verrons passer
neurs, et je vous donnerai en même temps q
nos théâtres. Asseyez-vous de ce côté pou
mieux; je m'assiérai ici! Ne sommes-nous

Paris est pourvu de théâtres pour tou
le *Théâtre-Français* et le *Grand-Opéra* jusqu'
cafés-chantants. La plupart des grands th
ici sur les boulevards ou près des bouleva
même d'ici.

Les meilleures places dans les théâtres
l'acoustique sont les fauteuils ou stalles d'orc
parterre pour les petites bourses. Mais dans c
sont serrés et l'on n'y est pas confortable
France, les dames ne vont pas au parterre,
de théâtres, elles ne sont pas même admise
chestre, bien que ce soient les meilleures.
pourvu de billet, qu'on peut prendre d'av
de location ou aux bureaux de théâtre, il f
soir, ce qui est très ennuyant. Pourvoye
jours de billets, si c'est possible!

Maintenant, je vous nommerai briève
que vous devriez visiter de préférence. En
le *Théâtre-Français* ou la *Comédie-Français*
vue en passant au coin du Palais-Royal. C
genre classique, qui n'a d'égal ni pour la t
comédie. Il est surtout à recommander à c
entendre et apprendre le français pur et cla

L'Odéon, sur la place du même nom,
Seine, est le second théâtre classique. Là
admises aux places d'orchestre.

Le Gymnase, que vous voyez d'ici
Bonne-Nouvelle, est un des bons théâtres
avec les deux premiers. On y représente d
comédies de genre, mais presque toujours d

Le Vaudeville, au coin du boulevard de
la Chaussée d'Antin, est aussi à recommande
et les comédies, et si vous aimez quelquefois
ou des pièces bouffonnes et légères, il vous

riétés sur le boulevard Montmartre et le *Théâtre du Palais-Royal*, au coin du Palais-Royal. Pour les comédies du genre très moderne, il faut que vous **voyiez** *la Renaissance* sur le boulevard Saint Martin.

Il y a, en outre, une foule de théâtres pour les pièces à grand spectacle, les opérettes, les ballets et pantomimes; vous les **voyez** indiqués chaque jour aux colonnes affectées spécialement aux affiches de théâtres.

Comme il y a relâche au *Théâtre-Français* ce soir, allons voir le *Grand-Opéra*! Je **prévois** qu'il y aura une grande presse ce soir. Nous prendrons des places de deuxièmes ou troisièmes loges à 10 ou 12 frs., car pour les premières places, la toilette de soir est de rigueur, et nous ne sommes pas **pourvus** d'habits noirs ni de chapeaux à claque. Il est vrai que, quant aux derniers, tout chapelier nous en **pourvoirait**; mais ces chapeaux ne vous **siéent** pas toujours bien. — A propos, votre chapeau vous **sied** très bien; l'avez-vous acheté à Paris? — Êtes-vous **pourvus** de jumelles, messieurs? Autrement, l'ouvreuse nous en **pourvoira**. En passant près de la Librairie-Nouvelle, au boulevard des Italiens, nous nous **pourvoirons** du libretto de la pièce du soir.

Voici le superbe édifice! J'aime toujours à le **revoir** bien que je le **voie** presque tous les jours. Mais qui ne **reverrait** avec plaisir des chefs-d'œuvre de l'art? La première fois que je le **vis** — c'était à la fin de 1874 — il était à peine achevé. Le même jour encore, je me **pourvus** d'un billet, et depuis, je l'ai **revu** nombre de fois toujours avec un plaisir croissant.

Voyez cette belle façade ornée de statues et de groupes, représentant les beaux arts, et ces médaillons qui donnent les portraits des grands maîtres de la musique! En entrant dans l'immense vestibule, également orné de statues, on **voit** et on admire d'abord le *grand escalier d'honneur*, à lui seul un chef-d'œuvre. Il n'est sorte de marbre et de pierre de choix qui n'ait été employée dans ce splendide monument; vous n'aurez jamais rien **vu** de plus beau. — Mais il faut qu'on s'asseye pour mieux **voir**. Prenons donc nos places. Vous restez encore debout? Eh bien, je m'**assieds**; je suis horriblement fatigué. Ne vous **assiérez-vous** pas? Quand le rideau se lèvera, **vous verrez de** vos propres yeux que la scène a des dimensions colossales; elle est la plus grande de Paris. Pendant l'entre-acte, nous irons visiter le foyer qui est une autre grande curiosité de l'Opéra. Mais voici le son de la cloche qui donne le signal de l'ouverture. Maintenant tout le monde s'**assiéra**. Dans un moment, nous entendrons la plus belle musique du monde, et puis nous **verrons** un bel opéra avec un magnifique ballet; car le Grand-Opéra possède les meilleurs chanteurs et chanteuses et les premières danseuses de Paris.

Mots dérivés à apprendre:

La vue das Sehen, Gesicht, die Ansicht, Aussicht	au revoir auf Wiedersehen!
le visage das Gesicht	la revue die Durchsicht, Musterung
la vision das Gesicht, die Erscheinung, das Hirngespinst	entrevoir flüchtig sehen
	l'entrevue die Zusammenkunft
la visière das Visier	la prévoyance die Voraussicht, Vorsicht
visible sichtbar	les assises das Schwurgericht
vis-à-vis gegenüber	la cour d'assises der Schwurgerichtshof
le revoir das Wiedersehen	se rasseoir sich wieder setzen
	surseoir aufschieben (Gerichtssprache).

Exercices.

1. Formez quelques phrases et conjuguez-les au présent, au passé indéfini et au futur, ainsi qu'au présent du subjonctif.

2. Formez les participes et conjuguez quelques temps composés.

Exemples: J'ai vu **de** mes propres yeux le Grand-Opéra de Paris.
Je me suis pourvu **de** jumelles et tu t'en pourvoiras.
J'ai prévu la presse et tu la prévoiras.
Je suis bien assis dans ce fauteuil.
Je me suis assis(e) et tu t'assiéras.

3. Voir aussi les exercices de la 1ère leçon.

50. Im Theater.

Haben Sie schon viele Vorstellungen in den Pariser Theatern gesehen, mein Herr? — Nein, mein Herr, ich habe erst zwei Schauspiele* gesehen und eine Oper gehört. — Wie ich weiß, lieben Sie die Trauerspiele nicht. Sind Sie geneigt, heute Abend eine Singspieloper oder ein Spektakelstück zu sehen? Dann müssen wir uns schon jetzt mit Billeten versehen (Konj.). — Entschuldigen Sie gütigst, ich habe mich schon mit zwei Billeten für das Varietäten-Theater versehen, da ich voraussah, daß wir heute Abend ins Theater gehen würden. — Sehr gut! Das steht Ihnen sehr gut an. Was für Plätze haben Sie genommen? — Ich habe zwei Sperrsitze im Parquet genommen, weil man dort am besten sitzt und auch sehr gut hört und sieht. — Das freut mich. Es ist heute dort eine Benefizvorstellung;* ich sehe daher einen großen Genuß* voraus. Nun, wir werden (ja) sehen. Lassen wir unsere Überzieher und

Stöcke in der Garderobe* und versehen wir uns bei der Schließerin' mit Operngläsern; man sieht das Mienenspiel der Schauspieler* besser. Sind Sie schon mit einem Theaterzettel versehen? Wenn nicht, versehen Sie sich damit! — Gut; ich werde mich sofort damit versehen. Hier ist er! — Was für ein Stück wird heute gespielt? — Man giebt ein Lustspiel in vier Akten und nachher noch ein Ballet.' — Setzen wir uns! — Ich wünschte, daß sich diese Herren auch setzen (Konj.). — Geduld, mein Lieber; sobald der Vorhang* aufgeht (se lever), müssen sie sich auch setzen (Konj.). Sehen Sie, jetzt setzen sie sich schon; die andern werden sich auch bald setzen, und Sie werden sehr gut sehen. Siehe da, jetzt sitzt jedermann und das Geplauder* schweigt.

    O welch prächtige Bühne, welch herrliche Dekorationen! Wenn (en) man sie sieht, meint* man, die verschönerte' Wirklichkeit* zu sehen. Ich sah niemals etwas Ähnliches, obgleich ich schon viel sah. — Die Schauspieler haben ihre Rollen* gut aufgefaßt* und vortrefflich* gespielt; selbst die Statisten' haben sich gut aus (der) Sache' gezogen.

    Begeben wir uns im Zwischenakt" in den Gesellschaftssaal. Wir werden uns dort etwas setzen und die Deckengemälde betrachten. Haben Sie den Herrn gesehen, der sich auf seinen Hut setzte? Es ist ein Cylinder' und kein Klapphut'; der wird ihm nun gut stehen. Hören Sie das Glockenzeichen?* Es ist das Zeichen zum Anfang des zweiten Aktes. Geben Sie Acht auf Ihren Opernguder. Setzen Sie sich nicht darauf, wenn Sie sich setzen!

    Amusette: Monsieur assis lit,
              Madame assise coud.
                          (Prononcer très vite.)

Proverbe: Quand on parle du loup, on en voit la queue.

26me Leçon.
Pronoms démonstratifs et indéfinis. Adverbes.
II, §§ 49, 50, 57 & 58.

51. La construction d'une maison et les métiers.

    Avez-vous jamais réfléchi, mes enfants, combien de différents métiers doivent contribuer à construire une maison? Aucun de vous ne saura probablement me le dire, pas même les plus âgés, bien que chacun de vous y ait déjà souvent assisté. A mon avis, tout jeune homme ainsi que toute jeune fille devraient avoir quelques connaissances des principaux métiers, de leurs manipulations et de leur importance. Du reste, y a-t-il rien de plus intéressant pour tous les gens raisonnables que de voir les artisans travailler soit dans leurs boutiques ou ateliers, soit sur les chantiers! Allons donc tous visiter cette après-midi un de ces quartiers nouveaux où il y a toujours différentes maisons en construction. Ah! vous voilà déjà tout prêts!

Donnez le bras l'un à l'autre et marchez, vous autres petits en avant! Ah! ces chemins sont tout abimés. C'est la même chose partout où il y a des maisons en bâtisse. Les trottoirs même y sont tout crottés.

Nous y voilà! La maison à notre gauche n'est que commencée; elle ne présente que les fondements ou soubasements et les murs. Les ouvriers qui y sont occupés sont des tailleurs de pierre, qui travaillent les grosses pierres avec des hachettes et des marteaux, et les maçons, qui font la maçonnerie. Ils y emploient des pierres et des briques qu'ils superposent les unes sur les autres en les reliant avec du mortier, un mélange de chaux et de sable. Chaque maçon a une truelle avec laquelle il applique le mortier. Les ouvriers qui sont chargés de préparer le mortier et d'apporter les pierres et les briques, qu'ils charrient souvent dans des brouettes, sont appelés manœuvres. Ce sont, en général, des individus sans nulle adresse ou connaissance.

La maison à côté est déjà plus avancée; elle est toute rouge, étant construite toute en briques. Vous y voyez les charpentiers qui sont chargés de la charpente, c'est-à-dire de toutes les parties en bois de la maison en bâtisse. Quelques-uns équarrissent des troncs d'arbres à coups de hache pour les transformer en poutres, d'autres scient les poutres avec une longue scie, et plusieurs les joignent pour en faire la toiture; les poutres servent aussi à supporter les planchers et les plafonds.

Remarquez ces échafaudages construits tout autour de cette autre maison et permettant aux ouvriers de circuler tout en travaillant. Quelque solides que soient ces échafaudages, il arrive parfois qu'ils s'écroulent, et malheur à quiconque s'y trouve en ce moment! Ils servent aussi à élever les matériaux de construction au moyen d'une poulie sur laquelle roule un gros câble auquel on attache les matériaux.

Là-haut sur ce toit, vous apercevez quelques autres artisans; ce sont des couvreurs qui couvrent les toits de tuiles ou d'ardoises. Tout couvreur doit être un bon grimpeur exempt de vertige. Il doit être à même de marcher sur les toits. De l'autre côté du même toit vous voyez plusieurs ferblantiers qui posent les gouttières en tôle ou fer-blanc pour recevoir la pluie, et les tuyaux qui la conduisent en bas.

Voici plusieurs maisons qui sont déjà toutes terminées, mais elles ne sont pas encore toutes habitées; tout au plus s'il y en a une ou deux qui le sont déjà. Mais nous n'avons pas encore tout vu; ce n'était que l'extérieur. Voyons encore l'intérieur de quelque maison; je ne crois pas qu'il y ait personne qui nous en empêche. Du reste je connais quelques-uns de ces messieurs-là, qui surveillent les travaux. Celui-là est une de mes connaissances; il est architecte; c'est un homme tout affable et complaisant, qui ne refuse jamais rien à personne; tous le monde le connaît.

Monsieur l'architecte, auriez-vous la complaisance de nous permettre de jeter un coup d'œil dans l'intérieur de cette maison? Tous ces jeunes gens viennent exprès pour voir une telle maison; nous vous serions bien reconnaissants.

Je suis enchanté, messieurs, de pouvoir vous servir. Et comme j'y connais toute chose, je pourrais vous servir de guide. Presque toutes ces nouvelles maisons ont été construites sous ma direction. Je vous les montrerai telles qu'elles sont.

Nous vous sommes fort obligés, monsieur; rien ne pourrait nous être plus agréable. C'est justement ce dont nous avions parlé tout à l'heure. Conduisez-nous, s'il vous plaît; nous serons tout oreilles.

Ce rez-de-chaussée est encore tout en désordre, tout en décombres. Il y a même encore les plâtriers qui recouvrent les murs d'une couche de plâtre; quelques-uns font les plafonds. Au premier étage, se trouvent les vitriers qui ajustent les fenêtres dans les encadrements, et les serruriers qui mettent les serrures à toutes les portes. Dans la chambre à côté, vous voyez les menuisiers qui complètent l'ouvrage des charpentiers. Ces mêmes artisans nous fournissent aussi les meubles de toute espèce et maints objets en bois dont nous avons besoin tous les jours dans nos habitations. Tenez! comme ils sont minces, ces copeaux que ce garçon menuisier fait tomber avec son rabot en rabotant une planche qui est déjà toute lisse! Cet autre-là troue une planchette avec une toute petite vrille, tandis que le maître menuisier colle quelques planches ensemble avec de la colle-forte à l'aide d'un fermoir.

Mais ce ne sont pas encore tous les artisans qu'il faut pour la construction d'une maison; il en faut encore bien d'autres avant que le tout soit fini. Chaque petit objet nécessaire, les moindres petites choses mêmes exigent l'attention et quelle que soit la maison ou plutôt quelque petite qu'elle soit, il n'y a rien qui doit y être négligé. Ainsi, tout en haut, au dernier étage, il y a des tapissiers qui recouvrent les murs de papier peint et des peintres qui ornent les plafonds de belles peintures; d'autres, comme les vernisseurs, vernissent les portes et les escaliers avec du vernis, et ainsi de suite. Êtes-vous tous satisfaits, messieurs, de ce que vous avez vu? — Vous dites que oui. — J'en suis bien aise et je me réjouis d'avoir pu vous être utile en quelque chose. D'ailleurs, je suis d'opinion que tout homme, quelque savant qu'il soit, quelle que soit sa fortune ou en quelques conditions qu'il se trouve, ne doit pas être entièrement dépourvu de connaissances pratiques; de plus, je dis que quiconque prétend à être bien instruit, doit posséder quelques notions de ce qui est utile et nécessaire. Nul n'en est exempt.

Vous avez parfaitement raison, monsieur, et nous vous remercions beaucoup. Mais dites-moi, s'il vous plait, cette maison peinte tout en gris est-elle déjà habitée? — Malheureusement que non, monsieur; toute belle qu'elle est et bien qu'elle soit toute finie, elle est encore tout inhabitée. De telles maisons il y en a plusieurs dans cette rue. C'est que toutes les bonnes gens évitent de faire les essuyeurs de plâtre. Il est clair que, pour le moment, je la loue à tout prix quelle que soit la perte que j'y essuie. Cependant je maintiens que tout Paris n'a pas de maison telle que celle-là. Visitez des maisons quelconques et vous trouverez que les miennes sont parmi les mieux montées quoi que l'on dise.

C'est évident, monsieur. Ah! il n'y a rien de tel qu'une maison bien arrangée, et un chez-soi bien confortable! Tel est mon avis! Bonjour, monsieur; mille fois merci! Au revoir!

Exercices.

Complétez:

Dans cette rue, — les maisons ont au moins trois étages; il y en a — qui ont quatre étages. Quelques — sont — neuves; mais — neuves qu'elles —, elles ne me plaisent pas. — maison dans cette rue a un — petit jardin; je n'ai jamais — vu de plus joli. Dans — jardin il y a des fleurs.

— maison a un rez-de-chaussée. — les gens riches aiment le dernier, cependant mes grands-parents, — riches qu'ils —, préfèrent le premier. — les vieilles gens préfèrent le rez-de-chaussée; — beau que soit le premier étage; — escalier leur déplait. Dans leur

jeunesse ils étaient sans — fortune; — d'eux —' a jamais été
malade; — d'eux a toujours été bien-portant. Ils ont fait — voyage
— année, et — fois ils en sont retournés — rafraîchis et —
fortifiés. — âgés qu'ils sont. De — leur vie ils n'ont eu — querelle
ensemble. Je doute qu'il y ait — dans — la ville qui soit plus
heureux. Ils s'aiment — l' — et se confient — — l'un — —.
Ils ont toujours demeuré dans la — rue, et ils ont toujours eu
les — amis. Ils sont respectés de — le —, — de leurs adversaires. C'est que ma grand'mère est une femme — aimable et
mon grand-père un honnête homme. — les connaît, doit les aimer.

52. Bei dem Schuhmacher.*

Einer der wichtigsten Handwerker ist der Schuhmacher, dessen
wir alle bedürfen. Er macht alle unsere Fußbekleidungen:* Schuhe,
Stiefeln, Halbstiefeln und Pantoffeln. Jeder Handwerker muß
etwas von einem Künstler* sein: die Namen der beiden sind auch
im Französischen verwandt.* Giebt es etwas Unangenehmeres* als
ein Paar unbequeme* Stiefeln? Wie gut auch das Leder,* wie fein
auch die Arbeit (ouvrage) sei, alle Mühe (Plur.) ist verloren, wenn
das Schuhwerk* nicht paßt.* Ich habe schon manchen Schuhmacher
gehabt, aber ich war mit keinem von ihnen zufrieden. Jeder hatte
seine Fehler, seine Eigenheiten.* Kein Stiefel paßte mir genau;*
jedesmal war ich ganz unglücklich, wenn ich sie zum erstenmal
trug. Ich zweifle aber auch, daß jemand zwei von einander
verschiedenere Füße hat als ich. Jeder Fuß erfordert eine besondere
Aufmerksamkeit.

Gehen wir zu diesem Schuhmacher. Seine noch ganz junge
Frau ist ganz erstaunt über (de) unsern Besuch. Der Meister hat
auch einige Gesellen, die alle beschäftigt sind. Er ist auch nie
ohne irgend welche Arbeit. Sie arbeiten selbst des Abends.
Seine ganze Familie ist in der Werkstatt. Jetzt ist sie ganz reich,
obgleich sie ohne jedes Vermögen* angefangen hat. Sie hat niemals jemandem etwas geschuldet. Die Kunden* sind immer
dieselben, die Ware* ist auch immer dieselbe.

Dieses Paar Stiefeln ist ganz neu. Wie schön es auch ist,
es gefällt mir nicht, wie ihr auch darüber denken (möget). Der
Schuhmachermeister verarbeitet stets gutes Leder, auch sind seine
Leisten immer ganz genau. Er ist imstande, für ganz ver-
krüppelte* Füße gutes Schuhwerk zu machen. Alle seine Werkzeuge*
liegen auf dem runden Tische: einige Hämmer, mehrere Ahlen*
und Pfriemen verschiedene Nägel und das famose* Pech.* Der
Draht* hängt an (contre) der Wand. Jetzt nagelt* er eine ganz
neue Sohle auf die Stiefel, einer der Gesellen einen Absatz,* ein
anderer näht einen Schaft;* keiner von ihnen ist unbeschäftigt.

Proverbes: Chacun a son goût.
Ne fais pas à autrui ce que tu ne voudrais pas qu'on te fît.
Chacun pour soi, Dieu pour tous.
Chacun son métier.
En toute chose il faut considérer la fin.
Qui ne risque rien n'a rien.
Chacun est l'artisan de sa fortune.
A l'impossible nul n'est tenu.
Nul n'est prophète en son pays.
Toute médaille a son revers.
Mal d'autrui n'est que songe.
Tel rit le matin qui pleure le soir.
Quiconque flatte ses maîtres les trahit.
A l'œuvre on connaît l'artisan.

Devinette: Qu'est-ce qui fait le tour de la maison sans entrer dedans? (Les murs.)

27ᵐᵉ Leçon.

Verbes en -l-oir à différents radicaux; passé déf. et part. passé en -u.

Vouloir, valoir, falloir (déchoir).

§ 21 a, b & c (22).

53. A Paris.

d. La Bourse, le Palais-Royal, le Louvre, les jardins des Tuileries, la colonne Vendôme.

Bonjour, messieurs! — La journée s'annonce belle, et vous feriez bien d'en profiter en faisant une tournée à pied à travers Paris pour voir une partie de ses monuments remarquables; vous réserverez ainsi les visites des musées pour les jours pluvieux. Si vous **voulez**, je serai votre guide.

Ah monsieur, vous nous comblez de bontés! Cependant, nous les acceptons de grand cœur et nous vous remercions infiniment.

Dans ce cas, il **faudra** nous mettre en route sans délai, car les distances sont grandes à Paris, et le temps **vaut** bien de l'argent.

Vous avez tout à fait raison, monsieur. Nous sommes prêts à l'instant. — Maintenant **veuillez** nous dire quelle route nous prendrons; car **nous voudrions** bien mettre notre temps à profit et aller au *Vaudeville* ce soir.

Très bien, messieurs; autant **vaudra** nous diriger de ce côté que d'un autre, et je **veux** bien vous y accompagner d'autant plus volontiers que je n'y ai pas été moi-même depuis longtemps. —

Quelle est cette place avec ce bel édifice au milieu?

C'est la *place de la Bourse* avec *la Bourse*, reproduisant dans sa forme le temple de Vespasien à Rome.

Mais poursuivons notre route. Maintenant il **faut** descendre quelques marches; nous voilà au *jardin du Palais-Royal*.

Ah, quel aspect ravissant! Mais c'est magnifique!

Ce jardin, entouré d'arcades et de galeries, ombragé par une quadruple rangée d'ormes et de tilleuls, rafraîchi par un bassin circulaire et orné de parterres et de statues, présente en effet un aspect ravissant et une promenade agréable.

Les bâtiments que vous voyez à l'entour forment l'ancien *Palais-Royal*, aujourd'hui occupé, en partie, par le Conseil d'État. Aux premiers étages se trouvent les grands restaurants autrefois si renommés, où l'on dîne à la carte ou à prix fixe. Cependant ils **déchoient** un peu, et je crois qu'ils **décherront** encore davantage à cause des boulevards qui **prévalent** aujourd'hui et qui leur ont fait perdre beaucoup de leur ancienne renommée. Au rez-de-chaussée, vous voyez les fameux magasins d'articles de luxe, connus partout dans le monde. Ne **voulez**-vous pas y jeter un coup d'œil?

Nous le **voulons** bien, monsieur. Ah, quelle richesse, quelle splendeur! Cela **vaut** bien la peine de s'y arrêter. Ne croyez-vous pas que cet étalage de bijouterie **vaille** bien des millions?

Qu'il **vaille** des millions ou non, peu m'importe; je n'ai pas de faible pour les bijoux. Mais ne **vaudrait**-il pas mieux continuer notre promenade? En traversant une seconde cour, nous sortons par la principale entrée près du *Théâtre-Français* qu'il vous **faudra** visiter un de ces soirs. Nous voici sur la *place du Palais-Royal*.

Quelle cohue de fiacres, d'omnibus, de piétons et de véhicules de toutes sortes! Oh, mon Dieu! il s'en est peu **fallu** que ce pauvre vieillard ne fût tué! Mais quel est ce grand bâtiment qu'on voit en face?

Cet édifice imposant est le fameux *palais du Louvre*.

Voudriez-vous, s'il vous plaît, nous dire quelque chose

du *palais du Louvre* dont j'ai si souvent entendu parler et que nous voyons enfin devant nous?

Je le **veux** bien, mes amis, je le ferai tout en traversant la cour. Ce palais, le plus grandiose de Paris, peut-être même de l'Europe, est à la fois remarquable au point de vue de l'architecture et par les précieuses collections qu'il renferme et qui remontent jusqu'au XVI° siècle. Napoléon Ier **voulut** en faire un musée universel. Aussi les armées françaises rapportèrent-elles d'Italie, des Pays-Bas et d'Allemagne un énorme butin artistique qui **valut** au palais l'appellation de „musée de l'Europe". Mais quand, après l'invasion des alliés, les conquérants firent **valoir** leurs droits de possession, il fallut rendre beaucoup de statues et de tableaux; cependant, le Louvre passe toujours pour le premier musée de l'Europe. Vous **voudrez** certainement le visiter plus tard. Il est ouvert au public tous les jours de la semaine, excepté le lundi et certains jours de fête; mais il **faudrait** plusieurs jours pour en voir toutes les collections.

Veuillez me suivre maintenant dans les fameux **jardins des Tuileries** qui ont été construits sur l'emplacement du *palais des Tuileries*, ancienne demeure des rois et des empereurs de France, mais détruit par les insurgés de la Commune, le 22 et 23 mai 1871. Il n'en reste plus que les deux ailes qui, autrefois, reliaient le palais au Louvre.

D'où vient donc ce nom bizarre de *Tuileries?*

Il vient d'une ancienne fabrique de tuiles qui se trouvait dans le voisinage et dont les fours se voyaient encore du temps de Louis XIV.

N'est-ce pas un coup d'œil magnifique? A l'extrémité des jardins, vous voyez *l'obélisque de Louqsor* et *l'arc de Triomphe de l'Étoile* sur l'arrière-plan. Ce jardin, établi par Louis XIV, est une des promenades les plus belles et les plus fréquentées de la métropole et qui **équivaut** sans doute à tout ce qu'il y a de beau à voir dans ce genre.

Mais quel est ce monument que je vois au fond de cette large rue?

C'est la célèbre *colonne Vendôme*. Ce fut Napoléon Ier qui, **voulant** immortaliser les victoires de la grande armée, la fit dresser de 1806 à 1810. C'est une imitation de la colonne Trajane à Rome; et elle représente sur des plaques de bronze dont elle est revêtue les faits mémorables de la campagne de 1805. Le bronze qu'il y **fallait** a été fourni par 1200 canons autrichiens et russes. Au sommet s'élève une statue de Napoléon Ier en empereur romain. La colonne fut renversée par les gens de la Commune en 1871, mais rétablie en 1874.

Autrefois on montait, mais aujourd'hui il n'est plus permis de le faire.

Mais en voilà assez de curiosités. Je suis exténué; p e u s'en **faut** que je ne tombe en marchant. Vous ne m'en **voudrez** pas, j'espère, si je renonce à toute autre entreprise pour aujourd'hui.

Ne craignez pas que je **veuille** vous tuer par trop de curiosités! Mieux **vaudrait** nous rafraichir dans quelque bon restaurant. Il ne **faudrait** pour cela qu'une voiture qui v o u l û t nous conduire aux boulevards! En voilà une! Grâce à Dieu!

Mots dérivés à apprendre:

Le vouloir der Wille, die Absicht
la volonté der Wille
(le) volontaire freiwillig (der Fr.)
volontiers gern
valable gültig

la vaillance die Tapferkeit
vaillant tapfer
le vaurien der Taugenichts
la décadence der Verfall, das Sinken
la déchéance der Verfall, Verlust.

Exercices.

Formez des phrases et conjuguez-les au présent, au passé défini et au futur, ainsi qu'au présent du subjonctif.

Exemples: Il ne t'en veut pas; m'en veux-tu?
Il faut que je descende quelques marches (Subj.).
Il me faut descendre quelques marches (Inf.).
Il faudra que je me mette en route (Subj. et inf.).
Il fallait (fallut, faudrait) que je me souvinsse de toi.
Il me faut (faudra) une voiture pour m'y conduire.

2, Formez les participes et conjuguez quelques temps composés.

3. Voir aussi les exercices de la 1ère leçon.

54. Im Restaurant.

Jetzt, meine Herren, müssen wir uns entscheiden, ob wir in einem Speisehause zu festen Preisen' oder nach der Karte' zu Mittag speisen wollen. Nach meiner Meinung würde es besser sein, nach der Karte zu speisen, weil man da wählen kann, was man will. Wenn wir uns bei jedem Gericht' mit einer Portion für je zwei Personen begnügen wollten — denn eine Portion kommt dort ungefähr zwei Portionen in einem Restaurant zu festen Preisen gleich — würden wir eine wechselndere' Speisefolge' haben. Doch will ich Sie nicht beeinflussen.

Einverstanden!" — Wollen Sie uns nicht hinführen!

Sie werden mir hoffentlich nicht böse sein, daß ich Sie in eines der Speisehäuser auf den Boulevards führe; diese Anstalten sind dort allen andern an Güte überlegen.

Werden wir noch weit gehen müssen?

Hier ist unser Speisehaus; wollen Sie eintreten?

Kellner, bringen Sie uns die Tageskarte!

Hier ist sie. Was für Suppe wollen die Herren essen?

Bringen Sie uns eine Nudelsuppe und eine Fleischbrühsuppe! — Und jetzt, meine Herren, was wollen Sie als Vorspeise genießen? Es giebt allerlei: Austern, Hummern, Kaviar, Sardinen, Wurst, Schinken, geräucherte Zunge, Radieschen u. s. w.

Wählen Sie gefälligst, was Sie wollen (Jut.).

Kellner, Sie haben uns zu viel gebracht, wir wollten nur die Hälfte. Geben Sie uns die Weinkarte!

Möchten Sie nicht Burgunderwein trinken? Er übertrifft den Bordeauxwein bei uns.

Nun denn, bringen Sie uns zunächst eine Flasche gewöhnlichen Burgunder; wir werden dann sehen.

Und nun werden wir die Braten wählen müssen. Sagten Sie nicht, daß Sie vorher einen Seefisch essen wollten? Vielleicht eine Steinbutte, eine Seezunge, einen Schellfisch oder eine Makrele?

Entschuldigen Sie, mein Herr, ich glaube, daß es besser sein wird, wenn wir einen guten Braten und etwas Geflügel essen, einen Nierenbraten oder ein Trüffelfilet und ein junges Huhn. Eine junge Ente würde noch besser sein, wenn sie zart wäre; ein junges Rebhuhn wäre auch nicht übel. Sollte man nicht den Kellner fragen?

Ich denke nicht, daß Sie betrogen sein wollen; die Kellner empfehlen stets die teuersten Gerichte. Ich glaube zwar nicht, daß dieser uns betrügen will — Aber nicht wahr, die Speisen sind ausgezeichnet? —

Ich finde, daß es der Mühe wert war, hierher zu kommen. Finden Sie nicht auch, daß die französische Küche der deutschen überlegen ist?

Das ist eine Thatsache, obgleich die deutsche Küche in einigen Gegenden ebenso viel wert ist.

Welche Zwischenspeisen möchten die Herren nehmen? Einige Gemüse, wie grüne Bohnen, Erbsen, Spargel, Linsen, Kohl oder Sauerkraut?

Danke; wir möchten einige süße Zwischenspeisen, ein Omelette mit feinen Kräutern, einige Apfelschnitte und etwas Apfelkompot.

Und zum Nachtisch bringen Sie uns Obst; einige Aprikosen und Pfirsiche, Mandeln, Haselnüsse und Trauben; dazu etwas Schweizerkäse oder holländischen Käse.

Kellner, bringen Sie die Rechnung, aber schriftlich. — Wollen Sie mir herausgeben? — Das ist zu wenig; es fehlt noch ein Frank. — Hier ist Ihr Trinkgeld.

Glauben Sie, daß er Sie hat betrügen wollen?

Ich weiß es (en) nicht (rien). Aber es ist immer besser, das Geld nachzuzählen.

   Amusette: Rat vit rôt,
       Rôt ravit rat,
       Rat mit patte à rôt,
       Rôt brûla rat.

          (Prononcer très vite.)

Proverbes: Mieux vaut tard que jamais.

    Le jeu ne vaut pas la chandelle.

    Il ne faut pas vendre la peau de l'ours avant de l'avoir tué.

Exercices répétitoires
sur les verbes irréguliers en -oir.

Conjuguez dans toutes les personnes et dans toutes les temps:

Je dois te dire ce que j'aperçois.
Je conçois ce que je suis et ce que je peux.
Je me meus et m'asseois silencieusement, mais tu t'en aperçois.
Je veux patiner, mais je ne peux pas parce que je ne le sais pas.
Je vois bien que je ne vaux rien et ne suis rien.
Je m'asseois parce que je prévois ma chute.
Je reçois une récompense ce que je ne conçois pas.
Je me pourvois de choses dont tu t'es déjà pourvu.
Il faut que je sache ma leçon pour que je puisse m'asseoir.
C'est une faute; il faut que je m'en aperçoive et la voie.*
Il pleut; je m'en aperçois.*

* Changez de Temps à chaque personne des deux dernières phrases.

28me Leçon.
Article partitif de.
II, § 46.

55. Les mesures et les poids.

Pour connaitre la grandeur, la quantité o
choses, on a deux moyens principaux: l'un est
l'autre de les peser. Pour mesurer on a des m
peser, des poids. Il y a différentes mesures selo
qu'on veut mesurer.

L'unité de mesure pour les longueur
autrefois c'était le *pied*. Ainsi nous disons auj
chambre est haute de cinq mètres, ou elle a
haut (ou *de* hauteur), elle est longue de dix
dix *mètres* de long (ou de longueur) et elle es
mètres, ou elle a six *mètres* de large (ou de lar
le Montblanc avait 14809 *pieds* de haut, aujour
a une hauteur de 4810 *mètres*.

Pour mesurer des objets plus petits, on
mètre, qui est la dixième partie du *mètre*, ou d
en est la centième. Notre livre français a exac
mètres de haut sur 14 *centimètres* de large.
millimètre qui est le plus petit de tous.

Pour calculer les distances, on a le *kilon*
prend mille mètres. Ainsi la ville de Karlsruh
a deux *kilomètres* de longueur. D'ici à Heidell
distance de 55 kilomètres.

Autrefois on se servait d'une multitu
comme le *pied*, le *pouce*, l'*aune*, la *lieue* et le *n*
dont on se sert encore aujourd'hui, est la pl
toutes ces mesures. Dans ce temps, on achet
et quelques *pouces* de drap pour un habit o
d'étoffe pour une robe; l'on faisait huit à dix
par jour, tandis qu'aujourd'hui on fait tant de

Les corps solides, comme le bois et les
sont mesurés avec le *mètre cube*. Un *mètre*
chauffage prend le nom de stère.

Le *litre* forme aujourd'hui l'unité de
liquides, comme le vin et la bière, et aussi po
sèches comme les grains. Cent litres font un
les petites quantités on a le *demi-litre*, le *déci*
litre. Vous achèterez donc un *litre* d'huile, de
vin. Une *bouteille* de vin renferme trois *quarts*

Aujourd'hui on ne dit plus un *tonneau*

autrefois; cependant on vend et achète encore généralement un *foudre* de vin selon l'ancienne coutume.

Mais très souvent on ne mesure pas ces matières; on les pèse. L'unité de poids est le *gramme*. Un *litre* d'eau pèse mille grammes ou un *kilogramme*. Une *livre*, ancien poids, comprend la moitié d'un kilogramme ou 500 grammes ou un demi-kilo. Vous ne demanderez donc plus *une livre* de sucre, de beurre, de pain ou de viande, mais un *demi-kilo* de ces marchandises. On ne fait plus usage de *pierre* ou de *quintal* comme poids aujourd'hui. Enfin, il n'y a rien de plus simple, de plus clair et de plus commode que notre système actuel de mesures et de poids.

Exercices.

1. P a s s e z dans toutes les personnes du singulier et du pluriel:

Mon jardin a vingt mètres de longueur;
Ma chambre a cinq mètres de haut;
Mon livre français a vingt et un centimètres de haut sur quatorze centimètres de large.

2. M u l t i p l i e z le sujet de la phrase suivante par les nombres de deux à dix et mettez le reste d'accord:

Une bouteille de vin renferme trois quarts de litre.
(Exemple: Deux bouteilles de vin renferment six quarts de litre.)

3. F o r m e z des exemples de phrases avec des noms et des adverbes de quantité:

Exemple: Je n'ai plus de vinaigre à la cuisine.

4. I n v e n t e z d'autres avec des noms de mesure et de poids.

5. F o r m e z-en quelques-uns avec un s u p e r l a t i f et d'autres avec une négation suivie d'un substantif.

56. Récapitulation.

Unser Haus ist 35 Meter lang, 22 Meter hoch und 15 Meter breit oder tief. Es giebt darin eine Menge Zimmer. Das größte von allen ist das Empfangszimmer. Es hat eine Länge von 12 Metern und eine Breite von 8 Metern. Wir brauchen im Winter 12 Kubikmeter Brennholz und 60 Liter Öl. In unserem Keller befinden sich 2 Hektoliter Wein und 30 Flaschen Bier. In der Küche sind heute 2 Kilogramm Butter und 3 Kilogramm Fleisch, aber wir haben keinen Zucker und kein Brot, und dieses letztere ist doch das Notwendigste von allen.

Im Frühling und im Sommer unternehmen wir oft Ausflüge. Wir machen manchmal 30—40 Kilometer Weg an (dans) einem Tage. Dabei besteigen wir Berge, welche über 1000 Meter hoch sind. So hat z. B. der Feldberg eine Höhe von 1495 Metern. Das ist der höchste Berg des Schwarzwaldes.* Oben angekommen trinken wir zunächst ein Glas Kirschwasser, dann ein oder zwei Flaschen Bier; denn gewöhnlich ist man sehr durstig. Es sind stets eine Menge Touristen oben. Dort oben wachsen auch seltene Pflanzen; das letztemal pflückten wir eine Masse Blumen. An einem Tage haben wir 10 Stunden Wegs gemacht.

Proverbe: A bon vin point d'enseigne.

29ᵐᵉ Leçon.
Emploi du Subjonctif.
a. dans les propositions principales;

b. dans les propositions subordonnées;

après les verbes (verbes impersonnels) exprimant la volonté.

Les conjonctions.
§§ 36 & 37; 31.

57. A Paris: e. Les Parcs et le Père-Lachaise.

Messieurs, quelle promenade voulez-vous que nous fassions aujourd'hui? Il est vrai qu'il fait du brouillard, mais je crois que le temps s'éclaircira bientôt. Je propose donc que nous visitions quelques-uns des beaux parcs publics que Paris possède en grand nombre, afin que vous voyiez par la même occasion les boulevards extérieurs et plusieurs édifices fort remarquables.

Je suis tout à fait de votre avis, monsieur. Que le temps soit ce qu'il voudra, je souhaite beaucoup que nous choisissions cette promenade pour aujourd'hui Qui est de mon avis, me suive!

Vous le voulez, soit! Je vous accompagnerai. Vive la gaité! Permettez seulement que je finisse d'abord mon déjeuner! — Me voilà prêt. Qu'on se mette donc en route! Puisse le temps nous être propice! Il est bien possible qu'il se remette au beau; voilà qu'il fait déjà un peu de soleil! Fasse le ciel qu'il ne disparaisse plus pour aujourd'hui! — Comprenne qui pourra; nous sommes vraiment nés coiffés! Dieu soit loué! Si j'eusse pu prévoir cela, j'aurais laissé mon parapluie à la maison. Mais, n'importe!

Alors, messieurs, puisqu'il en est ainsi, je trouve bon que nous partions à l'instant. — Prenons cette voiture et commandons au cocher qu'il nous conduise un peu vite et qu'il donne un coup de fouet à son cheval — Voici la grille dorée du parc de Monceau! Dites au cocher qu'il s'arrête devant la porte principale!

Nous y voilà! Cette porte, comme les trois autres, est fermée la nuit pour empêcher qu'on ne commette des dégâts dans le parc. Car, bien qu'il soit public, ses beaux arbres sont très soigneusement entretenus.

Ah, quelle verdure, quelle ombre, quelle fraîcheur quoiqu'il fasse déjà une chaleur exceptionelle aujourd'hui! Qu'il doit être agréable d'habiter un de ces élégants hôtels particuliers qui entourent le jardin! J'approuve qu'on le ferme la nuit et qu'on interdise aux voitures de le traverser autrement qu'au pas; car c'est un site pittoresque et délicieux.

Mais il est temps, messieurs, que nous quittions cet endroit, quelque charmant qu'il soit, pour en visiter un autre non moins ravissant: le *parc des Buttes-Chaumont*, qui est à l'autre extrémité de la métropole. Pour cela il sera nécessaire que nous nous servions du tramway qui suit les boulevards extérieurs. Ceux-ci changent plusieurs fois de nom, bien qu'ils se succèdent dans la même direction.

Mais assurons-nous des places, afin que nous ne perdions pas de temps! Il suffit pour cela que nous prenions des numéros au bureau, et pour peu que nous attendions, le tramway arrivera. Le voici! Heureusement, il n'est pas au complet. N'entrez pas dans l'intérieur! Il vaut mieux que nous montions sur l'impériale, quoiqu'il soit un peu incommode d'y grimper, pour mieux voir les curiosités en route. Tenez bien la rampe, et prenez garde que vous ne tombiez! Nous voilà installés. Maintenant il faut que vous prépariez vos „places"; c'est quinze centimes pour la course, quelque longue qu'elle soit; les places de l'intérieur coûtent 30 c.

Voici la *Douane*. C'est ici que nous descendons. Ne vous pressez pas! Attendez que la voiture soit tout à fait arrêtée. Ne vous en déplaise, on descend de l'impériale à reculons!

Mais quel contraste entre ce quartier et celui du parc de Monceau! Est-ce que nous sommes au milieu d'un quartier d'ouvriers?

Vous l'avez dit, monsieur. Mais dédommagez-vous maintenant par la vue du parc que voici, et souffrez que je vous conduise à travers ce terrain accidenté et entre-coupé de rochers, de buttes et de mamelons! Regardez au milieu du petit lac, cette île curieuse formée de rochers taillés à pic et surmontée d'un petit temple grec! Montons-y pour que vous jouissiez d'une belle vue sur la banlieue de Paris du côté de *Saint-Denis!* N'est-ce pas que c'est beau?

Je ne sais rien qui soit plus pittoresque; malheureusement la brume empêche de voir très loin aujourd'hui.

Maintenant faites vos adieux à l'île! Le temps presse et exige que nous reprenions notre chemin. Mais auparavant je tiens à ce que vous voyiez encore la grotte artificielle de stalactites. C'est par ici, messieurs! Permettez que je prenne les devants! — Voici la grotte et la cascade qui y tombe du haut d'un rocher!

Quelle fraîcheur délicieuse! Ah, j'aimerais bien que nous nous y reposassions quelques instants, car je me sens un peu fatigué.

D'accord! Reposons-nous un peu! Il vaut mieux que vous restiez frais et dispos pour bien jouir de votre promenade... Maintenant retournons au *boulevard de la Vilette* pour y prendre le tramway. Il nous conduira au *cimetière du Père-Lachaise*, qui mérite bien que nous lui rendions une petite visite. Avec ses larges avenues et allées, ses monuments splendides, ses beaux arbres et ses magnifiques bosquets il ressemble plutôt à un parc ou à un jardin qu'à la cité des morts...

Voici justement un convoi funèbre. Attendons qu'il soit passé. Plaçons-nous de façon que nous puissions bien voir le cortège! Mais gardez-vous qu'on ne vous prenne pour des gens malhonnêtes ou impies! La coutume veut que les passants, quels que soient leur rang et qualité et qui que soit celui qu'on enterre, se découvrent devant le char funèbre, appelé corbillard, qui porte le cercueil. L'étiquette demande en outre que les parents et amis suivent le char à pied et tête nue, à moins que le temps ou la longueur du chemin ne le défendent.

Entrons maintenant, mais contentons-nous de parcourir seulement les allées en prenant note de quelques monuments remarquables et de quelques tombeaux de célébrités!... A présent je serais d'avis que nous montassions encore à la chapelle et puis que nous voyions le *mausolée d'Abélard et d'Héloïse* en cas que vous ne soyez pas trop pressés. Mais voilà déjà ce monument avec son baldaquin gothique!

Que comptez-vous faire maintenant? Il importe que vous vous décidiez soit à retourner en ville, soit à visiter encore un autre parc. Non loin d'ici se trouve le *bois de Vincennes*; nous pourrions l'atteindre en peu de temps avec le tramway, pourvu que vous ne soyez pas trop fatigués.

Quant à moi, je voudrais que nous rentrassions en ville avec l'omnibus qui vient là-bas.

C'est entendu! Mais alors nous prendrons des correspondances parce qu'il nous faut changer d'omnibus. Sur la place de la *Bastille*, ancien château fort des rois, et qui servait autrefois de prison d'État, s'élève maintenant la svelte *colonne de Juillet*, érigée en l'honneur des victimes de la révolution de juillet 1830.

Remarquez cette belle tour gothique: c'est la *tour Saint-Jacques*, beau reste d'une ancienne église.

Arrêtons-nous au *Palais-Royal* pour que nous puissions y prendre notre diner; car je me sens une faim de loup. — Moi aussi, il me tarde que nous soyons attablés. Permettez, monsieur, que nous passions devant vous!

Exercices.

1. Passez dans toutes les personnes du singulier et du pluriel les phrases suivantes:

Mon ami veut que je fasse cette promenade (Plur.: Mes amis —);

Notre compagnon désire que je prenne garde de ne pas tomber.

2. Conjuguez les phrases suivantes, quelques-unes à la forme négative:

Je ne sache rien qui soit plus intéressant;
Si j'eusse pu prévoir le beau temps, je serais sorti;
Je souhaite que tu choisisses ce chemin;
Je permettrai que tu finisses ton déjeuner;
Je trouverai bon que tu partes;
Je tiens à ce que tu voies la grotte.

3. Complétez les phrases suivantes:

a. Il est possible que la pluie —.
Il est temps que nous — notre promenade.
Il sera nécessaire que vous — bientôt pour arriver à temps.
Pour y arriver plus vite il suffit que — l'omnibus.
Il nous tarde que —.

b. Allons-y quoiqu'il — mauvais temps.
Faites cette excursion pour que vous — les magnifiques parcs de Paris.

Dépêchons-nous afin que nous — le temps.
Nous y arriverons bientôt, bien que la distance — longue.
Mettez-vous ici pour que vous — mieux voir.
Continuons notre chemin à moins que le temps — et pourvu que vous — fatigué.
Asseyez-vous de manière que vous — les curiosités.

c. Je commande au domestique qu'il —.
Dites au facteur qu'il —.
Permettez que nous — une voiture.
Vous désirez que nous — à table.
J'approuve qu'on — aux enfants de faire du bruit.
Empêchez qu'ils — des dégâts.
Vous aimeriez que nous — en ville.

d. Quittons ce parc quelque —.
Il faut que tous les hommes meurent quel — leur rang et quelles — leurs qualités.

e. Transformez quelques phrases du subjonctif à l'infinitif:

Exemple: Il est temps que nous finissions notre promenade — de finir notre promenade.

4. Augmentez ces exemples au besoin.

58. Ein Regentag. Im Louvre.

Meine Herren, da es heute regnet, erlauben Sie, daß ich Ihnen einen Vorschlag* mache. — Sehr gern; was sollen (falloir) wir thun? — Da es unmöglich ist, daß wir heute unsere Touren fortsetzen, so schlage ich Ihnen vor, daß Sie am Vormittage das Louvre besuchen, am Nachmittage in einige schöne Kirchen und des Abends in ein Theater gehen. Es ist überhaupt vorteilhaft, daß man das Louvre am Vormittage besuche, da es am Nachmittage zu viel Menschen dort giebt. — Einverstanden! Dann wird es gut sein, daß wir uns sofort auf den Weg machen, nicht wahr? — Durchaus nicht; es genügt, daß Sie um ½9 Uhr von hier fortgehen, da die Sammlungen erst um 9 Uhr geöffnet sind. Gestatten Sie, m. H., daß ich Sie dorthin begleite, damit ich Ihnen als Führer diene. — Wir werden entzückt von Ihrer Begleitung* sein. — Dann warten Sie gefälligst, bis ich wieder komme; ich muß noch einen Brief schließen, den ich unterwegs* in den Briefkasten thun will.

Jetzt, meine Herren, ist es Zeit, daß wir gehen. Es scheint, daß der Regen zugenommen hat. Es regnet in Strömen. Billigen Sie, daß ich einen Wagen anhalte, damit wir fahren?

Es ist selten, daß man bei (avec) einem solchen Regen gleich einen findet. Ich begreife sehr wohl, daß sich niemand dem häßlichen Wetter aussetzen will. Hier ist einer. — Befehlen Sie, daß er hält! — Der Kutscher behauptet, daß er schon bestellt sei. — Hier ist ein anderer; verlangen Sie, daß er uns fahre! — Steigen Sie ein, meine Herren!

Da sind wir. Der Kutscher hat uns gut gefahren, obgleich er genötigt war, mehrmals anzuhalten. Es gebührt sich, daß wir ihm ein gutes Trinkgeld geben. — Nun, meine Herren, kommt es darauf an, daß wir uns für heute zu beschränken wissen; auch ist es zweckmäßig (il est à propos), daß wir uns einen Plan machen. Befehlen Sie, daß ich Sie führe, aber gestatten Sie, daß ich Ihnen vorher einen Rat gebe. Besuchen wir heute die Gemäldesammlung, welche, nebenbei gesagt (soit dit en passant), 2000 Gemälde besitzt, die sich in Sälen von ungefähr 1 Kilometer Ausdehnung befinden. — Sehr gut; ich billige nicht nur Ihren Vorschlag, sondern wünsche, daß Sie uns zunächst zu den Meisterwerken der italienischen Kunst führen. — Nun denn, so folgen Sie mir ins erste Stockwerk. Wir werden einen Katalog nehmen müssen, nicht wahr? — Es ist nicht nötig, daß Sie ihn kaufen; denn die Namen der Maler und der Gegenstände befinden sich unter den Gemälden. Es wird besser sein, daß Sie Ihre ganze Aufmerksamkeit den Bildern schenken, damit Sie einen tiefen Eindruck davon bewahren.

30me Leçon.
Emploi du Subjonctif.
c. dans les propositions subordonnées après les verbes (Verbes impersonnels) exprimant un mouvement de l'âme.
L'infinitif.
II, §§ 38 & 41.

59. A Paris: f. L'ile de la Cité et le jardin des Plantes.

Paris, le 25 avril 1890.

Mon cher oncle,

Papa m'a fait part de la lettre dans laquelle vous vous plaignez avec raison que je ne vous aie pas encore écrit depuis notre séjour à Paris. Je vous prie **de** me pardonner d'avoir ainsi manqué à mon devoir, regrettant vivement que des distractions de tout genre m'aient toujours empêché de le remplir. Je déplore que vous ayez été fâché contre moi, et je vous promets que dorénavant vous n'aurez plus sujet de vous plaindre de moi. Je ne tarderai donc plus à corriger ma faute; et comme il pleut à verse, je mettrai à profit ce loisir involontaire pour vous écrire longuement, jusqu'à ce que la pluie soit passée. Cependant je crains que le temps pluvieux ne vienne déranger nos plans d'excursions après une si longue série de beaux jours.

Papa et Ernest vous ayant tenu au courant de nos faits et gestes, je me bornerai à vous raconter succinctement ce que nous avons fait hier.

Nous nous sommes d'abord rendus dans l'île de la Cité, la seconde des deux îles formées par la Seine en traversant la ville. C'est la partie la plus ancienne de Paris, où se trouvait autrefois la ville gauloise, appelée Lutèce (Lutetia). Bien que la ville se soit beaucoup étendue depuis, cette île est toujours remarquable par les deux beaux monuments religieux qu'elle renferme: la cathédrale Notre-Dame et la Sainte-Chapelle. Celle-ci est la construction gothique la plus élégante de Paris; mais il est regrettable qu'elle soit en partie entourée et cachée par le palais de Justice. Nous entrâmes dans le gracieux sanctuaire. Il est fâcheux qu'à ce moment le jour assez bas ne nous ait pas permis d'en admirer toutes les curiosités. Ce qu'il y a de plus beau, selon moi, ce sont les fenêtres, garnies de superbes vitraux aux couleurs splendides.

Sur le parvis Notre-Dame on voit, à gauche, l'Hôtel-Dieu, un des premiers hôpitaux de Paris; à droite, la statue équestre de Charlemagne; en face se présente l'église Notre-Dame. Il est à regretter qu'en raison des maisons environnantes, elle ait l'aspect un peu lourd et écrasé. Il est étrange que les flèches des tours, du haut desquelles l'œil embrasse à vue d'oiseau un vaste panorama d'édifices, de tours et de palais, n'aient pas été construites. Quelle honte que pendant la Révolution cette belle église ait été profanée et qu'on en ait fait le temple de la Raison!

A quelques pas de Notre-Dame, se trouve la Morgue, bâtiment où l'on expose les cadavres d'inconnus trouvés dans la Seine ou ailleurs. Il est triste qu'il y ait toujours un certain nombre de ces malheureux dans les salles d'exposition, et je suis bien aise que nous n'y soyons pas entrés, car on n'y ressent, me dit-on, que des impressions lugubres.

Ensuite, après nous être restaurés un peu, nous sommes allés à pied au jardin des Plantes qui se trouve à quelque distance de là sur la rive gauche de la Seine. Le jardin se divise en jardin botanique et en jardin zoologique; mais nous n'avons visité que le dernier qui nous offrait plus d'intérêt que l'autre.

Ce furent les mammifères et tout d'abord les animaux féroces qui attirèrent notre attention. Rien qu'à les voir, ces lions, ces tigres, ces panthères et ces jaguars vous donnent un mortel frisson. J'ai vu des enfants trembler que ces bêtes ne rompissent les cages et ne se jetassent sur eux. Mais c'était absolument impossible, car elles sont séparées du public par une double grille. Les petites espèces de carnassiers, tels que les loups, les chacals, les renards et les hyènes semblaient être tristes qu'on les eût privés de leur liberté et exposés aux regards curieux des hommes, leurs plus grands ennemis.

Dans les enceintes environnantes, on voit les animaux paisibles, comme les cerfs et les daims aux bois rameux, les rennes apprivoisés, les antilopes aux grandes cornes, les gazelles agiles, les chamois et les chevreuils lestes et gracieux, de gros buffles, des bisons et d'autres qui avaient l'air très content d'être si bien soignés. Je crains cependant qu'ils ne s'esquivent aussitôt qu'on leur donne la clef des champs.

Puis nous nous sommes arrêtés quelques moments devant le palais des singes, toujours entouré d'une foule de monde qui s'amuse à regarder les jeux et les bonds hardis, les gambades et les grimaces de ces quadrumanes, bien qu'ils soient très laids pour la plus grande partie. J'ai été vraiment surpris de l'agilité avec laquelle ils exécutaient leurs tours d'acrobates et de la ruse qu'ils mettaient à se jouer de mauvais tours les uns aux autres. Cependant, il est curieux qu'ils n'aient jamais de querelles sérieuses entre eux; c'est, du moins, ce que l'on dit.

Un peu plus loin est la Ronde, consacrée aux grands animaux herbivores tels que les éléphants, les girafes, les dromadaires, les chameaux, les hippopotames, les tapirs et les rhinocéros. Nous y augmentâmes le nombre des curieux surtout du côté de l'éléphant, et nous fûmes étonnés qu'un animal pût faire preuve de tant d'intelligence et d'appétit.

De là, la foule nous porta vers la fosse aux ours. On se plaît souvent à parler de la lourderie de ces bêtes, et à appeler un homme grossier un ours mal léché. Nous avons pu voir, au contraire, avec quelle souplesse et quelle agilité étonnantes ces bêtes grimpaient sur l'arbre de la fosse et avec quelle adresse elles attrapaient les friandises qu'on leur jetait. Leur peau, surtout celle des ours noirs, était toute lisse et brillante. Je regrette qu'on n'en puisse dire autant de celle de plusieurs personnes qui nous entouraient.

De là, nous nous dirigeâmes vers la grande volière où l'on voit les oiseaux les plus rares, comme les oiseaux-mouches, les oiseaux de paradis et toutes sortes de perroquets et de cacadous. Nous étions étonnés qu'il y eût tant d'espèces d'oiseaux et très heureux qu'ils fussent encore visibles; car déjà il commençait à se faire tard. Tout près de la volière se trouve la faisanderie, peuplée de faisans magnifiquement colorés de toutes les espèces. Dans un compartiment séparé sont logés les oiseaux de proie. Les plus curieux, dans les espèces de rang élevé, sont: les aigles, les condors et le vautour royal, dans les espèces inférieures: les hiboux, les chouettes, les milans et les éperviers. Ces oiseaux sont toujours juchés sur leurs perchoirs.

Après cette visite, nous avons encore jeté un coup d'œil au pavillon des reptiles et au bassin des crocodiles; ces derniers ne bougeaient point; ils semblaient rêver ou dormir: ce sont probablement les philosophes parmi les bêtes.

Après avoir encore admiré le grand cèdre du Libanon sur la petite colline appelée le Labyrinthe, nous avons quitté le jardin des Plantes à grands pas, de crainte que nous ne fussions surpris par la pluie qui menaçait depuis quelque temps. J'étais très content que nous eussions fait cette promenade instructive.

Maintenant je me réjouis que le temps m'ait permis de réparer mes torts envers vous. Puissiez-vous être content de cette lettre que je dois terminer enfin. En la concluant, je ne manquerai pas de vous assurer, cher oncle, que, malgré toutes les belles choses que je vois ici, il me tarde de retourner bientôt à la maison; car c'est là qu'on est le mieux. Ernest n'est pas de mon avis; il dit: „Ah, voyager c'est vivre!" tandis que notre père lui repartit toujours: „Non, travailler c'est vivre!" Je sens maintenant qu'il a raison. Ils me chargent tous les deux de leur salutations cordiales, auxquelles j'ajoute les miennes de tout mon cœur.

Agréez, cher oncle, le témoignage de ma sincère affection et profonde gratitude.

Votre tout dévoué neveu

Adolphe.

Exercices.

1. Passez dans toutes les personnes du singulier et du pluriel les phrases suivantes:

Mon oncle se plaint que je ne lui aie pas écrit.
Notre tante est heureuse que je me porte bien.
Ma sœur craint que je ne tombe malade.

2. Conjuguez les phrases suivantes, quelques-unes à la forme négative:

Je regrette vivement que tu aies été empêché de m'écrire;
Je déplore que tu aies été fâché contre moi;
Je crains que tu ne viennes déranger mon excursion;
Je suis bien aise que tu n'y sois pas entré;
J'étais content que tu eusses fait cette promenade;
Je me réjouis que tu m'aies permis de réparer mes torts.

3. Transformez quelques phrases du subjonctif à l'indicatif commençant par „de ce que".

4. Complétez les phrases suivantes:
   a. Il est regrettable que le temps — si vite;
   Il est à regretter que notre neveu ne — jamais;
   Il est fâcheux que le palais de Justice — une partie de la Sainte-Chapelle;
   Il est étrange que ces oiseaux — toujours — sur leur perchoir.
   Il est triste que les flèches — achevées;
   Il est curieux que les singes ne — jamais.

   b. Ils ont peur que les bêtes —. Je crains que ma lettre — trop tard. Vous ne craignez pas que le temps —. Je m'étonnais que l'église — un si riche trésor. Ils étaient heureux qu'ils — leur temps. Nous nous sommes réjouis que vous nous — — la cathédrale.

   c. Nous nous en sommes allés à grands pas de peur que la pluie —.
   Les enfants s'enfuirent de crainte que les bêtes féroces —.

60. Der Besuch und die Gesellschaftsspiele.

Es ist schade, daß wir heute genötigt sind, einen Besuch zu machen, sonst würden wir in den Circus gehen. Es scheint, als ob ihr euch auch nicht darüber freutet. - Sie haben recht; es ist ärgerlich, daß man seine kostbare Zeit mit Besuchen verlieren muß; ich bedauere jetzt, daß wir die Einladung angenommen haben. — Und ich bin erstaunt, daß man uns überhaupt* eingeladen hat; auch fürchte ich, daß wir uns nicht besonders wohl* in dieser fremden Gesellschaft fühlen werden. Doch Mut; wir müssen gute Miene zum bösen Spiel machen. Ich bin nur froh, daß wir unsern Gesellschaftsanzug* mitgebracht haben. Welches Glück, daß ich mir vor der Abreise noch einen Frack* habe machen lassen. Ich bin jedoch untröstlich,* daß wir unsere Klapphüte vergessen haben. — Und ich schäme mich, daß meine schwarze Weste nicht weit ausgeschnitten ist; doch freue ich mich, daß wir noch heute weiße Kravatten und Glacehandschuhe gekauft haben. Wir können uns auch Glück wünschen, daß unsere Fußbekleidung* in Ordnung ist.

Es ist schon spät; ich wundere mich, daß unser Wagen noch nicht angekommen ist. Ich finde es sonderbar, daß uns der Kutscher so lange warten läßt. Doch da ist er.

Guten Abend, meine Herren; ich freue mich, daß Sie gekommen sind. Wir fürchteten schon, daß Sie uns vielleicht vergessen hätten. Seien Sie willkommen! Erlauben Sie, meine Damen und Herren, daß ich Ihnen die Herren Müller aus Straßburg vorstelle.* Man wird sogleich musizieren. Ein Herr wird Flöte* spielen (de); eine Dame wird ihn auf dem Klavier* begleiten. Spielen Sie auch (du) Klavier? — Es thut mir leid, Madame, daß ich kein Instrument spiele, ich bin oft untröstlich, daß man mich in meiner Jugend kein Instrument hat lernen lassen; ich beklage es aufrichtig, daß meine Eltern nie daran gedacht haben. Doch bin ich glücklich, daß meine Söhne viel Lust* haben, (die) Musik zu lernen. Der ältere spielt Klavier, der jüngere (du) Geige.* — Ich bin entzückt, zu hören, daß Ihnen Ihre Söhne so viel Freude machen; denn es ist schade, daß viele gebildete Menschen die Künste vernachlässigen, welche das Leben verschönen.

Sie lieben vielleicht die ruhigen Spiele, wie die Kartenspiele,* das Damenspiel,* das Domino* oder das Schachspiel?* O ja, ich spiele zuweilen gern (aux) Karten, besonders (acc.) Whist* und (dat.) Écarté.* — Dann bin ich sehr glücklich, daß Sie hier Partner finden werden, während sich Ihre Söhne im Musikzimmer unterhalten.

Proverbe: La belle plume fait le bel oiseau.

31me Leçon.

Emploi du Subjonctif.
d. dans les propositions subordonnées
après les verbes (verbes impersonnels) exprimant le doute ou l'incertitude.

§ 39.

61. A Paris.
g. La rive gauche de la Seine.

Supposé qu'il fasse beau temps, voudriez-vous, messieurs, faire avec moi un tour sur l'autre rive de la Seine, que vous ne connaissez guère?

Je veux bien, monsieur, si vous croyez que le temps

tienne ce qu'il promet; autrement je serais plutôt pour la visite de quelque musée.

Il se peut que le temps change, mais il semble qu'il s'éclaircisse. Toujours, en cas que nous soyons obligés à chercher un refuge, nous pourrions en trouver un: il y a, en effet, sur la rive gauche plusieurs riches musées, p. e. celui de *Cluny* et celui du palais du *Luxembourg*, que nous pourrions visiter alors.

Pensez-vous qu'il soit prudent d'aller sans parapluie?

C'est difficile à dire. Je ne dis pas que nous en ayons besoin, mais prenez-le toujours! D'ailleurs, je ne nie pas que le temps ne soit très variable à cette époque de l'année.

Nous voici déjà sur la *place de la Concorde*; le pont que nous allons traverser porte le même nom. Le beau bâtiment que vous voyez en face sur le *quai d'Orsay* est la *Chambre des Députés*, aussi appelée *Palais-Bourbon*, construite dans le même style classique que la *Madeleine* qui est en face. Nous tournons à gauche et entrons dans le *boulevard Saint-Germain* qui, dans toute sa longueur, ne change pas de nom. A gauche, tout au commencement de la *rue de Lille*, vous remarquerez *l'ambassade d'Allemagne* et plus loin, à droite, le *Ministère de la Guerre*. — Cette ancienne église, à gauche, qui est presque entièrement cachée sous le lierre, est l'*église Saint-Germain-des-Prés*. Ensuite nous côtoyons la *place Saint-Sulpice*, ornée d'une belle fontaine; et pour peu que nous nous arrêtions, nous pourrions jeter un coup d'œil sur la superbe *église Saint-Sulpice*, une des plus belles de la rive gauche.

Mais ne croyez-vous pas, monsieur, que nous nous soyons trompés de chemin?

Nullement, messieurs; car voici déjà le *jardin du Luxembourg* que nous voulions visiter le premier.

Excusez, monsieur, je ne me doutais pas que nous fussions déjà si près de notre but. Mais qu'est-ce que le *palais du Luxembourg?*

Je doute que je puisse vous en dire toute l'histoire. Tout ce que j'en sais est qu'il a été construit par Marie de Médicis, veuve du roi Henri IV, et qu'à présent, il est occupé par le Sénat qui y tient ses séances. Le musée, qui s'y trouvait autrefois, est installé maintenant dans un nouveau bâtiment détaché du palais.

Je vous remercie de vos explications, monsieur; mais êtes-vous d'avis que nous allions le voir aujourd'hui?

Nous pourrions y revenir après avoir parcouru le jardin, car il n'ouvre qu'à dix heures; cependant il m'est douteux qu'il soit ouvert aujourd'hui. —

Eh bien! comment trouvez-vous le jardin, messieurs?

Quant à moi, je ne doute pas qu'il ne soit un des plus beaux de Paris avec ces magnifiques statues, ces belles fontaines, ce parterre entouré de terrasses et ces beaux arbres à l'ombre desquels on peut se reposer sur des bancs placés partout.

Nous voici au centre du *Quartier-Latin* ainsi appelé du grand nombre d'établissements scientifiques et scolaires de tout genre qu'on y rencontre. Il est habité de préférence par les étudiants. Là, cet élégant édifice de style gothique, est le *musée de Cluny*. Je ne crois pas que pour voir à l'aise, ne fût-ce que superficiellement, les mille objets curieux qu'il renferme, il faille moins de cinq heures.

Dans ce cas, dirigeons-nous vers la *Sorbonne*. N'est-ce pas ainsi qu'on appelle l'université de Paris?

Parfaitement, monsieur; elle est ainsi appelée du nom de son fondateur, Robert Sorbon, 1253. Voici le nouveau bâtiment avec sa façade monumentale.

Croyez-vous qu'on puisse y entrer?

Je ne pense pas que l'entrée en soit interdite, puisque les cours y sont gratuits et publics. L'université est fréquentée par 10 ou 11 mille étudiants, sans que les jeunes gens qui suivent les cours des facultés de droit et de médecine, dans des édifices particuliers, soient compris dans ce nombre. Quelles proportions grandioses dans le vestibule, dans le grand escalier et surtout dans l'amphithéâtre qui contient 3000 personnes! N'avouez-vous pas que ce n'est qu'à Paris qu'on puisse créer et maintenir de telles institutions?

Je ne conteste pas que tout ce que je vois ne porte un air de luxe et de grandeur; mais vous ne disconviendrez pas non plus qu'il n'y ait d'autres capitales qui montrent de semblables richesses.

Il se peut qu'il en soit ainsi. Mais brisons là-dessus et continuons notre marche. — Voici le *Panthéon!* C'est un temple majestueux dans le style du Panthéon de Rome et destiné à la sépulture des grands hommes, comme l'indique son inscription: „Aux grands hommes, la patrie reconnaissante." Le dernier qui y fut déposé, en 1885, était le poète Victor Hugo.

Maintenant dépêchons-nous pour voir encore la *manufacture des Gobelins* dans l'*avenue des Gobelins*! — La voici! Et voici un des ateliers rempli de métiers à tisser. Ne croyez-vous pas que les ouvriers soient de véritables artistes? Ils copient, avec de la laine, des tableaux de maître si scrupuleusement qu'on a de la peine à distinguer la copie de l'original. Et quand on considère que le modèle est placé derrière l'ouvrier qui n'a devant lui que *l'envers* de la tapisserie, et qu'il est continuellement obligé de se déranger pour consulter le modèle ou pour juger de l'effet de son œuvre, on ne dirait pas qu'il fût possible d'exécuter un travail aussi délicat et artistique.

J'ignorais complètement qu'il fallût tant de peine et d'adresse et surtout une patience à toute épreuve pour produire ces œuvres d'art.

Probablement, vous ne savez pas non plus que l'exécution d'un tableau exige souvent cinq et même dix années de travail assidu!

Savez-vous, monsieur, que tout ce que vous nous dites là me semble tout à fait incroyable?

Je ne doute pas que vous n'en soyez fort surpris; car il est rare que les visiteurs ne soient pas étonnés comme vous.

On ferme! Entendez-vous l'appel? Quel dommage! — Que dites-vous? Aurions-nous encore le temps d'aller voir les *Invalides* avant de nous rendre au *champ de Mars?*

Parfaitement, monsieur, pourvu que nous prenions un fiacre et supposé que l'Hôtel soit ouvert aujourd'hui. —

Voilà déjà le *boulevard des Invalides* et voici l'*Hôtel des Invalides!*

Mais avant que nous entrions dans l'hôtel, regardez un instant ces canons à l'aspect si formidable qui en gardent l'accès! Il y en a de très curieux. La plupart ont été enlevés par Napoléon Ier aux diverses nations à la suite de ses victoires. Entrons maintenant dans le vaste édifice. Nous voici dans la *cour d'honneur*; à droite se trouve le musée d'artillerie contenant une magnifique collection d'armes et d'armures du moyen âge. Mais je ne crois pas qu'il soit ouvert, car il ne me paraît pas qu'il y ait ce va-et-vient qu'on rencontre toujours aux abords des grandes collections. Rendons-nous donc tout de suite au tombeau de Napoléon Ier. Approchez-vous de cette crypte circulaire, ouverte dans le haut, et vous verrez au fond le sarcophage du plus grand conquérant qui ait existé. Lisons l'inscription gravée à l'entrée de la crypte; elle est empruntée au testament de l'empereur:

„Je désire que mes cendres reposent sur les bords de la Seine au milieu de ce peuple français que j'ai tant aimé."

Avant de quitter l'Hôtel nous pourrions encore jeter un coup d'œil dans l'église à moins que vous ne soyez impatients d'arriver à notre dernier but, le *champ de Mars*.

Nous voici enfin au *champ de Mars!* Cette plaine immense, autrefois destinée à des spectacles militaires, a été récemment affectée à des fêtes d'une nature toute différente, les expositions universelles de 1867, 1878 et 1889. De la dernière exposition il y reste encore la *tour Eiffel*, le plus haut monument qu'on ait élevé jusqu'à présent et dont la hauteur s'élève à 300 mètres. Il a été construite par l'ingénieur *Eiffel* qui lui donna son nom. Elle a trois étages; on y monte par des escaliers et des ascenseurs.

Exercices.

1. Conjuguez les phrases suivantes:

Je doute que je puisse t'en dire toute l'histoire;
J'ignorais qu'il te fallût tant de peine et d'adresse;
Je ne crois pas que tu te sois trompé du chemin;
Je ne me doutais pas que tu fusses déjà si près;
Je ne doute pas que tu ne sois un des premiers;
Je ne nie pas que tu ne sois très inconstant;
Je ne contesterai (disconviendrai) pas que tu ne te portes très bien;

2. Complétez ces phrases:

a. Je doute que vous — la vérité;
  Tu ignores qu'il — arrivé;
  Je ne dis pas que tu — raison;
  Je ne doute pas qu'ils — très étonnés de notre arrivée;
  Savez-vous que tout cela (paraître) inconcevable?
  On ne dirait pas que la tour — si haute;
  Vous ne niez (doutez) pas que cet ouvrage — beaucoup d'adresse;
  Il ne se doutait pas qu'il — une patience à toute épreuve.
  Si tu crois que le musée — ouvert, allons-y!
  Si — le temps, j'irais.

b. Il semble que nous — trop tard;
  Il se peut qu'on — le voir aujourd'hui;
  Il est fort douteux que le temps — encore aujourd'hui;
  Il est très rare qu'on vous — si cordialement;
  Il ne paraît pas que ce tableau — fini.

c. C'est une belle promenade, supposé qu'il — beau temps.
  Vous pourriez admirer l'intérieur de cette église pour peu

que vous y —. Vous ne trouverez pas votre chemin sans que vous — un guide. Nous visiterons l'établissement pourvu qu'on ne le —. Nous n'y arriverons plus à moins que — (se dépêcher).

62. Auf dem Eiffelturme.

O welch wunderbares und anmutiges Bauwerk! Ist es nicht merkwürdig, daß, wenn man es in der Nähe betrachtet, man sich nicht vorstellen kann, daß es mehr als die doppelte Höhe der höchsten Pyramide hat? — Haben Sie Lust, meine Herren, den Turm zu besteigen? — Ich möchte wohl, wenn ich wüßte, daß keine Gefahr dabei wäre. — Auch ich würde gern hinaufsteigen, wenn ich sicher sein könnte, daß ich nicht den Schwindel bekäme. Und können Sie versichern, daß gar nichts zu fürchten ist? — Meine Herren, ich behaupte nicht, daß jeder Zufall unmöglich sei; auch sage ich nicht, daß jegliche Gefahr ausgeschlossen sei; aber ich erkläre Ihnen, daß kein Unglück geschehen kann, vorausgesetzt, daß Sie selbst vorsichtig sind. Man behauptet sogar, daß der Turm sicherer sei als andere Bauwerke von viel geringerer Höhe; doch gestehe ich, daß ich das nicht verstehe.

Wie, meine Herren, Sie wollen die Treppen hinaufsteigen und nicht mit dem Aufzuge fahren? Denken Sie denn, daß es eine Spielerei ist, 1796 Stufen zu steigen? Ich glaube kaum, daß Sie zum Ziele gelangen werden. Nun denn, es scheint mir, daß die Herren ans Steigen (inf.) gewöhnt sind; aber es ist sehr wahrscheinlich, daß Sie auf der ersten oder zweiten Plattform den Aufzug nehmen werden. Ich sage durchaus nicht, daß Sie nicht gut steigen, aber ich zweifle, daß Sie es lange aushalten. Sehen Sie dieses Eisengitterwerk! Ist es nicht großartig? Jetzt sind wir auf der ersten Plattform, ungefähr 58 Meter über dem Boden. Ich fürchte, daß Sie sich zu sehr ermüden, wenn wir weiter (continuer à) steigen. Halten Sie nicht dafür, daß es besser ist, in den Aufzug einzutreten?

Da sind wir! Nicht wahr, Sie stellten sich nicht vor, daß wir so schnell oben sein würden? — In der That, ich ahnte es nicht, noch weniger aber, daß es so leise und geräuschlos ginge. O welch herrlicher Anblick! Da liegt die Riesenstadt zu unseren Füßen. Gestehen Sie, daß es der Mühe wert war, hier heraufzusteigen? Möchte man nicht sagen, daß von dieser enormen Höhe die Menschen nicht größer sind als Ameisen! — In wenigen Minuten wird man uns von hier aus auch dafür halten (en croire); es ist Zeit, daß wir wieder hinunterfahren.

Proverbes: Expérience passe science.
Qui ne sait rien, de rien ne doute.

32ᵐᵉ Leçon.

L'emploi du Subjonctif.

e. dans les propositions subordonnées, dites relatives.

§ 40.

63. Les alentours de Paris.

Voir Paris et ne pas visiter ses alentours, pourvu qu'on en ait le temps, serait au-moins incompréhensible sinon inexcusable; car il y a peu de capitales en Europe dont les environs soient plus intéressants soit que l'on ait en vue les beautés naturelles ou l'intérêt historique. Rappelons-nous seulement les noms du *Bois de Boulogne*, de *Saint-Cloud*, de *Sèvres*, de *Versailles*, de *Saint-Germain*, de *Saint-Denis* et de *Fontainebleau!* Est-il en France des noms de localités, si l'on excepte celui de Paris, qui soient plus familiers à l'oreille et à la bouche des Français? Et ne semble-t-il pas que ces endroits, grâce à leur rapprochement de la métropole, aient en quelques sorte participé à la gloire qui est échue en surabondance à cette dernière?

Pour visiter tous ces endroits il faut, plus que jamais, que vous suiviez un horaire ou itinéraire qui vous mette à même de bien ménager votre temps. Aussi sera-t-il avantageux que je vous donne des renseignements qui puissent vous être utiles dans vos pérégrinations auxquelles, à mon grand regret, je ne pourrai prendre part, par cause d'affaires importantes.

Le **Bois de Boulogne**, que vous irez visiter le premier, est le plus beau parc qu'il y ait dans les environs de Paris et par conséquent aussi le plus fréquenté. Je n'en connais pas qui le soit davantage. Il se trouve sur l'emplacement d'une ancienne forêt, qui était un repaire de voleurs et de bandits; aujourd'hui, le bois est devenu le rendez-vous favori du grand monde qui vient y faire ses promenades régulières en équipage ou à cheval, surtout avant le dîner. Cependant je vous conseille d'y aller dans l'après-midi, quand il est le plus animé. Vous choisirez un cocher qui ait un bon cheval et qui sache vous donner des informations en route. Deux à trois heures vous suffiront pour faire le parcours du bois.

Vous verrez les deux lacs artificiels, le lac supérieur et le lac inférieur, où il y a des barques à louer pour promenades, les belles pelouses vertes, les bois ombreux avec leurs vastes clairières, les rochers, la grotte et la *grande cascade*, enfin l'*hippodrome de Longchamp*, le plus magnifique champ de course que j'aie vu.

Pour terminer votre promenade, vous reserverez la visite du *jardin d'Acclimatation*. Avant d'y entrer, vous ferez bien de renvoyer votre voiture.

Ce jardin, fondé pour élever et cultiver en France toutes les espèces d'animaux et de végétaux, est la partie la plus appréciée du public, surtout du public enfantin qui y trouve des amusements extraordinaires. C'est sans doute l'unique endroit, à Paris, où l'on puisse faire des promenades à dos d'éléphant, de dromadaire ou d'autre rare monture, où l'on puisse aller en voiture attelée d'une autruche, de lamas ou de bœufs blancs. Je vous recommande encore de visiter l'aquarium avec ses êtres sous-marins fort curieux, la grande serre, qui renferme les plus beaux camélias que vous ayez jamais vus, le pigeonnier, où l'on élève des pigeons voyageurs, et la petite rivière sur laquelle se balancent toutes sortes d'oiseaux aquatiques.

Une des plus intéressantes excursions que vous puissiez faire ensuite serait celle de **Saint-Cloud** et de **Sèvres**. Trois moyens de locomotion sont à votre disposition, savoir: le chemin de fer, le tramway et le bateau à vapeur; choisissez celui qui puisse vous y conduire le plus agréablement, c'est-à-dire les bateaux. Il y en a trois sortes sur la Seine: les *Express*, les *Mouches* et les *Hirondelles*; mais il n'y a que les *Hirondelles* qui aillent jusqu'à *Saint-Cloud*; elles partent du *Pont-Royal* tous les quarts d'heure et font le voyage en une heure. Les places se payent 20 c.

Saint-Cloud avec son grand parc est une des plus jolies villes qu'il y ait en France. C'est dans le *château de Saint-Cloud*, détruit par les Français en 1870, que fut signée la seconde capitulation de Paris en 1815. Napoléon Ier en faisait sa résidence favorite.

Vous traverserez le parc, d'où vous jouirez d'une belle vue sur la vallée de la Seine et la ville de Paris, pour descendre ensuite à **Sèvres**, petite ville, célèbre par sa manufacture de porcelaine. Allez d'abord visiter *l'exposition des produits de Sèvres* pour vous former une idée de l'importance et de l'étendue de la fabrication. Vous y admirerez particulièrement la grande collection de coupes et de vases de toutes espèces: il y en a peu qui ne soient des chefs-d'œuvre.

Mais ce ne sont pas les seules pièces que vous puissiez y admirer; le *musée céramique* renferme encore des porcelaines et des poteries fines et rares de tous les temps et de tous les pays, d'Angleterre, d'Italie, de Saxe et même **de la** Chine et **du** Japon. Quant à la manufacture elle-même, il n'y a qu'un seul atelier qui vous soit accessible. Là, quelques ouvriers vous y donneront une idée des principales opérations avec quelques explications intéressantes. Je crains que vous ne soyez pas admis aux ateliers de peinture, de sculpture et d'émaillage.

Pour admirer les merveilles du château et des jardins de **Versailles**, il vous faudra au moins une journée entière. Pour vous y rendre, je vous recommande de prendre le tram et de partir de bonne heure. Tâchez d'avoir des places qui v o u s p e r m e t t e n t de voir le pays, qui est très varié, fertile et riant, parsemé de toute sorte d'habitations, d'établissements et de cultures.

Le vaste *château de Versailles*, tel qu'il nous est conservé aujourd'hui, est l'œuvre de Louis XIV (1643—1715), du monarque le plus absolu, le plus ambitieux et le plus magnifique qui ait gouverné la France, et dont vous verrez la statue en bronze dans la vaste cour d'honneur. Dans l'intérieur du château, il y a tant de choses précieuses et curieuses à voir qu'on ne saurait par où commencer, ni par où finir. Bornez-vous au *musée historique*, sans contredit la première collection qu'il y ait dans ce genre; elle renferme tous les tableaux de quelque valeur historique que le roi Louis Philippe ait pu** réunir. Puis, vous visiterez les appartements royaux, qui conservent d'innombrables objets d'art et de curiosité ayant appartenu à Louis XIV, à Louis XVI, à Marie-Antoinette et à d'autres personnages célèbres. Ne manquez pas surtout de voir la *galerie des Glaces*, (73 m. de long sur 13 m. de haut et 10 m. 50 de large), qui reçoit sa lumière du côté des jardins par 17 grandes fenêtres en plein-cintre, en face desquelles sont autant de glaces encadrées dans des arcades dorées. Dans cette salle à jamais mémorable, Guillaume Ier, roi de Prusse, fut proclamé empereur d'Allemagne au milieu de ses paladins. Ce fut donc de cette salle, aussi riche de gloire que le lumière, que partit le premier rayon qui annonçât à l'Allemagne triomphante la joyeuse nouvelle de l'unification de ses États et la fondation de l'empire d'Allemagne.

Quant aux jardins, il n'y a guère d'homme aujourd'hui qui goûte ce style d'une insipide monotonie dans lequel ils sont tracés. Malgré tout, à Versailles, il y a je ne sais quoi de solennel, d'important et de majestueux.

Parmi les autres villes que vous devriez aller voir n'oubliez pas **Saint-Germain-en-Laye**, ancienne résidence des rois de France, admirablement située sur une des sinuosités de

---

* Cf. II, § 45, 2 e.
** Cf II. § 35, 3 Zufaß a

la Seine. La terrasse du château est la plus magnifique qu'il y ait en Europe. C'est le lieu qui vit naître Louis XIV (1638) et mourir en 1702 le roi Jacques II Stuart d'Angleterre, qui en 1688 s'était réfugié en France. Il est peu d'Anglais qui, en arrivant à Paris, n'aillent saluer les dépouilles mortelles de cet infortuné roi.

Vous ne manquerez certainement pas de visiter la *cathédrale de* **Saint-Denis.** Elle est pour ainsi dire le tombeau des rois de France qui y furent inhumés à partir du 7me siècle. Dans la crypte, parmi les 16 cercueils des Bourbons, on remarque ceux qui renferment les cendres de l'infortuné couple royal mort sous le couteau de la guillotine. Quel est l'homme qui, à les voir, ne soit touché de compassion! Y a-t-il spectacle, qui nous rappelle plus vivement cette parole de la Sainte Écriture: „Tout est vanité ici-bas?"

Enfin, n'oubliez pas d'aller à **Fontainebleau**, résidence favorite de Napoléon Ier. Le château est surtout remarquable par les événements historiques dont il a été témoin, et dont celui de l'abdication de Napoléon Ier, le 11 avril 1814, et des adieux qu'il y fit aux grenadiers de sa vieille garde dans la grande *cour du Cheval Blanc*, depuis appelée *cour des Adieux*, est sans doute le plus remarquable.

Fontainebleau est encore célèbre par la vaste forêt qui l'avoisine. *La forêt de Fontainebleau*, regardée comme la plus belle qu'il y ait en France, attire toujours des visiteurs sans nombre. On dit que cette forêt recèle des vipères; je vous avertis donc de ne pas sortir des chemins battus, et, en tout cas, de prendre avec vous quelque préservatif qui puisse vous être utile au besoin.

Exercices.

Complétez les phrases suivantes:

a. Il y a peu de capitales dont les habitants — aussi aimables. Est-il des parcs qui — plus de curiosités? Il n'y a que les enfants qui y — à dos d'éléphant. Jamais il n'y eut de monarque qui — plus ambitieux et plus absolu. Je ne connais pas de collections qui (valoir) autant que celle-ci. Quel est l'homme qui — enchanté de ce spectacle?

b. Suivons le chemin qui nous — le plus directement.
Cherchez des informations qui — vous être utiles.
Connaissez-vous un homme qui — me donner un bon conseil?
Il faut que nous — des chambres qui nous — de nous reposer.
Je tâcherai de trouver un guide qui — bien le français.

c. C'est le plus magnifique parc que nous —. On dit que c'est le meilleur train que nous — prendre. Paris est l'unique endroit que je — où l'on — aller à dos d'éléphant. Ce sont les seuls tableaux que nous — admirés. Cette manufacture est la première qu'il — en France. Voici le dernier bateau qui — pour Paris.

64. Ludwig XIV.

Ludwig XIV. ist ohne Zweifel der größte Monarch gewesen, der jemals in Frankreich regiert hat. Als er im Jahre 1661 die Zügel der Regierung ergriff, wollte er der einzige sein, der zu befehlen und zu regieren hätte. Das berühmteste Wort, daß er in dieser Hinsicht gesprochen hat, ist: „Der Staat bin ich!" Sein höchstes Streben war, Frankreich zu einem Staate zu machen, der an der Spitze aller übrigen schritte und der allen anderen an Macht überlegen wäre. Daher gab es keine Kunst, keine Wissenschaft, die er nicht unterstützt hätte. Unter ihm erreichte die Litteratur die höchste Stufe, die sie jemals vor und nach ihm eingenommen hat. Die Namen Corneille, Racine und Molière gehören zu den berühmtesten, die man in der Litteraturgeschichte finden kann.

Besonders aber war es die Baukunst, die er zu einer hohen Vollendung brachte. Das Schloß zu Versailles, welches das prächtigste in Frankreich ist, ist nicht die einzige Schöpfung, die er ins Leben gerufen hat. Nennen wir noch in dessen unmittelbarer Nähe St. Cyr. Diese Gründung war eigentlich ein Institut, welches den Töchtern verarmter adeliger Familien eine passende Erziehung geben sollte. Es stand unter dem Schutze der Frau von Maintenon, der Gemahlin Ludwigs XIV. Unter Napoleon I. wurde hier eine Militärschule gegründet.

Aber auch den Handel und das Gewerbe ermutigte Ludwig XIV. sehr. Das glorreichste Denkmal, das er schuf, ist der Kanal von Languedoc, welcher das Mittelländische Meer mit dem Atlantischen Ocean verbindet. Auch die Gesetze reformierte er und wählte zu dieser Aufgabe Männer, die fähig waren, seine Ideen auszuführen.

Sein Heer war das erste, das es damals in der Welt gab. Es ist seltsam, daß man vor ihm die Uniformen nicht kannte. Er war er erste, der sie in das Heer einführte. Er befahl schon im ersten Jahre seiner Regierung, daß jedes Regiment besondere Farben und Abzeichen trüge, welche sie unter einander unterschieden. Aber als Kriegsherr war er der grausamste, der in der Neuzeit gelebt hat. Es giebt wohl keine deutsche Stadt jenseits des Rheins, die nicht eine traurige Erinnerung daran bewahrt hätte.

Proverbes: Il n'est si bon prédicateur qui ne se méprenne.
Il n'y a que le premier pas qui coûte.

33me Leçon.
Genre du substantif.
§ 29.

Emploi de l'article (suite). **Place de l'adjectif.**
II, § 45, 2—5.   II, § 48.

65. La France.*
a. Situation et limites.

La France n'occupe qu'une petite partie du globe, qui est divisé géographiquement en cinq parties du monde, qu'entoure la mer, divisée elle-même en cinq océans. Les cinq parties du monde sont: L'*Europe*, l'*Asie*, l'*Afrique*, l'*Amérique* et l'*Océanie*; les cinq océans: l'*océan Atlantique*, l'*océan Pacifique*, l'*océan Indien*, l'*océan Glacial arctique* et l'*océan Glacial antarctique*.

La France est située à égale distance du pôle et de l'équateur. Cette situation lui assure un climat moyen, ni trop chaud ni trop froid. Entre toutes les régions du globe, elle attire invinciblement le regard par son h e u r e u s e situation, par le rythme h a r m o n i e u x de ses proportions et la f r a p p a n t e netteté de ses limites. Celles-ci sont en grande partie naturelles, en partie aussi conventionnelles. En partant du nord dans la direction de l'ouest, on trouve: au nord la *mer du Nord*, au nord-ouest le *Pas de Calais* et la *Manche* qui séparent la France de l'Angleterre; à l'ouest l'*océan Atlantique*, au sud la chaîne des *Pyrénées* qui séparent la France de l'Espagne; au sud-est la mer *Méditerranée*, à l'est la chaîne des *Alpes* qui sépare la France de l'Italie, le *lac de Genève* ou *Léman* et la chaîne du *Jura* qui la séparent de la Suisse. Au nord-est, la chaîne des *Vosges* sépare la France de l'Allemagne; avant 1871, c'était le fleuve du *Rhin*. Des Vosges à la mer du Nord, la frontière entre la France d'un côté et l'Allemagne,

---

* R e m a r q u e s. Pour rendre l'enseignement de ce chapitre plus intéressant et pour obtenir de bons résultats aussi dans les matières, on ne manquera pas de se servir d'une carte murale.
À la fin de chaque section, un petit examen oral sera de grande utilité, soit pour la langue, soit pour les matières enseignées. Il va sans dire que, depuis longtemps, la langue d'enseignement doit être le français.

le Grand-Duché de Luxembourg et la Belgique de l'autre, est tracée d'une manière conventionnelle, sans tenir compte ni des mouvements du terrain ni des fleuves.

Ainsi la position avantageuse de la France, étant à la fois continentale et maritime, se prête également aux diverses cultures, comme au commerce et aux rapports internationaux.

b. Littoral.

La *mer du Nord* avec la *Manche* et le *Pas de Calais* sont balayés par de **violentes** tempêtes; la côte est basse et bordée de sables que les vents **impétueux** amoncellent en dunes. Vers le sud, la côte se dresse en falaises, puis en rochers. Les îles de *Jersey*, *de Guernesey* et d'autres qui s'y élèvent en pleine mer, sont des possessions **anglaises**.

La grande presqu'île de *Bretagne* est déchirée par de **violents** courants en petites presqu'îles, en îles et en îlots, en golfes, en anses et en récifs. Les rochers y sont sauvages, la mer agitée, les marées très hautes.

L'*Atlantique* forme le golfe de *Gascogne* avec la baie de *Biscaye* tout au sud. Les côtes sont, depuis l'embouchure de la *Loire*, plates, marécageuses et souvent bordées de marais salants, étangs artificiels où l'on obtient du sel en faisant évaporer au soleil une mince couche d'eau de mer.

Après l'embouchure de la *Gironde* se prolonge une longue plage de sable, uniforme et monotone, couverte de dunes, les plus considérables de l'Europe, pénétrant à 5 et même à 8 km. dans l'intérieur; ce sont *les Landes*.

La côte française de la *Méditerranée* forme d'abord un grand enfoncement, le golfe *du Lion* ou *de Lion*, dont la rive est extrêmement plate et triste, puis le delta du *Rhône*, ensuite le golfe de *Marseille* et la rade de *Toulon*.

Plus à l'est s'étendent une foule de baies, de caps et de rochers, entre lesquels se sont établies des villes d'hiver; c'est une des plus admirables régions de la terre.

c. Relief de la France.

En tirant une ligne oblique à travers la France du sud-ouest au nord-est, on la partagerait en deux parties, dont l'une, vers le nord-ouest, serait plutôt plane, l'autre, vers le sud-est, plutôt montagneuse. Les montagnes de la France peuvent être divisées en montagnes extérieures ou frontières, comme les *Pyrénées*, les *Alpes*, le *Jura* et les *Vosges*, et en montagnes intérieures, comme le *Massif Central* et les *Cévennes*.

Les *Pyrénées* forment une longue rangée de montagnes aiguës, remarquables par leurs ravissantes vallées et leurs sites grandioses et pittoresques.

Les *Alpes françaises* sont la chaîne de montagnes la plus élevée de la France; leur altitude moyenne est de 3000 m., et les sommets dépassent 3500 à 4000 m. Elles sont couronnées de neiges éternelles, et leurs sommets majestueux se dressent le plus souvent en forme de pointes aiguës, désignées sous les noms de dents, d'aiguilles et de cornes, au-dessus de puissants glaciers; leurs pentes, entrecoupées de terribles gorges et de ravins sauvages, sont souvent couvertes d'épaisses forêts et de riches pâturages, et le fond de leurs vallées verdoyantes est cultivé. Le principal massif des Alpes françaises est celui de la *Savoie* avec le *mont Blanc* haut de 4810 mètres.

Le *Jura* est un vaste plateau, large de 60 à 80 km. et formé d'une suite de chaînons allongés qui baissent progressivement vers la vallée de la Saône. Ces montagnes sont couvertes de belles forêts de sapins et d'excellents pâturages.

Les *Vosges*, encore moins hautes que le Jura, ont des formes arrondies qui pour cela sont appelées „ballons". Elles possèdent de belles forêts de sapins et de hêtres, de beaux pâturages et, dans leurs parties inférieures, de vastes et riches vignobles. Les profondes vallées sont très peuplées, fertiles et industrielles.

Le *Plateau* ou *Massif Central* n'est pas une chaîne, mais un entre-croisement de montagnes étendues dans tous les sens. Le plateau central est froid et peu fertile, excepté dans les vallées où les pâturages nourrissent d'excellentes races de bœufs et de chevaux. Il y a aussi de beaux bois de châtaigniers, de chênes et de sapins; mais les montagnes sont encore plus riches en substances minérales: on y trouve de nombreuses eaux thermales, des carrières de basalte, des mines de houille, de fer, de plomb et d'étain.

Les *monts d'Auvergne* forment la partie la plus saillante du plateau central. Ce sont d'anciens volcans éteints, dont les cratères sont encore très visibles et dont les cimes, chauves et stériles et d'un triste aspect, sont couronnées de neige plus de la moitié de l'année.

Les *Cévennes* forment la plus longue chaîne de montagnes de la France, aux pentes fraîches et vertes au nord-ouest, et sèches et brûlées au sud-est. Les monts du *Beaujolais* avec les collines du *Maconnais*, qui forment une partie des Cévennes, produisent de nobles vins.

La *Côte d'Or* est un plateau au sommet nu et monotone, dont les pentes orientales se couvrent, à leurs bases, des plus riches vignobles de *Bourgogne* qui lui ont valu son nom. Au nord-ouest des *Vosges*, on ne trouve plus de montagnes, mais une région de collines et de plateaux: le plateau de *Lorraine*, l'*Argonne* et les *Ardennes*.

d. Cours d'eau.

Les cours d'eau de la France suivent deux grandes pentes ou versants, celui de l'*Atlantique* et celui de la *Méditerranée*, dont le premier se divise en trois versants: le *versant de l'océan Atlantique*, le *versant de la Manche* et le *versant de la mer du Nord*.

Le *Rhône* prend sa source dans les Alpes suisses, traverse le *Valais*, ensuite le lac et la ville de *Genève*, contourne par d'étroits défilés ou „*cluses*" le pied du Jura, reçoit à *Lyon* son principal affluent, la *Saône*, et, arrêté par les Cévennes, prend la direction du sud, et se jette dans la mer par deux branches, appelées „*bouches du Rhône*", qui forment le *delta* de l'île de *Camargue*. Celle-ci se compse de vastes plaines rarement défrichées, où paissent en liberté et presque à l'état sauvage de nombreux troupeaux de bœufs noirs et de chevaux blancs.

La *Garonne* prend sa source dans les *Pyrénées*, traverse la grande plaine de Toulouse, se dirige vers le nord-ouest et forme, au-dessous de Bordeaux, avec la *Dordogne* un large „*estuaire*" qui prend le nom de *Gironde*.

La *Loire*, le plus grand fleuve de la France (980 km.), descend du *Massif Central*, traverse longtemps de hautes montagnes, se rapproche de la Seine de laquelle elle est séparée par le *plateau d'Orléans*, et, encaissée entre deux „*digues*" ou „*levées*", se dirige vers l'ouest, traversant de fertiles plaines et arrosant de belles villes comme Orléans, Blois, Amboise, Tours, Anger, Saumur et Nantes et débouche au-dessous de Saint-Nazaire par un large *estuaire*.

La *Seine* a ses sources dans les montagnes de la *Côte d'Or*, longe les plaines calcaires de la *Champagne*, entre dans le „*bassin*" de Paris où elle commence à décrire, entre des coteaux agréables, de nombreuses sinuosités ou „*méandres*" jusqu'à son embouchure près du Havre où elle se jette dans la *Manche* par la *baie de la Seine*.

La *Moselle*, affluent du *Rhin*, prend sa source dans les *Vosges*, reçoit la *Meurthe* (Nancy), entre en Allemagne et débouche dans le *Rhin* à Coblentz.

A côte de ces nombreux cours d'eau naturels, la France est sillonnée d'une quantité de cours d'eau artificiels nommés *canaux*.

e. Régions.

Pour bien connaitre ou étudier la nature du pays de France, on le divise en diverses régions qui montrent des caractères divers:

1. La *région du Nord* est une plaine ouverte et le plus riche pays de la France par l'agriculture et par l'industrie. Le blé, le houblon et la betterave y sont les principales cultures, et la production la plus importante est la houille. Nulle part en France, les villes ne sont plus serrées; la plus importante en est *Lille*, place forte et ville de manufactures.

2. La *région parisienne* est pour ainsi dire un résumé de tout le pays avec ses diverses cultures et ses industries. Les principaux produits industriels sont les étoffes et le sucre de betterave. Elle comprend la plaine crayeuse de la *Champagne*, la fertile plaine de *l'Ile de France* et les riches plateaux de *Brie* et de la *Beauce*, couverts de blé dans toute leur étendue. *Paris*, la capitale de la France avec 2,270000 habitants, est une place forte et la première ville d'industrie et de commerce de la France. A Reims, on travaille d'énormes quantités de laine et on y foit le vin de Champagne.

3. La *région normande* est verte et fertile, abondante en prairies et en bestiaux, en pommes et en cidre, qui remplace le vin dans le pays. La Normandie est un pays manufacturier autant qu'agricole; on y travaille le coton et la laine. La principale ville est le Havre, le plus grand port après Marseille.

4. La *région de la Loire* est d'une grande fertilité. C'est un pays riche en vins et en céréales, surtout dans la plaine de la *Touraine*, à qui sa beauté et fertilité ont valu le nom de „jardin de France", et dans la plaine de *Berry* qui s'étend au centre de la France. Parmi les grandes et belles villes qui se succèdent sur les deux rives de la Loire, Nantes occupe le premier rang par son commerce et Saint-Nazaire par son port de mer.

5. La *région bretonne* forme une longue presqu'ile, dont le terrain est peu fertile. C'est un plateau de granit où croissent des bruyères, des pins et des chênes et où il y a peu de cultures. La population bretonne parle encore le breton, dernier reste des langues celtes.

6. La *région de l'Ouest* est en général un pays plat avec des marais et des sables stériles, appelés *landes*, sur les bords

de la mer. Les industries principales y sont l'exploitation du *sel marin* et la culture des huitres.

7. La *région de la Garonne*, parcourue par la Garonne et ses nombreux affluents, s'étend du *Massif Central* à la mer. Le climat est tempéré, le sol fertile, surtout dans la riante vallée de la Garonne et dans les riches plaines de la Gironde et de la Charente, qui sont couvertes de blé, d'arbres fruitiers et de vignes. Les environs de Bordeaux forment comme un immense vignoble. Exception fait la triste *plaine des Landes*, à l'ouest, inculte et malsaine. La ville la plus importante est Bordeaux (220000 h.), grand port de commerce qui exporte des vins dits de Bordeaux.

8. La *région des Pyrénées* est montagneuse; ses plus hautes cimes sont couvertes de neige. Les vallées des *Pyrénées* sont tantôt abruptes et sauvages, tantôt larges et verdoyantes. Les habitants sont agiles et vigoureux; ceux de l'ouest appartiennent à l'antique race des *Basques*. Les petites rivières ou torrents qui viennent des montagnes s'appellent *Gaves*. La contrée produit du vin, du blé, du maïs; dans les montagnes, on trouve de beaux marbres; elles sont riches aussi en eaux thermales.

9. La *région du Massif Central*, qui occupe tout le centre montagneux de la France, est extrêmement accidentée, le sol composé de granit ou de matières volcaniques; le climat est rude, extrême en chaud comme en froid; c'est surtout la contrée de forêts et de prairies. Il n'y a que la *vallée de la Limagne* le long de l'Allier qui est d'une fertilité exceptionnelle. Les villes sont principalement industrielles. Saint-Étienne travaille le fer et fabrique des rubans de soie, Limoges les célèbres porcelaines; le Creusot n'est qu'une énorme usine.

10. La *région méditerranéenne* est comme une France à part; le climat est chaud, mais la température inégale à cause du vent glacial et violent, connu sous le nom de *mistral*, qui descend des Cévennes. Le terrain est très fertile dans quelques parts, sablonneux et malsain dans d'autres, surtout du côté occidental, ou tout à fait désert comme dans *l'île de Crau* à l'est du Rhône. Les principales cultures sont la vigne, le mûrier et l'olivier. Les villes sont nombreuses et datent presque toutes des temps romains avec de beaux monuments anciens à peu près intacts comme à Nimes et à Arles. Les habitants sont vifs, bavards et exubérants. Marseille (360000 h.) est le port le plus commerçant de la France, et Nice, la ville d'étrangers, est célèbre dans tout l'univers pour son beau site.

La Corse, toute en montagnes, est couverte de grandes forêts ou de fourrés, appelées *maquis*. Les habitants ont conservé la plupart de leurs usages antiques; ils sont rudes, énergiques et violents. La ville principale est Ajaccio.

11. La *région des Alpes*, entièrement montagneuse, renferme les plus hautes cimes de l'Europe. Les pentes des montagnes sont revêtues de pâturages et de forêts aux parties septentrionales, mais déboisées et dévastées par les torrents au sud. Le pays est fort pauvre. Les principales villes sont G r e n o b l e, C h a m b é r y, ancienne capitale de la Savoie, et C h a m o u n i x au pied du mont Blanc dans une a d m i r a b l e vallée.

12. La *région du Rhône*, se divisant en deux plaines, la plaine du Rhône et la plaine de la Saône, est une contrée assez froide; les vents du nord y passent comme dans un couloir vers le sud. L y o n, au confluent du Rhône et de la Saône, avec 400 000 habitants, est le centre de l'industrie de la soie que tissent des milliers de métiers. B e l f o r t, place forte, est la seule ville alsacienne qui soit restée française en 1871.

13. La *région du Jura* forme un long massif avec des vallées étroites et froides et des „*cluses*" ou coupures transversales. Les montagnes sont couvertes de forêts de sapins et de pâturages. Une des plus grandes industries est l'horlogerie. La plus grande ville est B e s a n ç o n, place forte avec de nombreuses fabriques d'horlogerie.

14. La *région du Nord-Est* est assez accidentée, renfermant les Vosges, l'Argonne et les Ardennes en partie. Le climat est rigoureux; il y a peu de cultures. Les industries principales sont celles du fer et des étoffes. La plus grande ville est Nancy, renommé par ses beaux monuments, et ses fabriques.

f. D i v i s i o n   e t   a d m i n i s t r a t i o n.

Avant la Révolution, on comptait en France 32 provinces; depuis la Révolution de 1789, la France est divisée en *départements* qui s'élèvent à l'heure présente au nombre de 86. Les noms donnés aux départements viennent presque tous des cours d'eau qui les traversent, quelques-uns sont empruntés aux montagnes, un petit nombre à la situation (Nord) ou à la nature du sol (Landes). Chaque département est administré par un préfet. Le chef-lieu du département porte le nom de préfecture.

Le gouvernement de la France est le *gouvernement républicain* fondé sur le suffrage universel. A la tête du gouvernement est le *Président de la République* assisté de ministres. A côté du Président de la République siègent deux Assemblées, le *Sénat* et la *Chambre des Députés*, qui font les lois et votent chaque année le budget des dépenses et des recettes. Le Président, les Assemblées et les ministres résident à Paris.

g. Principales possessions ou colonies françaises.

L'*Algérie*, s'étendant au nord-ouest de l'Afrique, peut être considérée comme une partie de la France. La grande chaîne de *l'Atlas* la traverse d'un bout à l'autre. Les produits naturels sont: les blés, les légumes, les fruits, surtout des dattes, des oranges et des citrons, le vin et le tabac. La capitale est Alger avec un beau port.

La *Tunisie*, depuis 1881 sous le protectorat de la France, a le même caractère que l'Algérie; les productions sont analogues. La capitale est Tunis, près des ruines de *Carthage*; le port s'appelle la Goulette.

Le *Sénégal*, situé à l'ouest de l'Afrique le long du fleuve Sénégal.

La *Cochinchine française*, au sud-est de l'Asie.

Le *Tonkin*, au nord de la Cochinchine, et l'Annam, deux Etats sur lesquels la France exerce le droit de protectorat depuis 1884.

La *Guyane française* au nord de l'Amérique méridionale, avec la capitale Cayenne.

Les îles de *la Martinique* et de *Guadeloupe* sont des îles volcaniques aux Antilles.

La *Nouvelle Calédonie*, grande île au nord-est de l'Australie. Les indigènes sont sauvages et mêmes anthropophages. On y transporte les condamnés.

L'île de Madagascar depuis 1895 et quelques autres îles dans l'Océanie et l'océan Atlantique.

Exercices.

1. Formez des exemples de phrases avec des adjectifs placés
    a. **avant** le substantif
        aa. comme épithètes;
        bb. pour donner de l'emphase;
    b. **après** le substantif
        aa. comme attributs distinctifs;
        bb. pour désigner une nation, religion, langue ou état;
        cc. comme adjectif verbal;
        dd. accompagné d'un complément.

2. Formez des phrases
   a. avec des noms de pays, de mers, d'îles et de fleuves (§ 45, 3).
   b. avec des noms pareils précédés de titres ou de dénominations géographiques (2 b);
   c. répondant aux particules interrogatives où et d'où (2 b & c).
   d. avec des noms matériels, abstraits et génériques (§ 45, 2).

3. Donnez des noms de villes précédés de l'article défini et déclinez-les.

4. Formez des phrases avec des noms de mois et de dates.

5. Formez d'autres phrases avec les expressions et les verbes énumérés § 45, 4 & 5.

6. Formez encore quelques phrases avec des appositions.

66. Frankreich aus der Vogelperspektive.*

Wenn ich ein Vogel wäre, (so) flöge ich eines schönen Tages über den Rhein und weiter über die schön gerundeten Berge der Vogesen, um Frankreich aus der Vogelperspektive zu betrachten. Dann würde ich viel mehr sehen und obendrein auch nicht Gefahr laufen, für einen gefährlichen Spion gehalten zu werden. Was würde ich da nicht (alles) sehen?

Ich würde dort schöne und reiche Gegenden sehen, die, von unzähligen Flüssen durchfurcht, fruchtbare Felder, grünende Wiesen, blühende Gärten, grüne Wälder, lachende Thäler und wohlgepflegte Weinberge zeigen. Dazwischen* würde ich zahlreiche Städte und Dörfer erblicken, die, von heiteren und fleißigen Menschen bewohnt, den Augen einen herrlichen Anblick darbieten. Dann würde ich auch die gebirgigen Strecken,* wie das Centralgebirge mit seinen kahlen und zerrissenen Höhen und verloschenen Kratern besuchen, die französischen Alpen mit ihren prächtigen Gletschern, wilden Schluchten und spitzen Nadeln und Hörnern, sogar die fernen Pyrenäen mit ihren grünenden Thälern, reizenden Landschaften und schön gelegenen Badeörtern.

Aber mein Flug würde mich nicht nur über fruchtbare Thäler und Tafelländer führen, sondern auch über unfruchtbare und sandige Ebenen, ja über sumpfige und ungesunde Flachländer* an der Küste des Meeres mit armseligen Hütten, oder über einsame und kaum bewaldete Haiden. Ich würde mich auch erfrischen am tosenden* Ozean, der seine himmelblauen Fluten gegen die westliche Küste wälzt.*

Und was für Menschen würde ich erblicken? Im Norden Menschen germanischer Race mit blonden Haaren, blauen Augen und heller Gesichtsfarbe,* von ruhiger Gemütsart* und ernstem, energischem

Charakter, im Süden Menschen romanischer* Abkunft,* mit dunklen
Haaren, schwarzen und blitzenden* Augen und lebendigem und feurigem,
sogar heftigem Wesen.*

Doch über Paris würde ich lange Zeit schweben* und mir das
beständige Treiben* der Tausende von Menschen betrachten. Diese
herrlichen Denkmäler und großartigen Bauwerke, diesen weiten Quais
und öffentlichen Plätze, diese geschäftige, bewegliche* und unruhige
Menge, diese prachtvollen Gärten, dieses sinnverwirrende* Gewühl,*
das alles würde mich lange fesseln.*

Dann aber würde ich meinen Flug zurück nehmen in mein
liebes, schönes und wohlgeordnetes Vaterland, wo vielleicht weniger
äußerer Glanz, weniger aufregendes* Treiben, dafür* aber mehr
innerer Gehalt,* gemütliches* Leben und reineres (vrai) Glück zu
finden ist.

Proverbes: Loin des yeux, loin du cœur.
En toute chose, il faut considérer la fin.

34me Leçon.
Participes et Gérondif.
II, §§ 42 & 43.

67. Les Français.

a. Origine et formation de la nation et de l'empire
français.

Les habitants de la France descendent des anciens
Gaulois, desquels le pays prit le nom de *Gaule*. Ils appartenaient à deux races différentes, les *Ibères* au sud et les *Celtes*
au nord, qui à leur tour se divisaient en *Celtes proprement dits*
ou *Gaëls*, h a b i t a n t le centre de la Gaule, et en *Belges*,
s'étendant de la Seine au Rhin. Les Celtes sont les véritables
ancêtres des Français. A y a n t un caractère fier, audacieux et
belliqueux, ils étaient en même temps inconstants et prompts
au découragement.

A côté de ces habitants, la Gaule compta de bonne
heure d'autres populations, a t t i r é e s sur les bords de la
Méditerranée par des spéculations commerciales, comme les
Phéniciens dès le XIme siècle avant l'ère chrétienne, et les
Romains, l'an 154 avant Jésus-Christ. Ces derniers, en attendant les conquêtes de César, se rendirent maîtres des provinces de la Méditerranée, f o r m a n t la *Province Romaine*
appelée e n c o r e aujourd'hui la *Provence*.

Enfin la Gaule, s o u m i s e par Jules César, en l'an 50
avant Jésus-Christ, après huit **années** d'une résistance parfois

héroïque, obtint en échange de sa liberté, les institutions et la civilisation de Rome. La langue gauloise, disparaissant peu à peu, fut remplacée par le latin, qui donnait naissance à la langue française.

Au cinquième siècle de notre ère, des tribus barbares, venant de la Germanie, envahirent la Gaule, tandis que d'autres détruisirent l'Empire romain (476). L'une de ces tribus, les *Francs*, étant la plus nombreuse et la plus puissante, ne tarda pas à soumettre les *Gallo-Romains* et à imposer sa domination à presque toute la Gaule sans cependant faire éprouver aucune modification sérieuse au caractère et à la langue de la race gallo-romaine. C'est du nom de ces conquérants que la France et les Français ont dérivé les leurs.

Clovis, vainquant les *Gallo-Romains* à Soissons 486, soumettant les *Burgondes* et refoulant les *Wisigoths*, parvint à établir la monarchie franque. Toutefois, ses fils, partageant ses États en quatre royaumes (*Austrasie, Neustrie, Bourgogne et Paris*) donnèrent la première cause à sa décadence, à laquelle vinrent s'ajouter plusieurs autres, de sorte que l'œuvre de Clovis se trouvait détruite à l'époque où les *Carlovingiens* allaient se substituer à sa dynastie déchue.

Charlemagne (768—814), profitant des succès obtenus par Charles-Martel et Pépin-le-Bref, ses prédécesseurs, reconstitua le pouvoir central et l'unité politique en rétablissant, avec le concours de la papauté, *l'empire d'Occident*. Cependant, *l'empire de Charlemagne*, étant trop étendu et se composant d'éléments trop disparates, ne put durer. Dès 843 il fut partagé entre ses trois petits-fils par le traité de Verdun. *Charles-le-Chauve*, réunissant sous son sceptre les provinces occidentales, fut, à vrai dire, le premier roi de France.

Mais la faiblesse de *Charles-le-Chauve* et de ses successeurs, l'esprit d'indépendance des grands, et surtout l'incursion des *Normands*, prenant possession d'une partie de la *Neustrie*, appelée de leur nom *Normandie*, amenèrent bientôt la ruine du pouvoir royal. Les seigneurs, investis de l'hérédité de leurs titres et de leurs domaines et exerçant dans leurs seigneuries tous les droits de la souveraineté, créèrent cet état politique connu sous le nom de *féodalité* ou *régime féodal*, qui était dans toute sa vigueur à la fin du Xme siècle.

A l'avènement des *Capétiens* (987), le domaine royal se trouvait à son étendue la plus resserrée, ne comprenant que deux fiefs de famille, l'*Orléanais* et l'*Ile-de-France*. Mais la royauté, trouvant des alliés dévoués dans l'Église et la bourgeoisie, prit une attitude agressive et, bien que subissant parfois des arrêts et des revers, réussit enfin à soumettre les seigneurs à son pouvoir. Le pouvoir royal fermement rétabli, il fallut que le régime féodal succombât et disparût. A partir du milieu du XVme siècle, l'autorité royale ira s'affermissant, et le domaine de la couronne ne cessera de s'étendre sous les diverses dynasties, les *Capétiens* (987 à 1328), les *Valois* (1328—1589) et les *Bourbons* (1589—1793), jusqu'à ce qu'il ait atteint les limites de la France de 1789. L'Empire, s'étendant énormément pendant les guerres de la *République* et du *premier Empire* (1792—1815) rentra finalement à peu près dans les mêmes limites qu'il eut avant cette époque. Mais s'agrandissant une dernière fois par l'incorporation de la *Savoie* et du *Comté de Nice* (1860), la France subit une grave atteinte à son territoire par la perte de l'*Alsace-Lorraine* en 1871 (traité de Francfort le 10 mai).

Tel est en peu de traits le cours du développement et de la formation de la nation et de l'empire français.

b. La langue française.

La langue française, mêlée d'éléments celtes et germaniques, est dérivée du latin vulgaire, c'est-à-dire du langage qui, s'éloignant beaucoup de la langue classique, fut parlé par le bas peuple et les paysans. Considérablement altérée en Gaule par l'influence des dialectes gaulois et barbares, cette langue reçut une nouvelle forme et fut appelée *roman rustique* ou *langue romane*. Vers le IXme siècle, cette langue se décomposa en deux dialectes, la *langue d'oïl* et la *langue d'oc*, termes provenant du mot affirmatif „oui" au nord et au sud de la France. Le premier de ces dialectes se parlait au nord de la Loire par les *Francs* et les *Normands* qui, tous les deux abandonnant leurs rudes dialectes, adoptèrent la langue du pays en la modifiant; le second se parlait au sud de ce fleuve où, sous l'influence de la civilisation romaine n'y étant jamais entièrement éteinte, elle devint une langue plus riche et plus harmonieuse. Cette dernière eut sa période la plus brillante au XIIme siècle, quand elle fut illustrée par les poésies des *Troubadours* chantant avec ivresse la guerre et l'amour. „Mais au XIIIme siècle, la Provence ayant été réunie à la couronne de France, la littérature provençale s'éteignit, et la langue d'oc ne fut plus qu'un patois, parlé encore aujourd'hui sous le nom de patois provençal."

„La langue d'oïl, moins poétique et moins précoce, a eu une destinée plus brillante. Décomposée d'abord en quatre dialectes, le picard, le normand, le bourguignon et le français, elle acquit, par l'avènement des Capétiens au Xme siècle, l'unité et l'autorité qui lui manquaient encore. Dès lors elle régna dans tout le nord et dans tout le midi de la France sous le nom de langue française. Tour à tour altérée et épurée par le peuple et par les savants, elle fut définitivement fixée au XVIIme siècle par les gens du monde et par les grands écrivains." A partir de cette époque, la langue française s'est répandue dans tous les pays civilisés, devenant la langue de la diplomatie et, pendant quelque temps, celle de la haute société, principalement en Allemagne, en Hollande et en Russie.

Exercices.

1. Faites des constructions participiales exprimant:
    a. la simultanéité;   b. le motif;
    c. la manière;   d. la condition.

2. Formez-en d'autres correspondant à des propositions relatives.

3. Formez des phrases avec des participes dits gérondifs.

68. Karl der Große.

Karl der Große, der Sohn Pipins des Kleinen, regierte 46 Jahre, von 768—814. Wenn man seine lange Regierung betrachtet, muß man den Anteil* seiner Eroberungen von dem seiner Verwaltung trennen. Die ersteren, welche den größten Teil seines Lebens ausfüllten, hatten zur (pour) Folge, die Grenzen* des neuen Reiches der Franken im Osten bis zur Elbe und Theiß, im Süden bis zum Garigliano in Italien und bis gegen den Ebro in Spanien auszudehnen. Nachdem er Desiderius (Didier), den König der Longobarden,* unterworfen hatte, führte (faire) er gegen die Sachsen (den) Krieg. Indem er ihr Land verwüstete,* ihre Götzenbilder* zerstörte, einen Teil der Bevölkerung verpflanzte,* Tausende mit dem Tode* bestrafte und die Bewohner mit Gewalt* bekehrte,* gelang es ihm, den Widerstand* zu brechen und sie zu unterwerfen. Der Held des Widerstandes war Wittukind (Witikind). Indem Karl der Große diesen grausamen Mitteln noch abscheulichere* Gesetze hinzufügte, machte er aus dem heidnischen Lande der Sachsen ein christliches Land.

Andere Kriege folgten im Osten und Norden des weiten Reiches; der hartnäckigste* davon war der gegen Tassilo (Tassillon), Herzog von Baiern,* welcher, indem er sich mit den Avaren* verbündete, das Reich Karls des Großen zu zerstören versuchte.* Von Karl dem Großen überrascht und von drei Armeen eingeschlossen,* erschien er Gnade flehend vor ihm. Obgleich von den Großen zum Tode verurteilt,* wurde er mit seinem Sohne in ein Kloster* geworfen. Die Avaren, welche zu spät eintrafen,* wurden zurückgeworfen,* ihr von reichen Schätzen angefülltes Lager genommen und ihre Macht vernichtet.*

Als dieser Krieg noch nicht beendigt war (abs.), fing Karl der Große schon einen neuen Krieg mit den Mauren* in Spanien an Nachdem er dort einige Städte erobert hatte, kehrte er zurück. Indem er die Pyrenäen überschritt,* wurde sein Nachtrab* angegriffen und mehrere Grafen,* darunter Roland, wurden getötet.

Nachdem sich Karl der Große als Herrn von Frankreich, Deutschland, von drei Vierteilen von Italien und einem Teile von Spanien sah, forderte er vom Papste die Kaiserkrone.* Am Weihnachtstage des Jahres 800 setzte ihm der Papst die Krone aufs Haupt.

Indem er so das Abendländische Reich* wieder herstellte, suchte er es auch weise zu regieren.* Alle von ihm getroffenen (faire) Einrichtungen* waren derart, daß Ordnung, Ruhe und Wohlstand* unter seinen Unterthanen* herrschten. Die größte Wohlthat aber, die er Deutschland gebracht (rendre), ist, daß er die vielen germanischen Stämme, die bisher einander feindselig* waren, zu (dans) einem Volke vereinigt hat.

Proverbes: La fin couronne l'œuvre.
Tout est bien, qui finit bien.

Maxime.

De l'émulation distinguez bien l'envie:
L'une mène à la gloire, et l'autre au déshonneur;
L'une est l'aliment du génie,
Et l'autre est le poison du cœur.

Voltaire.

II.

A. Formenlehre.

Conjugaisons archaïques (Veraltete oder erstarrte Konjugationen.)

§ 1. Die Konjugationen der Verben auf **-ir** (ohne Stammeserweiterung), sowie derjenigen auf **-re** und **-oir** nennt man veraltete oder erstarrte, weil sie nicht fähig sind, neue Verben zu bilden.

Die Abweichungen, welche bei der Konjugation dieser Verben stattfinden, betreffen:

a. den Wechsel und die Dehnung des Stammvokals infolge der Betonung,

b. die verschiedenen Veränderungen des auslautenden Stammesendkonsonanten.

In manchen Verben treten doppelte oder dreifache lautliche Veränderungen ein.

Diese sog. Unregelmäßigkeiten kommen vor in folgenden Zeiten und Formen: im **Präsens Indikativ** und **Konjunktiv**, im **historischen Perfekt**, im **Futurum** und im **Particip Perfekt**.

Der Stamm eines Zeitwortes wird gefunden, indem man die Endung der 1. Person Pluralis des Präsens Indikativ (-ons) wegläßt.

Die in den folgenden Tabellen nicht angegebenen Zeiten werden regelmäßig gebildet.

§ 2. **Verben auf -re mit**

Infinitif	Radical	Présent de l'indicatif
Vendre verkaufen etc.	vend-	je vends tu vends il vend* nous vendons vous vendez ils vendent

* Rompre brechen, nimmt in der 3. Pers. Sing. ein t an: il rompt.
Battre schlagen, wirft in den 3 Personen Sing. des Präsens Ind. das zweite t ab: Je bats, tu bats, il bat.

§ 3. **Verben auf -ir mit verkürzter**

a. **Dormir** schlafen
   sortir ausgehen, heraus=
   führen
   partir **pour** abreisen nach
   sentir fühlen, riechen
   se sentir empfinden
   mentir lügen
   servir dienen (servir de
   zu etwas dienen)
   se repentir bereuen
	dorm-
	
	sort-
	
	serv-
		je dors
		tu dors
		il dort
		nous dormons
		vous dormez
		ils dorment

b. **Bouillir** kochen, sieden	.bouill- bou-	je bous tu bous il bout nous bouillons vous bouillez ils bouillent

Bouillir wird nur intransitiv gebraucht: l'eau bout. Kochen, transitiv, heißt faire bouillir: je fais bouillir les pommes de terre.

unveränderter Stammsilbe.

Présent du subjonctif	Passé défini	Futur	Participes
je vende tu vendes il vende nous vendions vous vendiez ils vendent	je vendis tu vendis il vendit nous vendîmes vous vendîtes ils vendirent	je vendrai tu vendras il vendra nous vendrons vous vendrez ils vendront	présent: vendant passé: vendu, e

Stammsilbe, Part. Perfekt -i.

je dorme tu dormes il dorme nous dormions vous dormiez ils dorment	je dormis tu dormis il dormit nous dormîmes vous dormîtes ils dormirent	je dormirai tu dormiras il dormira n. dormirons vous dormirez ils dormiront	present: dormant passé: dormi, e
je bouille etc.	je bouillis etc.	je bouillirai etc.	bouillant bouilli, e

§ 4. **Verben auf -ir mit einfacher**

Infinitif	Radical	Présent de l'indicatif
Ouvrir öffnen couvrir bedecken découvrir entdecken offrir anbieten souffrir leiden	ouvr- offr-	j'ouvre tu ouvres il ouvre nous ouvrons vous ouvrez ils ouvrent

§ 5. **Verben auf -ir mit einfacher**

a. **Assaillir** anfallen, angreifen tressaillir zittern, beben	assail-	j'assaille tu assailles il assaille nous assaillons etc.
b. **Cueillir** pflücken accueillir aufnehmen recueillir sammeln saillir hervorragen	cueill-	je cueille tu cueilles il cueille etc.

Einschieben des Halb-

c. **Fuir** fliehen s'enfuir entfliehen	fui-	je fuis tu fuis il fuit nous fuyons* vous fuyez ils fuient

* Das i wird in y verwandelt vor vokalisch anlautender betonter Endung.

NB. J'ai fui ich bin geflohen.
Je me suis enfui ich bin entflohen.

Stammsilbe, Part. Perfekt -ert.

Présent du subjonctif	Passé défini	Futur	Participes
j'ouvre tu ouvres il ouvre nous ouvrions vous ouvriez ils ouvrent	j'ouvris etc.	j'ouvrirai etc.	ouvrant ouvert, e

Stammsilbe; Part. Perf. -i.

j'assaille etc.	j'assaillis etc.	j'assaillirai etc.	assaillant assailli, e
je cueille etc.	je cueillis etc.	je cueillerai tu cueilleras il cueillera etc.	cueillant cueilli, e

Vokals i (y = ii).

je fuie tu fuies il fuie nous fuyions vous fuyiez ils fuient	je fuis etc.	je fuirai etc.	fuyant fui, e

§ 6. **Verben auf -ir mit gedehnter Stammſilbe.** Hiſt.

Infinitif	Radical	Présent de l'indicatif
Venir kommen revenir wiederkommen devenir werden convenir de übereinkommen — à paſſen, zuſagen parvenir gelangen prévenir benachrichtigen provenir herkommen se souvenir ſich erinnern	ven- (vien-) (vin-)	je viens tu viens il vient nous venons vous venez ils viennent
tenir halten appartenir gehören contenir enthalten maintenir unterhalten, auf- recht erhalten retenir zurückhalten s'abstenir ſich enthalten s'entretenir ſich unterhalten soutenir unterſtützen		

Venir faire qc. kommen, um etwas zu thun: il vient me voir;
venir de faire qc. ſoeben etwas gethan haben: je viens de le voir;
venir à faire qc. zufällig, gerade etwas thun: il venait à mourir.

§ 7. **Verben auf -ir mit verſchiedenen Veränderungen.**

a. **Courir** laufen
  accourir herbeieilen
  secourir beiſtehen, helfen
  parcourir durchlaufen, über
    fliegen
	cour-	je cours
		tu cours
		il court
		nous courons
		etc.

NB. J'ai couru ich bin gelaufen.

Änderung des Stammvokals:

b. **Mourir** ſterben
  se mourir im Sterben
    liegen
	mour-
	(meur-)
		je meurs
		tu meurs
		il meurt
		nous mourons
		vous mourez
		ils meurent

Perf. stammhaftes i; Einschieben von d; Part. Perf. -u.

Présent du subjonctif	Passé défini	Futur	Participes
je vienne tu viennes il vienne nous venions vous veniez ils viennent	je vins tu vins il vint nous vînmes vous vîntes ils vinrent	je viendrai etc.	venant venu, e

Histor. Perfekt und Part. Perf. -u.

je coure tu coures il coure nous courions etc.	je courus etc.	je courrai etc.	courant couru, e

Histor. Perf. u; Part. Perf. t.

je meure tu meures il meure nous mourions vous mouriez ils meurent	je mourus etc.	je mourrai etc.	mourant mort, e

Änderung des Stammvotals; Histor.

Infinitif	Radical	Présent de l'indicatif
c. **Acquérir** erwerben conquérir erobern etc.	acquér- (acquier-) (acq-)	j'acquiers tu acquiers il acquiert nous acquérons vous acquérez ils acquièrent

Histor. Perf. i.

d. **Vêtir** bekleiden revêtir bekleiden (bildl.)	vêt-	je vêts tu vêts il vêt nous vêtons etc.

§ 8. Verben auf **-uire**; histor. Perf. auf si;

a. **Conduire** führen se conduire sich aufführen produire erzeugen construire erbauen détruire zerstören instruire unterrichten cuire kochen, backen	conduis- construis- cuis-	je conduis tu conduis il conduit nous conduisons vous conduisez ils conduisent
b. **Nuire** schaden	nuis-	je nuis etc.
Luire leuchten reluire blinken, glänzen	luis-	je luis etc.

§ 9. Verben auf **-re** mit Kürzung der Stammsilbe;

a. **Écrire** schreiben décrire beschreiben prescrire vorschreiben souscrire unterschreiben inscrire einschreiben	écriv- (écri-)	j'écris tu écris il écrit nous écrivons vous écrivez ils écrivent

Perf. und Part. stimmhaftes i.

Présent du subjonctif	Passé défini	Futur	Participes
j'acquière tu acquières il acquière nous acquérions vous acquériez ils acquièrent	j'acquis etc.	j'acquerrai etc.	acquérant acquis, e

Part. Perf. u.

je vête etc.	je vêtis etc.	je vêtirai etc.	vêtant vêtu, e

Part. Perf. a. auf t, b. vokalisch.

je conduise etc.	je conduisis etc.	je conduirai etc.	conduisant conduit, e
je nuise etc. je luise etc.	je nuisis etc. fehlt *	je nuirai etc. je luirai etc.	nuisant nui luisant lui

* Ebenso fehlt das Imparf. du subjonctif.

histor. Perf. auf (v)i; Part. Perf. auf t.

j'ecrive etc.	j'ecrivis etc.	j'ecrirai etc.	écrivant écrit, e

Hiſtor. Perf. u. Part.

Infinitif	Radical	Présent de l'indicatif
b. **Suivre** folgen poursuivre verfolgen	suiv- (sui-)	je **suis** tu **suis** il **suit** nous **suivons** vous **suivez** ils **suivent**

NB. J'ai suivi — ich bin gefolgt. Ich bin meinem Vater gefolgt — j'ai suivi mon père.

Änderung des Stammvokals und des Stammes=

c. **Vivre** leben survivre à überleben	viv- (véc-)	je **vis** tu **vis** il **vit** nous **vivons** vous **vivez** ils **vivent**

NB. Il a survécu à son père de vingt ans — er hat seinen Vater um 20 Jahre überlebt.

§ 10. **Verben auf -indre mit Verſtummen und Änderung des**

Craindre fürchten se plaindre ſich beklagen peindre malen contraindre zwingen teindre färben éteindre auslöſchen atteindre erreichen restreindre be=, einſchränken rejoindre einholen joindre verbinden, vereinigen	craign- peign- joign-	je **crains** tu **crains** il **craint** nous **craignons** vous **craignez** ils **craignent**

Craindre, wie alle Verben des Fürchtens; avoir peur, avoir crainte, appréhender, trembler, erfordert nach: que:

   a. den Konjunktiv (vgl. II, § 39).

Perf. auf (v)i.

Présent du subjonctif	Passé défini	Futur	Participes
je suive etc.	je suivis etc.	je suivrai etc.	suivant suivi, e

endtonfonanten; hiftor. Perf. und Part. Perf. auf u.

je vive etc.	je vécus etc.	je vivrai etc.	vivant vécu

StammeSendtonfonanten; passé défini auf i, part. passé t.

je craigne etc.	je craignis etc.	je craindrai etc.	craignant craint, e

b. ne vor dem Verb des abhängigen Satzes, doch nur im bejahenden Sinne: Je crains qu'il ne vienne (daß er kommt); sonft aber: je crains qu'il ne vienne pas; je ne crains pas qu'il vienne; crains-tu qu'il vienne?

§ 11. Verben auf -aître und oître mit Stamm-

Infinitif	Radical	Présent de l'indicatif
a. **Connaître** kennen paraître scheinen, erscheinen reparaître wieder erscheinen apparaître erscheinen disparaître verschwinden	connaiss- paraiss-	je connais tu connais il connaît* nous connaissons vous connaissez ils connaissent

* Das stammhafte i behält den Zirkumflex überall vor t.

b. **Croître** wachsen, zunehmen accroître anwachsen, zu- nehmen décroître abnehmen	croiss-	je crois tu crois il croît nous croissons vous croissez ils croissent

§ 12. Verschiedene Stämme;

Naître geboren werden renaître wieder, neu geboren werden	naiss- (naq-) (né)	je nais tu nais il naît* nous naissons vous naissez ils naissent

* Vergl. Anmerkung zu § 11a

§ 13. Histor. Perf. i,

Vaincre siegen, besiegen convaincre überzeugen	vainc-	je vaincs tu vaincs il vainc nous vainquons vous vainquez ils vainquent

NB. Vaincre verwandelt c in qu vor allen vokalischen Endungen außer u.

§ 14. Verben auf -re mit verändertem Stammvokal:

a. **Prendre** nehmen reprendre wieder nehmen apprendre lernen, erfahren comprendre begreif., umfass. se méprendre sich irren prendre pour dafür halten	pren- (pri-)	je prends tu prends il prend nous prenons vous prenez ils prennent

verkürzung, histor. Perf. und Part. Perf. u.

Présent du subjonctif	Passé défini	Futur	Participes
je connaisse etc.	je connus etc.	je connaîtrai etc.	con- naissant connu, e
je croisse etc.	je crûs etc. (je crusse)	je croîtrai etc.	croissant crû, crue

Einschieben von qu und t.

| je naisse etc. | je naquis etc. | je naîtrai etc. | naissant né, e |

Part. Perfekt u.

| je vainque etc. | je vainquis etc. | je vaincrai etc. | vainquant vaincu, e |

Verstummen des Stammesendkonsonanten; Part. Perf. s.

| je prenne tu prennes il prenne nous prenions vous preniez ils prennent | je pris etc. | je prendrai etc. | prenant pris, e |

10*

Infinitif	Radical	Présent de l'indicatif
b. Mettre ſetzen, legen, ſtellen permettre erlauben promettre verſprechen admettre zulaſſen omettre unterlaſſen commettre begehen (ein Ver- brechen ꝛc.) démettre entlaſſen remettre ⎱ übergeben transmettre ⎰	mett- (met-) (mi-)	je mets tu mets il met nous mettons vous mettez ils mettent

§ 15. **Verben auf -ire:**

a. **Faire** machen, thun refaire wieder machen défaire auflöſen, vernichten	fais- (fi-) (fe-)	je fais tu fais il fait nous faisons* vous faites ils font

Se faire qc., ſich zu etwas machen, etwas werden (aus eige‑
nem Antriebe): Je me ferai soldat; il s'est fait prêtre, avocat.
    Faire wird mit laſſen überſetzt, wenn es ein Veranlaſſen,
Bewirken bedeutet: Le fiacre fit tomber une charrette; nous
nous fîmes servir un bon souper.

* In faisons (fsons) iſt die erſte Silbe tonlos.

b. **Dire** ſagen redire wieder ſagen médire Böſes reden contredire widerſprechen se dédire widerrufen, in Ab- rede ſtellen maudire verwünſchen	dis- (di-)	je dis tu dis il dit nous disons vous **dites** ils disent

Außer redire wieder ſagen, das völlig wie dire konjugiert wird,
bilden alle zuſammengeſetzten Verben (verbes composés) die 2. Perſ.
Plur. des Präſens Indikativ auf **disez**: vous médisez, dédisez etc.

c. **Suffire** genügen confire einmachen	suffis- (suff-) confis- (conf-)	je suffis tu suffis il suffit nous suffisons vous suffisez ils suffisent

Présent du subjonctif	Passé défini	Futur	Participes
je mette etc.	je mis etc.	je mettrai etc.	mettant mis, e

histor. Perf. mit stammhaftem i.

je fasse tu fasses il fasse nous fassions vous fassiez ils fassent	je fis etc.	je ferai etc.	faisant fait, e

Laisser dagegen drückt ein Zulassen, Gewähren aus: Nous le laissâmes partir.

je dise etc.	je dis etc.	je dirai etc.	disant dit, e

Maudire verfluchen, verdoppelt den Stammesendkonsonanten s vor darauf folgender Silbe: nous maudissons, je maudisse, maudissant.
Dire de befehlen: Nous lui dîmes d'aller plus vite.

je suffise etc.	je suffis etc.	je suffirai etc.	suffisant suffi confit, e

Infinitif	Radical	Présent de l'indicatif
d. **Rire** lachen 　sourire lächeln	ri-	je ris tu ris il rit nous rions vous riez ils rient

§ 16. Verben auf -oudre; Vokalisierung

Infinitif	Radical	Présent de l'indicatif
a. **Résoudre** 1. auflösen 　　　　　　2. beschließen se résoudre à sich entschließen 　dissoudre auflösen, zerteilen 　absoudre frei-, lossprechen	résolv- (résol-) dissolv- absolv-	je résous tu résous il résout nous résolvons vous résolvez ils résolvent

Résous, ohne fém. aufgelöst; résolu, e, gelöst oder beschlossen, als Adjektiv aber entschlossen, herzhaft: un homme résolu.

Infinitif	Radical	Présent de l'indicatif
b. **Moudre** mahlen 　(r)émoudre schleifen	moul- (mou-)	je mouds tu mouds il moud nous moulons vous moulez ils moulent

§ 17. Änderung des Stammesendkonsonanten;

Infinitif	Radical	Présent de l'indicatif
Coudre nähen 　découdre auftrennen	cous- (cou-)	je couds tu couds il coud nous cousons vous cousez ils cousent

Présent du subjonctif	Passé défini	Futur	Participes
je rie tu ries il rie nous riions vous riiez ils rient	je ris etc.	je rirai etc.	riant ri

von l und v; hiſtoriſches Perfett und Part. Perfett u.

je résolve etc.	je résolus etc.	je résoudrai etc.	resolvant résous résolu, e dissous, te dissolu, e absous, te absolu, e

Dissous, te aufgelöſt, zerteilt; dissolu, e, Adj., ausſchwei=
fend, liederlich.

Absous, te frei=, losgeſprochen; absolu, e, Adj., unumſchränkt,
gewaltſam.

je moule etc.	je moulus etc.	je moudrai etc.	moulant moulu, e

Hiſtor. Perfett i, Part. Perfett u.

je couse etc.	je cousis etc.	je coudrai etc.	cousant cousu, e

§ 18. Verben mit Stammverkürzung.

Infinitif	Radical	Présent de l'indicatif
a. **Croire** glauben faire accroire weis machen	croi- (cr-)	je crois tu crois il croit nous croyons vous croyez ils croient

Croire qn. jemandem glauben; croire qc. etwas glauben; croire à qn. zu jem. Vertrauen haben; croire à qc. an etwas glauben; croire en Dieu, en Jésus-Christ; croire au Saint-Esprit an den heiligen Geist glauben.

b. **Boire** trinken	buv- (boi-)	je bois tu bois il boit nous buvons vous buvez ils boivent
c. **Conclure** (be)schließen exclure ausschließen	conclu- (concl-)	je conclus tu conclus il conclut nous concluons vous concluez ils concluent
d. **Lire** lesen relire wieder lesen	lis-	je lis tu lis il lit nous lisons etc.

Élire auswählen, erwählen: élire président zum Präsidenten erwählen; Saül fut élu roi Saul wurde zum König erwählt.

e. **Plaire** gefallen déplaire mißfallen complaire gefallen, willfahren	plais-	je plais tu plais il plaît nous plaisons etc.
f. **Taire** verschweigen se taire schweigen distraire zerstreuen	tais-	je tais tu tais il tait nous taisons etc.

Histor. Perfekt und Part. Perf. auf u.

Présent du subjonctif	Passé défini	Futur	Participes
je croie tu croies il croie nous croyions vous croyiez ils croient	je crus etc.	je croirai etc.	croyant cru, e

Ich glaube es Ihnen = { je vous crois; / je le crois; } Dativ der Person und Akkusativ der Sache stehen nie beide zugleich vor croire.

je boive tu boives il boive nous buvions vous buviez ils boivent	je bus etc.	je boirai etc.	buvant bu, e
je conclue etc.	je conclus etc.	je conclurai etc.	concluant conclu, e
je lise etc.	je lus etc.	je lirai etc.	lisant lu, e

Die Präpositionen „zu" und „als" werden nicht übersetzt.

je plaise etc.	je plus etc.	je plairai etc.	plaisant plu
je taise etc.	je tus etc.	je tairai etc.	taisant tu, e

§ 19. **Verben auf -oir** mit Veränderung des Stammvokals

Infinitif	Radical	Présent de l'indicatif
a. **Apercevoir** bemerken recevoir erhalten concevoir begreifen devoir sollen, müssen décevoir täuschen	apercev- (aperc-)	j'aperçois tu aperçois il aperçoit nous apercevons vous apercevez ils aperçoivent
b. **Mouvoir** bewegen s'émouvoir sich erregen	mouv- (meu-)	je meus tu meus il meut nous mouvons vous mouvez ils meuvent
c. **Pouvoir** können	pouv- (peu-)	je peux (puis) tu peux il peut nous pouvons vous pouvez ils peuvent
d. **Savoir** wissen	sav- (sach-)	je sais tu sais il sait nous savons vous savez ils savent

Savoir = können in der Bedeutung von gelernt haben, verstehen: savoir lire, savoir patiner, savoir jouer du piano, savoir le français.

e. **Pleuvoir** regnen (Unpersönlich).	pleuv- (pleu-)	il pleut

und Kürzung der Stammsilbe; Histor. Perf. und Part. Perf. u.

Présent du subjonctif	Passé défini	Futur	Participes
j'aperçoive tu aperçoives il aperçoive nous apercevions vous aperceviez ils aperçoivent	j'aperçus etc.	j'apercevrai etc.	apercevant aperçu, e dû, due
je meuve tu meuves il meuve nous mouvions vous mouviez ils meuvent	je mus etc.	je mouvrai etc.	mouvant mû, mue ému, e
je puisse etc.	je pus etc.	je pourrai etc.	pouvant pu
je sache tu saches il sache nous sachions vous sachiez ils sachent	je sus etc.	je saurai etc.	sachant su, e

Das Conditional von savoir mit ne (ohne pas) mit folgendem Infinitiv heißt: ich kann nicht; je ne saurais vous dire = je ne peux pas, oder je ne puis vous dire ich kann Ihnen nicht sagen.

Das Histor. Perfekt je sus = ich erfuhr (cf. j'eus = ich erhielt).

| il pleuve | il plut | il pleuvra | pleuvant
plu |

§ 20. Verben auf -oir mit verschiedenen

Infinitif	Radical	Présent de l'indicatif
a. **Voir** sehen revoir wieder sehen prévoir vorhersehen pourvoir versorgen, versehen	voi- (ver-)	je vois tu vois il voit nous voyons* vous voyez ils voient
* Cf fuir § 5e. Anmerkung		
b. **Asseoir** setzen être assis sitzen s'asseoir sich setzen	assei- (assié-) (ass-)	j'assieds tu assieds il assied nous asseyons vous asseyez ils asseyent
Daneben weniger gebräuchlich, in gehobener Rede (style soutenu):		j'assois nous assoyons ils assoient
c. **Seoir** sitzen, anstehen (bes. von Kleidern). Nur in den 3. Pers. gebr.)	(sei-) (sié-)	il sied ils siéent Impf. il seyait ils seyaient

§ 21. Verben auf -l-oir mit verschiedenen Stämmen; Vokali=

a. **Vouloir** wollen	voul- (veul-) (veuill-)	je veux tu veux il veut nous voulons vous voulez ils veulent
Veuillez (impér.) haben Sie die Güte; veuillez me dire.		
b. **Valoir** gelten, wert sein prévaloir vor-, überwiegen, übertreffen équivaloir gleichwertig sein, gleichkommen	val- (vaill-)	je vaux tu vaux il vaut nous valons vous valez ils valent

Stämmen; Histor. Perf. i.

Présent du subjonctif	Passé défini	Futur	Participes
je voie tu voies il voie nous voyions vous voyiez ils voient	je vis etc. je prévis je pourvus	je verrai etc. je prévoirai je pourvoirai	voyant vu, e
j'asseye etc.	j'assis etc.	j'assiérai etc.	asseyant assis, e
j'assoie nous assoyions etc.			
il siee ils siéent	—	il siera ils siéront	seyant sis, e

sierung von l, Einschieben von d; histor. Perf. u. Part. Perf. u.

je veuille tu veuilles il veuille nous voulions vous vouliez ils veuillent	je voulus etc.	je voudrai etc.	voulant voulu, e

En vouloir à qu. auf jemand böse sein.

je vaille tu vailles il vaille nous valions vous valiez ils vaillent	je valus etc.	je vaudrai etc.	valant valu, e
je prévale etc.			

Infinitif	Radical	Présent de l'indicatif
c. **Falloir** nötig sein, müssen (nur unperjönlich!)	fall- (faill-)	il faut

Falloir wird gebraucht:

1. mit **que** und dem Konjunktiv: il faut que j'aille; il faut que l'enfant dorme;

2. mit dem Infinitiv, wenn das Subjekt des Müssens ein persönliches Fürwort ist, welches dann in den Dativ tritt:

Il **me** faut partir oder il faut que je parte;
il **te** „ „ „ „ „ tu partes;
il **lui** „ „ „ „ „ qu'il (elle) parte;
il **nous, vous, leur** faut partir etc.

Infinitif	Radical	Présent de l'indicatif
§ 22. a. **Déchoir** verfallen, sinken, herunter kommen, in Verfall geraten	déchoi- (déch-)	je déchois tu déchois il déchoit nous déchoyons vous déchoyez ils déchoient
b. **Échoir** zufallen, fällig sein, nur in der 3. Pers.	échoi- (éch-)	il échoit —
§ 23. a. **Clore** zuschließen, einzäunen (selten)	clos-	— tu clos il clôt
b. **Éclore** aufblühen, aus dem Ei kriechen. Nur in der 3. Pers. gebr.	éclos-	il éclôt ils éclosent

Présent du subjonctif	Passé défini	Futur	Participes
il faille	il fallut	il faudra	fallu

Ist das Subjekt das unperſ. Fürwort „man", ſo wird es nicht ausgedrückt:

Man muß arbeiten: il faut travailler.
Il me faut qc. ich brauche etwas; il me faut de l'argent;
il s'en faut (de) beaucoup que (mit Konj.) es fehlt viel daran, daß —;
il s'en faut (de) peu que oder peu s'en faut que (Konj.) es fehlt wenig, daß —.
NB. Il a fallu es ist nötig geweſen.

je déchoie etc.	je déchus etc.	je décherrai etc.	déchoyant déchu
nous déchoyions etc.			
ils déchoient			
il échoie ils échoient	il échut	il écherra	échéant échu, e
(je close) etc.	—	je clorai	— clos, e
il éclose ils éclosent	— —	il éclora ils écloront	— éclos, e

§ 24. **Defektive Verben** nennt man diejenigen, welche nur einzelne Formen und Zeiten besitzen: § 22 & 23; ferner:

Faillir irren, schwach werden: Prés.: je faux, nous faillons (ungebr.)
Passé déf.: je faillis etc.
Futur: je faudrai (ungebr.).
gésir liegen: Prés.: il gît, nous gisons etc.
ci-gît hier ruht, ci-gisent hier ruhen.
ouïr hören (veralt.) nur noch in ouï-dire Hörensagen.
braire schreien (vom Esel), il brait, il braira.
bruire brausen, rollen: il bruit, il bruyait, bruyant (le bruit).
frire backen, rösten: je fris (ohne Plur.), je frirai; frit, e.
traire melken.

§ 25. Intransitive Verben
(Verbes intransitifs ou neutres).

a. Alle transitiven Verben (verbes transitifs) werden im Aktiv (actif) mit **avoir**, im Passiv (passif) mit **être** konjugiert.

b. Intransitive Verben nennt man diejenigen, welche kein direktes Objekt (régime direct) regieren. Auch die meisten der intransitiven Verben werden, wie die transitiven, mit **avoir** konjugiert:

j'ai couru ich bin gelaufen,
j'ai fui ich bin geflohen.

c. Mit **être** werden nur die folgenden intransitiven Verben konjugiert:

Aller gehen, reisen, arriver ankommen, éclore aufblühen, entrer eintreten (rentrer nach Hause zurückkehren), mourir sterben, naître geboren werden, partir abreisen, rester bleiben, retourner zurückkehren, sortir (hin)ausgehen, tomber fallen, venir kommen (devenir werden, intervenir dazwischen kommen, parvenir gelangen zu, revenir zurück kommen, survenir dazu kommen).

Über die Übereinstimmung des participe passé der mit être konjugierten Verben mit dem Subjekt vgl. § 35, 2.

d. Vom Deutschen abweichend werden mit **avoir** konjugiert:

Céder weichen	pâlir erbleichen	sauter springen
courir laufen	paraître erscheinen	succomber unter-
errer irren	reculer zurückweichen	liegen
fuir fliehen	réussir à gelingen	voler fliegen
marcher gehen	rougir rot werden	voyager reisen.

e. Je nach ihrer Bedeutung werden entweder mit **avoir** oder mit **être** konjugiert:

avoir		**être**	
Convenir à	passen	convenir de	übereinkommen
demeurer	wohnen		bleiben
échapper	entgehen	(ein Wort)	entschlüpfen
repartir	erwidern		wieder abreisen

f. Bei manchen Verben wird mit **avoir** die Thätigkeit, mit **être** der Zustand ausgedrückt:

Avancer vorrücken, fortschreiten, changer wechseln, ändern, croitre wachsen, disparaitre verschwinden, passer vorübergehen, vorbeiziehen.

§ 26. **Unpersönliche Verben** (Verbes impersonnels).

Die unpersönlichen Verben kommen nur in der 3. Person Singularis mit dem grammatischen Subjekt il vor. Außer den Witterungsangaben wie: il pleut, il gèle, il neige, il tonne, il grêle (es hagelt), il fait des éclairs (es blitzt), giebt es nur wenige eigentlich unpersönliche Verben. Die meisten intransitiven Zeitwörter können unpersönlich gebraucht werden: il tombe des gouttes d'eau.

Das Verb steht stets im Singular, nicht, wie im Deutschen im Plural: es fallen Regentropfen.

Verschiedene deutsche unpersönliche Verben sind im Französischen persönlich:

Es gelingt mir — je réussis à —
es ist mir kalt — j'ai froid
es ist mir warm — j'ai chaud
es hungert mich — j'ai faim
es dürstet mich — j'ai soif
es schläfert mich — j'ai sommeil
es ist mir übel — j'ai mal au cœur
es fehlt mir an — je manque de
es wird aus mir — je deviens
es wundert mich — je m'étonne
es reut mich — je me repens
es thut mir leid — je suis fâché
es ist mir lieb — je suis bien aise
es freut mich — je me réjouis u. s. w.

Eine Reihe unpersönlicher Zeitwörter werden mit il est und einem Haupt- oder Eigenschaftswort gebildet:

Il est temps, il est nécessaire, il est possible, il est facile, il est vrai, certain, probable, clair, évident etc.

Zum Substantiv.

§ 27. **Pluralbildung** (formation du pluriel).

Auf **x** wird der Plural gebildet bei Substantiven, die

a. auf **au, eau** und **eu** enden: Le noyau der Kern — les noyaux, le chapeau — les chapeaux, le cheveu — les cheveux.

b. bei den meisten Wörtern auf **al**: Le général — les généraux, le canal — les canaux, le signal — les signaux, le cristal — les cristaux.

Ausnahmen sind le bal — les bals, le chacal — les chacals, le carnaval — les carnavals u. einige a.

c. bei einigen Substantiven auf **ou**: Le bijou das Kleinod, le caillou der Kieselstein, le chou der Kohl, le genou das Knie, le hibou die Eule, le joujou das Spielzeug. Plural: les bijoux, les cailloux etc.

b. Einige Substantive auf ail verwandeln ail in **aux**: Le corail die Koralle, le travail, l'émail der Schmelz, le soupirail das Kellerfenster. Plural: Les coraux, les travaux, les émaux etc.

§ 28. **Pluralbildung der zusammengesetzten Substantive.**

(Formation du pluriel des substantifs composés.)

Bei den Zusammensetzungen sind nur Substantive, Adjektive und Pronomen veränderlich.

a. Sind zwei Wörter in eins verschmolzen, so erhält nur das zweite das Zeichen des Plurals: La grand'mère — les grand'mères; la primevère — les primevères die Primel, les kilogrammes.

Ausnahmen: Les gentilshommes die Edelleute, messieurs, mesdames, mesdemoiselles.

b. Sind zwei veränderliche Bestandteile durch einen Bindestrich verbunden, so erhalten beide das Zeichen der Mehrzahl: Le chef-lieu — les chefs-lieux; le grand-papa — les grands-papas; le rouge-gorge — les rouges-gorges.

Dagegen: Hôtel-Dieu: les Hôtels-Dieu (Spital); le timbre-poste: les timbres-poste (Briefmarken). Warum?

c. Von zwei durch eine Präposition verbundenen Substantiven wird nur das erste verändert: Un arc-en-ciel: des arcs-en-ciel; le chemin de fer — des chemins de fer; le camarade d'école les camarades d'école; la brosse à habit — les brosses à habit; le pot au lait — les pots au lait.

d. Ist ein Substantiv mit einem Adverb oder einer Präposition verbunden, so wird es allein verändert: le vice-roi (Vicekönig) — les vice-rois; un avant-coureur — les avant-coureurs.

c. Bei Verbindungen von Verben und Substantiven, wobei die ersteren im Imperativ stehen, bleiben beide Teile unverändert: Le porte-feuille — les porte-feuille (Brieftasche); le tire-botte(s) — les tire-botte(s) (Stiefelzieher); la perce-neige — les perce-neige (Schneeglöckchen); le tire-bouchon — les tire-bouchon (Korkzieher); le passe-port(s) — les passe-port(s) (Paß); un abat-jour — les abat-jour; un essuie-plume(s) — des essuie-plume(s).

Sind unveränderliche Wörter mit einander verbunden, so erhält keines von beiden das Zeichen der Mehrzahl: Le passe-partout (Hauptschlüssel) — les passe-partout; le pourboire — les pourboire (Trinkgeld).

§ 29. **Geschlecht der Substantive** (genre des substantifs).

Das Geschlecht der Substantive läßt sich mit Sicherheit weder an der Bedeutung, noch an der Endung erkennen; doch giebt es nach beiden Seiten hin Fingerzeige, welche die Erlernung desselben erleichtern.

1. Nach der Bedeutung:
    a. Männlich sind:
        aa. Die Namen der Jahreszeiten, Monate und Tage: Le printemps, le janvier, le dimanche.
        bb. Die Namen der Bäume: Le chêne, le hêtre, le sapin.
    b. Weiblich sind:
        aa. Die Namen der Erdteile, Länder und Städte:
            Ausnahmen: Le Danemark, le Portugal, le Brézil, le Japon, le Chili, le Hanovre, le Mexique, le Maine.
        bb. Die Namen der Wissenschaften: La philosophie, la mathématique, wie überhaupt die meisten Abstrakta.
        cc. Die Namen der Früchte: La pomme, la framboise.
2. Nach der Endung:
    a. Männlich sind:
        aa. Meist die auf einen klingenden Vokal ausgehenden Substantive: Un opéra, le souci (Sorge), le dé der Fingerhut, le zéro, le caillou, le bateau, le neveu, le côté u. a.
            Ausnahmen sind die Abstrakta auf té und tié: La bonté, la cité, l'amitié, la pitié.
        bb. Die Wörter auf age und ège: un étage, le potage, le courage, le collège, le privilège (Vorrecht).
            Ausnahmen: La cage, la rage (Wut), la page, l'image, la plage (Strand), à la nage (durch Schwimmen).
        cc. Die Wörter auf ment: Le mouvement, le mugissement (das Brüllen, Branjen), l'instrument.

b. **Weiblich** sind:

aa. Die Abstrakta auf **eur**: La douleur, la frayeur, la terreur u. a.

Ausnahmen: Le bonheur, le malheur, l'honneur.

bb. Die Wörter auf **son, çon** und **ion**: La boisson, la maison, la leçon, la passion (Leidenschaft), l'occasion.

Ausnahmen: Le bataillon, le poison, le poisson.

Einige Substantive haben je nach dem verschiedenen Geschlecht verschiedene Bedeutung:

Le livre das Buch	la livre das Pfund
le manche der Stiel	la manche der Ärmel
le manœuvre der Handlanger	la manœuvre das Manöver, das Verfahren
le voile der Schleier	la voile das Segel
le vase die Vase	la vase der Schlamm
le mémoire die Rechnung	la mémoire das Gedächtnis
le vapeur der Dampfer	la vapeur der Dampf
un aune eine Erle	une aune eine Elle
le mousse der Schiffsjunge	la mousse das Moos
le poêle der Ofen	la poêle die Pfanne
le somme das Schläfchen	la somme die Summe
le tour der Umkreis, Streich	la tour der Turm
le poste der Posten	la poste die Post

Ferner ist zu merken: L'amour masc., und les amours fém. (S. 21); la pâque Passah (jüdische Ostern), les Pâques masc. Ostern. Aber man sagt: faire de bonnes Pâques.

Zusätze: a. Das Substantiv **gens** Leute, ist jetzt Maskulinum; doch stehen alle vorausgehenden Adjektive im weiblichen Geschlecht: Les bonnes gens, les vieilles gens.

b. Auch die vor dem vorausgehenden Adjektiv stehenden Wörter **tout** und **quel** nehmen das weibliche Geschlecht an, wenn das Adjektiv eine besondere Form für das Femininum hat: Toutes les vieilles gens sont soupçonneux. Quelles bonnes gens! Dagegen: Tous les jeunes gens; quels braves gens!

§ 30. Zum Adjektiv.

a. Bei einer Reihe von veränderungsfähigen Adjektiven (Adjektive zweier Endungen) unterscheidet sich das weibliche Geschlecht nur in der Schrift:

Aigu — aiguë scharf	public — publique öffentlich
rusé — rusée schlau	turc — turque türkisch
net — nette sauber	grec — grecque griechisch
mortel — mortelle sterblich	fier — fière stolz
pareil — pareille ähnlich	meilleur — meilleure besser

b. **Lautliche Veränderungen** sind mit dem Femininum verbunden:
  aa. durch Verdoppelung des Endkonsonanten:

Bon — bonne	épais — épaisse dicht
chrétien — chrétienne	muet — muette stumm
gras — grasse fett	gentil — gentille artig.
gros — grosse dick	

  bb. Durch Hinzutreten des accent grave:

Secret — secrète verschwiegen	premier — première erster, e
concret — concrète konkret, bestimmt	léger — légère leicht
discret — discrète klug, verschwiegen;	

  cc. Durch Verwandeln von x in ss, c oder s und von f in v:

Faux — fausse falsch	doux — douce mild
roux — rousse rot	heureux — heureuse glücklich
vif — vive lebhaft	actif — active thätig u. a.

  dd. Durch Verwandeln von eur in euse:

Flatteur — flatteuse schmeichlerisch	trompeur — trompeuse betrügerisch
rieur — rieuse lachlustig	querelleur — querelleuse zänkisch

  ee. Durch vereinzelte Veränderungen:

Long — longue lang	bénin — bénigne gütig
frais — fraîche frisch	favori — favorite beliebt
sec — sèche trocken	béni — bénite geweiht.

c. **Nebenformen** für das Maskulinum haben:

Beau, bel — belle schön	fou, fol — folle thöricht
nouveau, nouvel — nouvelle neu	vieux, vieil — vieille alt
	mou, mol — molle weich.

  Diese Nebenformen stehen vor vokalischem Anlaut.

d. **Zur Pluralbildung:** Zusammengesetzte Adjektive, welche Farben bezeichnen, erhalten beide nicht das Zeichen des Plurals: des cheveux châtain clair; des fleurs lilas rouge. In allen übrigen Fällen erhalten beide das Pluralzeichen.

e. **Zur Steigerung:** Neben den regelmäßigen Steigerungsformen durch plus und le plus haben:

  mauvais schlimm noch pire schlimmer und
  petit gering noch moindre geringer.

f. **Übereinstimmung (accord)** mit dem Substantiv.

  Ein Adjektiv, das sich auf mehrere Substantive zugleich bezieht, muß in den Plural gesetzt werden. Sind die Substantive verschiedenen Geschlechts, so überwiegt das männliche, das dann, des Wohlklangs wegen, in der Regel die letzte Stelle einnimmt:

Cette fille porte une robe et un chapeau bleus.
La culture et l'utilité de la pomme de terre une fois connues, allèrent toujours croissant.

§ 31. Die Konjunktionen (conjonctions).

Diese zerfallen in zwei Hauptgruppen: beiordnende (koordinierende) und unterordnende (subordinierende).

1. Beiordnende*:
   a. Verbindende: et — et } sowohl — als auch
      tant — que }
      ni — ni weder — noch
      ainsi que sowie
      non seulement — mais encore nicht nur — sondern auch
   b. trennende: ou — ou entweder — oder
      soit — soit sei es — sei es
   c. gegenüberstellende: cependant indessen, jedoch
      pourtant doch, jedoch
      toutefois jedoch
   d. begründende: car denn
      donc also, daher.

2. Unterordnende, meist mit que zusammengesetzt:
   a. Zeit: dès que } sobald als   tant que so lange als
      aussitôt que }   après que nachdem
      pendant que } während   jusqu'à ce que bis
      tandis que }   avant que bevor
   b. Grund: comme da
      parce que weil
      puisque da ja, (sintemal).

3. Art und Weise: de même que ebenso wie
   loin que weit entfernt daß
   sans que ohne daß
   à mesure que in dem Maße wie
   non que nicht daß, nicht als ob.

4. Bedingung: à condition que unter der Bedingung daß
   à moins que — ne wofern nicht
   en (au) cas que im Falle daß
   pourvu que } vorausgesetzt daß, es sei denn daß.
   supposé que }

* Die gebräuchlichsten sind hier nicht angeführt worden.

5. **Einräumung:** quand même selbst wenn
quoique
bien que } obgleich.
encore que

6. **Absicht und Folgerung:** Afin que
pour que } auf daß, damit
de peur que
de crainte que } damit nicht

tellement que
si que } so daß
de sorte que
de façon que
de manière que } derart daß.

B. Syntaktisches.

Zum Verbum.

§ 32. Gebrauch des Imperfekt und histor. Perfekt.
(Emploi de l'imparfait et du passé défini.)

1. Das Imperfekt ist die Zeit der Schilderung, der Beschreibung (description).
    a. Es drückt einen Zustand aus und antwortet auf die Frage: Was war? Le soleil répandait déjà une grande chaleur.
    b. Wiederholte Handlungen, die zur Sitte, zur Gewohnheit werden: Elle y vendait d'habitude les légumes cultivés dans son potager.
    c. Die Gleichzeitigkeit zweier Handlungen: Nous descendions la colline qu'elle gravissait avec peine.
    d. Dauer einer Handlung, während welcher eine andere eintritt: Quand nous allions nous promener, nous rencontrâmes une vieille femme.

2. Das historische Perfekt ist die Zeit der Handlung.
    a. Es drückt eine Thatsache, ein Geschehnis aus und antwortet auf die Frage: Was geschah?
        Nous suspendîmes notre promenade et attendîmes le retour d'Arthur.
    b. Einen Fortschritt in der Handlung oder der Erzählung:
        Lorsqu'elle l'entendit s'approcher, elle s'arrêta. Quand il lui offrit de porter sa charge, elle en fut tout émue et se confondit en remerciements.
    c. Die eintretende Handlung während der Dauer einer andern: Un matin que nous allions nous promener, nous rencontrâmes une vieille femme.

d. Eine begrenzte, bestimmte Dauer: Il fut malade pendant toute sa vie.

>Anmerkung. Nach quand und lorsque steht in der Regel das histor. Perfekt.

§. 33. Futur und Konditional.

a. Im Französischen wird jede zukünftige Handlung in das Futurum gesetzt, was im Deutschen nicht immer der Fall ist:
Wenn der Krieg ausbricht, verkaufe ich alles, was ich habe:
Si la guerre éclate, je vendrai tout ce que j'ai.

b. Das Konditional steht, wie der Name besagt, im Bedingungssatze:
Si la guerre avait lieu, je n'attendrais pas un seul instant.

c. Nach si „wenn" steht im Nebensatze niemals Futur oder Konditional.

>Statt des Futur steht dann das Präsens:
>Si je suis blessé, je ne perdrai pas courage;

statt des Konditional steht das Imperfekt des Indikativs:
Si j'étais une grande fille —:

statt des Konditional Perfekt steht das Plusquamperfekt des Indikativs oder Konjunktivs:
Si j'eusse pu prévoir cela — (S. 116).

>Anmerkung. Nach espérer steht entweder das Futur oder das Konditional.

§ 34. Folge der Zeiten.
(Concordance des temps.)

1. Im Indikativ.

Das Verb des abhängigen Satzes (Nebensatzes, proposition subordonnée) richtet sich in der Zeit nach dem Verb des Hauptsatzes (proposition principale) und zwar in folgender Ordnung:

Steht im Hauptsatze	so folgt im Nebensatze
1. das Présent oder Futur	das Présent, das Passé indéfini, oder das Futur;
2. irgend eine Zeit der Vergangenheit oder des Conditionnel	das Imparfait, Passé défini, Plus-que-parfait oder Conditionnel.

Beispiele: On dit qu'elle ne se plaint pas.
J'espère que ces lignes vous rejoindront en bonne santé.
Je crois qu'il pleuvra.
Veuillez nous dire quelle route nous prendrons.
Vous verrez que la scène a des dimensions colossales.
Il espérait toujours qu'elle reviendrait
A peine l'eûmes-nous dépassée qu' Arthur me demanda la permission etc.
Nous croyions qu'il était parti. Il fut tellement surpris qu'il tomba à ses pieds.

Das Passé indéfini drückt eine vollendete Handlung aus, die jedoch in Beziehung zur Gegenwart steht:
Je crois qu'il est venu. Je sais qu'il est parti.

2. Im Konjunktiv.

a. Steht das den Konjunktiv regierenden Verb des Hauptsatzes im Présent oder Futur, so folgt das Verb des abhängigen Satzes
aa. um eine dauernde Handlung auszudrücken
im Présent,
bb. um eine vollendete Handlung auszudrücken
im Passé.
b. Steht das regierende Verb in einer Zeit der Vergangenheit oder im Konditional, so folgt
aa. um die Dauer auszudrücken, das abhängige Verb
im Imparfait,
bb. um eine Vollendung auszudrücken
im Plus-que-parfait.

Beispiele:* a. Il semble qu'on ne soit pas d'accord;
Il semble qu'ils soient partis.
Je crains que vous ne deveniez une enfant gâtée;
Je crains que vous ne soyez devenue une enfant gâtée.
Que voulez-vous que nous fassions aujourd'hui?
Il faut qu'on s'asseye. Il faut que vous restiez.
b. Il fallait (fallut, faudrait) que vous restassiez.
Il fallait que nous fissions bonne mine à mauvais jeu.
J'aimerais que nous nous reposassions.
J'aimerais que nous nous fussions reposés.
Il avait déjà douté qu'elle revînt.

Das Passé antérieur steht in der Regel nach den Konjunktionen à peine, quand, lorsque, dès que, après que:
A peine l'eûmes-nous dépassé. Quand je le lui eus dit.

* Man lasse diese Beispiele vermehren.

§ 35. Übereinstimmung des Partizip Perfekt.
(Accord du participe passé.)

1. Das ohne Hilfsverb gebrauchte Partizip Perfekt hat die Geltung eines Adjektivs und stimmt als solches mit dem zugehörigen Substantiv oder Pronomen in Geschlecht und Zahl überein:

   Des miettes trempées dans l'eau. Entrés dans la maison, nous lui préparâmes une petite couche.

2. Das mit être gebrauchte Partizip Perfekt richtet sich, wie im Passiv, nach dem Subjekt.

   La jambe était cassée. Nous fûmes très étonnés.

   Ausgenommen sind die reflexiven Verben, deren part. passé sich nach dem vorausgehenden Objekt (rég. direct) richtet.

3. Das mit avoir konjugierte Partizip Perfekt stimmt in Geschlecht und Zahl mit dem vorausgehenden näheren Objekt (Akkusativobjekt, régime direct) überein. — Das nähere Objekt kann sein:

   a. ein persönliches Fürwort (pronom personnel):
      me, te, le, la, nous, vous, les:
      Je vous ai déjà punis à cause de cela; cette plume d'oie, qui te l'a donnée? Je les ai aussi employées.

   b. ein bezügliches Fürwort (pronom relatif):
      Prenez la dictée que nous avons commencée.

   c. ein fragendes Fürwort (pronom interrogatif):
      Lesquelles as-tu préférées?

   d. ein Substantiv begleitet von einem fragenden Fürwort oder von que de, combien de:
      Quelle plume as-tu apportée?
      Combien de taches as-tu déjà faites?

   Zusätze: a. Ist das bezügliche Fürwort das Objekt eines folgenden Infinitivs, so bleibt das Part. Perfekt unverändert:

   Elle renferme tous les tableaux que le roi ait pu réuni (S. 118). Dagegen: La femme que j'ai vue entrer.

   b. Das Pronominaladverb en kann nicht näheres Objekt sein; es hat nur dann einen Einfluß auf das Part. Perf., wenn es von einem Umstandsworte der Menge begleitet ist: Rayez les fautes quand vous en avez fait. J'ai désiré des fruits, mais on ne m'en a pas apporté. Tant que tu en as faits, autant tu en as rayés.

   c. Die Partizipien excepté ausgenommen, y compris einbegriffen, passé vergangen, ci-joint beifolgend, ci-inclus inliegend, nu nackt und demi halb, sind nur veränderlich, wenn sie nach dem Substantiv stehen. Die beiden letzten werden, vorausgehend, noch durch ein tiret mit dem Substantiv verbunden:

Excepté les verbes réfléchis — les verbes réfléchis exceptés: ci-joint une lettre — la lettre ci-jointe —; passé trois mois (wenn drei Monate vergangen) — trois mois passés (nach drei Monaten); nu-tête: la tête nue; nu-pieds: les pieds nus.

§ 36. **Der Konjunktiv** (le subjonctif).

Der Konjunktiv ist der Modus der Ungewißheit und steht als Ausdruck des Begehrens, der Gemütsbewegungen (Affekte), des Zweifelns und der Nichtwirklichkeit.

1. Der Konjunktiv im sogen. Hauptsatze. Dieser scheinbare Hauptsatz ist wie jeder andere Konjunktivsatz ein eigentlicher Nebensatz, dessen regierender Hauptsatz infolge raschen Denkens unterdrückt ist: (Il faut oder il est juste que) Dieu soit loué! (Je désire oder je voudrais qu'il) Plaise oder plût à Dieu! möge oder möchte es Gott gefallen! Vive la joie! Es lebe die Freude! soit! es sei!

Oft beginnen diese sogen. Hauptsätze noch mit der Konjunktion que: Qu'on se mette en route!

2. Der Konjunktiv im Nebensatze steht nach **que** oder anderen mit que zusammengesetzten Konjunktionen.

§ 37. a. Nach Ausdrücken der **Willensäußerung** (Wunsch, Bitte, Befehl, Zulassen, Absicht, Erwartung, Streben, Billigung, Tadel).

aa. Verben:

Vouloir wollen
désirer }
souhaiter } wünschen
aimer (à) gern haben
aimer mieux (de) } lieber sehen
préférer (de) } vorziehen
souffrir dulden, zugeben
laisser zulassen
défendre (de) verbieten
tenir à ce que Wert darauf legen
veiller à ce que darüber wachen, daß
avoir soin que dafür sorgen, daß
dire (de) sagen, befehlen
attendre (de) erwarten
ordonner (de) }
commander (de) } befehlen

éviter (de) vermeiden
empêcher (de) verhindern
prendre garde sich hüten
prier bitten
demander (de) verlangen
exiger (de) fordern
permettre (de) erlauben
souffrir (de) }
admettre } gestatten
approuver }
trouver bon (de) } billigen
trouver mauvais (de) } miß-
désapprouver } billigen
mériter verdienen
valoir wert sein 2c.
avoir intérêt à ce que ein Interesse daran haben, daß.

bb. Unpersönliche Verben und Ausdrücke:

Il faut man muß
il importe es ist wichtig
il convient es schickt sich
il suffit es genügt
il est temps es ist Zeit

il est bon es ist gut
il est juste es ist gerecht
il est nécessaire es ist nötig
il est naturel es ist natürlich
il vaut mieux es ist besser.

cc. Konjunktionen und konjunktivische Ausdrück (locutions conjonctives):

Afin que pour que } damit, auf daß	avant que che, bevor jusqu'à ce que* bis daß
de sorte que de façon que de manière que }	so daß, der Art, daß

* Nach attendre warten wird nur que mit dem Konjunktiv, nicht abe jusqu'à ce que gebraucht.

Zusätze: 1. Nach mehreren Verben, unpersönlichen Verben un Konjunktionen (unpers. und konjunktivischen Ausdrücken) kann an Stell des Konjunktivs im Nebensatze der Infinitiv treten, wen Haupt- und Nebensatz dasselbe Subjekt haben oder kein Undeutlichkeit entsteht:

Dites au cocher qu'il s'arrête — de s'arrêter.
Montez-y pour que vous jouissiez mieux de la vue — **pour mieux jouir de la vue.**
Plaçons-nous de façon que nous puissions bien voir l cortège — de façon à bien voir le cortège.

Der Infinitiv steht a. ohne Präposition nach après für aprè que, pour für pour que und sans für sans que;

b. mit der Präposition de nach afin (afin que), avant (avant que à moins (à moins que), de peur (de peur que) und loin;

c. mit der Präposition à nach de façon (de façon que) und d manière (de manière que).

Bei den Verben sind die betreffenden Präpositionen in Klammer beigefügt.

2. De sorte que, de façon que und de manière que, so daß der Art daß, regieren den Konjunktiv nur, wenn eine Absicht oder Erwartung ausgedrückt werden soll:

Plaçons-nous de façon que nous puissions voir le cortège

den Indikativ aber, wenn eine Thatsache berichtet wird Nous sommes déjà placés de façon que nous pouvons voi le cortège.

3. Die Verben des Beschließens: résoudre, décider, arrête décréter (verfügen), ordonner (verordnen), convenir (überein kommen) fordern nicht den Konjunktiv, sondern das Futur ode Konditional.

4. Nach empêcher und éviter steht vor dem Verbum de Nebensatzes ne.

§ 38. b. Nach Ausdrücken der Gemütsbewegung (Freud Schmerz, Trauer, Klage, Ärger, Erstaunen, Bedauern, Furcht):

aa. Verben:

ouir sich freuen	être charmé ⎫
ien aise ⎫	être ravi ⎬ entzückt sein
eureux ⎬ froh sein	être enchanté ⎭
ontent ⎪	
oyeux ⎭	être fâché ärgerlich ⎫
her ärgerlich sein	être affligé betrübt ⎪
er sich betrüben	être triste traurig ⎬ sein
indre sich beklagen	être mécontent mißvergnügt ⎪
er wütend sein	être désolé trostlos ⎪
honte sich schämen	être indigné entrüstet ⎭
ner erstaunen	être surpris ⎫ erstaunt sein
ter bedauern	être étonné ⎭
rer beklagen	appréhender befürchten
re ⎫ fürchten	trembler zittern
peur ⎭	redouter fürchten.

bb. Unpersönliche Ausdrücke:

fâcheux es ist ärgerlich	c'est une honte es ist eine Schande
curieux ⎫ es ist seltsam	c'est honteux es ist schändlich
étrange ⎭	c'est dommage ⎫ es ist schade
étonnant es ist erstaunlich	c'est pitié ⎭
regrettable es ist bedauerlich.	

cc. Konjunktivische Ausdrücke (locutions conjonctives):

de peur que ⎫ aus Furcht daß
de crainte que ⎭ damit nicht.

Zusatz: Statt que mit dem Konjunktiv kann nach den nicht
itiven Verben des Affekts de ce que mit dem Indikativ stehen:
Vous vous plaignez que je ne vous aie pas écrit — de
e je ne vous ai pas écrit.

§ 39. c. Der Konjunktiv der Ungewißheit und Nicht-
lichkeit (bloße Annahme, Verneinung und Einschränkung,
I, Verläugnung, Frage) steht:

1. Nach den Ausdrücken des Sagens und Denkens, wenn
en verneint, fragend oder bedingt gebraucht sind.
Verben des Sagens und Denkens:

sagen	espérer hoffen
er ⎫ versichern	se figurer sich vorstellen
r ⎭	s'imaginer sich einbilden
ter erzählen	enseigner (à) lehren
ndre (à) mitteilen	promettre (de) versprechen
ndre ⎫ behaupten	compter darauf rechnen
nir ⎭	répondre antworten

penser denken
savoir wissen
croire glauben
avouer eingestehen
jurer schwören
gager (à) }
parier (à) } wetten
reconnaitre anerkennen
avouer }
confesser } gestehen
voir sehen

considérer erwägen
prouver beweisen
déclarer erklären
sentir fühlen
entendre hören
persuader überreden
remarquer bemerken
reconnaitre erkennen
se douter ahnen
songer (à) denken
rêver (à) träumen u. a. m.

Diese Verben können mit Ausnahme von répondre und se douter an den Infinitiv nach sich haben (Vgl. § 37 Zusatz 1).

Comptez-vous que nous y allions le voir? — d'y aller le voir?

2. Nach Ausdrücken, die schon an sich selbst verneinend sind

aa. Verben der Ungewißheit, des Läugnens und des Zweifels:

Nier verneinen, läugnen
douter zweifeln
disconvenir in Abrede stellen
ignorer nicht wissen

contester bestreiten
dissimuler verheimlichen
désespérer verzweifeln
supposer vermuten.

bb. Unpersönliche Verben und Ausdrücke:

Il est faux es ist unrichtig
il est rare es ist selten
il semble* es scheint
il est possible }
il se peut } es ist möglich

il ne se peut pas }
il est impossible } es ist unmöglich
il est facile es ist leicht
il est difficile es ist schwer
u. a. m.

* Il me semble steht mit dem Indikativ.

Zusatz: Merke folgende unpersönliche Ausdrücke, die immer den Indikativ verlangen:

il est vrai es ist wahr
il est évident es ist augenscheinlich
il est sûr es ist sicher
il est certain es ist gewiß

il est clair es ist klar
il parait es scheint
il me semble es scheint mir
il s'ensuit es folgt daraus.

cc. Nach Konjunktionen und konjunktivischen Ausdrücken:

Bien que }
quoique } obgleich
pourvu que }
supposé que } gesetzt daß
à moins que — ne wenn nicht
nonobstant que ungeachtet daß

quelque — que wie auch immer
en cas que }
au cas que } im Falle daß
pour peu que so fern nur
encore que wenn auch noch
non que nicht daß

soit que — soit que sei es daß — sans que ohne daß
sei es daß   loin que weit entfernt daß
quel que welches auch   ce n'est pas que nicht als ob.

Zusätze: 1. Nach douter, nier, contester, désespérer, disconvenir steht, wenn sie selbst verneint, meist ne vor dem Verbum des abhängigen Satzes:
   Je ne doute pas que vous n'en soyez fort surpris.

2. Nach ne pas ignorer „wohl wissen", das also eine Gewißheit ausdrückt, steht folgerichtig auch der Indikativ:
   Je n'ignore pas qu'il y faut beaucoup d'adresse.

3. Nach den fragend gebrauchten Verben des Denkens steht nur dann der Konjunktiv, wenn der Fragende über den Inhalt seiner Frage selbst im Zweifel ist. Aber: Ne voyez-vous pas que cette voiture est cassée?

4. Geht der abhängige Satz (Nebensatz) dem Hauptsatze voraus, so steht das Verbum stets im Konjunktiv:
   Qu'il vaille des millions ou non, peu m'importe.

§ 40. d. Der Konjunktiv steht im Relativsatz:

1. Nach einer Frage, Verneinung oder Einschränkung (restriction): Est-il en France des noms de localité qui soient plus familiers? Je n'en connais pas qui le soit davantage.

   Ausdrücke der Beschränkung:

   Seul allein   ne — que nur
   unique einzig   peu de wenige
   le premier der erste   ne — guère kaum
   le dernier der letzte.

   C'est l'unique endroit où l'on puisse faire des promenades à dos d'éléphant.

2. Nach einem Superlativ: Le Bois de Boulogne est le plus beau parc qu'il y ait dans les environs de Paris.

3. Wenn derselbe eine Absicht ausdrückt: Suivez un itinéraire qui vous mette à même de bien ménager votre temps.

§ 41. Zum Infinitiv.

Der Infinitiv der Verben wird zuweilen mit vorausgehendem de, zuweilen mit à oder auch ohne jede Präposition gebraucht (reiner Infinitiv).

Der richtige Gebrauch der Präpositionen wird am besten und sichersten durch die Übung erlernt.

Besonders zu merken sind jedoch diejenigen Verben, deren Bedeutung sich nach der Präposition ändert:

Demander de bitten, verlangen — von der angeredeten Person,
demander à bitten, verlangen — etwas thun zu dürfen;
manquer de verfehlen, versäumen,
manquer à verstoßen gegen;
s'occuper de sich dauernd beschäftigen,
s'occuper à sich vorübergehend beschäftigen;
répondre à antworten auf,
répondre de einstehen für;
tarder à zögern, aufschieben,
tarder de (nur unperf.) sich darnach sehnen;
prier de bitten,
prier à einladen.
Ferner sind zu merken:

décider		se décider	
déterminer	de beschließen	se déterminer	à sich entschließen
résoudre		se résoudre	

Der reine Infinitiv steht:
a. als Subjekt: Trop parler nuit. Patiner est un grand plaisir. Vouloir c'est pouvoir.
  Als logisches Subjekt nach den unpersönlichen Verben il faut und il vaut mieux: Il faut battre le fer quand il est chaud. Il vaut mieux se taire que de parler trop.
  In einem Vergleichungssatze steht nach il vaut mieux und aimer mieux die Präposition de vor dem zweiten Infinitiv: J'aime mieux me promener que de rester à la maison.
b. als Prädikat nach c'est das heißt, nach sembler und paraitre scheinen: Travailler c'est vivre arbeiten heißt leben. Il semble (parait) rêver ou dormir.
c. als Objekt nach folgenden Verben der Bewegung, der Wahrnehmung, des Denkens, Sagens und Wollens: Aller, assurer, affirmer (bejahen), aimer mieux (lieber wollen), compter, confesser (bekennen), confirmer (bestätigen), courir, croire, daigner (geruhen), déclarer, désirer, dire, écrire, envoyer, entendre, espérer, s'imaginer, jurer, nier, oser, penser, préférer, prétendre, reconnaitre, savoir, souhaiter, soutenir, témoigner (bezeugen), voir u. a. m.
  Der Infinitiv tritt zuweilen an die Stelle eines konjunktivischen Nebensatzes, wenn Haupt- und Nebensatz dasselbe Subjekt haben. Vgl. hiezu §§ 37, Zusatz 1, und 38, Zusatz.

§ 42. Das Participe Präsens drückt entweder Gleichzeitigkeit (simultanéité), den Beweggrund (motif), die Art und Weise (manière) oder die Bedingung (condition) einer Handlung aus. Es wird bei der Übersetzung gewöhnlich durch „indem, nachdem, da, als, wenn" oder durch einen Relativsatz, oder auch durch Beiordnen mit „und" übersetzt.

Der Infinitiv mit vorausgehendem de wird zuweilen der Kürze wegen angewandt, um eine gewisse Eile zu bezeichnen: Et moi d'admirer son adresse (S. 63). Et le citadin de dire.

§ 43. **Das Gerundium** (le gérondif) ist das Particip Präsens in Verbindung mit en, welches wie dasselbe gebraucht, in der Regel aber nur auf das Subjekt bezogen wird. Es drückt häufig das Mittel (moyen) aus, kann aber nicht zur Angabe des Grundes angewendet werden.

En courant on acquiert de la force.

Charlemagne reconstitua le pouvoir central en rétablissant l'empire d'Occident.

§ 44. **Participialkonstruktionen** (constructions participiales).

Die Participien werden im Französischen zur Bildung von eigenen Sätzen, Participialsätzen, gebraucht. Man unterscheidet verbundene und absolute Participialkonstruktionen.

a. Bei den verbundenen Participialkonstruktionen ist das Particip die nähere Bestimmung zu irgend einem Satzgliede:

Les oiseaux se sont retirés, attendant à l'ombre le retour du crépuscule. La mère, calmée ou désolée de sa perte, ne gazouilla plus. La Gaule, soumise par Jules César, obtint les institutions et la civilisation de Rome.

b. Bei den absoluten Participialkonstruktionen steht das Wort, worauf sich das Particip bezieht, ohne direkten Zusammenhang mit dem Hauptsatze; Participial- und Hauptsatz haben verschiedene Subjekte:

Le repas terminé, les enfants s'en allèrent à la promenade. Le pouvoir royal fermement rétabli, il fallut que le régime féodal succombât.

§ 45. **Zum Artikel und Substantiv.**

1. Nach den Bezeichnungen place, rue, boulevard, quartier, faubourg, porte, pont, église, hôpital u. a. steht:
    a. **de** mit dem Artikel, wenn der Name ein Appellativname oder ein männlicher Flußname ist: place de la Concorde, rue du Rhône;
    b. **de** ohne Artikel, wenn die Bezeichnung ein Länder-, weiblicher Flußname oder der einer Stadt ist: rue d'Allemagne, rue de Seine, boulevard de Strasbourg;
    c. weder **de** noch der Artikel, wenn der Name einer Person folgt: boulevard Beaumarchais, porte Saint-Martin, église Saint-Sulpice.

2. **Der bestimmte Artikel** steht vor Namen von Ländern, Erdteilen, Meeren, Provinzen, größeren Inseln, Flüssen und Himmelsgegenden.

   La France, l'Europe, la Champagne, la Corse, la Seine, le nord, le sud-ouest.

   Ausnahmen:

   a. Nach Titeln (titres) wie empereur, roi, reine, duc (Herzog), prince, ambassadeur (Gesandter), ministre u. s. w., und nach geographischen Bezeichnungen (dénominations géographiques) wie empire, royaume (Königreich), république, province, duché (Herzogtum), pays, ville u. a. steht nur die **Präposition de**: L'empereur d'Allemagne, la reine d'Angleterre, l'ambassadeur d'Espagne, (aber l'empereur **des** Français), le royaume d'Italie, la république **de** France, la province **de** Normandie, la ville **de** Paris etc.

   b. Auf die Frage **wo?** und **wohin?** steht vor Ländernamen in der Regel **en** ohne den Artikel: En France on trouve toutes sortes de cultures; aller **en** France (aber partir **pour** la France). Für **en** steht **dans** mit Artikel, wenn zum Namen des Landes noch ein Adjektiv oder irgend eine nähere Bestimmung hinzutritt: **dans** la France méridionale; dans l'Allemagne du Nord; dans la Grande-Bretagne.

   c. Auf die Frage **woher?** (Herkommen, Ursprung), steht **de** ohne Artikel: Venir de France; les vins de Bourgogne. (Dagegen sagt man: de la Chine und de la Germanie.)

   NB.! Vor Maskulinen aber steht **de** m i t dem **Artikel**: Être oder venir **du** Languedoc, de l'Artois; **du** Portugal; les vins **du** Rhin.

   d. Vor Namen von Flüssen fällt der Artikel weg, wenn sie mit **sur** nur zur Unterscheidung gleicher Städtenamen gesetzt werden: Châlons-sur-Marne. (Dagegen Francfort-sur-le-Mein und Francfort-sur-l'Oder.)

3. Der Artikel steht im Französischen vor **Stoffnamen** (noms matériels), Abstrakten (noms abstraits) und bei **Gattungsnamen** (noms génériques ou appellatifs): Le pain est la principale nourriture. On y travaille le coton et la laine. La jeunesse et la beauté sont passagères.

4. Der bestimmte Artikel steht abweichend vom Deutschen in einer Reihe von Ausdrücken wie:
   Avoir le temps Zeit haben
   aimer le vin gern Wein trinken
   comprendre, entendre, savoir, apprendre le français

donner le change betrügen
être le bienvenu willkommen sein
faire la guerre, la paix Krieg führen, Frieden schließen
faire le commerce Handel treiben
faire l'aumône Almosen geben
faire la grimace das Gesicht verzerren
garder le silence Schweigen beobachten
mettre le feu, le siège in Brand stecken, belagern
prendre l'air Luft schöpfen
sentir le roussi brandig riechen
souhaiter le bonjour, le bonsoir, la bonne année
tomber dans l'oubli in Vergessenheit geraten
sur les huit heures gegen acht Uhr
dans l'occasion bei Gelegenheit
l'année dernière, passée, prochaine
le présent ouvrage vorliegendes Werk u. a. m.

5. Der Artikel fehlt:
   a. vor Eigennamen (noms propres) von Personen und Städten, wenn sie ohne Adjektiv oder sonstigen Zusatz stehen: Être à Paris; il s'appelle Jean; dagegen le grand Paris; le Paris du temps de Louis XIV. Einige Städtenamen haben stets den bestimmten Artikel: le Havre (le port du Havre), la Rochelle, le Creusot, le Caire (Kairo).
   b. Der Artikel fehlt bei den Namen der Monate und Wochentage: Février a été très beau cette année; nous partirons lundi prochain. Doch sagt man meist le mois de janvier, de février etc., auch le 1er mai, le 13 juin etc.
   c. Der Artikel fehlt im Französischen mitsamt der Präposition zu vor prädikativer Ergänzung, welche auf die Frage wozu antwortet, nach den Verben:

Nommer ernennen, nennen	faire machen
appeler nennen	créer schaffen, machen
élire erwählen	sacrer salben, weihen
couronner krönen	proclamer ausrufen
déclarer erklären und einigen anderen:	

   Beispiele: Je me ferai soldat. On le proclama vainqueur.
   Il fut nommé major. Il a été fait officier.
   Saül fut élu roi. Il a été couronné empereur.

   d. Der Artikel fehlt häufig vor Appositionen: Guillaume Ier, empereur d'Allemagne.
   e. Der Artikel fehlt in einer Reihe verbaler Ausdrücke: Avoir besoin de qc. etwas brauchen, avoir chaud, froid, faim, soif, sommeil, envie, honte (sich schämen), peur, raison, tort, patience, pitié etc.

§ 46. **Zum Teilungsartikel** (article partitif).

Statt des vollen Teilungsartikels steht nur die Präposition de:
a. Nach allen Quantitätsbezeichnungen, wie Ausdrücken für Maße und Gewichte: Un mètre de drap, un litre d'huile, une livre de café, une bouteille de vin, une douzaine d'œufs, une poignée de sel eine Handvoll Salz; un certain nombre d'insectes.
b. Nach allen Adverbien der Quantität:

Beaucoup viel, viele	peu wenig, wenige
plus mehr	moins weniger
trop zu viel, zu viele	trop peu zu wenig, zu wenige
tant so viel, so viele	quelque chose etwas
autant ebensoviel, ebenso	ne — pas, ne — point kein, keine
assez genug |viele	ne — plus kein mehr, keine mehr.

c. **Vor Adjektiven**: d'excellent vin — du vin excellent: de magnifiques châteaux — des châteaux magnifiques.
d. Nach Verneinungen: Il n'a pas de livre. Il n'y a plus de vin. Je ne connais point d'homme plus aimable que lui.
e. Nach **Superlativen**: C'est le premier de mes élèves. Voici la plus belle maison de toutes.

§ 47. **Stellung des Subjektes** (place du sujet).

Die Regel ist, daß das Subjekt vor dem Verb, das Objekt nach dem Verb steht: Guillaume Ier vainquit la France.

In eingeschobenen Sätzen (phrases intercalées) steht das Subjekt fast immer nach dem Verb: dit-il, fit-elle, répliqua le mendiant; s'écriait sa mère.

Die Fragekonstruktion (la forme interrogative):

In Fragesätzen ist eine dreifache Konstruktion möglich:
1. Die **einfache Umstellung** (inversion), wenn das Subjekt ein persönliches Fürwort, on oder ce ist: Est-il mort? A-t-on commencé? Est-ce vrai?
2. Die **regelmäßige Wortfolge** bleibt, wenn ein Fragewort das Subjekt oder Attribut des Subjekts ist: Qui est arrivé? Quel élève a fait cela?
3. Die **absolute Konstruktion** oder pronominale Inversion tritt ein, wenn ein Substantiv ohne ein Fragwort das Subjekt des Satzes ist: Le printemps est-il arrivé? In diesem Falle muß das Subjekt nach dem Verb durch das entsprechende persönliche Fürwort wiederholt werden. La cigale a-t-elle chanté?

Die Frage kann jedoch auch durch Est-ce que eingeleitet werden; dann steht die gewöhnliche Wortfolge: Est-ce que la cigale a chanté? Est-ce qu'il est mort?

Nach folgenden Wörtern tritt die Frageконstruktion in der Regel ein:

A peine kaum (S. 4)
aussi daher auch (S. 22; 41)
encore noch, dazu (S. 26)
en vain } vergebens (S. 9)
vainement

au moins } wenigstens (S. 21)
du moins
toujours immerhin (S. 25)
peut-être vielleicht (S. 21)
ainsi so (S. 6)

tout au plus — höchstens.

§ 48. Zum Adjektiv. Stellung.

1. **Vor dem Hauptworte stehen:**
   a. die Adjektive:

grand	court	jeune	joli
petit	bon	vieux	vilain häßlich.
long	mauvais	beau	

   b. Die schmückenden oder schildernden Beiwörter (épithètes):
   De riches pâturages, une heureuse situation, de puissants glaciers, la riante vallée, la triste plaine.

   c. Diejenigen, auf denen ein besonderer Nachdruck (emphase) liegt: La frappante netteté des limites, les épaisses forêts, les profondes vallées, de nombreux cours d'eau; un savant professeur, un brave homme, un signalé service, ein hervorragender Dienst.

2. **Nach dem Hauptworte stehen:**
   a. Alle Adjektive, welche sinnlich wahrnehmbare Eigenschaften (Farbe und Gestalt) bezeichnen, wie überhaupt unterscheidende Merkmale ausdrücken:
   Une forêt verte, une table ronde, la tête blonde, des arbres fruitiers, une terre sablonneuse, un pays plat; un homme savant, un caractère énergique.

   b. Diejenigen, welche ein Volk, eine Religion, Sprache und Stand bezeichnen:
   Les Alpes françaises, la population bretonne, la langue allemande, une église protestante, un cadeau royal (königliches Geschenk).

   c. Die adjektivisch gebrauchten Partizipien:
   Une ville importante, une vallée verdoyante, un paysage boisé, un homme instruit, bien élevé.

   d. Die Adjektive, welche einen längeren Zusatz oder eine nähere Bestimmung (complément) haben:
   Un pays riche en vins et céréales; un guerrier brave comme un lion; un discours démesurément (über alle Maßen) long.

Eine Anzahl von Adjektiven haben je nach ihrer Stellung eine verschiedene Bedeutung:

Vor dem Substantiv:	Nach dem Substantiv:
Certain ein gewisser	sicher, bestimmt
divers / différents } mancherlei	verschiedenartig
honnête ehrlich	höflich
ancien ehemalig	alt
méchant erbärmlich	bös, bösartig
pauvre armselig	arm
plaisant lächerlich, albern	unterhaltend
pur bloß	rein, unvermischt
grand groß, bedeutend	groß (körperlich)
seul einzig	allein.

Beispiele: Certain renard gascon; un homme certain, une chose certaine. Diverses régions montrent des caractères divers. Un homme honnête salue poliment, un honnête homme ne ment pas. Mon ancien camarade d'école enseigne l'histoire ancienne. C'est un homme méchant qui fait encore de méchants vers. Cette pauvre orpheline est vraiment une fille pauvre. Ce plaisant animal raconte une histoire plaisante. C'est de pure gaîté de cœur qu'elle a bu du vin pur à table. Mon seul espoir est que bientôt je ne serai plus seul; le travail seul me soulève.

§ 49. Zum Adverb.

a. Einige Adverbien behalten die Form des Adjektivs, sind aber unveränderlich:

Sentir bon[1] gut riechen	rester court stecken bleiben
sentir mauvais übel riechen	vivre (mourir) heureux glücklich leben (sterben)
acheter / vendre / payer / coûter } cher teuer kaufen verkaufen u. s. w.	boire chaud heiß trinken
	faire exprès eigens thun
	venir exprès eigens kommen
parler haut[2] laut sprechen	marcher droit à gerade darauf losgehen
parler bas leise sprechen	
parler clair deutlich sprechen	aller droit gerade ausgehen
chanter juste richtig singen	se tenir droit sich gerade halten
chanter faux falsch singen	tenir bon tapfer aushalten
rire haut laut lachen	voir clair[3] klar sehen.

[1] Je sens bien ich fühle wohl —
[2] parler hautement hochmütig reden
parler bassement gemein, niedrig reden
[3] je vois clairement (bildlich) ich sehe deutlich —

b. Wie die Adjektive mauvais und petit besitzen auch die entsprechenden Adverbien mal und peu noch eigene Steigerungsformen: pis schlimmer und moins weniger.

Plus, moins und **mieux** werden in Vergleichungssätzen gebraucht: La pomme de terre est plus utile que la pomme dont elle a adopté le nom.

Ist das zweite Glied der Vergleichung ein ganzer Satz, so steht **ne** vor dem Verb, sofern der erste Satz selbst nicht verneint ist:

Je comprends mieux que je **ne** parle. Anstatt plus sagt man davantage, wenn kein que, als, folgt: Je suis prudent, mais vous l'êtes davantage.

Mit plus und moins werden die Doppelvergleichungssätze gebildet, die im Deutschen mit „je — desto" übersetzt werden:
Plus on travaille, plus on est heureux;
Plus vous désirez, moins vous êtes contents.

c. „Als" wird im Französischen mit **de** wiedergegeben, wenn auf plus oder moins ein Zahlwort oder la moitié, quart, demi, midi oder minuit folgt und keine wirkliche Vergleichung zwischen zwei Zahlen stattfindet:

J'ai plus **de** mille livres dans ma bibliothèque.
Il m'a rendu plus **de** la moitié.

Aber: Quatre z'yeux voient plus **que** deux (Warum?).

d. Zur Verneinung.
Die zweite Verneinung fehlt in der Regel in:
n'avoir garde sich hüten
prendre garde sich in Acht nehmen
(il) n'importe es liegt nichts daran

bei savoir, pouvoir, cesser, oser und bouger (sich rühren); oft in Bedingungssätzen: si je ne me trompe; ferner im Konjunktiv des Nebensatzes, wenn der Hauptsatz eine Verneinung oder Zweifel enthält: Il y a peu d'Anglais qui n'aillent saluer les dépouilles mortelles de cet infortuné roi (S. 119).

Ne-que von der Zeit heißt „erst".

§ 50. Tout und quelque als Adverbien.

a. **Tout** g a n z, und **quelque** w i e a u c h, sind die einzigen v e r ä n d e r l i c h e n Adverbien. Das erstere nimmt die adjektivische Form (toute, toutes) an vor w e i b l i c h e n A d j e k t i v e n und Partizipien mit konsonantischem Anlaut:

Elle se sent **toute** fraîche. Toute belle qu'elle est.
Elles sont **toutes** terminées.

Dagegen: Elle est tout aimable, tout étonnée. Ces chemins sont tout abimés.

Tout ist jedoch als Adverb vor Substantiven unveränderlich:

Nous sommes tout oreilles.

b. **Quelque** wie auch, etwas, tritt vor Adjektiven in den Plural, wenn ein Substantiv im Plural folgt:

Quelques grandes richesses qu'il possède.

Dagegen: quelque savants, quelque instruits, qu'ils soient. Les soirées sont quelque peu froides (S. 16).

§ 51. Zum Zahlwort (Nom de nombre ou adjectif numéral).

In einigen Fällen bedient sich die französische Sprache abweichend vom Deutschen der Grundzahlen (nombres cardinaux) anstatt der Ordnungszahlen (nombres ordinaux):

1. Bei Regentennamen mit Ausnahme von premier und zuweilen second neben deux: Charles douze, Louis quatorze, aber Guillaume premier (Ier) und Frédéric second. Abweichend Charles-Quint (Kaiser Karl V.) und Sixte-Quint (Papst Sixtus V.).
2. Bei den Monatstagen oder Daten, ausgenommen wieder le premier. Der Artikel geht immer voraus: le treize mars, le premier avril. Aber: Paris, quatre mai 1891.

§ 52. Die Pronominal-Adverbien en und y.

En vertritt einen Genitiv der dritten Person von Sachen, steht für de lui, d'elle, d'eux, d'elles, de cela und wird mit „davon, welche", auch mit „von ihm, von ihr, von demselben" u. s. w. übersetzt. Von Personen wird en nur selten gebraucht.

Y vertritt die Dative lui, leur, à cela und wird in der Regel auch nur von Sachen gebraucht. Außerdem ist es reines Ortsadverb und heißt dann „da, dort, dorthin".

§ 53. Stellung und Verbindung der persönlichen Fürwörter.

(Place et combinaison des pronoms personnels.)

Die persönlichen Fürwörter, zu denen auch in gewissem Sinne die pronominalen Adverbien **en** und **y** gezählt werden, stehen als Ergänzungen (régimes):

a. Vor dem Verbum in jedem Behauptungs-, Frage- und Nebensatze:

Je t'écris. Ils ne **nous** écrivent pas. Tu **en** trouveras une main entière. J'**y** vais. Qu'**en** dites-vous? Que m'apportes-tu là? Venez voir les jolies vues que papa **vous** a envoyées. Je le **leur** rappellerai.

b. Nach dem Verbum im Befehlssatze, wenn derselbe nicht verneint ist; **me** und **te** verwandeln sich hier in **moi** und **toi**:

Tais-toi! Apporte-moi la cire! Dis-lui! Va-t'en et dépêche-toi! Rends-y-toi!

Anmerkung: Die nach dem Verb stehenden Fürwörter müssen stets durch Bindestriche (tirets) mit demselben und mit einander verbunden sein.

Tu **me** donnes — donne-**moi**! — ne **me** donne pas!
Vous **nous** écrivez — écrivez-**nous**! — ne **nous** écrivez pas!
Tu **me** les rends — rends-les-**moi**! — ne **me les** rends pas!
Vous **m'en** apportez — apportez-**m'en**! — ne **m'en** apportez pas!
Vous **y** allez — allez-**y**! — n'**y** allez pas!

Ist der Befehlssatz jedoch verneint, dann treten die Pronomen wieder vor das Verb:

Ne **me** réponds pas! N'**y** va pas! Ne **les leur** donne pas! Ne **me les** gâtez pas!

c. Treten Dativ und Akkusativ zusammen, so steht der Akkusativ dem Verb zunächst:

Verbindungen:

Me le*	me la	me les
te le	te la	te les
se le	se la	se les
nous le	nous la	nous les
vous le	vous la	vous les

Tu **me la** rapporteras. Ne **te** l'ai-je pas donnée?
Le facteur **me les** a remises.

Dagegen stehen die Akkusative **le la les** vor den Dativen **lui** und **leur**

le lui	le leur
la lui	la leur
les lui	les leur.

Je **la lui** ai demandée. Écris-**le-leur**!
Je **les lui** ai demandées. Ne **les leur** donne pas!

---

* Die fett gedruckte Kolonne ist auswendig zu lernen.

d. **En** und **y** stehen unmittelbar vor dem Verbum; **y** nimmt stets die erste Stelle von beiden ein:

Je ne t'**en** ai demandé qu'une seule. Porte la lettre à la poste pour l'**y** affranchir. Je m'**y** trouvai juste à temps. **Y en** a-t-il encore? — Non, il n'**y en** a plus.

Auch wenn die Fürwörter nachstehen (Befehlssatz), nimmt **y** die Stelle unmittelbar nach dem Verb ein: Rends-**y**-toi! **En** jedoch tritt in diesem Falle hinter die Fürwörter: Donne-m'**en** une feuille!

e. Nur die Akkusative le, la, les können in Verbindung mit Dativen des persönlichen Fürworts gesetzt werden. In allen anderen Fällen wird der Dativ mit à nachgestellt:

Elle s'est adressée **à lui**. Je **me** fie **à toi**. Il se présente **à moi**.

f. Wenn ein Infinitiv im Satze ist, so treten die persönlichen Fürwörter in der Regel vor denselben;

Il ne voulait pas **me la** rendre. Tu peux **la** mettre dans la boîte aux lettres.

Ausnahmen bilden die Verben faire, laisser, voir, entendre und sentir:

Nous **le** laissâmes partir. Je **la** fais revenir. Je **les** entends chanter. Il **me** voit venir.

g. Die betonten persönlichen Fürwörter (les pronoms personnels absolus) werden ohne grammatische Verbindung in folgenden Fällen gebraucht:

1. in kurzen Antworten: Qui est là? — **Moi, lui, elle, nous, eux, elles!**
2. Im zweiten Gliede einer Vergleichung: il est plus méchant que **toi, moi** etc.
3. Nach Präpositionen: A qui est cette maison? — **A lui, à elle** etc. Je vais **chez moi**. C'est très mal à **eux**. En parlant de **lui**.
4. Zum Zweck größerer Betonung des persönlichen Fürwortes Qui a fait son exercice? — **Moi**, je l'ai fait. Il ne m'a jamais écrit, à **moi**.

Zusätze: 1. **Soi** wird nur in allgemeiner Beziehung von Sachen und Personen gebraucht: Chacun pour soi, Dieu pour tous. Il ne faut pas trop parler de soi.

Spricht man von bestimmten Personen oder Dingen, so sagt man lui, elle, eux, elles an Stelle des deutschen „sich".

Cet homme parle toujours de lui.
La guerre traîne après **elle** des maux sans nombre.

2. Lui und elle werden von Sachen möglichst vermieden; dafür setzt man lieber en, y, dedans, dehors, dessus u. s. w.

3. Die deutschen Fürwörter der=, die= und dasselbe werden im Französischen entweder durch le, la, les oder mit le même, la même, les mêmes, auch la même chose wiedergegeben.

§ 54. Zu den besitzanzeigenden Fürwörtern.
(Pronoms et adjectifs possessifs.)

a. Abweichend vom Deutschen steht im Französischen das besitzanzeigende Fürwort hinter den Anreden monsieur, madame, mademoiselle u. s. w.

Monsieur votre (ton) père Ihr (Dein) Herr Vater;
madame votre (ta) mère Ihre (Deine) Frau Mutter;
mademoiselle votre sœur Ihre Fräulein Schwester;
messieurs vos frères Ihre Herren Brüder;
mesdemoiselles vos sœurs Ihre Fräulein Schwestern.

b. Vor Verwandtschaftsnamen und in vertraulicher Anrede, auch bei der Anrede von militärischen Vorgesetzten, gebraucht man im Französischen das besitzanzeigende Fürwort statt des deutschen „lieber" oder „Herr":

Bonjour, mon père; bonne nuit, ma mère; bonjour, mon ami, mon voisin etc. Mon colonel, mon capitaine, mon général.

c. Das besitzanzeigende Fürwort kann im Französischen durch ein persönliches Fürwort im Dativ verstärkt werden:

C'est ta faute à toi! (S. 26).

d. Nach den Verben changer und redoubler steht anstatt des besitzanzeigenden Fürworts stets die Präposition de:

J'ai complètement changé d'avis (S. 56): ich habe meine Meinung vollständig geändert. L'orage a redoublé de force: der Sturm hat seine Kraft verdoppelt. Il faut que tu redoubles d'attention (S. 67).

e. In einigen Redensarten wird dagegen das besitzanzeigende Fürwort abweichend vom Deutschen gebraucht:

Je ne vous ai pas donné de mes nouvelles ich habe Ihnen keine Nachricht von mir gegeben.

Saluez-les de ma part! Grüßen Sie sie von mir!

A vous de tout mon cœur von ganzem Herzen der Ihrige.

Il accourut à mon secours er eilte mir zu Hilfe (S. 48).

Il tomba à ses pieds er fiel ihm zu Füßen (S. 14).

Je l'ai fait de mon mieux ich habe es gethan, so gut ich konnte (S. 67).

Il se jeta à mon cou er warf sich mir um den Hals.

Nous courûmes de toutes nos forces wir liefen aus allen Kräften (S. 22).

Je suis allé à sa rencontre ich bin ihm (ihr) entgegen gegangen.

In j'ai mal à la tête, aux dents, aux yeux etc. wird das besitzanzeigende Fürwort durch den Artikel ersetzt, weil der Besitz schon durch das persönliche Fürwort (Subjekt) ausgedrückt ist.

§ 55. Zu den bezüglichen Fürwörtern.
(Pronoms relatifs.)

a. **Qui** bezieht sich auf Personen und Sachen, mit einer Präposition verbunden jedoch nur auf Personen:

L'élève de qui je parle et chez qui je passe mes vacances.

b. **Lequel, laquelle** mit Präpositionen verbunden beziehen sich auf Tiere und Sachen:

Le dortoir dans lequel dorment 110 élèves. La tranchée derrière laquelle se trouvaient les marqueurs.

Zusatz: Da qui und que Geschlecht und Zahl nicht unterscheiden, werden lequel und laquelle auch zuweilen auf Personen bezogen, besonders um Verwechselung oder Unklarheit zu vermeiden:

Le frère de la jeune fille qui est morte.
Le frère de la jeune fille lequel est mort.

c. **Dont** dessen, deren, von dem, von denen, läßt die Wortfolge des Relativsatzes unverändert (Subj., Verb, Obj.); das auf dont folgende Hauptwort behält seinen Artikel; **de qui** für dont kann nur von Personen gebraucht werden:

La salle de natation **dont** l'arrangement permet de nager en hiver. La dame de qui j'ai reçu la lettre.

d. **Duquel, de laquelle** etc. werden an Stelle von dont gebraucht, wenn das regierende Wort im Genitiv oder Dativ ist, da dont nur von dem Subjekt oder Objekt des Satzes abhängt:

Voici le jeune homme **au père duquel** j'ai présenté vos compliments. Je fus bien reçu par la dame **à la mère de laquelle** j'ai fait vos salutations. Mon ancien professeur **à la bonté duquel** je dois tant de bienfaits. Les cadets **des exercices desquels** il n'était pas satisfait.

Ganz dasselbe gilt auch, wenn das regierende Wort ein Hauptwort mit einer Präposition ist:

La famille **avec** le fils de laquelle je me suis lié en amitié. Mon ami Charles dans l'armoire duquel régnait un ordre parfait.

e. **Ce qui, ce que** stehen für das deutsche „was" (Nom. und Akk.), wenn kein Substantiv oder Pronomen vorausgeht:

Ce qui me plaît surtout c'était la quantité de tableaux. Ce que vous n'avez pas vu. (Vgl. § 57 c).

f. **Qui** ohne Beziehung auf eine bestimmte Person im allgemeinen Sinne gebraucht, heißt „wer", besonders in Sprichwörtern:

Qui s'excuse, s'accuse wer sich entschuldigt, klagt sich an.

g. **Quoi** kommt als Relativum nur in Verbindung mit Präpositionen vor: Voilà à quoi il se mit aussitôt.

h. **Où** steht bisweilen, auf Sachen und Örtlichkeiten, bezüglich, für dans lequel, dans laquelle etc. Nous nous rendîmes dans le bâtiment central où se trouvaient etc.

§ 56. Zu den fragenden Fürwörtern.
(Pronoms interrogatifs.)

a. **Qui?** als Fragefürwort auf Personen angewandt, heißt auch im Akkusativ qui?

Qui croyez-vous que j'y ai rencontré le premier?

b. **Qu'est-ce qui?** (Nom.)

Qu'est-ce que? que? (Akk.) werden alle im Deutschen mit „was" übersetzt und beziehen sich nur auf Sachen:

Qu'est-ce qui se trouve derrière ces palissades? Qu'est-ce que vous dites? oder: Que dites-vous?

c. **Que?** steht als Prädikat vor den Verben des Seins und Werdens, être und **devenir**, und als Subjekt unpersönlicher Verben: Que serez-vous dans deux ans? Que deviendrions-nous si la pomme de terre disparaissait de la terre (S. 41). Ce qu'il nous faut c'est du temps.

d. **Quoi?** steht allein oder nach Präpositionen: Quoi? vous tirez aussi? Avec quoi? — Avec des fusils!

e. **Lequel, laquelle** etc. werden als Fragefürwörter gebraucht, um unter zwei oder mehreren Personen oder Sachen eine Auswahl zu treffen, vor Genitiven oder wo ein solcher zu ergänzen ist:

Lequel (de ces groupes) m'a le plus plu?
Laquelle (de ces couchettes) est la vôtre?
Lesquels (de ces élèves) sont les premiers?

§ 57. **Zu den hinweisenden Fürwörtern.**
(Pronoms démonstratifs.)

a. **Ceci** und **cela** dienen zur Gegenüberstellung: ceci est utile, cela ne l'est pas. Findet eine Gegenüberstellung nicht statt, so geht cela auf etwas Vorhergehendes, ceci meist auf etwas Folgendes hin: Que pensez-vous de cela? Je ne vous dirai que ceci.

b. **Ce** steht an Stelle der persönlichen Fürwörter il, elle, ils und elles, wenn ein Hauptwort mit irgend einem Artikel oder sonstigem Bestimmungsworte folgt:
C'est un homme affable. Ce sont les menuisiers. C'est mon ami. C'est un Français, un philosophe, un Catholique, un soldat.

Dagegen steht nach il est das folgende Hauptwort stets ohne Artikel: il est architecte; il est Allemand; il est musicien; il est Protestant.

c. **Ce** steht vor den Relativen **qui, dont** und **que**: Ce qui est beau, n'est pas toujours utile. C'est justement ce dont nous avions parlé. Ce que vous dites est vrai.

d. **Ce** (für cela) dient als grammatisches Subjekt vor être und **sembler**, auch vor **devoir** und **pouvoir** mit folgendem être: C'est mon avis. Ce me semble fort beau. Ce doit être très agréable. Ce (cela) peut être vrai.

e. Vor folgendem Adjektiv steht ce nur, wenn auf etwas Vorhergegangenes hingewiesen werden soll; für etwas Folgendes gebraucht man il est: Vous avez raison, monsieur, c'est évident. Il est clair que je la loue à tout prix.

f. **Ce** mit être wird ferner gebraucht, um einzelne Satzglieder hervorzuheben; das Verb folgt stets in der 3. Person Sing., ausgenommen in der 3. Person Plur.: C'est nous qui sommes là. Ce sont les mêmes artisans qui nous fournissent les meubles.

g. Zwischen zwei Infinitiven muß c'est statt est gebraucht werden: travailler c'est vivre.

C'est que das heißt, das kommt daher, daß —: C'est que toutes les bonnes gens ne veulent pas faire les essuyeurs de plâtre.

Cet (cette) après-midi heute nachmittag; ce matin heute morgen.

§ 58. Zu den unbestimmten Fürwörtern.

(Pronoms indéfinis.)

1. **Autre.** Das deutsche „wir", „ihr" mit einer Bezeichnung des Standes oder Volkes heißt im Französischen nous autres, vous autres: Nous autres Allemands; vous autres petits. **D'autres** andere **bien d'autres** sehr viele andere.

<small>Autre ist das einzige Wort, vor welchem bien ohne Artikel gebraucht wird: Il en faut encore bien d'autres.</small>

A d'autres macht das anderen weis.

2. **L'un l'autre; l'un et l'autre.** Bei l'un l'autre wird die Präposition nur einmal und zwar in die Mitte gesetzt: Donnez le bras l'un à l'autre, bei l'un et l'autre ist sie zu wiederholen: Je l'ai montré à l'un et à l'autre.

De part et d'autre durch und durch.

3. **Autrui** andere, kann nur mit Präpositionen und daher nicht im Nominativ gebraucht werden: Le bien d'autrui frembes Gut. Ne sais pas à autrui ce que tu ne voudrais pas qu'on te fit. Elle coud pour autrui.

4. **Aucun, nul, pas un** keiner, e, es. Alle drei erfordern die Negation **ne** vor dem Verb; pas un verneint von allen am stärksten: nicht ein einziger; aucun verneint im einzelnen (individualisiert), nul im allgemeinen (generalisiert). Pas un seul petit morceau. Aucun de vous ne saura me le dire. Nul n'est content ici-bas; nul n'en est exempt.

5. **Chaque, chacun** jeder, e, es, können beide nur in der Einzahl gebraucht werden, das erste adjektivisch, das zweite substantivisch; beide individualisieren: Chaque maçon a une truelle. A chaque fou plait sa marotte. Chacun de vous y a assisté. Chacun a son goût.

6. **Tout, toute** wird im Singular und Plural gebraucht:

Tout homme, toute femme, ohne Artikel: jeder, e, es;

tout le temps, toute la maison, mit Artikel: der, die, das ganze;

tous les jours, toutes les parties, im Plural und mit Artikel alle;

toutes les nouvelles maisons (§ 50 a).

tout le monde jedermann;

tout alles; nous avons tout vu;

le tout das Ganze;

tout ganz, vor Städtenamen stets im Maskulinum: tout Berlin.

Tous, toutes alle: Nous y sommes tous. Nous voilà toutes à l'ouvrage (S. 67).

In **tous** alle, alleinstehend ohne dazu gehöriges Substantiv, ist das s zu sprechen.

Tous wird auch in adverbialen Ausdrücken ohne Artikel gebraucht: de tous côtés von allen Seiten; en tous sens nach jeder Richtung; à tous moments in jedem Augenblicke.

Tout verallgemeinert, chaque vereinzelt (vgl. 5): Chaque maison de cette rue; toute maison a un rez-de-chaussée.

Toute chose alles: je connais toute chose.

Über tout als Adverb siehe § 50.

7. **Personne** niemand, **rien** nichts, müssen von der Negation ne begleitet sein, außer wenn sie ohne Verb gebraucht werden: Qu est venu? Personne. Qu'as-tu vu? Rien.

Personne und **rien** haben affirmativen Sinn von jemand, etwas:

a. in verneinten Sätzen: il n'a jamais rien refusé à personne;

b. in Fragesätzen mit verneinendem Sinn: y a-t-il rien de plus intéressant?

c. in Nebensätzen, die von Verben des Verneinens und Zweifelns abhängen: Je ne crois pas qu'il y ait personne qui nous en empêche; je doute que personne nous voie. Je ne pense pas qu'il y ait rien de plus joli.

d. Nach verneinenden Präpositionen und Konjunktionen: Il est sorti **sans** rien acheter oder **sans** qu'il ait rien acheté.

8. **Tel** solcher, mancher, der und der, so, wie: Une telle affaire; un tel homme.

Tel als substantivisch gebrauchtes Fürwort heißt ein solcher oder solches, so etwas: Il n'y a rien de tel qu'un chez-soi bien confortable. Monsieur un tel; Madame une telle. Tel est mon avis.

Tel que so, wie: Je vous les montrerai telles qu'elles sont.

Tel quel so so, mittelmäßig: Ces gens sont tels quels. Cette écriture est telle quelle.

9. **Le** und **la même** der-, die-, dasselbe, nimmt im Plural ein s an, verändert sich aber nicht im Geschlecht: Les mêmes artisans, les mêmes femmes; la même chose dasselbe.

Même als Adverb heißt sogar, selbst und ist als solches unveränderlich: Ces trottoirs même sont crottés.

Etre à même imstande sein; de même dasselbe, gerade so.

10. **Quelqu'un, quelqu'une** jemand, irgend einer;
quelques-uns, quelques-unes einige, irgend welche. Von Personen und Sachen und nur substantivisch gebraucht: Quelqu'un me l'a dit. Donnez-moi quelques-unes de ces fleurs.

11. **Quelque** irgend ein, einiges:
quelques einige, beide nur adjektivisch: voyons l'intérieur de quelque maison; quelques notions; quelques planches; il a quelque argent.

Über das adverbiale quelque siehe § 50.

12. **Quiconque** (substantivisch) irgend einer, wer auch immer;
quelconque (adjektivisch) irgend ein, stets nach Substantiven: Malheur à quiconque s'y trouve en ce moment. Visitez des maisons quelconques.

13. **Plusieurs** mehrere, **maint** mancher, **divers** verschiedene, **différents** verschiedene, **certain** gewisser, sind mit Ausnahme von plusieurs, veränderlich in Geschlecht und Zahl. Die Präposition de fällt vor denselben weg: différentes maisons; certains hommes; diverses entreprises; maints objets; je vous l'ai dit maintes fois ich habe es Dir so manches Mal gesagt.

14. **Qui que** wer auch;
quoi que was auch, beide substantivisch mit dem Konjunktiv: Qui que ce soit; quoi que l'on pense.

15. **Quel que, quels que** ⎱ welches auch immer,
quelle que, quelles que ⎰ wie beschaffen auch, mit dem Konjunktiv: Quelle que soit sa fortune; quels que soient les ouvriers.

16. **Quelque que — quelques que** welches, welche auch: Quelque maison que vous voyiez. En quelques conditions qu'il se trouve.

§ 59. Zu den Präpositionen.
(Les prépositions.)

1. Alle Präpositionen regieren im Französischen den Akkusativ (Akk. gleich dem Nom.).

Ein und dieselbe Präposition wird vor verschiedenen Hauptwörtern nicht wiederholt, mit Ausnahme von de, à und en.

Zuweilen werden zwei Präpositionen mit einander verbunden, wie z. B.:

Il sort **de chez** lui. Je descends **d'en** haut. L'un **d'entre** vous. Otez-vous **de devant** moi! Gehen Sie mir aus den Augen!

Ferner: **d'après** nach, gemäß; d'après vos ordres;
autour de um — herum; autour de la table;
au travers de durch, hindurch; au travers du champ;
de dessus von — herunter: de dessus l'arbre von dem Baume herunter;
de dessous von — unten hervor: de dessous la table unter dem Tische hervor;
près de und **auprès de** bei.

2. Die Präposition **de** bezeichnet vielfach:

a. das **Mittel**, deutsch **mit**, nach den Verben couvrir, entourer, remplir, charger: voilà une maison couverte de tuiles et entourée d'un mur etc.;

b. die **Ursache**, den **Beweggrund**, deutsch **an, über, vor, von, wegen**, nach den Verben souffrir, mourir, pleurer, trembler, tressaillir, être surpris, charmé, étonné, touché: Il ne souffre pas de sa pauvreté; vous tremblez, tressaillez, pleurez de joie;

c. den **Ursprung**, die **Herkunft**, deutsch **von, aus**: Il est de Strasbourg; il vient de France; vous venez de la ville.

d. Beim **Passiv** steht **de** für **par** nach den Verben der **Gemütsbewegung** und der **Sinneswahrnehmung** nebst einigen Verben der **Bewegung**: Être, aimé, blâmé, loué, craint, touché de; être vu, entendu, aperçu de; être précédé, accompagné, suivi, poursuivi de.

Zu merken: Fumer **dans** une pipe **aus** einer Pfeife rauchen; prendre **dans** un étui, tiroir etc., aus einem Futteral, einer Schublade nehmen; regarder **par** la fenêtre; **par** affection aus Liebe; **par** expérience aus Erfahrung; savoir **par** cœur aus dem Kopfe, auswendig wissen.

Depuis les Alpes jusqu'à l'Océan von den Alpen bis zum Ozean.
Du temps des Croisades zur Zeit der Kreuzzüge.
De ce côté nach dieser Seite.
Il y va de ma vie es handelt sich um mein Leben.
C'en est fait de moi es ist um mich geschehen.

3. Die Präposition **à** bezeichnet:

a. die **Örtlichkeit** auf die Frage **wo?** und **wohin?** A la ville, au jardin, à l'église, à Paris, à la campagne, se mettre au lit sich zu Bett legen.

Zu merken: **A** la belle étoile unter freiem Himmel (bei Mutter Grün); avoir un bâton, une pipe, un chapeau à la main: diner en ville ausgebeten sein (Gegensatz zu chez soi); aux Pays-Bas in den Niederlanden. Sur le Rhin am Rhein; à l'étranger in der Fremde; au soleil in der Sonne; à la droite zur Rechten.

b. die Zeit: à cinq heures, à midi; au dixième siècle; à mon départ, au mois de mai.

Zu merken: Par une belle matinée an einem schönen Morgen; par un temps pluvieux bei regnerischem Wetter.

c. den Zweck: Un verre à vin (un verre de vin?): des verbes à apprendre; de la poudre à canon Schießpulver; un moulin à vent, à eau; un bateau à vapeur; le marché au blé, aux fleurs, au bétail Rindermarkt.

d. Beschaffenheit, Kennzeichen, Merkmal: L'homme à la jambe de bois et aux cheveux blancs. La fille aux yeux bleus; une soupe aux légumes eine Gemüsesuppe.

4. **Dans** und **en.** Beide werden räumlich und zeitlich gebraucht. **Dans** bezeichnet den Ort in ganz bestimmter Weise: dans le jardin, dans la ville (nicht außerhalb), **en** in unbestimmter Weise: en prison, en fuite auf der Flucht, en voiture zu Wagen.

Zu merken: Dans la rue, dans le pré, dans les champs, dans une île, dans mon voyage.

Zeitlich bezeichnet **en** die Zeitdauer, innerhalb welcher etwas geschieht: Je le ferai en trois jours ich werde es binnen drei Tagen thun; **dans** den Zeitpunkt, bis zu welchem etwas fertig sein oder geschehen soll: Je le ferai dans trois jours; je te verrai dans une semaine.

En steht zuweilen für als oder zu: Il agit en maître, er handelt als Herr; en récompense zur Belohnung.

Zu merken: Au printemps, aber **en** été, en automne und **en** hiver. En bois hölzern, en or golden.

Im Jahre heißt bei Jahreszahlen über 100 **en**, unter 100 l'an: en 1893, l'an 90.

5. **Devant, avant, il y a,** deutsch vor. Das erstere wird räumlich gebraucht: Je t'attends devant la maison, die beiden letztern zeitlich, **avant** von der vergangenen und zukünftigen Zeit: Solon vécut avant l'ère chrétienne; je te verrai avant trois jours; avant la bataille, **il y a** nur von der vergangenen, von der Gegenwart an gerechneten Zeit: Je vous ai vu il y a trois jours.

---

* Über en und dans vor Ländernamen vgl. § 45, 2b

Zu merken: Être à la porte, vor der Thüre stehen; fermer la porte au nez die Thüre vor der Nase zuschließen (Vgl. auch 2b).

6. **Contre, envers, vers, environ,** deutsch gegen. **Contre** steht im feindlichen, **envers** im freundlichen Sinn, **vers** giebt im allgemeinen die Richtung, Hinneigung an: Marcher contre l'ennemi; être bon, indulgent envers les enfants; vers le Sud, vers midi, vers les onze heures; **environ** (ungefähr) douze élèves.

Zu merken: S'appuyer contre le mur, sich an die Wand lehnen; échanger contre. Il est sourd à mes prières er ist taub gegen meine Bitten. Il a une aversion pour l'eau froide er hat eine Abneigung gegen das kalte Wasser; sur le midi gegen Mittag.

7. **Sous, entre, parmi,** deutsch unter. **Sous** ist örtlich, Gegensatz von sur; **au-dessous de** (Gegensatz zu au-dessus de) tiefer als, unterhalb: Le plancher est sous mes pieds, la cave est au-dessous du plancher.

Entre ist räumlich und zeitlich, deutsch unter, zwischen meist gleichartigen Dingen: Entre nous; entre autres; entre la maison et le jardin; **parmi** steht nur bei Kollektiven: parmi la foule, parmi les hommes; il est encore parmi les vivants.

Zu merken: En plein air unter freiem Himmel; au son des cloches unter Glockengeläute; à l'abri d'un arbre; à cette condition. Qu'entends-tu par là? Was verstehst du darunter?

Nach einem Superlativ wird das deutsche unter stets durch **de** wiedergegeben: Le premier de mes élèves.

8. **Près, près de, auprès de, chez,** deutsch bei. **Près** und **près de** namentlich von Sachen, Örtlichkeiten: Saint-Cloud est près de Paris (auf Briefadressen nur près); **auprès de** von Personen: il se rend auprès de son père; auprès de la reine; **chez** zu Hause: elle n'était pas chez elle; il est sorti de chez lui. Chez les Romains et les Grecs; chez les anciens.

9. **Après** nach, **d'après** nach, gemäß; ersteres wird zeitlich und räumlich gebraucht: Après la bataille; après vous, monsieur; letzteres bezeichnet eine Folge und zwar im Sinne von gemäß, gleichbedeutend mit **selon, suivant**: D'après la nature nach der Natur, d'après (selon, suivant) vos ordres, votre exemple.

10. **Autour de** um — herum, räumlich: Nous étions assis autour du feu.

Zu merken! Se tromper de dix francs sich um 10 Franken irren. Il lui a survécu de deux ans er hat ihn um zwei Jahre überlebt. Ce chemin est plus long de trois kilomètres dieſer Weg iſt um drei Kilometer länger. D'autant plus misérable um ſo elender; de deux jours l'un einen Tag um den andern. C'est une belle chose qu'une bonne conscience es iſt etwas Schönes um ein gutes Gewiſſen.

11. **Avec mit**, bezeichnet:

a. die Begleitung: Venez avec moi;

b. die Art und Weiſe: Il agit avec prudence;

c. den Stoff, das Mittel oder Werkzeug: Aujour-d'hui on tire avec de la poudre à canon. On écrit généralement avec des plumes.

Zu merken: A haute voix mit lauter Stimme, à voix basse mit leiſer Stimme. Nous vous accueillerons à bras ouverts. De ma propre main mit eigener Hand; il mange de bon appétit; le poing levé mit drohender Fauſt; les yeux ouverts mit offenen Augen; le front haut mit erhobener Stirn; en un mot mit einem Worte; arriver par le chemin de fer; rendre le bien pour le mal Böſes mit Gutem vergelten.

12. **Sur** wird für deutſches **bei** von Dingen gebraucht, die man bei ſich trägt: J'ai une montre, de l'argent, un portefeuille **sur** moi.

III.

Lectures françaises.

L. I.*

1. Les épis de blé.

Un laboureur, accompagné de son plus jeune fils Gustave, alla un jour voir dans quel état se trouvaient ses moissons.

Ils arrivèrent à un champ où certains épis se tenaient droits, tandis que d'autres étaient lourdement inclinés vers la terre.

Gustave en fit la remarque et s'écria: „Quel dommage que ces épis soient si courbés! Combien je préfère ceux-ci qui sont vigoureux et droits."

Le père prit deux des épis, les roula entre ses doigts pour en faire sortir le grain, et répondit: „Vois, mon fils, ces épis couchés sont pleins du meilleur blé, car c'est le poids qui fait pencher leur tête, tandis que ceux qui la relèvent si fièrement sont vides et ne valent rien."

Lorsque l'orgueil fait redresser la tête c'est qu'elle est vide.

2. Le vol des insectes.

De tous les volatiles, ceux dont le vol est le plus curieux et le plus à notre portée sont les insectes. Les uns ont des ailes de la plus fine gaze, comme la mouche: elle exécute toute sorte de vols, et, quand il lui plait, elle s'arrête en l'air, et y devient stationnaire; d'autres, tels que les papillons, ont des ailes couvertes d'écailles fines comme la poussière, et brillantes des plus vives couleurs. Bien différentes de celles des oiseaux, qui se ressemblent toutes, et qui leur sont distribuées par paires, elles sont patronnées sur une infinité de formes, et quadruples. Les papillons n'ont point de queue comme les oiseaux; mais la plupart sont couronnés d'antennes

---

* Ces chiffres marginaux correspondent avec les leçons du manuel.

qui dirigent leur vol: leur gouvernail est à leur tête. Le papillon, avec sa trompe et ses antennes à boutons, semblables aux filets à anthère qui sortent du sein des fleurs, avec ses ailes quadruples et éclatantes qui imitent leurs pétales, avec son vol incertain que balance çà et là l'haleine des zéphirs, ressemble à une fleur volante. Je me suis arrêté quelquefois avec plaisir à voir des moucherons, après la pluie, danser en rond des espèces de ballets. Ils se divisent en quadrilles, qui s'élèvent, s'abaissent, circulent et s'entrelacent sans se confondre. Les chœurs de danse de nos opéras n'ont rien de plus compliqué et de plus gracieux. Il semble que ces enfants de l'air soient nés pour danser; ils font aussi entendre, au milieu de leur bal, des espèces de chants. Leurs gosiers ne sont pas résonnants comme ceux des oiseaux; mais leurs corselets le sont, et leurs ailes, ainsi que des archets, frappent l'air, et en tirent des murmures agréables. Une vapeur qui sort de la terre est le foyer ordinaire de leur plaisir; mais souvent une sombre hirondelle traverse tout à coup leur troupe légère, et avale à la fois des groupes entiers de danseurs. Cependant leur fête n'en est pas interrompue. Les coryphées distribuent des postes à ceux qui restent, et tous continuent à danser et à chanter. Leur vie, après tout, est une image de la nôtre. Les hommes se bercent de vaines illusions autour de quelques vapeurs qui s'élèvent de la terre, tandis que la mort, comme un oiseau de proie, passe au milieu d'eux, et les engloutit tour à tour sans interrompre la foule qui cherche le plaisir.

(*Bernardin de Saint-Pierre*,[1] *Harmonies de la nature*, II).

3. La fenaison.

Amis, dans la prairie
L'herbe est grande et fleurie,
Il faut couper le foin.
Que chacun sur ma trace
Vienne et fauche avec grâce,
Vienne et fauche avec soin!

Tandis que l'alouette,
Qui dormait sous l'herbette,
S'échappe et prend son vol,
Tirant de droite à gauche,
Allons, que chacun fauche,
Fauche tout ras du sol!

Mais quoi? pour le fourrage
Je crains l'humide orage
Qui se forme au ciel noir;
Qu'on s'empresse et qu'on charge
Notre char long et large,
Qu'on charge avant le soir.

En montagne mobile
L'herbe croit et s'empile
Quand là-bas luit l'éclair;
Du haut de la voiture
La verte chevelure
Flotte et parfume l'air.

---

[1] Bernardin de Saint-Pierre, 1737—1814, célèbre écrivain français, auteur de Paul et Virginie, des Études de la Nature, etc.

Bientôt leste et rieuse
Arrive la faneuse
Traînant son long râteau,
Qui tourne la fauchée,
Et lorsqu'elle est séchée
La ramasse en monceau.

Sur ce trône champêtre,
Guillaume notre maître
Siège le sceptre en main,
Et revient au village
Fier de son équipage
Comme un consul romain.

Delcasso.

4. L'aveugle et le paralytique.

Un aveugle et un paralytique se rencontrèrent au bord d'une rivière qu'ils désiraient passer tous deux: „Voilà un gué, dit le paralytique, mais l'eau est néanmoins un peu trop profonde; mes forces ne me permettent pas d'affronter le courant."

„Ah! si j'avais tes yeux, dit l'aveugle, mes jambes me porteraient bien, mais j'ai peur de m'engager à droite ou à gauche du gué et d'être entraîné par les flots."

„Sais-tu ce que nous allons faire, s'écria joyeusement le paralytique! J'ai une idée! Associons-nous. Prends-moi sur tes épaules; mes yeux te guideront et tes jambes nous porteront." L'aveugle y consentit avec joie, et ils atteignirent l'autre rive sans encombre.

5. Augustin Carrache[1] et son frère.

Un jour que le peintre Augustin Carrache causait devant plusieurs personnes de sa vie fastueuse et de ses puissants amis, son frère Annibal prit une feuille de papier et se mit à dessiner sans paraître attentif à la conversation. „Que fais-tu donc là?" dit Augustin un peu impatienté. — „Frère", répondit Annibal, „je trace sur cette feuille une image qui devrait être toujours présente à notre esprit." Et il lui montra le portrait d'un tailleur assis sur sa table de travail, les jambes croisées et l'aiguille à la main. C'était leur père. *Cottler.*

6. Honore les vieillards.

Si tu vois s'avancer sur la route poudreuse
Un homme aux pas tremblants, au front chauve et ridé,
Dirige lentement sa marche paresseuse,
Comme en tes premiers jours ta mère t'a guidé.

Si c'est un voyageur égaré sur la route,
Ne l'abandonne pas, montre-lui le chemin.
Sois muet devant lui, s'il aime qu'on l'écoute,
Ris, si ton gai babil peut calmer son chagrin.

---

[1] Carrache, nom de trois peintres italiens; le plus remarquable fut Annibal C. (1560—1609), le peintre de la célèbre galerie Farnèse à Rome.

Conduis-le, s'il fait nuit, au foyer que ta mère
A ranimé pour toi, croyant seul te revoir;
Là, dis, en lui montrant la table hospitalière:
„Mon père, bénissez notre repas du soir!"

Louise Colet.

7. La laitière et le pot au lait.

Perrette, sur sa tête ayant un pot au lait
    Bien posé sur un coussinet,
Prétendait arriver sans encombre à la ville.
Légère et court vêtue, elle allait à grands pas,
Ayant mis ce jour-là, pour être plus agile,
    Cotillon simple et souliers plats.
    Notre laitière ainsi troussée
    Comptait déjà dans sa pensée
Tout le prix de son lait, en employait l'argent,
Achetait un cent d'œufs, faisait triple couvée
La chose allait à bien par son soin diligent.
    „Il m'est", disait-elle, „facile
D'élever des poulets autour de ma maison;
    Le renard sera bien habile,
S'il ne m'en laisse assez pour avoir un cochon.
Le porc à s'engraisser coûtera peu de son:
Il était quand je l'eus, de grosseur raisonnable.
J'aurai, le revendant, de l'argent bel et bon;
Et qui m'empêchera de mettre en notre étable,
Vu le prix dont il est, une vache et son veau,
Que je verrais sauter au milieu du troupeau?"
Perrette là-dessus saute aussi, transportée:
Le lait tombe: adieu veau, vache, cochon, couvée.

La Fontaine.[1]

8. Le carnage de Bazeilles.[2]

Les Bavarois et les Français se battent corps à corps, à coups de crosse, à la baïonnette; on se tue à bout portant. On se poursuit dans chaque ruelle sombre, on se cherche jusque dans les maisons ou sous les hangars, qu'il faut prendre d'assaut un par un.

Une troupe de fantassins bavarois se précipitent dans le corridor d'une maison, d'où des soldats français ne discontinuent pas de tirer sur l'ennemi. Les Français attendent leurs adversaires

---

[1] Jean de La Fontaine, 1621—1695, le plus célèbre fabuliste français.
[2] Bazeilles, bourg des Ardennes, près de Sedan.

à la baïonnette; resserrés par l'espace et portés des deux côtés les uns sur les autres, ils peuvent à peine s'aborder; la mort frappe des coups aveugles; la maison retentit de hurlements affreux: ce sont les cris des malheureux qui tombent, traversés par les baïonnettes; le corridor s'encombre de cadavres, le sang jaillit en ruisseaux.

C'est une lutte effroyable, une cohue indescriptible; chaque lieu devient le théâtre d'un combat meurtrier. Mais ce n'est là que la préface de la sanglante histoire du 1ᵉʳ septembre: de la bataille de Sedan.

9. Le sergent Marinel.

Un incendie avait éclaté dans une maison dépendant d'une des casernes de Strasbourg. Grâce à de prompts secours, les ravages du feu avaient été arrêtés dans les étages supérieurs; mais la cave renfermait un baril de poudre et mille paquets de cartouches: une explosion était imminente, et de tous côtés on se sauvait. Cependant le sergent Marinel apprend que dans une des mansardes se trouvent encore deux soldats que les infirmités retiennent dans leur lit. Il décide quelques hommes à pénétrer avec lui dans la maison: „Si nous arrivons au réservoir, s'écrie-t-il, nous pourrons noyer les poudres." En disant ces mots, il s'engage dans l'escalier inférieur, sans s'apercevoir que ses compagnons, aveuglés par la fumée, ont bientôt renoncé à le suivre. Il arrive seul devant la porte d'un premier caveau. Cette porte était fermée; d'une poutre il se fait un bélier et l'enfonce. Au moment de passer outre, il est arrêté par un tourbillon de flammes. Effrayé, il hésite, il recule, il se dispose à remonter. Mais bientôt, à la pensée que le feu va gagner les matières explosibles, que la maison va sauter et que les deux malades vont infailliblement périr, il s'arme d'un nouveau courage, et se précipite au foyer même de l'incendie. Enfin le voilà dans la poudrière; il ne fait qu'un bond vers le réservoir, ouvre le robinet. L'eau inonde la cave; tout danger d'explosion a disparu. La foule se précipite dans la maison; on découvre Marinel presque enseveli sous les décombres, le visage noirci et sanglant, la barbe et les cheveux brûlés, respirant à peine, mais trouvant encore assez de force pour murmurer: „Et les camarades?" Ses camarades furent sauvés, et lui-même fut rappelé, non sans peine, à la vie.

(Lebrun).

10. Le départ pour la Syrie.*

Partant pour la Syrie,
Le jeune et beau Dunois
Venait prier Marie
De bénir ses exploits:
„Faites, Reine immortelle,
Lui dit-il en partant,
Que j'aime la plus belle
Et sois le plus vaillant."

Il trace sur la pierre
Le serment de l'honneur,
Et va suivre à la guerre
Le comte, son seigneur.
Au noble vœu fidèle,
Il dit en combattant:
„Amour à la plus belle,
Honneur au plus vaillant."

On lui doit la victoire:
„Vraiment, dit le seigneur,
Puisque tu fais ma gloire,
Je ferai ton bonheur.
De ma fille Isabelle
Sois l'époux à l'instant,
Car elle est la plus belle,
Et toi le plus vaillant."

A l'autel de Marie
Ils contractent tous deux
Cette union chérie
Qui seule rend heureux.
Chacun dans la chapelle
Disait en les voyant:
„Amour à la plus belle,
Honneur au plus vaillant!"

De Laborde.

11. Le petit soldat.

Toi qui, de si leste façon,
Mets ton fusil de bois en joue,
Un jour tu feras tout de bon
Ce dur métier que l'enfant joue.

Il faudra courir sac au dos,
Porter plus lourd que ces gros livres,
Faire étape avec des fardeaux,
Cent cartouches, trois jours de vivres.

Soleils d'été, bises d'hiver
Mordront sur cette peau vermeille;
Les balles de plomb et de fer
Te siffleront à chaque oreille.

Tu seras soldat, cher petit!
Tu sais, mon enfant, si je t'aime!
Mais ton père t'en avertit,
C'est lui qui t'armera lui-même!

Quand le tambour battra demain,
Que ton âme soit aguerrie
Car j'irai l'offrir, de ma main,
A notre mère, la Patrie!

* Pour l'air voir l'appendice.

Tu vis dans toutes les douceurs,
Tu connais les amours sincères,
Tu chéris tendrement tes sœurs,
Ton père, et ta mère, et tes frères!

Sois fils et frère jusqu'au bout;
Sois ma joie et mon espérance;
Mais souviens-toi bien qu'avant tout,
Mon fils, il faut aimer la France!

Victor de Laprade [1]

12. L'oiseau-mouche.

De tous les êtres animés, voici le plus élégant pour la forme et le plus brillant pour les couleurs. Les pierres et les métaux polis par notre art ne sont pas comparables à ce bijou de la nature: elle l'a placé dans l'ordre des oiseaux au dernier degré de l'échelle de grandeur. Son chef-d'œuvre est le petit oiseau-mouche; elle l'a comblé de tous les dons qu'elle n'a fait que partager aux autres oiseaux: légèreté, rapidité, prestesse, grâce et riche parure, tout appartient à ce petit favori. L'émeraude, le rubis, la topaze brillent sur ses habits, il ne les souille jamais de la poussière de la terre, et, dans sa vie tout aérienne, on le voit à peine toucher le gazon par instants; il est toujours en l'air, volant de fleurs en fleurs: il a leur fraicheur, comme il a leur éclat; il vit de leur nectar, et n'habite que les climats où sans cesse elles se renouvellent.

Les Indiens, frappés de l'éclat et du feu que rendent les couleurs de ces brillants oiseaux, leur avaient donné les noms de rayons ou cheveux du soleil. Les petites espèces sont au-dessous du taon pour la grandeur, et du bourdon pour la grosseur. Leur bec est une aiguille fine, et leur langue un fil délié; leurs petits yeux noirs ne paraissent que deux points brillants; les plumes de leurs ailes sont si délicates, qu'elles en paraissent transparentes. A peine aperçoit-on leurs pieds, tant ils sont courts et menus: ils en font peu d'usage; ils ne se posent que pour passer la nuit, et se laissent, pendant le jour, emporter dans les airs; leur vol est continu, bourdonnant et rapide; leur battement est si vif, que l'oiseau, s'arrêtant dans les airs, paraît non seulement immobile, mais tout à fait sans action. On le voit s'arrêter ainsi quelques instants devant une fleur, et partir comme un trait pour aller à une autre; il les visite toutes, plongeant sa petite langue dans leur sein, les

---

[1] Victor de Laprade, 1812—1838, poète et académicien français.

flattant de ses ailes, sans jamais s'y fixer, mais aussi sans les quitter jamais...

Rien n'égale la vivacité de ces petits oiseaux, si ce n'est leur courage, ou plutôt leur audace. On les voit poursuivre avec furie des oiseaux vingt fois plus gros qu'eux, s'attacher à leur corps, et, se laissant emporter par leur vol, les becqueter à coups redoublés jusqu'à ce qu'ils aient assouvi leur petite colère. Quelquefois même ils se livrent entre eux de très vifs combats: l'impatience paraît être leur âme; s'ils s'approchent d'une fleur et qu'ils la trouvent fanée, ils lui arrachent les pétales avec une précipitation qui marque leur dépit. Ils n'ont point d'autre voix qu'un petit cri: screp! screp! fréquent et répété; ils le font entendre dans les bois dès l'aurore, jusqu'à ce qu'aux premiers rayons du soleil tous prennent l'essor et se dispersent dans les campagnes. *(Buffon,*[1] *Hist. nat.,* oiseaux).

13. Le sansonnet.

Le vieux chasseur Maurice avait dans sa chambre un sansonnet qu'il avait élevé et qui savait articuler quelques paroles. Par exemple, quand son maître lui disait: „Sansonnet, où es-tu?" l'oiseau bien appris ne manquait jamais de répondre: „Me voilà!"

Le petit Charles, fils d'un de ses voisins, prenait toujours un plaisir particulier à voir et à entendre ce sansonnet, et venait souvent lui rendre visite. Un jour il arriva pendant l'absence du chasseur. Charles s'empara bien vite de l'oiseau, le mit dans sa poche, et allait s'esquiver avec son larcin.

Mais dans cet instant même le chasseur entra. Trouvant Charles dans sa chambre, il voulut amuser le petit voisin, et appela l'oiseau comme d'habitude: „Sansonnet, où es-tu?

— Me voilà!" cria de toute sa force l'oiseau caché dans la poche du petit garçon.   *(Traduit de l'allemand).*

14. Le nid de fauvette.

Je le tiens, ce nid de fauvette!
Il sont deux, trois, quatre petits!
Depuis si longtemps je vous guette;
Pauvres oiseaux, vous voilà pris!

---

[1] Buffon, 1707—1788, célèbre naturaliste et l'un des plus grands écrivains qu'ait eus la France, auteur de l'Histoire naturelle et du Discours sur le style.

Criez, sifflez, petits rebelles,
Débattez-vous; oh, c'est en vain;
Vous n'avez pas encore d'ailes:
Comment vous sauver de ma main?

Mais quoi! n'entends-je pas leur mère,
Qui pousse des cris douloureux?
Oui, je le vois; oui, c'est leur père
Qui vient voltiger auprès d'eux.

Ah! pourrais-je causer leur peine,
Moi qui l'été dans les vallons
Venais m'endormir sous un chêne
Au bruit de leurs douces chansons?

Hélas! si du sein de ma mère
Un méchant venait me ravir,
Je le sens bien, dans sa misère
Elle n'aurait plus qu'à mourir.

Et je serais assez barbare
Pour vous arracher vos enfants!
Non, non, que rien ne vous sépare;
Non, les voici, je vous les rends.

Apprenez leur, dans le bocage,
A voltiger auprès de vous;
Qu'ils écoutent votre ramage,
Pour former des sons aussi doux!

Et moi, dans la saison prochaine,
Je reviendrai dans les vallons
Dormir quelquefois sous un chêne,
Au bruit de leurs jeunes chansons.

Berquin.[1]

15. La mort des oiseaux.

Le soir, au coin du feu, j'ai pensé bien des fois
A la mort d'un oiseau, quelque part, dans les bois.
Pendant les tristes jours de l'hiver monotone,
Les pauvres nids déserts, les nids qu'on abandonne,
Se balancent au vent sur le ciel gris de fer.
Oh! comme les oiseaux doivent mourir l'hiver!

---

[1] Berquin, mort en 1791, auteur de l'Ami des enfants.

Pourtant, lorsque viendra le temps des violettes,
Nous ne trouverons pas leurs délicats squelettes
Dans le gazon d'avril, où nous irons courir.
Est-ce que les oiseaux se cachent pour mourir?

François Coppée.[1]

16. Le lever du soleil.

Transportons-nous sur un lieu élevé, avant que le soleil se lève. On le voit s'annoncer de loin par les traits de feu qu'il lance au-devant de lui. L'incendie augmente, l'orient paraît tout de flammes; à leur éclat, on attend l'astre longtemps avant qu'il se montre; à chaque instant on croit le voir paraître: on le voit enfin. Un point brillant part comme un éclair, et remplit aussitôt tout l'espace; le voile des ténèbres s'efface et tombe; l'homme reconnaît son séjour, et le trouve embelli. La verdure a pris, durant la nuit, une vigueur nouvelle; le jour naissant qui l'éclaire, les premiers rayons qui la dorent, la montrent couverte d'un brillant réseau de rosée, qui réfléchit à l'œil la lumière et les couleurs. Les oiseaux en chœur se réunissent et saluent de concert le père de la vie; en ce moment, pas un seul ne se tait. Leur gazouillement, faible encore, est plus lent et plus doux que dans le reste de la journée: il se sent de la langueur d'un paisible réveil. Le concours de tous ces objets porte aux sens une impression de fraîcheur qui semble pénétrer jusqu'à l'âme. Il y a là une demi-heure d'enchantement auquel nul homme ne résiste; un spectacle si grand, si beau, si délicieux, n'en laisse aucun de sang-froid.[2] (*J.-J. Rousseau*).[3]

17. Bonne réponse.

Un docteur disait à un paysan:

„Vous autres, gens de la campagne, tout vous tourne toujours à profit: lorsque la récolte n'est pas abondante, vous en vendez le produit plus cher. Est-elle au contraire à bas prix, vous avez beaucoup à vendre et ramassez encore beaucoup d'argent.

— Vous pouvez retourner les termes, monsieur le docteur, répondit le paysan; la fortune est loin de nous combler à ce

---

[1] François Coppée, poète et écrivain français, né en 1842.
[2] De sang-froid: indifférent, tranquille.
[3] Jean-Jacques Rousseau, 1712—1778, célèbre prosateur et philosophe, né à Genève, auteur de la Nouvelle Héloïse, du Contrat social, d'Émile, des Confessions etc., ouvrages qui exercèrent une influence considérable sur la révolution.

point; car, lorsque le blé est cher, nous n'en avons que peu à vendre; et quand nous en avons beaucoup, il est à bas prix, ce qui ne nous enrichit pas davantage."

18. L'aurore.

Déjà l'aurore
Paraît et dore
L'azur du ciel;
La fleur vermeille
S'ouvre, l'abeille
Y boit le miel.

De l'alouette
La chansonnette
Monte dans l'air;
L'onde murmure,
Dans la nature
Tout est concert.

Sur la montagne
Dans la campagne
Renaît le jour;
Dieu va descendre,
Pour mieux entendre
Nos chants d'amour.

19. Aveu plaisant.

„Infâme paresseux! tu ne veux donc rien faire?"
    Dit un jour un maître en colère
  A son valet sous un arbre endormi.
„Au lieu de travailler, dormir en plein midi!
Tu ne mérites pas que le soleil t'éclaire."
    — „Vous avez bien raison, ma foi,
Dit le dormeur, et mes torts sont sans nombre.
  Le soleil n'est pas fait pour moi:
Voilà pourquoi je me suis mis à l'ombre."

20. Le réveil du laboureur.

Hors du lit, il est temps: du coq la voix m'éveille,
Le vent du matin souffle, et l'oiseau chante au bois.
Voyez-vous le signal de l'aurore vermeille?
A l'appel du travail levez-vous, villageois!
Compagnons, armez-vous, puis alerte à l'ouvrage,
Le râteau sur l'épaule ou la bêche à la main!
A la vigne, aux jardins, aux champs, au pâturage!
L'heure sonne, en avant, et gaîment en chemin!

Delcasso.

21. La vraie charité.

Il ne s'agit point d'épuiser sa bourse et de verser l'argent à pleines mains; je n'ai jamais vu que l'argent fît aimer personne. Vous aurez beau ouvrir vos coffres; si vous n'ouvrez aussi votre cœur, celui des autres vous restera toujours fermé. C'est votre temps, ce sont vos soins, vos affections, c'est vous-même qu'il faut donner; car, quoi que vous puissiez faire, on sent toujours que votre argent n'est point vous. Il y a des témoignages d'intérêt et de bienveillance qui font plus d'effet et sont réellement plus utiles que tous les dons. Combien de malheureux, de malades, ont plus besoin de consolations que d'aumônes! combien d'opprimés à qui la protection sert plus que l'argent! Raccommodez les gens qui se brouillent, prévenez les procès, portez les enfants au devoir, les pères à l'indulgence, empêchez les vexations, employez, prodiguez votre crédit en faveur du faible à qui on refuse justice et que le puissant accable. Déclarez-vous hautement le protecteur des malheureux. Soyez juste, humain, bienfaisant. Ne faites pas seulement l'aumône, faites la charité; aimez les autres, et ils vous aimeront; servez-les, et ils vous serviront; soyez leur père, et ils seront vos enfants. *(J.-J. Rousseau)*.

22. La chemise d'un homme heureux.

Il était une fois un fils du grand Haroun-al-Raschid[1] qui n'était pas heureux. Il alla consulter un vieux derviche. Le sage vieillard lui répondit que le bonheur était chose difficile à trouver en ce monde. „Cependant, ajouta-t-il, je connais un moyen infaillible de vous procurer le bonheur. — Quel est-il? demanda le prince. — C'est, répondit le derviche, de mettre la chemise d'un homme heureux!"

Là-dessus le prince embrassa le vieillard et s'en fut à la recherche de son talisman. Le voilà parti. Il visite toutes les capitales de la terre. Il essaie des chemises de rois, des chemises d'empereurs, des chemises de princes, des chemises de seigneurs. Peine inutile. Il n'en est pas plus heureux! Il endosse alors des chemises d'artistes, des chemises de guerriers, des chemises de marchands. Pas davantage. Il fit ainsi bien du chemin sans trouver le bonheur. Enfin, désespéré d'avoir essayé tant de chemises, il revenait fort triste, un beau

---

[1] Haroun-al-Raschid, 765—809, calife de Bagdad, renommé pour sa puissance, sa générosité et son éloquence et dont la cour était remplie de savants et de poètes.

jour, au palais de son père, quand il avisa dans la campagne un brave laboureur, tout joyeux et tout chantant, qui poussait sa charrue. „Voilà pourtant un homme qui possède le bonheur, se dit-il. Es-tu heureux? — Oui! fait l'autre. — Tu ne désires rien? — Non. — Tu ne changerais pas ton sort pour celui d'un roi? — Jamais! — Eh bien, vends-moi ta chemise! — Ma chemise! je n'en ai point!" *(Jules Verne).*[1]

23. Bonhomme.

Vous ne savez pas mon âge:
J'ai bientôt quatre-vingts ans.
Après un si long voyage,
On a connu bien des gens.
Mais je suis bon camarade
Et toujours jeune d'humeur;
Je ne suis jamais malade,
J'ai bonne jambe et bon cœur.
    C'est Bonhomme
    Qu'on me nomme;
    Ma gaité c'est mon trésor,
    Et Bonhomme vit encor.[2] (bis.)

Il pleut: j'ai mon parapluie,
Il fait froid: j'ai mon manteau;
Si par hasard je m'ennuie,
Je m'en vais voir couler l'eau.
La nature tutélaire
Veille sur les passereaux;
Je laisse tourner la terre,
Je ne lis pas les journaux.
    C'est Bonhomme etc.

J'avais assez de richesse,
Mais je suis fort obligeant;
Ce qui fait qu'en ma vieillesse
Je n'ai pas beaucoup d'argent.

---

[1] Jules Verne, né à Nantes en 1828, romancier scientifique français, auteur des romans: Voyage au centre de la terre; Le Tour du monde en quatre-vingts jours; Voyage de la terre à la lune etc.

[2] Encor, en poésie, pour encore, comme certe pour certes, guères, jusques, avecque pour guère, jusque, avec, je voi, je frémi, je sai etc. pour je vois, je frémis, je sais etc.

A quoi pourrais-je prétendre?
Les petits vivent de peu;
J'ai du vin et du pain tendre
Et le soleil du bon Dieu.
  C'est Bonhomme etc.

Rien ne peut plus me surprendre,
Là-bas j'irai sans regret;
Et quand il faudra m'y rendre,
J'aurai mon paquet tout prêt.
J'ai fait quelque bien sur terre;
Bientôt je n'en ferai plus;
Quand je serai sous la pierre,
Je veux qu'on grave dessus:
  C'est Bonhomme
  Qu'on me nomme;
  Ma gaité fut mon trésor.
  Mon Bonhomme vit encor. (bis.)

Gustave Nadaud.[1]

24. La petite mendiante.

C'est la petite mendiante,
Qui vous demande un peu de pain;
Donnez à la pauvre innocente,
Donnez, donnez, car elle a faim.
Ne rejetez pas sa prière!
Votre cœur vous dira pourquoi —
J'ai six ans, je n'ai plus de mère;
J'ai faim, ayez pitié de moi!

Hier, c'était fête au village,
A moi personne n'a songé;
Chacun dansait sous le feuillage,
Hélas! et je n'ai pas mangé.
Pardonnez-moi, si je demande,
Je ne demande que du pain;
Du pain! je ne suis pas gourmande;
Ah! ne me grondez pas, j'ai faim!

N'allez pas croire que j'ignore
Que dans ce monde il faut souffrir;
Mais je suis si petite encore!
Ah! ne me laissez pas mourir;

---

[1] Gustave Nadaud, 1820—1893, musicien et chansonnier français.

Donnez à la pauvre petite,
Et pour vous comme elle prira!
Elle a faim, donnez, donnez, vite!
Donnez, quelqu'un vous le rendra!

Si ma plainte vous importune,
Eh bien! je vais rire et chanter;
De l'aspect de mon infortune
Je ne dois pas vous attrister.
Quand je pleure, l'on me rejette,
Chacun me dit: „Éloigne-toi!"
Écoutez donc ma chansonnette!
Je chante, ayez pitié de moi!

Boucher de Perthes.

25. Délicatesse d'un mendiant.

L'amiral de Châtillon, étant allé entendre la messe dans l'église des Jacobins, le jour de saint Dominique[1] un pauvre vint lui demander l'aumône dans le temps qu'il était le plus occupé à ses prières. Il fouilla dans sa poche, et donna à ce pauvre un grand nombre de pièces d'or, sans les compter et sans y faire réflexion. Cette grosse aumône éblouit le mendiant, qui en demeura tout surpris; et comme c'était un honnête homme, il vit bien que l'amiral s'était mépris: il ne crut pas pouvoir garder cette somme. Il attendit ce charitable seigneur à la porte de l'église, et quand il le vit sortir, il s'approcha de lui et lui dit: „Monseigneur, voilà ce que vous m'avez donné; vous vous êtes trompé, sans doute; reprenez, je vous supplie, ce qui ne m'était point destiné." L'amiral, surpris de cette grandeur d'âme, regarda ce pauvre avec bonté. „Il est vrai, mon ami, lui dit-il, que je ne croyais pas vous tant donner; mais puisque vous avez eu la générosité de vouloir me le rendre, j'aurai bien celle de vous le laisser."

(Jullien, Nouvelles dictées d'orthographe).

26. Le vin.

Quelques personnes donnent le nom de vin à toute liqueur sucrée qui a subi la fermentation alcoolique, expression qui sera expliquée dans l'une des leçons suivantes; mais le vin proprement dit, le vin véritable, est exclusivement fourni par

---

[1] Saint Dominique, 1170—1221, fondateur de l'ordre des dominicains; fête le 4 août.

le moût ou jus des raisins. Ce moût renferme au moins une douzaine de matières. L'une d'elles, la glucose ou sucre de raisin, en se convertissant en alcool, donne naissance à ce qu'on appelle la vinosité, c'est-à-dire à la force du vin. Quant aux autres, elles sont pour ainsi dire accessoires, et servent seulement à modifier la saveur du vin. On doit donc définir le vin: une liqueur alcoolique résultant de la fermentation du jus du raisin.

Tout le monde sait que les qualités du raisin, par conséquent, celles du vin, dépendent de plusieurs circonstances, telles que la nature du sol, le climat, l'exposition, le mode de culture, l'espèce de cépage, la marche des saisons aux époques qui influent le plus sur la maturité du fruit. Quel que soit le raisin employé, il faut toujours, pour qu'il puisse donner du vin, qu'il soit écrasé, afin que les substances qui le constituent soient en contact intime. Il faut, en outre, que le moût soit soumis à l'action de l'air, du moins pendant un certain temps.

Les vins sont en général blancs ou rouges, mais avec des nuances intermédiaires qui varient à l'infini.

La fabrication du vin rouge comprend quatre opérations, savoir: la vendange, le foulage, la fermentation du moût et le décuvage.

La v e n d a n g e est la récolte du raisin. Elle se fait quand les raisins sont mûrs, ce qui n'a pas lieu à la même époque dans tous les pays.

Dans le f o u l a g e, on se propose d'écraser les raisins pour en exprimer le jus. Ici encore, on ne procède pas partout de la même manière. Le plus souvent, on les fait piétiner par des hommes ou passer entre deux cylindres tournant en sens opposés. Dans certaines localités, on se contente d'égrapper le raisin, c'est-à-dire de séparer les grains de la râfle.

La f e r m e n t a t i o n est la partie la plus importante de la fabrication, puisque c'est par elle que le jus de raisin, ou moût, se convertit en vin. Elle commence aussitôt après le foulage. Il se produit alors dans ce jus un changement profond, accompagné d'une grande élévation de température, à la faveur de laquelle la matière sucrée du raisin se décompose en donnant naissance à du gaz acide carbonique, qui se répand dans l'atmosphère, et à de l'alcool, qui reste dans la masse. A mesure que toutes ces choses se produisent, le moût perd sa douceur, se colore en rouge et acquiert la saveur vineuse, en d'autres termes, il se change en vin.

Le d é c u v a g e consiste à soutirer le vin pour le distribuer dans les tonneaux où il doit être conservé. Quand on a retiré tout le vin qui peut s'écouler de lui-même, on enlève le marc, c'est-à-dire les râfles et les pellicules, et on le porte au pressoir pour en extraire les portions de liquide qu'il retient encore. On presse ordinairement à plusieurs reprises, et chaque fois l'on obtient un vin de qualité inférieure qu'on garde le plus souvent dans des vases particuliers.

Des témoignages irrécusables prouvent que l'art de fabriquer le vin remonte aux premiers âges du monde, et qu'il a été inventé dans l'Asie-Mineure, sur les versants méridionaux de la chaîne de montagnes où l'Euphrate prend sa source. Les Livres saints nous apprennent, en effet, que le patriarche Noé, quand il sortit de l'arche, s'empressa de planter la vigne et de faire du vin. *(P. Maigne, Nouvelles leçons de choses)*.

27. La chasse.

Un jour je chassais avec un camarade; nous trouvâmes une famille de coqs de bruyère. La mère prit son vol, nous tirâmes; elle fut blessée, mais ne tomba pas et s'envola plus loin avec ses petits. Je voulais les poursuivre.

— Restons plutôt ici, me dit mon camarade; nous imiterons leur cri et toute la bande sera bientôt revenue.

Mon camarade savait merveilleusement imiter le cri du coq de bruyère. Il commença à appeler et, en effet, un jeune coq de bruyère répondit d'abord, puis un second, puis la mère elle-même, qui répondait avec un cri si doux, tout près... Je levai la tête et je l'aperçus qui venait vers nous en toute hâte, à travers les fouillis des brins d'herbe; sa poitrine était en sang. Evidemment, son cœur de mère n'avait pu y tenir: elle voulait détourner notre attention. En cet instant, je me fis l'effet d'un monstre de cruauté. Je me levai en frappant dans mes mains. La mère s'envola aussitôt, et les petits se turent. Mon camarade était furieux; il me regarda comme un fou.

— Tu as gâté toute notre chasse! me disait-il.

Mais, à partir de ce jour-là, tuer, verser du sang, me devenait de plus en plus odieux. *(Tourgueneff; Écho littéraire)*.

28. La vigne.

Près de mourir, un père dit à ses trois fils: „Mes chers enfants, je ne puis rien vous laisser que cette chaumière et la vigne qui en dépend. Dans cette dernière est enfoui un trésor. Mettez-vous à piocher sans relâche, et vous ne manquerez pas de le trouver."

Après sa mort, les fils n'eurent rien de plus pressé que de retourner toute l'étendue de la vigne avec diligence, mais ils ne trouvèrent ni or, ni argent. Comme ils n'avaient jamais remué le terrain avec autant de soin, il produisit cette année une telle quantité de raisins, qu'ils en furent tout surpis et tout heureux.

Ce n'est qu'alors qu'ils devinèrent ce que leur père avait entendu par le trésor caché.

29. L'automne.

Voici le riche automne
Où le bon Dieu nous donne
Tous les fruits les plus beaux.
La grappe s'est mûrie,
Et la pomme rougie
Pend à mille rameaux.

Leur feuille s'est dorée
Et la terre est parée
Des plus vives couleurs.
Et dans le fond des plaines,
Les montagnes lointaines
Sont comme des vapeurs.

Les troupeaux des montagnes,
Descendus aux campagnes,
Y paissent lentement,
Tandis que la charrue
Avec effort remue
Le sillon qu'elle fend.

Sur l'eau du lac tranquille
Glisse la barque agile
Du robuste pêcheur.
Et parmi la bruyère
Fuit la perdrix légère
Que poursuit le chasseur.

Malan.

30. La feuille.

„De ta tige détachée,
Pauvre feuille desséchée,
Où vas-tu?" — „Je n'en sais rien;
L'orage a frappé le chêne
Qui seul était mon soutien.
De son inconstante haleine
Le zéphyr ou l'aquilon,
Depuis ce jour me promène
De la forêt à la plaine,
De la montagne au vallon;
Je vais où le vent me mène,
Sans me plaindre ou m'effrayer;
Je vais où va toute chose,
Où va la feuille de rose
Et la feuille de laurier.

Arnault.[1]

---

[1] Arnault, 1766—1834, poète tragique et fabuliste français.

31. L'hôte.

L'hôte chez qui je m'endormis
  Était un galant homme:
Sur une perche il avait mis
  Pour enseigne une pomme.

C'est le bon pommier dont l'abri
  M'accueillit à la brume:
D'un doux repas il m'a nourri
  Et d'une fraîche écume.

Dans son palais tout verdoyant,
  Une foule emplumée,
Sautant à l'aise et festoyant,
  Chanta sous la ramée.

J'eus un bon lit, bien doux et vert,
  Aussitôt qu'il fit sombre;
Fraîchement l'hôte m'a couvert
  Lui-même avec son ombre.

Au départ: „Que vous dois-je? — Rien."
  Dit-il, branlant la tête.
Béni soit l'hôte qui si bien
  M'a fait accueil et fête!

Traduit de l'allemand par Marc-Monnier.

VIII.

32. Le rossignol émigrant.

„Que ne restes-tu en France, pauvre rossignol isolé? que n'imites-tu la timidité de tant d'oiseaux qui ne vont qu'en Provence? Là, derrière un rocher, tu trouverais un hiver d'Asie ou d'Afrique. La gorge d'Ollioules[1] vaut bien les vallées de Syrie."

„Non, il me faut partir. Mon berceau m'appelle; il faut que je revoie ce ciel éblouissant, que je me pose sur la rose d'Asie, que je me baigne de soleil..."

Donc il part; mais le cœur doit lui battre dès l'approche des Alpes, quand les cimes neigeuses annoncent la porte redoutable où posent sur leurs rocs les cruels fils du jour et de la nuit, le vautour, l'aigle, tous les brigands crochus, altérés de sang. Je me figure qu'alors le pauvre petit musicien, dont la voix est éteinte, non la fixe pensée, se pose pour bien songer

---

[1] Ollioules, ville de Provence.

encore avant d'entrer dans le long piège du défilé de la Savoie. Il s'arrête à l'entrée, sur quelque maison amie, délibère et se dit: „Si je passe de jour, ils sont tous là. Ils savent la saison. L'aigle fond sur moi, je suis mort. Si je passe de nuit, le grand-duc,[1] le hibou, l'armée des horribles fantômes, aux yeux grandis dans les ténèbres, me prend, me porte à ses petits... Las! que ferai-je?... J'essaierai d'éviter et la nuit et le jour. Aux sombres lueurs du matin, quand l'eau froide détrempe et morfond sur son aire la grosse bête féroce qui ne sait pas bâtir un nid, je passe inaperçu... Et quand elle me verrait, j'aurais passé avant qu'elle pût mettre en mouvement le pesant appareil de ses ailes mouillées."

Bien calculé. Pourtant vingt accidents surviennent. Parti en pleine nuit, il peut, dans cette longue Savoie, rencontrer de front le vent d'est qui s'engouffre et qui le retarde, qui brise son effort et ses ailes... Dieu! il est déjà jour... Ces mornes géants, en octobre, déjà vêtus de blancs manteaux, laissent voir sur leur neige immense un point noir qui vole à tire d'ailes.

Un effort l'a sauvé. La tête en bas, il plonge, il tombe en Italie. A Suze[2] ou vers Turin, il niche, il raffermit ses ailes. Il se retrouve au fond de la gigantesque corbeille lombarde, de ce grand nid de fruits et de fleurs où 'écouta Virgile.[3] La terre n'a pas changé; aujourd'hui, comme alors, le paysan italien poursuit le rossignol. Mangeur d'insectes si utile, il est proscrit comme un mangeur de grains. Qu'il passe donc, s'il peut, l'Adriatique, d'île en île, malgré les corsaires ailés qui veillent sur les écueils! Il arrivera peut-être à la terre sacrée des oiseaux, à la bonne, hospitalière et plantureuse Égypte, où tous sont épargnés, nourris et bien reçus.

N'y reste pas longtemps, pauvre voyageur; ta saison ne durera guère. Le vent destructif du désert s'en va souffler à mort, sécher, faire disparaître ta maigre nourriture. Souviens-toi du vieux nid que tu as laissé dans nos bois, du doux ciel de la France! (D'après *Michelet*).[4]

---

[1] Grand-duc: un oiseau de proie (allem. Uhu).

[2] Suze: ville d'Italie, au débouché des routes du mont Cenis et du mont Genèvre.

[3] Virgile, 70—1 av. J.-C., célèbre poète latin, né près de Mantoue, auteur de l'Énéide et des Géorgiques; dans ce dernier poème, V. nous dit que le paysan italien poursuivait déjà le rossignol (v. Géorg. l. IV, v. 511—15).

[4] Jules Michelet, illustre historien français, 1798—1874, auteur de l'Histoire de France et de l'Histoire de la Révolution.

33. Insectes venimeux.

Au premier rang des insectes venimeux de nos climats se placent les abeilles et les mouches.

La piqûre des abeilles fait une blessure très douloureuse, qui devient le point de départ d'une inflammation plus ou moins considérable. Ces accidents sont dus à la fois à l'aiguillon barbelé qui reste dans la plaie et à un venin particulier qu'un appareil spécial introduit dans celle-ci. Toutefois, ils ne sont vraiment dangereux que lorsqu'on a été piqué par un très grand nombre d'insectes; mais alors ils peuvent devenir très graves, même mortels.

Quand les piqûres sont en petit nombre, on les touche deux ou trois fois avec un linge fin trempé dans de l'eau salée, de l'eau de savon, ou, ce qui est préférable, dans de l'alcali volatil étendu[1] d'eau. La douleur une fois calmée, on extrait le dard avec précaution, soit avec les doigts, soit avec une petite pince, après quoi on place sur les piqûres des compresses d'eau salée ou vinaigrée, qu'on renouvelle tous les quarts d'heure. Si la souffrance est très vive, on la diminue en peu de temps avec des cataplasmes froids de mie de pain et de lait.

Lorsque les piqûres sont très nombreuses et que l'inflammation est arrivée à un très haut degré d'intensité, on ne peut souvent arrêter le mal qu'en arrosant, pendant plusieurs heures, les parties atteintes avec de l'eau vinaigrée très froide; quelquefois même, on est obligé de mettre le malade dans un bain frais d'eau vinaigrée.

Les piqûres faites par les bourdons, les guêpes et les frelons se traitent de la même manière que celles des abeilles, mais elles sont généralement plus faciles à guérir, parce qu'il est rare qu'elles contiennent l'aiguillon.

Les piqûres des mouches ne sont à redouter que lorsque ces insectes ont pris leur nourriture sur des viandes en putréfaction ou sur des cadavres d'animaux morts de quelque maladie contagieuse, parce que, dans ce cas, elles produisent des accidents d'une extrême gravité, le plus souvent même mortels. Dans l'incertitude, il est toujours prudent de les traiter avec énergie.

Contrairement à l'opinion commune, les piqûres des araignées n'ont rien qui doive effrayer. Il se montre seulement autour de la petite plaie une légère enflure, qui disparaît d'elle-même au bout de peu de temps. Il faut en dire

---
[1] Étendu d'eau: mêlé d'eau.

autant des piqûres faites par les fourmis et les chenilles. Quand elles donnent lieu à des douleurs trop vives, on peut les calmer en y appliquant un morceau de linge imbibé d'huile d'olive. (*P. Maigne, Lectures variées*).

34. Tel père, tel fils.

Un jeune homme qui était sur le point de se marier résolut de chasser son père de la maison et de le reléguer à la campagne. Il craignait que la compagnie du vieillard ne déplût à sa jeune femme. Son père avait plus de cent ans et était hors d'état de lui résister. Il le fit monter sur un chariot et le mena jusqu'à la porte d'une pauvre métairie qu'ils avaient dans la campagne; c'était dans cette métairie qu'il voulait l'enfermer.

„Mon fils, dit le vieillard, je vois ce que tu veux faire. Mais je ne te demande qu'une chose: c'est de me conduire au moins jusqu'à la table de pierre qui est dans ce jardin."

Le fils conduisit son père jusqu'à cette table. Quand ils furent arrivés:

„Maintenant tu peux partir et m'abandonner, dit le vieillard. C'est ici qu'autrefois j'ai amené mon père et que je l'ai abandonné.

— Ah! mon père! s'écria le jeune homme, si j'ai des enfants, c'est donc ici qu'ils m'amèneront à mon tour!"

Et alors, reconduisant son père à la ville, il lui donna la plus belle chambre de sa maison et la place la plus honorable à son repas de noce. (*Saint-Marc Girardin*).

35. Les oiseaux.

L'hiver, redoublant ses ravages
Désole nos toits et nos champs;
Les oiseaux sur d'autres rivages
Portent leurs amours et leurs chants.
Mais le calme d'un autre asile
Ne les rendra pas inconstants.
Les oiseaux que l'hiver exile
Reviendront avec le printemps.

A l'exil le sort les condamne,
Et plus qu'eux nous en gémissons:
Du palais et de la cabane
L'écho redisait leurs chansons.

Qu'ils aillent d'un bord plus tranquille
Charmer les heureux habitants.
Les oiseaux que l'hiver exile
Reviendront avec le printemps.

Oiseaux fixés sur cette plage,
Nous portons envie à leur sort;
Déjà plus d'un sombre nuage
S'élève et gronde au fond du Nord.
Heureux qui, sur une aile agile,
Peut s'éloigner quelques instants!
Les oiseaux que l'hiver exile
Reviendront avec le printemps.

Ils penseront à notre peine,
Et, l'orage enfin dissipé,
Ils reviendront sur le vieux chêne
Que tant de fois il a frappé,
Pour prédire au vallon fertile
De beaux jours alors plus constants.
Les oiseaux que l'hiver exile
Reviendront avec le printemps.

Béranger.[1]

36. Le rossignol et le prince.

Un jeune prince, avec son gouverneur,
Se promenait dans un bocage
Et s'ennuyait, suivant l'usage;
C'est le profit de la grandeur.
Un rossignol chantait sous le feuillage;
Le prince l'aperçoit et le trouve charmant,
Et, comme il était prince, il veut dans le moment
L'attraper et le mettre en cage.
Mais pour le prendre il fait du bruit.
Et l'oiseau fuit.
Pourquoi donc, dit alors son altesse en colère,
Le plus aimable des oiseaux
Se tient-il dans les bois, farouche et solitaire,
Tandis que mon palais est rempli de moineaux?
C'est, lui dit le mentor, afin de vous instruire
De ce qu'un jour vous devez éprouver:
Les sots savent tous se produire;
Le mérite se cache, il faut l'aller trouver.

Florian.[2]

[1] Béranger, 1780—1857, le plus célèbre chansonnier français.
[2] Florian, 1755—1794, après La Fontaine, le fabuliste français le plus remarquable.

37. Les accidents.
a. L'asphyxie.

Des divers accidents auxquels nous sommes généralement exposés, l'asphyxie est certainement un des plus fréquents et des plus graves. Il n'est donc pas inutile de savoir dans quelles circonstances elle se produit, et par quels moyens il est possible, soit de la prévenir, soit de la combattre une fois qu'elle a pris naissance.

Disons d'abord ce qu'on entend par asphyxie. On appelle ainsi un état de mort apparente qui commence toujours par l'arrêt de la respiration, et qui, si l'on n'y apporte un prompt remède, amène très souvent la mort réelle. Elle a lieu parce que l'air ne peut pénétrer dans les poumons, ou parce que celui qui y pénètre est tellement vicié, qu'il est impropre à la vie. Les causes qui la déterminent ordinairement sont les suivantes: la vapeur du charbon, les émanations des puits, des puisards, des égouts, des fosses d'aisances, des cuves à vin, etc.; la strangulation, le froid, la chaleur et la foudre.

Le charbon donne lieu, en brûlant, à la production de gaz dangereux, dont l'ensemble constitue ce que, dans le langage vulgaire, on appelle la „vapeur du charbon." Cette vapeur a une odeur désagréable, caractéristique, qui provoque des envies de vomir, une certaine tendance au sommeil, et un mal de tête très incommode.

La braise, nul ne l'ignore, n'est que du charbon éteint et mal consumé. On s'imagine généralement qu'elle n'offre plus le même danger d'asphyxie que le charbon ordinaire. C'est une erreur, que nous devons d'autant plus combattre que, chaque année, elle coûte la vie à plusieurs imprudents. Bien loin d'être inoffensive, la braise est, au contraire, plus redoutable que le charbon, à cause de la fausse sécurité qu'elle inspire parce qu'elle n'exhale pas la mauvaise odeur de ce dernier.

Il n'existe qu'un moyen de prévenir les funestes effets de la vapeur du charbon, c'est de ne brûler le charbon ou la braise que dans des appartements où l'air se renouvelle sans cesse, et dans des appareils munis de cheminées qui enlèvent les produits de la combustion à mesure qu'ils se forment. Une autre précaution non moins importante, c'est de ne jamais, sous prétexte de conserver la chaleur dans une chambre pendant la nuit, fermer le tuyau des poêles où le combustible n'est pas entièrement consumé.

Une particularité connue de tout le monde, c'est que, la vapeur du charbon étant plus pesante que l'air, une très petite partie seulement se mélange à ce dernier, tandis que tout le reste retombe près du sol. De là cette conséquence que, dans une chambre où elle est très abondante, c'est sur les enfants et sur les personnes assises qu'elle exerce son action avec le plus d'énergie.

A quels signes peut-on reconnaître qu'on est exposé à l'asphyxie par la vapeur du charbon? On éprouve d'abord une grande pesanteur de tête, des vertiges, des troubles de la vue, des bourdonnements d'oreilles, une envie de dormir presque irrésistible. Bientôt la respiration devient plus difficile et plus lente, tous les organes s'affaiblissent peu à peu. Enfin, on tombe dans un engourdissement que ne tarde pas à remplacer le sommeil de la mort. Si, aux premiers symptômes, on a la présence d'esprit d'ouvrir les portes et les croisées, on est toujours sauvé; mais le danger est des plus graves si l'on s'endort, car, à moins d'un secours très prompt, on est exposé à ne pas se réveiller.

b. La submersion.

Outre les accidents souvent mortels, qui peuvent arriver quand on se baigne aussitôt après les repas, les nageurs sont exposés à des dangers d'une nature particulière, qui sont dus aux crampes, aux plantes aquatiques et aux tourbillons. Toutefois, ces dangers ne sont pas aussi redoutables qu'on le croit vulgairement; ils n'ont même rien de bien effrayant pour ceux qui peuvent conserver leur sang-froid.

Par crampe, on entend la contraction nerveuse d'un muscle. Elle est toujours accompagnée d'une douleur excessivement vive, et paralyse immédiatement le muscle qui en est le siège. Les crampes qu'éprouvent ordinairement les nageurs sont celles du mollet. Aussitôt qu'on en ressent les premières atteintes, il faut faire ce qu'on appelle la planche, c'est-à-dire se mettre sur le dos et se maintenir avec les mains. En même temps, on remue le pied de manière à en relever la pointe en avant, comme fait celui qui veut marcher sur les talons. Si, après avoir répété ce mouvement pendant quelques secondes, la douleur ne disparait point, la prudence veut qu'on se hâte, tout en continuant de faire la planche, de regagner le bord.

Les tourbillons sont ces mouvements rapides et circulaires qui se produisent parfois à la surface des fleuves et des rivières.

Quand, par hasard, vous passez dans un tourbillon, ou qu'un courant vous y a conduit, ne cherchez pas à lui échapper.

Vous tourneriez sans cesse sur vous-même, vos forces ne tarderaient pas à s'épuiser, et vous péririez infailliblement. Laissez au tourbillon lui-même le soin de vous tirer de votre position, car lui seul peut vous sauver.

Voyez ce qui arrive lorsqu'on jette un corps inerte, comme une feuille ou un morceau de bois, dans un tourbillon. L'objet pivote sur lui-même, puis disparaît. Sous l'eau, il continue à tourner, mais le cercle qu'il trace va toujours en augmentant, et il finit par arriver en un point où l'action du tourbillon ne se fait plus sentir. Il rentre alors dans la partie calme du courant, remonte à la surface et continue sa course. C'est l'affaire de quelques secondes."

Disons maintenant comment on doit s'y prendre pour sauver une personne qui se noie. „Quel que soit votre empressement à soustraire quelqu'un à la mort cruelle qui l'attend sous les eaux, gardez-vous de vous approcher de lui de manière qu'il puisse vous saisir par la jambe, le bras ou le corps; il ne vous lâcherait pas, et fussiez-vous le plus adroit, le plus vigoureux, le plus habile des nageurs, vous succomberiez avec lui. Surtout, cachez-vous à ses regards, autant qu'il vous sera possible. Avant de le saisir, examinez ses mouvements, passez derrière lui, profitez du moment où vous pourrez le prendre avec vos mains sous les aisselles, et, en nageant vigoureusement avec les pieds, faites-le remonter sur l'eau, et poussez-le vers la rive la plus voisine. Si vous êtes persuadé qu'il ait perdu l'usage des sens, vous pouvez sans risque le saisir par les cheveux et le tirer ainsi sur le dos jusqu'à ce que vous l'ayez déposé sur le rivage."

(*P. Maigne, Lectures variées*).

38. Une ruse sublime.

On raconte que, dans la dernière insurrection de la Pologne, un chef polonais sauva la petite troupe qu'il commandait par un acte de sublime dévouement. Il venait de faire traverser une rivière à ses soldats, et avait voulu rester le dernier sur la rive par où pouvait venir l'ennemi. Tout à coup, en effet, au moment où les derniers de ses hommes disparaissaient dans les roseaux de la rive opposée, il voit accourir sur lui un bataillon russe. Immobile, il attend. On le saisit, on l'interroge, on veut lui faire dire que les Polonais ont passé par là. „Je n'en sais rien, répond-il. — La rivière est-elle guéable? — Je l'ignore." Alors on lui ordonne d'entrer dans l'eau; on veut s'assurer par lui-même que le passage est praticable. Sa résolution est bientôt prise. A tout prix, il faut faire croire à l'ennemi que la traversée est dangereuse, impossible: il faut gagner du temps. S'il passe, les Russes le suivent, et les Polonais, rejoints par une troupe deux fois plus forte, sont perdus sans ressource. Il avance donc dans l'eau, et feint d'enfoncer brusquement jusqu'à la ceinture, puis jusqu'aux épaules, enfin de perdre pied comme dans une eau profonde. Entraîné, roulé par le courant, il pousse jusqu'au bout sa généreuse ruse et son sacrifice: il se laisse noyer sous les yeux des Russes, persuadés que la rivière était un gouffre. Quand on découvrit ensuite la vérité, il était trop tard: la troupe polonaise était hors d'atteinte: elle était sauvée.

Marion.

39. Le tombeau d'un enfant.

Au milieu du grand cimetière
Dont le sol a bu bien des pleurs
On rencontre une blanche pierre,
Etroite et couverte de fleurs.

La croix en est simple et petite,
Elle fait rêver le passant,
Et l'œil y reconnaît bien vite
Le tombeau d'un petit enfant.

Chaque jour une pauvre mère,
Au regard de larmes voilé,
Vient auprès de la froide pierre
Rêver à son ange envolé.

Le soir il souriait encore
A sa mère, dans le berceau;
Mais, hélas! lorsque vint l'aurore,
Il était froid pour le tombeau.

Je vais souvent, au cimetière,
Pour me délasser du chemin,
M'asseoir un moment sur la pierre
Où dort le petit chérubin.

Car cette tombe solitaire
Annonce toujours à mes yeux
Un enfant de moins sur la terre
Un ange de plus dans les cieux.

Besse.

40. Jeune fille et jeune fleur.

Il descend, ce cercueil et les roses sans taches
Qu'un père y déposa, tribut de sa douleur,
Terre, tu les portas; et maintenant tu caches
    Jeune fille et jeune fleur.

Ah! ne les rends jamais à ce monde profane,
A ce monde de deuil, d'angoisse et de malheur;
Le vent brise et flétrit, le soleil brûle et fane
    Jeune fille et jeune fleur.

Tu dors, pauvre Élisa, si légère d'années,
Tu ne crains plus du jour le poids et la chaleur!
Vous avez achevé vos fraîches matinées,
    Jeune fille et jeune fleur.

Mais ton père, Élisa, sur ta cendre s'incline,
De ton front jusqu'au sien a monté la pâleur,
Et vieux chêne, le temps fauche sur ta racine
    Jeune fille et jeune fleur.

Chateaubriand.[1]

41. Les matières dont on fait le papier.

Malgré les innombrables recherches auxquelles les savants se sont livrés, il a été jusqu'à présent impossible de découvrir l'origine de l'écriture, telle que nous la connaissons aujourd'hui. Dans tous les cas, une fois inventée, on s'est servi des substances les plus diverses pour en fixer les signes. Depuis environ dix ou onze siècles, on emploie généralement le p a p i e r.

Quelle est la matière première du papier? C'est la substance qui forme la partie solide de tous les végétaux, et que les savants appellent cellulose. Quand elle est pure, elle est d'un blanc presque parfait et comme diaphane. Toutes les plantes pourraient donc servir à faire du papier, puisqu'elles renferment toutes de la cellulose. Malheureusement, celles qu'il est possible d'utiliser sont en fort petit nombre, parce que la cellulose s'y trouve accompagnée de corps étrangers dont il est toujours fort difficile, souvent même impossible de la débarrasser économiquement.

Pendant des siècles, on n'a su faire usage que du chanvre, du lin et du coton. On les a toujours employés à

---

[1] Chateaubriand, 1768—1848, illustre écrivain fr., auteur du Génie du Christianisme, d'Atala, de l'Itinéraire de Paris à Jérusalem, etc.

l'état de chiffons, parce qu'ils n'ont pu arriver à cet état qu'après avoir subi de nombreuses manipulations, surtout celles du blanchiment et du blanchissage, qui ont précisément séparé la cellulose des corps étrangers dont il vient d'être question. Actuellement, on n'a recours au chanvre et au lin que pour les papiers de choix, tels que ceux qui doivent durer longtemps. Pour les sortes plus ou moins communes, on se sert du coton, quelquefois pur, le plus souvent additionné de paille, de bois, de fibres de Sparte ou d'Alfa. Sous ces deux derniers noms, on désigne des plantes de la même famille que le blé, qui croissent dans toute l'Afrique du Nord, principalement en Tunisie et en Algérie.

(P. Maigne, *Nouvelles leçons de choses*).

42. La fabrication du papier.

Les jours où il n'y avait pas de classes d'adultes, André passait la soirée avec son frère et la mère Gertrude. Le temps alors s'écoulait encore plus gaiment que de coutume, car André avait toujours quelque chose à raconter.

Un soir, il arriva tout joyeux de l'atelier.

— Julien, dit-il à son frère, si tu avais pu voir ce que j'ai vu aujourd'hui, cela t'aurait bien intéressé.

— Qu'as-tu donc vu? fit l'enfant en s'approchant pour mieux écouter.

La mère Gertrude elle-même, qui était en train de tailler le pain pour la soupe, s'interrompit et releva ses lunettes en signe d'attention.

— Imaginez-vous, dit André, que j'ai accompagné le premier ouvrier du patron qui allait faire une réparation dans une usine. Cet ouvrier, qui est savant, connait les machines et ne s'en étonnait guère; mais moi, c'est la première fois que j'en voyais marcher; aussi cela me faisait l'effet d'un rêve.

— Pourquoi donc, André? s'écria Julien.

— Racontez-nous ce que vous avez vu, reprit la mère Gertrude, ce sera comme si nous étions allés avec vous; pendant ce temps je tremperai la soupe.

— Eh bien, reprit André, nous sommes allés à une grande papeterie; il parait qu'il y en a plusieurs aux environs d'Épinal.[1] Tu sais, Julien, que le papier est fait avec des chiffons réduits en pâte.

---

[1] Épinal, ville située dans les Vosges, renommée pour ses imageries, c.-à-d. fabriques de feuilles pleines d'images.

— Oui, dit Julien, avec de vieux chiffons, de la paille et d'autres choses.

— Eh bien, reprit André, j'ai vu aujourd'hui des chiffons devenir du papier, et cela se faisait tout seul: les ouvriers n'avaient qu'à regarder et à surveiller la machine. Au fond de la salle, les chiffons étaient dans de grandes cuves, où j'entendais remuer une sorte de maillet qui les broyait pour en faire de la bouillie.

— C'était donc comme dans la baratte de la fermière?

— Justement; mais le marteau remuait tout seul. Je voyais ensuite la bouillie jaillir de la cuve et tomber sur des tamis percés de mille petits trous: ces tamis s'agitaient comme si une main invisible les eût secoués. Alors, peu à peu, la bouillie s'égouttait. Ensuite elle s'engageait entre des rouleaux, qui sont chauffés à l'intérieur tout exprès pour la dessécher, et elle passait de rouleau en rouleau. M'écoutes-tu, Julien?

— Oui, André, et je crois voir tout ce que tu me dis. Cela faisait comme lorsque Mme Gertrude prépare un gâteau avec de la pâte: elle se sert d'un rouleau pour étendre la pâte et l'amincir.

— C'est cela même; seulement les rouleaux de la papeterie tournaient tout seuls sans qu'on pût deviner qui les mettait en mouvement. Puis, sais-tu ce qui sortait à la fin de toute cette rangée de rouleaux? C'était une interminable bande de papier blanc, qui se déroulait sans cesse comme un large ruban. La machine elle-même coupait cette bande comme avec des ciseaux, et les feuilles de papier tombaient alors toutes faites: les ouvriers n'avaient qu'à les ramasser. N'est-ce pas merveilleux, Julien? à un bout de la grande salle, on voit des chiffons et une bouillie blanche; à l'autre bout, des feuilles de papier sur lesquelles on pourrait tout de suite écrire; et il ne faut pas plus de deux minutes pour que la bouillie se change ainsi en papier.

— Oh! j'aimerais bien voir cela, moi aussi, dit Julien.

— On m'a dit, reprit André, que tout le long de la France nous rencontrerions bien d'autres machines aussi belles et aussi commodes, qui font toutes seules la besogne des ouvriers et travaillent à leur place, et je m'en suis revenu émerveillé de l'industrie des hommes.

(Bruno, *Le tour de la France*).

43. Plumes à écrire et encre.

C'est avec des r o s e a u x d'un très petit diamètre qu'on a d'abord écrit avec de l'encre sur le parchemin et le papier. Il est déjà question de cet usage dans la Bible, à l'époque du roi David. Il existe même encore chez plusieurs peuples orientaux. Les plumes d'oiseau commencèrent à être employées environ cent ou cent cinquante ans après Jésus-Christ, mais elles ne remplacèrent entièrement les roseaux que vers le neuvième ou le dixième siècle. Quant aux plumes métalliques, bien qu'elles ne soient devenues à la mode qu'à notre époque, elles ont cependant une origine très ancienne. Il a été, en effet, établi que, dès le sixième siècle, les patriarches de Constantinople s'en servaient pour signer leurs actes; on sait aussi que, pendant le moyen âge, dans plusieurs couvents, elles faisaient partie du bagage des copistes, et qu'au dix-septième siècle, les instituteurs de Port-Royal[1] en donnaient à leurs écoliers. Dans tous les cas, elles n'ont commencé à se répandre qu'à partir de 1820, époque à laquelle, en employant des matières bien choisies et des moyens d'exécution perfectionnés, les Anglais réussirent à les faire meilleures et à bon marché. Ces petits instruments se font en découpant des feuilles d'acier, puis soumettant chaque fragment à des opérations particulières.

De tout temps, pour l'usage ordinaire, on s'est universellement servi d'encre noire. Celle des anciens était un simple mélange d'eau gommée et de noir de charbon préparé de différentes manières. Celle des modernes a pour éléments principaux la noix de galle et le sulfate de fer. Inventée au commencement du dixième siècle, elle n'a cessé depuis d'être employée dans tous les pays. Ce qui la caractérise, c'est, quand elle est bien faite, d'être très fluide, pénétrante, d'une durée presque indéfinie, et d'une nature telle, que si, avec le temps, elle s'affaiblit assez pour rendre la lecture difficile, on peut toujours la faire reparaître. Comme elle attaque les plumes métalliques et les détruit rapidement, on a imaginé de nos jours de la remplacer par des encres nouvelles qui ne présentent pas cet inconvénient, du moins au même degré; mais la plupart de ces préparations ont le grave défaut de n'être pas à l'abri de l'épreuve du temps.

(P. Maigne, Nouvelles leçons de choses.)

44. La pêche.

Un laboureur, étant allé un jour à la ville voisine, y avait acheté cinq magnifiques pêches et les avait rapportées

---

[1] Port-Royal, près de Chevreuse (à l'est de Paris), abbaye de femmes, plus tard maison de retraite où de savants solitaires composèrent d'excellents ouvrages.

pour sa femme et ses quatre fils. Les enfants admirèrent beaucoup ces beaux fruits, qu'ils n'avaient jamais vus auparavant.

Le lendemain, le père s'informa de l'usage que chaque enfant avait fait de la pêche qu'il lui avait donnée.

„Cher papa, dit l'aîné, j'ai mangé la mienne et je l'ai trouvée délicieuse. J'ai gardé soigneusement le noyau, que je mettrai en terre pour en avoir un arbre." „Bien! dit le père, tu as pensé à l'avenir, en homme sage et prudent."

„Moi, s'écria le plus jeune, j'ai mangé la mienne et de plus la moitié de celle de maman. Puis, regardant les deux noyaux comme inutiles, je les ai jetés." „La conduite que tu as tenue, répliqua le père, n'est ni sage ni prudente; mais elle peut être excusée chez un enfant de ton âge. Quand tu seras grand, tu agiras avec plus de prudence."

Le second fils dit alors: „J'ai ramassé les noyaux que mon petit frère avait jetés, je les ai cassés, j'en ai extrait les amandes et je les ai mangées. Mais je n'ai pas mangé ma pêche; je l'ai vendue et j'en ai reçu assez d'argent pour pouvoir en acheter peut-être une douzaine." — „J'ai bien peur, mon enfant, dit le père, que plus tard tu ne t'adonnes à l'avarice."

„Et toi, Edmond, as-tu mangé ta pêche, comme les autres?" — „Non, je ne l'ai pas mangée, répondit Edmond. Je l'ai portée au fils de notre voisin, au pauvre George, qui a la fièvre. Il n'a pas voulu la prendre, mais je l'ai mise sur son lit." — „Eh bien! demanda le père, quel est celui qui a fait le meilleur usage de sa pêche?" — „C'est celui qui l'a donnée, c'est Edmond," crièrent les enfants tout d'une voix.

45. La cigale et la fourmi.

La cigale, ayant chanté,
  Tout l'été,
Se trouva fort dépourvue,
Quand la bise fut venue;
Pas un seul petit morceau
De mouche ou de vermisseau.
Elle alla crier famine
Chez la fourmi, sa voisine,
La priant de lui prêter
Quelque grain pour subsister
Jusqu'à la saison nouvelle:
„Je vous pairai," lui dit-elle,
„Avant l'août, foi d'animal,
Intérêt et principal."

  La fourmi n'est pas prêteuse;
C'est là son moindre défaut. —
„Que faisiez-vous au temps chaud?"
Dit-elle à cette emprunteuse.
 — „Nuit et jour, à tout venant,
Je chantais, ne vous déplaise."
 — „Vous chantiez; j'en suis fort aise.
Eh bien! dansez maintenant!"

La Fontaine

46. Tableau.

Dans un grand fauteuil l'aïeule est assise,
Et l'humble foyer flambe en pétillant.
Près d'elle accroupie, une chatte grise
Fixe sur la flamme un œil scintillant.

La dame médite un verset biblique :
Sur ses deux genoux le livre est ouvert.
La chatte, plissant sa paupière oblique,
Près de s'endormir, cligne son œil vert.

Et l'aïeule aussi, d'idée en idée,
Vers la sainte page, après maint effort,
Penche lentement sa tête ridée,
La lève en sursaut, puis cède, et s'endort.

La dame sourit, la chatte frissonne ;
Chacune a son rêve, et remue un peu :
La chatte au grenier guerroie et moissonne,
La dame est au ciel, et cause avec Dieu.

Et la vieille horloge au mur se balance,
Mesurant chaque heure au sommeil humain,
Et seule, au milieu du profond silence,
Avec un bruit sec poursuit son chemin.

Manuel (Pages intimes).

47. Sel de cuisine.

Au premier rang des corps que nous trouvons dans le sein ou à la surface du globe, se place incontestablement le sel de cuisine ou sel commun, qu'on appelle aussi tout simplement le sel, comme qui dirait la matière saline par excellence. Quand rien n'altère sa pureté, il est incolore et parfaitement limpide. Dans le cas contraire, il a une teinte rouge, grise, jaune, bleue ou verte. Le sel se rencontre dans deux états : $1°$ à l'état solide dans le sein de la terre ; $2°$ en dissolution dans les eaux de certains lacs, de certaines sources et surtout de la mer.

Le sel est le premier des condiments et le plus utile. On ne pourrait le supprimer sans nuire à la santé. Pris en quantité raisonnable, il excite doucement l'appétit et favorise la digestion. Aussi a-t-il été employé de tout temps pour la nourriture des hommes et des animaux ; les uns et les autres en sentent même tellement le besoin que, dans les pays où il manque, les premiers l'achètent au poids de l'or, et que les seconds, pour en trouver, parcourent souvent des distances énormes. De tout temps aussi, il a été utilisé pour la conservation de la viande et du poisson. A ces applications, déjà si importantes, les modernes en ont ajouté une foule d'autres non moins utiles. Ainsi on a recours au sel pour fabriquer la soude artificielle, préparer le chlore, vernir des poteries, etc. De plus, en soumettant à des opérations convenables les eaux de la mer, après qu'elles ont déposé le sel, on en extrait plusieurs substances dont les arts et la médecine tirent journellement parti.

On appelle sel gemme ou sel en roche, le sel qui existe dans le sein de la terre, et l'on donne le nom de mines de sel aux lieux où il se trouve. Il forme parfois des couches ou des amas d'une puissance très considérable, qui occupent, pour la plupart, l'emplacement d'anciennes mers desséchées. En Europe, les mines les plus célèbres sont celles de Wieliczka et de Bochnia, près de Cracovie, dans la Pologne autrichienne.

Les sources salées doivent leur salure à ce que les eaux qui les constituent circulent au milieu de bancs de sel gemme situés dans l'intérieur du globe et souvent à une très grande distance des lieux où elles se montrent au jour. Elles sont très répandues en France et en Allemagne, mais elles ne sont pas toujours assez riches pour qu'il y ait avantage à les exploiter. Quand elles contiennent beaucoup de sel, il suffit, pour en retirer ce dernier, de les faire évaporer dans des chaudières. Dans le cas contraire, on est obligé de les soumettre à une concentration préliminaire qui a lieu en plein air, au moyen d'appareils appelés bâtiments de graduation.

(P. *Maigne, Nouvelles leçons de choses*).

48. Une nuit à la belle étoile.

Je n'ai jamais su faire de dettes criardes, et j'ai toujours mieux aimé souffrir que devoir. C'est souffrir assurément que d'être réduit à passer la nuit dans la rue, et c'est ce qui m'est arrivé plusieurs fois à Lyon. J'aimais mieux employer quelques sous qui me restaient, à payer mon pain que mon gîte, parce qu'après tout, je risquais moins de mourir de sommeil que de faim. Ce qu'il y a d'étonnant, c'est que, dans ce cruel état, je n'étais ni inquiet ni triste. Je n'avais pas le moindre souci sur l'avenir, couchant à la belle étoile et dormant étendu par terre ou sur un banc, aussi tranquillement que sur un lit de roses. Je me souviens même d'avoir passé une nuit délicieuse hors de la ville dans un chemin qui côtoyait le Rhône ou la Saône; car je ne me rappelle pas lequel des deux. Des jardins, élevés en terrasse, bordaient le chemin du côté opposé. Il avait fait très chaud ce jour-là, la soirée était charmante, la rosée humectait l'herbe flétrie; point de vent, une nuit tranquille; l'air était frais sans être froid; le soleil, après son coucher, avait laissé dans le ciel des vapeurs rouges dont la réflexion rendait l'eau couleur de rose; les arbres des terrasses étaient chargés de rossignols qui se répondaient l'un à l'autre. Je me promenais dans une sorte d'extase, livrant mes sens et mon cœur à la jouissance de tout cela. Absorbé dans ma douce rêverie, je prolongeai fort avant dans la nuit ma promenade, sans m'apercevoir que j'étais las. Je m'en aperçus enfin. Je me couchai voluptueusement sur la tablette d'une espèce de niche ou d'arcade enfoncée dans un mur de terrasse; le ciel de mon lit était formé par les têtes des arbres; un rossignol était précisément au-dessus de moi; je m'endormis à son chant. Mon sommeil fut doux, mon rêve le fut davantage. Il était grand jour; mes yeux en s'ouvrant virent le soleil, l'eau, la verdure, un paysage admirable. Je me levai, me secouai; la faim me prit: je m'acheminai gaiement vers la ville, résolu de mettre à un bon déjeuner deux pièces de six blancs[1] qui me restaient encore. J'étais de si bonne humeur, que j'allais chantant le long du chemin. (*J. J. Rousseau, Confessions*, I, 4).

49. Écoles et maîtres d'écoles sous l'ancien régime.[2]

Jusqu'à la Révolution, le nombre des écoles fut fort limité. L'instruction donnée au peuple était presque nulle, et entièrement aux mains du clergé. Une sorte de rôle de contributions dressé sous Philippe le Bel,[3] vers 1290, indique qu'il y avait alors à Paris onze maîtres ou maîtresses d'école qui payaient l'impôt.

Il ne faut pas confondre ces écoles avec les collèges très nombreux qui, au quatorzième siècle, se multiplièrent tant dans le quartier dit de l'Université.

Quant aux écoles primaires, elles dépendaient toutes de la cathédrale et étaient soumises à l'autorité du chantre, qui était, après le doyen du chapitre, le second dignitaire des chanoines de la cathédrale. Le chantre garda ce privilège des écoles de 1380 jusqu'à la Révolution.

Au seizième siècle, il y eut une contestation entre le chantre et l'Université de Paris à propos des maîtres écrivains,

---

[1] Blanc: autrefois une espèce de petite monnaie.
[2] Ancien régime: gouvernement de France avant 1789.
[3] Philippe le Bel, roi de France, 1268—1314.

qui sollicitèrent et obtinrent le droit de tenir, eux aussi, de petites écoles. Le Parlement les autorisa même, cent ans plus tard, à mettre au-dessus de leurs portes, des écriteaux où on lisait ces mots: Maitre d'école qui enseigne à la jeunesse à lire, écrire et former les lettres, la grammaire, l'arithmétique et calcul, tant au jet[1] qu'à la plume, et prend des pensionnaires. C'est à peu près tout ce que les enfants du peuple apprenaient alors.

Ces écoles étaient payantes; mais il y en avait aussi de gratuites, qui s'appelaient écoles de charité. Dans beaucoup d'églises, des personnes pieuses laissaient en mourant une somme d'argent, faisant ainsi une fondation, pour payer un prêtre qui tiendrait l'école de charité de la paroisse.

En 1672, il y avait trois cent trente-quatre maitres et maitresses d'école placés sous la direction du chantre tant dans la ville que dans la banlieue; chacun d'eux n'avait qu'un fort petit nombre d'enfants sous sa garde.[2]

50. A ma bonne mère.

Ma bonne mère,
Objet des plus doux sentiments,
Reçois mon hommage sincère,
Mes tendres vœux, mes simples chants.
Ma bonne mère.

Pour toi, ma mère,
Au ciel j'adresse des souhaits:
Seigneur, exauce ma prière,
Si je demande tes bienfaits,
C'est pour ma bonne mère.

Tout pour ma mère,
Est la devise de mon cœur;
Ah! s'il est des biens sur la terre,
Je n'en veux point: que mon bonheur
Soit pour ma mère!

J. Xavier Marmier.

---

[1] Avec des jetons. C'est ainsi que le célèbre Malade Imaginaire de Molière additionne les comptes de son apothicaire, au moment où commence la pièce.

[2] Dans les règlements d'alors nous trouvons bien des usages qui ont subsisté jusqu'à aujourd'hui: le jeudi consacré au repos, le jour de Saint-Nicolas choisi comme celui de la fête annuelle des garçons, la Sainte-Catherine, la fête des filles, etc.

51. L'étoile du soir.

Belle étoile qui le soir
Brilles la première!
Sans rivale, j'aime à voir
Luire ta lumière.
Tu me sembles dans les cieux
Un sourire gracieux.

Tu me tiens, étoile d'or,
Cet heureux langage:
„Par delà mes feux encor
Est ton héritage:
Là finissent tous les maux,
Là sera ton vrai repos."

Ton langage dans les cœurs
Verse l'espérance,
Doux soulas à nos douleurs,
Baume à la souffrance.
Des mortels voilà pourquoi
Les regards s'en vont vers toi.

Moratel.

52. Les sentiments de nos pères pour la montagne.

Avant ce siècle-ci, les gens à l'esprit cultivé n'aimaient pas les montagnes. Ils les trouvaient formidables, horribles; elles leur inspiraient une invincible terreur; on les croyait habitées par des monstres en rapport avec le sauvage chaos de ces lieux désolés. Tel savant insère au commencement de son ouvrage l'image authentique des dragons qui hantaient le mont Pilate, près de Lucerne, les environs du Grindelwald et les forêts solitaires de Glaris. Fallait-il franchir les Alpes pour passer en Italie, on se hâtait de traverser les cols qui y mènent et l'on remerciait Dieu d'avoir échappé aux mille dangers auxquels on croyait avoir été exposé. Le sentiment esthétique ne se plaisait alors qu'aux aspects de la nature asservie, embellie par la main de l'homme.

C'est un savant, Saussure,[1] qui le premier a su rendre, ou du moins fait sentir la beauté des Alpes. Lisez les autres écrivains du XVIIIe siècle, Rousseau lui-même, qui décrit avec tant de vérité et de poésie les paysages de la région inférieure,

---

[1] Saussure, 1740—1799, physicien et géologue suisse, qui gravit le premier la cime du mont Blanc.

et vous n'y trouverez que des phrases banales et des épithètes vagues. Pour avoir un mot juste, un ton vrai, il leur manquait ce que rien ne remplace, la connaissance des choses. C'est au moyen de données exactes, de nombres et de mesures, que la science communique à l'esprit le pouvoir de comprendre, et par conséquent de décrire les formes de la matière où semble apparaître l'infini dans l'espace et le temps.

(*Émile de Laveleye, Revue des Deux Mondes, 15 juin 1865*).

53. Une tourmente dans les Alpes.

La cime du mont, fouettée par le vent, semble fumer comme un cratère; les innombrables molécules que soulève la tempête s'amassent en nuages qui tourbillonnent au-dessus des sommets. Et, dans cet immense tournoiement de la tempête qui siffle sur les hautes cimes, que devient le pauvre voyageur? Les aiguilles de glace, lancées contre lui comme des flèches, le frappent au visage et menacent de l'aveugler; elles pénètrent même à travers ses vêtements; enveloppé dans son épais manteau, il a peine à se défendre d'elles. Qu'en faisant un faux pas, ou en suivant une fausse trace, il quitte un instant le sentier, il est presque inévitablement perdu. Il marche au hasard, en tombant de fondrière en fondrière; parfois il s'enfonce à demi dans un trou de neige molle; il reste quelque temps, comme pour attendre la mort, dans la fosse qui vient de s'ouvrir sous lui; puis, il se relève en désespéré et recommence sa marche inégale à travers les nuages de cristaux que le vent lui jette à la face. Les rafales éloignent et rapprochent l'horizon tour à tour; tantôt il ne voit autour de lui que la blanche fumée des flocons qui tourbillonnent; tantôt il distingue à droite ou à gauche une cime tranquille qui se dégage de la nuée, et le regarde sans haine et sans amour, indifférente à son désespoir; au moins, y voit-il comme une sorte de repère qui lui permet de reprendre la course avec un retour d'espérance. Mais en vain; aveuglé, affolé, raidi par le froid, il finit par perdre la volonté; il tourne sur place et se démène sans but. Enfin, tombé dans quelque gouffre, il regarde avec stupeur passer les tourbillons de l'orage et se laisse gagner peu à peu par le sommeil, précurseur de la mort.

Dans quelques mois, lorsque la neige aura été fondue par la chaleur et déblayée par les avalanches, quelque chien de pâtre retrouvera le cadavre, et, par ses aboiements, avertira son maître. (*E. Reclus*)[1].

---

[1] Élisée Reclus, né en 1830, célèbre géographe français.

54. Instruction à une fille.

Tu me demandes, ma chère enfant, après avoir lu mon sermon sur la science des femmes, d'où vient qu'elles sont condamnées à la médiocrité. Tu me demandes en cela la raison d'une chose qui n'existe pas, et que je n'ai jamais dite. Les femmes ne sont nullement condamnées à la médiocrité; elles peuvent même prétendre au sublime, mais au sublime féminin. Chaque être doit se tenir à sa place et ne pas affecter d'autres perfections que celles qui lui appartiennent. Je possède un chien nommé Biribi, qui fait notre joie; si la fantaisie lui prenait de se faire seller et brider pour me porter à la campagne, je serais aussi peu content de lui que je le serais du cheval anglais de ton père s'il imaginait de sauter sur mes genoux ou de prendre le café avec moi. L'erreur de certaines femmes est d'imaginer que, pour être distinguées, elles doivent l'être à la manière des hommes. Il n'y a rien de plus faux. C'est le chien et le cheval.

Si une belle dame m'avait demandé, il y a vingt ans: „Ne croyez-vous pas, monsieur, qu'une dame pourrait être un grand général comme un homme?" je n'aurais pas manqué de lui répondre: „Sans doute, madame, si vous commandiez une armée, l'ennemi se jetterait à vos genoux, comme j'y suis moi-même; personne n'oserait tirer, et vous entreriez dans la capitale ennemie au son des violons et des tambourins." Si elle m'avait dit: „Qui m'empêche d'en savoir en astronomie autant que Newton?"[1] je lui aurais répondu tout aussi sincèrement: „Rien du tout, ma divine beauté. Prenez le télescope, les astres tiendront à grand honneur d'être lorgnés par vos beaux yeux, et ils s'empresseront de vous dire tous leurs secrets." Voilà comment on parle aux femmes en vers et même en prose; mais celle qui prend cela pour argent comptant est bien sotte...

Le mérite de la femme est de régler sa maison, de rendre son mari heureux, de le consoler, de l'encourager, et d'élever ses enfants, c'est-à-dire de faire des hommes. Au reste, ma chère Constance, il ne faut rien exagérer: je crois que les femmes, en général, ne doivent point se livrer à des connaissances qui contrarient leurs devoirs; mais je suis fort éloigné de croire qu'elles doivent être parfaitement ignorantes. Je ne veux pas qu'elles croient que Pékin est en France, ni qu'Alexandre le Grand demanda en mariage une fille de Louis XIV.

---

[1] Newton, 1642—1727, illustre mathématicien, physicien, astronome et philosophe anglais, qui a découvert les lois de la gravitation.

La belle littérature, les moralistes, les grands orateurs, etc., suffisent pour donner aux femmes toute la culture dont elles ont besoin. (J. de Maistre,[1] Correspondance, 1808).

55. Le mal du pays.

Au delà des montagnes
Aux bleuâtres couleurs,
Il est d'autres campagnes
D'autres bois, d'autres fleurs;
Il est, sous feuillage,
Paisiblement assis,
Un modeste village....
C'est là qu'est mon pays!

Du haut de sa colline
Où brille un ciel d'azur,
Des parfums d'aubépine
Se mêlent à l'air pur;
L'onde qui le partage
Baigne ses prés fleuris....
C'est là qu'est mon village,
C'est là qu'est mon pays!

Son clocher solitaire
S'élève à l'horizon,
Dans les touffes de lierre
Sur un toit de gazon,
Au pied, la croix ombrage
Les aïeux endormis....
C'est là qu'est mon village,
C'est là qu'est mon pays!

Dans ce petit royaume,
Je goûtais le bonheur,
Ces quelques toits de chaume
Suffisaient à mon cœur.
Sur un lointain rivage
Je souffre, je languis....
C'est là qu'est mon village,
C'est là qu'est mon pays!

Gaudy.

56. Retour.

L'absent qu'on n'osait plus attendre est revenu.
    Sans bruit il a poussé la porte.
Son chien, aveugle et sourd, au flair l'a reconnu,
    Et par la grande cour l'escorte.

L'enfant blond d'autrefois est un homme aujourd'hui.
Par delà l'équateur sa trentaine est sonnée,
Et voilà bien dix ans qu'on n'a rien su de lui;
Par les soleils de mer sa peau rude est tannée.

Du vieux perron de pierre il monte l'escalier.
    Les fleurs d'un chèvrefeuille antique
Versent, comme autrefois, leur baume hospitalier
    Au seuil de la maison rustique.

---

[1] Joseph de Maistre, 1754—1821, philosophe religieux (Son frère: Xavier de M., écrivain spirituel, auteur du Voyage autour de ma chambre, du Lépreux de la cité d'Aoste, de la Jeune Sibérienne.).

Il hésite, il a peur, quand son pied touche au seuil.
C'est un pressentiment funèbre qui l'arrête:
Qui va-t-il retrouver? Les siens portant son deuil,
Ou des êtres nouveaux dont le cœur est en fête?

On l'aperçoit d'abord. — Quel est cet étranger
　Qui chez les autres se hasarde
Sans éveiller la cloche, et semble interroger
　Si gravement ceux qu'il regarde?

Servantes et valets ne le connaissent pas,
Mais la maîtresse, assise et près du feu courbée,
Se lève toute droite et lui tend ses deux bras:
En étouffant un cri de mère elle est tombée.

André Lemoyne.[1]

57. Allumettes chimiques.

Dans le principe, les allumettes étaient de simples b[û]chettes de bois ou de chènevotte trempées par un bout da[ns] du soufre fondu; elles ne donnaient pas elles-mêmes du fe[u], car on ne pouvait les enflammer qu'en les mettant en conta[ct] avec un corps en ignition. Celles qu'on emploie aujourd'h[ui] et qu'on appelle allumettes chimiques doivent leur origi[ne] à la découverte, en 1786, par le chimiste français Bertholl[et] d'un sel particulier auquel les savants donnent le nom de chl[o]rate de potasse. Elles ont été inventées, en 1832, par Fr[é]déric Kammerer, d'Ehmingen, dans le Wurtemberg.

La fabrication des allumettes chimiques constitue aujour[d']hui une industrie importante qui, libre partout, appartient [en] France, depuis 1871, à une compagnie privilégiée. Depuis q[ue] elles sont connues, beaucoup de savants ont fait des recherch[es] très nombreuses en vue de les débarrasser des propriétés da[n]gereuses qu'elles présentaient à l'origine. Toutefois, malgré l[es] succès obtenus sous ce rapport, elles ne sont pas encore su[ffi]samment inoffensives pour qu'on puisse les laisser à la disp[o]sition des enfants et des personnes peu prudentes.

　　　　(P. Maigue, *Nouvelles leçons de choses*).

58. Histoire du peintre Claude le Lorrain.

Tenez, je veux vous dire une histoire qui rabaissera pe[ut-]être votre vanité d'écolier, et qui vous montrera qu'il ne fa[ut] pas juger sur l'apparence. Écoutez cette histoire, Julien: c'e[st]

---

[1] A. Lemoyne, poète lyrique contemporain.

celle d'un homme que ses obscurs commencements n'ont pas empêché de devenir illustre; c'est celle d'un des plus grands peintres qui aient jamais existé. Il s'appelait Claude Gelée, et on l'a surnommé le Lorrain en l'honneur de son pays, car il est né dans ce département et en est une des gloires. Ce petit Claude était fils de simples domestiques. Dans son enfance, on le croyait presque imbécile, tant son intelligence était lente et tant il avait de peine à apprendre. Ses camarades d'école se moquaient alors de lui, et cependant leur nom à tous est resté inconnu, tandis que celui du petit Claude est devenu célèbre dans le monde entier. Que cela vous apprenne, mon ami, à ne plus vous moquer de personne et à ne pas vous croire au-dessus de vos camarades.

— Le pauvre enfant qui était si mal partagé de la nature eut encore le malheur de perdre son père et sa mère dès l'âge de douze ans. Resté orphelin, on le mit en apprentissage chez un pâtissier, mais il ne put jamais apprendre à faire de bonne pâtisserie. Son frère aîné, qui était dessinateur, voulut lui enseigner le dessin: il ne put y réussir.

Enfin un parent du jeune Claude l'emmena à Rome.

C'était en Italie et à Rome que se trouvaient alors les plus grands peintres. Le petit Claude fut placé à Rome au service d'un peintre pour apprêter ses repas et aussi pour broyer ses couleurs. Il était là broyant sur du marbre du blanc, du bleu, du rouge, et il voyait ensuite, grâce au pinceau de son maître, toutes ces couleurs s'étendre sur la toile et former de magnifiques tableaux.

Peu à peu il prit goût à la peinture, et son maître lui donna quelques leçons.

Lorsque Claude venait à sortir de la ville et qu'il parcourait la campagne, il restait des heures entières à regarder les paysages, les arbres, les prairies, le soleil qui s'élevait ou se couchait sur les montagnes. Il se rappelait les paysages de sa chère Lorraine, qu'il avait tant de fois regardés des heures entières sans mot dire, alors que ses camarades d'école jouaient étourdiment sans rien remarquer des belles choses de la nature et se moquaient de son air endormi.

Claude était maintenant sorti de ce long sommeil où s'était écoulée son enfance. Il essaya de transporter sur les tableaux les paysages qui le frappaient, et il y réussit si bien que, dès l'âge de vingt-cinq ans, il s'était rendu illustre. Il travailla beaucoup et devint très riche, car ses tableaux se vendaient à des prix fort élevés. De nos jours, leur valeur n'a fait qu'augmenter avec le temps, et on estime à un demi-million quatre tableaux de Claude le Lorrain qui ornent aujourd'hui le palais de Saint-Pétersbourg. Ceux que nous avons à Paris, au musée du Louvre, sont d'un prix inestimable.

(*Bruno, Le tour de la France*).

59. Les aérolithes.

De temps en temps, des masses minérales plus ou moins volumineuses tombent du ciel, c'est-à-dire se précipitent des régions élevées de l'atmosphère à la surface de notre globe. C'est aux corps ayant cette origine que l'on donne le nom d'a é r o l i t h e s, de deux mots grecs qui signifient „pierres de l'air."

La chute des aérolithes est connue depuis la plus haute antiquité. Il en est, en effet, question non seulement dans les écrivains les plus dignes de foi de la Grèce et de Rome, mais encore dans les Livres saints. Les plus anciens annalistes de la Chine en parlent également comme d'un fait à l'abri de toute contestation. Enfin, les auteurs, tant chrétiens que musulmans, qui ont illustré le moyen âge, rapportent une foule d'exemples du phénomène. Malgré tant de témoignages irrécusables, les savants ont longtemps nié qu'il fût possible que des pierres tombassent du ciel, et ils ont traité de superstition populaire la croyance à ce fait jusqu'à la fin du dernier siècle, où les travaux du physicien Chladni[1] les ont forcés à se rendre à l'évidence.

Ordinairement il ne tombe qu'un petit nombre d'aérolithes à la fois; souvent même, il n'en tombe qu'un seul; mais quelquefois ils sont en quantité si considérable que leur chute constitue une véritable pluie de pierres.

Une des plus célèbres pluies de pierres dont on ait conservé le souvenir est celle qui eut lieu à Laigle,[2] département de l'Orne, le 26 avril 1803.

Vers une heure de l'après-midi, le ciel étant serein, on aperçut de Caen, de Pont-Audemer, de Falaise et de Verneuil un globe enflammé, d'un éclat très brillant, qui se mouvait dans l'atmosphère avec beaucoup de rapidité. Quelques instants après, on entendit à Laigle et aux environs de cette ville, dans un cercle de plus de trente lieues de rayon, une explosion très forte qui dura cinq à six minutes: ce furent d'abord trois ou

---

[1] Chladni, physicien allemand, né en 1756 à Wittenberg, créateur de l'acoustique scientifique.

[2] Laigle, Caen, Pont-Audemer, Falaise, Verneuil: villes de Normandie.

quatre détonations qui ressemblaient à des coups de canon suivis d'une espèce de décharge analogue à une fusillade, après laquelle on entendit comme un épouvantable roulement de tambours. Le bruit partait d'un petit nuage qui parut immobile pendant tout le temps que dura le phénomène. Seulement, les vapeurs qui le formaient s'écartaient momentanément de différents côtés par l'effet des explosions successives. Ce nuage se trouvait à une demi-lieue environ de la ville; il était très élevé dans l'atmosphère. Dans tout le canton sur lequel il planait, on entendit des sifflements semblables à ceux d'une pierre lancée par une fronde, et l'on vit en même temps tomber une quantité de masses minérales. L'étendue de pays sur lequel s'abattit cette pluie formait un ovale de près de deux lieues et demie de long sur une de large, et l'on estima le nombre des aérolithes à trois mille au moins, le plus petit pesant 8 grammes et le plus gros 8 kilogrammes 75 grammes.

(P. Maigne, Lectures variées).

60. La cloche.

Dans le clocher de mon village
Il est un sonore instrument,
Que j'écoutais dans mon jeune âge,
Comme une voix du firmament.

Quand après une longue absence,
Je revenais au toit natal,
J'épiais, dans l'air, à distance
Les doux sons du pieux métal.

Dans sa voix je croyais entendre
La voix joyeuse du vallon,
La voix d'une sœur douce et tendre,
D'une mère émue à mon nom.

Maintenant, quand j'entends encore
Ses sourds tintements sur les flots,
Chaque coup du battant sonore
Me semble jeter des sanglots.

Pourquoi? Dans la tour isolée
C'est le même timbre argentin,
Le même hymne sur la vallée,
Le même salut au matin!

Ah! c'est que, depuis le baptême,
La cloche au triste tintement
A tant sonné pour ceux que j'aime
L'agonie et l'enterrement.

Lamartine.[1]

61. Rappelle-toi.

Rappelle-toi, quand l'Aurore craintive
Ouvre au soleil son palais enchanté,
Rappelle-toi, lorsque la Nuit pensive
Passe en rêvant sous son voile argenté;
A l'appel du plaisir lorsque ton cœur palpite,
Aux doux songes du soir lorsque l'ombre t'invite,
    Écoute au fond des bois
      Murmurer une voix:
        Rappelle-toi!

Rappelle-toi, lorsque les destinées
M'auront de toi pour jamais séparé,
Quand le chagrin, l'exil et les années
Auront flétri ce cœur désespéré;
Songe à mon triste amour, songe à l'adieu suprême!
L'absence ni le temps ne sont rien quand on aime:
    Tant que mon cœur battra,
    Toujours il te dira:
      Rappelle-toi!

Rappelle-toi, quand sous la froide terre
Mon cœur brisé pour toujours dormira;
Rappelle-toi, quand la fleur solitaire
Sur mon tombeau doucement s'ouvrira:
Je ne te verrai plus, mais mon âme immortelle
Reviendra près de toi comme une sœur fidèle.
    Écoute, dans la nuit,
    Une voix qui gémit:
      Rappelle-toi!

A. de Musset.[2]

62. Le café.

Le café est la graine d'un arbrisseau toujours vert des pays chauds. Cet arbrisseau, appelé caféier, est originaire de

---

[1] Lamartine, 1790—1869, éminent poète et homme politique français, auteur des Méditations poétiques, des Harmonies poétiques et religieuses, du Voyage en Orient, de l'Histoire des girondins etc.

[2] Alfred de Musset, 1810—1857, poète français plein d'esprit, de grâce et d'élégance.

l'Abyssinie, mais il a été successivement transporté en Arabie, dans l'Inde, dans l'Océanie, dans la plupart des îles d'Afrique, aux Antilles et dans l'Amérique méridionale. On le cultive aujourd'hui dans presque toutes les contrées situées entre les tropiques et dans celles qui ne sont pas très éloignées de ces cercles.

Le café est naturellement doué d'une saveur herbée fort désagréable, mais, si on le soumet à l'action du feu, il s'y développe une saveur des plus suaves, un arome des plus délicieux. Voilà pourquoi, quand on veut préparer l'infusion si recherchée, on a toujours soin de le griller avant de le mettre en contact avec l'eau.

L'usage du café est né en Arabie pendant le treizième siècle. Il n'existe que des traditions contradictoires sur les circonstances au milieu desquelles il se produisit; mais les historiens arabes sont tous d'accord pour reconnaître qu'il commença aux environs de la Mecque, d'où les pèlerins qui venaient du tombeau de Mahomet l'introduisirent dans les contrées voisines. En 1655, des marchands syriens le firent connaitre à Constantinople. Vers 1640, les Vénitiens et les Génois, dont les relations commerciales avec l'Orient étaient alors incessantes, l'apportèrent en Italie. A partir de ce moment, il pénétra rapidement dans toutes les autres contrées de l'Europe.

L'expérience de chaque jour nous apprend que le café est une boisson très salutaire, dont les estomacs bien constitués peuvent impunément faire un usage habituel. Non seulement il facilite la digestion, mais encore il excite l'intelligence et favorise les conceptions de l'esprit. Enfin, il soutient admirablement les forces et possède une puissance nutritive des plus énergiques. Cette dernière propriété explique pourquoi les personnes qui boivent régulièrement du café se trouvent bien nourries, quoique le reste de leur régime soit insuffisant. Elle explique aussi pourquoi le café permet aux voyageurs et aux militaires de supporter plus facilement les fatigues, la faim et la soif; et pourquoi les peuples grands buveurs de café sont tous d'une grande sobriété. Toutefois, il n'est pas exact que le café soit sans inconvénients pour toute espèce de personnes. Il est, au contraire, très nuisible à certains tempéraments. Il peut même, quand on en abuse, devenir une source d'accidents plus ou moins fâcheux pour les individus qui se trouvent dans les meilleures conditions. (*Maigne, Lectures variées*).

63. Ignorance d'un Indien.

Un Indien avait été chargé de porter un panier de figues et une lettre où cette commission était annoncée à la personne qui lui avait été désignée. Chemin faisant, notre homme, tenté du démon de la gourmandise, mange une partie des figues, et rend ainsi le panier entamé avec la lettre qui lui avait été donnée à porter. La personne à qui cette lettre était remise, ne trouvant pas la quantité de figues désignée, accusa l'Indien d'en avoir volé et mangé une partie. Mais celui-ci, quoique sa fraude fût dévoilée, assura le contraire, prétendant que la lettre s'était trompée. Quelque temps après, une commission semblable lui fut donnée. Tenté par ce nouvel appât, il ne put pas encore y résister, et mangea une partie des figues contenues dans le panier. Mais cette fois, pour empêcher la lettre de s'apercevoir de son larcin, il eut soin de la tenir bien enveloppée sous une grosse pierre. Sa ruse n'en fut pas moins reconnue, et le pauvre homme l'ayant avouée, regarda dès lors avec des yeux étonnés la vertu magique du papier.

(*Jullien, Nouvelles dictées d'orthographe*).

64. Henri IV.[1]

Jamais la France, si ce n'est lors de la guerre de Cent ans,[2] n'avait semblé plus près de périr; mais la Providence, qui lui avait autrefois envoyé Jeanne d'Arc, lui avait réservé Henri IV. Henri de Navarre, né au château de Pau, dans le Béarn,[3] grandit comme tous les enfants des Pyrénées, pieds nus et tête nue, apprenant à gravir les rochers, à supporter le froid et le chaud, à lutter de force et d'agilité avec les jeunes paysans. Sa mère, Jeanne d'Albret, très instruite, ne voulut cependant pas que les buissons et les bois fussent la seule école de son fils. Pour qu'il ne devint pas, comme elle le disait, un illustre ignorant, elle lui mit les meilleurs livres entre les mains; elle lui fit lire l'histoire des hommes illustres pour lui apprendre comment on devient un grand prince.

A l'âge de quinze ans, il fut conduit à l'armée et fit ses premières armes sous Coligny.[4] Après la Saint-Barthélemy,[4] à laquelle il n'échappa que par miracle, il prit le commandement de l'armée protestante et montra les plus brillantes qualités de

---

[1] Henri IV, roi de France, 1589—1610; il fut assassiné par un fanatique nommé Ravaillac.

[2] La guerre de Cent ans entre les Français et les Anglais (1339—1453), commencée par Édouard III d'Angleterre qui réclamait la couronne des Valois.

[3] Béarn, ancienne province de France, réunie à la couronne à l'avènement de Henri IV.

[4] Coligny (l'amiral de), chef des protestants, une des premières victimes de la Saint-Barthélemy, massacre des huguenots, sous Charles IX, ordonné par Catherine de Médicis et les Guises, dans la nuit du 24 août 1572.

capitaine et de soldat. Au siège de Cahors,[1] il combattit quatre jours sans vouloir lâcher pied. „C'est ici, disait-il, qu'il faut vaincre ou mourir." A la bataille de Coutras,[2] avant de charger, il se tourne gaiement vers le prince de Condé[3] et le duc de Soissons:[4] „Cousins, je ne vous dis autre chose, sinon que vous êtes du sang de Bourbon, et, vive Dieu! je vous montrerai que je suis votre aîné." — Dès que Henri III l'appela, il s'empressa d'accourir. Il se réjouit de défendre enfin la cause de la royauté. „Bien que nous soyons jour et nuit à cheval, écrivait-il, nous trouvons cette guerre bien plus douce; l'esprit y est plus content."

Désigné par le roi mourant comme son héritier et son vengeur, Henri de Navarre, désormais Henri IV, était le roi légitime; mais la France refusa de le reconnaître, parce qu'il était protestant. Ceux-là même qui attendaient beaucoup de sa sagesse et de sa bonté, disaient tout haut qu'ils aimeraient mieux mourir de mille morts que d'obéir à un roi hérétique. Henri essaya de conquérir son royaume les armes à la main. Il remporta sur les armées de la Ligue[5] les victoires d'Arques[6] et d'Ivry.[6] C'est à Ivry qu'il s'écria: „Si vous perdez vos cornettes, ralliez-vous à mon panache blanc; vous le trouverez toujours sur le chemin de la victoire et de l'honneur." Il entreprit alors le siège de Paris, mais Paris aima mieux souffrir toutes les horreurs de la famine que de se rendre au roi protestant.

Henri IV résolut de se rendre au vœu général; il abjura le protestantisme dans la cathédrale de Saint-Denis.[7] Les portes de Paris s'ouvrirent, et Henri fut accueilli par les acclamations du peuple. Il se rendit aussitôt à l'église Notre-Dame, et, lorsqu'il eut mis pied à terre, il se trouva porté par la foule qui l'entourait, en criant: „Vive le roi! Vive la paix!" Par un édit signé à Nantes,[8] il permit aux protestants le libre exercice de leur culte. „Il ne faut plus faire de distinction entre les catholiques et les protestants, disait-il; il faut que tous soient bons Français. Je suis roi berger, et je veux rassembler mes brebis avec douceur."

[1] Cahors, ville sur le Lot, dans la France méridionale.
[2] Coutras, ville près de Bordeaux (Gironde).
[3] Condé (famille de), branche collatérale de la maison de Bourbon.
[4] Charles de Soissons, fils du prince de Condé.
[5] Ligue: confédération du parti catholique, fondée par le duc de Guise, en 1576, pour renverser Henri III et placer les Guises sur le trône de France.
[6] Arques, ville au nord, Ivry à l'ouest de Paris.
[7] Saint-Denis, ville au nord de Paris, abbaye célèbre, sépulture des rois de France.
[8] Nantes, ville sur la Loire inférieure, avec un port; construction de navires, industrie et commerce très actifs.

65. Les deux épis.

Un laboureur et sa jeune compagne
Avec leur fils parcouraient la campagne,
A l'approche de la moisson.
Ces beaux épis qui doraient leur sillon
Réjouissaient le cœur d'une douce espérance.
— Ah! papa, s'écria l'enfant,
Voilà l'épi par excellence!
Regarde-le, comme il est grand!
Tu te trompes, mon fils, lui répondit le père;
Ce qu'il faut admirer, c'est cet épi si plein,
Modestement se courbant vers la terre.
Le fol épi, vide de grain,
S'élève toujours d'un air leste:
C'est l'image d'un homme vain;
Mais voici la vertu modeste.

66. L'automne.

Salut! bois couronnés d'un reste de verdure!
Feuillages jaunissants sur les gazons épars!
Salut, derniers beaux jours! le deuil de la nature
Convient à ma douleur, et plaît à mes regards.

Je suis d'un pas rêveur le sentier solitaire,
J'aime à revoir encore, pour la dernière fois,
Ce soleil pâlissant, dont la faible lumière
Perce à peine à mes pieds l'obscurité des bois.

Oui, dans ces jours d'automne où la nature expire,
A ses regards voilés je trouve plus d'attraits:
C'est l'adieu d'un ami, c'est le dernier sourire
Des lèvres que la mort va fermer pour jamais.

Ainsi, prêt à quitter l'horizon de la vie,
Pleurant de mes longs jours l'espoir évanoui,
Je me retourne encore, et d'un regard d'envie
Je contemple ces biens, dont je n'ai pas joui.

Terre, soleil, vallons, belle et douce nature,
Je vous dois une larme au bord de mon tombeau;
L'air est si parfumé! la lumière est si pure!
Aux regards d'un mourant le soleil est si beau!

Je voudrais maintenant vider jusqu'à la lie
Ce calice mêlé de nectar et de fiel!
Au fond de cette coupe où je buvais la vie,
Peut-être restait-il une goutte de miel?

Peut-être l'avenir me gardait-il encore
Un retour de bonheur, dont l'espoir est perdu!
Peut-être dans la foule, une âme que j'ignore
Aurait compris mon âme et m'aurait répondu?

La fleur tombe en livrant ses parfums au zéphire;
A la vie, au soleil, ce sont là ses adieux;
Moi, je meurs, et mon âme, au moment qu'elle expire,
S'exhale comme un son triste et mélodieux.

Lamartine.

67. Proclamation de Napoléon Ier à l'armée.

Austerlitz,[1] 3 décembre 1805.

Soldats, je suis content de vous. Vous avez, à la journée d'Austerlitz,[1] justifié tout ce que j'attendais de votre intrépidité; vous avez décoré vos aigles d'une immortelle gloire. Une armée de 100000 hommes, commandée par les empereurs de Russie et d'Autriche, a été, en moins de quatre heures, ou coupée ou dispersée. Ce qui a échappé à votre fer s'est noyé dans les lacs. 40 drapeaux, les étendards de la garde impériale de Russie, 120 pièces de canon, 20 généraux, plus de 30000 prisonniers, sont le résultat de cette journée à jamais célèbre. Cette infanterie tant vantée, et en nombre supérieur, n'a pu résister à votre choc, et désormais vous n'avez plus de rivaux à redouter. Ainsi, en deux mois, cette troisième coalition[2] a été vaincue et dissoute. La paix ne peut plus être éloignée; mais, comme je l'ai promis à mon peuple avant de passer le Rhin, je ne ferai qu'une paix qui nous donne des garanties et assure des récompenses à nos alliés.

Soldats, lorsque tout ce qui est nécessaire pour assurer le bonheur et la prospérité de notre patrie sera accompli, je vous ramènerai en France; là vous serez l'objet de mes plus tendres sollicitudes. Mon peuple vous reverra avec joie, et il vous suffira de dire: J'étais à la bataille d'Austerlitz, pour que l'on réponde: Voilà un brave.

---

[1] Austerlitz, village de la Moravie, où Napoléon battit les Autrichiens et les Russes le 2 décembre 1805, victoire des plus glorieuses de l'empereur, qui lui valut le surnom de Vainqueur d'Austerlitz.

[2] Coalitions: des ligues formées par les puissances européennes contre la Révolution française et contre Napoléon Ier.

68. Souvenirs de l'invasion.[1]

Un matin de cet hiver de 1814, j'eus le spectacle d'une alerte. Les soldats faisaient tranquillement la soupe dans le collège, et je les regardais. A un coup de baguette de tambour,[2] suivi de ce cri: „l'ennemi!" marmites, chaudrons, cuillers, assiettes, couteaux volent pêle-mêle. Les fusils sont pris aux faisceaux, les bretelles des sacs rattachées, les hommes lancés à la course au-devant de l'ennemi, et tout en moins de temps que j'en mets à le dire.

L'élan, l'ardeur de ces hommes à courir au danger, est un des spectacles de ce temps qui sont le mieux restés dans ma mémoire. Je les suivis à toutes jambes: j'arrivai jusqu'à l'endroit de la route où était formé un petit peloton en avant-poste, avec une vedette à trente pas dans un champ; sur la gauche, j'entendis les paroles du lieutenant; il s'adressa d'abord à nous brusquement: „Enfants, retirez-vous!" Ensuite à ses soldats: „Tant qu'il me restera une cartouche, vous n'avez rien à craindre!" Il se fait un grand silence; une vingtaine de cavaliers autrichiens se montrent tout à coup, en face, au haut d'une butte, sur la route. Le lieutenant commande posément, d'une voix brève. Le petit peloton fait feu. Les cavaliers ennemis ripostent de leurs carabines, et, tournant bride, au grand trot, ils disparaissent.

Encore une fois, je crus tout sauvé et la France délivrée. Nous allions criant victoire. Hélas! notre illusion enfantine fut de courte durée. Quelques heures après, nous voyions arriver une longue file de cavaliers, couverts de manteaux blancs, qui venaient prendre possession de notre village. La plupart des femmes avaient fui. Ma mère était au-dessus de ces terreurs vulgaires; elle était demeurée. Nous nous mimes tous les deux à la fenêtre. A mesure que les cavaliers passèrent devant nous, je sentis un brisement de cœur tel que je n'en avais jamais connu. Ma mère pleurait, et Dieu sait que dans ses larmes il n'y avait aucune crainte ni pour moi ni pour elle, mais le deuil de la France. Voilà donc à quoi avaient abouti tant d'efforts prodigieux! Qui eût dit que jamais on eût vu ce jour-là?

E. Quinet.[1]

---

[1] Vaincu à Leipzig, Napoléon avait repoussé les conditions de paix; les alliés envahirent la France au mois de janvier 1814. Edgar Quinet, né à Bourg (Franche-Comté), 1803—75, plus tard poète, philosophe et historien français, assista à cet épisode de l'invasion, âgé de 11 ans.

[2] A un coup de baguette de tambour: à un roulement. Trommelwirbel.

69. Napoléon Ier après la bataille d'Arcole.[1]

Après la victoire d'Arcole, l'infatigable Bonaparte parcourait le camp dans la nuit. Il aperçoit une sentinelle endormie. Il lui enlève doucement et sans l'éveiller son fusil, fait la faction à sa place, et attend qu'on vienne le relever. Le soldat s'éveille enfin. Quel est son trouble quand il aperçoit son général dans cette attitude! Il fait un cri: „Bonaparte, je suis perdu!" — „Rassure toi, mon ami, lui répond le général; après tant de fatigues, il est bien permis à un brave comme toi de s'endormir; mais une autre fois choisis mieux ton temps."

70. La rixe.

Sur le pont d'un navire voguant en pleine mer, deux matelots anglais, pour une bagatelle, en vinrent aux mains. Témoin de ce duel, comme d'une partie de boxe, l'équipage fit cercle autour d'eux.

Demi-nus, pareils aux athlètes antiques, les deux robustes lutteurs se sont brusquement affermis sur leurs jarrets. Ils se mesurent du regard, se saisissent, s'étreignent, et, enlacés l'un à l'autre, ils semblent se confondre en un seul corps. Croyant assister à un simple jeu, qui est dans leurs habitudes, les spectateurs excitent d'abord eux-mêmes les lutteurs; ils applaudissent. Mais bientôt, les voyant se battre avec acharnement, ils cherchent au contraire à les séparer. Aveugles par la colère et le cerveau alourdi par les vapeurs du gin, au lieu de se calmer, ceux-ci s'acharnent l'un contre l'autre avec une sorte de rage. Ruisselants de sueur et d'écume, ils se portent des coups terribles; ils se déchirent des ongles et des dents, comme, au désert, deux lions affamés se disputant une proie.

Depuis un moment, ils luttaient ainsi, tombant, se relevant, meurtris, couverts de sang, quand un coup terrible atteignit l'un d'eux à la tempe. On le vit pâlir, chercher un point d'appui dans le vide, chanceler, tomber enfin tout de son long sur le plancher sanglant.

Or, c'étaient deux amis que ces brutes qui, sur un mot, s'étaient querellés et battus avec une telle fureur. A la vue de ce corps immobile et livide, le vainqueur s'arrête, pâlit à son tour, atterré, interdit. Tout à coup, repoussant les matelots qui l'entourent, il bondit vers le bord et s'élance dans les flots. Nageant lentement à vingt brasses de la poupe: „Est-il

---

[1] Arcole, bourg d'Italie près de l'Adige, où Bonaparte battit les Autrichiens en 1796.

mort?" crie-t-il. On accourt à l'arrière, et, sans lui répondre, on lui lance une amarre. „Est-il mort?" hurle-t-il d'une voix enrouée. Tandis qu'on détache un canot pour sauver cet insensé qui va périr, un mousse lui crie: „Il est mort!" — „Bien." dit-il, et, se laissant aller au fond du gouffre, il alla devant Dieu rejoindre le camarade auquel il ne voulut pas survivre.

(Eug. Manuel).

71. La sainte alliance des peuples.

J'ai vu la Paix descendre sur la terre,
Semant de l'or, des fleurs et des épis.
L'air était calme, et du dieu de la guerre
Elle étouffait les foudres assoupis.
„Ah! disait-elle, égaux par la vaillance,
Français, Anglais, Belge, Russe ou Germain,
Peuples, formez une sainte alliance,
    Et donnez-vous la main.

„Pauvres mortels, tant de haine vous lasse!
Vous ne goûtez qu'un pénible sommeil.
D'un globe étroit divisez mieux l'espace;
Chacun de vous aura place au soleil.
Tous attelés au char de la puissance,
Du vrai bonheur vous quittez le chemin.
Peuples, formez une sainte alliance,
    Et donnez-vous la main.

„Chez vos voisins vous portez l'incendie:
L'aquilon souffle, et vos toits sont brûlés,
Et, quand la terre est enfin refroidie,
Le soc languit sous des bras mutilés.
Près de la borne où chaque État commence,
Aucun épi n'est pur de sang humain.
Peuples, formez une sainte alliance,
    Et donnez-vous la main.

„Des potentats, dans vos cités en flammes,
Osent du bout de leur sceptre insolent
Marquer, compter et recompter les âmes
Que leur adjuge un triomphe sanglant.
Faibles troupeaux, vous passez sans défense
D'un joug pesant sous un joug inhumain.
Peuples, formez une sainte alliance,
    Et donnez-vous la main."

Béranger.

72. Souvenir militaire.

Te souviens-tu, disait un capitaine
Au vétéran qui mendiait son pain,
Te souviens-tu qu'autrefois dans la plaine,
Tu détournas un sabre de mon sein ?
Sous les drapeaux d'une mère chérie,
Tous deux jadis nous avons combattu ;
Je m'en souviens, car je te dois la vie ;
Mais toi, soldat, dis-moi, t'en souviens-tu ?

Te souviens-tu, qu'un jour notre patrie
Vivante encor, descendit au cercueil,
Et que l'on vit dans Lutèce flétrie
Les étrangers marcher avec orgueil ?
Grave en ton cœur ce jour pour le maudire,
Et quand Bellone[1] enfin aura paru,
Qu'un chef jamais n'ait besoin de te dire :
Dis-moi, soldat, dis-moi, t'en souviens-tu ?

J. D. Doche.

73. Les chemins de fer.

L. X

On a compris de tout temps que pour aller commodément d'un lieu à un autre, il était nécessaire d'établir, entre le point de départ et le point d'arrivée, une bande de terrain disposée de manière à diminuer le plus possible la fatigue des hommes et des animaux. C'est à ces bandes de terrain que l'on donne le nom de routes. Elles sont aussi anciennes que la civilisation, et les différents peuples ont apporté à leur construction tous les soins que comportait le degré de culture auquel chacun d'eux était parvenu. A la suite de perfectionnements successifs, la même idée a conduit à l'invention des chemins de fer.

Les chemins de fer ont pris naissance en Angleterre ; c'est également dans ce pays qu'ils ont reçu leurs premiers perfectionnements. Quant à l'époque de leur origine, on la fait remonter au milieu du dix-septième siècle. On raconte à ce sujet qu'en 1630 un ingénieur français nommé Beaumont, qui était attaché au service d'une des houillères de Newcastle-sur-Tyne,[2] imagina de rendre les transports plus faciles et moins dispendieux en faisant rouler les chariots sur des poutrelles disposées le long de la route. Cette innovation ayant produit

---

[1] Bellone, déesse de la guerre chez les Romains.
[2] Newcastle, ville de l'Angleterre septentrionale, centre du commerce de la houille.

les résultats les plus satisfaisants, fut adoptée par les propriétaires des autres mines, et quelques années suffirent pour la répandre dans toute l'Angleterre. Cependant, on ne tarda pas à s'apercevoir que les rails de bois s'usaient très vite, ce qui nécessitait des frais d'entretien très considérables. Pour en augmenter la durée, on commença par les revêtir d'une lame de fer (1738). Cet artifice n'ayant pas été aussi efficace qu'on l'avait espéré, on eut l'idée, sur plusieurs chemins, de se servir de rails de fonte (1766); mais le problème ne se trouva complètement résolu que lorsqu'on eut adopté l'usage des rails de fer forgé (1805). Or ce perfectionnement capital arriva juste au moment où l'emploi de la machine locomotive allait permettre aux voies ferrées de recevoir tous leurs développements. (*Maigne, Petites Leçons sur les Principales Inventions*).

74. Les coches et les diligences.

C'est en 1571 que l'on voit pour la première fois un prince arriver en coche dans la ville de Troyes.[1] L'usage des voitures, si restreint à Paris même, se répandit rapidement. Les voitures publiques s'établirent presque en même temps; elles faisaient succéder au particularisme du moyen âge les bienfaits de l'association. Des coches s'établirent peu à peu, mais lentement, entre les grandes villes et Paris. Ce fut en 1613 que le grand conseil de Metz fit un traité pour l'établissement d'un coche ordinaire pour Paris. Encore en 1686, il n'y avait, entre Rouen[2] et le Havre, qu'une charrette de messager, couverte d'une toile à travers laquelle il pleuvait, et qui n'était „ni honnête ni commode". Aussi beaucoup de voyageurs continuèrent-ils de se servir de chevaux.

Les premiers coches marchaient aussi lentement que les chevaux de transport. Longtemps les étapes furent déterminées par la longueur du trajet que ces animaux peuvent faire en un jour sans fatigue. Cette longueur ne dépassait pas dix ou onze lieues de 4 kilomètres. Ce fut seulement lorsque les relais furent régulièrement organisés qu'il fut possible d'aller plus vite. Sous Louis XIV, grâce aux progrès de la viabilité, qui tenait à ceux de la centralisation, les communications devinrent plus rapides. Parmi les coches, on nommait „coches volants" ceux qui faisaient une plus grande diligence que les autres. De là vint le nom de diligences, qu'on donnait, dès 1691, à certains bateaux, à certains carrosses bien attelés, dont

---

[1] Troyes, ville de Champagne.
[2] Rouen et le Havre, villes de Normandie situées sur la Seine.

la vitesse était supérieure à celle des autres. La diligence de Paris à Lyon faisait le trajet en cinq jours. C'était environ vingt-cinq lieues par jour. On s'arrêtait pour les repas et pour la nuit. (Crozals, *La France, Anthologie géographique*).

75. Un voyage en Calabre.[1]

Un jour je voyageais en Calabre. C'est un pays de méchantes gens, qui, je crois, n'aiment personne, et en veulent surtout aux Français. De vous dire pourquoi, cela serait long; suffit qu'ils nous haïssent à mort, et qu'on passe fort mal son temps lorsqu'on tombe entre leurs mains. J'avais pour compagnon un jeune homme d'une figure! . . . Je ne dis pas cela pour vous intéresser, mais parce que c'est la vérité. Dans ces montagnes les chemins sont des précipices, nos chevaux marchaient avec beaucoup de peine; mon camarade allant devant, un sentier qui lui parut plus praticable et plus court nous égara. Ce fut ma faute; devais-je me fier à une tête de vingt ans? Nous cherchâmes, tant qu'il fit jour, notre chemin à travers ces bois; mais plus nous cherchions, plus nous nous perdions, et il était nuit noire quand nous arrivâmes près d'une maison fort noire. Nous y entrâmes, non sans soupçon, mais comment faire? Là nous trouvons toute une famille de charbonniers à table, où du premier mot on nous invita. Mon jeune homme ne se fit pas prier: nous voilà mangeant et buvant, lui du moins, car pour moi, j'examinais le lieu et la mine de nos hôtes. Nos hôtes avaient bien mine de charbonniers; mais la maison, vous l'eussiez prise pour un arsenal. Ce n'étaient que fusils, pistolets, sabres, couteaux, coutelas. Tout me déplut, et je vis bien que je déplaisais aussi. Mon camarade, au contraire, il était de la famille, il riait, il causait avec eux: et par une imprudence que j'aurais dû prévoir, il dit d'abord d'où nous venions, où nous allions, qui nous étions; Français, imaginez un peu! chez nos plus mortels ennemis, seuls, égarés, si loin de tout secours humain! et puis, pour ne rien omettre de ce qui pouvait nous perdre, il fit le riche, promit à ces gens pour la dépense, et pour nos guides le lendemain, ce qu'ils voulurent. Enfin, il parla de sa valise, priant fort qu'on en eût grand soin, qu'on la mît au chevet de son lit; il ne voulait point, disait-il, d'autre traversin. Ah! jeunesse! jeunesse! que votre âge est à plaindre; cousine, on crut que nous portions les diamants de la couronne: ce qu'il y avait qui lui causait tant de souci dans cette valise, c'étaient les lettres de sa fiancée.

[1] Calabre, pays du sud-ouest de l'Italie, autrefois mal famé pour ses brigandages.

Le souper fini, on nous laisse; nos hôtes couchaient en bas, nous dans la chambre haute où nous avions mangé; une soupente élevée de sept à huit pieds, où l'on montait par une échelle, c'était là le coucher qui nous attendait, espèce de nid, dans lequel on s'introduisait en rampant sous des solives chargées de provisions pour toute l'année. Mon camarade y grimpa seul, et se coucha tout endormi, la tête sur la précieuse valise. Moi, déterminé à veiller, je fis bon feu, et m'assis auprès. La nuit s'était déjà passée presque entière assez tranquillement et je commençais à me rassurer, quand sur l'heure où il me semblait que le jour ne pouvait être loin, j'entendis au-dessous de moi notre hôte et sa femme parler et se disputer; et prêtant l'oreille par la cheminée qui communiquait avec celle d'en bas, je distinguai ces propres mots du mari: „Eh bien! enfin, voyons, faut-il les tuer tous deux?" à quoi la femme répondit: „Oui," et je n'entendis plus rien.

Que vous dirai-je? je restai respirant à peine, tout mon corps froid comme un marbre; à me voir, vous n'eussiez su si j'étais mort ou vivant. Ciel! quand j'y pense encore!... Nous deux presque sans armes, contre eux douze ou quinze qui en avaient tant! Et mon camarade mort de sommeil et de fatigue! L'appeler, faire du bruit, je n'osais; m'échapper tout seul, je ne pouvais; la fenêtre n'était guère haute, mais en bas deux gros dogues hurlant comme des loups.... En quelle peine je me trouvais, imaginez-le, si vous pouvez. Au bout d'un quart d'heure qui fut long, j'entends sur l'escalier quelqu'un, et par les fentes de la porte, je vis le père, sa lampe dans une main, dans l'autre un de ses grands couteaux. Il montait, sa femme après lui; moi derrière la porte; il ouvrit; mais avant d'entrer il posa la lampe que sa femme vint prendre; puis il entre pieds nus, et elle, de dehors, lui disait à voix basse, masquant avec ses doigts le trop de lumière de la lampe: „Doucement, va doucement." Quand il fut à l'échelle, il monte, son couteau dans les dents, et venu à la hauteur du lit, ce pauvre jeune homme étendu offrant sa gorge découverte, d'une main il prend son couteau, et de l'autre... Ah! cousine... il saisit un jambon qui pendait au plancher, en coupe une tranche, et se retire comme il était venu. La porte se referme, la lampe s'en va, et je reste seul à mes réflexions.

Dès que le jour parut, toute la famille, à grand bruit, vint nous éveiller, comme nous l'avions recommandé. On apporte à manger: on sert un déjeuner fort propre, fort bon, je vous assure. Deux chapons en faisaient partie, dont il fallait, dit notre hôtesse, emporter l'un et manger l'autre. En les voyant, je compris enfin le sens de ces terribles mots: „Faut-il les tuer tous deux?" Et je vous crois, cousine, assez de pénétration pour deviner à présent ce que cela signifiait. (*Courier*).[1]

76. Mon habit.

Sois-moi fidèle, ô pauvre habit que j'aime!
Ensemble nous devenons vieux,
Depuis dix ans je te brosse moi-même,
Et Socrate[2] n'eût pas fait mieux.
Quand le sort à ta mince étoffe
Livrerait de nouveaux combats,
Imite-moi, résiste en philosophe,
Mon vieil ami, ne nous séparons pas.

Je me souviens, car j'ai bonne mémoire,
Du premier jour où je te mis.
C'était ma fête,[3] et pour comble de gloire,
Tu fus chanté par mes amis.
Ton indigence, qui m'honore,
Ne m'a point banni de leurs bras;
Tous ils sont prêts à nous fêter encore;
Mon vieil ami, ne nous séparons pas.

T'ai-je imprégné des flots de musc et d'ambre,
Qu'un fat exhale en se mirant?
M'a-t-on jamais vu dans une antichambre
T'exposer aux mépris d'un grand?
Pour des rubans[4] la France entière
Fut en proie à de longs débats;
La fleur des champs brille à ta boutonnière;
Mon vieil ami, ne nous séparons pas.

Ne crains plus tant ces jours de courses vaines,
Où notre destin fut pareil,
Ces jours mêlés de plaisirs et de peines,
Mêlés de pluie et de soleil.
Je dois bientôt, il me le semble,
Mettre pour jamais habit bas;
Attends un peu, nous finirons ensemble:
Mon vieil ami, ne nous séparons pas.

Béranger.

---

[1] Paul-Louis Courier, 1772—1825, publiciste français, qui fut assassiné par son garde-chasse.

[2] Socrate, 468—399 avant J.-C., illustre philosophe grec, cité ici comme type de la simplicité.

[3] Ma fête: le 29 juin.

[4] Rubans: c'-à-d. de la Légion d'honneur, décoration très recherchée et souvent conférée dans les premières années de la Restauration.

77. Les deux voyageurs.

Le compère Thomas et son ami Lubin
Allaient à pied tous deux à la ville prochaine.
    Thomas trouve sur son chemin
    Une bourse de louis pleine;
Il l'empoche aussitôt. Lubin, d'un air content,
    Lui dit: „Pour nous la bonne aubaine! —
    Non, répond Thomas froidement,
Pour nous n'est pas bien dit; pour moi, c'est différent.
Lubin ne souffle plus: mais en quittant la plaine,
Ils trouvent des voleurs cachés au bois voisin.
    Thomas tremblant, et non sans cause,
Dit: „Nous sommes perdus!" — „Non," lui répond Lubin,
„Nous n'est pas le vrai mot: mais toi, c'est autre chose."
Cela dit, il s'échappe à travers les taillis.
Immobile de peur, Thomas est bientôt pris.
    Il tire la bourse et la donne.
Qui ne songe qu'à soi, quand la fortune est bonne,
    Dans le malheur n'a point d'amis.   Florian.

78. La poste aux lettres.

On a comparé le cœur à une pompe aspirante et foulante; on peut dire la même chose de l'hôtel central des postes: il attire sans cesse à lui les correspondances, et les refoule pour les distribuer dans toutes les directions. Il est curieux d'étudier et de raconter comment une telle masse d'objets divers, lettres, imprimés, échantillons, est reçue, réunie, vérifiée, triée, divisée, subdivisée, et enfin distribuée. Du moment où elle est jetée à la boîte jusqu'au moment où elle est remise au domicile du destinataire, une lettre subit une série d'opérations que nous allons essayer de faire connaître.

L'administration des postes, afin de simplifier et d'activer son travail, a partagé Paris en onze zones principales, qui ont chacune un centre autour duquel viennent rayonner d'autres zones moins importantes.

Huit fois par jour des facteurs visitent les boîtes dont seuls ils ont la clef; ils les vident, en rassemblent le contenu qu'ils renferment dans un large sac de cuir clos d'une serrure solide, et vont le porter au bureau qui se trouve dans leur circonscription. Là le sac est vidé sur une table, et des employés spéciaux font un tri préalable; ils divisent la masse de lettres recueillies en quatre paquets différents; chacun de ces paquets forme ce qu'on appelle une dépêche. On fait ainsi la dépêche de Paris, la dépêche de la banlieue, la dépêche des départements, la dépêche de l'étranger. Chacune de ces dépêches est ficelée à part et garnie d'une étiquette à gros caractères qui en indique la destination; puis tous ces paquets, après avoir été désignés sur un registre spécial, sont enfouis dans un sac de toile doublé de cuir, qu'on ferme à l'aide d'une corde, qu'on scelle d'un cachet de cire portant l'empreinte du bureau expéditeur, et auquel on attache un numéro d'ordre qui permet d'en reconnaître immédiatement la provenance. Dès que ce travail est terminé, le sac est déposé dans un tilbury à coffre qui part immédiatement au grand trot et se rend à l'hôtel des postes.

Les sacs, rapidement montés dans une salle garnie de plusieurs tables, sont reçus par un agent qui, au fur et à mesure qu'il les ouvre, en indique d'un mot l'origine à un employé qui l'inscrit sur un registre. Le sac est non seulement ouvert et vidé, mais, sous peine d'amende, il doit être retourné de façon qu'on puisse en voir le fond. Avec une dextérité, une rapidité que seule une longue habitude peut donner, l'agent lance les différentes dépêches aux tables où elles doivent être manipulées. Ici Paris, là les départements, plus loin la banlieue, ailleurs l'étranger. Les dépêches pour l'étranger sont divisées suivant les offices postaux auxquels elles doivent parvenir. La dépêche pour Paris est dépecée immédiatement; toutes les lettres qui s'en échappent sont versées en monceau sur une table autour de laquelle une quinzaine d'hommes sont réunis.

En hâte et fiévreusement, car les minutes sont comptées, on divise les lettres en deux parts, celles qui ne sont point affranchies et celles qui le sont. Les premières sont portées à un agent particulier qui en fait onze parts et additionne le total des taxes; les secondes, poussées sur la table même du tri à des employés qui tiennent deux timbres dans la main droite, sont frappées de deux cachets, l'un qui indique la date du mois et l'heure de la levée, l'autre qui oblitère l'affranchissement. La précision rapide de ce travail est extraordinaire: dans l'espace d'une minute, calculée à l'aide d'une montre à secondes, un de ces hommes a timbré quatre-vingt-sept lettres, et encore je dois ajouter que trois fois il a repris des lettres au tas, qu'on augmentait à chaque instant. (*Maxime du Camp*, Paris).

79. La poste à Paris.

Ce n'est que deux cents ans après Louis XI qu'on trouve la première ébauche d'une poste spéciale pour Paris. En 1653, un industriel eut l'heureuse idée d'établir dans chaque quartier des boîtes d'où les employés retiraient les lettres trois fois par jour pour les porter aussitôt à leur adresse. On ne se servait pas de timbres, mais bien d'une sorte de bande achetée à l'avance, portant la mention: Port payé, sur laquelle on inscrivait le nom et la demeure de la personne à laquelle on l'adressait. Cette innovation fut abandonnée, faute de lettres à transporter.

Il faut attendre jusqu'à 1760 pour trouver la poste parisienne établie définitivement. Dès lors, il y eut trois levées par jour, à huit heures, à midi et à cinq heures; le tarif était de deux sols ou de trois sols suivant le poids des lettres ou des paquets. Pour la banlieue cette taxe était augmentée d'un sol. Sous la Révolution les taxes de la petite poste (c'est ainsi qu'on l'appelait) furent singulièrement élevées, car le prix d'une lettre simple pour Paris atteignit quinze sous et pour la banlieue une livre dix sous.

Aujourd'hui les services de la poste parisienne sont aussi parfaits que possible; de plus, on a inventé le système des dépêches qui, circulant dans des tubes pneumatiques, peuvent être remises au destinataire dix minutes après leur expédition. Enfin le téléphone, annexé aux bureaux de poste, permet de causer avec les personnes à qui l'on a affaire.

L'Hôtel central des postes de Paris fut d'abord situé dans la rue des Poulies, qui se trouvait en face de la colonnade du Louvre, puis, en 1757, dans un vaste hôtel de la rue Jean-Jacques-Rousseau. L'importance des services de la poste augmentant chaque jour, il a fallu construire des bâtiments beaucoup plus vastes, qui s'élèvent sur l'emplacement de l'ancien hôtel et des maisons environnantes.

(Bournon, *Petite Histoire de Paris*).

80. La poste dans l'ancienne France.

Les diligences ne partaient pas tous les jours, même pour les villes importantes en relations suivies[1] d'affaires avec Paris. Il fallait, si l'on était pressé, si l'on voulait éviter les ennuis de la voiture publique, recourir à la poste. Elle était, comme les messageries, sous la haute direction de l'État, qui en tirait des revenus; comme les diligences, elle s'améliora dans le cours du XVIII siècle. Depuis longtemps, grâce aux relais multipliés, elle permettait de voyager jour et nuit.

Les voitures de poste de certains grands personnages comportaient même de singuliers **raffinements**. Le duc de Richelieu[2] n'emportait pas seulement **dans sa berline** un véritable

---

[1] Ininterrompu, constant.
[2] Richelieu, † 1788, maréchal de France, qu'il ne faut pas confondre avec le célèbre ministre de Louis XIII.

garde-manger, où trois entrées, prêtes à mettre au feu, étaient toutes préparées; il y avait fait disposer un lit. En décembre 1742, au moment de partir de Choisy-le-Roi,[1] il fit bassiner ses draps, „se coucha, en présence de trente personnes, et dit qu'on le réveillerait à Lyon". Il est probable qu'il se réveilla de lui-même auparavant.

Tous ceux qui couraient la poste ne prenaient pas leurs aises comme le duc de Richelieu. Beaucoup devaient avoir recours à des voitures de louage dont il fallait payer le retour. Il arrivait aussi fréquemment qu'un voyageur acceptait ou sollicitait un compagnon pour partager avec lui les frais de la route. Lorsque Chateaubriand,[2] âgé de dix-sept ans, alla pour la première fois de Rennes[3] à Paris, il fit le trajet avec un marchand de modes „leste et désinvolte", qui avait une place à donner dans sa chaise de poste.

Il s'était même conservé, au XVIIIe siècle, des moyens de transport d'un autre temps. On conçoit qu'en 1621 un prélat comme le cardinal Bentivoglio[4] se soit fait conduire en litière de Paris à Turin; on peut admettre encore qu'à l'époque de la Fronde,[5] la femme d'un gentilhomme de Saintonge soit allée à Paris dans une litière portée par deux mulets, sur l'un desquels était montée une jeune fille qui fut depuis Mme de Maintenon;[6] mais on a peine à se représenter le jeune Marmontel[7] se rendant de Toulouse à Paris, vis-à-vis d'un petit marquis, dans une litière, dont la „caisse dandinante" était balancée selon l'allure de deux mulets.

(Crozals, La France, Anthologie géographique).

81. Grandeur d'âme d'un nègre.

Le fait que je vais raconter, je le tiens d'un missionnaire de Cayenne,[8] témoin oculaire. Plusieurs nègres marrons[9] avaient été pris, et il n'y avait point de bourreau pour les exécuter. On promit la vie à celui d'entre eux qui consentirait à supplicier ses camarades, c'est-à-dire au plus méchant. Aucun n'ac-

---

[1] Choisy-le-Roi, bourg sur la Seine.
[2] Chateaubriand v. p. 224, Note 1.
[3] Rennes, ancienne capitale du duché de Bretagne.
[4] Bentivoglio (g muet), nonce du pape auprès de Louis XIII.
[5] La Fronde, guerre civile en France pendant la minorité de Louis XIV entre le parti de la cour (Anne d'Autriche et Mazarin) et le parlement.
[6] Mme de Maintenon, veuve du poète Scarron et femme de Louis XIV.
[7] Marmontel, † 1799, littérateur français.
[8] Cayenne, capitale de la Guyane française, lieu de déportation.
[9] Marrons: des nègres qui se sont enfuis dans les bois.

ceptant la proposition, un colon ordonne à un de ses nègres de les pendre, sous peine d'être pendu lui-même. Ce nègre demande à passer un moment dans sa cabane, comme pour se préparer à obéir à l'ordre qu'il a reçu; là, il saisit une hache, s'abat le poignet, reparaît, et, présentant à son maître un bras mutilé dont le sang ruisselait: „A présent, lui dit-il, fais-moi pendre mes camarades." *Diderot*.[1]

82. Ma sœur.

L'amitié n'est pas aussi tendre,
L'amour n'a pas tant de douceur;
O vous qui n'avez pas de sœur,
Vous ne pouvez pas me comprendre!

De nos plaisirs, qu'elle confond,
Ma part est toujours la meilleure;
Le souci léger qui m'effleure
Est pour elle un chagrin profond.

Elle est mon soutien et mon juge;
Dans son cœur j'ai placé ma foi,
Dans sa conscience ma loi,
Et dans sa bonté mon refuge.

Nadaud.

83. Les voitures publiques, chaises et carrosses.

(XVIII)

Les voitures et les omnibus n'existaient pas au moyen âge: la ville n'était pas assez grande pour que le besoin s'en fît sentir. Au seizième siècle, l'usage des carrosses était presque exclusivement réservé au roi ou aux dames de la Cour. Les grands personnages mêmes ou les gens très riches n'auraient pas osé s'en servir. Les magistrats allaient à cheval ou à dos de mule, comme ils persistèrent longtemps à le faire, même lorsque l'usage des voitures fut devenu général.

Au dix-septième siècle, on commença à employer des chaises à bras ou à porteurs, sorte de guérites portées par deux hommes, et où une seule personne pouvait prendre place.

En 1650 apparaissent les premières voitures, dites de place; on les appelait fiacres[2] comme aujourd'hui; mais on appe-

---

[1] Diderot, 1713—1784, philosophe français, l'un des fondateurs de l'Encyclopédie.

[2] Fiacre, ainsi appelé du nom du saint Fiacre (moine irlandais), dont l'image ornait la maison dans laquelle les premières voitures de ce genre furent postées à Paris.

lait également fiacre le cocher qui les conduisait. Cette entreprise eut tout de suite du succès et elle s'est perpétuée jusqu'à nos jours. Elle fut dirigée à l'origine par des grands seigneurs, le duc de Givry, le duc de Roannez, qui obtinrent du roi les privilèges ou autorisations nécessaires pour l'exploitation.

En 1850, on ne comptait pas plus de 5000 voitures de place à Paris; ce nombre est plus que doublé aujourd'hui.

(*Bournon*, *Petite Histoire de Paris*).

84. Noms de rues.

Les noms des rues ont diverses origines. Beaucoup viennent des enseignes des maisons. A cette époque, en effet, où le numérotage des maisons n'était pas encore en usage, on ne les désignait d'ordinaire que par leurs enseignes, qui, le plus souvent, étaient, non pas écrites, mais peintes. Il arriva souvent que l'enseigne d'une maison donna son nom à la rue où cette maison était située: telle est l'origine des rues de la Harpe, de l'Arbalète, de l'Arbre-sec, de l'Hirondelle, de l'Homme-armé, etc. D'autres prirent des noms d'habitants, telles que les rues Jean-Lantier, Simon-Lefranc, Geoffroy-l'Angevin;[1] d'autres tirèrent leurs noms de couvents, telles que les rues des Blancs-Manteaux, du Temple,[2] Saint-Victor; d'autres enfin d'auteurs et de compositeurs célèbres, telles que la rue Gluck,[3] la rue Meyerbeer,[4] la rue Scribe,[5] la rue Auber.[6] Un poète du XIVe siècle s'est amusé à mettre en vers les noms des rues du Paris d'alors; il y en avait environ 400. Il en est qui existent encore et dont le nom est, par conséquent, vieux de cinq siècles. Sous Louis IX,[7] Paris comptait environ 130000 habitants et 300 rues.

(*Bournon*, *Petite Histoire de Paris*).

[1] Angevin: originaire d'Angers (dans la province d'Anjou, Loire inférieure).
[2] Temple: ancien monastère des Templiers (ordre militaire et religieux fondé en 1118 et supprimé par le roi Philippe le Bel en 1312); Louis XVI fut détenu dans la Tour (1792).
[3] Gluck (pron. Glouke), 1714—1787, célèbre compositeur de musique allemand.
[4] Meyerbeer, compositeur, né à Berlin, mort à Paris, 1794—1864; œuvres: Robert le Diable, les Huguenots, le Prophète etc.
[5] Scribe, 1791—1861, fécond auteur dramatique français, auteur du Verre d'eau et beaucoup d'autres drames.
[6] Auber, 1782—1871, compositeur de musique français, parmi ses ouvrages: la Muette de Portici, Fra Diavolo etc.
[7] Louis IX, roi de France, 1220—1270.

85. Les papiers peints.

Les papiers peints ne sont autre chose que des papiers ordinaires dont l'une des faces est ornée de dessins d'une ou plusieurs couleurs. On les appelle ainsi, parce que leurs dessins ont d'abord été faits au moyen du pinceau, comme la peinture ordinaire, et la force de l'habitude leur a conservé ce nom, bien qu'aujourd'hui on obtienne le même effet à l'aide de l'impression. Sous le rapport de l'aspect, ils ont donc une grande ressemblance avec les indiennes.[1] Ils s'en rapprochent encore au point de vue des moyens d'exécution. On sait qu'ils servent uniquement à la décoration des chambres d'habitation, et comme ils ont remplacé pour cet usage les tapisseries et les autres étoffes qu'on employait anciennement, on les appelle communément papiers de tenture ou de tapisserie, par abréviation tapisseries.

La fabrication des papiers peints est facile à comprendre. Un rouleau de papier étant étendu sur une longue table, on le recouvre avec des brosses à longs poils d'un mélange de colle forte, de craie et d'une couleur appropriée, afin de lui donner ce qu'on appelle un fond, c'est-à-dire une teinte uniforme pour servir de base aux préparations subséquentes. Après cela, on le fait sécher et, quand il est sec, l'on en unit la surface en promenant sur l'envers, avec force, un petit cylindre de cuivre qui tourne sur deux pivots, à l'extrémité d'un long manche. Il est alors prêt à recevoir les dessins. Cette opération se fait par la voie de l'impression, à peu près comme dans l'indiennerie, manuellement ou à l'aide de machines.

(P. Maigne, Nouvelles leçons de choses).

86. Aimons-nous les uns les autres.

Les belles soirées sont revenues; les arbres commencent à déplisser leurs bourgeons; les hyacinthes, les jonquilles, les violettes et les lilas parfument les éventaires des bouquetières; la foule a repris ses promenades sur les quais, sur les boulevards. Après dîner, je suis aussi descendu de ma mansarde pour respirer l'air du soir.

C'est l'heure où Paris se montre dans toute sa beauté. Pendant la journée, le plâtre des façades fatigue l'œil par sa blancheur monotone, les chariots pesamment chargés font trembler les pavés sous leurs roues colossales, la foule empressée

---

[1] Indiennes: toiles de coton peintes, qui furent d'abord fabriquées dans l'Inde.

se croise et se heurte, uniquement occupée de ne point manquer l'instant des affaires; l'aspect de la ville entière a quelque chose d'âpre, d'inquiet et de haletant; mais dès que les étoiles se lèvent, tout change; les blanches maisons s'éteignent dans une ombre vaporeuse; on n'entend plus que le roulement des voitures qui courent à quelque fête; on ne voit que passants, flâneurs ou joyeux; le travail a fait place aux loisirs. Maintenant chacun respire de cette course ardente à travers les occupations du jour; ce qui reste de force est donné au plaisir. Voici les bals qui éclairent leurs péristyles, les spectacles qui s'ouvrent, les boutiques de friandises qui se dressent le long des promenades, les crieurs de journaux qui font briller leur lanterne.

En passant près de la porte-cochère d'un hôtel, j'ai, tout à l'heure, aperçu une triste scène. Au coin le moins lumineux, un homme était debout, la tête nue et tendant son chapeau à la charité des passants. Son habit avait cette propreté indigente qui prouve une misère longtemps combattue. Boutonné avec soin, il cachait l'absence du linge. Le visage à demi voilé par de longs cheveux gris et les yeux fermés, comme s'il eût voulu échapper au spectacle de son humiliation, le mendiant demeurait muet, sans mouvement. Les promeneurs passaient avec distraction à côté de cette indigence qu'enveloppaient le silence et l'ombre. Heureux d'échapper à l'importunité de la plainte, ils détournaient les yeux! Tout à coup la porte cochère a glissé sur ses gonds; un équipage très bas, garni de lanternes d'argent et traîné par deux chevaux noirs, est sorti doucement, puis s'est élancé vers le faubourg Saint-Germain.[1] A peine ai-je pu distinguer, au fond, le scintillement des diamants et des fleurs de bal; la lueur des lanternes a passé comme une raie sanglante sur la pâle figure du mendiant, ses yeux se sont ouverts, un éclair a illuminé son regard qui a poursuivi l'opulent équipage, jusqu'à ce qu'il ait disparu dans la nuit.

J'ai laissé tomber dans le chapeau toujours étendu une légère aumône et je suis passé vite!

Je venais de surprendre les deux plus tristes secrets du mal qui tourmente notre siècle: l'envie haineuse de celui qui souffre, l'oubli égoïste de celui qui jouit!

(E. Souvestre,[2] *Un philosophe sous les toits*).

---

[1] Le faubourg Saint-Germain, sur la rive gauche de la Seine, le quartier le plus élégant de Paris.

[2] Émile Souvestre, 1806—1854, romancier français; d'autres ouvrages: Au coin du feu; Sous la tonnelle.

87. Le Français et l'Anglais.

Un Français et un Anglais se disputaient sur le mérite respectif de leur nation. La discussion dura longtemps, et chacun garda son opinion, comme bien l'on pense. Cependant le Français, voulant terminer d'une manière polie une conversation qui allait tourner à l'aigre, s'écria: „Du reste, monsieur, si je n'étais pas Français, je voudrais être Anglais." — „Et moi, monsieur, dit l'autre, si je n'étais pas Anglais, je voudrais être Anglais."

88. Le corbeau et le renard.

Maître corbeau, sur un arbre perché,
    Tenait en son bec un fromage.
Maître renard, par l'odeur alléché,
    Lui tint à peu près ce langage:
    „He! bonjour, monsieur du corbeau;
Que vous êtes joli! que vous me semblez beau!
    Sans mentir, si votre ramage
    Se rapporte à votre plumage,
Vous êtes le phénix[1] des hôtes de ces bois."
A ces mots, le corbeau ne se sent pas de joie;
    Et, pour montrer sa belle voix,
Il ouvre un large bec, laisse tomber sa proie.
Le renard s'en saisit et dit: „Mon bon monsieur,
    Apprenez que tout flatteur
    Vit au dépens de celui qui l'écoute.
Cette leçon vaut bien un fromage, sans doute."
    Le corbeau, honteux et confus,
Jura, mais un peu tard, qu'on ne l'y prendrait plus.

La Fontaine.

89. Le rat de ville et le rat des champs.

Autrefois le rat de ville
Invita le rat des champs,
D'une façon fort civile,
A des reliefs d'ortolans.

Sur un tapis de Turquie
Le couvert se trouva mis.
Je laisse à penser la vie
Que firent les deux amis.

A la porte de la salle
Ils entendirent du bruit:
Le rat de ville détale,
Son camarade le suit.

Le bruit cesse, on se retire:
Rats en campagne aussitôt;
Et le citadin de dire:[2]
„Achevons tout notre rôt."

---

[1] Phénix: oiseau fabuleux qui, suivant l'opinion des anciens, vivait plusieurs siècles, se faisait périr sur un bûcher et renaissait de sa cendre. Ici: le plus bel oiseau.

[2] Le citadin de dire: v. Grammaire, p. 207 (§ 42).

Le régal fut fort honnête;   „C'est assez", dit le rustique:
on ne manquait au festin: „Demain vous viendrez chez moi.
Mais quelqu'un troubla la fête Ce n'est pas que je me pique
Pendant qu'ils étaient en train. De tous vos festins de roi;

    Mais rien ne vient m'interrompre;
    Je mange tout à loisir.
    Adieu donc. Fi du plaisir
    Que la crainte peut corrompre!"

La Fontaine.

90. Les Français au commencement de la guerre.

Enfin, me voici en France. Il me semble qu'en touchant terre natale je vais trouver un peuple debout, silencieux, calme, ayant conscience de cette grande chose qui s'appelle la guerre continentale, maîtrisant ses impressions et tout entier tendu au suprême effort. Hélas! il me faut déchanter.

A peine en chemin de fer, dès les premières stations de la ligne du Nord, je ne vois autour de moi qu'excitation maladive, confusion inexprimable. Les troupiers qui regagnent leurs corps chantent la Marseillaise.[1] Les populations qui leur font escorte se livrent à des manifestations enfantines. On crie: A Berlin! On se grise de paroles et de vin. Je m'attendais à un autre spectacle. A côté de moi, les gens sérieux, posés, réfléchis, se regardent dans les yeux, pour échanger en ce langage muet les réflexions attristantes qu'ils n'osent exprimer. Ce n'est pas ainsi que sont parties en guerre les grandes armées d'antan, qui ont couronné de tant de victoires nos glorieux drapeaux. Pour me servir d'un terme de troupier: Ça sent mauvais. Je me raisonne[2] cependant, je songe aux nerfs du peuple français, je me dis que cette surexcitation est peut-être une bonne chose, que cet entrain fera des prodiges. Et je pousse un soupir de soulagement et de confiance en sentant sous mes pieds le pavé de Paris, ce bon pavé qui semble vivre sous la semelle de vos bottes, et qui paraît à la fois élastique et sûr.

(Le comte d'Hérisson, Journal d'un officier d'ordonnance,
juillet 1870—février 1871).

---

[1] La Marseillaise: chant patriotique, devenu le chant national de la France. Il fut composé en 1792 pour l'armée du Rhin par un officier du génie, Rouget de Lisle, en garnison à Strasbourg; les Marseillais l'ayant fait connaître les premiers à Paris, il prit le nom de Marseillaise. D'ailleurs, v. n°. 104.

[2] Je me raisonne: je me réplique à moi-même.

91. La discipline des soldats français.

Nous mîmes trente heures à franchir la distance qui sépare Paris de Châlons, et qu'un train express dévore en troi[s] heures et demie.

Je dois confesser que la tenue des troupes qu'emportai[t] le train était déplorable. Il était impossible d'obtenir des soldats qu'ils se tinssent tranquilles à leur place. Surexcités pa[r] les libations absorbées au départ et continuées au moyen d'u[n] approvisionnement sérieux de litres de rechange,[1] par l'impatience assez naturelle d'ailleurs chez des voyageurs qu'on fait stationner partout interminablement, et qu'emportent des voitures ma[l] commodes et allant à une allure de limaçon, ils couraient d[e] côté et d'autre, s'empilaient dans le même compartiment, faisaient des expéditions sur les wagons de bagages, le long de[s] marchepieds, se battaient, déchiraient leurs effets, hurlaient cett[e] agaçante Marseillaise, qui a plané en 1870 sur toutes nos défaites et toutes nos hontes, et que je ne puis plus entendr[e] sans haut-le-cœur.[2]

Les officiers n'osaient rien dire, ou s'ils commandaien[t] c'était avec cette timidité qui indique une armée battue et démoralisée, des chefs qui ont perdu leur prestige et qui en son[t] réduits à essayer de se faire pardonner par leurs inférieurs, [à] force de platitude, les fatigues inutilement supportées et le[s] combats déplorablement livrés. C'était navrant.

Et cependant, quelles fêtes leur faisaient les population[s] que nous traversions! A chaque gare, à chaque halte, les châtelaines suivies de leurs domestiques en livrée, les bourgeoise[s] accompagnées de leur bonne, ou les femmes du peuple venue[s] seules, rivalisaient de gâteries et de générosité. C'étaient de[s] paniers de victuailles, des monceaux de fruits, des litres, toujours des litres, des liqueurs versées à profusion, et, mieux qu[e] toute cette victuaille démoralisante, c'étaient de bonnes poignée[s] de main, des embrassades charmantes à la fois de pudeur féminine et d'entrain viril. Toutes ces effusions sympathiques m[e] mettaient les larmes aux yeux, et je me refusais absolument [à] voir par la pensée, derrière cette bonne, cette aimable population, le fourmillement des casques à pointes qui allait se répandre comme un noir torrent au milieu d'elle.

(Le comte d'Hérisson, Journal).

---

[1] Litres de rechange: litres tenus en réserve.
[2] Haut-le-cœur: aigreur, amertume.

92. Les Allemands et les Français.

Il faut rendre cette justice aux Allemands que dès les premiers jours ils savaient ce qu'ils voulaient, où ils allaient. Tandis que Berlin, contrastant avec Paris, s'enveloppait dans un calme austère, dans la sévérité anxieuse d'une mère dont les fils jouent leur vie sur les champs de bataille, la presse aussi bien que les officiers non seulement déclaraient tout haut que l'Allemagne ne poserait les armes qu'après avoir conquis l'Alsace et la Lorraine, mais encore faisaient preuve d'une perspicacité étrange sur notre situation matérielle et morale, affirmant que nous n'étions pas prêts, que nous manquions de tout, et que nos discussions politiques seraient pour l'armée allemande presque aussi profitables que des victoires.

On sentait instinctivement que, des deux souverains qui poussaient des bataillons dans les grandes mêlées, celui qui connaissait le mieux la France n'était peut-être pas l'Empereur des Français. On se sentait enveloppé, surveillé, dénoncé, espionné en un mot.

En outre, l'armée allemande fourmillait d'espions inconscients, ou plutôt de soldats et d'officiers qui connaissaient notre pays mieux que nous, qui l'avaient habité, étudié, et qui, rappelés chez eux par les exigences du service militaire, se servaient naturellement des connaissances acquises. Il n'y a peut-être pas trois cents personnes en France qui sauraient se diriger à travers Berlin, sans s'égarer. Je mets en fait[1] qu'il y avait dans l'armée allemande deux cent mille hommes qui connaissaient Paris aussi bien que nous, pour y avoir séjourné ou vécu. Le Français voyage peu, et quand il voyage, entravé par son ignorance des langues étrangères, il ne peut presque rien observer. L'Allemand se déplace volontiers, et, quand il se déplace, c'est pour apprendre autant que pour vivre. En Allemagne, tout le monde, à partir d'un certain niveau social, recherche comme une bonne fortune la conversation d'un Français. On lui parle, on l'interroge, jamais en allemand, toujours en français: Comment dites-vous ça? Il sert de répétiteur inconscient et gratuit. En France, on considère comme une corvée l'obligation de causer avec un Allemand qui ne parle pas proprement notre langue. En somme, tous les généraux allemands, tous les officiers d'état-major parlaient français, et dans notre état-major général il n'y avait peut-être pas dix officiers en tout capables de se faire comprendre d'un Allemand.

(*Le comte d'Hérisson, Journal*).

---

[1] Je mets en fait: je l'avance comme un fait. (Allem. Ich stelle es als Thatsache hin, ich behaupte die Thatsache).

93. Généreuse franchise.

Charles VII[1] se trouva presque dépouillé de tous ses États au commencement de son règne, et il ne lui restait aucune ville importante, à l'exception d'Orléans et de Bourges. Cependant il se livrait au plaisir et ne songeait qu'à donner des fêtes. Un jour qu'il dansait dans un ballet qu'il avait imaginé lui-même un brave chevalier, Xaintrailles, entre dans la salle. Le roi lui dit: „Eh bien! Xaintrailles, que pensez-vous de cette fête? Ne trouvez-vous pas que nous nous divertissons bien? — Oui sire, répondit le chevalier; il faut convenir qu'on ne saurait perdre un royaume plus gaiment."

Cette réponse si franche fit rougir le jeune roi. Dès ce moment, il s'occupa davantage de ses devoirs et moins de ses plaisirs.

94. Marche de cadets.*

En colonne serrée,
A la voix des clairons,
D'une marche assurée
Formons nos bataillons!
Pour être un jour vaillants au champ d'honneur,
Courons à l'exercice avec ardeur!

Laissons là sans tristesse
L'étude et ses travaux:
Sachons dès la jeunesse
Servir sous des drapeaux!
Pour être un jour etc.

Quand plus tard la patrie
Réclamera nos bras,
Que notre âme aguerrie
Alors n'hésite pas.
Pour être un jour etc.

Et si sa voix appelle
Aux armes ses enfants,
Que l'amitié fidèle
Toujours serre nos rangs.
Pour être un jour etc.

95. L'Allemagne.

Allemagne, Allemagne, oh! mon cœur à toi,
Terre de l'espérance et de l'antique foi,
Terre des simples cœurs, ô naïve patrie
De la grave science et de la rêverie!

---

[1] Charles VII, roi de France, 1422—1461; à son avènement, les Anglais occupaient presque toute la France (v. p. 241, note 2: la guerre de Cent ans). Le patriotisme du roi s'éveilla à la voix de Jeanne d'Arc.

* Pour l'air voir l'appendice.

Terre de souvenir et de fidélité,
Abri toujours ouvert à l'hospitalité,
Vallon mystérieux où les fleurs et les femmes
Ont les plus doux parfums et les plus vierges âmes,
Où l'austère devoir jamais ne parle en vain,
Où l'art est encor[1] roi, l'amour encor divin,
La musique encor sœur des harpes séraphiques,
Et tout beau front orné de ses grâces pudiques!

Terre de l'espérance et de l'antique foi,
Allemagne, Allemagne, oh! mon cœur est à toi.
. . . .

Nicolas Martin.[2]

96. Le lin.

Comme le chanvre, le lin réussit dans les pays les plus divers; néanmoins, ce sont les climats tempérés qu'il préfère. C'est une plante très épuisante, et que, pour ce motif, il n'est pas bon de cultiver deux ans de suite dans le même sol.

Les terres qui conviennent le mieux au lin sont les terres glaises, profondes, fermes et un peu humides. Telles sont celles de la Zélande.[3] Aussi, est-ce de cette province que les Hollandais tirent le lin de leurs plus belles toiles, et ils gardent pour les qualités ordinaires celui que produit le sol léger et sablonneux de leur propre pays.

Le lin donne des filaments forts, nerveux, souples et doux au toucher, que l'industrie transforme en fils capables de produire, depuis des toiles communes à 1 franc le mètre jusqu'à ces magnifiques batistes françaises qui sont sans rivales à l'étranger, et dont le mètre coûte plus de 20 francs. On en obtient aussi ces fils délicats qui servent à faire la plus riche dentelle, et dont la finesse est si merveilleuse qu'il en faut plus de 200 kilomètres pour former le poids d'un kilogramme.

Les bandelettes de lin trouvées dans les tombeaux égyptiens, où elles ont été déposées 4 ou 5000 ans avant notre ère, prouvent matériellement la haute antiquité de l'usage de ce textile. Nous savons, en outre, par les livres saints et le témoignage des auteurs profanes, qu'aux yeux de plusieurs peuples, surtout des Hébreux et des Égyptiens, les tissus de lin

---

[1] Encor: v. p. 208, note 3.

[2] Nicolas Martin, 1814—1877, poète français, fils d'un Français et d'une Allemande, sœur de Charles Simrock. Il travaillait à la réconciliation des deux peuples voisins.

[3] La Zélande, province des Pays-Bas, presque entièrement composée d'îles.

passaient pour les plus purs, par conséquent pour les plus con
venables à la confection des ornements et des vêtements sacer
dotaux. Au reste, malgré la simplicité de leurs moyens d
travail, les anciens réussissaient à produire une nombreuse va
riété d'étoffes de lin, depuis les plus communes jusqu'à ce
toiles transparentes, analogues à nos fines batistes, qui, suivan
les poètes, semblaient „tissues de vent."

(P. *Maigne*, *Lectures variées*).

97. Devoirs de la jeune fille et de la femme dans la société.

La modestie dans la tenue et dans les vêtements es
d'une grande importance pour la jeune fille et la femme.

La propreté est une condition essentielle de cette pré
cieuse modestie; outre qu'elle est nécessaire à la santé, ell
charme le regard, l'odorat et tous les sens, que la malpropret
révolte. Elle coûte peu à entretenir; le savon n'est pas cher
l'eau ne coûte rien, et le temps qu'on emploie à se tenir propr
n'est pas perdu, puisqu'en accomplissant ce devoir, on peu
penser à toute autre chose.

Une dame instruite et bien élevée faisait toujours son examen
de conscience pendant qu'elle se lavait les mains; comme ell
les lavait plusieurs fois par jour, il y a quelque chance d'es
pérer que sa conscience était aussi nette que ses mains étaien
propres. Peut-être feriez-vous bien d'user de ce moyen pou
en essayer les résultats sur vous-mêmes.

Jamais un trou, jamais une tache, — telle doit être l
devise d'une jeune fille soigneuse. Un tout petit trou se répar
avec une aiguillée de coton; s'il s'agrandit, il faut y faire passe
toute la pelote, et dépenser beaucoup de temps.

On ne peut pas éviter absolument les taches, mais o
doit toujours, lorsqu'on est exposé à en recevoir, les recevoi
sur un tablier ou sur une blouse, qui mette nos vêtements
l'abri; le travail terminé, on ôte le tablier, et l'on se présent
aux regards sous l'aspect agréable d'une jeune fille qui vien
de faire sa toilette.

Ce que l'on ne doit jamais se permettre, c'est de rem
placer l'agrafe, le bouton ou le cordon manquant par un
épingle. Les épingles sont faites pour rendre un service mo
mentané, pour empêcher un ruban de se chiffonner, par exemple
mais le bouton, l'agrafe et le cordon doivent se trouver infai
liblement à la place qui leur est destinée. Plus l'ajustement es
riche et élégant, plus la nécessité d'un ordre parfait dans le
moindres détails s'y fait sentir.

L'ordre est la première condition du bien-être.

Une place pour chaque chose; chaque chose à sa place; c'est une devise bien simple et facile à mettre en pratique.

Le manque d'ordre est une cause de perte de temps inimaginable. On passe à retrouver un objet égaré dix fois le temps qu'on aurait employé à le remettre en place, sans compter que le plus souvent on le retrouve endommagé dans l'endroit le moins fait pour le recevoir.

Une chambre mal rangée est toujours trop petite, fût-elle grande comme la maison d'école. Au contraire, il n'est pas de chambrette, de cabinet étroit qui ne paraisse suffisamment vaste et commode lorsqu'aucun objet ne traîne sur les meubles, lorsque les tiroirs sont soigneusement refermés, le lit bien fait, les vêtements rangés; un bouquet de fleurs dans un verre commun sur la fenêtre ajoute un grand charme à la plus pauvre demeure, pourvu que l'eau soit pure et les fleurs fraiches.

L'ordre que l'on doit apporter sur soi, dans sa chambre, dans toute sa demeure, on l'apporte bientôt instinctivement dans toutes les actions de sa vie. Celle qui règle le matin l'emploi de toute sa journée n'a pas de moments de désœuvrement et d'ennui. Comme on règle sa journée, on règle aussi sa vie et sa conscience; dans l'une comme dans l'autre, il ne se trouve plus de place pour les mauvaises actions et les mauvaises pensées.

(M*me* *Henry Gréville, Instruction morale et civique des jeunes filles*).

98. Jacquard.[1]

A Lyon est né un homme qu'on a proposé depuis longtemps comme modèle à tous les travailleurs. Jacquard était fils d'un pauvre ouvrier tisseur et d'une ouvrière en soie. Dès l'enfance, il connut par lui-même les souffrances que les ouvriers de cette époque avaient à endurer pour tisser la soie. La loi d'alors permettait d'employer les enfants aux travaux les plus fatigants: ils y devenaient aveugles, bossus, bancals, et mouraient de bonne heure.

Le jeune Jacquard, mis à ce dur métier, tomba lui-même malade. Ses parents, pour lui sauver la vie, durent lui donner une autre occupation; ils le placèrent chez un relieur, et ce fut un grand bonheur pour l'enfant, car, une fois dans l'atelier de reliure, il ne se borna pas à cartonner les livres qu'on lui

---

[1] Jacquard, 1752—1834, célèbre mécanicien français, inventeur du métier à tisser la soie.

apportait: à ses moments de loisir, il lisait ces l
acquit ainsi l'instruction élémentaire qu'on n'avait pu

Une fois instruit, le studieux ouvrier sentit s'év
le goût de la mécanique, et il conçut l'idée d'une n
accomplirait à elle seule le pénible travail qu'il ava
accompli jadis. Mais de tristes événements vinrent i
ses recherches: c'était le moment des guerres de
tion, où les citoyens combattaient les uns contre le;
même temps que contre les ennemis de la France
soldat et alla combattre, lui aussi, pour la patrie.

Pendant qu'il était sur le champ de bataille, s
que mourut à Lyon. Sa femme était dans la misèr
pour vivre, des chapeaux de paille. C'est alors qu'
l'armée, et ce fut au milieu de cette tristesse et de c
générale qu'il finit par construire la machine à la
donné son nom.

Mais que de temps il fallut pour que cette n
machine fût estimée à son vrai prix! Les ouvriers n
elle devait soulager le travail la voyaient de mauvai
jour, on la brisa sur la place publique, et le grand
l'avait inventée eut lui-même à souffrir les mauvais
d'ouvriers ignorants.

Enfin, au bout de douze ans d'efforts, son méti
ralement adopté et fit la richesse de Lyon.

Les ouvriers, qui craignaient que la machine i
leur nuisit et ne leur enlevât du travail, virent, au cor
nombre augmenter chaque jour; il y a maintenant à
de cent mille ouvriers en soieries. Et partout on a
métier de Jacquard, en Allemagne, en Angleterre, e
Amérique et jusqu'en Chine. Chaque ville manufact
tait Jacquard à venir organiser chez elle les ateliers
La ville de Manchester en Angleterre lui offrit mêr
but beaucoup d'argent; mais Jacquard, voulant conse
ses forces et tout son travail pour sa patrie bien-air

La ville de Lyon, reconnaissante envers cet l
a fait sa prospérité, lui a élevé une statue sur u
places. (*Bruno*, *Le tour de la France par deux*

99. Charbonnier est maitre chez soi.[1]

François Ier,[2] s'étant égaré à la chasse, entra ;
heures du soir dans la cabane d'un charbonnier. L

---

[1] Chez soi: emploi vieilli du pronom; on dit aujourd'hui
[2] François Ier, roi de France, 1515—1547, connu par ses ¡
l'empereur d'Allemagne Charles-Quint.

absent; il ne trouva que la femme auprès du feu. C'était en hiver, et il avait plu. Le roi demanda à souper et une retraite pour la nuit. Il fallut attendre le retour du mari. Pendant ce temps, le roi se chauffa, assis sur une mauvaise chaise, la seule qu'il y eût dans la maison. Vers les dix heures arrive le charbonnier, las de son travail, fort affamé et tout mouillé. Les compliments d'entrée ne furent pas longs. La femme exposa la chose à son mari et tout fut dit. Mais à peine le charbonnier eut-il salué son hôte, et secoué son chapeau tout trempé, que prenant la place la plus commode et le siège que le roi occupait, il lui dit: „Monsieur, je prends votre place, parce que c'est celle où je me mets toujours, et cette chaise parce qu'elle est à moi:

> Or,[1] par droit et par raison,
> Chacun es maître en sa maison."

François applaudit au proverbe, et se plaça ailleurs sur une sellette de bois. On soupa; on régla les affaires du royaume; on se plaignit des impôts; le charbonnier voulait qu'on les supprimât. Le prince eut de la peine à lui faire entendre raison. „A la bonne heure,[2] donc, dit le charbonnier; mais, ces défenses rigoureuses pour la chasse, les approuvez-vous aussi? Je vous crois honnête homme, et je pense que vous ne me dénoncerez pas. J'ai là un morceau de sanglier qui en vaut bien un autre: mangeons-le; mais surtout bouche close." François promit tout, mangea avec appétit, se coucha sur des feuilles, et dormit bien. Le lendemain il se fit connaître, et permit la chasse au charbonnier qui lui avait donné l'hospitalité. C'est à cette aventure qu'il faut rapporter l'origine du proverbe: Charbonnier est maître chez soi.

100. Le meunier, son fils et l'âne.

Un meunier et son fils conduisaient un âne à une foire voisine pour le vendre. — „Cet homme-là a perdu la tête, dit un passant, d'aller ainsi péniblement à pied, lui et son fils, afin que leur âne marche à l'aise." Le vieillard, ayant entendu ce propos, mit son fils sur l'âne, et poursuivit sa route en sifflant à côté de lui. — „Comment, gamin que vous êtes! s'écria un second, en s'adressant à l'enfant: est-il dans l'ordre que vous soyez monté sur l'âne, tandis que votre pauvre vieux père va à pied?" Le père, piqué de cette remontrance, fait descendre son enfant et monte à son tour. — „Voyez donc, dit un troi-

---

[1] Or: eh bien (du latin hora).
[2] A la bonne heure, voilà qui est bien dit.

sième, comme ce vieux fainéant chemine sur sa bête, pendant que son pauvre petit garçon n'en peut plus à force de marcher!" Le vieillard n'eut pas plus tôt entendu ces paroles, qu'il prit son fils en croupe. — „Dites-moi, mon ami, dit un quatrième, cet âne est-il à vous? — Oui, répondit notre homme. — On ne le dirait guère, reprit l'autre, à vous voir le charger ainsi sans pitié. En vérité, il vous est plus facile, à vous et à votre fils, de porter ensemble le pauvre animal qu'à lui de vous porter tous deux. — Monsieur, vous avez raison", dit le maître de l'âne. A ces mots, il met pied à terre avec son fils, et, après avoir lié les jambes de la bête, ils essayent de la porter, à l'aide d'une perche placée sur leurs épaules, de l'autre côté d'un pont qui conduisait à la ville. C'était un spectacle si divertissant que les curieux accoururent en foule pour en rire, jusqu'à ce que l'âne, impatienté de l'excès de complaisance de son maître, rompit les liens qui le retenaient, quitta la perche et tomba dans la rivière. Le pauvre meunier s'en retourna chez lui le plus vite qu'il put, honteux et vexé de ce qu'en voulant contenter tout le monde il n'avait contenté personne, et avait perdu son âne par-dessus le marché.[1]

101. Crainte de Dieu.

Tu pèches dans l'obscurité?
Va! ton péché n'en est pas moins horrible,
Et crois-tu le cacher et le rendre invisible
    Aux yeux de la Divinité?
Son œil pénètre tout, jusques[2] à nos pensées,
Et de nos actions présentes et passées
    Marque le moment et le lieu.
    Imprudents enfants que nous sommes!
Le mal que nous craignons de faire aux yeux des hommes,
    Nous l'osons faire devant Dieu!

Chevreau.

102. La grand'mère.

„Dors-tu . . . réveille-toi, mère de notre mère!
D'ordinaire en dormant ta bouche remuait;
Car ton sommeil souvent ressemble à ta prière.
Mais, ce soir, on dirait la madone de pierre;
Ta lèvre est immobile et ton souffle est muet.

---

[1] Par-dessus le marché: en outre (allem. obenbrein).
[2] Jusques: v. p. 210, note 2.

Pourquoi courber ton front plus bas que de coutume?
Quel mal avons-nous fait, pour ne plus nous chérir?
Vois, la lampe pâlit, l'âtre scintille et fume;
Si tu ne parles pas, le feu qui se consume,
Et la lampe, et nous deux, nous allons tous mourir!

Tu nous trouveras morts près de la lampe éteinte.
Alors, que diras-tu quand tu t'éveilleras?
Tes enfants à leur tour seront sourds à ta plainte.
Pour nous rendre la vie, en évoquant ta sainte,[1]
Il faudra bien longtemps nous serrer dans tes bras!

Donne-nous donc tes mains dans nos mains réchauffées,
Chante-nous quelque chant de pauvre troubadour.[2]
Dis-nous les chevaliers qui, servis par les fées,
Pour bouquets à leur dame apportaient des trophées,
Et dont le cri de guerre était un nom d'amour.

Dis-nous quel divin signe est funeste aux fantômes;
Quel ermite dans l'air vit Lucifer[3] volant;
Quel rubis étincelle au front du roi des Gnomes;[4]
Et si le noir démon[5] craint plus, dans ses royaumes,
Les psaumes de Turpin que le fer de Roland.[6]

Ou, montre-nous ta Bible et les belles images,
Le ciel d'or, les saints bleus,[7] les saintes à genoux.
L'enfant Jésus, la crèche, et le bœuf et les mages;
Fais-nous lire du doigt dans le milieu des pages,
Un peu de ce latin qui parle à Dieu de nous.

Mère . . . — Hélas! par degrés s'affaisse la lumière,
L'ombre joyeuse danse autour du noir foyer,
Les esprits vont peut-être entrer dans la chaumière . . . . .
Oh, sors de ton sommeil, interromps ta prière.
Toi qui nous rassurais, veux-tu nous effrayer?

---

[1] Ta sainte: la sainte que tu vénères particulièrement.

[2] Troubadour: les troubadours, poètes du moyen âge répandus dans le midi de la France, couraient de château en château pour y chanter leurs poèmes. Il ne faut pas les confondre avec les trouvères, poètes du nord de la France.

[3] Lucifer: chef des anges rebelles, le diable.

[4] Gnomes: génies supposés habitant le sein de la terre.

[5] Le noir démon: le diable.

[6] Turpin et Roland: paladins de Charlemagne, immortalisés par la chanson de Roland l'épée de Roland, la fameuse Durandal, a été célébrée par les anciens poètes français.

[7] Bleus: peints en bleu.

Dieu! que tes bras sont froids! ouvre les yeux... Naguère
Tu nous parlais d'un monde où nous mènent nos pas,
Et de ciel, et de tombe et de vie éphémère,
Tu parlais de la mort... dis-nous, ó notre mère!
Qu'est-ce donc que la mort? Tu ne nous réponds pas "

Leur gémissante voix longtemps se plaignit seule,
La jeune aube parut sans réveiller l'aïeule.
La cloche frappa l'air de ses funèbres coups;
Et le soir, un passant, par la porte entr'ouverte
Vit devant le saint livre et la couche déserte
Les deux petits-enfants qui priaient à genoux.

Victor Hugo.[1]

103. Paris en octobre 1870.

Il y avait six semaines que les Prussiens assiégeaient Paris, et le mois d'octobre touchait à sa fin.

Déjà l'espérance commençait à diminuer chez ceux que n'aveuglait pas absolument la fièvre militaire qui s'était emparée de toute la population, et malgré les discours enthousiastes et les conversations fanfaronnes, quelques esprits calmes envisageaient l'avenir avec terreur. La physionomie de la capitale prenait peu à peu un caractère plus sombre, en harmonie avec l'inquiétude qui flottait dans l'air et avec le ciel soudain rembruni des derniers jours de l'automne. Malgré les ordonnances de police, les rues avaient un aspect de désordre et de malpropreté, et la détresse publique s'y manifestait en mille symptômes alarmants. Les murailles étaient souillées d'affiches de toutes couleurs, les voitures devenaient plus rares; un vent de tristesse et de misère semblait passer sur cette foule mal vêtue, où presque tous les hommes portaient l'uniforme, toujours négligé et sale souvent, de la garde nationale; de belles maisons toutes neuves étaient abandonnées aux paysans réfugiés, qui y élevaient, dans les salons fraîchement décorés, des lapins et de la volaille; et en maint endroit, le long des trottoirs, stationnaient les femmes du peuple et les servantes, faisant queue à la porte des boucheries municipales, où commençait à fonctionner le système de rationnement et où venait d'apparaître la viande de cheval. La nuit, cela devenait sinistre. Les bouti-

---

[1] Victor Hugo, 1802—1885, le plus illustre des poètes français du XIXe siècle et chef de la nouvelle école romantique. Nous citerons parmi ses poésies: Odes et Ballades (parmi lesquelles se trouve le poème: la grand'mère), Feuilles d'automne; parmi ses romans: Notre-Dame de Paris, les Misérables; parmi ses drames: Cromwell, Hernani.

ques, excepté les cafes et les pharmacies, se fermaient de très bonne heure; déjà l'on n'allumait plus que la moitié des becs de gaz, et rien n'était plus lugubre que ces demi-ténèbres où erraient seulement quelques ombres de passants attardés.

(Fr. Coppée)

104. La Marseillaise.

C'était à Strasbourg, par un beau soir d'août, en 1792. Les volontaires, rassemblés de tous les points de la France au pied de la vieille cathédrale, doivent partir le lendemain. Plus de temps à perdre: l'ennemi avance et s'annonce par un langage hautain et insolent. Le général de l'armée impériale, le duc de Brunswick,[1] se croit déjà maître de la France et nous insulte. Tout vaillant Français, blessé de ces injures, brûle d'impatience de venger le sol et l'honneur de la patrie.

Pour fêter le départ des volontaires, pour boire à la victoire et à la liberté, le maire de Strasbourg, Dietrich, donne un banquet d'adieu. Sa femme, ses filles entourent de soins les braves qui vont partir. On parle de la guerre, de la liberté, de la patrie; on s'encourage, on s'anime à la lutte.

Un jeune officier de vingt ans, habituellement silencieux, est profondément ému de l'enthousiasme qu'il sent autour de lui. C'est Rouget de l'Isle,[2] officier du génie. Plus que tout autre peut-être, il aime la Révolution. Il y a trois ans à peine, dans les montagnes du Jura, son pays, le servage existait encore. Le malheureux serf ne pouvait quitter la chaumière où il était né, sans la permission du seigneur; si celui-ci vendait sa terre, le serf devait obéir au nouveau maître comme à l'ancien, et après lui ses enfants. Rouget de l'Isle, enfant du Jura, a vu de près les souffrances des malheureux. Aussi aime-t-il ardemment la liberté, et la France qui a su donner la liberté à ses fils. Et plus encore que les autres convives de Dietrich, Rouget de l'Isle est agité. Il sort, et devant lui se dresse la vieille cathédrale avec sa flèche immense, qui se détache sombre sur l'horizon enflammé par le soleil couchant. Rouget de l'Isle est musicien et poète. Son cœur bat de plus en plus fort; et presque sans qu'il en ait conscience, d'immortelles paroles montent de son cœur à ses lèvres:

---

[1] Le duc de Brunswick, chef des armées coalisées contre la France en 1792, publia le fameux manifeste de Coblentz.

[2] Rouget de l'Isle (1760—1836), né à Lons-le-Saunier dans le département de l'Ain.

>   Allons, enfants de la patrie,
>   Le jour de gloire est arrivé!
>   Contre nous de la tyrannie
>   L'étendard sanglant est levé.
>   Entendez-vous dans ces campagnes
>   Rugir ces féroces soldats?
>   Ils viennent jusque dans vos bras
>   Egorger vos fils, vos compagnes.
>
> Aux armes, citoyens, formez vos bataillons!...
> Marchons, qu'un sang impur abreuve nos sillons..
>
> Le poète termine par un élan d'enthousiasme sublime:
>
>   Amour sacré de la patrie,
>   Conduis, soutiens nos bras vengeurs.
>   Liberté, liberté chérie,
>   Combats avec tes défenseurs!
>   Sous nos drapeaux que la victoire
>   Accoure à tes mâles accents!
>   Que tes ennemis expirants
>   Voient ton triomphe et notre gloire.
>
> Aux armes, citoyens, ... etc.

Ce chant, qu'à la veille du départ Rouget de l'Isle a trouvé „dans la foule émue, dans l'atmosphère brûlante, dans les bataillons de volontaires accourus à Strasbourg, dans les prières des femmes, les pleurs des cloches, le tonnerre lointain des canons" — ce chant, dès le lendemain, Strasbourg le sait, et quelques jours plus tard la France tout entière le répète et l'apprend au monde. Les fédérés marseillais le chantent les premiers à Paris, et lui donnent leur nom.   (*H. François*).

105. Jugement d'Alexandre-Sévère.[1]

Sous le règne d'Alexandre-Sévère, le christianisme, depuis si longtemps persécuté, commença enfin à jouir d'un certain calme, et ceux qui le professaient osèrent même donner une sorte de publicité aux cérémonies de la religion. Pour prier en commun, des chrétiens s'établirent dans une vaste maison qui, peu de temps auparavant, était un cabaret fort fréquenté. Le concours des fidèles qui s'y rendaient de tous les quartiers de la ville attira l'attention des anciens locataires; ils crurent devoir réclamer la maison pour y recommencer leur commerce, et, ne doutant pas du succès de leur requête, ils se présentent devant l'empereur, alléguant que les chrétiens sont d'autant plus

---

[1] Alexandre-Sévère, empereur romain, 208—235.

dignes d'animadversion, qu'ils n'ont fait choix de ce lieu que pour y perpetuer un culte reprouvé de l'empire. „Quel est donc le but de ce culte? interrompit le prince. N'est-ce pas d'y adorer Dieu? — Oui, seigneur; mais la manière dont ils l'adorent n'est pas légitime. — Qu'importe la manière, si le motif est bon? Je décide qu'il vaut encore mieux adorer Dieu dans cette maison, quoique d'une manière imparfaite, que d'y vendre du vin et d'y préparer un asile à la débauche."

106. Dieu.

Dès que l'homme lève la tête,
Il croit t'entrevoir dans les cieux;
La création, sa conquête,
N'est qu'un vaste temple à ses yeux.

Dès qu'il redescend en lui-même,
Il t'y trouve; tu vis en lui.
S'il souffre, s'il pleure, s'il aime,
C'est son Dieu qui le veut ainsi.

De la plus noble intelligence
La plus sublime ambition
Est de prouver ton existence,
Et de faire épeler ton nom.

Le monde entier te glorifie;
L'oiseau te chante sur son nid;
Et pour une goutte de pluie
Des milliers d'êtres t'ont béni.

Tu n'as rien fait qu'on ne l'admire;
Rien de toi n'est perdu pour nous;
Tout prie, et tu ne peux sourire,
Que nous ne tombions à genoux.

A. de Musset.[1]

107. Prière pour tous.

Mon Dieu, donne l'onde aux fontaines,
Donne la plume aux passereaux,
Et la laine aux petits agneaux,
Et l'ombre et la rosée aux plaines.

---

[1] Alfred de Musset, poète français, 1810—1857; ses poésies sont pleines d'esprit, de grâce et d'élégance.

> Donne au malade la santé,
> Au mendiant, le pain qu'il pleure,
> A l'orphelin, une demeure,
> Au prisonnier, la liberté.
>
> Donne une famille nombreuse
> Au père qui craint le Seigneur;
> Donne à moi sagesse et bonheur,
> Pour que ma mère soit heureuse!

Lamartine.

XXII.

108. La prise du Bourget et de Metz.

Le Bourget,[1] pris par les nôtres il y a trois jours, a été repris. Les Prussiens l'ont cerné; ça été l'affaire d'un coup de filet. Nous y avons perdu un certain nombre de mobiles[2] de la Seine, et l'effet moral de ces deuils va se faire sentir rapidement.

Mais, ma pauvre chère femme, qu'est-ce que cela? qu'est-ce que cette tristesse, réelle pourtant, auprès du coup de massue qui brise notre seule chance de salut!

A l'heure où je l'apprenais, tu la savais déjà, cette reddition de Metz, et il n'est pas probable que les vainqueurs t'aient caché leur joie.

Ils peuvent bien être fiers. Acquérir d'un coup plus de cent cinquante mille prisonniers, quatre maréchaux de France, Metz, la jamais prise, et aussi cette certitude que nous sommes à leur merci... Car pour moi, c'est la fin, c'est la perte de toute espérance. Quelque chose nous restait quand nous pouvions, de derrière nos murailles, compter sur l'armée de Bazaine.[3] On ne comprenait pas trop qu'elle fît si peu de bruit, mais enfin elle vivait, on pouvait supposer que le maréchal méditait quelque grand coup. Telle qu'elle était, dans son inaction même, elle retenait et paralysait une formidable armée. Et voilà que tout s'écroule!... Jamais un désastre pareil n'a écrasé un pays; nous n'avons pas même une consolation d'orgueil, pas même l'honneur de la résistance...

On doit vous donner quelque explication de ce qui s'est passé à Metz; ici, aucune ne nous est parvenue, de sorte que le mystère ajoute à l'horreur du fait. Naturellement on parle de trahison, et je m'indigne contre ceux qui emploient un tel mot.

---

[1] Le Bourget, bourg au nord-ouest de Paris, théâtre de deux sanglants combats, le 28 octobre et le 21 décembre 1870.

[2] Mobiles: soldats de la garde mobile.

[3] Bazaine, maréchal de France, fut chargé de la défense de Metz. Accusé de trahison, il fut condamné à la peine de mort, mais il s'évada en Espagne, où il mourut en 1888.

D'abord, le maréchal Bazaine doit être assez malheureux sans qu'on lui inflige, avant de l'entendre, le pire des outrages. Puis, un mot tel que celui-là est dans une ville assiégée comme une bombe dans une poudrière. Il ne manque pas d'ignorants et de brouillons pour ne pas comprendre à cette heure les précautions de Trochu,[1] mieux que nous ne comprenons tous l'inaction de Bazaine, et de là à menacer Paris d'une fin pareille à celle de Metz, il n'y a pas loin. Au reste, il faut bien l'avouer, on ne sait plus où se prendre pour espérer.

Voilà une armée libre, ou de renforcer celle qui nous étreint, ou de courir la province pour y disperser nos recrues. Qu'elle fasse l'un ou l'autre, comment sortirons-nous, puisque déjà maintenant nous ne le pouvons pas? En attendant, on mange, et sans manger assez pour chacun, on mange trop pour la prolongation de la défense. Il faudra donc . . . Tout le sang que l'on ferait verser ne nous sauverait pas; — à quoi bon alors?

(Boissonnas, Une Famille pendant la Guerre 1870—1871).

109. Vouloir, c'est pouvoir.

J'ai été bonne d'enfants dans un château: j'ai grandi avec les jeunes personnes et je les ai vues grandir. Elles me traitaient plutôt comme leur sœur que comme leur servante. Pendant qu'elles faisaient leur éducation, en allant dans la salle, j'attrapais un bout de leurs leçons. Je lisais dans leurs livres; enfin j'étais comme la muraille qui entend tout et qui ne dit rien. Cela fit que j'appris de moi-même à lire, à écrire, à compter, à coudre, à broder, à blanchir, enfin tout ce qu'une fille apprend dans un cher apprentissage. Je leur taillais moi-même leurs robes, je les coiffais; et en récompense, quand elles sortaient bien parées pour une soirée, et que j'étais obligée de les attendre, elles me disaient: „Tiens, voilà un de nos livres qui t'amusera." Je le prenais, je m'asseyais toute seule au coin de leur feu, et je lisais le livre toute la nuit. Et puis, quand j'avais fini, je le relisais encore jusqu'à ce que je l'eusse compris; et, quand je n'avais pas bien compris tout, je leur demandais de m'expliquer la chose, et elles se faisaient un plaisir de me satisfaire. Lire était mon plus grand bonheur après celui de prier Dieu et de travailler pour obéir à la loi de la Providence. Quand on s'est levée avec le jour et qu'on a cousu jusqu'à ce que l'ombre ne vous laisse plus distinguer un fil noir d'un fil blanc, on a bien besoin de reposer un peu

---

[1] Trochu, général français; en 1870, gouverneur de Paris et chef de la défense nationale jusqu'à la capitulation de Paris, le 28 janvier 1871.

ses doigts et d'occuper son esprit. Il faut donc lire, ou devenir pierre à regarder blanchir ses quatre murs ou fumer ses deux tisons dans leur foyer.   *Lamartine*

110. Comment se font les livres.

L'imprimerie est née en Europe au milieu du quinzième siècle, mais ses commencements sont entourés d'une très grande obscurité. On sait seulement que deux villes, Mayence et Strasbourg, ont des droits incontestables à son invention, et que l'humanité est redevable de cet art divin, comme l'appelait un illustre évêque de l'époque, à un artiste mayençais vulgairement désigné sous le nom de Gutenberg. Cet homme de génie commença ses recherches à Strasbourg, vers 1436, et les termina à Mayence, quelques années plus tard. Ce fut aussi dans cette dernière ville qu'il exécuta ses premières impressions, probablement en 1456, époque à laquelle, en compagnie du banquier Jean Faust, il y fonda un atelier auquel il associa, un peu plus tard, le calligraphe Pierre Schœffer. Une statue lui a été érigée dans chacune des deux villes.

Pour faire un livre, on commence par se procurer plusieurs collections de tiges de métal dont chacune porte en saillie à son sommet l'un des signes de l'écriture. Seulement, comme cette saillie doit produire sur le papier l'image du signe qu'elle représente, elle est figurée dans un sens différent, c'est-à-dire que la partie de droite est à gauche et réciproquement. On donne le nom de lettre à chaque tige prise isolément, et celui de caractère à la réunion de toutes les tiges qui ont été faites pour être employées ensemble.

Ces dispositions prises, on peut procéder à la fabrication d'un livre. Elle comprend cinq opérations indispensables: la composition, la mise en pages, l'imposition, la correction et l'impression ou tirage.

La composition consiste à extraire les lettres une à une de leurs cassetins respectifs et à les assembler d'une certaine manière pour en former successivement des mots, des lignes et des paquets de lignes. La personne qui en est chargée se nomme compositeur ou paquetier.

Dans la mise en pages, on convertit en pages régulières les paquets de lignes provenant de l'opération précédente. La personne qui fait la mise en pages s'appelle metteur en pages. C'est également elle qui exécute l'imposition.

L'imposition a pour but de ranger les pages de telle sorte que la feuille de papier étant pliée, elles se trouvent exactement dans l'ordre voulu par leur numérotage.

Par la **correction**, on s'assure si, en effectuant leur travail, les ouvriers chargés de la composition ont exactement suivi le texte qu'on leur avait donné. A cet effet, on imprime un ou plusieurs exemplaires du texte composé, et c'est sur ces exemplaires, appelés épreuves, qu'un employé spécial, nommé correcteur, indique les fautes à faire disparaître.

L'**impression** ou tirage a pour objet de transporter sur le papier, avec le secours d'une encre particulière et d'une certaine pression, l'empreinte des lettres disposées dans les formes. C'est en cela que consiste le travail de l'imprimeur proprement dit.

La pression, on l'exerce à l'aide de presses spéciales, qu'on nomme **presses typographiques**, et dont les unes sont manuelles ou à bras et les autres mécaniques. Pour se faire une idée de la rapidité avec laquelle ces dernières fonctionnent, il suffira de savoir que les éditeurs de journaux en emploient qui, mues par la vapeur, impriment près de vingt mille feuilles à l'heure.

Voyons maintenant ce que deviennent les feuilles imprimées. On commence par les étendre sur des ficelles pour les faire sécher, puis elles passent entre les mains du brocheur. Celui-ci les plie une à une de manière que les pages se suivent exactement, après quoi il les assemble dans l'ordre indiqué par la pagination. Le volume se trouvant ainsi formé, il n'y a plus qu'à le coudre et à y coller une couverture de papier de couleur: c'est en cela que consiste le **brochage**. Si, au lieu d'être simplement broché, le livre doit être cartonné ou relié, il passe, après l'assemblage des feuilles, entre les mains du relieur, qui, après en avoir réuni et cousu les feuilles, y attache des cartons, un de chaque côté, puis l'habille suivant le goût ou le caprice de l'acheteur. (*Maigne, Nouvelles leçons de choses*).

111. Générosité.

Scribe passait l'automne à la campagne chez des amis. On employait les soirées à lire des romans anglais. La lectrice était une pauvre institutrice qui, un jour, dans un entr'acte de lecture, dit en soupirant: — Ah! si je pouvais jamais réaliser mon rêve! — Et quel est donc votre rêve, mademoiselle? lui demanda Scribe. — D'avoir quelque jour, dans un bien long temps, douze cents livres de rente, qui me donneraient l'indépendance et le repos. A quelque temps de là, un soir, après le dernier chapitre d'un roman assez insignifiant, Scribe dit tout à coup à la lectrice: — Savez-vous, mademoiselle, qu'il y a là un fort joli sujet de comédie en un acte: c'est vous qui me l'avez fourni; voulez-vous que nous fassions la pièce ensemble?

Vous jugez si elle accepta. Trois jours après, Scribe descend au salon avec la comédie achevée, et trois mois plus tard, on annonce la première représentation. Scribe se rend chez son agent dramatique: — Aujourd'hui, lui dit-il, on donne une pièce de moi, dans laquelle j'ai une collaboratrice. Quel sera le succès de l'ouvrage? je l'ignore; mais ce que je sais, c'est que cette comédie rapportera douze cents francs par an à ma collaboratrice tout le temps de sa vie: arrangez-vous pour que cela ait l'air naturel. Peut-on faire un don princier d'une manière plus délicate?

112. L'enfant aimé du Seigneur.

Ô bienheureux mille fois
L'enfant que le Seigneur aime,
Qui de bonne heure entend sa voix,
Et que ce Dieu daigne instruire lui-même!
Loin du monde élevé, de tous les dons des cieux
Il est orné dès sa naissance;
Et du méchant l'abord contagieux
N'altère point son innocence.
Tel en un secret vallon,
Sur le bord d'une onde pure,
Croît à l'abri de l'aquilon
Un jeune lis, l'amour de la nature;
Heureux, heureux mille fois
L'enfant que le Seigneur rend docile à ses lois!

(Racine, Athalie).[1]

113. Souvenirs d'un écolier.

Oh! que j'étais heureux! Oh! que j'étais candide!
En classe, un banc de chêne usé, lustré, splendide!
Une table, un pupitre, un lourd encrier noir,
Une lampe, humble sœur de l'étoile du soir....
Le devoir fait, légers comme de jeunes daims,
Nous fuyions à travers les immenses jardins,

Éclatant à la fois en cent propos contraires.
Moi, d'un pas inégal, je suivais mes grands frères,
Et les astres sereins s'allumaient dans les cieux,
Et les mouches volaient dans l'air silencieux,
Et le doux rossignol, chantant dans l'ombre obscure,
Enseignait la musique à toute la nature.   Victor Hugo.

---

[1] Jean Racine, 1639—1699, célèbre poète tragique français, le rival de Corneille. Il a porté la langue française à son plus haut point de perfection dans ses tragédies, dont les principales sont: Andromaque, Iphigénie, Phèdre, Athalie.

114. Fuite de Louis XVI.

Le 20 juin 1791, vers minuit, le roi, la reine, Madame Élisabeth,[1] Mme de Tourzel, gouvernante des enfants de France,[2] se déguisent et sortent successivement du château. Mme de Tourzel avec les enfants se rend sur le boulevard, et monte dans une voiture conduite par M. de Fersen, jeune seigneur étranger, déguisé en cocher. Le roi les joint bientôt. Mais la reine, qui était sortie avec un garde du corps, leur donne à tous les plus grandes inquiétudes. Ni elle ni son guide ne connaissaient les quartiers de Paris; elle s'égare, et ne parvient qu'une heure après à la voiture où elle était si impatiemment attendue. Après s'être ainsi réunie, toute la famille se met en route; elle arrive, après un long trajet et une seconde erreur de route, à Bondy,[3] et monte dans une berline attelée de six chevaux, placée là pour l'attendre. Mme de Tourzel, sous le nom de Mme de Korff, devait passer pour une mère voyageant avec ses enfants, le roi était supposé son valet de chambre; trois gardes du corps déguisés devaient précéder la voiture en courriers, ou la suivre comme domestiques. Ils partent enfin, accompagnés des vœux de M. de Fersen, qui rentra dans Paris pour prendre le chemin de Bruxelles.

La voiture avait franchi heureusement une grande partie de la route et était parvenue sans obstacle à Châlons, le 21, vers les cinq heures de l'après-midi. Là, le roi, qui avait le tort de mettre souvent la tête à la portière, fut reconnu; celui qui fit cette découverte voulait d'abord révéler le secret, mais il en fut empêché par le maire, qui était un royaliste fidèle. Arrivée à Pont-de-Sommeville, la famille royale ne trouva pas les détachements qui devaient l'y recevoir; ces détachements avaient attendu plusieurs heures; mais le soulèvement du peuple, qui s'alarmait de ce mouvement de troupes, les avait obligés de se retirer. Cependant le roi arriva à Sainte-Menehould.[4] Là, montrant toujours la tête à la portière, il fut aperçu par Drouet, fils du maître de poste et chaud révolutionnaire. Aussitôt ce jeune homme n'ayant pas le temps de faire arrêter la voiture à Sainte-Menehould court à Varennes.[5] Un brave maréchal-des-logis des dragons, qui avait aperçu son empressement et qui soupçonnait ses motifs, vole à sa suite pour l'arrêter, mais ne peut l'atteindre. Drouet fait tant de diligence qu'il arrive à

---

[1] Madame Élisabeth, sœur de Louis XVI, morte sur l'échafaud en 1794.
[2] Enfants de France: enfants du roi de France.
[3] Bondy, village du département de la Seine.
[4] Sainte-Menehould, ancienne capitale de l'Argonne, sur l'Aisne.
[5] Varennes-en-Argonne.

Varennes avant la famille infortunée; il fait prendre sans délai toutes les mesures nécessaires pour l'arrestation.

Varennes est bâtie sur le bord d'une rivière étroite, mais profonde; un détachement de hussards y était de garde; mais l'officier ne voyant pas arriver le trésor qu'on lui avait annoncé, avait laissé sa troupe dans les quartiers. La voiture arrive enfin et passe le pont. A peine est-elle engagée sous une voûte qu'il fallait traverser, que Drouet, aidé d'un autre individu, arrête les chevaux: „Votre passe-port!" s'écrie-t-il, et avec un fusil il menace les voyageurs s'ils s'obstinent à avancer. On obéit à cet ordre, et on livre le passe-port. Drouet s'en saisit, et dit que c'est au procureur de la commune à l'examiner; et la famille royale est conduite chez ce procureur, nommé Sausse. Celui-ci, après avoir examiné ce passe-port, feint de le trouver en règle, et, avec beaucoup d'égards, prie le roi d'attendre. On attend en effet assez longtemps. Lorsque Sausse est enfin assuré qu'un nombre suffisant de gardes nationaux ont été réunis, il cesse de dissimuler, et déclare au prince qu'il est reconnu et arrêté. Une contestation s'engage; Louis prétend n'être pas ce qu'on suppose, et la dispute devenant trop vive: „Puisque vous le reconnaissez pour votre roi, s'écrie la reine impatientée, parlez-lui donc avec le respect que vous lui devez."

Le roi, voyant que toute dénégation était inutile, renonce à se déguiser plus longtemps. La petite salle était pleine de monde; il prend la parole et s'exprime avec une chaleur qui ne lui était pas ordinaire. Il proteste de ses bonnes intentions, il assure qu'il n'allait à Montmédy[1] que pour écouter plus librement les vœux du peuple, en s'arrachant à la tyrannie de Paris; il demande enfin à continuer sa route, et à être conduit au but de son voyage. Le malheureux prince, tout attendri, embrasse Sausse et lui demande le salut de son épouse et de ses enfants; la reine se joint à lui, et prenant le Dauphin dans ses bras, conjure Sausse de les sauver. Sausse est touché, mais il résiste et les engage à retourner à Paris pour éviter une guerre civile. Le roi, au contraire, effrayé de ce retour, persiste à vouloir marcher vers Montmédy. Dans ce moment, quelques détachements postés par Bouillé[2] étaient arrivés. La famille royale se croyait délivrée, mais on ne pouvait compter sur les hussards. Les officiers les réunissent, leur annoncent que le roi et sa famille sont arrêtés, et qu'il faut les sauver; mais ceux-ci répondent qu'ils sont pour la nation. Dans le même instant, les gardes nationales, convoquées dans tous les

---

[1] Montmédy, ville située près de la Meuse.
[2] Bouillé, général français qui favorisa la fuite de Louis XVI.

environs, affluent et remplissent Varennes. Toute la nuit se passe dans cet état. A sept heures du matin on annonçait l'arrivée des divers corps placés aux environs par Bouillé. Mais la municipalité ordonna alors le départ, et la famille royale fut obligée de remonter en voiture, et de reprendre la route de Paris, cette route fatale et si redoutée.

Bouillé, averti au milieu de la nuit, avait fait monter un régiment à cheval, et il était parti au cri de vive le roi! Ce brave général, dévoré d'inquiétude, marcha en toute hâte, et fit neuf lieues en quatre heures; il arriva à Varennes où il trouva déjà divers corps réunis, mais le roi en était parti depuis plusieurs heures.

Lorsqu'on apprit à Paris l'arrestation du roi, on le croyait déjà hors d'atteinte. Le peuple en ressentit une joie extraordinaire. L'Assemblée[1] députa trois commissaires pour accompagner le monarque et le reconduire à Paris. Ces commissaires étaient Barnave,[2] Latour-Maubourg[3] et Pétion.[4] Dès qu'ils eurent joint la famille royale, tous les ordres émanèrent d'eux seuls. Mme de Tourzel passa dans une voiture de suite avec Latour-Maubourg. Barnave et Pétion montèrent dans la voiture de la famille royale. Barnave s'assit dans le fond, entre le roi et la reine; Pétion sur le devant, entre Madame Élisabeth et Madame Royale.[5] Le jeune Dauphin reposait alternativement sur les genoux des uns et des autres. Tel avait été le cours rapide des événements! Un jeune avocat de vingt et quelques années, ramarquable seulement par ses talents; un autre, distingué par ses lumières, mais surtout par le rigorisme de ses principes, étaient assis à côté du prince naguère le plus absolu de l'Europe, et commandaient à tous ses mouvements! Le voyage était lent, parce que la voiture suivait le pas des gardes nationales. Il dura huit jours de Varennes à Paris. La chaleur était extrême, et une poussière brûlante, soulevée par la foule, suffoquait les voyageurs. Les premiers instants furent silencieux; la reine ne pouvait déguiser son humeur. Le roi finit par engager la conversation avec Barnave. L'entretien se porta sur tous les objets, et enfin sur la fuite à Montmédy. La reine fut surprise de la raison supérieure et de la politesse délicate du jeune Barnave; bientôt elle releva son voile et prit part à l'entretien. Barnave fut touché de la bonté du roi et de la

---

[1] L'Assemblée, c.-à-d. L'Assemblée constituante.
[2] Barnave, célèbre orateur de l'Assemblée constituante.
[3] Latour-Maubourg, général français.
[4] Pétion, homme politique, maire de Paris en 1791, président de la Convention.
[5] Madame Royale, fille de Louis XVI.

gracieuse dignité de la reine. Pétion montra plus de rudesse; il témoigna et il obtint moins d'égards. En arrivant, Barnave était dévoué à cette famille malheureuse, et la reine, charmée du mérite et du sens du jeune tribun, lui avait donné toute son estime.

A Paris, on avait préparé la réception qu'on devait faire à la famille royale. Un avis était répandu et affiché partout: „Quiconque applaudira le roi sera battu; quiconque l'insultera sera pendu." L'ordre fut ponctuellement exécuté, et l'on n'entendit ni applaudissements ni insultes. La voiture prit un détour pour ne pas traverser Paris. On la fit entrer par les Champs-Élysées, qui conduisent directement au château. Une foule immense la reçut en silence et le chapeau sur la tête. Lafayette,[1] suivi d'une garde nombreuse, avait pris les plus grandes précautions. Les trois gardes du corps qui avaient aidé la fuite étaient sur le siège, exposés à la vue et à la colère du peuple; néanmoins ils n'essuyèrent aucune violence. A peine arrivé au château, la voiture fut entourée. La famille royale descendit précipitamment, et marcha au milieu d'une double haie de gardes nationaux, destinés à la protéger.

L'effet du voyage de Varennes fut de détruire tout respect pour le roi, d'habituer les esprits à se passer de lui, et de faire naître le vœu de la république. Dès le matin de son arrivée, l'Assemblée avait pourvu à tout par un décret. Louis XVI était suspendu de ses fonctions; une garde était donnée à sa personne, à celle de la reine et du Dauphin. Cette garde était chargée d'en répondre. Trois députés étaient commis pour recevoir les déclarations du roi et de la reine. La plus grande mesure était observée dans les expressions; mais le résultat était évident, et le roi était provisoirement détrôné. *Thiers.*[2]

115. L'éclairage de Paris.

Jusqu'au seizième siècle, les rues de la capitale n'étaient pas éclairées la nuit. On s'en fiait à la lune, comme on le fait encore dans bien des villes de province. Par les nuits sombres, les bourgeois se munissaient de lanternes. En cas de guerre civile ou d'émeute, on obligeait les habitants à placer une chandelle sur le devant de leur fenêtre, ce qui donnait à

---

[1] Lafayette, 1757—1834, homme politique français qui prit une part active à la révolution.

[2] Adolphe Thiers, 1797–1877, homme d'État et historien français, auteur de l'Histoire de la Révolution française et de l'Histoire du Consulat et de l'Empire. Il s'opposa vainement à la déclaration de guerre, en 1870; en 1871, il fut nommé président de la République.

la ville un aspect tout à fait lugubre. Quand Paris devint une grande ville, que les mœurs se modifièrent, qu'on alla passer la soirée au théâtre ou les uns chez les autres, il fallut remédier à cet état de choses.

En 1667, sous le règne de Louis XIV, le lieutenant civil, Nicolas de la Reynie, créa un système d'éclairage qui fit l'admiration des contemporains. Des lanternes furent disposées au milieu et aux extrémités de chaque rue. Ces lanternes étaient suspendues au-dessus de la chaussée, une poulie permettait de les abaisser et d'y placer la chandelle qui y brûlait jusqu'après minuit, au dire d'un voyageur émerveillé. Cet éclairage si imparfait dura cependant près d'un siècle. Ce n'est qu'en 1745 qu'on le remplaça par des lampes à huile munies de réflecteurs.

Un ingénieur français appelé Philippe Lebon avait découvert, en 1786, les propriétés de la combustion du gaz pour l'éclairage. Cependant l'éclairage par le gaz ne fut établi à Paris qu'en 1812.

Il n'y a pas vingt ans que toutes les rues de Paris le possèdent et qu'on a fait disparaître de certains quartiers voisins des fortifications les derniers réverbères.

Tout récemment l'électricité a été utilisée pour l'éclairage, mais son emploi ne s'est pas encore généralisé.

(Bournon, Petite histoire de Paris).

116. Amitié de deux aveugles.

Deux aveugles stationnaient habituellement sur le pont de la Concorde. Un dimanche, dans l'après-midi, l'un d'eux, entendant tomber une pièce de monnaie dans sa sébile, y porta la main et reconnut promptement au toucher que ce n'était point un sou qu'on venait de lui donner, mais bien un franc. Pensant aussitôt que le donateur avait pu se tromper, ce brave homme appela: „Monsieur! monsieur!" L'aumône ne venait pas d'un monsieur, mais d'une dame qui s'était déjà éloignée et qui, du reste, ne songea pas à prendre pour elle l'interpellation de l'aveugle. Alors un individu à mine équivoque, témoin du fait, se mit au lieu et place de la dame, et n'eut pas honte de prendre des mains de l'aveugle les vingt sous, en donnant cinq centimes en retour. Il s'éloignait, quand il se sentit arrêté par le bras, et, se retournant se trouva en face d'un ouvrier en blouse qui lui dit: „Cela ne peut pas se passer ainsi; si ce brave homme est aveugle, tout le monde ne l'est pas, et moi surtout. Vous allez lui rendre tout de suite la pièce de vingt sous, ou bien je vous fais arrêter." L'ouvrier parlait d'un ton déterminé, et montrait du doigt un sergent de ville arrêté au

bout du pont. Notre voleur revint piteusement remettre da[ns]
la sébile ce qu'il avait pris, et se dépêcha de s'éloigner pe[n]-
dant que l'ouvrier expliquait à l'aveugle ce qui s'était pas[sé.]
Celui-ci, après avoir remercié, demanda à l'ouvrier de lui cha[n]-
ger sa pièce de vingt sous en deux de dix, après quoi il ajou[ta:]
„Tenez, faites-moi le plaisir d'en donner une de ma part à m[on]
camarade, dont vous entendez la clarinette, et qui est aveug[le]
comme moi. Il est père de famille; je serai content qu'il p[ar]-
tage ma bonne aubaine." La commission fut faite, et, un m[o]-
ment après, on voyait l'aveugle à la clarinette se diriger [en]
tâtonnant avec son bâton vers son camarade et lui serrer c[or]-
dialement la main. (*Jullien, Nouvelles dictées d'orthographie*).

117. Les étoiles qui filent.

Berger, tu dis que notre étoile
Règle nos jours et brille aux cieux,
— Oui, mon enfant; mais dans son voile
La nuit la dérobe à nos yeux.
— Berger, sur cet azur tranquille
De lire on te croit le secret:
Quelle est cette étoile qui file,
Qui file, file et disparaît?

— Mon enfant, un mortel expire;
Son étoile tombe à l'instant,
Entre amis que la joie inspire
Celui-ci buvait en chantant.
Heureux, il s'endort immobile
Auprès du vin qu'il célébrait . . .
— Encore une étoile qui file,
Qui file, file et disparaît.

Mon enfant, qu'elle est pure et belle,
C'est celle d'un objet charmant:
Fille heureuse, amante fidèle,
On l'accorde au plus tendre amant.
Des fleurs ceignent son front nubile,
Et de l'hymen l'autel est prêt . . .
— Encore une étoile qui file,
Qui file, file et disparaît.

— Mon fils, c'est l'étoile rapide
D'un très grand seigneur nouveau-né,
Le berceau qu'il a laissé vide
D'or et de pourpre était orné.

Des poisons qu'un flatteur distille
C'était à qui le nourrirait...
— Encore une étoile qui file,
Qui file, file et disparait.

— Mon enfant, quel éclair sinistre!
C'était l'astre d'un favori
Qui se croyait un grand ministre
Quand de nos maux il avait ri.
Ceux qui servaient ce dieu fragile
Ont déjà caché son portrait...
— Encore une étoile qui file,
Qui file, file et disparait.

— Mon fils, quels pleurs seront les nôtres!
D'un riche nous perdons l'appui;
L'indigence glane chez d'autres,
Mais elle moissonnait chez lui.
Ce soir même, sûr d'un asile,
A son toit le pauvre accourait...
— Encore une étoile qui file
Qui file, file et disparait.

C'est celle d'un puissant monarque...
Va mon fils, garde ta candeur,
Et que ton étoile ne marque
Par l'éclat ni par la grandeur.
Si tu brillais sans être utile,
A ton dernier jour on dirait:
Ce n'est qu'une étoile qui file,
Qui file, file et disparait.

Péranger.

118. Le régiment qui passe.

Par un temps de boue et de glace,
Le peuple toujours enfantin
Regarde un régiment qui passe
Devant la porte Saint-Martin.

C'est un régiment de ligne,
Astiqué comme aux anciens jours,
Le tambour-major, d'un air digne,
Précède les petits tambours.

A travers la brume incertaine,
Tels des pavots dans les épis,
S'avance la foule lointaine
Des chassepots et des képis.

La troupe passe, calme et gaie,
Comme elle irait sous les obus,
Devant les gens qui font la haie
Et l'encombrement d'omnibus.

Chacun l'accompagne ou s'arrête,
Et l'on voit emboîter le pas
L'ouvrier tirant sa charrette
Ou portant son fils sur les bras.

Et revenant déjà de bataille,
Tous sont heureux naïvement;
Car toujours la France tressaille
Au passage d'un régiment.

François Coppée.

119. Paris en janvier 1871.

Dès les premiers jours de janvier, ce fut une autre colère qui souleva Paris, celle du bombardement des quartiers de la rive gauche. Mais, après les premiers jours d'effroi, la ville reprenait sous les bombes sa vie d'héroïque entêtement. C'était encore la sortie torrentielle qu'on exigeait, Paris rompant ses digues, noyant les Prussiens sous le flot colossal de son peuple. Il fallut bien céder à ce vœu de bravoure, malgré la certitude d'une nouvelle défaite. Et, la veille du 19 janvier, ce fut comme une fête; une foule énorme, sur les boulevards et dans les Champs-Élysées, regarda défiler les régiments, qui, musique en tête, chantaient des chants patriotiques. Des enfants, des femmes les accompagnaient, des hommes montaient sur les bancs pour leur crier des souhaits enflammés de victoire. Puis, le lendemain, la population entière se porta vers l'Arc de Triomphe, une folie d'espoir l'envahit, lorsque, le matin, arriva la nouvelle de l'occupation de Montretout.[1] Des récits épiques couraient sur l'élan irrésistible de la garde nationale, les Prussiens étaient culbutés, Versailles allait être pris avant le soir. Aussi quel effondrement, à la nuit tombante, quand l'échec inévitable fut

---

[1] Montretout, village situé au nord-ouest de Saint-Cloud, théâtre de la dernière sortie des Parisiens assiégés et de sanglants combats, le 19 janvier 1871.

connu! On était au bout de l'effort, le général Trochu dut donner l'ordre d'une retraite générale. On abandonna Montretout, on abandonna Saint-Cloud. Et dès que la nuit fut noire, il n'y eut plus, à l'horizon de Paris, que cet incendie immense de Saint-Cloud.

Huit longs jours encore s'écoulèrent. Paris agonisait, sans une plainte. Les boutiques ne s'ouvraient plus, les rares passants ne rencontraient plus de voitures, dans les rues désertes. On avait mangé quarante mille chevaux, on en était arrivé à payer très cher les chiens, les chats et les rats. Depuis que le blé manquait, le pain, fait de riz et d'avoine, était un pain noir, visqueux, d'une digestion difficile; et, pour en obtenir les trois cents grammes du rationnement, les queues interminables, devant les boulangeries, devenaient mortelles. Ah! ces douloureuses stations du siège, ces pauvres femmes grelottantes sous les averses, les pieds dans la boue glacée, toute la misère héroïque de la grande ville qui ne voulait pas se rendre! La mortalité avait triplé, les théâtres étaient transformés en ambulances. Dès la nuit, les anciens quartiers luxueux tombaient à une paix morne, à des ténèbres profondes, pareils à des faubourgs de cité maudite, ravagée par la peste. Et, dans ce silence, dans cette obscurité, on n'entendait que le fracas continu du bombardement, on ne voyait que les éclairs des canons, qui embrasaient le ciel d'hiver. (Émile Zola).[1]

120. La femme, gardienne du foyer.

La femme est la gardienne du foyer. Sa place est chez elle, dans la maison de ses parents ou de son mari, qu'elle doit s'efforcer d'embellir de toutes les façons; c'est pour le foyer qu'elle doit réserver toute sa grâce et sa bonne humeur. Sous prétexte qu'on n'a pas besoin de se gêner en famille, beaucoup de personnes, fort aimables au dehors, se dédommagent à la maison de la contrainte qu'elles se sont imposée, de même qu'elles quittent leurs beaux habits en rentrant, pour mettre des vêtements sales et déchirés.

Une jeune fille qui faisait un jour ce raisonnement se fit répondre par une personne âgée: — „Fais-moi dans ce cas le plaisir de me considérer comme n'étant pas de la famille, nous y gagnerons toutes les deux."

Nous devons donc nous pénétrer de cette pensée: le foyer est le lieu de notre habitation; nous devons y songer sans cesse, le rendre aimable et nous y rendre aimables.

---

[1] Émile Zola, romancier français, né à Paris en 1830, chef de l'école naturaliste.

Pour cela, il n'y a pas deux moyens: il faut l'aimer.

Il faut aimer son intérieur, s'y plaire, y rester de préférence à tout autre lieu. Une femme qui n'aime pas son intérieur, qui n'a pas pris goût aux devoirs du ménage, qui ne s'intéresse pas aux travaux manuels, ne peut pas rester longtemps une honnête femme. Si elle ne préfère pas son logis à tout autre séjour, elle s'y ennuiera quand elle sera seule, et comme on ne peut pas faire ou recevoir des visites tous les jours, toute la journée, elle ira se promener, flânera dans les rues ou sur les boulevards, devant les magasins, perdra son temps, trouvera un jour sur sa route quelque tentation, et s'exposera ainsi aux plus grands malheurs.

On peut embellir sa maison avec fort peu de chose; l'ordre et la propreté d'abord y sont nécessaires, puis quelques fleurs — des fleurs des champs, si jolies dans leur simplicité, — un certain goût dans l'arrangement des moindres objets, un travail d'aiguille, qui indique la patience et l'adresse de la maîtresse du logis, suffisent pour donner à la moindre pièce une apparence aimable et gracieuse.

Ce n'est pas seulement l'apparence extérieure du logis qui doit réjouir un époux, il faut aussi que l'esprit s'y plaise. À l'heure où le père ou l'époux rentre chez lui, après avoir passé sa journée au dehors, il faut que le foyer soit pour lui l'abri où l'on repose. Les enfants criards, les querelles domestiques, les bonnes qu'on gronde, les visites tardives, qui font reculer l'heure du repas, tout cela doit être épargné à l'homme fatigué qui a besoin de calme.

Aux femmes qui se plaignent d'être délaissées et de passer leurs soirées seules, on peut répondre presque à coup sûr, que c'est leur faute. Elles n'ont pas su rendre le foyer plus cher au mari que tout autre lieu.

(Mme Gréville, *Instruction morale et civique*).

121. Sauvetage.

Une scène touchante — le sauvetage d'une mère par son enfant — s'est passée en 1891 à Dinard.[1]

Des passagers s'embarquaient sur un canot pour une promenade en mer, lorsque le bateau chavira; deux femmes et un enfant tombèrent à l'eau. L'une d'elles et l'enfant purent être retirés aussitôt, mais la troisième victime de l'accident fut entraînée par le courant avec le canot renversé auquel elle s'était accrochée. A bout de forces, elle lâcha prise et allait dispa-

---

[1] Dinard, petite ville située dans le nord-ouest de la France.

raitre, lorsque son fils, le jeune Louis Fauchet, âgé de quatorze ans, se précipita à son secours.

Il atteignit la malheureuse et put la maintenir à la surface; mais n'ayant pas eu le temps d'enlever ses vêtements, il comprit bientôt que, gêné comme il l'était, il n'arriverait pas à regagner le rivage, et son angoisse était extrême. Heureusement un douanier lui lança une corde de sauvetage. Louis Fauchet parvint à y attacher sa mère et fut alors attiré avec elle jusqu'au quai.

Le brave enfant fut vivement félicité par tous les témoins de ce drame émouvant. Voilà un jeune gars qui a noblement gagné sa médaille de sauvetage. *H. Le Bachelier.*

122. L'hiver.

Plus de feuillage sur la branche,
Plus d'herbe verte dans nos vallons;
Sur le coteau la neige blanche,
Et sur le fleuve, des glaçons.

Les jours sont courts, le ciel est sombre;
On dirait, fuyant la clarté,
Que la nature veut dans l'ombre
Cacher sa triste nudité!

Petits oiseaux, pour vous repaître,
En vain cherchez-vous quelque grain;
Accourez tous sur ma fenêtre,
Petits oiseaux, voici du pain!

Hélas! dans ce temps de détresse,
Que de malheureux vont souffrir!
À notre cœur leur voix s'adresse:
Hâtons-nous de les secourir.

César Malan.

123. Les saisons.

Chaque saison dans la nature
Nous offre de nouveaux attraits;
Chaque saison a sa parure,
Et ses plaisirs et ses bienfaits.

La terre au printemps se couronne
De frais gazons, de riches fleurs.
En été, le bon Dieu nous donne
La moisson avec les chaleurs.

L'automne apporte en abondance
Raisins et fruits délicieux,
L'hiver étend sur la semence
Un tapis, qui sert à nos jeux.

Chaque saison dans la nature
Nous offre de nouveaux attraits:
Chaque saison a sa parure,
Et ses plaisirs et ses bienfaits.

Louis Rohrich.

124. Mort de Louis XVI.

Louis XVI était enfermé au Temple.[1] Il se savait condamné et s'attendait à une exécution prochaine. Le 21 janvier, réveillé à cinq heures par son valet de chambre Cléry, fit ses suprêmes dispositions. Il communia, chargea Cléry de ses dernières paroles et de tout ce qu'il lui était permis de léguer: un anneau, un cachet, quelques cheveux.

Déjà les tambours roulaient, un bruit sourd de canons traînés et de voix confuses se faisait entendre. Enfin le général de la garde nationale parisienne, Santerre, arriva. „Vous venez me chercher, dit Louis; je vous demande une minute." Il remit son testament à un officier municipal, demanda son chapeau et dit d'une voix ferme: „Partons." — La voiture mit une heure pour arriver du Temple à la place de la Révolution. Une double haie de soldats bordait la route; Paris était morne.

Arrivé sur le lieu du supplice, Louis descendit de voiture. Il monta d'un pas ferme les degrés de l'échafaud, reçut les bénédictions du prêtre. Il se laissa ensuite lier les mains, quoique avec répugnance; et, se portant vivement sur la gauche de l'échafaud: „Je meurs innocent, dit-il, je pardonne à mes ennemis; et vous, peuple infortuné!..." Au même instant le signal du roulement fut donné, le bruit des tambours couvrit sa voix, les trois bourreaux le saisirent. A dix heures dix minutes il avait cessé de vivre.

Mignet.[2]

[1] Temple: v. p. 251, note 2.
[2] Mignet, 1796—1884, historien français, auteur de l'Histoire de la Révolution française.

125. Les théâtres.

Pendant l'antiquité païenne, le théâtre avait été fort en honneur. Il subsista encore pendant les quelques siècles que dura la période gallo-romaine, puis disparut tout à fait sous les blâmes de l'église qui y voyait un divertissement immoral.

Au moyen âge, à la suite des croisades, se manifesta un goût très vif pour jouer ce qu'on appelait les mystères, c'est-à-dire la représentation de scènes tirées de sujets religieux; il y avait des personnages qui représentaient l'un Jésus-Christ, l'autre la Vierge, l'autre tel ou tel saint, etc. Telle fut l'origine de notre théâtre moderne.

A Paris, des confréries de jeunes gens obtinrent de Charles VI,[1] en 1402, l'autorisation de donner des représentations de mystères; c'étaient les Clercs de la basoche,[2] puis les Enfants sans souci et aussi les Confrères de la Passion.

Au siècle suivant, les confrères de la Passion acquirent un terrain sur l'emplacement de l'ancien hôtel de Bourgogne.[3]

Ils s'y firent construire une salle et y jouèrent non plus seulement des mystères, mais aussi des pièces profanes qui s'appelaient des soties ou des moralités.

L'art dramatique se développa sous Louis XIII, et d'autres théâtres se fondèrent. Il y avait, outre celui de l'hôtel de Bourgogne, le Théâtre du Marais, situé rue Vieille-du-Temple, au coin de la rue de la Perle, puis, quand Molière commença à jouer à Paris, en 1658, le Théâtre du Petit-Bourbon. Ce dernier était situé en face du Louvre, près de Saint-Germain-l'Auxerrois, dans la grande salle d'un hôtel à demi-ruiné et qui tirait son nom de Petit-Bourbon de ce qu'il avait été la résidence du connétable[4] de Bourbon, sous François Ier. Ce théâtre était en quelque sorte une annexe du Louvre et les ballets de la Cour s'y donnaient. Molière obtint du roi l'autorisation de jouer alternativement avec les acteurs italiens qui depuis cent ans étaient en possession de la scène; cependant la troupe de l'hôtel de Bourgogne fut toujours, jusqu'à sa disparition en 1688, appelée troupe royale ou troupe des grands comédiens.

En 1660, l'hôtel du Petit-Bourbon fut démoli et la troupe de Molière transférée dans le théâtre dit du Palais-Royal —

---

[1] Charles VI, roi de France, 1380—1422.

[2] Clercs de la basoche: c'est ainsi que s'appelait le corps des clercs du parlement, qui présidait aux divertissements publics.

[3] Hôtel de Bourgogne: ancienne résidence des ducs de ce nom, notamment du célèbre Jean sans Peur, sous Charles VI.

[4] Connétable: primitivement surintendant des écuries du roi; depuis 1191, premier dignitaire de la monarchie, ayant le commandement général des troupes (jusqu'à 1627).

anciennement Palais-Cardinal à cause du cardinal de Richeli[eu]
— c'est-à-dire sur l'emplacement même où se trouve aujo[urd]
d'hui le Théâtre Français. Elle n'y devait pas rester longtem[ps.]
Après les brillants succès des pièces que jouait Molière, qua[nd]
ce dernier mourut, ses compagnons furent forcés d'abandon[ner]
leur salle pour la laisser aux acteurs de l'Opéra. Ils s'insta[llè]
rent sur la rive gauche, successivement rue Mazarine, puis [rue]
Guénégaud, et finalement ils se construisirent une salle dan[s la]
rue dite alors des Fossés-Saint-Germain-des-Prés, et qui p[lus]
tard s'est appelée de l'Ancienne-Comédie en souvenir du Théâ[tre]
Français. Ils y restèrent de 1689 à 1776, puis allèrent d[ans]
un local des Tuileries et de là au théâtre de l'Odéon que l['on]
venait de construire pour eux. Enfin, en 1799, ils prirent p[os]
session des bâtiments actuels de la Comédie-Française.

  Les usages, en fait de théâtre, étaient bien différe[nts]
autrefois de ce qu'ils sont aujourd'hui. D'abord la représ[en]
tation avait lieu dans l'après-midi; elle durait de quatre à [six]
heures environ. Ensuite, le prix des places était fort éle[vé,]
mais beaucoup de nobles ou de gens de la maison du roi [bé]
néficiaient de leur qualité pour assister gratis aux représe[nta]
tions. Enfin la scène était encombrée de banquettes où s['as]
seyaient les spectateurs privilégiés. L'espace laissé libre [aux]
acteurs était donc fort peu considérable; il n'y avait pres[que]
aucun intervalle pour le marquer, ce qui nuisait beaucou[p à]
l'illusion, et les personnes ainsi installées sur le théâtre n'h[ési]
taient pas à faire du bruit et même du scandale, dès qu'un r[ôle]
de la pièce les choquait, ou simplement pour se faire rem[ar]
quer. Cette mode ridicule ne cessa qu'en 1759.

           (*Bournon, Petite histoire de Paris*)

126. Le génie.

  Ce qui distingue essentiellement le génie du goût, c[est]
l'attribut de la puissance créatrice. Le goût sent, il disc[erne,]
il analyse, mais il n'invente pas. Le génie est avant tout [in]
venteur et créateur; c'est une force impatiente de se répan[dre]
au dehors. L'homme de génie n'est pas le maître de ce[tte]
force qui est en lui; c'est même par le besoin ardent, irré[sis]
tible, d'exprimer ce qu'il éprouve, qu'il est homme de gé[nie.]
Il souffre de contenir les sentiments ou les images ou les p[en]
sées qui s'agitent dans son sein. On a dit qu'il n'y a po[int]
d'homme supérieur sans quelque grain de folie; mais c[ette]
folie-là, comme celle de la croix, est la partie divine de [la]
raison. Cette puissance mystérieuse, Socrate l'appelait son [dé]
mon. Voltaire l'appelait le diable au corps; il l'exigeait mê[me]

d'une comédienne pour être une comédienne de génie. Donnez-lui le nom qu'il vous plaira; il est certain qu'il y a un je ne sais quoi qui inspire le génie, et qui le tourmente aussi jusqu'à ce qu'il ait épanché ce qui le consume, jusqu'à ce qu'il ait soulagé en les exprimant ses peines et ses joies, ses émotions, ses idées, et que ses rêveries soient devenues des œuvres vivantes. Ainsi deux choses caractérisent le génie: d'abord la vivacité du besoin qu'il a de produire, ensuite la puissance de produire; car le besoin sans la puissance n'est qu'une maladie qui simule le génie, mais qui n'est pas lui. Le goût se contente d'observer et d'admirer. Le faux génie, l'imagination ardente et impuissante, se consume en rêves stériles et ne produit rien ou rien de grand. Le génie seul a la vertu de convertir ses conceptions en créations.

(Cousin,[1] *Histoire de la philosophie moderne*, XIX).

127. Louis XIV et le filou.

Un filou s'avise un jour de décrocher une pendule dans un des appartements de Louis XIV. A l'instant qu'il faisait son coup, le roi entre. Le voleur, sans perdre la tête, dit: „Je crains bien que l'échelle ne glisse." Le prince, persuadé que ce ne peut être que quelqu'un du service qui décroche cette pendule pour quelque réparation, tient le pied de l'échelle de crainte d'accident. Quelques heures après on se plaint au monarque qu'une pendule a été enlevée dans l'un des appartements, on ne sait pas par qui ni comment. „N'en dites rien, dit le roi; je suis complice du vol, car c'est moi qui ai tenu l'échelle pendant qu'on la décrochait."

128. La nostalgie.

Vous m'avez dit: „A Paris, jeune pâtre,
Viens, suis-nous, cède à tes nobles penchants;
Notre or, nos soins, l'étude, le théâtre,
T'auront bientôt fait oublier les champs."
Je suis venu; mais voyez mon visage:
Sous tant de feux mon printemps s'est fané.
Ah! rendez-moi, rendez-moi mon village,
    Et la montagne où je suis né!

La fièvre court triste et froide en mes veines;
A vos désirs cependant j'obéis.
Ces bals charmants où les femmes sont reines,
J'y meurs, hélas! j'ai le mal du pays.

---

[1] Victor Cousin, 1792—1867, philosophe français.

En vain l'étude a poli mon langage;
Vos arts en vain ont ébloui mes yeux.
Ah! rendez-moi, rendez-moi mon village,
    Et ses dimanches si joyeux!

Avec raison vous méprisez nos veilles,
Nos vieux récits et nos chants si grossiers.
De la féerie égalant les merveilles,
Votre Opéra confondrait nos sorciers.
Au Saint des saints le ciel rendant hommage,
De vos concerts doit emprunter les sons.
Ah! rendez-moi, rendez-moi mon village,
    Et sa veillée et ses chansons!

Nos toits obscurs, notre église qui croule,
M'ont à moi-même inspiré des dédains.
Des monuments j'admire ici la foule;
Surtout ce Louvre et ses pompeux jardins;
Palais magique, on dirait un mirage
Que le soleil colore à son coucher.
Ah! rendez-moi, rendez-moi mon village,
    Et ses chaumes et son clocher!

Convertissez le sauvage idolâtre;
Près de mourir, il retourne à ses dieux.
Là-bas, mon chien attend auprès de l'âtre;
Ma mère en pleurs repense à nos adieux.
J'ai vu cent fois l'avalanche et l'orage,
L'ours et les loups fondre sur mes brebis.
Ah! rendez-moi, rendez-moi mon village,
    Et la houlette et le pain bis!

Qu'entends-je, ô ciel! pour moi remplis d'alarmes
„Pars, dites-vous, demain pars au réveil.
C'est l'air natal qui séchera tes larmes;
Va refleurir à ton premier soleil!"
Adieu, Paris, doux et brillant rivage,
Où l'étranger reste comme enchaîné,
Ah! je revois, je revois mon village,
    Et la montagne où je suis né!

                              Béranger

129. Les ressorts d'horlogerie.

Lorsque la nuit fut tout à fait venue, la fermière alluma eux lampes. Près de l'une les deux fils aînés s'établirent. Ils avaient devant eux toute sorte d'outils, une petite enclume, des marteaux, des tenailles, des limes, de la poudre à polir. Ils saisirent entre leurs doigts de légers rubans d'acier qu'ils enroulaient en forme de spirale après les avoir battus sur l'enclume.

André s'approcha d'eux tout surpris; leur travail, qui lui rappelait un peu la fine serrurerie, l'intéressait vivement.

— Que faites-vous là? demanda-t-il.

— Voyez, nous faisons des ressorts de montre. Dans nos montagnes on fabrique les différentes pièces des montres, de sorte qu'à Besançon[1] on n'a plus qu'à les assembler pour faire la montre même. Moi, je fabrique des ressorts, d'autres font les petites roues, les petites chaînes qui se trouvent à l'intérieur, d'autres les cadrans émaillés où les heures sont peintes, d'autres les aiguilles qui marqueront l'heure; d'autres enfin façonnent les boîtiers en argent ou en or.

— Que tout cela est délicat, dit André, et quelle attention il vous faut prendre pour manier cet acier entre vos doigts! Je m'en fais une idée, moi qui suis serrurier.

— C'est assez délicat, en effet; soupesez ce ressort et voyez comme il est léger. Avec une livre de fer, on peut en fabriquer jusqu'à 80 000, et, quand ils sont bien réussis, ils valent jusqu'à 10 francs chacun.

— 10 francs chaque ressort! dit André. S'il y en a 80 000, cela fait 800 000 francs, et tout cela peut se tirer d'une livre de fer qui coûte si peu! Mon patron serrurier avait bien raison de dire que ce qui donne du prix aux choses, c'est surtout le travail et l'intelligence de l'ouvrier.

(*Bruno, Le tour de la France*).

130. Horloges, pendules et montres.

Jusqu'au dixième siècle, on s'est servi, pour mesurer la durée, de cadrans solaires, de clepsydres et de sabliers. Dans les cadrans, l'heure était marquée par la coïncidence de l'ombre d'une verge de fer avec des lignes tracées sur une surface préparée pour cela. Dans les clepsydres, c'était par l'écoulement d'une certaine quantité d'eau d'un vase dans un autre. Les sabliers fonctionnaient de la même manière que les clepsydres,

---

[1] Besançon, capitale de la Franche-Comté, sur le Doubs, où se trouve une école d'horlogerie.

sauf que l'eau y était remplacée par du sable fin. Tous c[es]
appareils remontaient à l'origine même de la civilisation, ma[is]
ils avaient le défaut de ne donner que des indications simpl[e]-
ment approximatives.

Plus heureux que les anciens, les modernes possède[nt]
des instruments qui, établis et entretenus avec soin, marque[nt]
l'heure avec une exactitude rigoureuse. Ce sont les gross[es]
horloges pour l'extérieur des édifices, les pendules pour l'int[é]-
rieur des maisons, et les montres pour être portées par l[es]
personnes. Tous ces instruments se composent d'un asse[m]-
blage de roues et de pignons qui font marcher des aiguill[es]
sur un cadran.

Les grosses horloges sont les plus anciennes; ell[es]
datent du dixième siècle. On sait que le mouvement y e[st]
produit par la descente d'un poids attaché, à l'aide d'une cord[e]
à l'arbre de la roue principale. On en attribue l'invention [au]
moine Gerbert, d'Aurillac,[1] un des hommes les plus savants [de]
son temps, qui devint pape en 999 sous le nom de Silvestre [II.]
A la fin du treizième siècle, parurent les premières pendule[s]
qu'on appela d'abord horloges de chambre. Elles étaient a[b]-
solument construites comme les précédentes, sauf qu'ell[es]
avaient de moindres dimensions. Très rares dans le princip[e,]
elles devinrent peu à peu communes, surtout à partir de 14[0?]
époque à laquelle on imagina de remplacer leur poids par [un]
ressort tourné en spirale. Cette innovation, dont on fait ho[n]-
neur à l'horloger parisien Carovage, suggéra l'idée de faire d[es]
instruments assez petits pour être portés par les personn[es.]
Alors parurent les horloges de poche, auxquelles on don[na]
aussi le nom de montres, qui seul est resté. Il y en av[ait]
déjà au commencement du seizième siècle, peut-être même [à]
la fin du quinzième.

(*Maigne, Petites Leçons sur les Principales Inventions*).

131. Grandeur d'âme d'un soldat.

Lorsque le grand Condé commandait en Flandre, un s[ol]-
dat, ayant été maltraité par un officier général pour quelqu[es]
paroles peu respectueuses qui lui étaient échappées, répon[dit]
avec un grand sang-froid qu'il saurait bien l'en faire repen[tir.]
Quinze jours après, ce même officier général charge le colo[nel]
de tranchée de lui trouver dans son régiment un homme fer[me]
et intrépide pour un coup de main dont il a besoin, avec p[ro]-
messe de cent pistoles de récompense. Le soldat en questi[on]

---

[1] Aurillac, ville située dans le midi de la France, près de la Dordog[ne.]

qui passait pour le plus brave du régiment, se présenta, et, ayant mené avec lui trente de ses camarades, il s'acquitta de sa commission avec un tel courage et un tel bonheur, qu'à son retour l'officier général, après l'avoir beaucoup loué, lui fit compter les cent pistoles qu'il lui avait promises. Le soldat sur-le-champ distribua cette somme à ses camarades, disant qu'il ne servait point pour de l'argent, et demanda seulement que, si l'action qu'il venait de faire paraissait mériter quelque récompense, on le fît officier. „Au reste, ajouta-t-il en s'adressant à l'officier général, qui ne le reconnaissait point, je suis ce soldat que vous maltraitâtes si fort il y a quinze jours; et je vous avais bien dit que je vous en ferais repentir." Cet officier, plein d'admiration et attendri jusqu'aux larmes de ces nobles paroles, l'embrassa, lui fit des excuses et le nomma officier le même jour. Le grand Condé prenait plaisir à rappeler ce fait, comme la plus belle action de soldat dont il eût jamais ouï parler.   *Rollin.*[1]

132. De l'amitié; Parole de Socrate.

Socrate un jour faisant bâtir,
    Chacun censurait son ouvrage;
L'un trouvait les dedans, pour ne lui point mentir,
    Indignes d'un tel personnage;
L'autre blâmait la face, et tous étaient d'avis
Que les appartements en étaient trop petits.
Quelle maison pour lui! l'on y tournait à peine.
    „Plût au ciel que de vrais amis,
Telle qu'elle est, dit-il, elle pût être pleine!"
    Le bon Socrate avait raison
De trouver pour ceux-là trop grande sa maison.
Chacun se dit ami; mais fou qui s'y repose:
    Rien n'est plus commun que le nom,
    Rien n'est plus rare que la chose.

La Fontaine.

133. Les métiers.

Sans le paysan, aurais-tu du pain?
C'est avec le blé qu'on fait la farine;
L'homme et les enfants, tous mourraient de faim,
Si, dans la vallée et sur la colline,
On ne labourait soir et matin!

---

[1] Rollin, 1661—1741, célèbre historien français.

Sans le boulanger, qui ferait la miche?
Sans le bûcheron — roi de la forêt, —
Sans poutres, comment est-ce qu'on ferait
La maison du pauvre et celle du riche?
— Même notre chien n'aurait pas sa niche!

Où dormirais-tu, dis, sans le maçon?
C'est si bon, d'avoir sa chaude maison
Où l'on est à table, ensemble, en famille!
Qui cuirait la soupe, au feu qui pétille,
Sans le charbonnier qui fit le charbon?

Sans le tisserand, qui ferait la toile?
Et sans le tailleur, qui coudrait l'habit?
Il ne fait pas chaud à la belle étoile!
Irions-nous tout nus, le jour et la nuit,
Et l'hiver surtout, quand le nez bleuit!

Aimez les métiers, le mien et les vôtres!
On voit bien des sots, pas un sot métier;
Et toute la terre est comme un chantier
Où chaque métier sert à tous les autres,
Et tout travailleur sert le monde entier!

Jean Aicard.

134. Jacques le maçon.

Dieu! quelle rumeur sur la place!
„A l'aide, à l'aide, Limousins!
Du foin, de la paille! oh! de grâce,
Des matelas et des coussins!

Si l'un à cette pierre blanche
Peut s'accrocher, ils sont sauvés ....
Ah! tous deux font craquer la planche!
Ils vont tomber sur les pavés."

Et vers l'étai qui se balance,
Tous restent là, les bras en haut;
Alors, dans le morne silence,
On entendit sur l'échafaud:

„J'ai trois enfants, Jacque, une femme!"
Jacque un instant le regarda:
„C'est juste!" dit cette bonne âme,
Et dans la rue il se jeta.

Brizeux.[1]

---

[1] Brizeux, poète breton (1806—1858).

135. Paris le matin.

A une heure du matin, quand tout Paris vient d'entrer dans le sommeil, vous entendez autour des halles un bruit singulièrement animé. On ne dort pas aux halles. Aux halles, les petits métiers commencent. Alors arrive de toutes parts, attelé à de petites voitures, un peuple de négociants qui spéculeront toute la journée sur un boisseau de pommes de terre, sur douze bottes de carottes, sur un paquet d'oignons, sur quelques douzaines d'œufs. Pendant que le grand commerce de comestibles reste immobile à sa place, attendant fièrement les cuisiniers des grandes maisons et le fier cordon-bleu[1] de la bourgeoisie, voilà nos spéculateurs en petit qui s'éparpillent de bonne heure pour porter aux pauvres et aux poètes leur nourriture de la journée. Le pauvre mourrait de faim sans ces carottes, ces pommes de terre et ces œufs équivoques; le pauvre n'est pas assez riche pour aller chercher ses vivres à la halle, où tout est à meilleur marché: il attend à son cinquième étage; il attend non seulement la providence de chaque jour, mais la providence de chaque heure de la journée. Ainsi est fait le grand Paris, le Paris qui travaille et qui espère. Toute la vie de ce Paris de second ordre se passe à acheter son repas à des revendeurs. Le matin, quand la laitière a préparé son lait et se repose noblement à côté de son chien et de son vase en fer-blanc, vous voyez arriver à la file tout le quartier matinal: des femmes en casaque blanche, pâles encore de leur sommeil, et les cheveux retenus dans leur mouchoir; de petites filles de quinze ans, qui viennent à la place de leurs mères, violettes de froid et les cheveux flottants; la femme de chambre joviale, le célibataire empesé, le portier ricaneur, l'employé qui se sent humilié de venir chercher sa pitance au grand jour: innocentes abeilles autour de la ruche; la laitière leur dispense son lait d'une main avare; la distribution dure jusqu'à midi; cette laitière n'a jamais eu une vache à elle, elle n'a jamais entendu le chant de la poule qui pondit ses œufs; toute sa ferme est située dans une maison de la rue aux Ours, son rustique enfant est petit-clerc d'une étude, et l'honnête laboureur son mari tient les cannes et les chapeaux dans une maison de jeu. *Jules Janin.*[2]

136. Paris pendant le siège.

Au premier coup d'œil, ce qui saisissait dans Paris assiégé, c'était le nombre des uniformes. Tout le monde était soldat,

---

[1] Cordon-bleu: cuisinière très habile.
[2] J. Janin, critique français (1804—1874).

et il n'y avait guère que les membres du gouvernement q
n'arborassent point au moins un képi, comme symbole
costume militaire. Alors même qu'aucune action n'était annonc
ni préparée, les rues, les boulevards et les places n'étaie
guère sillonnés que par des gens affublés de vêtements do
les boutons, sinon la coupe, rappelaient l'uniforme.

On cousait une bande de drap rouge à son pantalon, u
douzaine de boutons blancs à une vareuse ou à un veston,
se coiffait d'un képi de trente sous, on abattait ses favoris,
on était soldat, défenseur de la patrie. Les gens isolés circ
laient avec leurs fusils, se rendant à un rassemblement qu
conque; les omnibus parcouraient le boulevard, hérissés
canons de fusil et semblables à des pelotes d'épingles ou à d
porcs-épics.

Dans les cafés et les restaurants, mêmes allures martial
Les places et les carrefours, le chemin des fortifications, étaie
utilisés pour les exercices, où des officiers improvisés appr
naient ce qu'ils ne savaient guère à des soldats novices qui
savaient rien du tout.

Donc, tout le monde était soldat, ou à peu près. Qua
à être bon soldat, ceci est une autre affaire. La bourgeois
les boutiquiers, les employés et l'aristocratie, qui fournissaie
les bataillons du centre, firent leur devoir, posement, sérieu
ment. Quant aux bataillons des faubourgs, quant aux bataillo
populaires, je mentirais en disant que c'étaient de bonnes tro
pes, et je dois avoir le courage de déclarer qu'ils se rés
vèrent généralement tant qu'on n'eut que les Prussiens à cor
battre,[1] et qu'ils ne se comportèrent un peu proprement,
point de vue militaire, que lorsqu'ils eurent en face d'eux l'arm
française.

On ne se battait pas, on ne montait pas sa garde to
les jours; mais on mangeait tous les jours, et la question d
subsistances était à la fois la plus importante de toutes
questions et celle qui, plus que toutes les autres, devait influ
sur la physionomie de Paris.

Aux jours dont je parle, le rationnement était rigoure
On aurait dû l'imposer le lendemain même de l'investisseme
Mais alors, ceux-là mêmes qui gouvernaient et faisaient d
proclamations ne croyaient pas à la durée du siège.

On ne pensa donc au rationnement que trop tard. Si
avait appliqué à temps cette mesure, on eût pu résister pe
être un mois de plus; car il est certain qu'au début du siè
beaucoup de farine fut gaspillée.

---

[1] Ils se réservèrent etc.: ils attendirent qu'on eût les Prussiens à combatt

Le rationnement infligea l'obligation de faire la queue aux portes des bouchers et des boulangers. Chaque ménage était muni d'une carte délivrée par les mairies et établissant son droit à tant de grammes de viande ou de pain. La bonne, ou la mère de famille, la jeune fille, ou l'enfant, stationnaient des heures entières à la porte des boutiques, sous la pluie, sous la neige, les pieds mouillés, grelottant. Et Dieu sait combien de fluxions de poitrine, combien de phtisies ou de rhumatismes furent ainsi contractés. Les malheureuses supportaient sans broncher et sans se plaindre ces expéditions fatigantes, qui étaient leurs sorties, à elles. Les femmes, pendant tout ce siège, donnèrent aux hommes des exemples de courage, d'abnégation, de dévouement, que ceux-ci n'imitèrent pas toujours assez.

C'était un spectacle à la fois navrant et touchant que celui de ces longues files de femmes, presque toutes aux vêtements noirs, groupées à la porte des fournisseurs et contenues par des gardes nationaux, avec lesquels elles commençaient d'abord par rire, jusqu'à ce que la souffrance et le froid eussent endormi la gaité et quelquefois appelé des larmes.

Petit à petit, les magasins se vidèrent. Les réserves faites hâtivement avant le siège s'épuisèrent, et tandis que les petits enfants privés de lait mouraient en quantité, tandis que d'autres, nourris de vin sucré et de pain, devenaient rachitiques, les adultes s'ingénièrent à chercher des suppléments à la maigre pitance rationnée par l'autorité.

Les boucheries de chiens et de chats s'installèrent. Les pâtés de rats firent leur apparition. Le chat en gibelotte n'est pas mauvais, et, pour passer des gouttières dans les casseroles, la malheureuse bête n'attend pas toujours la venue des Prussiens. Le chien jeune et gras est un manger supportable. Quant au rat, au rat d'égout, bien gras et bien gros, sauf une petite odeur musquée, il double, avec beaucoup de poivre et de muscade, sans trop d'infériorité, le canard dans une croûte.

Les rats ont, à Paris, certains endroits de prédilection, comme, par exemple, le voisinage des restaurants et des hôtels. Un de leurs paradis favoris, c'est le Jardin des Plantes, où ils disputent aux animaux rares ou aux volatiles la nourriture administrative. Le séjour du Jardin des Plantes leur fut très funeste à cette époque, car les employés du Muséum en firent des hécatombes et les mangèrent.

(*Le comte d'Hérisson*, *Journal d'un officier d'ordonnance*).

137. Enfance de Turenne.[1]

Un soir d'hiver, tout était en rumeur dans le château Sedan. Le plus jeune fils du duc de Bouillon, Henri de renne, s'était échappé de sa chambre sans qu'on pût savoir qu'il était devenu.

On alla en prévenir son père, qui était alors dans la vi „Je gage, dit-il, que ce petit diable est sur les rempart Alors, s'adressant à ses officiers: „Suivez-moi," ajouta-t-il. il se mit en marche, visitant successivement tous les bivoua

Ses recherches avaient été vaines, quand soudain il ap çut quelque chose qui semblait se mouvoir dans l'ombre. approcha les torches, et le duc reconnut le petit Henri dormait sur un canon couvert de neige, aussi paisiblement s'il eût été dans son lit.

A cette vue, il tressaillit de joie et d'orgueil; et, tir l'enfant par la jambe: „Debout! cria-t-il, voici l'ennemi! L'ennemi! répéta l'enfant en faisant un bond. Eh bien! q arrive, je suis prêt." Et il se mit dans une posture guerriè les deux poings en avant. „Prisonnier! vous êtes prisonnier guerre!" lui dit son père en le prenant dans ses bras. P baissant la voix: „Vous ne songez donc pas, petit malheure à l'inquiétude de votre mère devant cette belle équipée? quoi! vous, un enfant de neuf ans, quitter le château par temps pareil! — Mon père, dit Turenne, je voulais m'exer aux fatigues de la guerre."

Le duc l'embrassa de nouveau: „Allons, en route, be captif, je ne vous lâche pas, jusqu'à ce que votre mère v emprisonne à son tour. — Oui, mais dans ses bras auss répliqua l'enfant en baisant son père au front.

Louise Collet.

138. Un orgueil naïf.

Je vois de tous côtés des gens qui parlent sans ce d'eux-mêmes; leurs conversations sont un miroir qui prése toujours leur impertinente figure: ils vous parlent des moindr choses qui leur sont arrivées, et ils veulent que l'intérêt qu y prennent les grossisse à vos yeux; ils ont tout fait, tout tout dit, tout pensé; ils sont un modèle universel, un sujet comparaisons inépuisable, une source d'exemples qui ne ta jamais. Oh! que la louange est fade, lorsqu'elle réfléchit v le lieu d'où elle part!

---

[1] Turenne, maréchal de France, l'un des plus grands généraux Louis XIV, 1611—1675.

Il y a quelques jours qu'un homme de ce caractère nous accabla pendant deux heures de lui, de son mérite et ses talents; comme il n'y a point de mouvement perpétuel en ce monde, il cessa de parler. La conversation nous revint donc, et nous la prîmes. Un homme qui paraissait assez chagrin commença par se plaindre de l'ennui répandu dans les conversations: „Quoi! toujours des sots qui se peignent eux-mêmes, et qui ramènent tout à eux! — Vous avez raison, reprit brusquement notre discoureur, il n'y a qu'à faire comme moi: je ne me loue jamais; j'ai du bien, de la naissance; mes amis disent que j'ai quelque esprit; mais je ne parle jamais de tout cela; si j'ai quelques bonnes qualités, celle dont je fais le plus de cas, c'est ma modestie." *Montesquieu*.[1]

139. La bague d'or.

Un père à ses trois fils partagea tous ses biens,
Ne gardant qu'une bague en or. „Je la retiens,
Pour en faire présent, dit-il, quand viendra l'heure,
A qui de vous fera l'action la meilleure.

Partez, mais à Noël, autour de l'âtre assis,
Vous reviendrez goûter de merveilleux récits."
Ils partirent joyeux pour la grande tournée
Et revinrent tous trois à l'époque ordonnée.

Le premier dit: „Un riche étranger, en chemin,
Me remit un sac d'or, sans reçu de ma main.
Il mourut. Je pouvais, faute d'aucune preuve,
Garder tout: j'ai rendu le sac d'or à sa veuve."

Le père répondit: „Faisant cela, tu fis
Une bonne action; mais ce n'était, mon fils,
Qu'un devoir rigoureux, de rendre cette somme:
Garder le bien d'un autre est d'un malhonnête homme."

„Un jour, dit le second, que je passais devant
Un très grand lac, je vis s'y noyer un enfant.
Je m'élançai plus prompt que la foudre qui tombe,
Et je le retirai sain et sauf de sa tombe."

---

[1] Montesquieu, 1689—1775, illustre publiciste français, auteur de l'Esprit des lois, des Lettres persanes et des Considérations sur les causes de la grandeur et de la décadence des Romains.

— „Ton action, mon fils, est fort louable aussi,
Dit le père, c'est vrai; mais tu n'as fait ainsi
Que suivre la leçon du Maitre à ses apôtres:
Secourez-vous en tous périls les uns les autres."

Le dernier dit: „Un soir, je vis mon ennemi
Au bord d'un précipice et tout seul endormi.
Au moindre mouvement il roulait dans l'abime:
Je le sauvai, dussé-je être, après, sa victime."

— „Mon cher fils, répondit le père, embrasse-moi
Et donne-moi ta main, car la bague est à toi:
Servir nos ennemis est la vertu suprême,
C'est le bien pour le mal, c'est imiter Dieu même."

Deschamps.[1]

L. XXVIII.

140. Ballons et aérostats.

Les ballons sont la contre-partie des appareils de plogeur. Tandis que les cloches et les scaphandres s'enfonce dans l'eau, ils montent explorer les champs de l'atmosphè Pour que ces machines puissent s'élever, il est indispensab qu'elles soient plus légères que le volume d'air qu'elles déplcent. Toutefois, leur ascension n'est pas indéfinie, car ell doivent toujours finir par rencontrer une couche d'air qui pè autant qu'elles, à volume égal, et alors elles s'arrêtent forcémer

On distingue deux sortes de ballons: les montgolfièr et les aérostats. Ce qui constitue essentiellement leur dif rence, c'est la nature de l'agent qu'on emploie pour les fai monter.

Les montgolfières, nous verrons bientôt pourquoi les appelle ainsi, sont des globes de toile imperméable même simplement de papier, qu'on remplit d'air chaud. Po les charger, il suffit de les gonfler, c'est-à-dire de chauffer f tement avec de la paille allumée ou tout autre combustib l'air qu'elles contiennent, après quoi on leur donne la liber Elles s'élèvent alors, parce que l'air chaud qui les remplit pè moins, à volume égal, que l'air froid qui les entoure; mais, mesure qu'elles montent, l'air chaud se refroidit graduellemer et quand ce refroidissement a amené la température de cet au même degré que celle de l'air ambiant, elles ne tardent p à tomber. On rend la chute un peu moins prompte en s pendant au-dessous de leur ouverture un réchaud rempli

---

[1] Deschamps, 1791—1871, poète français, l'un des chefs du romantism

matières enflammées, dont la chaleur conserve pendant quelque temps la température intérieure.

Les aérostats peuvent se faire avec les mêmes substances que les montgolfières, pourvu qu'elles soient imperméables. Quand ils sont destinés à emporter des personnes, on se sert d'étoffes de soie très fortes, fabriquées avec un soin tout particulier, et qu'on recouvre de plusieurs couches superposées de caoutchouc fluide. On les remplit avec du gaz hydrogène, qu'on obtient en mettant dans des tonneaux de l'eau, des morceaux de fer et de l'acide sulfurique. Ce gaz est éminemment propre à cet usage, car le mètre cube ne pèse que 90 grammes, tandis que le même volume d'air pèse 1,300 grammes: il reste donc 1,210 grammes, ou un peu plus d'un kilogramme, pour la force ascensionnelle, c'est-à-dire pour la force destinée à faire monter le ballon. Toutefois, comme il est assez dispendieux à fabriquer, on le remplace généralement, partout où il y a des usines à gaz, par le gaz d'éclairage, qui est de l'hydrogène carboné; mais, en raison de sa composition, celui-ci est beaucoup moins léger que le précédent, car il ne pèse que 700 grammes le mètre cube, ce qui réduit sa force ascensionnelle à 610 grammes, et oblige d'augmenter proportionnellement les dimensions du ballon pour emporter le même poids.

L'idée de s'élever dans l'air se perd dans la nuit des temps. Néanmoins, c'est aux frères Étienne et Joseph Montgolfier, à Annonay,[1] qu'appartient véritablement l'invention des ballons. Après plusieurs essais exécutés en secret, et auxquels ils furent conduits par de profondes études scientifiques, ils lancèrent publiquement, le 5 juin 1783, dans leur ville natale, un immense globe de toile doublée de papier, qu'ils avaient rempli d'air chaud. C'est à cette circonstance que les ballons à feu doivent le nom de montgolfières, qui leur est resté.

L'expérience d'Annonay fit un bruit immense. Quand la nouvelle en arriva à Paris, on voulut la répéter aussitôt; mais, comme on ne savait pas encore les moyens qu'avaient employés les Montgolfier, on résolut d'y suppléer. Le ballon fut fait en taffetas caoutchouté. Quant au gaz destiné à l'enlever, le physicien Charles indiqua l'hydrogène, et devint ainsi le créateur des aérostats proprement dits. L'ascension eut lieu au Champ-de-Mars, le 27 août 1783, en présence de plus de trois cent mille personnes, et avec le plus grand succès.

(P. Maigne, *Nouvelles leçons de choses*).

---

[1] Annonay, ville située au sud de Lyon, près du Rhône.

141. Le commerce et la monnaie.

Il y a plusieurs manières de commercer.
cienne, la seule que l'homme primitif ait conn
qu'on désigne sous le nom de troc. Elle
l'échange direct d'une chose contre une autre
d'opérer ne convient qu'à un petit nombre de
conséquent aux peuplades qui ont peu de beso
le trouve-t-on actuellement que chez les tribus les
des deux mondes. Néanmoins, les Européens q
tribus y ont aussi habituellement recours. C'est
quand ils portent sur la côte occidentale d'Afriq
nades, des barils d'eau-de-vie, des verroteries, etc.
gent avec les nègres contre des graines oléagi
poudre d'or ou des dents d'éléphant.

Comme on le verra plus loin, le commerce
dit n'a pris naissance qu'à l'époque de l'invention
naie. À partir de ce moment, il n'a cessé de s
et ces developpements, conséquence de l'augmen
soins, ont fini par devenir si grands et si divers
venu indispensable de le diviser en plusieurs bra
les différentes manières de commercer que l'on
tuellement:

Celui qui achète des marchandises dans un
revendre dans le même pays se livre au comme

Celui qui achète des marchandises à l'étra
revendre dans son pays, ou qui les achète dans
les revendre à l'étranger, se livre au commerce
l'on appelle commerce d'importation, quand les
viennent de l'étranger, et commerce d'exportation
sont envoyées à l'étranger;

Celui qui achète des marchandises à l'étran
faire traverser son pays et les revendre à l'étrar
au commerce de transit;

Celui qui achète des marchandises n'import
revendre dans son pays à une époque plus ou m
quand il jugera conforme à ses intérêts, fait le
spéculation;

Celui qui achète des marchandises dans so
l'étranger, mais toujours par grandes masses, pou
aux autres commerçants, se livre au commerce

Celui qui achète des marchandises aux cor
gros pour les revendre, par petites portions, au
teurs, se livre au commerce de détail.

Suivant les temps et les lieux, un grand
matières ont été employées pour remplir le rôle

Mais l'expérience a fini par démontrer que, pour constituer une monnaie parfaite, il fallait que la matière choisie fût aisée à transporter, inaltérable, homogène, divisible presque à l'infini, enfin d'une valeur aussi stable que possible. Deux métaux seulement, l'or et l'argent, ont été reconnus réunir ces qualités, et c'est la considération de ces avantages naturels qui les a fait adopter par tous les peuples pour servir d'intermédiaires dans les échanges.

Dans l'origine, les métaux précieux s'employèrent sous forme de lingots. En conséquence, quand le vendeur et l'acheteur étaient tombés d'accord, l'un de vendre une marchandise, l'autre de l'acheter, moyennant une certaine quantité d'or ou d'argent, le métal précieux se livrait au poids, ce qui obligeait à le peser à chaque transaction. En outre, on n'était jamais sûr de sa valeur, qui variait suivant son degré de pureté. Il résultait de ce mode d'opérer de nombreuses difficultés, que l'on parvint à résoudre d'une manière fort simple, en préparant les métaux de façon qu'ils continssent une proportion déterminée de fin; puis on les façonna en disques de différentes grandeurs pour répondre à la division des valeurs et faciliter ainsi les transactions; enfin, on marqua ces disques d'une empreinte, attestant à la fois le poids de chaque disque et la finesse du métal, et, pour que la loyauté de leur fabrication ne pût pas être soupçonnée, le soin de présider à celle-ci fut confiée aux gouvernements. Les disques ainsi façonnés sont ce qu'on nomme la monnaie, le numéraire, les espèces métalliques.

La monnaie est donc une véritable marchandise équivalente à celle contre laquelle on l'échange. Sa valeur dépend exclusivement du poids de fin qui entre dans sa composition, et, comme elle ne peut jamais dépendre du caprice d'une autorité quelconque, il en résulte que l'unique rôle des gouvernements, dans les choses monétaires, consiste à veiller à ce que les monnaies contiennent exactement la quantité de métal précieux pour laquelle elles sont données.

(P. Maigne, *Nouvelles leçons de choses*).

142. Les boulangers attrapés.

Lorsque M. Dugas était prévôt[1] des marchands à Lyon, les boulangers vinrent lui demander sa permission d'augmenter le prix du pain: il leur répondit qu'il examinerait leur demande.

---

[1] Prévôt: titre de différents magistrats d'ordre civil ou judiciaire sous l'ancien régime (c.-à-d. avant la révolution de 1789). Le prévôt des marchands était le premier magistrat municipal.

En se retirant ils laissèrent adroitement sur la table une bourse de deux cents louis. Ils revinrent, ne doutant point que la bourse n'eût bien plaidé leur cause. M. Dugas leur dit: „Messieurs, j'ai pesé vos raisons dans la balance de la justice, et je ne les ai point trouvées de poids. Je n'ai pas jugé qu'il fallût par une cherté que rien ne justifie, faire souffrir le peuple. Au reste, j'ai distribué votre argent aux deux hôpitaux de cette ville: je n'ai pas dû croire que vous en voulussiez faire un autre usage. J'ai compris que, puisque vous étiez en état de faire de pareilles aumônes, vous ne perdez pas, comme vous le dites, dans votre commerce."

143. Le renard et les raisins.

Certain renard gascon, d'autres disent normand,
Mourant presque de faim, vit au haut d'une treille
    Des raisins, mûrs apparemment,
    Et couverts d'une peau vermeille.
Le galant en eût fait volontiers son repas.
    Mais comme il n'y pouvait atteindre:
„Ils sont trop verts", dit-il, „et bons pour des goujats."
    Fit-il pas mieux que de se plaindre?

La Fontaine.

144. Mon souhait.

    Quand pourrai-je vivre au village?
    Quand serai-je le possesseur
D'un champêtre réduit, asile du bonheur,
    Qu'un bois de cerisiers ombrage?
    Tout après serait un jardin
Où croîtrait la laitue, où verdirait l'oseille,
Parmi de verts festons de lavande et de thym;
Les murs seraient couverts d'une flexible treille,
    Où pendrait la grappe vermeille;
La figue y mûrirait à côté du raisin,
Et la fraise odorante aux pieds de la groseille.
Bordé de noisetiers, un limpide ruisseau
    Environnerait mon empire,
    Et mes désirs, j'ose le dire,
Ne passeraient jamais le cristal de son eau.
Plus satisfait que ceux que la fortune enivre,
Et dont l'avide cœur ne saurait se borner,
    Avec peu j'aurais de quoi vivre,
    J'aurais encor de quoi donner.

Jacquemard.

145. Prise de la Bastille.[1]

Un soleil radieux éclaira la matinée du 14 juillet 1789. Vers dix heures, une députation de citoyens se présenta à la porte de la Bastille et demanda à parler au gouverneur Delaunay. Celui-ci reçut les députés qui lui demandèrent, au nom du peuple, d'abaisser les ponts-levis de la prison et de faire retirer les canons de leurs embrasures. Delaunay répondit évasivement, et les délégués se retirèrent.

Vers deux heures, une foule immense de citoyens armés, accompagnée d'un bataillon de soldats des gardes françaises, revint devant la Bastille. Cette fois, la forteresse était close, en état de siège, et en haut des tours, on voyait la garnison sous les armes, les canons prêts à tonner. En un clin d'œil, les chaînes du premier pont-levis furent brisées à coups de hache et le peuple pénétra dans ce qu'on appelait l'avant-cour, où étaient situés l'hôtel du gouverneur et divers autres bâtiments. Une vive fusillade s'engagea aussitôt entre les défenseurs de la Bastille et le peuple.

Tout à coup, la lueur d'un incendie brilla, et une épaisse fumée cacha les assiégeants aux assiégés: c'était l'hôtel du gouverneur qui brûlait. Le peuple y avait mis le feu à l'aide de voitures de paille amenées du dehors à cette intention. En face était le pont-levis que tant de gens n'avaient franchi qu'une fois. Il fallait le démolir pour pénétrer dans la forteresse. Le peuple amena du canon pour l'abattre et prendre ensuite la place d'assaut.

Quatre-vingts hommes environ formaient toute la garnison de la Bastille; ils étaient armés, mais ils avaient à peine quelques munitions, et les boulets qu'on avait en toute hâte montés sur les plates-formes des tours n'étaient pas même du calibre des pièces. Le gouverneur était au milieu de sa troupe; voyant la situation désespérée, il s'avança vers un baril de poudre avec une torche allumée. Deux sous-officiers s'élancèrent sur lui et retinrent son bras, sauvant ainsi la vie à dix mille personnes peut-être. Une rapide délibération eut lieu alors entre les défenseurs de la forteresse; on décida d'arborer le drapeau blanc et de se rendre.

Quelques instants après, le pont-levis s'abaissait et les Parisiens purent pénétrer dans la Bastille. Les invalides et les soldats étaient sans armes: ils furent saisis et, sauf quelques bousculades, ils n'eurent aucun mal. La foule courut alors aux

---

[1] La Bastille, forteresse commencée sous Charles V, en 1369, et terminée en 1382; plus tard, elle est devenue une prison d'État.

cachots et délivra les prisonniers, peu nombreux d'ailleurs, qui y étaient enfermés. Delaunay, reconnu et aussitôt arrêté, fut massacré sur la place de Grève même, et sa tête, mise au bout d'une pique, promenée en triomphe à travers les rues de Paris.

La démolition de la Bastille, commencée dès le lendemain, ne fut achevée que plus d'un an après.

(*Bournon*, Petite histoire de Paris).

146. Les pluies étranges.

Les vents violents et les trombes qui balayent la surface de la terre emportent quelquefois, à de grandes hauteurs, des substances diverses qu'ils abandonnent plus tard, et qui retombent ensuite, tantôt seules, tantôt avec la pluie. De là ces pluies extraordinaires de cendres, de soufre, de sang, de graines, de feuilles, de grenouilles, de crapauds, etc., qui, de loin en loin, excitent la curiosité publique, mais qui, autrefois, ne manquaient presque jamais de frapper d'épouvante les populations, parce qu'on les regardait comme des prodiges et des signes particuliers indiquant la colère céleste ou l'imminence de quelque grand événement.

Les pluies de cendres sont uniquement dues à des éruptions volcaniques. Parmi les plus remarquables de ces pluies, nous citerons celle qui fut observée à la Barbade,[1] le 30 avril 1812. Dans la soirée de ce jour, on entendit, pendant quelques instants, „des explosions tellement semblables aux décharges de plusieurs pièces de gros calibre, que la garnison du château Sainte-Anne resta sous les armes toute la nuit. Le lendemain matin, 1er mai, l'horizon de la mer, à l'orient, était parfaitement clair; mais, immédiatement au-dessus, on apercevait un nuage noir qui couvrait le reste du ciel, et qui même, bientôt après, se répandit dans la partie où commençait à poindre la lumière du crépuscule. L'obscurité devint telle alors, que, dans les appartements, il était impossible de distinguer la place des fenêtres, et qu'en plein air plusieurs personnes ne purent voir ni les arbres à côté desquels elles se trouvaient, ni les contours des maisons voisines, ni même des mouchoirs blancs placés à 15 centimètres des yeux. Ce phénomène était occasionné par la chute d'une grande quantité de poudre volcanique provenant de l'éruption d'un volcan de l'île de Saint-Vincent,[2] située à plus de 80 kilomètres de distance.

---

[1] La Barbade, la plus importante des petites Antilles.
[2] Saint-Vincent, une des Antilles anglaises.

Cette pluie d'un nouveau genre et l'obscurité profonde qui en était la conséquence ne cessèrent entièrement qu'entre midi et une heure; mais plusieurs fois, depuis le matin, on avait remarqué, en s'aidant d'une lanterne, comme des espèces d'averses pendant lesquelles la poussière tombait en plus grande abondance. Les arbres d'un bois flexible ployaient sous le faix; le bruit que les branches des autres arbres faisaient en se cassant contrastait d'une manière frappante avec le calme parfait de l'atmosphère. Les cannes à sucre furent totalement renversées. Enfin, toute l'île se trouva couverte d'une couche de cendres verdâtres, qui avait 3 centimètres d'épaisseur."

Les pluies de soufre n'ont absolument rien de réel. Il est très vrai qu'après de fortes averses on a vu quelquefois la surface de la terre ou celle des eaux couverte d'une poussière jaunâtre; et, comme cette poussière s'enflammait aisément, on en a conclu à la légère que c'était du soufre; mais un examen attentif a fait immédiatement reconnaître qu'elle n'était autre chose que le pollen de certains végétaux, particulièrement des pins, des sapins, des aunes, des bouleaux et des lycopodes, pollen qui avait été balayé par les vents et précipité avec la pluie.

Ce que nous venons de dire des pluies de soufre s'applique entièrement aux pluies de sang. Le prétendu sang dont certaines averses ont parfois couvert la terre, était tout simplement de l'eau de pluie ordinaire colorée en rouge, tantôt par des poussières minérales enlevées par les vents, tantôt par des myriades de plantes ou d'animaux rougeâtres d'une petitesse excessive qui, dans des circonstances encore peu connues, se multiplient d'une manière prodigieuse dans les eaux.

Les pluies de feuilles d'arbres et de graines s'expliquent très facilement par l'action des vents et des trombes; il nous suffira donc de les indiquer. Il faut en dire autant des pluies de chenilles et d'autres insectes que signalent plusieurs auteurs.

Quant aux pluies de grenouilles et de crapauds, que certaines personnes regardent comme n'ayant jamais existé, des témoignages aussi nombreux que respectables prouvent qu'elles sont bien réelles. On conçoit, en effet, que les trombes, qui enlèvent fréquemment toute l'eau des mares et des étangs, doivent, en même temps, enlever les grenouilles et les crapauds qui s'y trouvent, soit à l'état de têtard, soit à l'état parfait. Il y a plus, c'est qu'il peut y avoir pour la même raison, des pluies de poissons. On cite à ce sujet une trombe qui, le 13 septembre 1835, dans le pays de Caux,[1] enleva toute l'eau

---

[1] Le pays de Caux, partie de la Normandie.

d'un petit étang avec les poissons qui y vivaient. Or ces poissons ont dû retomber tôt ou tard et former quelque part une pluie de poissons.

Une pluie bien autrement singulière est celle qui eut lieu à Naples, le 8 juillet 1833. Une trombe s'étant formée aux environs de cette ville fit irruption sur le rivage et vida complètement deux grandes corbeilles d'oranges. Quelques instants après et à une distance assez considérable du point où ce larcin avait été commis, une jeune fille qui se trouvait sur une terrasse vit une pluie d'oranges tomber autour d'elle, phénomène beaucoup plus gracieux qu'une pluie de grenouilles ou de crapauds, mais beaucoup plus étonnant encore, puisque les oranges sont bien autrement lourdes et volumineuses que ceux de ces animaux qu'on a vus figurer dans les pluies d'orage.

Outre les pluies extraordinaires qui précèdent, nous aurions encore à parler de celles de pierres, mais nous savons qu'on appelle ainsi les chutes abondantes d'aérolithes. C'étaient également des phénomènes du même genre que ces pluies de feu dont parlent quelques anciens auteurs, et que nous nommons aujourd'hui des pluies d'étoiles filantes.

(P. Maigne, Lectures variées).

147. L'homme au masque de fer.

En 1661, quelques mois après la mort de Mazarin,[1] il arriva un événement qui n'a point d'exemple; et ce qui est non moins étrange, c'est que tous les historiens l'ont ignoré. On envoya dans le plus grand secret, au château de l'île Sainte-Marguerite,[2] dans la mer de Provence, un prisonnier inconnu, d'une taille au-dessus de l'ordinaire, jeune, et de la figure la plus belle et la plus noble. Ce prisonnier, dans la route, portait un masque, dont la mentonnière avait des ressorts d'acier, qui lui laissaient la liberté de manger avec le masque sur son visage. On avait ordre de le tuer s'il se découvrait. Il resta dans l'île jusqu'à ce qu'un officier de confiance, nommé Saint-Mars, gouverneur de Pignerol,[3] ayant été fait gouverneur de la Bastille, l'an 1690, l'alla prendre à l'île Sainte-Marguerite, et le conduisit à la Bastille toujours masqué. Le marquis de Louvois[1] alla le voir dans cette île avant la translation, et lui parla debout, et avec une considération qui tenait du respect.

---

[1] Mazarin, cardinal italien, 1602—1661; premier ministre de Louis XIII et de Louis XIV.

[2] Sainte-Marguerite, près de Cannes.

[3] Pignerol, forteresse située en Savoie.

Cet inconnu fut mené à la Bastille, où il fut logé aussi bien qu'on peut l'être dans ce château. On ne lui refusait rien de ce qu'il demandait. Son plus grand goût était pour le linge d'une finesse extraordinaire, et pour les dentelles. Il jouait de la guitare. On lui faisait la plus grande chère, et le gouverneur s'asseyait rarement devant lui. Un vieux médecin de la Bastille, qui avait souvent traité cet homme singulier dans ses maladies, a dit qu'il n'avait jamais vu son visage, quoiqu'il eût souvent examiné sa langue et le reste de son corps. Il était admirablement bien fait, disait ce médecin: sa peau était un peu brune; il intéressait par le seul ton de sa voix, ne se plaignant jamais de son état, et ne laissant entrevoir ce qu'il pouvait être.

Il mourut en 1705, et fut enterré la nuit à la paroisse de Saint-Paul. Ce qui redouble l'étonnement, c'est que, quand on l'envoya dans l'île de Sainte-Marguerite, il ne disparut dans l'Europe aucun homme considérable. Ce prisonnier l'était sans doute, car voici ce qui arriva les premiers jours qu'il était dans l'île. Le gouverneur mettait lui-même les plats sur la table et ensuite se retirait après l'avoir enfermé. Un jour le prisonnier écrivit avec un couteau sur une assiette d'argent, et jeta l'assiette par la fenêtre vers un bateau qui était au rivage, presque au pied de la tour. Un pêcheur, à qui ce bateau appartenait, ramassa l'assiette et la rapporta au gouverneur. Celui-ci étonné demanda au pêcheur: — „Avez-vous lu ce qui est écrit sur cette assiette, et quelqu'un l'a-t-il vue entre vos mains?" — „Je ne sais pas lire," répondit le pêcheur. „Je viens de la trouver et personne ne l'a vue." — Le paysan fut retenu jusqu'à ce que le gouverneur fut bien informé qu'il n'avait jamais lu, et que l'assiette n'avait été vue de personne. „Allez," lui dit-il, „vous êtes bien heureux de ne savoir pas lire."

Parmi les personnes qui ont eu connaissance immédiate de ce fait, il y en a une très digne de foi qui vit encore (1750). M. de Chamillard[2] fut le dernier ministre qui eût connaissance de cet étrange secret. Le maréchal de la Feuillade, son gendre, m'a dit qu'à la mort de son beau-père il le conjura à genoux de lui apprendre ce que c'était que cet homme, qu'on ne connut jamais que sous le nom de l'homme au masque de fer. Chamillard lui répondit que c'était le secret de l'État, et qu'il avait fait serment de ne le révéler jamais. Enfin il reste encore beaucoup de mes contemporains qui déposent de la vérité de

---

[1] Louvois, 1639—1691, homme d'État français, ministre de la guerre sous Louis XIV.

[2] Chamillard, ministre des finances et de la guerre sous Louis XIV.

ce que j'avance, et je ne connais point de fait ni plus extraordinaire ni mieux constaté. *Voltaire.*[1]

148. Aux mânes.

Ah! vous pleurer est le bonheur suprême,
Mânes chéris, de quiconque a des pleurs!
Vous oublier, c'est s'oublier soi-même:
N'êtes-vous pas un débris de nos cœurs?

Dieu du pardon! leur Dieu! Dieu de leurs pères!
Toi que leur bouche a si souvent nommé!
Entends pour eux les larmes de leurs frères!
Prions pour eux, nous qu'ils ont tous aimés!

Étends sur eux la main de ta clémence,
Ils ont péché; mais le ciel est un don!
Ils ont souffert; c'est une autre innocence!
Ils ont aimé; c'est le sceau du pardon!

Lamartine.

149. Le roi des aunes.

Qui donc passe à cheval dans la nuit et le vent?
C'est le père avec son enfant.
De son bras crispé de tendresse
Contre la poitrine il le presse,
Et de la bise il le défend. —

Mon fils, d'où vient qu'en mon sein tu frissonnes? —
Mon père, .. là . . . vois-tu le roi des aunes,
Couronne au front, en long manteau! —
Mon fils, c'est un brouillard sur l'eau. —

Viens, cher enfant, suis-moi dans l'ombre;
Je t'apprendrai des jeux sans nombre;
J'ai de magiques fleurs et des perles encor,
Ma mère a de beaux habits d'or. —

N'entends-tu point, mon père, (oh! que tu te dépêches!)
Ce que le roi murmure et me promet tout bas? —
Endors-toi, mon cher fils, et ne t'agite pas:
C'est le vent qui bruit parmi les feuilles sèches. —

---

[1] (François-Marie Arouet de) Voltaire, 1694—1778, célèbre poète e prosateur français qui a cultivé tous les genres littéraires et exercé une in fluence immense sur les esprits au XVIII⁰ siècle.

Veux-tu venir, mon bel enfant? oh! ne crains rien;
Mes filles, tu verras, te soigneront si bien!
  La nuit, mes filles blondes
  Mènent les molles rondes;
  Elles te berceront,
  Danseront, chanteront. —

Mon père, dans les brumes grises
Vois ses filles en cercle assises. —
Mon fils, mon fils, j'aperçois seulement
Les saules gris au bord des flots dormant.

Je t'aime, toi, je suis attiré par ta grâce;
Viens, viens donc! Un refus pourrait t'être fatal! —
Ah! mon père! mon père! il me prend,... il m'embrasse,
  Le roi des aunes m'a fait mal!

Et le père frémit et galope plus fort,
Il serre entre les bras son enfant qui sanglote,
Il touche à sa maison; son manteau s'ouvre et flotte:
  Dans son bras l'enfant était mort!

Deschamps.

150. Lettre de Monsieur de Vineuil à sa femme.   L. xxx.

Paris, 14 novembre.

  Paris est dans la joie, ma chère et pauvre femme, il en a le droit, même le devoir. On a appris un succès près d'Orléans, et mieux qu'un succès, l'existence de l'armée de la Loire sur laquelle on n'osait compter. Il y a donc une armée en province! peut-être y en a-t-il plus d'une! et il est redevenu possible de faire reculer, du moins pour un instant, cet épouvantable flot de l'invasion.
  Qui voudrait marchander leur joie aux assiégés? ou leur reprocher de se laisser exalter par une trop vive espérance? Ce n'est pas moi. Qu'ils jouissent, qu'ils espèrent, qu'ils reprennent courage pour les mauvais jours à venir auxquels ils ne pensent plus! Ils ont bien mérité cet écho de victoire, et je n'attends qu'un mot, un mot qui me dise où est André, pour être le plus joyeux des joyeux Parisiens. Mais ne pas savoir si mon bon et loyal garçon n'est pas l'un de ces deux mille tués ou blessés dont parle la dépêche, est une angoisse qui, je l'espère, t'aura été épargnée. Ta sœur ou André lui-même doivent avoir trouvé quelque moyen de correspondre avec toi,

et sans doute qu'à ce moment tu sais si notre couronne d'enfants est encore entière...

Il y a une expression très vulgaire qui peindrait à merveille le changement que la dépêche de Gambetta[1] a produit dans l'esprit de la population: retourné comme un gant, — il est absolument et complètement retourné. Peut-être la faute en est-elle à mon inquiétude personnelle qui me rend l'esprit chagrin, mais j'aimais mieux le côté grave montré naguère par l'esprit parisien, que l'espèce d'envers qu'il étale aujourd'hui. La jactance reparait, on décide trop vite que toute la France est debout et que le général d'Aurelle[2] va percer jusqu'à Paris; il se trouve des gens pour marquer ses étapes et fixer le jour de son arrivée sous Versailles. Les réactions de ces grands enthousiasmes sont quelquefois fatales.

Dis aux enfants qu'on vend, pour les manger, les éléphants du Jardin d'acclimatation. Cela les touchera plus que bien d'autres pertes.

(*Boissonnas, Une Famille pendant la Guerre 1870—71*).

151. Prix des différentes denrées pendant le siège.

Dès le milieu d'octobre (1870) il fallut se résigner à sacrifier les animaux du jardin d'acclimatation.

Les éléphants et bien d'autres animaux furent achetés par M. Deboos, le propriétaire de la boucherie anglaise de l'avenue Friedland.

La viande d'éléphant y fut vendue de 50 à 60 francs le kilogramme. Le kilogramme de trompe atteignit 80 francs. La trompe et les pieds furent d'ailleurs proclamés par les gourmets un manger délicieux.

Dans la même maison, une portée de louveteaux fut enlevée à raison de 24 francs le kilogramme. La chair en était molle et sans consistance.

L'animal qui coûta le plus cher à M. Deboos fut un petit agneau vivant, qui pesait 25 livres et qu'un franc-tireur avait dérobé aux avant-postes. Il fut payé 500 fr.

La viande de yack fut unanimement préférée à toutes les autres, et reconnue comme étant d'une qualité tout à fait exceptionnelle.

---

[1] Léon Gambetta, 1838—1882, avocat et homme politique français; membre du gouvernement de la défense nationale, il quitta Paris en ballon et fit les plus grands efforts pour organiser la résistance en province (octobre 1870).
[2] Aurelle, général français qui commanda, en 1870, la 1ère armée de la Loire.

La boucherie ne vendit pas de cheval, mais elle se procura des poulains qu'elle détailla sous l'étiquette de viande d'élan. Les consommateurs déclarèrent l'élan succulent.

Voici un tableau très exact des différents prix des denrées alimentaires à la fin du siège:

	francs
1 kilogramme de cheval	20
1 — de chien	8
1 — de jambon	80
1 chat	15
1 lapin	50
1 dindon	150
1 œuf	5
1 rat	2
1 pigeon	15
1 kilogramme de beurre	160
1 litre de haricots	8
1 boisseau de carottes	75
1 — de pommes de terre	35
1 — d'oignons	80
1 chou	16
1 poireau	1
1 pied de céleri	2
1 échalote	0,50
Bois vert, les 100 kil.	20

Pendant que les heureux du siècle, les richards, faisaient des repas de Mohicans, et découvraient dans Paris les ressources culinaires que les forêts vierges réservent aux hardis trappeurs, je laisse à penser quelle cuisine on mangeait dans les petits restaurants, dans les bouillons, dans les crémeries.

(*Le comte d'Hérisson, Journal d'un officier d'ordonnance*).

152. L'assemblée des animaux pour choisir un roi.

Le lion étant mort, tous les animaux accoururent dans son antre pour consoler la lionne sa veuve, qui faisait retentir de ses cris les montagnes et les forêts. Après lui avoir fait leurs compliments, ils commencèrent l'élection d'un roi: la couronne du défunt était au milieu de l'assemblée. Le lionceau était trop jeune et trop faible pour obtenir la royauté sur tant de fiers animaux. „Laissez-moi croître, disait-il; je saurai bien régner et me faire craindre à mon tour. En attendant je veux étudier l'histoire des belles actions de mon père, pour égaler un jour sa gloire. — Pour moi, dit le léopard, je prétends être couronné; car e ressemble plus au lion que tous les autres

prétendants. — Et moi, dit l'ours, je soutiens qu'on m'avait fait une injustice quand on me préféra le lion: je suis fort, courageux, carnassier, tout autant que lui; et j'ai un avantage singulier, qui est de grimper sur les arbres. — Je vous laisse à juger, messieurs, dit l'éléphant, si quelqu'un peut me disputer la gloire d'être le plus grand, le plus fort et le plus brave de tous les animaux. — Je suis le plus noble et le plus beau, dit le cheval. — Et moi, le plus fin, dit le renard. — Et moi, le plus léger à la course, dit le cerf. — Où trouverez-vous, dit le singe, un roi plus agréable et plus ingénieux que moi? Je divertirai chaque jour mes sujets. Je ressemble même à l'homme, qui est le véritable roi de la nature." Le perroquet alors harangua ainsi: „Puisque tu te vantes de ressembler à l'homme, je puis m'en vanter aussi. Tu ne lui ressembles que par ton laid visage et par quelques grimaces ridicules: pour moi, je lui ressemble par la voix, qui est la marque de la raison et le plus bel ornement de l'homme. — Tais-toi, maudit causeur, lui répondit le singe: tu parles, mais non pas comme l'homme; tu dis toujours la même chose, sans entendre ce que tu dis." L'assemblée se moqua de ces deux mauvais copistes de l'homme, et on donna la couronne à l'éléphant, parce qu'il a la force et la sagesse, sans avoir ni la cruauté des bêtes furieuses, ni la sotte vanité de tant d'autres qui veulent toujours paraître ce qu'elles ne sont pas.
Fénelon.[1]

153. L'esprit de conversation.

En Orient, quand on n'a rien à se dire, on fume du tabac de rose ensemble, et de temps en temps, on se salue, les bras croisés sur la poitrine, pour se donner un témoignage d'amitié: mais, dans l'Occident, on a voulu se parler tout le jour, et le foyer de l'âme s'est souvent dissipé dans ces entretiens où l'amour-propre est sans cesse en mouvement pour faire effet tout de suite et selon le goût du moment et du cercle où l'on se trouve.

Il me semble reconnu que Paris est la ville du monde où l'esprit et le goût de la conversation sont le plus généralement répandus; et ce qu'on appelle le mal du pays, ce regret indéfinissable de la patrie, qui est indépendant des amis mêmes qu'on y a laissés, s'applique particulièrement à ce plaisir de causer, que les Français ne trouvent nulle part au même degré que chez eux. Volney raconte que les Français émigrés vou-

---

[1] Fénelon, 1651—1715, précepteur du duc de Bourgogne, plus tard archevêque de Cambrai, auteur du Télémaque, de l'Éducation des filles, du Traité de l'existence et des attributs de Dieu, etc.

laient, pendant la Révolution, établir une colonie et défricher les terres en Amérique; mais de temps en temps, ils quittaient toutes leurs occupations pour aller, disaient-ils, causer à la ville, et cette ville, la Nouvelle-Orléans,[1] était à six cents lieues de leurs demeures.

Dans toutes les classes, en France, on sent le besoin de causer: la parole n'y est pas seulement, comme ailleurs, un moyen de se communiquer ses idées, ses sentiments et ses affaires; mais c'est un instrument dont on aime à jouer, et qui ranime les esprits, comme la musique chez quelques peuples, et les liqueurs fortes chez quelques autres.

Le genre de bien-être que fait éprouver une conversation animée ne consiste pas précisément dans le sujet de cette conversation; les idées et les connaissances qu'on y peut développer n'en sont pas le principal intérêt: c'est une certaine manière d'agir les uns sur les autres, de se faire plaisir réciproquement et avec rapidité, de parler aussitôt qu'on pense, de jouir à l'instant de soi-même, d'être applaudi sans travail, de manifester son esprit dans toutes les nuances par l'accent, le geste, le regard; enfin, de produire à volonté comme une sorte d'électricité qui fait jaillir des étincelles, soulage les uns de l'excès même de leur vivacité, et réveille les autres d'une antipathie pénible.

(Mme de Staël,[2] De l'Allemagne, I, 11).

154. Le lion de Florence.

De l'étroite prison qui rassemble à grands frais
Les monstres des déserts, les hôtes des forêts,
Un lion s'échappa: tout fuyait à sa vue.
Dans le commun désordre, une mère éperdue
Emportait son enfant. Dieu! ce fardeau chéri,
De ses bras échappé, tombe; elle jette un cri,
S'arrête et l'aperçoit sous la dent affamée.
Elle reste immobile et presque inanimée,
Le front pâle, l'œil fixe, et les bras étendus.
Elle reprend ses sens un moment suspendus;
La frayeur l'accablait, la frayeur la ranime.
Ô prestige d'amour! ô délire sublime!

---

[1] La Nouvelle-Orléans, ville du sud des États-Unis, dans la Louisiane, sur le Mississipi.

[2] Mme de Staël, 1766—1817, fille de Necker (ministre des finances sous Louis XVI), femme spirituelle et célèbre par ses écrits, auteur de Delphine, de Corinne et du beau livre De l'Allemagne.

Elle tombe à genoux: „Rends-moi, rends-moi mon fils!"
Ce lion si farouche est ému par ses cris,
Il semble deviner qu'une mère l'implore.
Il attache sur elle un œil tranquille et doux,
Lui rend ce bien si cher, le pose à ses genoux,
Contemple de l'enfant le paisible sourire,
Et dans le fond des bois lentement se retire.

Millevoye.[1]

XXXI.   **155. Le bouquiniste et le bouquineur.**

C'est tout au bout du Pont-Neuf,[2] de chaque côté d[u] quai, que se rencontre le bouquiniste, noir et sinistre industrie dans l'honnête acception du mot, sorte de croque-mort littérai[re] qui ensevelit dans ses cases de sapin, comme dans des bière[s] funéraires, tant d'œuvres avortées, créées pour l'immortalité[.] Le bouquiniste expose comme une ironie sa collection de livre[s] trépassés dans le voisinage même des écrivains immortels, ca[r] nous sommes à deux pas de l'Institut.[3] Il étale sa marchandis[e] sur le parapet des quais, depuis le pont du Carrousel jusqu'a[u] pont Saint-Michel; on l'aperçoit aussi sur le quai du Louvre[,] sur le quai de l'Horloge, aux deux angles du Pont-Neuf q[ui] font face à la statue de Henri IV, sur le pont au Change, su[r] le quai aux Fleurs, et dans mille petites ruelles noires e[t] boueuses du vieux Paris. Cet estimable commerçant sembl[e] être le contemporain de ses bouquins les plus vénérables pa[r] leur âge et leur vétusté; il a même avec eux plus d'un poin[t] de ressemblance; il est vieux, usé, ratatiné, poudreux, plissé[,] rogné aux angles, comme le plus vieux de ses vieux livre[s.] Jamais marchand ne s'est mieux incarné dans la physionomi[e] de sa marchandise. Exposé par état à toutes les intempéri[es] des saisons, il porte par mesure hygiénique un respectabl[e] bonnet de soie noire sur sa tête chenue, que surmonte d'ai[l]leurs une vieille casquette à visière. Son petit corps grêle e[st] protégé contre la brise et le brouillard par un petit mantea[u]

---

[1] Millevoye, 1782—1816, poète français, auteur d'élégies, dont la pl[us] connue est la Chute des feuilles.

[2] Le Pont-Neuf, un des ponts les plus anciens et les plus légendair[es] de Paris; construit de 1578 à 1607, il fut longtemps l'endroit le plus fréquent[é] de la capitale.

[3] L'Institut de France, au palais de l'Institut, appelé aussi palais Mazari[n] situé en face du Louvre, rive gauche, se compose de cinq compagnies ou ac[a]démies, savoir: de l'Académie française, de l'Académie des Inscriptions et Belle[s] Lettres, de l'Académie des Sciences morales et politiques, de l'Académie d[es] Sciences et de l'Académie des Beaux-Arts.

râpé, et ses mains basanées se cachent sous les mailles de gros gants de tricot vert.

Pour le bouquiniste, qui sait à peine lire et signer son nom, le livre est une chose, en rien de plus, une chose qui vaut de 25 centimes à 1 franc, selon sa reliure et son format. Il les classe ainsi, d'après leur valeur matérielle, dans de petites cases en forme de pupitres dont il couvre les quais. Puis il se promène stoïquement dans la brume ou au soleil, devant son étalage, battant la semelle sur le pavé pour se réchauffer les pieds et soufflant dans ses gros gants verts. Il voit, sans s'émouvoir, de nombreux amateurs s'arrêter devant ses tablettes, examiner ses volumes pendant de longues heures, les déranger, les feuilleter, les parcourir, puis les replacer dans le rayon et s'éloigner sans acheter, sans même remercier ni saluer le pauvre marchand grelottant.

Cette race peu lucrative de chalands prend le nom de bouquineurs. Le bouquineur reste des journées entières devant l'étalage du bouquiniste; c'est là son cabinet de lecture, sa bibliothèque. Il passe en revue toutes ces vieilleries littéraires ou scientifiques, parmi lesquelles se trouvent parfois enfouis des trésors. Il en est qui, ardents à cette recherche, y consacrent non seulement quelques heures, quelques journées, mais leur vie entière, en font leur occupation, leur profession: à l'heure où l'employé se rend à son bureau, ils se rendent à leur poste, et commencent leurs fouilles cent fois recommencées. L'heure des repas n'interrompt pas ce travail passionné; le bouquineur déjeune en bouquinant; il s'est muni, en venant, de son petit pain quotidien ou de sa brioche, et rien ne le distrait jusqu'au soir, si ce n'est l'heure du détalage, ou quelque averse subite. Ce dernier accident ne le prend pas au dépourvu, car il ne marche jamais sans un immense parapluie, moins destiné à garantir son feutre hérissé et son habit noir râpé aux coudes, qu'à protéger ses livres, ses précieuses trouvailles, contre les injures du temps. Mais, à côté du bouquineur qui achète, on voit une catégorie plus nombreuse encore de bouquineurs qui n'achètent pas et qui se bornent à lire et à s'instruire. A la fin d'une bonne journée, le bouquineur s'en revient triomphant dans son réduit encombré. Il est bardé de bouquins, il en a dans toutes ses poches, il en a sous tous ses bras, il en a dans les revers de son habit et de son gilet, il en a dans son chapeau, il en a dans son parapluie; il en mettrait dans ses bottes, s'il ne portait pas des souliers. Il entasse ses volumes dans sa chambre exiguë, au grand mécontentement de sa servante ou de sa femme.

C'est une pauvre industrie que celle du bouquiniste en plein vent.

Texier.

156. Bombardement de Paris.

Le bombardement continue avec la même violence contre les forts et les quartiers du sud, les obus pleuvent maintenant jusqu'à la rue de Madame. Le Panthéon,[1] l'École des Mines, le Luxembourg[1] sont atteints; les habitants s'établissent dans leurs caves ou se réfugient de ce côté-ci de la Seine. J'ai invité les ***, dont la maison avait reçu deux bombes et qui avaient passé la nuit dernière dans leur cave, à venir prendre notre appartement, ils s'installent en ce moment.

En somme, les accidents ont été peu graves relativement au nombre des obus tombés dans la ville, mais le fait que les victimes sont des femmes, des enfants, des passants ou des dormants, les rend odieux. Il était devenu pour ainsi dire classique qu'une ville investie ne pouvait être bombardée avant que la libre sortie n'eût été offerte aux femmes, aux vieillards et aux enfants. Malgré sa surprise, la population reste très ferme: ni effroi, ni stupeur, ni colère, ni agitation d'aucune espèce.

Si l'on analysait le sentiment général, il s'en dégagerait peut-être une certaine satisfaction de voir que l'ennemi juge nécessaire de déployer tous ses moyens pour nous réduire.

Je ne serais pas surpris que l'impatience gagnât la population. On finira par forcer la main au général[2] et par obtenir des sorties.

Des pigeons sont arrivés. Il y a de bonnes nouvelles de Faidherbe,[3] qui a battu les Prussiens à Bapaume;[3] on attend de grands succès dans l'Est, enfin Chanzy[4] manœuvre sur la Loire et reçoit des renforts. Quand aurai-je une dépêche pour moi et saurai-je si mon cher, cher lignard a résisté à tant d'épreuves?

(Boissonnas, *Une Famille pendant la Guerre 1870—1871*)

157. Dix mille livres de rente.

Quand j'avais dix-huit ans (je vous parle d'une époque bien éloignée), j'allais, durant la belle saison, passer la journée du dimanche à Versailles, ville qu'habitait ma mère. Pour m'y

---
[1] Voir n° 61 du manuel, p. 112.
[2] Trochu; v. p. 281, note 1.
[3] Le général Faidherbe, commandant l'armée du Nord en 1870—71 livra aux Prussiens une sanglante bataille à Bapaume (dans la province d'Artois) le 2 et le 3 janvier 1871; c'est lui qui fut forcé de se retirer à la suite de cette prétendue victoire.
[4] Chanzy, général français, commanda l'armée de la Loire.

transporter, je venais, presque toujours à pied, rejoindre sur cette route une des petites voitures qui en faisaient alors le service. En sortant des barrières, j'étais toujours sûr de trouver un grand pauvre qui criait d'une voix glapissante: „La charité, s'il vous plait, mon bon monsieur!" De son côté il était bien sûr d'entendre résonner dans son chapeau une grosse pièce de deux sous.

Un jour que je payais mon tribut à Antoine (c'était le nom de mon pensionnaire), il vint à passer un petit monsieur poudré, sec, vif, et à qui Antoine adressa son memento criard: „La charité, s'il vous plait, mon bon monsieur!" Le passant s'arrêta, et, après avoir considéré quelques moments le pauvre: „Vous me paraissez, lui dit-il, intelligent et propre à travailler; pourquoi faites-vous un si vil metier? Je veux vous tirer de cette triste situation et vous donner dix mille livres de rente." Antoine se mit à rire et moi aussi. „Riez tant qu'il vous plaira, reprit le monsieur poudré, mais suivez mes conseils, et vous acquerrez ce que je vous promets. Je puis d'ailleurs vous prêcher d'exemple: j'ai été aussi pauvre que vous; mais, au lieu de mendier, je me suis fait une hotte avec un mauvais panier, et je suis allé dans les villages et dans les villes de province demander, non pas des aumônes, mais de vieux chiffons qu'on me donnait gratis et que je revendais ensuite, à un bon prix aux fabricants de papier. Au bout d'un an, je ne demandais plus pour rien les chiffons, mais je les achetais, et j'avais en outre une charrette et un âne pour faire mon petit commerce.

„Cinq ans après, je possédais trente mille francs, et j'épousais la fille d'un fabricant de papier, qui m'associait à sa maison de commerce peu achalandée, il faut le dire; mais j'étais actif, je savais travailler et m'imposer des privations. A l'heure qu'il est, je possède deux maisons à Paris, et j'ai cédé ma fabrique de papier à mon fils, à qui j'ai enseigné de bonne heure le goût du travail et le besoin de la persévérance. Faites comme moi, l'ami, et vous deviendrez riche comme moi."

Là-dessus le vieux monsieur s'en alla, laissant Antoine tellement préoccupé que deux dames passèrent sans entendre l'appel criard du mendiant: „La charité, s'il vous plait."

En 1815, pendant mon exil à Bruxelles, j'entrai un jour chez un libraire pour y faire emplette de quelques livres. Un gros et grand monsieur se promenait dans le magasin et donnait des ordres à cinq ou six commis. Nous nous regardâmes l'un l'autre comme des gens qui, sans pouvoir se reconnaître, se rappelaient cependant qu'ils s'étaient vus autrefois quelque part. „Monsieur, me dit à la fin le libraire, il y a vingt-cinq

ans, n'alliez-vous pas souvent à Versailles le dimanche? – Quoi! Antoine, c'est vous! m'écriai-je. — Monsieur, répliqua-t-vous le voyez, le vieux monsieur poudré avait raison; il m donné dix mille livres de rente."
Arnault.

158. La pierre sculptée.

Marbre couché sur la colline,
Toi qui m'arrêtes en chemin,
Dis-moi quelle est ton origine?
Survis-tu seul à la ruine
D'un temple ou d'un tombeau romain?

Sur tes flancs, vénérable pierre,
Des caractères effacés,
A travers un réseau de lierre,
Fixent et troublent ma paupière.
Que disent-ils? Ah! je le sais.

Ils disent qu'ici bas succombe
Tout ce qui fut brillant un jour,
Qu'au cercueil l'homme en poudre tombe,
Et que le marbre de la tombe
Disparait lui-même à son tour!

Autran.[1]

159. Les souvenirs du peuple.

On parlera de sa gloire
Sous le chaume bien longtemps:
L'humble toit, dans cinquante ans,
Ne connaîtra plus d'autre histoire.
Là viendront les villageois
Dire alors à quelque vieille:
„Par des récits d'autrefois,
Mère, abrégez notre veille.
Bien, dit-on, qu'il nous ait nui,
Le peuple encor le révère,
   Oui, le révère.
Parlez-nous de lui, grand'mère!
   Parlez-nous de lui!" —

---

[1] Autran, poète français, 1813—1877

„Mes enfants, dans ce village,
Suivi de rois, il passa.
Voilà bien longtemps de ça:
Je venais d'entrer en ménage.
A pied grimpant le coteau,
Où, pour voir, je m'étais mise,
Il avait petit chapeau
Avec redingote grise.
Près de lui je me troublai;
Il me dit: „Bonjour, ma chère,
Bonjour, ma chère." —
„Il vous a parlé, grand'mère!
Il vous a parlé!" —

„L'an d'après, moi, pauvre femme,
A Paris étant un jour,
Je le vis avec sa cour:
Il se rendait à Notre-Dame.
Tous les cœurs étaient contents;
On admirait son cortège.
Chacun disait: Quel beau temps!
Le ciel toujours le protège!
Son sourire était bien doux:
D'un fils Dieu le rendait père,
Le rendait père." —
„Quel beau jour pour vous, grand'mère!
Quel beau jour pour vous!" —

„Mais, quand la pauvre Champagne
Fut en proie aux étrangers,
Lui, bravant tous les dangers,
Semblait seul tenir la campagne.
Un soir, tout comme aujourd'hui,
J'entends frapper à la porte;
J'ouvre: bon Dieu! c'était lui,
Suivi d'une faible escorte.
Il s'assied où me voilà,
S'écriant: „Oh! quelle guerre!
Oh! quelle guerre!" —
„Il s'est assis là, grand'mère!
Il s'est assis là!"

„J'ai faim, dit-il, et bien vite
Je sers piquette et pain bis.
Puis il sèche ses habits;
Même à dormir le feu l'invite.
Au réveil, voyant mes pleurs,
Il me dit: „Bonne espérance!
Je cours de tous ses malheurs
Sous Paris venger la France."
Il part, et, comme un trésor,
J'ai depuis gardé son verre,
　　Gardé son verre."
„Vous l'avez encor, grand'mère,
　　Vous l'avez encor?" —

„Le voici. Mais à sa perte
Le héros fut entraîné.
Lui qu'un pape a couronné,
Est mort dans une ile déserte.
Longtemps aucun ne l'a cru;
On disait: Il va paraître;
Par mer il est accouru,
L'étranger va voir son maître.
Quand d'erreur on nous tira,
Ma douleur fut bien amère,
　　Fut bien amère."
„Dieu vous bénira, grand'mère!
　　Dieu vous bénira!"

XXXII.　　　　　**160. Louis XIV.**

　　Louis XIV n'était pas un grand génie; ma
caractères les plus entiers et les plus persévé
jamais existé. À la soif de la gloire et à la pa
des choses, il unissait un esprit net et judicie
sentiment du devoir, avant que la flatterie et l'o
sent égaré. Il voulut se donner des garanties c
en réglant, heure par heure, les obligations et
son métier de roi. Quoiqu'il ait failli plus tar
points, il ne faillit jamais quant au travail et au
de l'État.
　　Avec lui, la monarchie était montée au
grandeur et de sa puissance; puis avec lui, elle a
à descendre la pente de sa décadence. Elle
s'arrêter sur cette pente, jusqu'à ce qu'elle s'er
Révolution.

Louis XIV avait montré au monde tout ce qui peut se faire de grand par la concentration de tous les pouvoirs dans les mains d'un seul homme, résolu, appliqué et persévérant; mais aussi à quelles catastrophes le pouvoir absolu d'un seul, si capable qu'il soit, finit par conduire inévitablement les peuples.
Henri Martin.[1]

161. La cour de Louis XIV.

L'asservissement général ne se montrait nulle part autant qu'à la cour, où Louis imposait à la haute noblesse une captivité dorée. Versailles avait été construit dans ce dessein et la France entière y tenait, sous l'œil et sous la main du roi. Qui ne vivait point dans cette sphère lumineuse dont Louis était le centre, n'était pas compté, ou l'était parmi les mécontents et les sots: les uns que nulle grâce n'atteignit jamais; les autres que poursuivaient les sarcasmes sur leurs façons provinciales (la comtesse d'Escarbagnas,[2] M. de Pourceaugnac,[2] etc.). Trois conditions furent mises à la faveur du prince: demander et obtenir un logement à Versailles, suivre partout la cour, même malade, même mourant, et tout approuver. Pendant vingt ans, le duc de la Rochefoucauld[3] ne découcha point, pour ainsi dire, du palais; mais jusqu'à sa dernière heure, il eut l'oreille du maître. Le marquis de Dangeau[4] resta cinquante ans auprès du roi, toujours dans la même faveur; quel est le secret de cette longue et persistante fortune? Mme de Maintenon[5] le dit: „M. Dangeau qui ne veut rien blâmer,“ et par conséquent qui applaudit à tout. Voilà la route des grâces et des honneurs. Henri IV renvoyait ses nobles à leurs maisons des champs, son petit-fils les retenait dans ses antichambres. Plus donc de grande existence seigneuriale, plus de vie de famille, plus de rapport, plus de communion avec le pays; mais une existence factice où certaines qualités de l'esprit se développent, où se perdent la vraie dignité et toutes les vertus qui y tiennent.

---

[1] H. Martin, 1810—1883, célèbre historien français, auteur de l'Histoire de France, récit détaillé de la vie nationale des Français.

[2] Titres de deux comédies de Molière.

[3] La Rochefoucauld, 1613—1680, auteur des Maximes; il joua un rôle important pendant la Fronde et passa la dernière partie de sa vie à la cour et dans la société des femmes les plus distinguées de son temps.

[4] Dangeau, 1638—1720, courtisan spirituel, auteur de Mémoires.

[5] Mme de Maintenon, 1635—1719, veuve du poète Scarron (1660), devint femme de Louis XIV. Le roi mort, elle se retira dans la maison de Saint-Cyr qu'elle avait fondée pour l'éducation des jeunes filles nobles et

A ces fêtes splendides de Versailles, je vois bien briller, au milieu de toutes les merveilles des arts, une société incomparable pour son esprit, son élégance, ses grandes manières, mais j'y vois aussi les trop nombreuses erreurs du prince à peine couvertes d'un voile transparent. Les premiers personnages de l'État, de graves magistrats, des prélats illustres n'osaient protester, même par leur silence ou leur retraite, contre le scandale de liaisons doublement adultères.

Le trouble ne fut pas seulement dans la maison royale; il menaça d'être aussi dans l'État, car Louis, violant toutes les lois civiles et religieuses, plaça à côté des princes du sang les princes légitimés. Il força la cour à respecter les uns à l'égal des autres; et la moralité publique reçut un coup dont elle a été bien lente à se relever. Les leçons de scandale qui tombaient du trône ne furent pas perdues, et la corruption qui fermente, malgré l'apparente austérité des dernières années, éclatera, sans retenue comme sans pudeur, sous le nouveau règne. Ces ducs d'Orléans et de Vendôme livrés à de sales débauches, ce duc d'Antin surpris en flagrant délit de vol, et tant d'autres qui savaient corriger au jeu les chances de la fortune; cette cour enfin, qui, selon l'expression de Saint-Simon,[1] suait l'hypocrisie, tout montre, sous un roi qui se fait dévot, ne pouvant plus être autre chose, que la morale, la conscience et la dignité humaines ne sont jamais impunément violées.   (Duruy,[2] *Le siècle de Louis XIV*).

162. La Fontaine.

Quelqu'un demanda à Madame de Sévigné:[3] „Madame, que pensez-vous des fables de La Fontaine?" — „C'est un panier de cerises, répondit-elle: on choisit toujours les plus belles, et on le vide sans s'en apercevoir."

Ayant été admis devant le roi, auquel il devait lire quelques-unes de ses fables, La Fontaine retourne toutes ses poches et s'aperçoit qu'il les a oubliées. Ce sera pour une autre fois, Monsieur de La Fontaine, lui dit Louis XIV avec bonté. Il n'eut jamais aucune faveur du monarque qui „n'aimait pas à attendre."

---

[1] Saint-Simon, 1675—1755, grand seigneur de la cour de Louis XIV, auteur de Mémoires.

[2] Victor Duruy, historien français, né en 1811; parmi ses œuvres nous citerons son Histoire de France.

[3] Mme de Sévigné, 1626—1696, femme des plus spirituelles, célèbre par ses admirables Lettres écrites à sa fille, la comtesse de Grignan.

163. Les poteries.

Comme on a trouvé des poteries chez tous les peuples : époques les plus reculées, il est naturel de penser que u potier remonte aux premiers âges de l'histoire. Toute- lans le principe, les poteries durent être très grossières plement séchées au soleil. Plus tard, l'expérience ayant que l'argile durcit beaucoup au feu, on tira parti de cette verte pour augmenter leur solidité au moyen de la cuis- Plus tard encore, on remarqua que les poteries qui ne as naturellement imperméables peuvent le devenir si l'on de les recouvrir d'une matière vitrifiable, et alors prit nce l'emploi de ces enduits qu'on appelle glaçures. Chez les peuples, les choses se sont passées ainsi et dans le ordre.

Parmi les poteries que fabriquent actuellement les nations éennes, les plus anciennes sont celles que l'on nomme sées, parce que, comme nous le savons, elles sont revê- l'un vernis, c'est-à-dire d'une glaçure à base de plomb, et nstituent nos poteries communes. On suppose qu'elles é inventées en Asie, et que leur introduction en Europe ieu du sixième au huitième siècle de notre ère. On en déjà en France au commencement du treizième. Les es émaillées, c'est-à-dire nos faïences communes, sont nent d'origine orientale. Les procédés de fabrication pa- it en avoir été apportés par les Arabes, d'une part, à ntinople, vers le septième siècle, d'autre part, en Espagne, u plus tard. Dans tous les cas, ils étaient connus, depuis mps dans toutes les provinces méridionales de l'Espagne, tre même en Allemagne, quand vers le milieu du quin- siècle, Luca della Robbia, célèbre sculpteur florentin, en eu connaissance, on ignore comment, les importa en où l'on ne tarda pas à les appliquer sur une vaste échelle. de Faenza, petite ville de la Romagne, où la production s poteries se développa le plus, que vient le nom de e, sous lequel on les désigne dans notre pays. Cette in- e fut introduite en France, en 1602, sous Henri IV, par uvriers italiens qui vinrent s'établir à Nevers.[1]

L'origine chinoise de la porcelaine n'est ignorée de per- Les premiers essais exécutés en Europe pour l'imiter tent au milieu du dix-septième siècle. A partir de ce nt, une foule de savants et d'artistes se mirent à l'œuvre résoudre le problème; mais, pendant longtemps, ce fut n parce qu'on ne savait où trouver les matières premières.

---

[1] Nevers, sur la Loire.

Enfin, le hasard ayant fait découvrir un gîte de kaolin en Saxe, le chimiste allemand Jean-Frédéric Böttger réussit le premier à produire une poterie absolument semblable à celle de la Chine. Cet évènement eut lieu à la fin de 1709. Tous les souverains voulurent aussitôt avoir des fabriques de porcelaine; mais, comme leurs États ne contenaient pas de kaolin, ils éprouvèrent les plus grands obstacles, parce qu'il fallait tirer à grands frais cette substance de la Saxe, et que le gouvernement de ce pays faisait les plus grands efforts pour en empêcher ou du moins en restreindre la sortie. La France se trouva dans cet embarras jusqu'en 1768, époque à laquelle on découvrit aux environs de Saint-Yrieix, en Limousin,[1] les gîtes de kaolin qui n'ont cessé depuis d'alimenter nos porcelaineries.

Pendant que, dans toute l'Europe continentale, on cherchait à faire de la porcelaine, les potiers anglais s'occupaient uniquement d'améliorer leurs poteries communes. Enfin, vers 1763, l'un d'eux, Josiah Wedgwood, réunissant et complétant les travaux de ses devanciers, fonda la fabrication de la faïence fine, qui fut introduite en France, vers 1780. Quant aux grès, on admet assez généralement qu'ils ont été connus des potiers de l'ancienne Égypte, et que les peuples européens n'ont commencé à les produire que dans le courant du huitième siècle.

(*Maigne, Petites Leçons sur les Principales Inventions*).

164. Adieux à la Garde.

Fontainebleau,[2] 20 avril 1814.

Soldats de ma Vieille Garde, je vous fais mes adieux. Depuis vingt ans, je vous ai trouvés constamment sur le chemin de l'honneur et de la gloire. Dans ces derniers temps, comme dans ceux de notre prospérité, vous n'avez cessé d'être des modèles de bravoure et de fidélité. Avec des hommes tels que vous, notre cause n'était pas perdue. Mais la guerre était interminable; c'eût été la guerre civile, et la France n'en serait devenue que plus malheureuse. J'ai donc sacrifié tous nos intérêts à ceux de la patrie; je pars. Vous, mes amis, continuez de servir la France. Son bonheur était mon unique pensée; il sera toujours l'objet de mes vœux! Ne plaignez pas mon sort; si j'ai consenti à me survivre, c'est pour servir encore à votre gloire; je veux écrire les grandes choses que nous avons faites ensemble! Adieu, mes enfants! Je voudrais vous presser

---

[1] Au sud de la Loire.
[2] Voir n° 63 du manuel, p. 119.

ous sur mon cœur; que j'embrasse au moins votre drapeau!...

(A ces mots, le général Petit, saisissant l'aigle, s'avance. Napoléon reçoit le général dans ses bras et baise le drapeau. Le silence que cette grande scène inspire n'est interrompu que par les sanglots des soldats. Napoléon, dont l'émotion est visible, fait un effort et reprend d'une voix ferme):

Adieu encore une fois, mes vieux compagnons! Que ce dernier baiser passe dans vos cœurs!

165. Les pigeons voyageurs.

Il serait injuste de ne pas mentionner l'organisation d'une ambulance et les généreux sacrifices pécuniaires que la défense de la capitale doit à la puissante Compagnie parisienne.

Je viens de parler des ballons, et c'est à vous que je pense aussitôt, pauvres petits messagers, chétives créatures, qui avez porté sous votre aile tant de joies, de tristesses, d'espérances et de douleurs, ô pigeons voyageurs, lignée de la colombe de l'Arche, qui, comme elle, partiez de l'arche dont Trochu était le Noé, et qui ne reveniez pas, hélas! aussitôt qu'elle, avertir, un rameau d'olivier au bec, les passagers que le déluge était fini, que les eaux rentraient dans leur lit, que l'Allemand regagnait sa patrie agrandie aux dépens de la nôtre.

Si vous aviez vécu dans l'antiquité, braves petites statuettes, on vous eût dressé des autels, ou tout au moins ouvert des refuges, comme à Venise. Vous n'avez pas seulement été fidèles, vous avez été aussi héroïques, car on a trouvé souvent vos petits corps gelés et tombés au pied des arbres où vous aviez cherché asile, en ces nuits terribles, où le froid faisait descendre le mercure à vingt-cinq degrés au-dessous de zéro.

Mais nous sommes, nous autres, aussi ingrats que vaniteux. La France vous a traités comme elle traite ses grands hommes, ô pigeons voyageurs! Non seulement elle vous a oubliés, mais après le siège combien d'entre vous n'ont-ils pas terminé leur épique carrière au fond d'une casserole, tandis que vos fils étaient déshonorés par le transport quotidien des ineptes versaillaises!

Eh bien, moi, je l'avoue, je suis assez chauvin ou assez bête, comme on voudra, pour n'avoir jamais mangé un pigeon depuis quatorze ans.

Lors donc qu'un ballon partait, il emportait suspendus à ses cordages des paniers où se becquetaient de nombreux couples de pigeons voyageurs. Quand le ballon échappait aux Allemands, quand les pigeons, par conséquent, n'étaient pas accommodés à la choucroute et aux saucisses, il les portait au siège du gouvernement, et là on les chargeait de dépêches de la façon suivante:

La queue de ces oiseaux est composée de neuf grandes plumes: sur celle du milieu on fixait un petit tube de plume dans lequel était enroulée la dépêche écrite sur un morceau de papier pelure[1] et infiniment réduite par la photographie.

La puissance de réduction des appareils employés était telle que les quatre pages du Journal officiel de Tours ou de Bordeaux tenaient sur un papier grand comme un timbre-poste. Un pigeon emportait ainsi jusqu'à vingt mille dépêches particulières, soit le chargement d'une voiture avec le papier et les caractères habituels.

Il repartait, s'élevait en l'air, prenait le vent, et se dirigeait aussitôt sur Paris. Lorsqu'il n'était pas gelé en route, lorsqu'il n'était pas tué par les fusils prussiens, il arrivait à Paris et rentrait dans son colombier, en levant avec sa tête une petite trappe qui retombait derrière lui et l'emprisonnait. Il n'y avait plus qu'à détacher le tuyau de plume, qu'on portait à l'administration des Postes.

(*Le comte d'Hérisson, Journal d'un officier d'ordonnance*).

166. Versailles.

Ô Versailles, ô bois, ô portiques,
Marbres vivants, berceaux antiques,
Par les dieux et les rois Élysée embelli,
A ton aspect, dans ma pensée,
Comme sur l'herbe aride une fraîche rosée,
Coule un peu de calme et d'oubli.

Les chars, les royales merveilles,
Des gardes les nocturnes veilles,
Tout a fui; des grandeurs tu n'es plus le séjour:
Mais le sommeil, la solitude,
Dieux jadis inconnus, et les arts et l'étude
Composent aujourd'hui ta cour.

Ah! témoin des succès du crime,
Si l'homme juste et magnanime
Pouvait ouvrir son cœur à la félicité,
Versailles, tes routes fleuries,
Ton silence, fertile en belles rêveries,
N'auraient que joie et volupté!

---

[1] Papier pelure: sorte de papier très fin.

Mais souvent tes vallons tranquilles,
Tes sommets verts, tes frais asiles,
Tout à coup à mes yeux s'enveloppent de deuil.
J'y vois errer l'ombre livide
D'un peuple d'innocents qu'un tribunal perfide
Précipite dans le cercueil.

André Chénier.[1]

167. Coup d'œil sur la France.

Montons sur un des points élevés des Vosges, ou, si vous voulez, au Jura. Tournons le dos aux Alpes. Nous distinguerons (pourvu que notre regard puisse percer un horizon de trois cents lieues) une ligne onduleuse, qui s'étend des collines boisées du Luxembourg et des Ardennes aux ballons des Vosges; de là, par les coteaux vineux de la Bourgogne, aux déchirements volcaniques des Cévennes, et jusqu'au mur prodigieux des Pyrénées. Cette ligne est la séparation des eaux; au côté occidental, la Seine, la Loire, et la Garonne descendent à l'Océan; derrière s'écoulent la Meuse au nord, la Saône et le Rhône au midi. Au loin, deux espèces d'îles continentales; la Bretagne, âpre et basse, simple quartz et granit, grand écueil placé au coin de la France pour parer le coup des courants de la Manche; d'autre part, la verte et rude Auvergne, vaste incendie éteint, avec ses quarante volcans.

Les bassins du Rhône et de la Garonne, malgré leur importance, ne sont que secondaires. La vie forte est au nord. Là s'est opéré le grand mouvement des nations. L'écoulement des races a eu lieu de l'Allemagne à la France dans les temps anciens. La grande lutte des temps modernes est entre la France et l'Angleterre. Ces deux peuples sont placés front à front, comme pour se heurter; les deux contrées, dans leurs parties principales, offrent deux pentes en face l'une de l'autre; ou, si l'on veut, c'est une seule vallée dont la Manche est le fond. Ici, la Seine et Paris; là, Londres et la Tamise. Mais l'Angleterre présente à la France sa partie germanique; elle retient derrière elle les Celtes de Galles, d'Écosse et d'Irlande. La France, au contraire, adossée à ses provinces de langue germanique, oppose un front celtique à l'Angleterre. Chaque pays montre à l'autre ce qu'il a de plus hostile.

L'Allemagne n'est point opposée à la France, elle lui est plutôt parallèle. Le Rhin, l'Elbe, l'Oder vont aux mers du

---

[1] A. Chénier, 1762—1794, célèbre poète français, né à Constantinople, mort sur l'échafaud. Il est l'auteur d'admirables élégies et idylles, comme la jeune Captive, l'Aveugle, la Jeune Malade, etc.

Nord, comme la Meuse et l'Escaut. Pour la France romaine et ibérienne, quelle que soit la splendeur de Marseille et de Bordeaux, elle ne regarde que le vieux monde de l'Afrique et de l'Italie, et d'autre part le vague Océan. Le mur des Pyrénées nous sépare de l'Espagne, plus que la mer ne la sépare elle-même de l'Afrique. Lorsqu'on s'élève au-dessus des pluies et des basses nuées jusqu'au port de Venasque, et que la vue plonge sur l'Espagne, on voit bien que l'Europe est finie; un nouveau monde s'ouvre: devant, l'ardente lumière d'Afrique; derrière, un brouillard ondoyant sous un vent éternel.

En latitude, les zones de la France se marquent aisément par les produits. Au nord, les grasses et basses plaines de Belgique et de Flandre, avec leurs champs de lin et de houblon, la vigne amère du Nord. De Reims à la Moselle commence la vraie vigne et le vin; tout esprit en Champagne, bon et chaud en Bourgogne, il se charge, s'alourdit en Languedoc pour se réveiller à Bordeaux. Le mûrier, l'olivier, paraissent à Montauban; mais ces enfants délicats du Midi risquent toujours sous le ciel inégal de la France. En longitude, les zones ne sont pas moins marquées. Nous verrons les rapports intimes qui unissent, comme en une longue bande, les provinces frontières des Ardennes, de Lorraine, de Franche-Comté et de Dauphiné. La ceinture océanique, composée, d'une part, de Flandre, Picardie et Normandie; d'autre part, de Poitou et Guyenne, flotterait dans son immense développement, si elle n'était serrée au milieu par ce dur nœud de la Bretagne.

On l'a dit, Paris, Rouen, le Havre sont une même ville dont la Seine est la grande rue. Éloignez-vous au midi de cette rue magnifique où les châteaux touchent aux châteaux, les villages aux villages; passez de la Seine-Inférieure au Calvados, et du Calvados à la Manche; quelles que soient la richesse et la fertilité de la contrée, les villes diminuent de nombre, les cultures aussi; les pâturages augmentent. Le pays est sérieux; il va devenir triste et sauvage. Aux châteaux altiers de la Normandie vont succéder de bas manoirs bretons. Le costume semble suivre le changement de l'architecture. Le bonnet triomphal des femmes de Caux, qui annonce si dignement les filles des conquérants de l'Angleterre, s'évase vers Caen, s'aplatit dès Villedieu; à Saint-Malo, il se divise, et figure au vent, tantôt les ailes d'un moulin, tantôt les voiles d'un vaisseau. D'autre part, les habits de peau commencent à Laval. Les forêts qui vont s'épaississant, la solitude de la Trappe, où les moines mènent en commun la vie sauvage, les noms expressifs des villes de Fougères et de Rennes (Rennes veut dire aussi fougère), les eaux grises de la Mayenne et de la Vilaine, tout annonce la rude contrée.

Michelet.

168. La France industrielle.

Il y a quelques années je conçus le projet d'étudier la France, de connaître son sol, ses monuments, ses villes, ses hameaux, et cette vaste ceinture de fleuves, de mers et de montagnes, qui se déroule des Pyrénées aux Alpes, de la Méditerranée à l'Océan. J'espérais un grand plaisir de cette course: mon attente ne fut pas trompée. Sous les climats les plus doux, je rencontrai des populations intelligentes, et une singulière abondance de tous les biens de la terre. Je vis avec admiration d'innombrables vaisseaux entrer dans nos ports, et y verser les richesses des cinq parties du monde; ces richesses, les milliers de voitures s'en emparent et les dispersent, çà et là, dans le pays dont elles entretiennent sans cesse le mouvement et la prospérité.

Ici, les fers de Suède s'enflamment et s'amollissent sous le marteau des forgerons; là, se déploient en tissus moelleux les laines d'Espagne et de Cachemire;[1] plus loin, des peuples d'ouvriers reçoivent le coton des Indes, le filent, le tissent, et lui impriment les plus vives couleurs. Je trouvai partout les vieux cloîtres et les vieilles abbayes transformés en manufactures: leurs voûtes profondes répétaient les chansons des ouvriers et le bruit incessant des machines à vapeur. J'étais ravi de tant de bien-être; mais ce qui excita vivement ma surprise, ce fut de voir l'impulsion immense donnée à tout le pays par l'éducation d'un insecte. Du midi au nord, des frontières de l'Italie aux montagnes volcaniques du Vivarais,[2] une chenille excite partout l'activité. A Avignon,[3] à l'Isle,[3] à Vaucluse,[3] on dévide ses cocons. En Normandie, les doigts exercés des femmes attachent ces fils à de légers fuseaux, et jettent mille gracieux dessins sur les mailles aériennes de nos blondes. A Saint-Étienne,[4] ces mêmes fils se tissent en rubans qui se déroulent sur toute la surface de l'Europe. A Nîmes,[3] on en fabrique des étoffes qui bruissent et chatoient comme des métaux. A Lyon, ils se déploient en velours épais, en gazes transparentes comme

---

[1] Cachemire, État du nord de l'Hindoustan, célèbre par sa fabrication de châles.

[2] Le Vivarais, pays du Languedoc, capitale Viviers.

[3] Avignon, l'Isle, Vaucluse, Nîmes, villes situées dans le midi de la France.

[4] Saint-Étienne, centre manufacturier, situé au sud-ouest de Lyon.

l'air et brillantes comme la nacre, en satin, en damas, en lampas.[1] A Paris, la laine rivalise avec le pinceau, et va jusqu'à reproduire, sur les somptueuses tentures des Gobelins, les tableaux des plus grands maîtres.

Telle est la richesse de la France. Mais ces chefs-d'œuvre de l'art, ces prodiges de l'industrie, que sont-ils en comparaison des biens que lui prodigue la nature? Vous y voyez tous les climats, vous y rencontrez toutes les cultures; au midi, l'olivier, le citronnier, l'oranger; au nord, le mélèze et le sapin, les deux extrémités de la chaîne botanique. Les arbres de la Perse et des deux Amériques viennent s'y mêler à l'orme féodal et aux chênes de la vieille Gaule; les fruits parfumés de l'Asie, au pommier indigène; la flore entière de l'Orient, à l'humble violette, à nos couronnes de bluets, aux bouquets champêtres de la pâquerette et de la mystérieuse verveine. Ainsi la France se couvre des productions du nouveau monde et des trésors de l'ancien. Du haut de ses coteaux chargés de vignes, des fleuves de vin coulent éternellement dans la coupe de tous les peuples; tandis que, sur ses larges plaines, les moissons ondoient. comme les flots de la mer, sous le vent qui les courbe, sous le soleil qui les mûrit.
Martin.

169. La Touraine[2] et les rives de la Loire.

Connaissez-vous cette contrée que l'on a surnommée le jardin de la France, ce pays où l'on respire un air si pur dans les plaines verdoyantes arrosées par un grand fleuve? Si vous avez traversé, dans les mois d'été, la belle Touraine, vous aurez longtemps suivi la Loire paisible avec enchantement, vous aurez regretté de ne pouvoir déterminer, entre les deux rives, celle où vous choisiriez votre demeure pour y oublier les hommes.

Lorsque l'on accompagne le flot jaune et lent du beau fleuve, on ne cesse de perdre ses regards dans les riants détails de la rive droite. Des vallons peuplés de maisons blanches qu'entourent des bosquets, des coteaux jaunis par les vignes ou blanchis par les fleurs du cerisier, de vieux murs couverts de chèvrefeuilles naissants, des jardins de roses d'où sort tout à coup une tour élancée, tout rappelle la fécondité de la terre ou l'ancienneté de ses monuments, et tout intéresse dans les œuvres de ses habitants industrieux. Rien ne leur a été inutile; il semble que, dans leur amour d'une aussi belle

---

[1] Lampas (pron. -pace): étoffe de soie originaire de la Chine.
[2] La Touraine, ancienne province de France avec la capitale Tours (Loire); les habitants s'appellent Tourangeaux.

pas voulu perdre le moindre espace de son
‑ez que cette vieille tour démolie n'est habitée
‑x hideux de la nuit? Non. Au bruit de vos
iante d'une jeune fille sort du lierre poudreux,
ussière de la grande route. Si vous gravissez
de raisins, une petite fumée vous avertit tout
‑minée est à vos pieds; c'est que le rocher
et que des familles de vignerons respirent
s souterrains, abritées durant la nuit par la
qu'elles cultivent laborieusement pendant

gauche de la Loire se montre plus sérieuse
Ici, c'est Chanteloup, suspendant au milieu
nte pagode; là, c'est Chambord,[1] que l'on
et qui, avec ses dômes bleus et ses petites
e à une grande ville de l'Orient. A voir ses
arrondis sur de larges murs, ses longues
nent les bois, ses flèches légères que le vent
ants partout entrelacés sur les colonnades, on
s royaumes de Bagdad ou de Cachemire, si
leur tapis de mousse et de lierre, et la cou‑
ncolique du ciel, n'attestaient un pays plu‑
ur le bord du fleuve, s'élève Amboise, séjour
La colline la plus haute du rivage est occupée
sante du château de Chaumont,[2] vieux manoir
es parts une sombre forêt.

ce est le vrai cœur de la France. Les bons
simples comme leur vie, doux comme l'air
forts comme le sol puissant qu'ils fertilisent.
me leur caractère, quelque chose de la can‑
is; leurs cheveux châtains sont encore longs
des oreilles comme aux statues de pierre
leur langage est le plus pur français, sans
e, sans accent; le berceau de la langue est
u de la monarchie.

(D'après A. de Vigny).[3]

agnifique château bâti par François 1er à quelques kilo‑
la Seine dans un paysage malsain et morne appelé la

Loire, château où résida Catherine de Médicis.
ny, 1799—1863, poète et romancier français de l'école

170. Le printemps en Bretagne.[1]

Le printemps, en Bretagne, est plus doux qu'aux environs de Paris, et fleurit trois semaines plus tôt. Les cinq oiseaux qui l'annoncent — l'hirondelle, le loriot, le coucou, la caille et le rossignol — arrivent avec de tièdes brises. La terre se couvre de marguerites, de pensées, de jonquilles, d'hyacinthes, de narcisses, de renoncules, d'anémones, comme les espaces abandonnés qui environnent Saint-Jean-de-Latran[2] et Sainte-Croix-de-Jérusalem,[2] à Rome. Des clairières se panachent d'élégantes et hautes fougères; des champs de genêts et d'ajoncs resplendissent de fleurs qu'on prendrait pour des papillons d'or posés sur des arbustes verts et bleuâtres.

Les haies au long desquelles abondent la fraise, la framboise et la violette, sont décorées d'églantiers, d'aubépine blanche et rose, de boules-de-neige, de chèvrefeuilles, de convolvulus, de buis, de lierre à baies écarlates, de ronces dont les rejets brunis et courbés portent des feuilles et des fruits magnifiques. Tout fourmille d'abeilles et d'oiseaux: les essaims et les nids arrêtent les enfants à chaque pas. Le myrte et le laurier croissent en pleine terre; la figue mûrit comme en Provence. Chaque pommier, avec ses roses carminées, ressemble au gros bouquet d'une fiancée de village.

Chateaubriand.

171. Le Mont-Saint-Michel.[3]

Vue d'ensemble. — C'est un rocher escarpé de tous côtés, qu'on croit avoir été autrefois attaché à la terre; il en est à présent séparé de deux lieues, que l'on passe à cheval sur des bancs de sable quand la mer est basse. Sa figure conique est enfermée tout autour d'un mur fort élevé; on y monte par des degrés taillés dans le roc, sans aucun palier. Ils y forment une rue bordée des deux côtés de boutiques, où l'on vend aux pèlerins des chapelets, des images de plomb, et d'autres bijoux de dévotion; il y a aussi quelques hôtelleries pour les loger. Au haut du rocher qui aboutit au cône, il y a une citadelle où est l'abbaye, aussi grande et aussi spacieuse que le rocher a de tour par le bas. Le bâtiment est soutenu

---

[1] La Bretagne, ancienne province dans le nord-ouest de la France, capitale Rennes.

[2] Deux églises à Rome, la première avec l'escalier sacré.

[3] Le Mont-Saint-Michel, rocher isolé avec un petit village au pied et une magnifique cathédrale au sommet, au fond de la baie du même nom (entre la Normandie et la Bretagne).

ar des arcs-boutants de la même pierre que le roc qui serait à élever avec des poulies toutes les grosses provisions de la maison.

L'abbaye. — Outre l'église, magnifiquement bâtie avec une tour fort élevée, qui soutient une figure de saint Michel dorée et éclatante au soleil, il y a deux cloîtres voûtés l'un sur l'autre et le réfectoire de même; des offices, des citernes et une bibliothèque où il y avait autrefois de bons manuscrits; on voit dans le logis de l'abbé une grande galerie fort bien parée; enfin tout est, en haut de ce roc, si grand et si spacieux, qu'il semble qu'on se promène en terre ferme. Même côté du logis de l'abbé se trouve, entre le midi et le couchant, un petit jardin de terre rapportée, où il vient de fort bons melons. Ce lieu, qui doit faire l'admiration de toute la France et de toute l'Europe, fut anciennement bâti avec beaucoup de dépense. On doit être surpris que, d'un désert stérile éloigné de tout commerce, d'ailleurs d'un abord si difficile que, lorsqu'il est baigné par la mer, à peine y peut-on aborder avec des chaloupes, la religion de nos ancêtres en ait fait un lieu si merveilleux et surmonté tant d'obstacles et de difficultés.

(*Jacques-Auguste de Thou,*[1] *Mémoires, année 1580*).

172. Dunes et landes.[2]

C'est par ses racines, qu'il étend de tous côtés dans les sables, que le pin fixe les dunes. Comment celles-ci se forment-elles?

Le phénomène est le même partout. Le vent dominant de ces régions souffle de la mer, de l'ouest; il soulève le sable du rivage. Chaque grain monte ainsi séparément, doucement, le long du cordon littoral, du petit monticule sableux déjà formé. Porté par le vent, il s'élève le long de ce petit plan incliné et tombe de l'autre côté, qui est presque à pic. Cela dure de toute éternité et explique à la fois la formation des dunes et leur marche progressive. Elles s'avancent peu à peu, ont englouti insensiblement des villages tout entiers. Brémontier,[3] en conseillant des plantations de pins, a mis un terme à leur invasion toujours plus menaçante.

Quand le vent souffle avec violence, le sable tourbillonne, est projeté au loin; de là, ces plaines sablonneuses, ces landes,

---

[1] J.-A. de Thou, 1553—1617, magistrat et historien français, auteur d'une Histoire de mon temps écrite en latin.

[2] Landes: grandes étendues de terre inculte et stérile.

[3] Brémontier, 1738—1809, ingénieur français.

qui s'etendent derrière les dunes et dont l'horizon ne fixe même
pas les limites. C'est là, sur les sables mouvants coupés de
flaques d'eau, que se promène toute l'année le berger monté
sur ses échasses, avec lesquelles il marche, il court, mieux e[t]
plus vite qu'avec ses jambes. Appuyé sur son long bâton, qu[i]
lui sert aussi de balancier, il ne se repose jamais. Pour s[e]
distraire, il tricote, même en marchant. Jamais il ne perd d[e]
vue son maigre troupeau. De loin en loin, une cahute, un boi[s]
de pins; puis, plus rien; le désert, toujours le désert.

La culture du pin a seule vivifié ces régions, et c'es[t]
ainsi que ce conifère est devenu à la fois une défense contr[e]
l'envahissement périlleux des dunes, un objet de culture indus[-]
trielle et un mode de traitement, et même de guérison, pou[r]
certaines maladies.

(L. Simonin, *Revue des Deux Mondes*,[1] 1er septembre 1877)

173. Tableau champêtre dans les Pyrénées.

Tout le long de l'étroit passage, nous avions rencontr[é]
des bergers des monts voisins de l'Espagne qui en descen[-]
daient pour changer de pâturages. Chacun chassait devant so[i]
son bétail. Un jeune berger marchait à la tête de chaqu[e]
troupeau, appelant de la voix et de la cloche les brebis qu[i]
le suivaient avec incertitude et les chèvres aventurières qu[i]
s'écartaient sans cesse. Les autres marchaient après les brebis
tout comme dans les Alpes, la tête haute et l'œil menaçant[,]
mais l'air inquiet et effarouché de tous les objets nouveaux[.]
Après les vaches vinrent les juments, leurs poulains étourdis[,]
les jaunes mulets, plus malins, mais plus prudents; et enfin l[e]
patriarche et sa femme à cheval; les jeunes enfants en croupe[;]
le nourrisson dans les bras de sa mère, couvert d'un pli d[e]
son grand voile d'écarlate; la fille occupée à filer sur sa mon[-]
ture; le petit garçon à pied, coiffé du chaudron; l'adolescen[t]
armé en chasseur; et celui des fils que la confiance de l[a]
famille avait plus particulièrement préposé au soin du bétail[,]
distingué par le sac à sel, orné d'un grand voile rouge.

(Ramond, *Observations sur les Pyrénées*).

---

[3] Revue des Deux Mondes, célèbre revue française, littéraire, scientifi[-]
que et politique, fondée en 1829, dirigée, à présent, par Brunetière, critique
et littérateur à Paris.

174. L'Auvergne.

L'Auvergne est la vallée de l'Allier,[1] dominée à l'ouest par la masse du mont Dore,[2] qui s'élève entre le pic ou puy le Dôme et la masse du Cantal.[2] Vaste incendie éteint, aujourd'hui paré presque partout d'une forte et rude végétation. Le noyer, le châtaignier pivotent sur le basalte, et le blé germe sur la pierre ponce. Les feux intérieurs ne sont pas tellement assoupis que certaine vallée ne fume encore, et que les „étouffis" du mont Dore ne rappellent la Solfatare[3] et la Grotte du Chien.[3] Mais la campagne est belle, soit que vous parcouriez les vastes et solitaires du Cantal et du mont Dore, au bruit monotone des cascades; soit que, de l'île basaltique où repose la dominante Clermont[4] assise parmi la cour majestueuse des montagnes qui se trouvent autour, vous promeniez vos regards sur la fertile Limagne[5] et sur le puy de Dôme, ce joli dé à coudre de sept cents toises, voilé, dévoilé tour à tour par les nuages qui l'aiment et qui ne peuvent ni le fuir ni lui rester. C'est qu'en effet, l'Auvergne est battue d'un vent éternel et contradictoire, dont les vallées opposées et alternées de ses montagnes animent, irritent les courants. Pays froid sous un ciel déjà méridional, où l'on gèle sur les laves. Aussi, dans les montagnes, la population reste l'hiver presque toujours blottie dans les étables, entourée d'une chaude et lourde atmosphère. Chargée, comme les Limousins,[6] de je ne sais combien d'habits épais et pesants, on dirait une race méridionale grelottant au vent du nord, et comme resserrée, durcie, sous ce ciel étranger. Vin grossier, fromage amer comme l'herbe rude d'où il vient, qui n'est jamais renouvelée. Ils vendaient, autrefois, leurs laves, leurs pierres ponces, leurs pierreries communes aux Espagnols qui venaient leur acheter. Communs aussi sont leurs fruits. Il faut, aux lieux élevés, tourner la grappe au soleil où elle ne mûrirait pas. Ici, la culture est une industrie, une manufacture. Ces fruits descendent l'Allier par bateaux. On en fait des conserves, des pâtes qu'on envoie jusqu'en Amérique. Le châtaignier, qui vit de la lave, plonge ses racines dans ses noires entrailles. Sur les volcans éteints, il se loge au cratère et jusqu'en leur bouche béante, la pare de sa verte jeunesse. Son

---

[1] L'Allier, rivière de France qui se jette dans la Loire (rive gauche).
[2] Le mont Dore et le Cantal, massifs montagneux de l'Auvergne.
[3] La Solfatare et la Grotte du Chien, deux soufrières (Schwefelgruben) près de Naples.
[4] Clermont-Ferrand, capitale de l'Auvergne, où, en 1095, fut décidée la première croisade.
[5] La Limagne, vallée d'Auvergne.
[6] Les Limousins, habitants du Limousin, province à l'ouest de l'Auvergne.

fruit est, avec le lait, pendant l'hiver, la principale nourritur(e) des habitants de la montagne.

Plus laborieux qu'industrieux, les paysans d'Auvergn(e) labourent encore souvent les terres fortes et profondes de leur(s) plaines avec la petite charrue du Midi qui égratigne à pein(e) le sol. Ils ont beau émigrer tous les ans des montagnes, il(s) rapportent quelque argent, mais peu d'idées.

Et pourtant, il y a toujours une force réelle dans le(s) hommes de cette race, une sève amère, acerbe peut-être, mai(s) vivace comme l'herbe du Cantal.

Desaix,[1] l'homme du sacrifice et du devoir, un héros e(t) un saint, naquit et fut élevé au pied du puy de Dôme, dan(s) cette bonne Limagne, au petit manoir de Voygoux. Le pay(s) et la race furent forts en lui et il leur dut beaucoup. Il appar(-) tient vraiment à ce peuple vigoureux, honnête, laborieux entr(e) tous, résigné aux plus rudes travaux. Mais l'Auvergne jama(is) ne fit un plus grand travailleur. Sa vie est d'une pièce, d'u(n) fil tout aussi net que fut celui de son épée.

(J. Michelet, *France et Français*).

175. La soie.

Parmi les insectes qui naissent d'œufs, beaucoup n'o(nt) pas, en venant au monde, la forme qu'ils auront à l'âge adult(e) et qu'ils conserveront jusqu'à la mort. Ils subissent des chang(e-) ments ou métamorphoses, qui, dans la plupart, sont au nombr(e) de trois. Ainsi, au moment où il sort de l'œuf, l'animal est ce qu'on appelle l'état de larve, de ver ou de chenille. A(u) bout d'un certain temps, il devient chrysalide. Enfin, un pe(u) plus tard, il prend sa forme définitive, qui est celle de l'in(-) secte parfait. Or, les larves de plusieurs sortes d'insectes s(e) construisent une coque ou cocon, c'est-à-dire une envelopp(e) solide pour y passer à l'état de chrysalide, à l'abri des in(-) fluences atmosphériques.

Pour faire leur cocon, les insectes dont il s'agit se ser(-) vent d'un fil fin, élastique et plus ou moins solide, qu'ils élabo(-) rent, à mesure qu'ils en ont besoin, au moyen d'un appare(il) extrêmement ingénieux dont la Providence les a pourvus. C(e) fil a reçu le nom de soie. En Europe, pour obtenir cette pré(-) cieuse substance, on élève un petit papillon blanchâtre qu'o(n) appelle bombyx du mûrier, parce qu'il se nourrit des feuille(s)

---

[1] Desaix, général français qui fut tué dans la bataille de Marengo (180(0)) après avoir décidé de la victoire.

mûrier blanc. L'art de faire cette éducation se nomme sériciculture, et l'on appelle magnaneries les établissements où l'on s'y livre. La larve ou chenille de ce papillon est notre ver à soie.

Il est universellement admis que l'industrie de la soie a pris naissance en Chine, on ignore à quelle époque, et que, pendant fort longtemps, l'art de produire cette précieuse matière n'a existé que dans ce pays. Les Grecs sont les premiers européens qui aient connu la soie. Ils acquirent cette connaissance vers le quatrième siècle avant notre ère, mais ils ignorèrent toujours la nature du nouveau textile; ils le recevaient du centre de l'Asie, soit à l'état de fil pour être tissé, soit à l'état d'étoffes. Les Romains se trouvèrent dans le même cas. Au reste, chez les uns, comme chez les autres, la soie fut toujours une marchandise peu commune, par conséquent très chère.

Les Européens ne commencèrent à produire eux-mêmes la soie que vers le milieu du sixième siècle de notre ère, sous le règne de l'empereur Justinien,[1] époque à laquelle des moines de l'ordre de Saint-Basile[2] qui, pendant un long séjour à Khotan, ville de la petite Boukharie, sur les frontières de la Chine, s'étaient mis au courant des procédés de la Sériciculture, les importèrent à Constantinople, en même temps que des œufs de vers à soie, ceux-ci enfermés dans leurs bâtons de voyage.

Pendant plusieurs centaines d'années, la sériciculture n'exista qu'en Grèce, principalement dans la Morée;[3] mais, au douzième siècle, Roger II, roi de Sicile, l'introduisit dans cette île, d'où elle ne tarda pas à se répandre dans le royaume de Naples, puis dans les États de l'Église, jusqu'en Lombardie et au Piémont. D'un autre côté, au huitième siècle, les Arabes avaient déjà importé cette industrie en Egypte, dans les pays barbaresques,[4] et de là dans les provinces méridionales de l'Espagne.

En France, Avignon, alors possession des souverains pontifes,[5] fut la première ville qui eut des fabriques de soieries. Elle en fut dotée, vers 1274, par le pape Grégoire X, qui, en même temps, prodigua des encouragements pour répandre la culture du mûrier et l'éducation des vers à soie dans les en-

---

[1] Justinien, 527—565, empereur d'Orient.
[2] Saint-Basile, 329—379, père de l'Église grecque; ordre de Saint-Basile, plus ancien ordre religieux (360).
[3] La Morée, presqu'île de la Grèce, appelée Péloponèse dans l'antiquité.
[4] Les États Barbaresques: les pays d'Algérie, de Maroc, de Tunisie et Tripoli en Afrique.
[5] Les souverains Pontifes: les papes.

virons de cette ville. Par la suite, des établissements analogues se fondèrent, d'abord à Nimes (vers 1400), puis à Lyon (1450), à Tours (1470), etc. Néanmoins, ce furent ceux de Lyon qui se développèrent le plus rapidement: en 1680, il y avait déjà plus de cent ans qu'ils occupaient le premier rang. Dans le même siècle, des réfugiés français introduisirent ou mirent en pleine prospérité le travail de la soie en Angleterre, en Suisse, en Allemagne et en Hollande.

Actuellement, la fabrication des soieries forme, après celle du coton, la branche la plus importante de l'industrie des tissus. En Asie, elle est toujours exploitée sur la plus grande échelle, principalement en Chine, au Japon, dans l'Inde, en Perse et dans l'Indo-Chine.[1] En Amérique, elle est surtout florissante aux États-Unis. Enfin, en Europe, elle est répandue dans tous les États du centre et du midi, c'est-à-dire en France, en Autriche, en Allemagne, en Suisse, en Espagne, en Italie et en Turquie; mais c'est dans notre pays qu'elle occupe le plus de bras et donne lieu au plus grand mouvement d'affaires. En effet, les manufactures françaises produisent à elles seules presque autant que celles de toutes les autres contrées ensemble, et Lyon est toujours le centre principal de cette branche de notre richesse industrielle.

(P. Maigne, Nouvelles leçons de choses).

176. Fondation de Marseille.

L'an 600 avant Jésus-Christ, un vaisseau phocéen[2] vint jeter l'ancre sur la côte gauloise, à l'est du Rhône. Il était conduit par un marchand nommé Euxène, occupé d'un voyage de découvertes. Le golfe où il aborda dépendait du territoire des Ségobriges. Le roi de ce pays, que les historiens appellent Nann, accueillit avec amitié ces étrangers et les emmena dans sa maison, où un grand repas était préparé; car ce jour-là il mariait sa fille. Mêlés parmi les prétendants, les Grecs prirent place au festin, qui se composait, selon l'usage, d'herbes cuites et de venaison.

La jeune fille, nommée Protis, ne parut pas pendant le repas. La coutume ibérienne,[3] adoptée par les Ségobriges, voulait qu'elle ne se montrât qu'à la fin, portant à la main un vase rempli de quelque boisson, et celui à qui elle présentait à boire

---

[1] Hinter-Indien.
[2] Phocéen, originaire de Phocée, ville grecque de l'Asie Mineure.
[3] Ibérien, d'Ibérie (ancien nom de l'Espagne).

vait être réputé l'époux de son choix. Au moment où le
stin s'achève, Protis entre tout à coup, promène rapidement
s regards sur les prétendants réunis autour de la table de son
re, s'arrête en face d'Euxène et lui tend la coupe. Ce choix
iprévu frappe de surprise tous les convives. Nann, croyant
reconnaître une inspiration supérieure et un ordre de ses
eux, appelle le Phocéen son gendre et lui concède pour dot
golfe où il a pris terre. Aussitôt Euxène fit repartir pour
locée son vaisseau et quelques-uns de ses compagnons char-
s de recruter des colons dans la mère-patrie. En attendant,
travailla aux fondations d'une ville qu'il appela Massalie. Elle
construite sur une presqu'île creusée en forme de port, vers
midi, et attenante au continent par une étroite langue
terre.

Cependant les envoyés d'Euxène atteignent la côte de
sie Mineure et arrivent à Phocée. Ils exposent aux ma-
strats les merveilleuses aventures de leur voyage et comment,
ns des régions dont elle ignore presque l'existence, Phocée
trouve tout à coup maîtresse d'un territoire et de la faveur
un roi puissant. Exaltés par ces récits, les jeunes gens
nrôlent en foule, et le trésor public, se chargeant des
is de colonisation, leur fournit des vivres, des outils, des
mes, diverses graines, ainsi que des plants de vigne et d'oli-
r. A leur départ, les émigrants prennent au foyer sacré de
locée du feu destiné à brûler perpétuellement au foyer sacré
Massalie. Vivante et poétique image de l'affection qu'ils
omettent à la mère-patrie! Sorties du port, les longues
lères phocéennes à cinquante rames, portant à la proue la
ure sculptée d'un phoque, se rendent premièrement à Éphèse,[1]
un oracle leur a ordonné de relâcher. Là une femme d'un
ut rang, Aristarché, révèle au chef de l'expédition que Diane,
grande déesse éphésienne, lui a ordonné en songe de prendre
e de ses statues et d'aller établir son culte en Gaule. Trans-
rtés de joie, les Phocéens accueillent à leur bord la prêtresse
sa divinité, voguent à pleines voiles vers les rivages des
gobriges, et, après une heureuse traversée, parviennent enfin
port naissant de Massalie, qui, grâce au génie grec, ne tarda
s à devenir une des plus florissantes cités de la Gaule.

Amédée Thierry.[2]

---

[1] Éphèse, ancienne ville de l'Asie Mineure.

[2] Amédée Thierry (frère de l'historien Augustin Thierry), historien fran-
, 1797—1873.

177. La Provence et Marseille.

Entre la Durance[1] et la mer s'étend la vraie Provence: pics aigus, hautes murailles de calcaire blanc, jaune ou gris, plateaux pierreux mal vêtus d'yeuses, de genévriers, de lavandes, de sauges et de thyms, pâturages secs parcourus par les troupeaux transhumants, maigres collines plantées d'amandiers, de figuiers, d'oliviers, vallées étroites où les champs de terre rouge bordent les ruisseaux cachés sous les roseaux et les chênes, où se montre de loin en loin quelque fraîche oasis de prairies irriguées le long des allées de platanes et de mûriers. Tels sont les environs de toutes les cités provençales. Un soleil étincelant dans un ciel presque toujours pur dore toutes choses d'un sourire charmant, surtout le long de cette „côte d'azur" qui va de Marseille à la frontière italienne.

Marseille est le „quai de la France" sur la Méditerranée, le plus grand des ports français. Avec l'essor grandissant de ses usines et de ses briqueteries, sa forêt de mâts, ses paquebots qui vont et viennent dans toutes les directions du globe, ses „cours"[2] ombragés que les flâneurs encombrent, sa Canebière[3] où se presse une foule exubérante en gestes et en propos, où se coudoient les représentants de toutes les races, ses édifices fastueux et sa colline aiguë de Notre-Dame de la Garde,[4] sa double ceinture de jardins luxuriants et de mer bleue, de rocs abrupts émergeant au bord de la plaine et au-dessus des flots, l'ancienne colonie phocéenne a une physionomie et un charme particuliers.

Toulon[5] adossée à de fières montagnes que des forts couronnent, abrite au fond d'une rade admirable son arsenal, ses chantiers de construction, ses flottes de torpilleurs, de croiseurs, de cuirassés. Déjà les cactus, les palmiers poussent en pleine terre; à partir d'Hyères[6] les orangers se montrent. Le pays prend un caractère de plus en plus africain. Le massif des Maures,[7] l'Esterel[7] sont couverts de chênes-lièges. La culture des primeurs, celle des fruits hâtifs et des fleurs contribuent à

---

[1] La Durance, rivière de France qui se jette dans le Rhône (rive gauche).
[2] Cours: promenades.
[3] La Canebière, grande et belle rue de Marseille, débouchant sur le port.
[4] Notre-Dame de la Garde, belle église sur un rocher escarpé, vouée aux naufragés, près de Marseille.
[5] Toulon, port militaire et arsenal maritime de premier ordre, sur la Méditerranée, à l'est de Marseille.
[6] Les îles d'Hyères, petit archipel français de la Méditerranée.
[7] Les (montagnes des) Maures et l'Esterel, montagnes sur la côte de la Méditerranée.

...er la campagne. A l'abri des Alpes le climat est si doux ...e les villes d'hiver dont Cannes et Nice sont les reines atti...t de plus en plus les touristes, les malades et aussi les aven...ers des deux mondes, dont le rendez-vous préféré est au ...sino de Monte-Carlo dans la principauté de Monaco. Menton ...in, la dernière ville française du côté de l'Italie, est une serre ...jours tiède et parfumée.

(P. Foncin, Le Pays de France).

178. Le Mistral[1] un jour d'été en Provence.

C'était l'heure de la sieste. La ville dormait, déserte et ...ncieuse, bercée par le mistral, soufflant en grands coups ...ventail, aérant, vivifiant l'été chaud de Provence, mais ren...t la marche difficile, surtout le long du Cours, où rien ne ...travait, où il pouvait courir en tournoyant, encercler toute ...petite cité avec des beuglements de taureau lâché. Les ...les arrivaient comme des vagues, dont elles avaient les cris, ...plaintes, l'éclaboussement poudreux...

... Hors de la ville, il ne rugissait plus comme autour ...remparts, sous la voûte des poternes; mais libre, sans ...stacles, chassant devant lui l'immense plaine ondulée où quel...s mas perdus, une ferme isolée, toute grise dans un bos...t vert, semblaient l'éparpillement d'un village par la tem...e, il passait en fumée sur le ciel, en embruns rapides sur ...blés hauts, sur les champs d'oliviers, dont il faisait papil...er les feuilles d'argent; et avec de grands retours qui soulè...ent la poussière en flots blonds, il abaissait les files de cyprès ...rés, les roseaux d'Espagne aux longues feuilles bruissantes ...nnant l'illusion d'un ruisseau frais au bord de la route.

Quand il se taisait une minute, comme à court de souffle, ...sentait le poids de l'été, une chaleur africaine, montant du ..., que dissipait bien vite la saine et vivifiante bourrasque, ...ndant son allégresse au plus loin de l'horizon, vers ces ...ites collines grisâtres, ternes, au fond de tout paysage pro...çal, mais que le couchant irise de teintes féeriques.

(Alphonse Daudet,[2] Numa Roumestan).

[1] Le Mistral, vent violent du nord-ouest dans les contrées voisines de ...Méditerranée.

[2] A. Daudet, romancier français, né à Nîmes en 1840; nous citerons ...mi ses nouvelles: Le Petit Chose, Lettres de mon moulin, Contes du lundi, ...Belle Nivernaise; parmi ses romans: Fromont jeune et Risler aîné, Numa ...umestan, l'Évangéliste.

179. La Corse.

A la Provence se rattache naturellement la Corse, région Alpine détachée des Alpes. Une dizaine de ses pics dépassent 2000 mètres, plusieurs approchent de 2800. Leur doyen, le Monte-Cinto, est à 100 mètres près aussi haut que le pic du Midi de Bigorre.[1] A part la lisière marécageuse de la côte orientale, les golfes de granit ou de calcaire sont baignés d'eaux claires et profondes; ils sont encadrés de montagnes puissantes tigrées de verdure et dont les flancs s'entr'ouvrent sur de larges vallées qui laissent apercevoir au loin, à travers une brume dorée, derrière les forêts d'oliviers, de chênes verts, de châtaigniers, puis de sapins, des cimes couvertes de neige. Les landes uniformes où fleurit l'asphodèle alternent avec les maquis[2] mélancoliques et les villages riants entourés d'orangers et de vignes. Des senteurs pénétrantes descendent des taillis de cistes et des bois résineux. Dans le cap Corse[3] les sources ruissellent en fraîches cascades sous des berceaux de verdure. Au nord de la rade immense d'Ajaccio[4] des falaises vertes, noires, jaunes, rouges, se découpent en pyramides ou en bastions crénelés. La variété des sites corses est admirable. La population corse, avec ses mœurs originales, son esprit d'indépendance allié à un culte profond pour la France, ses habitudes de vendetta[5] et d'hospitalité, n'est pas le sujet d'étude le moins intéressant de l'île. (*P. Foncin*, *Le Pays de France*).

180. Romance.

Combien j'ai douce souvenance
Du joli lieu de ma naissance!
Ma sœur, qu'ils étaient beaux, ces jours
    De France!
Ô mon pays, sois mes amours
    Toujours!

Te souvient-il que notre mère,
Au foyer de notre chaumière,
Nous pressait sur son cœur joyeux,
    Ma chère;
Et nous baisions ses blancs cheveux
    Tous deux?

---

[1] Le pic du Midi de Bigorre, montagne des Pyrénées.
[2] Le maquis ou makis, en Corse, terrain couvert de taillis et de broussailles.
[3] Le cap Corse, au nord de l'île.
[4] Ajaccio, sur la côte occidentale.
[5] Vendetta, mot italien pour le français vengeance.

Ma sœur, te souvient-il encore
Du château que baignait la Dore,¹
Et de cette tant vieille tour
    Du Maure,
Où l'airain sonnait le retour
    Du jour?

Te souvient-il du lac tranquille
Qu'effleurait l'hirondelle agile,
Du vent qui courbait le roseau
    Mobile,
Et du soleil couchant sur l'eau
    Si beau?

Oh! qui me rendra mon Hélène,
Et ma montagne, et le grand chêne?
Leur souvenir fait tous les jours
    Ma peine;
Mon pays sera mes amours
    Toujours!

Chateaubriand.

181. Ma Normandie.*

Quand tout renaît à l'espérance
Et que l'hiver fuit loin de nous,
Sous le beau ciel de notre France,
Quand le soleil revient plus doux,
Quand la nature est reverdie,
Quand l'hirondelle est de retour,
J'aime à revoir ma Normandie:
C'est le pays qui m'a donné le jour.

J'ai vu les champs de l'Helvétie
Et ses chalets et ses glaciers;
J'ai vu le ciel de l'Italie
Et Venise et ses gondoliers;
En saluant chaque patrie
Je me disais: aucun séjour
N'est plus beau que ma Normandie:
C'est le pays qui m'a donné le jour.

¹ La Dore, rivière de l'Auvergne.
* Pour la mélodie voir l'appendice.

Il est un âge dans la vie
Où chaque rêve doit finir,
Un âge où l'âme recueillie
A besoin de se souvenir.
Lorsque ma muse refroidie
Aura fini ses chants d'amour,
J'irai revoir ma Normandie:
C'est le pays qui m'a donné le jour.

F. Bérat.[1]

182. Fable-Proverbe.

Un nouvel arrivé d'une lointaine plage,
Un soir, dans un salon, racontait son voyage.
Une île, jusqu'ici fort inconnue encor,
Avait eu sa visite, et dans cette riche île,
Tout le long des chemins les cailloux étaient d'or.
    Délicieusement fertile,
Ce pays produisait des fruits pleins de saveur,
    Et splendide était leur grosseur.
Les arbres inclinaient avec grâce leurs branches
Pour que, de ces beaux fruits, on pût couper des tranche
Pourvus d'ailes, les cerfs voyageaient dans les airs:
Avec eux l'on pouvait parcourir l'univers...
Il en eût raconté mille fois davantage,
Quand une jeune enfant, judicieuse et sage,
De lui clore le bec, tout à coup prit soin,
En lui disant: „A beau mentir qui vient de loin."

L'Écho littéraire.

183. Le départ du petit Savoyard.

    Pauvre petit, pars pour la France.
Que te sert mon amour? Je ne possède rien.
On vit heureux, ailleurs; ici, dans la souffrance.
    Pars, mon enfant, c'est pour ton bien.

    Tant que mon lait put te suffire,
Tant qu'un travail utile à mes bras fut permis,
Heureuse et délassée, en te voyant sourire,
    Jamais on n'eût osé me dire:
    Renonce aux baisers de ton fils.

---

[1] Frédéric Bérat, 1800—1855, poète et compositeur français, né à Roue

Mais je suis veuve; on perd sa force avec la joie.
   Triste et malade, où recourir ici?
Où mendier pour toi? chez des pauvres aussi!
Laisse ta pauvre mère, enfant de la Savoie:
   Va, mon enfant, où Dieu t'envoie.

Mais si loin que tu sois, pense au foyer absent,
Avant de le quitter, viens, qu'il nous réunisse.
Une mère bénit son fils en l'embrassant:
   Mon fils, qu'un baiser te bénisse.

   Vois-tu ce grand chêne, là-bas?
Je pourrai jusque-là t'accompagner, j'espère.
Quatre ans déjà passés, j'y conduisis ton père,
   Mais lui, mon fils, ne revint pas.

Encor, s'il était là pour guider ton enfance,
Il m'en coûterait moins de t'éloigner de moi;
Mais tu n'as pas dix ans, et tu pars sans défense...
   Que je vais prier Dieu pour toi!...

Que feras-tu, mon fils, si Dieu ne te seconde?
Seul, parmi les méchants (car il en est au monde),
Sans ta mère, du moins, pour t'apprendre à souffrir...
Oh que n'ai-je du pain, mon fils, pour te nourrir!

Mais Dieu le veut ainsi: nous devons nous soumettre;
   Ne pleure pas en me quittant;
Porte au seuil des palais un visage content.
Parfois mon souvenir t'affligera peut-être...
Pour distraire le riche il faut chanter pourtant.

Chante, tant que la vie est pour toi moins amère;
Enfant, prends ta marmotte et ton léger trousseau.
Répète, en cheminant, les chansons de ta mère,
Quand ta mère chantait autour de ton berceau.

Si ma force première encor m'était donnée,
J'irais, te conduisant moi-même par la main,
Mais je n'atteindrais pas la troisième journée;
Il faudrait me laisser bientôt sur ton chemin:
Et moi je veux mourir aux lieux où je suis née.

Maintenant, de ta mère entends le dernier vœu:
Souviens-toi, si tu veux que Dieu ne t'abandonne,
Que le seul bien du pauvre est le peu qu'on lui donn[e]
Prie, et demande au riche: il donne au nom de Die[u]
Ton père le disait; sois plus heureux: adieu.

Mais le soleil tombait des montagnes prochaines,
Et la mère avait dit: Il faut nous séparer;
Et l'enfant s'en allait à travers les grands chênes,
Se tournant quelquefois, et n'osant pas pleurer.

Guiraud.[1]

184. La nation française.

Quand je considère cette nation en elle-même, je [la] trouve plus extraordinaire qu'aucun des événements de s[on] histoire. En a-t-il jamais paru sur la terre une seule qui fût remplie de contrastes et si extrême dans chacun de ses acte[s,] plus conduite par des sensations, moins par des principes; f[ai]sant ainsi toujours plus mal ou mieux qu'on ne s'y attenda[it;] tantôt au-dessous du niveau commun de l'humanité, tantôt [bien] au-dessus; un peuple tellement inaltérable dans ses prin[ci]paux instincts, qu'on le reconnaît encore dans des portraits q[ui] ont été faits de lui il y a deux ou trois mille ans, et en mên[ne] temps tellement mobile dans ses pensées journalières et da[ns] ses goûts, qu'il finit par devenir un spectacle inattendu à l[ui] même, et demeure souvent aussi surpris que les étrangers à [la] vue de ce qu'il vint de faire; le plus casanier et le plus rou[ti]nier de tous quand on l'abandonne à lui-même, et, lorsqu'u[ne] fois on l'a arraché malgré lui à son logis et à ses habitude[s,] prêt à pousser jusqu'au bout du monde et à tout oser; ind[o]cile par tempérament, et s'accommodant mieux toutefois [de] l'empire arbitraire et même violent d'un prince que du gouve[r]nement régulier et libre des principaux citoyens; aujourd'h[ui] l'ennemi déclaré de toute obéissance, demain mettant à ser[vir] une sorte de passion que les nations les mieux douées po[ur] la servitude ne peuvent atteindre; conduit par un fil tant q[ue] personne ne résiste, ingouvernable dès que l'exemple de [la] résistance est donné quelque part; trompant toujours ainsi s[es] maîtres, qui le craignent trop ou trop peu; jamais si libre qu['il] faille désespérer de l'asservir, ni si asservi qu'il ne puisse enco[re] briser le joug; apte à tout, mais n'excellant que dans la guerr[e]

[1] Guiraud, poète français, 1788—1847

…lorateur du hasard, de la force, du succès, de l'éclat et du …uit plus que de la vraie gloire; plus capable d'héroïsme que … vertu, de génie que de bon sens; propre à concevoir d'immenses desseins plutôt qu'à parachever d'immenses entreprises; …plus brillante et la plus dangereuse des nations de l'Europe …la mieux faite pour y devenir tour à tour un objet d'admiration, de haine, de pitié, de terreur, mais jamais d'indifférence?

(Tocqueville,[1] *L'ancien régime et la révolution*).

185. Caractère de la nation française.

On trouve parmi les Français les représentants des types …s plus divers, ou plutôt, ils forment par leur ensemble un type …uveau. Le Français, et surtout la Française, se distinguent …ordinaire, non par la régularité des traits ni par la noblesse …i visage, mais par la physionomie: ils peuvent exprimer tous …s sentiments, rendre toutes les idées, parce qu'ils les éprouvent et les comprennent. Tous les peuples trouvent en eux …i écho de leurs propres pensées. Telle est la raison pour …quelle les grands mouvements de l'Europe ont toujours eu …ur contre-coup puissant en France, quand ils n'y ont pas …ris naissance.

C'est dans les grandes villes, surtout à Paris, que se …ontre le Français par excellence, car c'est là que viennent …ercher un refuge ceux qui se distinguent par une originalité …elle, ceux que l'air trop enfermé des petites villes finirait par …ouffer. Dans la cité commune à tous, se rencontrent et s'in…uencent mutuellement les provinciaux de toutes les parties de …France: les méridionaux de Provence ou de Gascogne, ba…rds, agiles, toujours en mouvement; les hommes des pla…aux, âpres au travail et lents à l'amitié; les gens de la Loire, …l'œil vif, à l'intelligence lucide, au tempérament si bien pon…éré; les Bretons mélancoliques, vivant parfois comme dans un …ve, mais soutenus dans la vie réelle par la plus tenace …olonté; les Normands à la parole lente, au regard scrutateur, …udents et mesurés dans leur conduite; les Lorrains, Vosgiens, …rancs-Comtois, ardents à la colère, prompts à l'entreprise. …ous ces Français à provenances diverses, réunis dans une …rande ville comme en un lieu de rendez-vous commun, s'in…uencent mutuellement; leurs traits distincts prennent un air de

---

[1] Tocqueville, 1805—1859, publiciste et homme politique français qui, …tre L'ancien régime et la révolution, a écrit La démocratie en Amérique.

famille; de leurs qualités et de leurs défauts s'est constitué
comme une résultante, le caractère général du peuple français.

Élisée Reclus.

La nation française ayant toujours joué un grand rôle
dans le monde, il est tout naturel qu'on en ait dit, suivant les
temps, beaucoup de bien et beaucoup de mal.

Il ne s'agit ici ni de nous flatter, ni de nous dénigrer;
soyons sincères. Nous avons, comme individus et comme
peuple, de très sérieuses qualités: nos mœurs sont généralement honnêtes, et nous portons cette probité dans nos relations industrielles et commerciales; nous sommes bienveillants;
notre humeur est facile et gaie, ce qui nous rend éminemment
sociables, et il n'est personne qui ne rende hommage à ce que
l'on appelle l'esprit français et le bon goût français.

Par malheur, naturellement vaniteux, nous le devenons
plus encore par notre ignorance bien décidée de ce qui se fait
autour de nous et chez nous. Notre patriotisme, très sincère
mais mal éclairé, nous porte ainsi à nous préférer aux autres
sans que nous nous connaissions bien nous-mêmes. De cette
ignorance résultent, au dedans, une trop grande facilité à nous
désintéresser des affaires de notre pays, ou à les compromettre
au dehors, de terribles déceptions. Il nous appartient de nous
délivrer de ces défauts, qui ont de telles conséquences, par une
étude approfondie de la France et des pays voisins. Par là
nous deviendrons meilleurs et plus heureux. (*Barreau*).

Voyagez beaucoup et vous ne trouverez pas de peuple
aussi affable, aussi franc, aussi spirituel que le Français. Il
s'affecte avec vivacité et promptitude, et quelquefois pour des
choses frivoles, tandis que les objets importants le touchent peu
ou n'excitent que sa plaisanterie. Le ridicule est son arme
favorite et la plus redoutable pour les autres et pour lui-même.
Il passe rapidement du plaisir à la peine, et de la peine, au
plaisir. Le même bonheur le fatigue: il s'engoue, mais il n'est
ni intolérant ni enthousiaste. Il a le tact exquis, le goût très
fin. Il est brave. Il est plutôt indiscret que confiant. La sociabilité qui le rassemble en cercles nombreux et qui le promène en un jour dans vingt cercles différents; use tout pour
lui, en un clin d'œil: ouvrages, nouvelles, modes, vices, vertus.
La France est la contrée où il est le plus facile de faire parler
de soi, et le plus difficile d'en faire parler longtemps. Le
Français aime le talent en tous genres, et c'est moins par les
récompenses du gouvernement que par la considération populaire qu'ils se soutiennent dans son pays. Il honore le génie

il est plus fait pour l'amusement que pour l'amitié. Il a des connaissances sans nombre, et souvent il meurt seul. C'est l'être de la terre qui a le plus de jouissances et le moins de regrets. Le Français mûr, instruit et sage, qui a conservé les agréments de la jeunesse, est l'homme aimable et estimable de tous les pays. *(Raynal).*

Fils aînés de l'antiquité, les Français, Romains par le génie, sont Grecs par caractère. Inquiets et volages dans le bonheur, constants et invincibles dans l'adversité; formés pour tous les arts; civilisés jusqu'à l'excès durant le calme de l'État, grossiers et sauvages dans les troubles politiques; flottant comme des vaisseaux sans lest, au gré de toutes les passions; à présent dans les cieux, l'instant après dans l'abîme, enthousiastes et du bien et du mal, faisant le premier sans en exiger de reconnaissance, et le second sans en sentir de remords; ne se souvenant ni de leurs crimes ni de leurs vertus; amants pusillanimes de la vie pendant la paix, prodigues de leurs jours dans les batailles; vains railleurs, ambitieux, à la fois routiniers et novateurs, méprisant tout ce qui n'est pas eux; individuellement les plus aimables des hommes; en corps les plus désagréables de tous; charmants dans leur propre pays, insupportables chez l'étranger; tour à tour plus doux, plus innocents que l'agneau qu'on égorge, et plus impitoyables, plus féroces que le tigre qui déchire, tels furent les Athéniens d'autrefois, et tels sont les Français d'aujourd'hui.

Chateaubriand.

186. Universalité du français.

Le français jouit de la prépondérance que lui firent, il y a deux cents ans, la splendeur de la cour du Grand Roi, il y a cent ans, l'esprit de ses écrivains.

Mais cette royauté touche visiblement à sa fin: l'anglais passe au premier rang, et derrière l'anglais s'avancent le russe, l'espagnol, et même le portugais, grâce au Brésil.

Dans le moment présent, le français règne encore universellement. C'est le lien de la société, la langue de la conversation, du bon ton, du „grand genre", celle aussi de la politique.

C'est l'instrument de la diplomatie depuis le traité de Nimègue,[1] ce qui lui donne déjà plus de deux cents ans d'em-

---

[1] Nimègue, village de Hollande, célèbre par le traité y conclus en 1678 entre la France, l'Espagne et la Hollande.

pirc. Tous les gens dits hommes du monde le parler
tout en Allemagne, en Italie, et plus encore dans l'in
Russie, aussi loin qu'elle va, jusqu'à ses ports du Pa
Les Italiens, les Portugais, les Roumains, les Néo-Latins[1] d
que l'apprennent très facilement, sauf l'accent: n'est-il p
du latin, père de leurs propres langages?

Hors de France, et non compris les millions d'h
pour lesquels c'est l'idiome essentiellement policé, et
la seconde langue maternelle, hors de France son empire
immensément diminué dans le siècle dernier par la p
presque toutes nos colonies, s'agrandit aujourd'hui plus
jamais. »
(O. Reclus, En Fra

187. Les habitants des Pyrénées et la danse.

Le 8 août, dès neuf heures du matin, on entendai
demi-lieue des Eaux-Bonnes[2] le son aigu d'un flageolet,
baigneurs se mettaient en marche pour Aas. On y va
chemin étroit taillé dans la montagne Verte, sur lequel
chent des tiges de lavande et des bouquets de fleurs sa
Nous entrâmes dans une rue large de six pieds: c'est la
rue. Des enfants en bonnet écarlate, étonnés de leur
cence, se tenaient roides sur les portes et nous rega
avec une admiration muette. La place publique est au
lavoir, grande comme une petite chambre: c'est là qu'on
On y avait posé deux tonneaux, sur les tonneaux deu
ches, sur les planches deux chaises, sur les chaises deu
ciens, le tout surmonté de deux beaux parapluies bleus
parasols; car le soleil était de plomb, et il n'y avait pas u

Ce tableau était fort joli et original. Sous le toit
voir, de vieilles femmes appuyées aux piliers causa
groupe; un flot clair sortait et ruisselait dans la rigole a
trois petits enfants, debout, ouvraient de grands yeux
et immobiles. Dans le sentier, les jeunes gens s'exerç
jeter la barre. Au-dessus de l'esplanade, sur des poi
roc qui faisaient gradins, les femmes regardaient la d
costume de fête: grand capuchon écarlate, corsage bro
genté, à fleurs de soie violette; châle jaune, à franges
tes; jupe noire plissée, serrée au corps; guêtres de laine
Ces fortes couleurs, le rouge prodigué, les reflets de
sous une lumière éblouissante, mettaient la joie au cœu
tour des deux tonneaux tournoyait une ronde d'un mo

---

[1] Les Néo-Latins: les peuples qui parlent des langues dérivées
[2] Les Eaux-Bonnes, village des Basses-Pyrénées avec des eaux

ouple, cadencé, sur un air monotone et bizarre, terminé par
ne note fausse, aiguë, d'un effet saisissant. Un jeune homme
n veste de laine, en culotte courte, conduisait la bande; les
eunes filles allaient gravement, sans parler ni rire; leurs petites
œurs, au bout de la file, essayaient le pas à grand'peine, et
a rangée de capulets de pourpre ondulait lentement comme
ne couronne de pivoines. De temps en temps, le chef de la
danse bondissait brusquement avec un cri sauvage, et l'on se
appelait qu'on était dans la patrie des ours, en plein pays de
montagnes.   (*H. Taine*,[1] *Voyage aux Pyrénées*).

188. Les habitants de la Camargue.[2]

La population de la Camargue est digne du pays. Elle
st faite pour la lutte sous deux formes différentes, la lutte
ardie et la lutte patiente. C'est tantôt à dompter des animaux
à l'état sauvage, tantôt à braver pour la récolte du sel les éma-
ations d'un sol délétère, que l'homme doit s'employer. Mousti-
ques altérés de sang, pléiades de sauterelles jaunâtres, oiseaux
de marais silencieux comme des ombres, reptiles venimeux s'en-
oulant dans la fange, rappellent sans cesse à l'habitant de la
Camargue les forces de la nature qui pèsent sur lui, et auxquelles son honneur est d'opposer un invincible courage. Ici
paissent des taureaux sauvages enfoncés jusqu'au poitrail dans
es joncs; là galopent des chevaux farouches, la crinière en
désordre, sur la terre durcie par le sel. Chose étrange, ces
aureaux de la Camargue sont tous d'un noir d'ébène, et la
obe des chevaux est au contraire d'une parfaite blancheur.

Au milieu des taureaux règne le „gardian". C'est un pâtre
chargé de les surveiller, comme l'indique son nom, et il accom-
plit cette tâche avec le concours d'un bœuf des plus pacifi-
ques, le „dondaire" ou bœuf sonneur, dont le collier de bois porte
ne large clochette. Par quel moyen mystérieux ce bœuf pai-
ible impose-t-il sa volonté à ses turbulents compagnons, que
amais sa sonnette ne trouve rebelles? C'est un de ces mille
ecrets de la nature qu'on remarque sans pouvoir les expliquer.

Quant au gardian, il a pour toute arme un trident de fer.
Monté tout le jour sur sa blanche cavale, dormant la nuit à la
belle étoile, coiffé d'un mouchoir que recouvre un vaste chapeau de feutre, vêtu d'une blouse de peau, les jambes nues et
e teint hâlé, l'athlétique gardian de la Camargue rappelle les

---

[1] Hippolyte Taine, 1828—1893, éminent critique d'art et historien français, auteur des célèbres *Origines de la France contemporaine*.

[2] Voir n° 65 du manuel, p. 124.

sauvages cavaliers des pampas américaines. Les paysans de la Camargue aiment à ce point les taureaux qu'ils ne manquent jamais, quoi qu'il arrive, de prendre fait et cause pour eux. Si un gardian est blessé, c'est un maladroit, il n'a que ce qu'il mérite, dit-on, et on le raille au lieu de le plaindre; mais si, pour sauver sa vie, il blesse grièvement le taureau qui le menace, c'est une indignation générale: Pauvre bête! quelle barbarie! s'écrie-t-on.

Ces gardians indomptables aiment leur vie indépendante et rude. On les voit tantôt lancer audacieusement à travers les marais leurs cavales frémissantes, tantôt passer comme un éclair sur la lisière d'un bois de pins, escortés d'un noir troupeau qui les suit en mugissant. Ils sont connus et redoutés des farouches animaux dont la garde leur est confiée. A leurs cris stridents, on voit accourir de tous les points de l'île des bandes tumultueuses de chevaux et de taureaux qui bondissent autour d'eux. Le gardian est le véritable roi de la Camargue.

Tout autre est l'existence du saunier. Enfermé l'hiver dans une petite masure devant les bassins déserts, l'été il devient le chef d'une armée de travailleurs. A l'opposé des gardians, les sauniers, enchaînés aux bords le leurs salines, ne connaissent d'autres joies que celles de la famille et du foyer. Une bande d'enfants rachitiques et pâlis par les fièvres jouent au soleil devant les portes de leur demeure. La vue de ces misérables familles est d'une navrante tristesse. Des privations de toute sorte, la monotonie de leur existence, les maladies qu'amène le voisinage des marais, feraient de ces pauvres gens les créatures les plus à plaindre du monde, si à côté d'eux on ne trouvait des êtres plus malheureux encore, les douaniers, qui sont condamnés à végéter sur cette plage aride, sans connaître même les douceurs de la vie de famille.

(Mme L. Figuier,[1] La France, Anthologie géographique).

189. Les hirondelles.

Captif au rivage du Maure,
Un guerrier, courbé sous ses fers,
Disait: „Je vous revois encore,
Oiseaux, ennemis des hivers.

---

[1] Mme Louis Figuier, 1829—1870, auteur de jolies nouvelles publiées dans la Revue des Deux mondes, parmi lesquelles il faut citer Le Gardien de la Camargue.

Hirondelles, que l'espérance
Suit jusqu'en ces brûlants climats,
Sans doute vous quittez la France :
De mon pays ne me parlez-vous pas?

Depuis trois ans je vous conjure
De m'apporter un souvenir
Du vallon où ma vie obscure
Se berçait d'un doux souvenir.
Au détour d'une eau qui chemine
A flots purs, sous de frais lilas,
Vous avez vu notre chaumine :
De ce vallon ne me parlez-vous pas?

L'une de vous peut-être est née
Au toit où j'ai reçu le jour :
Là, d'une mère infortunée
Vous avez dû plaindre l'amour.
Mourante, elle croit à toute heure
Entendre le bruit de mes pas ;
Elle écoute, et puis elle pleure :
De son amour ne me parlez-vous pas?

Ma sœur est-elle mariée?
Avez-vous vu de nos garçons
La foule, aux noces conviée,
La célébrer dans leurs chansons?
Et ses compagnons du jeune âge
Qui m'ont suivi dans les combats,
Ont-ils revu tous le village?
De tant d'amis ne me parlez-vous pas?

Sur leurs corps l'étranger peut-être
Du vallon reprend le chemin ;
Sous mon chaume il commande en maître ;
De ma sœur il trouble l'hymen.
Pour moi plus de mère qui prie,
Et partout des fers ici-bas!
Hirondelles de ma patrie,
De ses malheurs ne me parlez-vous pas?

Béranger.

190. Les petits Savoyards.

Voici les petits Savoyards!
Qui veut voir la marmotte en vie?
Elle mérite vos regards:
Elle est si douce et si jolie!
Cette marmotte et notre habit,
L'écuelle qui nous est commune,
La paille qui nous sert de lit:
Voilà toute notre fortune.

Mais nous dormons toute la nuit
Et chantons toute la journée;
Sans mesurer le temps qui fuit,
Gaîment nous achevons l'année.
Dans notre grenier, point de feu,
Le soleil l'éclaire ou la lune;
Mais nous vivons contents de peu:
Qu'avons-nous besoin de fortune?

Celui qui des petits oiseaux
Conserve la frêle existence,
Saura de chagrins et de maux
Préserver aussi notre enfance.
Partout nous goûtons le bonheur,
Sans souci, ni crainte importune;
Car nous avons la paix du cœur,
Qui vaut bien mieux que la fortune.

Frédéric Chavannes.

191. Le retour dans la patrie.

Qu'il va lentement, le navire
À qui j'ai confié mon sort!
Au rivage où mon cœur aspire,
Qu'il est lent à trouver un port!
  France adorée!
  Douce contrée!
Mes yeux cent fois ont cru te découvrir.
  Qu'un vent rapide
  Soudain nous guide
Aux bords sacrés où je reviens mourir.
  Mais enfin le matelot crie:
  Terre, terre, là-bas, voyez!
  Ah! tous mes maux sont oubliés.
  Salut à ma patrie!

Oui, voilà les rives de France;
Oui, voilà le port vaste et sûr,
Voisin des champs où mon enfance
S'écoula sous un chaume obscur.
    France adorée!
    Douce contrée!
Après vingt ans enfin je te revois.
    De mon village
    Je vois la plage,
Je vois fumer la cime de nos toits.
    Combien mon âme est attendrie!
    Là furent mes premiers amours;
    Là ma mère m'attend toujours.
    Salut à ma patrie!

Au bruit des transports d'allégresse,
Enfin le navire entre au port.
Dans cette barque où l'on se presse,
Hâtons-nous d'atteindre le bord.
    France adorée!
    Douce contrée!
Puissent tes fils te revoir ainsi tous!
    Enfin j'arrive,
    Et sur la rive
Je rends au ciel, je rends grâce à genoux.
    Je t'embrasse, ô terre chérie!
    Dieu! qu'un exilé doit souffrir!
    Moi, désormais je puis mourir.
    Salut à ma patrie!

Béranger.

IV.

Vocabulaire.

Abaisser erniedrigen, herunterlassen, beugen; s'a. sich senken, sich erniedrigen
abandonner aufgeben, verlassen
abat-jour, m. Lichtschirm
abattre ab-, niederschlagen, dämpfen, abschneiden; s'a. ein-, niederstürzen
abbaye, f. Abtei
abdication, f. Abdankung
abime, m. Abgrund
abimer vernichten, verderben
abjurer abschwören
abnégation, f. Selbstverleugnung
aboiement, m. Gebell
abondance, f. Überfluß
abondant, e reichlich
abonder Überfluß haben
abord, m. Zugang, Annäherung; d'abord zunächst [angreifen
aborder anlanden, anreden; s'a. sich
aboutir endigen, hinzielen, bezwecken
abréger ab-, verkürzen
abreuver tränken, durchwässern
abréviation, f. Verkürzung
abri, m. Schutz, Schirm, Obdach
abriter schützen
abrupt abschüssig, schroff
absence, f. Abwesenheit, Mangel
absent, e abwesend, fern
absolu, e (v. absoudre) absolut, unabhängig, eigenmächtig
absolument durchaus
absorber einsaugen, verzehren, in Anspruch nehmen, fesseln
abstenir, se sich enthalten
abuser mißbrauchen, Mißbrauch treiben

académicien, m. Akademiker (Mitglied der Akademie)
accabler zu Boden-, niederdrücken
accélérer beschleunigen
accent, m. Ton, Betonung, Aussprache
accentuation Betonung, Tonbezeichnung
accentuer betonen, mit Tonzeichen versehen
accepter annehmen
acception, f. Bedeutung
accès, m. Zugang
accessible zugänglich
accessoire nebensächlich, untergeordnet
accident, m. Zufall, Unfall
accidenté, e uneben, holperig [geschrei
acclamation, f. Zurufen, Freudenacclimatation, f. Akklimatisierung, Gewöhnung an das Klima
accommoder, se sich anbequemen
accomplir erfüllen, vollenden
accord, m. Übereinstimmung; être, tomber d'a. übereinstimmen
accorder bewilligen, geben, stimmen; s'a. übereinstimmen
accourir herbeilaufen, -eilen
accoutumer gewöhnen
accrocher auf-, anhängen
accroire, faire weis machen
accroitre anwachsen, zunehmen
accroupir, se sich niederlauern
accueil, m. Aufnahme
accueillir aufnehmen
accuser anklagen
acerbe herbe, bitterlich
achalandé, e besucht, blühend

acharnement, m. Blutdurst, Erbitterung, Wut
acharner blutgierig machen, erbittern
acheminer, se sich auf den Weg machen
achever vollenden, beendigen
acide sauer, s. m. Säure; a. carbonique Kohlensäure; a. sulfurique Schwefelsäure; gaz a. c. kohlensaures Gas
acier, m. Stahl, plume d'a. Stahlfeder
acoustique, f. Akustik, Schall-, Klanglehre
acquérir erwerben
acquitter, se sich entledigen
acrobate Seiltänzer, Luftspringer
acte, m. Handlung, Urkunde, Akt
acteur Schauspieler, actrice Schauspielerin
actif, ve thätig
action, f. Handlung, Thätigkeit, Wirkung
activer beschleunigen, fördern
activité, f. Thätigkeit
actuel, le-ment gegenwärtig
adieux, m. pl. Abschied
adjuger zuerkennen, zuschlagen
admettre zugeben, zulassen
administratif, ve verwaltend, Verwaltungs-
administration, f. Verwaltung
admirable bewundernswürdig, erstaunlich
admiration, f. Bewunderung
admirer bewundern
adolescent, e Jüngling, Jungfrau
adonner, se sich er-, hingeben
adopter annehmen
adorateur, m. Verehrer
adorer anbeten, verehren
adosser anlehnen
adresse, f. Adresse, Geschicklichkeit
adresser richten, adressieren
adroit, e geschickt, behend
adulte erwachsen; classes d'adultes Fortbildungsschule
adultère ehebrecherisch
advenir geschehen, sich ereignen
adversaire, m. u. f. Gegner, in
adversité, f. Mißgeschick
aérer lüften, frische Luft zuführen
aérien, ne Luft, luftig
aérolithe, m. Meteorstein
aérostat, m. Luftballon
affable leutselig, freundlich
affaiblir, se schwächer werden, nachlassen
affaire, f. Angelegenheit, Geschäft; avoir aff. zu thun haben
affaisser, se sich senken, zusammensinken
affamer aushungern
affecter Vorliebe zeigen, erkünsteln, bestimmen zu, erstreben
affection, f. Zuneigung
affermir befestigen, kräftigen
affiche, f. Anzeige, Anschlagezettel
afficher ankleben, anschlagen
affirmatif, ve bejahend
affirmer versichern
affliger betrüben
affluent, m. Neben-, Zufluß
affluer zuströmen, sich ergießen
affoler närrisch machen
affranchir befreien, frei machen
affranchissement, m. Freimachen, Freimarke
affreux, se schrecklich
affronter trotzen
affubler einhüllen, vermummen
afin que damit, auf daß
africain, e afrikanisch
agacer herausfordern, anreizen
âge, m. Alter; moyen âge Mittelalter
âgé, e bejahrt
agent, m. Geschäftsführer, Beamter, Agent, Bevollmächtigter, wirkende Kraft
agile behend, flink, gewandt
agilité Behendigkeit
agir handeln, wirken; s'a. sich handeln
agitation, f. Bewegung, Unruhe
agiter hin- u. herbewegen, in Aufregung versetzen, s'a. unruhig werden
agneau, m. Lamm
agonie, f. Todesangst, Todeskampf
agoniser in den letzten Zügen liegen
agrafe, f. Spange
agrandir vergrößern
agréable angenehm
agréer annehmen, genehmigen
agrément, m. Annehmlichkeit, Vorzug
agressif, ve angreifend
agricole ackerbautreibend
agriculture, f. Land-, Ackerbau
aguerrir abhärten, stählen
aide, f. Hilfe; à l'aide de mit Hilfe von
aider helfen, beistehen
aïeul, e, pl. ls Großvater, Ahnherr; pl. aïeux Ahnen; aïeuls Großeltern
aigle, m. Adler, f. Feldzeichen
aigre scharf, beißend
aigreur, f. Verstimmung, Groll
aigu, ë spitz, scharf
aiguille, f. Nähnadel, Nadel, Uhrzeiger
aiguillée, f. Faden (für eine Nadel)
aiguillon, m. Stachel
aiguiser schärfen, wetzen

aile, f. Flügel
ailé, e geflügelt
ailleurs anderswo; d'ailleurs übrigens
aimable liebenswürdig
ainé, e ältester, e
air, m. Luft, Lied, Aussehen, Anschein
airain, m. Erz, Bronze, poet. Glocke, Geschütz
aire, f. Nest eines Raubvogels, Horst
aisance, f. Leichtigkeit, Bequemlichkeit
aise, m. Bequemlichkeit; à l'aise be-
aisé, e, -ment leicht, bequem [quem
aisselle, f. Achselhöhle
ajonc, m. Stechginster
ajouter hinzufügen, vergrößern
ajustement, m. Anzug
ajuster einrichten, anpassen
alarme, f. Unruhe, Lärm, Besorgnis
alarmer erschrecken, beunruhigen, Lärm
alcali volatil Ammoniak [schlagen
alcool Alkohol, Weingeist
alcoolique alkoholartig
alentour umher
alentours, m. pl. Umgebungen
alerte munter, wachsam: s. f. Lärm,
alfa, m. türkischer Flachs [Alarm
Algérie, f. Algier
aliment, m. Nahrungsmittel
alimentaire zum Unterhalt gehörig
alimenter mit Lebensmitteln, Wasser versehen
alinéa, m. Zeilenanfang
allécher anlocken
allée, f. Gang, Weg
allégresse, f. Heiterkeit, Freudenge-
alléguer vorgeben [schrei
alliance, f. Bund, Bündnis
allié Verbündeter
allonger verlängern
allumer anzünden
allumette, f. Zündhölzchen; all. chimique Streichhölzchen
allure, f. Gang(art), Lauf, Verlauf
alouette, f. Lerche
alourdir schwer(fällig) machen
Alpes Cottiennes, t. Kottische Alpen
    „ Graies Grajische Alpen
       Maritimes Seealpen
alpin, e Alpen-
alsacien, ne elsässisch
altéré, e durstig
altérer verändern, entstellen, ver-
alternatif, ve abwechselnd [derben
alterner regelm. abwechseln
altesse, f. Hoheit
altier, ère hochmütig, stolz

altitude, f. Höhe
amabilité, f. Liebenswürdigkeit
amande, f. Mandel, Kern
amant, e Liebhaber, -in, Geliebter
amarre, f. Ankertau
amas, m. Anhäufung, Lager
amasser anhäufen
amateur, m. Liebhaber
ambassade, f. Gesandtschaft
ambiant, e umgebend
ambitieux, se ehrgeizig
ambition, f. Ehrgeiz
ambre, m. Ambra, Bernstein
ambulance, f. Feldlazaret
amélioration, f. Verbesserung
améliorer bessern
amende, f. Geldbuße
amener her(bei)führen
amer, ère bitter
amertume, f. Bitterkeit
ameublement, m. Zimmergerät, Hauseinrichtung
amincir dünner machen
amitié, f. Freundschaft, Gruß
amonceler an-, aufhäufen
amour-propre, m. Eigen-, Selbstliebe
analogue ähnlich, übereinstimmend, gleichartig
analyser analysieren, zergliedern, untersuchen
ancêtre Vorfahr [suchen
ancien, ne alt, altertümlich
ancre, f. Anker
Âne, m. Esel
anémone, f. Anemone, Windröschen
angle, m. Winkel, Ecke
Angleterre, f. England
angoisse, f. Angst
animadversion, f. Mißbilligung, Abneigung
animer beleben [neigung
annaliste, m. Annalist
anneau, m. Ring
annexe, f. Nebengebäude
annexer verknüpfen, verbinden
anniversaire, m. Jahrestag, Jubiläum
annoncer ankündigen
annuel, le jährlich
anse, f. flache Bucht, Henkel
antan, m. voriges Jahr; d'antan vorjährig, von ehemals
antarctique südlich, antarktisch
antenne, f. Fühler (d. Insekten)
anthère, f. Staubbeutel
anthropophage Menschenfresser
antichambre, f. Vorzimmer, Vorgemach
antique alt, altertümlich, antik

371

antiquité, f. Altertum
antre, m. Höhle
anxieux, se ängstlich
Aoste, f. Aosta (Stadt in Savoyen)
apathie, f. Leidenschaftslosigkeit, Gleichgültigkeit
apercevoir bemerken; s'a. inne werden
aperçûmes, nous, p. déf. v. apercevoir
aplanir ebnen
aplatir abplatten
apoplexie, f. Schlagfluß
apothicaire, m. Apotheker
apôtre Apostel
apparaître erscheinen
appareil, m. Apparat, Gerät, Vorrichtung
apparent, e, apparemment anscheinend, scheinbar
apparence, f. Anschein; en a. dem Anscheine nach
apparition, f. Erscheinung
appartement, m. Gemach, Zimmer, [Wohnung
appartenir gehören
appât, m. Lockspeise, Reiz
appel, m. Anruf, Aufruf, Rufen
appellation, f. Benennung
applaudir Beifall klatschen, billigen
application, f. Fleiß, Anwendung
appliquer anwenden, anbringen, anlegen; s'ap. sich befleißigen
apprécier schätzen
apprendre lernen, lehren, erfahren
apprentissage, f. Lehre, Lehrzeit
apprêter zubereiten
apprivoiser zähmen
approche, f. Annäherung
approfondir vertiefen
approprier zurecht machen, zueignen
approuver billigen
approvisionnement, m. Verproviantierung
approximatif, ve annähernd
appui, m. Stütze
appuyer stützen, Nachdruck legen
âpre rauh, streng, schroff, herbe
apte geschickt, fähig
aquarelle, f. Aquarell, Wasserfarbenmalerei
aquatique, adj. Wasser-
aquilon, m. Nordwind
araignée, f. Spinne
arbalète, f. Armbrust
arbitraire willkürlich
arborer aufrichten, pflanzen, stecken
arbre, m. Baum, Welle
arbre de couche liegende Welle
arbre fruitier, m. Obstbaum
arbrisseau, m. Bäumchen

arbuste, m. Staude, Strauch
arc, m. Bogen; arc de Triomphe Triumphbogen
arcade, f. Bogenwölbung, Bogengang
arc-boutant, m. Strebe-, Schwibbogen
arc-en-ciel, m. Regenbogen
archet, m. Fiedelbogen
archevêque, m. Erzbischof
architecte Baumeister
architecture, f. Baukunst
arctique nördlich, arktisch
Ardennes m. pl. Ardennen
ardent, e hitzig, feurig, heiß, heftig
ardeur, f. Eifer, Feuer
ardoise, f. Schiefer
ardoisé, e mit Schiefer gedeckt
argenté, e versilbert, mit Silber belegt, silbergrau, glänzend
argentin, e silbern
argile, f. Thon
aride dürr, trocken
arme, f. Waffe, faire ses a. die Waffenprobe bestehen
armoire, f. Schrank
armure, f. Rüstung
aromatiser würzen
arome, m. Aroma, Wohlgeruch
arracher ab-, los-, entreißen
arrangement, m. Einrichtung, Anordnung
arranger anordnen, einrichten
arrestation, f. Arretierung, Festnahme
arrêt, m. Aufenthalt, Halt, Aufhören
arrêter auf-, anhalten, festnehmen
arrière-plan, m. Hintergrund
arrière-point, m. Steppstich
arrivée, f. Ankunft
arriver { ankommen / sich ereignen, geschehen
arrondir abrunden
arroser bewässern, begießen
arsenal, m. Arsenal, Zeughaus, Rüstkammer
art, m. Kunst
articuler deutlich, nach Silben aussprechen
artifice, m. Kunstgriff, Fertigkeit
artificiel, le-ment künstlich
artisan Handwerker, Urheber
artiste Künstler, in
artistique künstlerisch
ascenseur, m. Aufzug, Hebemaschine
ascension, f. Aufsteigen, Himmelfahrt
ascensionnel, le aufsteigend
asile, m. Zufluchtsstätte, Asyl
aspect, m. Anblick, Aussehen
asphyxie, f. Ersticken, Scheintod

21*

aspirer einatmen, streben nach
assaillir anfallen, angreifen
assaisonner würzen, anmachen
assaut, m. Angriff; d'assaut mit Sturm
assassiner ermorden
assemblage, m. Vereinigung, Versammlung
assemblée, f. Versammlung
assembler versammeln, zusammen-
asseoir, se sich setzen [stellen
asservir knechten, unterjochen
asservissement, m. Unterjochung
assidu, e, assidûment emsig, eifrig, beharrlich
assiégeant Belagerer
assiéger belagern
assiette, f. Teller
assis, e, p. p. v. asseoir sitzend, gelegen
assister beistehen, a. à beiwohnen
association, f. Vereinigung
associer zum Teilhaber nehmen; s'a. sich vereinigen
assoupir einschläfern, betäuben, stillen
assouvir sättigen, stillen
assurance, f. Versicherung
assurément sicherlich
assurer sichern, versichern
astiquer putzen
astre, m. Gestirn
atelier, m. (Künstler)Werkstatt
athlète Athlet, Wettkämpfer
athlétique athletisch
âtre, m. Herd
attabler, se sich zu Tische setzen
attacher befestigen, fesseln
attarder verspäten
atteindre erreichen, betreffen
atteinte, f. Berührung, Schlag, Stoß, Verletzung, Anfall
atteler an-, bespannen
attendre warten, erwarten; s'a. à sich gefaßt machen auf
attendrir erweichen, rühren
attenir zugehören
attentat, m. Anschlag, Attentat
attente, f. Erwartung
attention, f. Aufmerksamkeit
atterrer zu Boden werfen, nieder
attester bezeugen [schmettern
attirer anziehen
attitude, f. Stellung, Haltung
attrait, m. Reiz, Gefallen, Zauber
attraper erwischen, erhaschen
attribuer beifügen, zuschreiben

attribut, m. Eigenschaft, Kennzeichen, Attribut
attrister betrüben, traurig machen
aubaine, f. unverhoffter Fund
aube, f. Tagesanbruch; Morgendämmerung
aubépine, f. Hage-, Weißdorn
auberge, f. Herberge, Gasthaus
audace, f. Kühnheit
audacieux, se kühn
auditeur Zuhörer
augmenter vermehren, zunehmen, er
auguste erhaben [höher
aulne, m. = aune Erle
aumône, f. Almosen
aune, m. Erle, f. Elle
auparavant vorher, früher
austère streng, ernst
austérité, f. Strenge
autel, m. Altar
auteur, m. Verfasser, Schriftsteller
authentique rechtskräftig, verbürgt
automne, m. Herbst
autorisation, f. Ermächtigung, Genehmigung
autoriser ermächtigen
autorité, f. Ansehen, Autorität, Behörd
autrement anders, sonst
Autriche, f. Österreich
autrichien, ne österreichisch
Autrichien Österreicher
autruche, f. Strauß (Vogel)
autrui andere
avalanche, f. Lawine
avance, d', à l' im voraus
avancer vorrücken, vor(wärts)bringer behaupten
avantageux, se vorteilhaft
avare geizig, Geizhals
avènement, m. Thronbesteigung
avenir, m. Zukunft
aventurier, ère abenteuerlich, romantisch, subst. Abenteurer, in
avenue, f. Zugang, Allee
averse, f. Regenguß, Platzregen
avertir warnen, benachrichtigen
aveu, m. Geständnis
aveugle blind
aveugler blind machen, (ver)blenden
avide gierig, lüstern
avis, m. Meinung, Ansicht, Rat, Gutachten, Vorschlag, Meldung, Warnung
aviser benachrichtigen, warnen; s'a. si einfallen lassen
avocat, m. Advokat

avoine, f. Hafer
avoir lieu stattfinden
avorté, e mißglückt, verfehlt
avouer gestehen
azur, m. Azur(blau).

Babil, m. Geschwätz
babillard (e) Schwätzer (in), Plappermäulchen
babiller plappern, plaudern, schwatzen
badaud Maulaffe, Gimpel
bagage, m. Gepäck
bagatelle, f. Kleinigkeit
bague, f. Ring
baguette, f. Stäbchen, Gerte, b. de tambour Trommelschlägel
baie, f. Beere, Bucht
baigner baden, bespühlen
baigneur, m. Badender, Badegast
baïonnette, f. Bajonett
baiser küssen, s. m. Kuß
baisser senken, abnehmen, schwinden
balance, f. Wage
balancer schaukeln, se b. sich biegen
balancier, m. Balancierstange
balayer fegen
baldaquin, m. Baldachin, Thronhimmel
balle, f. Flintenkugel
ballon, m. Kuppenberg, Luftballon
balustre, m. Geländersäule
banal, e alltäglich, abgedroschen
bancal, e krummbeinig
bande, f. Binde, Band, Streif, Schar
bandelette, f. Bändchen
bandit Straßenräuber, Bandit
banlieue, f. Weichbild
banquette, f. Bank
baptême, m. Taufe
baratte, f. Butterfaß
barbarie, f. Barbarei
barbelé, e mit Widerhaken versehen
barbouillage, m. Sudelei
barder belasten, spicken
baril, m. Fäßchen, kleine Tonne
barre, f. Stange, (Quer)Riegel, Stab, Barrenstange
barre fixe Reck
barrer durchstreichen, verriegeln
barrière, f. Eingangsthor
bas, se niedrig, tief
basalte, m. Säulenstein
basaner bräunen
base, f. Grund, Basis
Basque Baske
basoche, f. Gerichtshof
bassin, m. Becken

bassiner mit der Wärmpfanne wärmen
bateau à vapeur, m. Dampfschiff
bâtiment, m. Gebäude
bâtir bauen
bâtisse, f. Bau
bâton, m. Stock
battant, m. Glockenschwengel, Thürflügel
battement, m. Schlagen
battre schlagen, dreschen; b. le pavé das Pflaster treten
baume, m. Balsam
bavard, e geschwätzig, Schwätzer, in
Bavarois, m. Bayer
béant, e klaffend, gähnend
béat, e fromm, verklärt
beaux-arts, m. pl. schöne Künste
bec, m. Schnabel, b. de gaz Gasbrenner
bêche, f. Spaten
becqueter mit dem Schnabel hacken
Belge Belgier
Belgique, f. Belgien, adj. belgisch
bélier, m. Widder, Sturmbock
belles-lettres, f. pl. schöne Wissenschaften, Litteratur
belliqueux, se kriegerisch
bénédiction, f. Segen
bénéficier Vorteil ziehen
berceau, m. Wiege
bercer wiegen
berger, ère Schäfer, in; Hirt, in
berline, f. (von Berlin) (sitziger Reisewagen mit zurückschlagbarem Verdeck
besogne, f. Arbeit, Geschäft
besoin, m. Bedürfnis; avoir b. nötig haben
bestiaux, plur. v. bétail m.
bétail, m., plur. bestiaux Rindvieh
betterave, f. Runkel, Zuckerrübe
beuglement, m. Gebrüll, Brüllen
beurre, m. Butter
biblique biblisch, Bibel
bien, subst. m. Gut, Vermögen
bien-être, m. Wohlbefinden
bienfaisance, f. Wohlthätigkeit
bienfaisant wohlthuend, heilsam
bienfait, m. Wohlthat
bienfaiteur Wohlthäter; bienfaitrice Wohlthäterin
bien portant wohl, gesund
bienveillance, f. Wohlwollen
bienveillant, e wohlwollend
bière, f. Bahre, Sarg
bijou, m. Kleinod
bise, f. Nordwind (bes. a. Genfer See)
bison, m. Bison, amerik. Büffel
bivouac, m. (deutsch Beiwacht) Nacht-, Feldwache

blâme, m. Tadel
blancheur, f. Weiße
blanchiment, m. Bleichen
blanchir weißen, anstreichen, waschen,
blanchissage, m. Waschen [bleichen
blé, m. Getreide, Korn
blessé, m. Verwundeter
blesser verwunden
blessure Verwundung, Wunde
bleuâtre bläulich
bleuir blau werden
bloc, m. Block, Kloß, Felsstück
blond, e blond, s. f. Blondine
blottir (sich) lauern, ducken
bluet, m. Kornblume
bobéche, f. Leuchterdille
bobine, f. Spule, Rolle
bocage, m. Hain, Wäldchen
boire trinken, löschen und fließen (vom Papier)
bois, m. Holz, Gehölz, Geweih
boiser bewalden
boisseau, m. Scheffel
boisson, f. Getränk
boite, f. Schachtel, Kasten; b. aux lettres Briefkasten; b. à timbres Briefmarkenschachtel
boitier, m. Gehäuse
bombardement, m. Beschießung mit Bomben, Bombardement
bombarder bombardieren, beschießen
bombyx, m. Spinner
bond, m. Sprung
bondir hüpfen, springen
bonhomme gutmütiger Kerl, Biedermann, Schwachkopf, gutmütiger Alter; b. de neige Schneemann
bonnet, m. Haube, Frauenhut
bord, m. Rand, Ufer, Saum
border einfassen, umgeben, besetzen
boréal, e nördlich
borne, f. Mark, Preußstein, Ziel, Grenze
borner beschränken, begrenzen
bosquet, m. Lustwäldchen, Hain
bossu, e bucklig
botte, f. Stiefel, Bund, Bündel,
bouche, f Mund [Büschel
boucher Metzger, Fleischer
boucherie, f. Schlächterei, Metzgerei, Fleischerei
boue, f. Schmutz, Schlamm
boueux, se schmutzig
bouffon, ne närrisch, spaßhaft, komisch
bouger sich bewegen
bouillie, f. Muß, Brei

bouillir kochen,
bouillon, m.
boulanger Bäcker
boulangerie, f.
boule, f. Kugel
bouleau, m.
boulet, m. Ka
bouquetière, f.
bouquin, m. a
bouquiner alte
bouquineur, m
tekenjäger
bouquiniste, m
bourdon, m.
bourdonnemen
bourdonner su
bourg, m. Ma
bourgeois, se
bourgeoisie, f.
bourgeon, f.
Bourgogne, f.
bourguignon,
bourrasque, f.
bourreau Henk
bourse, f. Bör
bousculade, f.
einander
bout, m. Ende
ganz in der
bouteille, f.
boutique, f. L
boutiquier, ère
bouton, m. Kn
boutonner zu
boutonnière, f.
boxe f. (engl.)
braise, f. glüh
branler schütte
brasse, f. Fad
braver trotzen
bravoure, f.
brebis, f. Scha
bref, ve kurz
Brésil, m.
Bretagne, f.
breton, ne bre
Breton, ne Br
bride, f. Zügel
brider zäumen
brièvement ku
brigand Räub
briller leuchten
brin, m. Halm
brioche, f. Hef
brique, f. Zieg

briqueterie, f. Ziegelei
brise, f. Brise, sanfter Wind
brisement, m. (Zer)Brechen
briser (ab)brechen
brochage, m. Broschieren (der Bücher)
brocher broschieren, heften
brocheur, se Bücherhefter, in
broder sticken
broncher straucheln, stolpern, zurück-
brosse, f. Bürste [beben
brosser bürsten
brouette, f. Schubkarren, zweirädriger Handwagen
brouillard, m. Nebel; papier br. Löschpapier
brouiller vermengen, verwirren, se br. sich verfeinden, überwerfen
brouillon, m. Zänker, Wirrkopf, Entwurf, Kladde
broussailles, pl. f. Buschwerk, Dickicht
broyer zermalmen, zerreiben
bruire rauschen, brausen [brausend
bruissant, e, p. p. v. bruire rauschend,
bruit, m. Geräusch, Lärm, Gerücht
brûler brennen, verbrennen
brûlure, f. Brandwunde
brume, f. dicker Nebel
brusque, -ment ungestüm, barsch, plötzlich
brut, e roh, ungeschliffen; m. roher Mensch, Vieh
bruyant, e lärmend, geräuschvoll
bruyère, f. Haide(kraut)
bu, p. p. v. boire trinken
bûcher, m. Holzstoß, Scheiterhaufen
bûcheron Holzhauer
bûchette, f. Span
budget, m. Ausgabe-Etat, Staatshaushalt
buffet Büffet, Schänktisch, Restauration mit Speisen
buis, m. Buchsbaum
buisson, m. Gebüsch
bulletin, m. Bericht, Zensur; b. de dépôt, m. Empfangsschein; b. de bagages Gepäckschein
but, m. Zweck, Ziel, Endziel
butte, f. Erdhaufen, Hügel
buvette, f. Erfrischungszimmer ohne Speisen
buveur, se Trinker, in

Cabane, f. Hütte
cabaret, m. Schänke, Wirtshaus
cabinet, m. Kabinett, kleines Gemach

câble, m. Seil, Kabel, Tau
cacher verbergen
cachet, m. Petschaft, Siegel, Stempel, Gepräge
cacheter siegeln
cachette, f. Versteck; en c. versteckter Weise
cachot, m. finsteres Gefängnis, Einzelzelle
cadavre, m. Leichnam
cadencé, e taktmäßig
cadet, te jünger, e
cadran, m. Zifferblatt; c. solaire Sonnenuhr
caféier, m. Kaffeebaum, -staude
cage, f. Käfig, Vogelbauer
cahute, f. schlechte Hütte
caille, f. Wachtel
caillou, m. Kiesel
caisse, f. (Kutsch)kasten
calcaire kalkhaltig, -erdig; subst. m. Kalkstein, -erde
calculer (be)rechnen
calibre, m. Kaliber, Geschützweite
calice, m. Kelch, Becher
calligraphe Schönschreiber
calme ruhig, still; subst. m. Ruhe, Stille
calmer beruhigen
Calvaire, m. Golgatha, Schädelstätte
campagnard Landmann
campagne, f. Land, Feldzug; tenir la c. das Feld behaupten
camper lagern
canard, m. Ente
candélabre, m. Kandelaber, Armleuchter
candide aufrichtig, offen
canif, m. Federmesser
canne, f. Stock, Rohr; c. à sucre Zuckerrohr
canon, m. Kanone, Flintenlauf, Rohr, Regel, Vorschrift, Kreissäge
canot, m. kleines Boot
canton, m. Landstrich, Kreis, Bezirk
caoutchouc, m. Kautschuk, Gummielastikum
caoutchouter mit Kautschuk überziehen
capable fähig
Capétien Kapetinger
capitaine Hauptmann, Kapitän
capital, e hauptsächlich, wesentlich
capitale, f. Hauptstadt [Haupt-
capitulation, f. Übergabe
caporal Korporal, Gefreiter
caprice, m. Laune, Eigensinn
captif, ve gefangen; subst. Gefangener, e
captivité, f. Gefangenschaft

capuchon, m. Kapuze
capulet, m. Kappe, Haube
carabine, f. Büchse, Stutzen, Karabiner
caractère, m. Charakter, Buchstabe, pl. Lettern
caractériser charakterisieren, kennzeichnen
Carlovingien Karolinger
carminer karminrot machen
carnage, m. Blutbad
carnassier, ère fleischfressend; oiseau c. Raubvogel
carotte, f. Mohrrübe, gelbe Rübe
carré, m. Viereck, Quadrat
carrefour, m. Kreuzweg, Straßenecke
carrière, f. Lauf-, Rennbahn; Steinbruch
carrosse, m. Kutsche
carrousel, m. Karussel, Ringelstechen
carte géographique, f. Landkarte
carte postale Postkarte
carton, m. Pappe, Pappdeckel, Karton
cartonner kartonnieren, in Pappe binden
cartouche, f. (Kartätschen)Patrone
cas, m. Fall; faire cas de schätzen, Aufhebens machen
casanier, ère häuslich
casaque, f. weitarmiger (Reise)Rock
cascade, f. Wasserfall
case, f. Abteilung, Fach
casino, m. Kasino, Versammlungsort
casque, m. Helm, c. à pointe Pickelhaube
casquette, f. Mütze
casser brechen, zerbrechen
casserole, f. Schmorpfanne
cassetin, m. Fach (eines Schriftkastens)
cataplasme, m. erweichender Breiumschlag
catastrophe, f. Katastrophe, großes Unglück
catégorie, f. Kategorie
cathédrale, f. Dom, Kathedrale
cause, f. Sache, Ursache; par c. de, à c. de wegen
causer verursachen, plaudern
causeur, m. Schwätzer
Caux, pays de C. Landschaft a. d. Seine-Inférieure
cavale, f. Stute
cavalier, m. Reiter
cave, f. Keller
caveau, m. kleiner Keller
céder ab-, überlassen, nachgeben
cèdre, m. Ceder

ceindre (um)gürten, bekränzen
ceinture, f. Gürtel
célèbre berühmt
célébrer feiern
célébrité, f. Berühmtheit
céleste himmlisch
célibataire Junggesell, Hagestolz
cellulose, f. Cellulose, Zellfaser
Celte Kelte; adj. keltisch
celtique keltisch
cendre, f. Asche
censurer tadeln
centime, m. Centime (5 cs = 4
central central, Mittel-
centralisation, f. Centralisierung
centre, m. Mittelpunkt
cépage, m. Traubensorte
céramique, adj. Töpfer-
cercle, m. Kreis, Umkreis, Zirkel
cercueil, m. Sarg, fig. Grab
céréales, f. pl. Getreide
cerf, m. Hirsch
cerise, f. Kirsche
cerisier, m. Kirschbaum
cerner einschließen, umzingeln
certain, e gewiß, bestimmt
certificat, m. Zeugnis
certitude, f. Gewißheit
cerveau, m. Gehirn
cesse, sans ohne Unterlaß
cesser aufhören
chagrin, e bekümmert, grämlich; s m. Kummer, Sorge
chaine, f. Kette
chainon, m. Kettchen, kleine Kett
chair, f. Fleisch
chaise, f. Stuhl, (Trag)sessel; c poste Postwagen
chaland, m. Kunde
châle, m. Umschlagetuch
chalet, m. Sennhütte, Schweize
chaleur, f. Hitze
chaleureux, se, -ment hitzig, wa
chaloupe, f. Schaluppe
chambrette, f. Zimmerchen
chameau, m. Kamel
chamois, m. Gemse
champêtre ländlich
chance, f. Glücksfall, möglicher
chanceler schwanken, wanken
chancelier Kanzler
chandelle, f. Licht, Talglicht
change, m. Wechsel(geschäft)
changement, m. Wechsel, Änd
changer verändern, wechseln; ändern

chanoine, m. Mönch
chansonnette. f. Liedchen
chansonnier Liederdichter
chant, m. Lied, Gesang
chantier, m. Bauplatz
chantre, m. Kantor
chanvre, m. Hanf
chaos, m. Urgemisch, Chaos
chapelet, m. Rosenkranz
chapelier, m. Hutmacher
chapelle, f. Kapelle
chapitre, m. Kapitel
chapon, m. Kapaun
char, m. Wagen
charbon, m. Kohle
charbonnier Köhler, Kohlenhändler
charge, f. Last, Ladung, Auftrag
charger laden, beladen, (be)auftragen
chariot, m. Wagen
charitable barmherzig, wohlthätig
charité, f. Barmherzigkeit, Wohlthätigkeit
charme, m. Zauber, Reiz
charmer bezaubern
charnu, e fleischig
charpente, f. Zimmerwerk, Gebält
charpentier Zimmermann
charrette, f. Wägelchen, zweirädriger Karren
chartier fahren
charrue, f. Pflug
chassepot, m. Chassepotgewehr
châtaignier, m. Kastanienbaum (echter)
châtain, e kastanienbraun
château, m. Schloß
châtelain, e Burgherr(in)
châtier züchtigen
châtiment, m. Züchtigung, Strafe
chatoyer schillern
chatte, f. Katze
chaud, e heiß, warm
chaudière, f. Kessel
chaudron, m. Kochkessel, Kappe
chauffage, m. Heizung
chauffer erwärmen, heizen
chaume, m. Stroh(dach), Bauernhütte
chaumière, f. (Stroh)hütte
chaumine, f. fl. ärml. Strohhütte
chaussette, f. Socke, Halbstrumpf
chaussure, f. Schuhwerk, Fußbekleidung
chauve kahl, entblößt
chaux, f. Kalk
chavirer umschlagen
chef-d'œuvre, m. Meisterstück
chef-lieu, m. Hauptort eines franz. Departements

cheminée, f. Kamin, Schornstein, Esse, Rauchfang
cheminer wandeln, wandern
chemise, f. Hemd
chêne-liège, m. Korkeiche
chènevotte, f. Hanfstengel, -splitter
chenille, f. Raupe
chenu, e kahl
chère, f. Kost, Tafel, Mahlzeit, Tisch; faire bonne — gut leben
chérir zärtlich lieben, in Ehren halten
cherté, f. Teuerung, hoher Preis
chevalier, m. Kavalier, Ritter
chevelure, f. Haare, Haarwuchs
chevet, m. Kopfkissen
cheveu, m. Haar
chèvrefeuille, m. Geißblatt
chevreuil, m. Reh
chez-soi, m. Daheim
chiffon, m. Lumpen, altes Zeug
chiffonner zerknittern
chiffre, m. Ziffer
chimiste, m. Chemiker
Chine, f. China
chinois, e chinesisch
chlorate, m. Chlorat, chlorsaures Salz, chl. de potasse chlors. Kali
chlore, m. Chlor
choc, m. Stoß, Schlag, Angriff
chœur, m. Chor
choix, m. Wahl
choquer mißfallen, verletzen, beleidigen
chou, m. Kohlkopf
chouette, f. Sumpf, Ohreule
christianisme, m. Christentum
chrysalide, f. Schmetterlingspuppe
chute, f. Fall
cible, f. Scheibe
cidre, m. Apfelwein
cigale, f. Zikade, Grille
cigogne, f. Storch
cime, f. Gipfel, Spitze, First
cimetière, m. Gottesacker, Kirchhof
circonférence, f. Umfang, Umkreis
circonscription, f. Umgrenzung, Abteilung, Gemarkung
circonstance, f. Umstand
circulaire kreisend, kreisförmig, Kreis
circulation, f. Umlauf, Verkehr, Zirkulation
circuler umkreisen, umlaufen, umhergehen
cire, f. Wachs; cire à cacheter Siegellack
cirque, m. Cirkus

ciseau, m. Meißel, pl. Schere
ciste, m. Cistus, Cistenrose
citadin Städter
cité, f. Stadt, Altstadt
citer anführen, nennen, citieren
citerne, f. Cisterne, Sammelbrunnen
citoyen, ne Bürger, in
citronnier, m. Citronenbaum
civil, e bürgerlich, gesittet, höflich, Bürger=
civilisation, f. Gesittung, Civilisation
civilisé gesittet, zivilisiert
clairière, f. Lichtung
clairon, m. Trompete, (Signal)Horn
clarté, f. Helle, Klarheit
classer einteilen, einreihen
classique klassisch, mustergültig
clef, f. Schlüssel; donner la c. des champs die Freiheit geben
clémence, f. Gnade, Huld
clepsydre, f. Wasseruhr
clerc, m. Schreiber
clergé, m. Geistlichkeit
cligner blinzeln, halb schließen
climat, m. Klima
clin d'œil, m. Augenblick
clocher, m. Kirch=, Glockenturm
clochette, f. Klingel, Glocke
cloître, m. Kloster, Kreuzgang
clopin-clopant hinkend, humpelnd
clos, e (v. clore) verschlossen, ver= sperrt
clôture, f. Schluß, Schließung
cluse, f. enge Schlucht
coaliser vereinigen; se sich verbinden
coalition, f. (Staaten)Bündnis
coche, m. ehemal. große Reisekutsche
cocher Kutscher
cochon, m. Schwein
cocon, m. Puppe, Cocon, Gespinst der Seidenraupe
coffre, m. Koffer, Kasten, Lade
cohue, f. Gewühl, lärmender Haufe
coiffer Kopf bekleiden, frisieren; né coiffé ein Glückspilz sein
coin, m. Ecke, Winkel; c. du feu Platz am Kamine
coincidence, f. Zusammenfallen
col, m. Hals, Kragen, Gebirgspaß
colchique, f. Herbstzeitlose
colère, f. Zorn
colimaçon, m. Weinbergschnecke; escalier en c. Wendeltreppe
collaborateur, trice Mitarbeiter, in

collatéral, e Seiten
colle, f. Kleister c. forte Leim
collection, f. S
collège, m. G
coller leimen,
collier, m. Hal
colline, f. Hüg
colon Anbauer
colonel, m. Ob
colonnade, f. S
colonne, f. Sä
colorer färben
colossal, e ung
combat, m. Ka
combattant Kä
combattre käm
comble, m. Üb de zum Über
combler überhä
combustible, m Heizmaterial
combustion, f. brennen
comédie, f. Lu genre Famili
comédien, f. S
comestible eßb Nahrungsmit
comfortable beq
commandement
commencement
commerçant, m.
commerce, m. werbe
commercer han
commercial, e
commettre be tragen, anver
commis Beamt
commission, f. Geschäftsausf
commissionnair missionär
commode, =me
commun, e gem allgemein
communard A Commune in 22. Mai 18
communément
communication, bindung
communier das

communion, f. Gemeinschaft
communiquer mitteilen, zusammenhängen
compagnie, f. Gesellschaft, Verein
compagnon Gefährte; compagne Gefährtin
comparable vergleichbar
compartiment, m. Abteilung, Fach
compassion, f. Mitleid
compère Pate, Gevatter, Pfiffikus [Coupé
complaisance, f. Gefälligkeit
complément, m. Ergänzung, Beifügung
complet, ète vollständig; au complet besetzt
compléter vervollständigen
complice, m. Mitschuldiger
compliquer verwickeln, verwirren
comporter zulassen, erlauben
composer zusammensetzen, verfassen
compositeur Komponist, Setzer
composition, f. Zusammensetzung, Satz, Komposition
compresse, f. Kompresse, Verband
compromettre bloßstellen
comptant bar
compte, m. Rechnung
compter (auf)zählen, gedenken, beabsichtigen
comte, m. Graf
comté, m. Grafschaft
concéder bewilligen, verleihen, zugestehen
concentration, f. Concentration, Vereinigung in einem Punkte, Verdichtung
conception, f. Fassungskraft, Vorstellung, Gedanken
concerner betreffen
concert, m. Einklang, Konzert; de c. gemeinschaftlich
concevoir begreifen
concilier vereinigen, aussöhnen
conclure schließen, folgern
conclusion, f. Schluß
concorde, f. Eintracht
concourir sich mit bewerben, konkurrieren
concours, m. Mitwirkung, Beihülfe, Zusammentreffen
condamner verurteilen
condiment, m. Würze(stoff)
condition, f. Bedingung, Zustand, Lage, Stellung
conduire führen
conduite, f. Aufführung, Betragen
cône, m. Kegel

confection, f. Herstellung
confédération, f. Bund, Bündnis
conférer erteilen, verleihen, gewähren
confesser beichten, bekennen
confession, f. Geständnis, Beichte
confiance, f. Vertrauen, Zutrauen; homme de c. Vertrauter
confiant, e zutraulich, vertrauensvoll
confier vertrauen, anvertrauen
confire einmachen
confluent, m. Zusammenfluß
confondre vermengen, vermischen, vereinigen, verwechseln; se c. sich ergehen, verwirren
conforme gleichförmig, lautend, gemäß, entsprechend, übereinstimmend
confortable, -ment bequem, behaglich
confrérie, f. Brüderschaft
confus, e verwirrt, verlegen
confusion, f. Verwirrung
congé, m. Urlaub, Abschied
conifère, m. Konifere, Nadelholzbaum
conique konisch, kegelförmig
conjurer beschwören
connaissance, f. Kenntnis, Bekanntschaft, Bekannter
connétable, m. Konnetabel
conquérant, m. Eroberer
conquête, f. Eroberung
consacrer weihen, bestimmen
conscience, f. Gewissen, Bewußtsein
conseil, m. Rat
conseiller raten, beraten
consentir à einwilligen in
conséquence, f. Folge
conséquent, par folglich
conservation, f. Aufbewahrung
conserver bewahren, erhalten
considérable beträchtlich [Erwägung
considération, f. Achtung, Schätzung,
considérer betrachten, erwägen
consistance, f. Festigkeit
consister bestehen
consolation, f. Trost
consoler trösten [sument
consommateur, m. Verzehrer, Konconstant, e beständig, standhaft
constater bestätigen, feststellen
consterné, e bestürzt
constitué, e, être beschaffen sein
constituer ausmachen, bilden
construction, f. Bau, Anordnung
construire (auf)bauen, anordnen, bilden (von Sätzen), konstruieren
consulter befragen
consumer verzehren

contact, m. Berührung
contagieux, se ansteckend, verderblich
conte, m. Erzählung
contempler betrachten [genössisch
contemporain, m. Zeitgenosse, adj. zeit-
contenir enthalten, umfassen, zurückhalten
contentement, m. Zufriedenheit
contenter, se sich begnügen
contenu, m. Inhalt
contestation, f. Streit, Streitigkeit,
contester (be)streiten [Zweifel
continent, m. Festland, Kontinent
continental, e festländisch, kontinental
continu, e stetig, beständig
continuellement beständig
continuer fortsetzen, fortfahren
contour, m. Umriß, Außenlinie, Kontur
contourner umwinden, umgehen, um-
 fließen
contracter zusammen-, zuziehen,
 schließen, eingehen
contraction, f. Zusammenziehung
contradictoire widersprechend
contraindre zwingen
contrainte, f. Zwang
contraire, m. Gegenteil, adj. widersprechend, entgegengesetzt
contrarier widersprechen, hindern,
contraste, m. Gegensatz [ärgern
contraster kontrastieren, einen Gegensatz bilden
contre-coup, m. Rückwirkung
contredire widersprechen
contredit, sans ohne Widerspruch.
contrée, f. Gegend [unstreitig
contre-partie, f. Gegenpartei
contribuer beitragen
contribution, f. Beitrag, Steuer
convaincre überzeugen [sprechend
convenable passend, geeignet, ent-
convenir de übereinkommen, zugeben,
 à passen, sich schicken, sich gebühren
conventionnel, le vertragsmäßig
convertir bekehren, um-, verwandeln,
convier einladen [umsetzen
convive, m. Gast, Tischgenosse
convoi, m. Zug; c. funèbre Leichen-
 zug; c. de marchandises Güter-
 zug; c. mixte Güter- und Personenzug
convolvulus, m. Winde
convoquer zusammen-, (be)rufen
copeau, m. Hobelspan
copier nachbilden, nachahmen, ab-
 schreiben

copiste, m. Ab
 Gerichtshalter
coq de bruyère.
coque, f. (Eier)S
corbeau, m. Ra
corbillard, m. L
corde, f. Strick
cordelier Franz
cordial, e herzli
cordon, m. Sch
corinthien, ne b
corne, f. Horn
cornette, f. cher
corporel, le kör
corps, f. Körper
correcteur Korr
correction, f. V
correspondance
 wechsel; Ansch
correspondant,
 adj. entspreche
correspondre ü
 sprechen, korr
corrompre verd
corruption, f. K
corsage, m. Lei
corsaire Korsar
Corse, f. Korsik
corselet, m. Br
cortège, m. Ge
corvée, f. Froh
coryphée, m. C
costume, m. Tr
côte, f. Küste
côte à côte S
côté, m. die S
coteau, m. Hüg
côtier, ère Küs
cotillon, m. Fr
coton, m. Baum
cotonnade, f. B
côtoyer längs :
cou, m. Hals
couchant, m. u
couche, f. Lage
coucher, se s
 Lager
couchette, f. B
coude, m. Ellb
coudoyer mit
coudre nähen
couleur, f. Far
couloir, m. (V
coup, m. Schla
 Fall, à c. s
 plötzlich)

coup de main. m. Handstreich
coup d'œil, m. Blick, Augenblick
coupe, f. Schale
couper ab, zerschneiden, hemmen, unterbrechen
couple, m. Paar
coupure, f. Einschnitt; c. transversale Querschnitt
cour, f. Hof; cour d'honneur Ehrenhof
courant, m. Strom, Strömung, Verlauf; courant d'air Zugluft; tenir, mettre au c. auf dem Laufenden erhalten
courbe, f. Bogen. Kurve
courber beugen
courir laufen, eilen; c. la poste mit der Post reisen
couronne, f. Krone, Kranz
couronner krönen, bekränzen
courrier Eilbote zu Pferde, Kurier
courroie, f. Riemen
cours, m. Kurs, Kursus, (Ver)lauf
course, f. Lauf, Fahrt, Weg, Wettlauf
coursier, m. Roß, Renner, (Mühlen)Gerinne
court, e kurz; à c. de in Ermangelung
courtisan Höfling [von
coussinet, m. Diminutiv von coussin Kissen: Kißchen
couteau, m. Messer, Beil
coutelas, m. Hirschfänger, großes Küchenmesser
coûter kosten
coutume, f. Gewohnheit; de coutume wie gewöhnlich
couture, f. Nähen, Naht
couvée, f. Brut
couvent, m. Kloster
couverture, f. Decke
couvreur Dachdecker
couvrir bedecken
cracher speien; spritzen (von Federn)
Cracovie, f. Krakau
craie, f. Kreide
craindre fürchten
crainte, f. Furcht
craintif, ve furchtsam, schüchtern
cramoisi karmesinfarbig
crampe, f. (Waden)Krampf; Krampe
crapaud, m. Kröte
craquer krachen
cratère, m. Krater
crayeux, se kreidig, kreidehaltig
crayon, m. Bleistift; c. noir schwarze Kreide
créateur, trice schöpferisch; subst. Schöpfer, in, Begründer, in

création, f. Schöpfung
créature, f. Geschöpf
crèche, f. Krippe
crédit, m. Kredit, Ansehen, Einfluß
créer schaffen
cremerie, f. Milchhalle
créneler mit Zinnen versehen
crépuscule, m. Dämmerung
cri, m. Schrei, Geschrei, Ruf
criard, e schreiend; dettes criardes Läpperschulden
crier (zu) schreien
crieur, se Schreier, in
crime, m. Verbrechen
crinière, f. Mähne
crisper kräuseln, ver-, zusammenziehen
cristal, p.-aux Kristall, kristallene Flut
critique, m. Kunstrichter, Kritiker, f. kritische Abhandlung, Kritik, Rezension
crochu, e hakenförmig, mit Krallen versehen
croire glauben
croisade, f. Kreuzzug
croisée, f. Fenster
croiser kreuzen
croiseur, m. Kreuzer
croissant, m. Halbmond
croître wachsen, zunehmen
croix, f. Kreuz
croque-mort, m. Leichenträger
crosse, f. (Flinten)Kolben
crotter beschmutzen, besudeln
crouler einfallen, stürzen
croupe, f. Kreuz b. Pferdes; prendre en c. jem. hinter sich aufsitzen lassen
croûte, f. Kruste, Rinde
croyance, f. Glaube
cru, e roh
cruauté, f. Grausamkeit
cruel, le grausam
crypte, f. Totengruft, Krypta
cueillir pflücken
cuiller, f. Löffel
cuir, m. Leder
cuirassé, m. Panzerschiff
cuire kochen, backen
cuisson, f. Brennen, Backen
cuivre, m. Kupfer
culasse, f. Bodenstück (am Hinterlader)
culbute, f. Purzelbaum, Fall
culbuter über den Haufen werfen
culinaire zur Küche gehörig. Küchen-
culminer hervorragen
culotte, f. Hose
culte, m. Kultus, Gottesdienst
cultivateur Ackersmann, Züchter

cultiver pflegen, ausbilden
culture, f. An-, Bebauung des Bodens, Kultur, geistige Entwickelung
curieux, se neugierig, seltsam
curiosité, Neugier, Seltenheit, Sehenswürdigkeit
cuve, f. Kufe, Bottich
cylindre, m. Cylinder, Walze, Rolle
cyprès, m. Cypresse.

Daigner geruhen
daim, m. Damhirsch
dais, m. Thronhimmel, Baldachin
damas, m. Damast
dandiner wadeln
danger, m. Gefahr
dangereux, se gefährlich
dard, m. Pfeil, Wurfspieß, Stachel
date, f. Datum
dater datieren, sich herschreiben
datte, f. Dattel
Dauphiné, m. altfranz. Provinz
davantage mehr, noch mehr
dé, m. Fingerhut
debarrasser entledigen, befreien
débat, m. Wortstreit, Verhandlung, Debatte
débattre streiten, verhandeln, se d. zappeln, sich sträuben [fung
debauche, f. Schlemmerei, Ausschwei-
deblayer wegräumen, wegschaffen
déboiser entwalden, abholzen
débouché, m. Ausgang eines Engpasses
déboucher münden
debout aufrecht, stehend
débris, m. Trümmer
début, m. Anfang, erstes Auftreten
décadence, f. Verfall
déception, f. Trug, Täuschung
décevoir täuschen
déchanter den Ton herabstimmen
décharge, f. Entladung, Salve
déchiffrer entziffern
déchirement, m. Riß, Zerklüftung
déchirer zerreißen
déchoir verfallen, in Verfall geraten
décidé, -ment entschieden
décider entscheiden, bestimmen, urteilen
déclaration, f. Erklärung
déclarer erklären
décombres, m. pl. Abraum, Abfall
décomposer zerlegen, zersetzen [Schutt
décoration, f. Schmuck, Ausschmückung, Orden
décorer schmücken, dekorieren

découcher aus
découdre auftr
découper aus
abheben
découragement
découvrir entde
décret, m. Bef
décrire beschrei
décroître abnel
décrocher losh
décuvage, m.
Weins
dédaigner geri
dédain, m. Ger
dedans, s. m.
dédier weihen,
dédire in Abrel rufen, zurück
dédommager e
déesse Göttin
défaire auflösen
défaite, f. Nied
défaut, m. Feh
défendre verteil
défense, f. Ver
défenseur, se
défilé m. Eng
défiler vorbei n
définir erklären,
définitif, ve, -n entgültig
défricher urbar
défunt, m. Ver
dégager freima lösen
dégât, m. Scha
dégel, m. Tau
dégoût, m. Ctel
degré, m. Grad
déguiser verklei
dehors, m. Auß
délai, m. Aufsc
délaisser verlass
délassement, streuung
délasser erquic
délégué Deputi
délétère schädli
délibération, f.
délibérer berat
délicat, e, fein,
délicatesse, f.
délicieux, se fö
délier losbinder sein; subst. r
délire, m. Wah

délit, m. Vergehen; en flagrant délit auf frischer That
délivrance, f. Befreiung
délivrer befreien, ausliefern
demander bitten, verlangen, fordern; ne d. pas mieux einverstanden sein
démener, se sich abmühen, sich unsinnig gebärden
démentir verläugnen, widerlegen; se d. sich z. Lügner machen, sein Wort zurücknehmen
démesuré, e übermäßig
demeure, f. Wohnung
demeurer wohnen, bleiben
demi, e halb
démocratie, f. Demokratie, Volksherrschaft
démolir ab-, niederreißen
démolition, f. Niederreißung, Zerstörung
démon Dämon, böser Geist, innere Stimme
démontrer beweisen
démoraliser entsittlichen, demoralisieren
dénégation, f. Ableugnung, Bestreiten
dénigrer verlästern, verunglimpfen
dénoncer angeben, anzeigen
denrée, f. Eßware, Lebensmittel
dent, f. Zahn
dentelle, f. Spitze
départ, m. Abreise
département, m. Bezirk, Departement
dépasser überholen, treffen, ragen
dépecer zerstückeln, zerlegen
dépêche, f. Depesche, Brief Felleisen
dépêcher, se sich beeilen
dépeindre beschreiben, schildern
dépendance, f. Abhängigkeit, Zubehör
dépendre abhängen, abhängig sein
dépense, f. Ausgabe
dépenser ausgeben, aufwenden
dépit, m. Ärger, Unwille
déplacer verrücken, verschieben, verdrängen; se d. seinen Aufenthalt verändern
déplaire mißfallen
déplisser entfalten
déplorable beklagenswert
déployer entfalten
déportation, f. Deportation, Verbannung
déposer ab-, niedersetzen, legen, beisetzen; aussagen
dépouille, f. Hülle, Beute, Raub
dépouiller berauben
dépourvu, e entblößt; au d. unvorbereitet
députation, f. Abordnung
député Abgeordneter, Deputierter

déranger stören, in Unordnung bringen
dériver ableiten
dernier, ère letzter, e
dérober rauben, heimlich entwenden; à la dérobée heimlich, verstohlener Weise
dérouler aufrollen, entfalten
déroute, f. Auflösung, Flucht
derviche Derwisch, mohamedanischer Mönch
dès von — an
désagréable unangenehm
désastre, m. Unstern, schweres Mißgeschick, Unheil
descendre hinabgehen, -steigen, -laufen
descente, f. Herabsteigen, Herabsinken
désert, e wüst, öde; s. m. Wüste
désespérer verzweifeln
désespoir, m. Verzweiflung
désigner bezeichnen
désintéresser, se keine Teilnahme zeigen
désinvolte munter, ungezwungen
désobéissance, f. Ungehorsam
désoeuvrement, m. Unthätigkeit
désolé, e untröstlich
désoler verwüsten, aufs tiefste betrüben
désordre, m. Unordnung
désormais hinfort, künftig, von nun an
dès que sobald (als)
dessécher vertrocknen, austrocknen
dessein, m. Absicht, Plan
dessin, m. Zeichnen, Zeichnung
dessinateur, m. Zeichner
dessiner zeichnen
dessus oben, darauf, drüber
destin, m. Schicksal
destinataire, m. Adressat, Briefempfänger
destination, f. Bestimmung
destinée, f. Geschick, Schicksal
destiner bestimmen
destructif, ve verderblich, zerstörend
détachement, m. Truppenabteilung
détacher loslösen, trennen
détail, m. Einzelheit, Kleinhandel
détaillé, e ausführlich
détailler im kleinen verkaufen
détalage, m. Einpacken
détaler sich davon machen
détenir gefangen halten
déterminer bestimmen, beschließen, veranlassen
détonation, f. Knall, Explosion
détour, m. Wendung, Biegung, Umweg
détourner ablenken, unterschlagen
détremper auf-, durchweichen

détresse, f. Trangsal, Elend, höchste Not
détrôner entthronen
détruire zerstören
dette, f. Schuld
deuil, m. Trauer
devancier, m. Vorgänger
devants, prendre les vorausgehen, den Vortritt nehmen
dévaster verwüsten
développement, m. Entwickelung, Entfaltung, Ausdehnung
développer entwickeln
devenir werden
dévider abspulen, abhaspeln, abwickeln
deviner erraten
devise, f. Devise, Wahlspruch
dévoiler, entschleiern, enthüllen
devoir sollen, müssen, schulden, verdanken, zuschreiben; subst. m. Pflicht, Schuldigkeit, Aufgabe (schriftl.)
dévorer verschlingen, verzehren
dévot, m. Frommer, Frömmler
dévotion, f. Andacht, Frömmigkeit
dévoué, e ergeben
dévouement, m. Ergebenheit, Aufopferung
devrait, il er sollte, Kondit. v. devoir
dextérité, f. Fertigkeit, Geschicklichkeit
diable, m. Teufel
dialecte, m. Mundart
diamant, m. Diamant
diamètre, m. Durchmesser
diaphane durchsichtig
différence, f. Verschiedenheit
différent, e verschieden
différer aufschieben
difficulté, f. Schwierigkeit
digestion, f. Verdauung
digne würdig
dignitaire, m. Würdenträger
dignité, f. Würde
digue, f. Deich, Damm
diligence, Emsigkeit, Eile; Eilpost, -wagen
diligent, e fleißig
dimension, f. Ausdehnung
diminuer verringern, vermindern
dindon, m. Truthahn
diplomatie, f. Staatswissenschaft, Diplomatie
dire sagen, au dire nach Aussage
direction, f. Richtung, Leitung
diriger richten, lenken, leiten
discipline, f. Disciplin, Manneszucht
discontinuer aussetzen, nachlassen

discouvenir de leu einkommen
discoureur, se Schu
discours, m. Rede
discussion, f. Ausei
discuter erörtern, u
disparaitre verschwi
disparate unähnlich,
disparition, f. Versc
dispendieux, se kost
dispenser austeilen, schonen
disperser umherstre
dispos, e munter, frisch und gesund
disposer anordnen, men, bereitmache schicken
disposition, f. Verfi Naturanlage
dispute, f. (Wort)
disputer streiten, machen
disque, m. Wurfscheil
dissimuler verberge
dissiper zerstreuen
dissolu, e ausschwe
dissolution, f. Aufl
dssous, te p. p.
distance, f. Entfern
distinct, e, -ment u
distinction, f. Unter
distinguer untersche
distraction, f. Zers
distraire zerstreuen
distribuer verteilen
divers, e verschiede
divertir belustigen; belustigen
divertissement, m.
divin, e göttlich
divinité, f. Gottheit
diviser teilen
divisible teilbar
docile folgsam
dogue, m. Dogge,
dois, je von devoir
domaine, m. Erb,
dôme, m. Kuppel,
domestique häuslic dienter, Dienstbo
domicile, m Wohn
domination, f. Herr
dominer herrschen,
dommage, m. Scha Verlust

dompter zähmen
don, m. Gabe
donateur, m. Schenker
doudaire, m. (prov.) Glockenstier
donnée, f. gegebene Größe
Dordogne, f. Nebenfluß der Garonne
dorénavant von jetzt an, künftig(hin), fortan
dorer, vergolden
dortoir, m. Schlafsaal
dos, m. Rücken
dot, f. Mitgift
doter ausstatten, begaben
douane, f. Zollamt; visite douanière Zollrevision
douanier, m. Zolleinnehmer
double doppelt
doubler verdoppeln, füttern
Doubs, m. Nebenfluß der Saône
douceur, f. Milde, Sanftmut, Annehmlichkeit, Süßigkeit
douer begaben
douleur, f. Schmerz
douloureux, se schmerzlich, schmerzhaft
doute, m. Zweifel
douter zweifeln; se d. de ahnen, vermuten
doux, ce süß, sanft; doucement langsam
doyen, m. Dekan, Alterspräsident
dragon, m. Drachen, Dragoner
drame, m. Schauspiel
drap, m. Tuch; drap de lit Bettuch
drapeau, m. Fahne, Banner
dresser (auf)richten, abrichten, aufdroit, e gerade droit rechter, e, es; à droite rechts [stellen
droit, m. Recht, Rechtswissenschaft
drôle brollig, possierlich; subst. m. Schelm, Bursche
dû, due, être (devoir) herkommen, herrühren, schuldig sein
duc, duchesse Herzog, in
duché, m. Herzogtum
durable dauernd
durcir abhärten, hart machen, werden
durée, f. Dauer
durer dauern
dynastie, f. Herrschergeschlecht

Eau-de-vie, f. Branntwein
eaux thermales, f. pl. warme Gesundbrunnen
ébats, m. pl. Freude, Lust; prendre ses é. sich belustigen, ergötzen
ébauche, f. Entwurf, Versuch
ébène, f. Ebenholz

éblouir blenden
ébranler erschüttern; s'é. sich in Bewegung setzen
écaille, f. Schuppe
écarlate, f. Scharlach, scharlachrot
écarter entfernen
ecclésiastique kirchlich
échafaud, m. Gerüst, Schaffot
échafaudage, m. Gerüst
échalote, f. Schalotte
échange, m. Austausch; en éch. als
échanger austauschen [Ersatz
échantillon, m. Probe, Muster
échapper entschlüpfen; se entwischen
échasse, f. Stelze
échauder verbrühen, verbrennen
échauffer erhitzen
échec, m. Mißerfolg, Schlappe, pl.
échelle, f. Leiter, Maßstab [Schachspiel
écho, m. Echo, Widerhall
échoir zu=, anheim=, verfallen (Wechsel)
échu, e, p. p. von échoir
éclaboussement, m. Bespritzen (mit Kot)
éclair, m. der Blitz
éclairage, m. Beleuchtung; gaz d'é.
éclaircir aufklären [Leuchtgas
éclairer er=, beleuchten, erhellen
éclat, m. Glanz
éclater ausbrechen, blitzen, glänzen
éclore aufblühen, auskriechen
économique wirtschaftlich, sparsam
Écosse, f. Schottland
écoulement, m. Ausfluß, Ab=, Durchzug
écouler, se ab=, verfließen
écraser, zer=, erdrücken, zerquetschen, verdrängen
écrier, se ausrufen
écrit, m. Schrift(stück)
écriteau, m. Aushängeschild
écriture, f. (Hand)Schrift
écrivain, m. Schriftsteller, in
écrouler, se zusammenbrechen, stürzen
écueil, m. Klippe
écuelle, f. Napf
écume, f. Schaum
écurie, f. (Pferde) Stall
édifice, m. Gebäude, Bauwerk
édit, m. Edikt, landesherrliche Verordnung
éditeur Herausgeber
éducation, f. Erziehung
effacer verlöschen, =wischen
effaroucher scheumachen, verscheuchen
effectuer ausführen, bewerkstelligen
effet, m. Wirkung, Eindruck, Erfolg, Ausführung; pl. Kleidungsstücke; en effet in der That

efficace wirksam
effleurer streifen, leicht berühren, darüber hingleiten
effondrement, m. Sturz
efforcer, se sich bemühen
effort, m. Anstrengung
effrayer erschrecken
effroi, m. Schrecken
effroyable entsetzlich
effusion, f. Erguß
égal, e gleich, gleichmäßig; d'égal adv. als Gleicher; à l'égal de gleich wie
égaler gleichen, gleichkommen
égard, m. Rücksicht, Achtung; par égard à mit Rücksicht auf; à l'égard de inbetreff [verirren
égarer verlegen, irre leiten; s'é. sich
égayer erheitern
églantier, m. wilder Rosenstock
égoïste selbstsüchtig, egoistisch
égorger erwürgen
égout, m. Kloake, Abzugsgraben, Kanal
égoutter, se ablaufen, abtropfen
égrapper abbeeren [adern
égratigner, kratzen, ritzen, leicht auf-
égyptien, ne ägyptisch; Egyptien, m.
élaborer ausarbeiten [Ägypter
élan, m. Anlauf, Feuer, Begeisterung; Elentier
élancer, se sich schwingen, stürzen,
élancé, e schlank [stürmen
élargir erweitern
élasticité, f. Elastizität, Spannkraft
élastique elastisch
élection, f. Wahl
élégant, e elegant, vornehm
élégie, f. Elegie, Klagelied
élément, m. Element, Bestandteil
élévation, f. Erhöhung
élever erheben, erziehen, emporziehen,
éloigner entfernen [errichten
éloquence, f. Beredsamkeit
émaillage, m. Emaillier-, Schmelzarbeit
émailler mit Schmelz belegen, emaillieren
émanation, f. Ausfluß, Ausströmen,
émaner ausgehen [Ausdünstung
embarquer, se sich einschiffen
embarras, m. Verlegenheit, Schwierigkeit
emboîter einschachteln; emboîter le pas durchtreten, im Tritt marschieren
embouchure, f. Mündung
embranchement, m. Abzweigung
embraser anzünden, entflammen
embrasser umarmen, umfassen

embrassade, f.
embrasure, f.
embrun, m.
émeraude, f.
émerveiller in
émerger auf-,
émeute, f. Auf-
émigrer auswa
éminent, e her-
emmener wegf
émotion, f. Ge-
émoudre schleif
émousser abstu
émouvoir bewe
emparer, se si
empêcher verhi
empereur Kaise
empesé gestärkt
empiler aufschi
empire, m. Reic
empirer verschl
emplacement,
emplette, f. Ein
emploi, m. Ann schäftigung,
employé Beam
employer anwe
emplumer befie
empocher einste
emporter fort nehmen
empreinte, f. 2
empressé, e eif kommend
empressement,
empresser, se
emprisonner gef
emprunter borg
emprunteur, se
ému, e, p. p. gerührt, aufg
encadrement, m
encadrer einral
encaisser einde
enceinte, f. U friedigung
encercler umge
enchaîner fessel
enchantement, Bezauberung,
enchanter beza
enchanteur, er
enclume, f. Am
encombre, m.
encombrement, füllung

encombrer verschütten, versperren
encouragement, m. Ermutigung
encourager ermutigen
encre, f. Tinte
encrier, m. Tintenfaß
encyclopédie, f. Encyclopädie, Sammel-
endommager beschädigen [werk
endormir, se einschlafen
endosser anziehen, anlegen
endroit, m. Ort, Vorder- oder rechte
enduit, m. Überzug, Beschlag [Seite
endurer ausstehen, erdulden
énergie, f. Willenskraft, Energie
énergique willenskräftig, energisch
enfance, f. Kindheit
enfantin, e kindlich, kindisch
enfermer einschließen
enflammer entzünden, begeistern
enflure, f. Geschwulst
enfoncement, m. Vertiefung
enfoncer ein-, versinken, einschlagen
enfouir ver-, eingraben, versenken
enfreindre übertreten, überschreiten
enfuir, se entfliehen
engageant, e anziehend, gewinnend
engager bewegen, veranlassen, ver-
  pfänden, dingen ꝛc.; s'eng. sich verpflichten, einlassen, hängen bleiben,
  entspinnen
englontir verschlingen, se untergehen
engouer, se sich für etwas einnehmen
  lassen [stürzen
engouffrer, se sich in den Abgrund
engourdir erstarren, erschlaffen
  p. p. schwerfällig, träge, matt
engourdissement, m. Erstarrung, Er-
  schlaffung, Lähmung
engraisser mästen
engrenage, m. Triebwerk
enivrer berauschen
enjoindre einschärfen
enlacer in einan. flechten, umschlingen
enlever ab-, fort-, wegreißen, nehmen,
  ausziehen
ennemi, e feindlich; subst. Feind (in)
ennui, m. Langeweile, Widerwärtigkeit
ennuyer, se sich langweilen
ennuyeux, se langweilig
énorme unermeßlich, ungeheuer
enregistrer einschreiben, registrieren
enrichir bereichern
enrôler, se sich anwerben lassen
enroué, e heiser
enrouler zusammenrollen
enseigne, m. Fähnrich; f. Zeichen,
  (Wirtshaus-)Schild

enseigner lehren
ensemble zusammen; subst. m. Ge-
ensevelir begraben [samtheit
entamer anschneiden, -brechen, -reißen,
  in Angriff nehmen
entasser aufhäufen
entendre hören, verstehen; s'ent. sich
  verständigen
enterrement, m. Begräbnis
enterrer beerdigen
entêtement, m. Starrköpfigkeit
enthousiasme, m. Begeisterung
enthousiaste Schwärmer, in, Enthu-
  siast; adj. schwärmerisch, enthu-
  siastisch
entier, ère gesamt, ganz, vollständig
entourer umgeben
entrailles, f. pl. Eingeweide
entrain, m. Eifer, Lebendigkeit
entraîner mit fort-, hinreißen, weg-
  spülen, -schwemmen
entraver hemmen, aufhalten, fesseln
entre, d'entre unter, zwischen
entr'acte, m. Zwischenakt, Pause
entrée, f. Eintritt, Eintrittsgeld; Vor-
entrecouper unterbrechen [speise
entre-croisement, m. Durchkreuzung
entrelacer in einander, umschlingen,
  verflechten; se sich verschlingen
entreprendre unternehmen
entreprise, f. Unternehmen
entretenir unterhalten
entretien, m. Unterhaltung
entrevoir mutmaßen
envahir überfallen
envahissement, m. Eindringen, feind-
  licher Einfall
envelopper umhüllen, einhüllen, umgeben [Kehrseite
envers, prép. gegen; subst. m. linke,
envie, f. Neid, Lust, Reiz; porter
  envie beneiden
environ ungefähr
environner umgeben [gegend
environs, m. pl. Umgebung, Um-
envisager genau ansehen, ins Auge
envoler, se davonfliegen [fassen
épais, se dick, dicht
épaissir verdicken, verdichten
épaisseur, f. Stärke, Dicke, Dichtigkeit
épancher ausströmen, ausschütten
épargner ersparen, verschonen
éparpillement, m. Zerstreuung
éparpiller verteilen, ver-, zerstreuen
épars, e zerstreut
épeler buchstabieren

éperdu, e bestürzt
epervier, m. Sperber
éphémère eintägig, vergänglich
épi, m. Ähre
épice, f. Spezerei, Gewürz
épier spähen
épine, f. Dorn
épingle, f. (Steck-)Nadel
épique episch
epithète, f. Beiwort, Epitheton
éponge, f. Schwamm
époque, f. Zeitpunkt, Epoche
épouser heiraten
épouvantable entsetzlich, erschrecklich
épouvante, f. Schrecken, Entsetzen
époux, se Gemahl (in)
épreuve, f. Probe, Versuch, Prüfung; Probeabdruck, Korrekturbogen; à toute é. ganz ausgezeichnet, erprobt
éprouver erleiden, empfinden, erfahren
epuiser erschöpfen, aussaugen
epurer reinigen
equarrir behauen, vierkantig zuschneiden
équateur, m. Äquator
équestre, adj. Reiter-, Ritter-, zu Pferde
équipage, m. Equipage, Aufzug, Kutsche, Schiffsmannschaft
équipée, f. unüberlegter Streich
équivalent, e gleichwertig
équivaloir gleichwertig sein, gleichkommen
équivoque doppelsinnig, zweideutig
ère, f. Ära, Zeitrechnung
érection, f. Er-, Aufrichtung
ériger errichten
ermite Eremit, Einsiedler
erreur, f. Irrtum
éruption, f. Ausbruch
escalier, m. Treppe
escarpé, e schroff, steil
Escaut, m. die Schelde
escorte, f. Bedeckung, Geleit
escorter geleiten, eskortieren
espace, m. Raum, Zeitraum
espacer sperren, durchschießen (Druck)
Espagne, f. Spanien
espagnol, e spanisch
Espagnol, e Spanier, in
espèce, f. Art, Gattung, Münzsorte
espérance, f. Hoffnung
espion, m. Spion
espionner (aus)spionieren
esplanade, f. freier Platz, Vorplatz
espoir, m. Hoffnung
esprit, m. Geist

esquisse, f. Skizze
esquiver, se sich davon machen
essai, m Versuch, litter Abhandl
essaim, m. Schwarm
essentiel, le wesentlich, hauptsächli
essor, m. (Auf)Schwung, Flug
essuie-plume(s), m. Federwischer
essuie-main(s), m. Handtuch
essuyer trocknen, abwischen, erleide
essuyeur de plâtre Trockenwohner
est, m. Osten
estampe, f. (Kupfer)Stich
esthétique ästhetisch
estimable achtbar, schätzenswert
estimer schätzen
estomac, m. Magen
estuaire, m. weite Flußmündung
étable, f. Stall
établir einsetzen, -richten, feststel -setzen; s'é. sich niederlassen
établissement, m. Anstalt
étai, m. Stütze
étain, m. Zinn
étalage, m. Auslage
étaler auslegen, ausstellen, zur S
étang, m. Teich
étape, f. Marschquartier, Tagema
état, m. Zustand, Gewerbe
État. m. Staat
état-major, m. Stab; é.-m. géo Generalstab
États-Unis, m. Vereinigte Staater
éteindre aus-, verlöschen
étendard, m. Standarte, Fahne
étendre ausbreiten, strecken
étendue. f. Ausdehnung
éternel, le ewig
étinceler funkeln, schimmern, leuc
étincelle, f. Funke
étiquette, f. Aufschrift, Etikette, Zei
étoffe, f. Stoff
étoile, f. Stern; à la belle é. Freien, bei Mutter Grün
étonner, se erstaunen
étouffer ersticken
étouff ausgebrannter Krater (vol
étourderie, f. Leichtsinn, Unbesonn
étourdi unbesonnen, leichtsinnig; s m. Leichtfuß, Wildfang
étourdir betäuben
étourneau, m. Staar
étrange seltsam, fremdartig, sonde
étranger, ère fremd; subst. m. Fr der, Ausland, die Fremde
être, m Wesen
étreindre fest zusammendrücken,

étroit, e schmal, eng
étude, f. Studium; Büreau eines Rechtsanwalts
étudier studieren
étui, m. Futteral, Etui
européen, ne europäisch
évader, se entwischen, entweichen
évanouir ohnmächtig werden, vergehen, verschwinden
évaporer verdunsten
évaser erweitern, ausweiten
évasif, ve ausweichend
événement, m. Ereignis
éventail, m. Fächer
éventaire, m. Korbschale, Blumen-Verkaufsstand
évêque Bischof
évidence, f. Augenscheinlichkeit
évident, e augenscheinlich, überzeugend
éviter vermeiden
évolution, f. Bewegung, Wendung
évoquer an-, wachrufen, Geister beschwören
exact, e genau, pünktlich
exactitude, f. Genauigkeit, Pünktlichkeit
exagérer übertreiben
exalter erheben, erhitzen, begeistern
exaucer erhören
excédant, m. Überschuß, Gewicht; excéder überschreiten, steigen
excellence, f. Auszeichnung; par exc. vorzugsweise, im wahrsten Sinne des Wortes
excellent, e ausgezeichnet
exceller sich auszeichnen
exception, f. Ausnahme
exceptionnel, le-ment ausnahmsweise,
excès, m. Übermaß
außergewöhnlich
excessif, ve äußerst
excitation, f. Er-, Anregung
exciter auf-, anregen, reizen
exclure ausschließen
exclusif, ve-ment ausschließlich
exécuter ausführen, hinrichten
exécution, f. Ausführung, Hinrichtung
exemplaire musterhaft; subst. m.
exempt, e frei, befreit
Muster, Exemplar, Probe
exercer (aus)üben
exhaler ausatmen, duften
exhortation, f. Ermahnung
exigence, f. Anforderung
exiger fordern, verlangen
exigu, ë winzig
exil, m. Verbannung

exiler verbannen; exilé, m. Verbannter
existence, f. Dasein, Existenz, Vorhandensein
exister existieren, bestehen
exotique exotisch, ausländisch
expéditeur, e versendend, Versender
expédition, f. Versendung, Expedition, kriegerische Unternehmung
expérience, f. Erfahrung, Experiment
expérimenté, e erfahren
expérimenter erproben
expirer aushauchen, sterben, vergehen
explication, f. Erklärung
expliquer auseinandersetzen, erklären
exploit, m. Heldenthat
exploitation, f. Betrieb, Ausbeutung
exploiter benutzen, ausbeuten, anbauen, in Betrieb setzen
explorer erforschen
explosible explodierbar
explosion, t. Knall, Zerplatzen, Ausbruch
exportation, f. Ausfuhr, Export
exporter ausführen, exportieren
exposer ausstellen, aussetzen; se sich aussetzen
exposition, f. Ausstellung, Lage
exprès ausdrücklich, eigens
express, m. Eilzug, Boot
expressif, ve ausdrucksvoll
expression, f. Ausdruck
exprimer ausdrücken
exquis, e ausgesucht, auserlesen
extase, f. Extase, Verzückung
exténuer entkräften, erschöpfen
extérieur Äußeres, äußerer, e, es
exterminer ausrotten
extraire ausziehen
extraordinaire außergewöhnlich
extrême äußerst, übertrieben, extrem
extrémité, f. äußerstes Ende
exubérant, e schwülstig, üppig, wuchernd.

Fable, f. Fabel; fable-proverbe Fabel mit Sprichwort
fabricant, m. Fabrikant
fabrication, f. Herstellung
fabriquer herstellen
fabuleux, se fabelhaft
fabuliste, m. Fabeldichter
façade, f. Vorderseite, Fassade
face, f. Gesicht, Außen-, Vorderseite; en f. de gegenüber
fâcheux, se unangenehm, lästig, ärgerlich
facilité, f. Leichtigkeit

façon, f. Form, Gestalt, Art; de f. que dergestalt daß
façonner formen, gestalten, bearbeiten
facteur, m. Briefträger
factice künstlich, erkünstelt
faction, f. Partei; Schildwache, Posten
faculté, f. Fähigkeit, Fakultät
fade schal, abgeschmackt, läppisch, albern
faible schwach; subst. m. Schwäche, Schwachheit
faïence, f. Fayence, Steingut
saillir fehlen
faim, f. Hunger
fainéant Faullenzer
faire feu Feuer geben, schießen
faisceau, m. Bündel, Gewehrpyramide
fait, m. Thatsache, That; en f. de was anbetrifft; prendre fait et cause pour für jem. Partei ergreifen
faix, m. Bürde, Last
falaise, f. steile Felsenküste, Klippe
falloir nötig sein, müssen, brauchen
fameux, se berühmt
familiarité, f. Vertraulichkeit
familier, ère vertraut
famine, f. Hungersnot
fanatique fanatisch, schwärmerisch; Schwärmer, Fanatiker
faner welk machen; se verwelken
faneur, se Heuer, in
fanfaron Großsprecher, Aufschneider; großsprecherisch
fange, f. Schlamm
fantaisie, f. Einfall, Laune,
fantassin, m. Infanterist
fantôme, m. Phantom, Schreckgestalt; Gespenst
farce, f. Posse, Schwank, Possenspiel
fardeau, m. Last, Bürde
farine, f. Mehl
farineux, se mehlig
farouche wild, scheu
fastueux, se prunkvoll, prunkend
fat, m. Geck
fatal, e verhängnisvoll, fatal
fatigant, e ermüdend, lästig
fatiguer ermüden
faubourg, m. Vorstadt
fauchée, f. Mahd, Gemähtes
faucher mähen
faucheur Mäher
faucille, f. Sichel
faute, f. Fehler, Schuld; f. de in Ermangelung von
fauvette, f. Grasmücke
faux, f. Sense

faux-col, m. Kragen
faveur, f. Gunst; à la f. de mit Hü
favori, te beliebt, Lieblings ; sub Liebling, Günstling; m. pl. Bade
favoriser begünstigen, befördern [ba
fécond, e fruchtbar
fédéré, e verbündet; Verbündeter
féerie, f. Feerie, Zauberei
féerique feen, zauberhaft
feindre vorgeben, heucheln
félicité, f. Glückseligkeit
féliciter Glück wünschen, beglückwünschen, gratulieren
fenaison, f. Heuernte
fendre spalten, durchschneiden
fente, f. Spalte, Ritze
féodal, e feudal, lehnbar
féodalité, f. Lehnswesen, Feudalität
fer, m. Eisen, Hufeisen, Schwert;
ferblanc, m. (Weiß)Blech
ferblantier Klempner, Blechschmied
ferme, f. Guts-, Pachthof, Meier prendre à f. pachten, adj. fest
fermentation, f. Gährung
fermenter gähren
fermer schließen
fermeté, f. Festigkeit
fermier, ère Pächter (in)
fermoir, m. Schließ , Schlußhaken
féroce wild
ferrer mit Eisen beschlagen
fertile fruchtbar
fertilité, f. Fruchtbarkeit
fervent, e glühend
festin, m. Festlichkeit
feston, m. Blumen , Laubgewinde
festoyer schmausen, festlich bewirten
fête, f. Fest; en f. lustig
feuillage, m. Blätterwerk
feuilleter durchblättern
feutre, m. Filz(hut)
fiancé, e Bräutigam, Verlobter Braut, Verlobte
fibre, f. Faser
ficeler mit Bindfaden binden, schnür
ficelle, f. Bindfaden, Schnur
fidèle, treu, gläubig; Treuer, Gläubig
fidélité, f. Treue
fief, m. Lehen
fiel, m. Galle
fier, fière stolz
fier anvertrauen; se f. sich verlaß
fièvre, f. Fieber
fiévreux, se fieberhaft
figue, f. Feige
figuier, m. Feigenbaum

figure, f. Gesicht, Gestalt
figurer gestalten, bilden
fil, m. Faden, Faser, Draht, Schneide
filament. m. Faser
file, f. Reihe, Zug
filer spinnen, schnuppen, sich schnäuzen (von Sternen)
filet, m. Netz, Lendenbraten; Faden, Faser
filou, m. Spitzbube
fin, e fein, zart, auserlesen; subst. m. Feine, Schlaue; Feinheit, Feingehalt, feines Gold, Silber
final, e schließlich
finances, f. pl. Finanzen
finesse, f. Feinheit
fixe fest
fixer festmachen, festhalten
flageolet, m. Flötchen
flair, m. Geruch, Witterung
flamber flammen, flackern
flanc, m. Flanke, Seite; par le fl. von, nach der Seite, seitwärts
flanelle, f. Flanell, Unterjacke
flâner herumbummeln, flanieren
flâneur, se Bummler, in
flanquer flankieren, zu beiden Seiten stehen
flaque, f. Lache, Pfütze
flatter schmeicheln
flatterie, f. Schmeichelei
flatteur, se schmeichlerisch, Schmeichler, in
fléau, m. Dreschflegel, Geißel
flèche, f. Pfeil, spitzer Turm
flétrir welken, bleichen
fleuri blühend
flexible biegsam, geschmeidig
flocon, m. Flocke
flore, f. Flora, Pflanzenreichtum
florentin, e florentinisch, aus Florenz
flot, m. Flut, Woge, Strom
flotter schweben, wehen
fluide flüssig
fluvieux, se Fluß-
fluxion, f. Fluß; f. de poitrine Lungenentzündung
foi, f. Glaube, Treue
foin, m. Heu
foire, f. Jahrmarkt, Messe
fois, f. Mal, à la f. auf einmal
folie, f. Narrheit, Wahnsinn
fonction, f. Amtsverrichtung, Geschäft, faire f. Dienste thun
fonctionner Verrichtung thun, funktionieren
fond, m. (Hinter)Grund, Boden
fondateur (Be-)Gründer
fondation, f. Gründung, Stiftung
fonder gründen, begründen

fondre schmelzen, stürzen, verfallen, los-, hereinbrechen
fondrière, f. Schlucht, Schneetiefe
fontaine, f. Springbrunnen
fonte, f. Schmelzen, Guß
force, f. Gewalt, Macht
forcément gezwungenermaßen
forcer (la main) zwingen
forger schmieden
format, m. Format
forme, f. Form, Gestalt, Rahmen, Satzform
formidable furchtbar
fort stark, s. m. Fort, kleine Festung
forteresse, f. Festung
fortification, f. Befestigung
fortifier befestigen, kräftigen, stärken
fortune, f. Glück, Vermögen
fosse, f. Grube, Grab; f. d'aisance Abzugsgraben, Kloake
fossé, m. Graben (Festungs-)
fou, Narr, Thor
foudre, m. Fuder (Maß), f. Blitzstrahl)
fouet, m. Peitsche, Rute, Geißel
fouetter peitschen
fou-fol, le thöricht, närrisch
fougère, f. Farnkraut
fouille, f. Nachgrabung, Nachforschung
fouiller durchwühlen, durchsuchen
fouillis, m. Wirrwarr, Gestrüpp
foulage, m. Keltern des Weins
foule, f. Menge, Gedränge
four, m. Back-, Glüh-, Brennofen
fourche, f. Heugabel
fourmi, f. Ameise
fourmillement. m. Gewimmel
fourmiller wimmeln
fournir liefern
fournisseur, se Lieferant, in
fourrage, m. (Vieh)Futter
fourré, m. Dickicht
fourrure, f. Pelz, Rauchwerk, Fell
foyer, m. Herd, Versammlungssaal, Galerie
fracas, m. Getöse, Krachen
fragment, m. Bruchstück
fraîcheur, f. Frische, Kühle
frais, fraîche frisch
frais, m. pl. Kosten, Spesen
fraise, f. Erdbeere
franc, m. Franc (Münze = 80 Pf.)
franc, che freimütig
Franche-Comté ehemalige französische Provinz (Freigrafschaft Hochburgund)
franchir überschreiten
franchise, f. Freimütigkeit

franc-tireur, m. Freischütz
frange, f. Franse
frappant, e auffallend
frapper schlagen, klopfen, treffen, Eindruck machen
fraude, f. Betrug
frayeur, f. Schrecken, Entsetzen
frein, m. Zügel
frêle schwach, zart
frelon, m. Hornisse
frémir brausen, schaudern
fréquent, e; -emment häufig
fréquenter häufig besuchen
fresque, f. Freskogemälde
friandise, f. Leckerei
frire backen, braten (in der Pfanne)
frisson, m. Schauder
frissonner schaudern, frösteln
friture, f. Gebackenes
frivole leichtfertig
fromage, m. Käse
fronde, f. Schleuder
front, m. Stirn; de f. neben einander, von vorn
frontière, f. Grenze; adj. Grenz-
fruitier, ère Obsthändler, in; adj. Obst-
fuir fliehen
fuite, f. Flucht
fumée, f. Rauch, Dampf, Dunst
fumer rauchen
funèbre, adj. Begräbnis-, Grab-, Leichen-, Trauer-, Todes-
funéraire Leichen-
funeste unheilvoll, verderblich
fur, au f. et à mesure nach Maßgabe, je nachdem
furie, f. Wut
furieux, se wild
fuseau, m. Spindel
fusil, m. Gewehr, Flinte
fusillade, f. Kleingewehrfeuer
fuyard Flüchtling

Gager wetten
gagner gewinnen, erreichen, kommen [über
gai, e heiter
gaîté, f. Heiterkeit
galant, e bieder, brav, hübsch, zierlich; subst. m. schlauer Fuchs
Galles, f. pays de Galles Wales
gallo-romain, e gallo-römisch
gambade, f. Luftsprung
gamin, m. (Gassen)Junge, Schelm
gant, m. Handschuh
gant de peau, m. Glacéhandschuh

garantie, f. Gewähr(leistung), Bürgschaft, Sicherheit
garantir schützen, gewährleisten
garçon Knabe; g. meunier Müllerbursche
garde, f. Hut, Aussicht, Garde, Wachmonter la g. die Wache beziehen
garde-chasse Jagdhüter
garde-manger, m. Speiseschrank
garder hüten, bewahren
gardiau, prov. für gardien, m. Hüter
gardien(ne) Hüter(in)
gare, f. Bahnhof
garnir besetzen, versehen
garnison, f. Besatzung, Garnison
gars, m. Bursche
gascon, ne gasconisch, prahlerisch Gaskogner
gaspiller vergeuden
gâter verderben, verwöhnen
gâterie, f. kleine Aufmerksamkeit
gauche linker, e, es; à g. links
Gaule, f. Gallien
gaulois, e gallisch, Gallier
gaz, m. Gas
gaze, f. Gaze
gazon, m. Rasen
géant Riese
geler frieren
gémir seufzen
gemme (sel) m. Steinsalz
gêner, se sich genieren
général, e allgemein; en g. im allg. subst. m. General
généraliser verallgemeinern
généreux, se edel, großmütig
générosité, f. Großmut, Freigebigkeit
genêt, m. Ginster, Pfriemkraut
Genève, f. Genf
genévrier, m. Wachholderstrauch
génie, m. Genie, Geist; Genieweg officier de g. Ingenieuroffizier
Génois Genueser
genou, m. Knie
genre, m. Geschlecht, Gattung, 2 Geschmack, Mode
gens, m. pl. Leute
gentilhomme, m. Edelmann
géographe, m. Geograph
géologue, m. Geolog
gerbe, f. Garbe
germanique germanisch
germer keimen
geste, m. Geberde, Handbewegung
gestes, m. pl. Heldenthaten; faitgestes Thun und Lassen

gibelotte, f. Kaninchen Frikasse
gibier, m. Wild
gigantesque riesig
gin, m. (engl., spr. dgin) Wachholder- [branntwein
girafe, f. Giraffe
gîte, m. Lager, Nachtlager; f. Boden-
glace, f. Eis, Spiegel [stein
glacer gefrieren machen
glacial, e eisig
glacier, m. Gletscher
glaçon, m. Scholle
glaçure, f. Glasur
glaise thonartig
glapir kreischen
Glaris, m. Glarus [bahn
glissade, f. Gleiten, Schleifen, Gleit-
glisser gleiten, schleifen, schlittern, ausrutschen
globe, m. (Erd-)Kugel, Globus
globule, m. Kügelchen
gloire, f. Ruhm, Herrlichkeit
glorieux, se ruhmreich
glorifier verherrlichen
glucose, f. Trauben-, Stärkezucker
gobelin, m. Zeugtapete
golfe, m. Golf
gomme, f. Gummi
gommer gummieren
gond, m. Thürangel
gondolier Bootführer
gonfler (auf)blähen, (auf)schwellen
gorge, f. Gurgel, Schlund, Schlucht
gosier, m. Kehle
gouffre, m. Abgrund, Strudel, Schlund
goujat Handlanger, Maurerlehrling, Schuft
gourmand, e leckerhaft, gefräßig
gourmandise, f. Gefräßigkeit, Lecker-, Naschhaftigkeit
gourmet, m. Feinschmecker
goût, m. Geschmack
goûter kosten, genießen m. Vesperbrot
gouttière, f. Dachrinne
gouvernail, m. Steuerruder
gouvernement, m. Regierung
gouverneur Statthalter, Erzieher, Hofmeister [de g. bitte
grâce, f. Gnade, Anmut, Gunst, Dank
gracieux, se anmutig, freundlich; graziös
gradin, m. Stufe; pl. Terrassen
graduation, f. Gradierung, Abdünstung
graduel, le stufenweise
grain, m. Korn
graine, f. (Samen-)Korn
graisse, f. Fett, Schmalz

gramme, m. Gramm
grandeur, f. Größe
grands parents Großeltern
grange, f. Scheuer, Scheune
granit, m. Granit
grappe, f. Traube
gras, se fett
gratis unentgeltlich, umsonst
gratitude, f. Dankbarkeit
gratter kratzen, schaben
grattoir, m. Radiermesser
gratuit, e -ment unentgeltlich, frei
grave ernst, schwer
graver eingraben, stechen, schneiden
gravir erklimmen
gravitation, f. Schwere
gravité, f. Ernst, Schwere, Gefährlich-
gré, m. Belieben, Gefallen [keit
Grec, que Grieche, in, adj. griechisch
grêle schlank, dünn
grelot, m. Schelle
grelotter vor Kälte zittern, mit den Zähnen klappern
grenier, m. Boden, Dachstube
grenouille, f. Frosch
grès, m. Sandstein; grès rouge Rot liegendes
grief, ve schwer, s. m. Kummer
griffonnage, m. Gekritzel
grille, f. Gitter(thor)
griller rösten
grimace, f. Grimasse
grimper klettern
grimpeur Kletterer
gris, e grau
grisâtre gräulich
griser, se sich berauschen
grive, f. Drossel
gronder zürnen, ausschelten
gros, se dick, groß, stark; subst. m. Hauptteil
groseille, f. Johannisbeere; g. verte
grosseur, f. Dicke, Größe [Stachelbeere
grossier, ère grob, plump, roh
grossir vergrößern
groupe, m. Gruppe
grue, f. Kranich
gué, m. Furt
guéable durchwatbar, passierbar
guêpe, f. Wespe
guérir heilen
guérison, f. Heilung, Genesung
guérite, f. Schilderhaus
guerre, f. Krieg
guerrier Krieger
guerrier, ère kriegerisch; subst. m.

guerroyer Krieg führen
guêtre, f. Gamasche
guetter (be)lauern, abpassen
guichet, m. Schalter, Schiebfensterchen
guide, m. Führer
guider führen, geleiten
Guyane, f. Guyana (Südamerika)
gymnastique, f. Turnen.

Habile geschickt
habit, m. Kleid, Rock, Frack
habitant Be-, Einwohner
habitation, f. Wohnung
habiter (be-)wohnen
habitude, f. Gewohnheit; d'habitude
   gewohnheitsmäßig
habituel, le gewohnheitsmäßig
habituer gewöhnen
hache, f. Axt, Beil
hachette, f. Hacke, Handbeil
haie, f. Hecke, Zaun, Reihe, Gasse,
haine, f. Haß   [Spalier
haineux, se gehässig
haleine, f. Atem
hâler bräunen
haleter keuchen
halle, f. Markthalle
halte, f. Halt, Rast
hameau, m. Weiler
hangar, m. Schuppen
hanter oft besuchen, bewohnen
haranguer eine Ansprache halten
hardi, e, -ment kühn
haricot, m. Bohne
haridelle, f. Gaul, (Schind-)Mähre
harpe, f. Harfe
hasard, m. Zufall; au h. aufs Gerate-
hasarder wagen   [wohl
hâte, Eile, Hast
hâter, se sich beeilen
hâtif, ve eilig, frühreif, frühzeitig
hautain, e hochmütig
hauteur, f. Höhe
Hébreu, m. Hebräer
hécatombe, f. Hekatombe (Opfer von
   100 Stieren), Blutbad
Helvétie Helvetien, Schweiz
hémisphère, m. Halbkugel, Hemisphäre
herbe, e grasig, krautig; Kräuter-
herbivore grasfressend
hérédité, f. Erblichkeit
hérétique ketzerisch
hérisser mit Stacheln bedecken, besetzen;
   p. p. stachlich, starrend, strotzend
héritage, m. Erbe

héritier, ère
héroïque he
héroïsme, m
héron, m. R
héros Held,
hésiter zöge
heure, f. St
heurter stoß
hideux, se
hippodrome,
hippopotame
historien, m
hommage, m
   digung;
homogène g
honnête anst
honnêteté, 1
honneur, m.
honorer ehr
honte, f. S
honteux, se
hôpital, m.
horaire, m.
horizon, m.
horloge, f. 1
horloger, m
horlogerie,
horreur, f. (
horrible sch
hors, prp.
hospice, m.
   berge
hospitalier,
hospitalité,
hostile feind
hôte, hôtess
hôtel, m. G
   wohnung,
Hôtel-Dieu,
hôtellerie, f
hotte, f. Tr
houblou, m.
houille, f. (
houillère, f.
houlette, f.
huguenot, u
huile, f. Ö
humain, e r
humanité, f.
humble nied
humecter be
humeur, f.
humide feuc
humiliation,
humilier be
hurlement,

hurler heulen, brüllen
hyacinthe, m. Hyazinthe
hydrogène, m. Wasserstoff, Leuchtgas,
~ h. carboné Kohlenwasserstoff, gaz h.
  Wasserstoffgas
hygiénique Gesundheits-
hymen, m. Ehe
hymne, m. Lobgesang, Hymnus; f.
  Choral
hypocrisie, f. Heuchelei.

Ibère Iberer
ibérien, ne iberisch (spanisch)
ici-bas hienieden
idée, f. Idee, Gedanke, Vorstellung
identité, f. Identität, Einerleiheit
idiomatique idiomatisch, mundartlich
idiome, m. Idiom, Sprache
idolâtre, m. Götzendiener
ignition, f. Glühen
ignorance, f. Unwissenheit
ignorant, e unwissend; Dummkopf
ignorer nicht wissen
ile, f. Insel
illusion, f. Täuschung, Illusion
illustre berühmt, erlaucht
illustrer berühmt machen
ilot, m. Inselchen
image, f. Bild
imagerie, f. Bilderfabrik
imaginaire eingebildet
imagination, f. Einbildung
imaginer ausdenken; s'im. sich ein
  bilden, sich vorstellen
imbécile schwach(sinnig), dumm; s. m.
  Dummkopf
imbiber durchnässen, tränken
imitation, f. Nachahmung
imiter nachahmen
immédiat, e unmittelbar, sofort
immense ungeheuer groß, unermeßlich
immensité, f. Unermeßlichkeit
imminence, f. nahes Bevorstehen
imminent, e nahe bevorstehend, drohend
immobile unbeweglich
immoral, e unmoralisch, unsittlich
immortaliser unsterblich machen
immortalité, f. Unsterblichkeit
immortel, le unsterblich
imparfait, e unvollkommen
impatience, f. Ungeduld
impatient, e ungeduldig
impatienter ungeduldig machen
impérial, e kaiserlich [Wagenverdeck
impériale, f. mit Sitzen versehenes

imperméable undurchdringlich
impertinent, e frech, unpassend
impétueux, se ungestüm
impie gottlos
impitoyable unerbittlich
implorer anflehen
importance, f. Wichtigkeit
important, e wichtig
importation, f. Einfuhr, Import
importer einführen; von Wichtigkeit
  sein; n'importe! thut nichts!
importun, e beschwerlich, lästig
importuner belästigen
importunité, f. Belästigung
imposant erhaben, gewaltig, großartig
imposer auferlegen
imposition, f. Auf(er)legung, Auflage,
impossible unmöglich [Steuer
impôt, m. Auflage, Abgabe, Steuer
imprégner sättigen
impression, f. Druck, Drucken; Ab-, Ein-
impressionner Eindruck machen [druck
imprévu, e unvorhergesehen
imprimé, m. Drucksache, Schrift
imprimerie, f. Druckerei, Buchdrucker-
imprimeur Drucker [kunst
impropre uneigentlich, ungeeignet, unpassend
improviser improvisieren, im Augenblick erfinden, entwerfen, herstellen
improviste, à l', adv. unversehens,
  unverhofft
imprudent, e unklug, unvorsichtig
impuissant, e ohnmächtig
impulsion, f. Anstoß, Antrieb
impunément ungestraft
inaccoutumé, e ungewohnt
inaction, f. Unthätigkeit
inaltérable unveränderlich
inanimé, e leblos
inaperçu, e unbemerkt
inattendu, e unerwartet
inaugurer einweihen
incarner, se hineinwachsen, in Fleisch
  und Blut übergehen
incendie, m. Feuersbrunst
incendier einäschern
incertain, e ungewiß, unsicher
incertitude, f. Ungewißheit
incessant, e unaufhörlich, ununter-
inclination, f. Neigung [brochen
incliner neigen; s'i. sich verneigen
inclus, e einliegend, beigeschlossen
incolore farblos
incomparable unvergleichlich
incompréhensible unbegreiflich

inconscient, e unbewußt
inconstant, e unbeständig
incontestable unbestreitbar, unwiderleglich
inconvénient, m. Hindernis, Unannehmlichkeit, Nachteil
incorporation, f. Einverleibung
incroyable unglaublich
inculte unbebaut
incurable unheilbar
Inde, f. Indien
indéfini, e unbestimmt, unbegrenzt
indéfinissable unbestimmbar, unerklärlich
indépendance, f. Unabhängigkeit
indépendant, e unabhängig
indescriptible unbeschreiblich
indicateur, m. Anzeiger
indication, f. Angabe
indien, ne indisch; Indianer
indiennerie, f. Fabrik indischer Kattune
indifférence, f. Gleichgültigkeit
indifférent, e gleichgültig, teilnahmlos
indigence, f. Armut, Dürftigkeit
indigène eingeboren, Eingeborener
indigent, e dürftig
indignation, f. Entrüstung
indigne unwürdig
indigner, se sich entrüsten, unwillig
indiquer anzeigen, angeben [werden
indiscret, ète unbesonnen, unbescheiden, plauderhaft
indispensable unumgänglich, unerläßlich, unentbehrlich
indisposé, e unwohl, krank
indisposer böse, unwillig machen
individu Individuum, Mensch
individuel, le persönlich, im einzelnen
indocile ungelehrig
indomptable unzähmbar
indulgence, f. Nachsicht
indulgent, e nachsichtig [fleiß
industrie, f. Gewerbe, Gewerb, Kunst
industriel, le gewerbthätig, betriebsam, subst. m. Gewerbtreibender
inégal, e ungleich(mäßig)
inépuisable unerschöpflich
inerte träge, leblos
inestimable unschätzbar
inévitable unvermeidlich [sich
inexcusable unentschuldbar, unverzeihinexprimable unausdrückbar, unbeinfaillible unfehlbar [schreiblich
infâme ehrlos, nichtswürdig
infatigable unermüdlich

inférieur, e geringer, niedriger, unt subst. m. Untergebener
infériorité, f. Minderwertigkeit
infini, e, -ment unendlich; s. m.
infinité, f. Unzahl [Unend
infirme gebrechlich
infirmité, f. Gebrechlichkeit
inflammation, f. Entzündung
infliger auferlegen
influence, f. Einfluß
influencer beeinflussen
influer Einfluß ausüben
information, f. Auskunft
informer, se sich erkundigen
infortune, f. Unglück
infortuné, e unglücklich
infusion, f. Aufguß, Aufgießen, gießung
ingénier, se grübeln, nachsinnen
ingénieux, se erfinderisch, scharfsi
ingouvernable unlenkbar
ingratitude, f. Undankbarkeit
inhumain, e unmenschlich, grausa
inhumer begraben, beerdigen
inimaginable undenkbar
ininterrompu, e ununterbrochen
injure Beleidigung, Schimpf, Un
injustice, f. Ungerechtigkeit
innocent, e unschuldig
innombrable unzählig
innovation, f. Neuerung
inoffensif, ve unschädlich, harmlos
inonder überschwemmen
inquiet, ète unruhig
inquiéter beunruhigen
inquiétude, f. Unruhe, Beunruhi
inscription, f. Inschrift
inscrire einschreiben
insecte, m. Insekt
insérer einfügen
insignifiant, e unbedeutend
insipide fade, geschmacklos
insistance, f. Beharrlichkeit, Dri
insolent, e unverschämt, vermesse
insouciance, f. Sorglosigkeit
inspection, f. Untersuchung, Aufs
inspiration, f. Eingebung
inspirer einflößen, begeistern
installer einrichten, niederlassen
instant, m. Augenblick
instinct, m. Naturtrieb, Instinkt
instinctivement instinktiv
institut, m. Institut, Anstalt
instituteur, trice Erzieher, in, Lehr
institution, f. Einrichtung, Insti
instructif, ve belehrend

instruction. f. Unterweisung, Unterricht
instruire unterrichten
instruit, e gebildet
instrument. m. Werkzeug, Instrument
insuffisant, e ungenügend
insupportable unerträglich
insurgé Empörer, Aufrührer
insurrection. f. Aufstand, Empörung
intact, e unberührt, unverletzt
intelligence, f. Verstand, Geist Intelligenz
intelligent, e intelligent, gescheit
intelligible verständlich, begreiflich
intempéries, f. pl. Unbilden
intensité, f. Kraft, Nachdruck
intention. f. Absicht, Zweck
interdire untersagen; interdit bestürzt, [sprachlos
intéresser interessieren
intérêt. m. Interesse, Teilnahme, Zins
intérieur, e innerer, e, es, Inneres
intermédiaire, adj. vermittelnd, dazwischenliegend [los
interminable unendlich, unendbar, endinternational, e zwischen Völkern bestehend, völkerrechtlich
interpellation. f. Aufforderung
interroger (be)fragen
interrompre. m. unterbrechen
intervalle, m. Zwischenraum
intime innig, vertraut, tief
intolérant, e unduldsam
intrépide unerschrocken
intrépidité, f. Unerschrockenheit
introduction. f. Einführung
introduire einführen
invasion. f. Einfall, Eindringen
inventer erfinden
inventeur, trice erfinderisch; subst. m. [Erfinder
invention. f. Erfindung
investir belehnen, bekleiden, einschließen
investissement. m. Einschließung
invincible, -ment unbesiegbar, unwiderstehlich
invisible unsichtbar
inviter einladen
iriser regenbogenfarbig machen, färben
irlandais, e irisch
ironie. f. Ironie, Spott
irrécusable unverwerflich
irrésistible unwiderstehlich
irriguer bewässern, berieseln
irruption. f. Einfall, Einbruch
isoler absondern, isolieren; isolé, e vereinsamt, vereinzelt
issu, e hervorgegangen, abstammend
italien, ne italienisch

itinéraire. m. Reiseplan, Wegkarte, Reisebeschreibung
ivoire, m. Elfenbein
ivresse. f. Trunkenheit, Wonnerausch.

Jactance, f. Großsprecherei
jadis ehemals, einst
jaillir hervorspritzen, hervorsprudeln, herausspringen
jaloux, se eifersüchtig
jambon. m. Schinken
jarret. m. Kniekehle
jaunâtre gelblich
jaune gelb
jaunir gelb werden, vergilben
jeter werfen; se sich ergießen
jeton. m. Zahlpfennig, Spielmarke
jeu. m. Spiel
jeunesse. f. Jugend
joie. f. Freude
joindre an=, hinzufügen, einholen; se j. sich vereinigen, zugesellen
jonc. m. Binse
jonquille. f. Jonquille (Narcisse)
joug. m. Joch
jouir genießen
jouissance. f. Genuß
jour. m. Tag, Licht, Leben; vivre au jour le jour in den Tag hinein leben
journal. m. Tagebuch, Zeitung
journalier, ère täglich, unbeständig
journée. f. Tageszeit, Tagereise
journellement täglich
jovial. e fröhlich, lustig
joyeux, se fröhlich
jucher sitzen, hoch nisten
judiciaire gerichtlich
judicieux, se gescheit, vernünftig
juge Richter
jugement. m. Urteil
juger urteilen, beurteilen, halten für
jumelles. f. pl. Operngucker; sœur jumelle Zwillingsschwester
jument. f. Stute
jupe. f. (Frauen)Rock
jurer schwören, fluchen
jus. m. Saft
juste gerecht, zutreffend, passend
justement ganz recht
justesse. f. Richtigkeit
justice. f. Gerechtigkeit
justifier rechtfertigen.

Kaolin. m. Kaolin, Porzellanerde
képi. m. Käppi, leichte Kopfbedeckung (bes. der franz. Soldaten)

kiosque, m. Kiosk, türk. Gartenhaus;
 II. Bude zum Zeitungsverkauf.

là-bas da unten, hinten
labourer ackern, arbeiten
laboureur Arbeiter
lac. m. See
lâcher (prise) loslassen; l. pied davon
 laufen, sich zurück ziehen
laid, e häßlich
laine, f. Wolle
lait, m. Milch
laitier, ère Milchhändler, in, -mädchen
laitue, f. Lattich, Gartensalat
lambeau, m. Lappen, Stück
lame, f. Klinge, dünne Metallplatte
lancer schießen, schleudern, (zu)werfen
lande, f. Heide, Steppe
langage, m. Sprache, Rede, Aus-
 drucksweise
langueur, f. Entkräftung; Schmachten
languir schmachten, sich sehnen
lanterne, f. Laterne
lapin, m. Kaninchen
larcin, m. Diebstahl, Raub
large breit
largeur, f. Breite
larme, f. Thräne
las, se müde
lasser abmatten, ermüden; se l. müde
latin, e lateinisch   [werden
latitude, f. geogr. Breite
laurier, m. Lorbeer
lavande, f. Lavendel
lave, f. Lava
laver waschen
lavoir, m. Waschhaus, Waschtrog
lécher lecken
leçon, f. Lehre
lecteur, trice Vorleser, in
legendaire Legenden, sagenhaft
léger, ère leicht, hurtig, gering, leichtsinnig; à la -ère leichtsinnigerweise
légèreté, f. Leichtigkeit, Geschwindigkeit
législatif, ve gesetzgebend   [Leichtsinn
légitime legitim, recht-, gesetzmäßig
légitimer gültig machen, erklären
léguer vermachen
lendemain, m. der folgende Tag
lent, e langsam
lenteur, f. Langsamkeit, Trägheit
lentille, f. Linse
léopard, m. Leopard
lépreux, se aussätzig
lest, m. Ballast
leste leicht, hurtig, gewandt

levée, f. Damm, Deich, Austeerung
lettre, f. Buchstabe, Brief; l. charg
 recommandée eingeschrieb. Brief
 de change, f. Wechsel
lever, m. Aufstehen, Aufgang
lèvre, f. Lippe
liaison, f. (Ver)bindung
libation, f. Trankopfer, Getränk
liberté, f. Freiheit
libraire, m. Buchhändler
libre frei
libretto, m. Textbuch
lie, f. Hefe
lien, m. Band
lier (ver-, zusammen)binden
lierre, m. Ephen
lieu, m. Ort, Stelle; avoir. l. stattfind
lieue, f. Meile, Wegstunde (= deutsc.
 oder geogr. Meile)
lieutenant, m. Stellvertreter; ehema-
 l. civil Stellvertreter des Ober-
 richters von Paris
lièvre, m. Hase
lignard, m. Linienfoldat
ligne, f. Linie
lilas, m. Flieder
limaçon, m. Schnecke
lime, f. Feile
limite, f. Grenze
limiter begrenzen
Limousin, m. Bewohner von Limous
limpide hell, klar, durchsichtig
lin, m. Flachs, Lein
linge, m. Wäsche
linceul, m. Leichentuch
lingot, m. Barre, Stange (Metall)
lion, -ne Löwe, Löwin
lionceau, m. junger Löwe
liqueur, f. Flüssigkeit, Getränk, Brann-
 wein, Likör
liquide flüssig; subst. m. Flüssigke
lire à oder devant qn. à haute voi
 vorlesen
lis (spr. s) m. Lilie
lisiblement leserlich
lisière, f. Saum, Rand
lisse glatt
lit, m. Bett
litière, f. Sänfte
litre, m. Liter
littéraire litterarisch, gelehrt
littérateur, m. Litteraturbeflißner
littérature, f. Litteratur
livide fahl, bleifarbig
livre, m. Buch; f. Pfund, eine al
 Münze = 1 franc

livrée, f. Livree
livrer liefern, abliefern; se l. sich widmen, hingeben
local, e örtlich, Platz-, Lokal-
localité, f. Örtlichkeit
locataire Mieter, in
location, f. Vermietung
locomotif, ve Ortsveränderung bewirkend; machine l. Lokomotive, Dampfmaschine
locomotion, f. Fortbewegung
loge, f. Loge, Hütte, Zelle
logement, m. Wohnung
logis, m. Wohnung
loi, f. Gesetz
lointain, e entfernt, fern, subst. m. Ferne
loisir, m. Muße, Zeit
long, gue lang; le long de entlang
longitude, f. geogr. Länge
longue, à la ausführlich, in die Länge
lorgner verstohlen betrachten
loriot, m. Goldamsel, Pirol
Lorrain Lothringer
Lorraine, f. Lothringen, Lothringerin
lors, dès seitdem
louable lobenswert
louage, m. Miete
louange, f. Lob, Lobeserhebung
louer loben, (ver)mieten
Louisiane, f. Luisiana
loup, louve Wolf, Wölfin
lourd, e schwer, schwerfällig
lourderie, f. Schwerfälligkeit
louveteau, m. junger Wolf
loyal, e bieder, aufrichtig [Treue
loyauté, f. Biederkeit, Zuverlässigkeit,
Lucerne, f. Luzern
lucide licht, hell
lucratif, ve einträglich
lueur, f. Schein, Schimmer
lugubre grausig, unheimlich, traurig
luire leuchten, glänzen, blinken
lumière, f. Licht, pl. Einsicht, Aufklärung, Kenntnis
lumineux, se leuchtend, hell, lichtvoll
lunettes, f. pl. Brille
lustre, m. Kronleuchter, Armleuchter
lustrer putzen, lustrieren
Lutèce Lutetia, Paris
lutte, f. Kampf
lutter, kämpfen
lutteur, se Kämpfer, in
luxe, m. Pracht, Luxus
luxueux, se verschwenderisch, luxuriös
luxuriant, e üppig, wuchernd

lycopode, m. Bärlapp
lyrique lyrisch.

Machine, f. Maschine
maçon Maurer
maçonnerie, f. Mauerwerk, Gemäuer
magasin, m. Laden, Magazin
mage, m. Magier, Weiser (aus dem Morgenlande)
magique zauberisch, magisch
magistrat, m. Behörde, obrigkeitliche Person
magnanime hochherzig
magnanerie, f. Seidenbau, -zucht
magnificence, f. Herrlichkeit, Pracht
magnifique großartig, prächtig
Mahomet Muhamed
maigre mager, kärglich
maille, f. Masche
maillet, m. Klöpfel, Schlägel
main, f. Hand, Handschrift, Buch (Papier)
main-courante, f. Laufstange, Hand
maint, e mancher, e, es [leiste
maintenir (aufrecht)erhalten, behaupten
mairie, f. Bürgermeisterei
maître, esse Herr, in, Lehrer, in
maître d'hôtel Haushofmeister, Geschäftsführer
maîtriser bemeistern, beherrschen
majuscule, f. Großbuchstabe
mal, pl. maux, m. Übel, Leiden
maladie, f. Krankheit
maladif, ve kränklich, krankhaft
maladresse, f. Ungeschicktlichkeit
maladroit, e ungeschickt
mal du pays Heimweh
mâle Männchen, männlich
malfaiteur, m. Übelthäter
malgré trotz, ungeachtet
malhonnête unhöflich, unanständig
malle, f. Koffer
malpropreté, f. Unsauberkeit, Unreinmalsain, e ungesund [lichkeit
maltraiter mißhandeln
mamelon, m. rundlicher Hügel
mammifère, m. Säugetier
manche, m. Stiel, f. Ärmel
Manche, f. Ärmelmeer
mânes, pl. m. Manen, abgeschiedene
manier handhaben [Seelen
manifestation, f. Kundgebung
manifeste, m. Manifest, öffentl. Erklärung; adj. allbekannt, offenbar
manifester bekannt machen, kund thun, offenbaren

manipulation, f. Handhabung
manipuler handhaben, behandeln
manœuvre, f. Manöver, Verfahren; m. Handlanger [machen
manœuvrer manövrieren, Bewegungen
manoir, m. Wohnung, Herrenhaus, Ritterburg
manque, m. Mangel
manquer verfehlen, ermangeln, fehlen
mansarde, f. Dachstube
manteau, m. Mantel
manuel, le Hand-; subst. m. Handbuch
manuellement mit der Hand
manufacture, f. Fabrik, Manufaktur
manufacturier, ère gewerbtreibend
maquis, m. Gebüsch
marais, m. Sumpf, Morast; m. salant Salzteich
marbre, m. Marmor
marc, m. (Reichs-)Mark; Treber
marchand, e Kaufmann, Händler, in
marchander feilschen, handeln
marchandise, f. Ware
marche, f. Stufe, Marsch, Verlauf, Gang
marché, m. Markt(platz), à bon m. wohlfeil, billig
marchepied, m. Tritt(brett)
mare, f. Pfuhl, Lache
marécageux, se sumpfig
marée, f. Ebbe und Flut
maréchal, m. Marschall, m. des logis Kavallerie-Unteroffizier; m.-ferrant Hufschmied
marge, f. Rand
marginal, e am Rande befindlich
mari, m. Gatte, Ehemann
mariage, m. Heirat, Ehe
marier verheiraten
maritime zur See gehörig, ozeanisch,
marmite, f. Fleischtopf [See-
marmotte, f. Murmeltier
marotte, f. Narrheit, Steckenpferd
marque, f. Zeichen
marquer bezeichnen, markieren
marqueur Zähler
marquis, m. Marquis
Marseillais, m. Bewohner von Mar-
marteau, m. Hammer [seille
martial, e kriegerisch
mas, m. kleines Landhaus in Süd-
masque, m. Maske, Larve [frankreich
masquer verlarven, vermummen, verdecken
massacre, m. Blutbad, Gemetzel
massacrer niedermachen, massakrieren

massif, ve m
  Mauermas
massue, f. K
masure, f. (
mât, m. Ma
matelas, m.
matelot Mat
matériaux, n
matériel, le
maternel, le
mathématici
matière, f. G
matinal mor
matines, f p
maturité, f.
maudire ver
mausolée ,
  denkmal
maxime, f. G
Mayence M
mayençais n
méandre, m.
mécanique m
  presse m.
mécanicien,
méconnaître
mécontent, e
mécontenten
médaillon .
  Schaumün
médecine, f.
médiocrité,
médire Böse
méditation,
  tung, And
méditer üb
Méditerrané
mélancolique
mélange, m.
mélanger ve
mêlée, f. Ha
mêler misch
mélèze, m.
mélodieux,
membre, m.
même, de el
memento, m
mémoire, f.
  Rechnung,
mémorable
menacer dro
ménage, m.
ménager sch
ménagerie H
mendiant, e
mener führe

mention, f. Erwähnung, Bemerkung
mentionner erwähnen
mentir lügen
mentonnière, f. Kinnbinde, Sturm-
   riemen; Kinnstück
mentor Führer, Ratgeber (Lehrer des
   Telemachus)
menu, e klein, fein, dünn
menuisier Tischler, Schreiner
méprendre, se sich irren
mépris, m. Verachtung
méprise, f. Irrtum
mépriser verachten, geringschätzen
mer du Nord, f. Nordsee
merci, f. Barmherzigkeit, Gnade; être
   à la — de qn. in jemandes Gewalt sein
méridien, m. Meridian, Mittagslinie
méridional, e südlich, südländisch
mérite, m. Verdienst, Wert
merle, m. Amsel
merveille, f. Wunder
merveilleux, se wunderbar
messager, ère Bote, in
messagerie, f. Warenbeförderung
mesure, f. Maß, Maßnahme; à m.
   in dem Maße
mesurer, messen
métairie, f. Meierei, Vorwerk, Gütchen
métallique stählern; plume m. Stahlfeder
métamorphose, f. Verwandlung, Me-
   tamorphose
météorologique meteorologisch, Wetter-
métier, m. Handwerk, Geschäft,
   Webstuhl
mètre cube, m. Kubikmeter
métropole, f. Hauptstadt
metteur Zurichter
mettre setzen, legen, stellen, anziehen,
   thun, brauchen
mettre à même in den Stand setzen
meuble, m. Möbel, Hausgerät
meule, f. Mühlstein
meunerie, f. Müllerei
meurtrier, ère mörderisch
meurtrir zerquetschen, braun und
   blau schlagen
Meuse, f. die Maas
miche, f. Laib, Brot
mie, f. Krume
miel, m. Honig
miette, f. Krümchen
midi, m. Mittag, Süden
migration, f. Wanderung, Ziehen
milan, m. Hühnergeier, Gabel-Weihe

milieu, m. Mitte
militaire militärisch, Kriegs-
mille, m. Tausend, Meile
mince dünn, winzig   [Druck
mine, f. Mine u. Miene, Gesichtsaus-
minéral, e. mineralisch; subst. m. Ge-
   stein, Mineral
ministère, m. Ministerium
ministre, m. Minister
minorité, f. Minderjährigkeit, Minorität
minuscule, f. Kleinbuchstabe
miracle, m. Wunder
mirage, m. Luftspiegelung, Fata
   Morgana
mirer spiegeln; se m. sich bewundern
miroir, m. Spiegel
mis, p. p. v. mettre anziehen
mise, f. Einlage, Einsatz; m. en pages
   Formieren in Seiten (Druck)
misérable elend, armselig, subst. Elender
misère, f. Elend, Unglück
missionnaire, m. Missionar
mobile beweglich
mode, m. Art u. Weise, Methode; f.
   Mode, Geschmack, Sitte;
   pl. Modewaren
modèle, m. Muster, Vorbild
moderne modern, heutig, neu
modestie, f. Bescheidenheit
modeste bescheiden
modicité, f. Mäßigkeit
modification, f. Abänderung
modifier ver-, abändern
moelleux, se markig, kernig u. zart,
moeurs, f. pl. Sitten   [weich
Mohican Mohikaner (Indianer)
moine, m. Mönch
mois, m. Monat
moisson, f. Ernte
moissonner ernten, niedermetzeln
moissonneur Schnitter
moitié, f. Hälfte
molécule, f. Molekül, Urteilchen
mollet, m. Wade
moment, m. Augenblick
momentané, e augenblicklich
monarchie, f. Monarchie
monarque, m. Monarch
monastère, m. Kloster
monceau, m. Haufen
monétaire Münz-
monnaie, f. Kleingeld, Münze
monotone eintönig
monotonie, f. Eintönigkeit
monstre, m. Ungeheuer, Monstrum

mont, m. Berg
montagnard Bergbewohner
monter (be)steigen, einrichten, hinauf-
montre, f. Taschenuhr   [tragen
monticule, m. Hügel, klein. Berg
monture, f. Reittier
monument, m. Denkmal, öffentl. groß-
   artiges Gebäude
monumental, e bedeutend, großartig
moquer, se sich lustig machen
moral, e sittlich
moraliste, m. Moralist, Sittenlehrer
moralité, f. Sittlichkeit, Moralität
   (geistliches Drama im Mittelalter)
mortalité, f. Sterblichkeit
Moravie, f. Mähren
mordre beißen
morfondre durch-, erkälten, erstarren
morne trüb, düster
mortel, le sterblich, tödlich
mortier, m. Mörtel
motif, m. (Beweg)Grund, Ursache
mou mol, molle weich
mouche, f. Fliege
moucheron, m. Mücke
mouchoir, m. Taschen-, Kopftuch
moudre mahlen
mouiller naßmachen, anfeuchten, benetzen
moulu, p. p. v. moudre geräbert [fig.]
mourant, e. p. pr. v. mourir
mourir sterben; se im Sterben liegen
moustique, m. Moskito, Stechmücke
moût, m. Most
mouton, m. Hammel, Schöps, pl. Schafe
mouvement, m. Bewegung
mouvoir bewegen
moyen, m. Mittel; au moyen de ver-
   mittelst; adj. mittler, e, es; Mittel-
moyennant mittels
muet, te stumm
mugir brüllen
muguet, m. Maiblümchen; muguet de
   bois Waldmeister
mule, f. Maultier
mulet, m. Maulesel; grand m. Maultier
multiplier vervielfältigen, vermehren
multitude, f. Menge, Anzahl
municipal, e municipal, städtisch; Ge-
   meinde-, Stadt-
municipalité, f. Gemeinderat, -Bezirk
munificence, f. Freigebigkeit
munir ausrüsten, versehen
munition, f. Munition, Kriegs-, Schieß-
   bedarf
mûr, e reif
mûrier, m. Maulbeerbaum

mûrir reifen
murmurer murmeln
musc, m. Moschus
muscade, f. Muskat(nuß)
muscle, m. Muskel
muse, f. Muse
musée, m. Museum
musicien, m. Musikant
musqué, e nach Moschus riechend,
   Moschus-
musulman, e muselmanisch, Muselm
mutiler, verstümmeln
mutuel, le, -ment gegenseitig
myriade, f. Myriade (10 000); un
   zählige Menge
myrte, m. Myrte
myrtille, f. Heidelbeere
mystère, m. geistliches Schauspiel,
   Mysterium
mysterieux, se geheimnisvoll.

Nacre, f. Perlmutter(glanz)
nager schwimmen
nageur, se Schwimmer, in
naguère unlängst, kürzlich
naïf, ve natürlich, kindlich, unbefan
   ungekünstelt
naitre geboren werden, entstehen
naissance, f. Geburt; donner n.
   zeugen
natal, e heimatlich, Geburts-, Heim
natation, f. Schwimmen, Schwimm
   kunst
naturaliste naturalistisch, Naturfors
navet, m. Kohlrübe
navigable schiffbar
navigateur Seefahrer
navigation, f. Schiffahrt
navire, m. Schiff
navrer (das Herz) zerreißen
néanmoins nichts destoweniger
nécessaire nötig, notwendig; né
   saire de voyage, m. Reise-Nece
nécessité, f. Notwendigkeit
nécessiter nötig machen, benötige
nef, f. (Kirchen)Schiff
négligence, f. Nachlässigkeit
négligent, e nachlässig
négliger vernachlässigen
négociant Kauf-, Handelsmann
nègre, m. Neger
neige, f. Schnee
neigeux, se schneeig, beschneit
Néo-Latin, m. Neu-Lateiner, Rom
nerf, m Nerv

nerveux, se nervös; nervig, Nerven-
net, te, -ment rein, flar, deutlich,
 lauter, makellos unverfälscht.
netteté, f. Sauberkeit, Klarheit
nettoyer reinigen, säubern
Nice, f. Nizza
niche, f. Nische, Hundehütte
nicher nisten, setzen
nier leugnen
Nimègue, f. Nimwegen
niveau, m. Niveau, Grundstrecke
Nivernais, e Bewohner(in) von Nevers
noblesse, f. Adel
noble edel, adlig
noce, f. Hochzeitsgesellschaft; pl. Hochzeit; noces d'or goldene Hochzeit
nocturne nächtlich
nœud, m. Knoten, Schleife, Schlinge
Noël, m. Weihnacht
noircir schwärzen
noisetier, m. Nußbaum
noix de galle, f. Gallapfel
nombreux, se zahlreich
nonce, m. Nuntius, päpstl. Gesandte
nord-ouest, m. Nordwesten
normand, e normannisch, Normanne
nostalgie, f. Heimweh
notamment namentlich
note, f. Note, Notiz, Rechnung
notion, f. Begriff
nourricier, ère nährend
nourrir ernähren
nourrison, m. Säugling
nourriture, f. Nahrung, Futter
nouveau-né, e neugeboren, Neugeborner
nouvelle, f. Nachricht, Neuigkeit, Novelle
novateur, trice Neuerer, in
novice unerfahren, Probemönch,
 -Nonne, Novize
noyau, m. Kern, Stein (Obst)
noyer ertränken; se n. ertrinken; s.
 m. Nußbaum.
nu, e nackt, unbedeckt
nuage, m. Gewölke, Wolke
nuance, f. Schattierung, Nüance
nubile heiratsfähig, mannbar
nudité, f. Nacktheit, Blöße
nuée, f Wetterwolke
nuire schaden
nuisible schädlich, nachteilig
nulle part nirgends
numéraire, m. Zahl-, Zahlungsmünze;
 bares Geld
numero, m. Nummer
numérotage, m. Numerieren
nutritif, ve (er)nährend, nahrhaft.

Oasis, f. Oase
obéir gehorchen
obéissance, f. Gehorsam
objecter einwenden
objet, m. Gegenstand, Objekt
obligation, f. Verbindlichkeit, Verpflich-
 tung, Obliegenheit
obligeant, e adj. dienstfertig, gefällig,
 zuvorkommend
obliger nötigen, verbinden, verpflichten
oblitérer entwerten
obscur, e dunkel, verborgen, unbekannt
obscurité, f. Dunkelheit
observer beobachten
obstacle, m. Hindernis
obtenir erlangen, erhalten
obus, m. Granate
Occident, m. Abendland, Occident
occidental, e westlich
occupation, f. Beschäftigung, Besetzung
occuper beschäftigen, besetzen, bewohnen
oculaire Augen-
odeur, f. Geruch, Duft
odieux, se gehässig, verhaßt, wider-
odorant, e wohlriechend   [wärtig
odorat, m. Geruch
oloriférant, e wohlriechend
œil, m. Auge, pl. yeux
œuvre, f. Werk
office, m. Büreau, Amt, Dienst,
offrir darbieten   [Obliegenheit
oie, f. Gans
oignon, m. Zwiebel
oiseau-mouche, m. Fliegenvogel, Co-
oisiveté, f. Müßiggang   [libri
oléagineux, se ölig, ölicht
olivier, m. Oliven-, Ölbaum
ombrager beschatten
ombre, f. Schatten
omelette, f. Eierkuchen
omettre unter-, auslassen, versäumen,
ondoyer wogen, sich wellenförmig
 bewegen
onduler wallen, wogen
onduleux, se wogend, wellenförmig
ongle, m. Fingernagel
opéra, m. Oper
opération, f. Thätigkeit, Verrichtung,
 Operation
opérer bewirken, handeln; s'o eintreten,
 stattfinden, sich vollziehen,
opérette, f. Singspieloper
opinion, f. Meinung
opposer entgegenstellen, -setzen;
 à l'opposé de im Gegensatz zu
opprimer unterdrücken

opulent, e sehr reich
orage, m. Gewittersturm
oranger, m. Orangenbaum
orateur, m. Redner
ordinaire gewöhnlich
ordonner ordnen, regeln, befehlen
ordre, m Ordnung, Anordnung, Reihenfolge, Befehl, Orden (religiöser), Ehrenzeichen
oreille, f Ohr
oreiller, m. Kopfkissen
organiser einrichten, organisieren
orgueil, m. Stolz
orient, m. Osten, Orient
oriental, e östlich, orientalisch
orientation, f. Orientirung
originaire ursprünglich, gebürtig
original, e originell
originalité, f. Ursprünglichkeit, Sonderbarkeit
origine, f. Ursprung
orme, m. Ulme, Rüster
Orne, f. frz. Fluß
ornement, m. Schmuck, Zierde
ornamentation, f. Verzierung
orner schmücken, zieren
orphelin, e Waise
orthographe, f. Orthographie
ortolan, m. Garten-, Fett-Ammer
oseille, f. Sauerampfer
oser wagen
ôter ab-, wegnehmen
oubli, m. Vergessenheit
ouest, m. Westen
oui-dire, m. Hörensagen
ours, m. Bär
outil, m. Werkzeug
outrage, m. Beleidigung, Schmach
outre, en außerdem
outre-mer überseeisch
ouvrage, m. Werk, Arbeit; ouvr. à aiguille Nadelarbeit
ouvreur, se Öffner, in, Aufschließer, in, Logenschließer, in
ouvrier, ère Arbeiter, in; adj arbeitend
ovale länglich rund; m. Eirund, Oval.

Pacifique friedlich, still; subst. m. Stiller Ozean
pagination, f. Paginierung, Seitenbezeichnung
pagode, f. Pagode, indischer Götzentempel, Götzenbild
païen, ne heidnisch
paille, f. Stroh
pain bis, m. Schwarzbrot
pairai für payerai, v. payer
paire, f Paar

paisible friedlich, zahm
paissent, ils, pr. ind. v. paître
paître weiden
paix, f. Friede
paladin Held, Paladin
palais, m. Palast, Gaumen
pâle bleich, blaß
palette, f. Schaufel, Brettchen
palier, m. Treppenabsatz
pâleur, f. Blässe
pâlir erbleichen, bleich werden
palissade, f. Schanzpfahl, Pfahl
palmier, m. Palme, Palmbaum
palpiter klopfen, pochen
pampa, f. Pampa (Grasebene in Amerika)
pan, m. Rockschoß, Bahn oder
panache, m. Helm-, Federbusch
panacher mit einem Federbusch zieren, bunt (streifig) machen
panier, m. Korb
panorama, m. Rundgemälde
panser verbinden
pantomime, f Geberde, Miene, Gebärdensprache, Theatertanz mit Gebärdenspiel
papauté, f. Papsttum
pape, m. Papst
papeterie, f. Papierhandlung,
papier peint Tapete
papillon, m. Schmetterling
papilloter flimmern, glitzern, (die H aufwickeln
paquebot m. großes Segeldampf
pâquerette f Gänseblümchen, Liebchen
paquet m. Pack, Paket, Bündel
paquetier Stücksetzer
parachever vollenden
paraître scheinen, erscheinen
paralèlle parallel, gleichlaufend, g
paralyser lähmen
paralytique gelähmt
parapet, m. Brustwehr, Brüstung
parapluie, m. Regenschirm
parasol, m. Sonnenschirm
parc, m. Park, Hürde, Pferch,
parchemin, m. Pergament
par-ci, par-là hin und her, hier u
par contre dagegen
parcourir durchlaufen, überfliegen
pardon, m. Vergebung, Verzeihu
pareil, le ähnlich, gleich
parent, e Verwandter, -te; p Eltern
parer schmücken, zieren, schützen

parfait, e vollkommen, perfekt
parfois manchmal
parfumer mit Wohlgerüchen anfüllen, durchduften
paroisse f. Parochie, Kirchspiel, Gemeinde
parsemer besäen, bestreuen
part, f. Anteil, Ort, Seite; de ma p. meinerseits u. s. w.; à part für sich, abgesehen von; quelque p. irgendwo; nulle p. nirgends
partager teilen, bedenken, einteilen
parterre, m. Fußboden, Blumenbeet, Parterre (Platz im Theater)
parti, m. Partei; Entschluß; Vorteil
particularisme m. Sonderinteresse, Partikularismus
participer teilnehmen, Anteil haben
particularité, f. Eigentümlichkeit
particulier, ère, -ment besonders, eigentümlich, privat
partie du monde, f. Erdteil
parure, f. Putz, Schmuck
parvenir dazu kommen; gelingen, gelangen
parvis, m. Vorhof, -platz, Kirchplatz
pas, m. Schritt
Pas de Calais, m. englischer Kanal
passablement leidlich, ziemlich
passage, m. Durchgang, Vorbeimarsch
passant, p. pr. v. passer: subst. m. der Passant; en p. im Vorbeigehen, nebenbei
passé, m. Vergangenheit
passe-port(s), m. Paß
passer durch-, vorbei-, (vor) übergehen (lassen) fahren, fließen rc., verfliegen, vergehen, verbringen; übertreffen, übertragen, reichen; p. pour gelten für; se p. sich ereignen; se p. de entbehren
passereau, m. Sperling
passager, ère vorübergehend, vergänglich; s. m. Passagier, Passant
passion, f. Leiden Christi, Passion; Leidenschaft, Sucht
passionné, e leidenschaftlich
pâte, f. Teig, teigartige zähe Masse
pâté, m. Pastete, Tintenkleks
patience, f. Geduld
patient, e geduldig subst. m. Patient
patin, m. Schlittschuh
patinage, m. Schlittschuhlauf
patiner schlittschuhlaufen
patineur, se Schlittschuhläufer, in
pâtisserie, f. Backwerk

pâtissier, m. Kuchenbäcker
patois, m. Mundart, Platt
pâtre, m. Hirt (poet.)
patriarche, m. Patriarch
patrie, f. Vaterland
patriotique vaterländisch, patriotisch
patriotisme, m. Vaterlandsliebe
patron, m. Meister
patronner ausschneiden
patte, f. Pfote, Kralle, Klaue
pattes de mouche Krähenfüße
pâturage, m. Trift, Weide
paupière, f. Augenlid
pauvreté, f. Armut
pavé, m. Pflaster
pavot, m. Mohn
paysage, m. Landschaft
paysan, m. Landmann, Bauer
Pays-Bas, m. pl. Niederlande
peau, f. Haut, Fell
pêche, f. Fischfang, Fischerei, Pfirsiche
pécher sündigen
pêcheur, se Fischer (in)
peigne, m. Kamm
peindre malen
peine, f. Schmerz, Mühe, Strafe
peintre Maler
peinture, f. Malerei, Gemälde
Pékin, m. Peking
pèlerin Pilger, Wallfahrer, Wanderer
pellicule f. Häutchen, Schale
pêle-mêle durcheinander
pelote, f. Knäuel, Nadelkissen, Ball
peloton, m. Knäuel, Haufen, Rotte, Abteilung
pelouse, f. Gras-, Rasenplatz
penchant, m. Neigung, Abhang
pencher neigen, senken
pendre hängen
pendule, f. Pendeluhr
pénétration f. Scharfsinn
pensif, ve nachdenkend, gedankenvoll, träumerisch
pénétrer ein-, durchdringen
pénible mühsam, peinlich
penné, e gefiedert
pensionnaire Pensionair (in), Almosenempfänger
pente, f. Abhang
perce-neige, m. Schneeglöckchen
percer durchbohren, stechen, dringen
perche, f. Stange
percher sitzen (auf Stange oder Zweig)
perdrix, f. Rebhuhn
pérégrination, f. Wanderung
perfection, f. Vollkommenheit

perfectionnement, m. Vervollkomm-
perfectionner vervollkommen [nung
perfide falsch, hinterlistig, heimtückisch
péril, m. Gefahr
périlleux, se gefährlich
période, f. Periode
périr umkommen
péristyle, m. Peristyl, Säulengang, mit Säulen umgebener Platz
perpétuel, le fortwährend, ewig
permettre erlauben
permission, f. Erlaubnis
perpétuer fortsetzen, -pflanzen, fortdauern lassen
Perrette weibl. Diminutivform für Pierre: Petrinchen
perron, f. Freitreppe
perroquet, m. Papagei
persan, e neupersisch [lichkeit
persévérance, f. Ausdauer, Beharr-
persévérant, e ausdauernd, beharrlich
persienne, f. Jalousie, Sommerladen
persistant, e beharrlich
persister bestehen auf, beharren bei
personnage, m. Persönlichkeit
personnel, le persönlich
perspective, f. Aussicht
perspicacité, f. Scharfblick
persuader überzeugen
perte, f. Verlust, Untergang; à perte de vue so weit das Auge reicht
pesant, p. pr. v. peser schwer
pesanteur f. Schwere
peser wägen, wiegen, lasten
peste, f. Pest
pétale, m. Blumenblatt
pétiller knistern, prasseln, funkeln
petit-clerc Laufbursche
petit-fils, m. Enkel
peuplade, f. Völkerstamm
peur, f. Furcht
pharmacie, f. Apotheke
phénomène m. Phänomen, (Natur-) Erscheinung
phocéen, ne phokäisch
phoque, m. Robbe
phtisie, f. Schwindsucht
physicien, m. Physiker
peupler bevölkern
physionomie, f. Gesichtsausdruck
pic, m. Spitze, Hacke; à pic senkrecht.
pièce, f. Stück, Zimmer [steil
piédestal, m. Piedestal, Fußgestell,
pierre, f. Stein [Stein
pierre de choix ausgesuchter, seltener
pierre de taille, f. Baustein

piège m. Falle
pierreries, f. pl. Geschmeide, Juwe
pierreux, se steinig, steinicht
piété, f. Frömmigkeit
piétiner mit den Füßen stampfen, tr
piéton Fußgänger
pieux, se fromm
pigeon, m. Taube
pigeonnier, m. Taubenschlag
pigeon voyageur, m. Brieftaube
pignon, m. Getriebe
Pilate, m. Pilatus
pilier, m. Pfeiler, Stütze
pin, m. Kiefer, Fichte, Föhre
pince, f. Zange
pinceau, m. Pinsel
piocher hacken
piquer stechen, ärgern; être piqué beleidigt, gekränkt fühlen
se p. de sich etwas zu gute thu
piquette, f. Tresterwein
pistole, f. Pistole (alte Goldmünze
pistolet m. Pistol
pitance f. Portion, Ration
piteux, se kläglich, erbärmlich
pitié, f. Mitleid
pittoresque malerisch
pivoine, f. Pfingstrose, Päonie
pivot, m. Zapfen, Drehpunkt
pivoter sich um sich selbst, seine A (Zapfen) drehen
place de tir, f. Schießplatz
place forte, f. Festung
plafond, m. (Zimmer-)Decke
plage, f. Gestade, Küste, Strand
plaider verteidigen
plaie f. Wunde
plaindre klagen; se p. sich beklagen
plainte, f. Klage
plaire gefallen
plaisant, e drollig, spaßhaft
plaisanterie, f. Scherz, Spaß, S
plaise, subj. pr. v. plaire
planche, f. Brett, faire la p. auf Rücken schwimmen
plancher, m. Fußboden
planchette, f. Brettchen
planer schweben
plantation, f. (An-)Pflanzung
plantureux, se reichlich, fruchtbar
plat, e eben, flach, platt; s. m Schü Gericht (Speise)
plateau, m. Hochebene, Plateau
plate-forme, f. erhöhter Platz, Plattf
platitude, f Flachheit, Höflichkeit
plâtre, m. Gips

plâtrier Gipser
pléiade, f. Plejade (Sternbild)
plein, e voll; subst. m. Grundstrich
plain-cintre, m. Rundbogen
pleurs, m. pl. Thränen
pleuvoir regnen
plier falten, biegen
plisser in Falten legen, falten
plomb, m. Blei
plonger tauchen
ployer biegen, krümmen
plumage, m. Gefieder
pluvieux, se regnerisch
pneumatique pneumatisch, Luft-
poêle m. Ofen, f. Pfanne
poids, m. Gewicht
poignée, f. Handvoll, Händedruck
poignet, m. Handgelenk
poil, m. Haar (der Tiere)
poindre anbrechen, aufgehen
poing m. Faust
point, m. Punkt
point de vue, m. Gesichtspunkt
pointe, f. Spitze
pointu, e spitz, spitzig
poireau, m. Lauch
poissonnier, ère Fischhändler, in
poitrine, f. Brust
poivre, m. Pfeffer
poli, e glatt, gebildet, fein, höflich
policer gesittet machen, bilden, ver-
polir glätten [feinern
politesse, f. Höflichkeit
politique politisch, Politik
pollen, m. (nicht nasf.) Blumenstaub
Pologne, f. Polen
polonais, e polnisch
pompe f. Pomp, Gepränge; Pumpe;
  p. aspirante Saugpumpe, p. foulante Druckpumpe
ponce, pierre Bimsstein
ponctuation, f. Interpunktion
ponctuel, le pünktlich
pondérer abwägen
pondre (Eier) legen
pont, m. Brücke
pont-levis, m. Zug-, Fallbrücke
populaire volkstümlich, beliebt
population, f. Bevölkerung
porc, Schwein, Schweinefleisch
porc-épic, m. Stachelschwein
porcelaine, f. Porzellan
porcelainerie, f Porzellanfabrik
port, m. Hafen, Porto; franc de p.
  frankiert
portail, m. Portal, Hauptthür

porte cochère, f. Thorweg
portée, f. Bereich, Tracht, Wurf
porte-faix Packträger
porte-montre, m. Uhrhalter, -ständer
porter tragen, lenken, antreiben, ver-
  leiten; se (sich) stürzen, begeben
porteur, m. Träger
l'ortici, m. Portici (bei Neapel)
portier, ère Thürsteher, in, Pförtner, in
portière, f. Kutschenschlag, Thürvorhang
portique. m. Säulenhalle, Gang
portugais, e portugiesisch; le P. der
  Portugiese
posé, e adj. bedächtig, gesetzt, ruhig
poser (nieder)legen, setzen, stellen
posséder besitzen
possession, f. Besitz
postal, e Post-
poste, m. Posten, Standort f. Post
poster aufstellen
posture, f. Haltung, Stellung, Positur
pot au lait, m. Milchtopf
potager, m. Gemüsegarten
potasse, f. Potasche
potentat Machthaber, Potentat
poterie. f. Töpferware
poterne, f. Ausfallthor
potier, m. Töpfer
pouce, m. Daumen, Zoll
poudre, f. Staub, Pulver
poudrer pudern
poudreux, se staubig, verstaubt
poudrière, f Pulvermühle, -Magazin
poulain, m. Füllen, Fohlen
poulie, f. Rolle, Flaschenzug, Winde
poumon, m. Lunge
poupe, f. Schiffs-Hinterteil
pourboire, m. Trinkgeld
pour peu que wofern nur
pourpre, m. Purpur
poursuivre verfolgen
pourvoir à sorgen für; de versorgen
pousser (an)stoßen, ausstoßen
poussière, f. Staub
poutre, f. Balken
poutrelle, f. kleiner Balken
pourvu que vorausgesetzt, daß
pouvoir können; subst. m. Macht, Gewalt, Fähigkeit
prairie, f. Wiese
praticable ausführbar, gang-, fahrbar
pratique, f. Praxis, Anwendung,
  Kundschaft; adj. praktisch
préalable vorläufig
précaution, f. Vorsicht
précédent, e voraus-, vorhergehend

précéder vorausgehen
précepteur, m. Erzieher
prêcher predigen; pr. d'exemple mit gutem Beispiele vorangehen
précieux, se kostbar
précipice, m. Abgrund
précipitation, f. Überstürzung
précipiter herabstürzen, se sich stürzen
précisément genau, gerade
précision, f. Genauigkeit
précoce frühreif
précurseur, m. Vorläufer, Vorbote
prédécesseur Vorgänger
prédicateur Prediger
prédilection, f. Vorliebe
prédire voraussagen
préface, f. Vorrede, Einleitung
préfecture, f. Statthalterei
préférable vorzuziehen
préférence, f. Vorzug, Vorliebe
préférer vorziehen, bevorzugen
préfet Präfekt, Statthalter
prélat, m. Prälat
préliminaire vorhergehend, vorläufig
préoccuper einnehmen, besangen
préparatif, m. Vorbereitung
préparation, f. Vorbereitung, Zubereitung, Präparat
préparer vor-, zubereiten
prépondérance, f. Übergewicht
préposer über etwas setzen; préposé Vorgesetzter
prescription, f. Vorschrift
présence, f. Gegenwart
présent, e gegenwärtig; à pr. jetzt
présenter hinreichen, darbieten; se sich melden
préservatif, m. Schutzmittel
préserver erhalten, bewahren
présider vorstehen präsidieren, den Vorsitz führen
presqu'île, f. Halbinsel
presse, f. Presse, Kelter, Gedränge
pressé, le plus das Eiligste, Dringendste
pressentiment, m. Vorgefühl, Ahnung
presser (aus)drücken, drängen, pressen-, keltern; être pressé Eile haben
pression, f. Druck
pressoir, m. Kelter, Weinpresse
prestesse, f. Behendigkeit
prestige, m. Wunder, Ansehen
prêt, e bereit, fertig
prétendant Bewerber, Freier
prétendre behaupten, meinen; à Anspruch machen auf
prêter leihen

prétendu, e adj. an-, vorgeblich, meintlich
prêteur, se Leiher, in
prétexte, m. Vorwand, Vorgeben
prêtre, m. Priester
preuve, f. Beweis, Probe
prévaloir überlegen sein, überwiegen
prévenance, f. Zuvorkommenheit
prévenir zuvorkommen, warnen, nachrichtigen, vorbeugen
prévention, f. Vorurteil, Verhütung
prévoir voraussehen
prévôt Aufseher, Vorsteher
primaire Elementar-
primeurs, f. pl. Erstlinge, Frühobst
primitif, ve ursprünglich
princier, ère fürstlich
principal, e hauptsächlich; subst. Kapital
principauté, f. Fürstentum
principe, m. Ursprung, Anfang, Grund
prira für priera, prier bitten, beten
pris, e, p. p. v. prendre
prise, f. Einnahme, Prise
prisonnier Gefangener
privation, f. Entbehrung
priver berauben
privilège, m. Privileg, Vorrecht
privilégié, e bevorrechtet
privilégier bevorzugen, privilegieren
prix, m. Preis
probable wahrscheinlich
probité, f. Rechtschaffenheit
problème m. Aufgabe, Problem
procédé, m. Verfahren
procéder vorgehen, verfahren
procès, m. Prozeß, Rechtshandel
prochain, e nahe, nächst
prochainement nächstens, demnächst
proche nahe; proche-parent naher Verwandter
proclamation f. feierliche Bekanntmachung, Proklamation
proclamer verkündigen, ausrufen
procurer verschaffen
procureur, m. Bevollmächtigter, Verwalter, Syndikus
prodige m. Wunder (Ding)
prodigieux, se wunderbar, erstaunlich, ungeheuer
prodigue verschwenderisch
prodiguer verschwenden, vergeuden, nicht schonen
production, f. Produktion, Erzeugnis

produire erzeugen, hervorbringen; se sich zeigen, entstehen
produit, m. Ertrag
profane profan, weltlich, ungeheiligt, ruchlos
profaner entweihen
professer öffentlich bekennen, lehren
profession, f. Beruf
profit, m. Nutzen, Vorteil; mettre à p. be-, ausnützen, tourner à p. zum N. ausschlagen
profitable vorteilhaft, einbringend
profiter Nutzen bringen; pr. de Nutzen ziehen
profond, e tief
profusion, f. Verschwendung; à. pr. verschwenderisch, im Überfluß
progrès, m. Fortschritt
progressif, ve stufenweise
proie, f. Beute; être en p. à preisgegeben sein
projeter (vorwärts) schleudern, werfen, entwerfen
prolongation f. Verlängerung
prolonger verlängern, ausdehnen
promeneur, se Spaziergänger, in
promesse, f. Versprechen
prompt, e bereit, schnell
promptitude, f. Raschheit, Schnelligkeit
prononciation, f. Aussprache
prophète, m. Prophet
proportion, f. Verhältnis, Maß
proportionnel, le verhältnismäßig
propos, m. Zweck, Rede; à pr. im Betreff, zu gelegener Zeit
proposer vorschlagen, beabsichtigen, hinstellen, vornehmen
proposition, f. Vorschlag, Antrag
propre eigen, geeignet, sauber; proprement eigentlich, proprement dit im eigentlichen Sinne
propreté, f. Reinlichkeit, Sauberkeit
propriété, f. Eigentümlichkeit, Eigenschaft, Besitz, Eigentum
propriétaire Besitzer
prosateur, m. Prosaschriftsteller
proscrire ächten
prose, f. Prosa
prospérité f. Gedeihen, Glück, Wohlstand
protection, f. Schutz
protectorat, m. Schutzherrschaft
protéger (be)schützen
protestation, f. Beteuerung, Verwahrung
protester beteuern, versichern; p. de feierlich beteuern, Verwahrung einlegen

prouesse, f. Tapferkeit, Heldenthat
prouver beweisen
provenance, f. Herkunft
provençal, e provenzalisch
provenir herkommen, herrühren
providence, f. Vorsehung
province, f. Provinz
provincial, e kleinstädtisch, Provinz-Bewohner, in, Kleinstädter
provision f. Vorrat
provisoire vorläufig, einstweilig, provisorisch
provoquer hervorrufen, reizen
prudence, f. Klugheit, Vorsicht
prudent, e klug, vorsichtig, gescheit
prussien, ne preußisch
public, que öffentlich
publiciste, m. politischer Schriftsteller
publicité, f. Öffentlichkeit
publier veröffentlichen
pudeur, f. Verschämtheit, Scham
pudique schamhaft
puisard, m. Senkgrube, Abzugsloch
puissance, f. Macht
puissant, e mächtig
puits m. Brunnen
pupitre, m. Pult
pureté f. Reinheit
putréfaction f. Fäulnis, Verwesung
Pyrénées, f. pl. Pyrenäen

Quadrille, m. Quadrille
quadrumane, m. Vierhänder
quadruple vierfach, -fältig
quai, m. Kai, Flußdamm
qualité, f. Eigenschaft, Qualität
quant à was anbetrifft
quantième wievielte, Datum
quantité, f. Menge, Masse
quartier, m. Viertel, Stadtviertel, Quartier
quartz, m. Quarz
querelle, f. Streit
quereller streiten
question, f. Frage; il est qu. de es ist die Rede von; en qu. in Rede stehend
questionner fragen, Fragen stellen
queue, f. Schwanz, Schweif, lange Reihe
quiconque jedermann, wer auch immer
quintal, m. Centner
quitter verlassen, ausziehen

Rabaisser erniedrigen, herabstimmen
rabot, m. Hobel
raboter hobeln

raccomoder ausbessern, aussöhnen
race, f. Rasse
rachitique rachitisch, verkrüppelt, mit der englischen Krankheit behaftet
racine, f. Wurzel
raconter erzählen
rade, f. Rhede (Reede)
radieux, se strahlend, glänzend
rafale, f. Windstoß
raffermir wieder befestigen, kräftigen
raffinement, m. Verfeinerung
rafle, f. Weintraubenkamm
raide steif, starr
raidir steif machen
raie, f. Strich, Streifen, Furche
rail, m. (Eisenbahn)Schiene
railler verspotten
railleur, se Spötter, in
raisin, m. Traube
raison, f. Verstand, Vernunft, Grund, Recht; à r. de nach Maßgabe von; en r. de wegen
raisonnable vernünftig, anständig
raisonnement, m. Urteilen, Einrede, Schlußfolgerung
ralentir verlangsamen, verzögern
rallumer wieder anzünden
ramage, m. Laubwerk, Gesang der Vögel
ramasser aufheben, -raffen, sammeln
rame, f. Ruder
rameau, m. Zweig
ramée, f. Laube, Laubwerk
ramener zurückführen, einziehen
rameux, se verzweigt
rampe, f. Treppengeländer, Aufgang, Auffahrt
ramper kriechen
rang, m. Rang, Reihe
rangée, f. Reihe
ranger ordnen
ranimer wieder beleben
raper (ab)schaben, raspeln
rapide reißend, schnell
rapidité, f. Schnelligkeit
rapiécer ausbessern
rappeler zurückrufen, erinnern; se r. sich erinnern
rapport, m. Bericht, Beziehung
rapporter wieder bringen, davon tragen, mitbringen, berichten, übertragen, se sich beziehen, berufen, gleichkommen
rapprochement, m. Nähe, Annäherung
rapprocher nähern
rare selten, spärlich

ras, e glatt
rassemblement, m. Versammlung
rassembler (ver)sammeln
rassurer beruhigen
rat, m. Ratte
ratatiner zusammenschrumpfen
râteau, m. Rechen, Harke
rationnel, le rationell, vernünftig
rationnement, m. Lebensmittel-, Verteilung
rationner als Ration bestimmen
rature, f. Durchstreichung
rattacher (wieder)anbinden, anschli
ravage, m. Verheerung
ravager verheeren, verwüsten
ravin, m. Gießbach, Schlucht
ravir rauben, mit fortreißen, zücken (fig.)
rayer ausstreichen
rayon, m. Strahl, Halbmesser, Ra Abteilung, Fach
rayonner (aus)strahlen
réaction, f. Reaktion, Rückwirkun
réaliser verwirklichen
rebelle, m. widerspenstig, aufrühre subst. Empörer (in), Aufrührer
rebrousser umkehren
receler verbergen
récent, e, récemment neulich, ne dings
réception, f. Empfang, Aufnahme
recette, f. Einnahme, Ertrag, Re
recevoir erhalten, empfangen
réchaud, m. Kohlenbecken, Wä pfanne
réchauffer (er)wärmen
recherche, f. Er-, Nachforschung, J spüren, Suche
rechercher (auf)suchen, begehren
récif, m. Riff
réciproque wechsel-, gegenseitig
récit, m. Erzählung
réclamer fordern, reklamieren, ansprechen
reçois, pr. ind. v. recevoir
récolte, f. Ernte
récolter ernten
recommandation, f. Empfehlung
recommander empfehlen
récompense, f. Belohnung
réconciliation, f. Versöhnung
reconduire zurückführen, -begleiten
reconnaissant, e dankbar, erkenntl
reconnaitre (wieder)erkennen, a kennen

reconquis, e, p. p. v. reconquérir wieder erobern
reconstituer wieder herstellen
reconstruire wieder (auf)bauen, von neuem bilden, anordnen
recourir seine Zuflucht nehmen
recours, m. Zuflucht; avoir r. seine Z. nehmen
recouvrir (wieder) bedecken
récréation, f. Erholung, Erh.-Pause
recrue, f. Nachwuchs, Ersatz, pl. Rekruten
recruter rekrutieren, Mannschaften ausheben
reçu, m. Empfangsschein, Quittung
recueillir sammeln
reculer zurückweichen, hinausschieben, verzögern; à reculons rückwärts
reddition, f. Zurück-, Uebergabe
redevable zu Dank verpflichtet
redevenir wieder werden
redingote, f. Ueberrock
redire wiedersagen, wiederholen
redoubler de verdoppeln
redoutable furchtbar, gefürchtet
redouter fürchten
redresser aufrichten
réduire zurückführen, verwandeln, vermindern, beschränken, nötigen, unterwerfen
réduit, m. abgesonderte, kleine Wohnung, Aufenthaltsort, Verschlag
réel, le wirklich
réfectoire, m. Refektorium, Speisesaal
réfléchir zurückstrahlen, widerspiegeln, überlegen
réflecteur, m. Zurückwerfer des Lichts, Reflektor
reflet, m. Reflex, Widerschein
réflexion, f. Widerschein, Nachdenken, Ueberlegung, Betrachtung
refouler zurückwerfen
refroidir abkühlen, erkälten
refroidissement, m. Abkühlung, Erkaltung
refuge, m. Zuflucht, Zufluchtsort
refugié, e Flüchtling
refugier flüchten; se r. sich flüchten
refus, m. abschlägige Antwort, Weigerung (Korb)
refuser verweigern
regagner wiedergewinnen, aufsuchen
régal, m. Schmaus, Gastmahl
regard, m. Blick
regarder ansehen, betrachten

régime, m. Regierungsform, Verwaltung, Einrichtung, Lebensweise, Ergänzung (grammatisch)
régime féodal, m. Lehnsherrschaft
région, f. Erd-, Landstrich, Gegend, Region
registre, m. Register, Verzeichnis
règle, f. Regel, Lineal
règlement, m. Verordnung, Bestimmung
régler liniieren, ordnen, regeln
règne, m. Regierung, Herrschaft
régner herrschen, regieren
regret, m. Bedauern
regrettable bedauerlich
regretter bedauern
régularité, f. Regelmäßigkeit
régulier, ère regelmäßig
rein, m. Niere; pl. Lenden
reine Königin
reine des bois, f. Waldmeister
rejet, m. Schößling, Nachwuchs
rejeter zurückwerfen, verwerfen
rejoindre wieder vereinigen, erreichen
réjouir, se sich erfreuen
relâche, m. Unterbrechung, Ruhe, Ruhetag
relâcher abspannen, rasten, nach-, loslassen, in einen Hafen einlaufen
relais, m. Vorspann, Anspannort, Wechselpferde
relation, f. Beziehung, Bericht
relativement verhältnismäßig
reléguer verbannen, verweisen
relever wieder auf- heben, -richten, -stellen; in die Höhe richten, hervor-, emporheben, ablösen
relief, m. Abhub, Ueberrest, Relief, erhabene Arbeit, vertikale Gliederung eines Landes
relier wieder-, ver-, einbinden
relieur Buchbinder
religieux, se religiös
relique, f. Reliquie, Ueberrest
reliure, f. Einband, Buchbinderei
reluire glänzen, schimmern, strahlen
reluisant, p. pr. v. reluire
remarque, f. Bemerkung
remarquable bemerkenswert
remarquer bemerken
rembrunir bräunen, verdüstern, sich verfinstern
remède, m. Heil-, Arzneimittel, (Ab)Hilfe, Rettung
remédier, heilen, abhelfen
remercier danken
remettre übergeben, ausliefern, auf-

schieben; wieder hinbringen, wieder hinlegen; se r. sich erholen
remis, e. p. p. v. remettre
remise, m. feiner, nicht numerierter Kutschwagen; f. Uebergabe, Aufschub, Wagenschuppen (Remise)
remonter wieder hinaufsteigen, herstammen
remontrance, f. Vorstellung, Mahnung
rempart, m. (Festungs-)Wall, Bollwerk
remplacer ersetzen
remouter aufwärts-, hinaufsteigen, zurückgehen
remords, m. pl. Gewissensbisse
remoudre schleifen, wieder schleifen
rémouleur (Scheren-)Schleifer
remplacer ersetzen
remporter davon tragen, gewinnen
remuer bewegen, (auf)rühren, umgraben
renaître wieder geboren werden, wieder entstehen
renard, m. Fuchs
rencontrer begegnen
rendez-vous, m. Stelldichein
rendre wiedergeben, liefern, machen (vor Adj.); se rendre sich begeben, übergeben
renforcer verstärken
renfort, m. Verstärkung
renne, m. Renntier
renommé, e berühmt, renommiert
renommée, f. Ruf, Name, Berühmtheit
renoncer verzichten
renoncule, f. Ranunkel, Hahnenfuß
renverser umstoßen, stürzen
renvoyer hinausschieben, schicken
renseignement, m. Belehrung, Auskunft
renseigner belehren, Auskunft geben
rentrer heimkehren
repaire, m. Schlupfwinkel
repaître nähren, füttern
répandre verbreiten
reparaître wieder erscheinen
réparation, f. Ausbesserung, Reparatur
réparer ausbessern, wieder gut machen
repas, m. Mahlzeit, Essen
repenser zurückdenken
repentir, se bereuen, s. m. Reue
repère, m. Merkzeichen
répétiteur, m. Wiederholer
replacer wieder hinstellen
répliquer erwi(e)dern
repos, m. Ruhe
reposer ausruhen; se r. à sich auf etwas verlassen

reprendre
wi(e)dern
représentation
représenter stellen
reprise, f. W zu verschie
repriser aus
reprocher v
reproduire bringen
réprouver v
reptile, m.
répugnance
réputer für
requête, f.
réseau, m.
réserve, f.
Vorrat,
réserver vor sparen
réservoir, m. raum
résidence, f.
résignation.
résigner. s
résineux. se
résistance.
résister Wid
résolut, p.
résolution,
resonner wi
resoudre be sich entsch
respectable
respecter a
respectif, betreffend
respectueux.
respiration.
respirer (au
resplendir
ressemblan
ressembler
ressentir en
resserrer en
ressort, m. Feder
ressource, f Rettung
restauration Wiederein (bes. d. bonen 18
reste, m. U
reste, übr

restreindre, be-, einschränken
résultante, f. Ergebnis
résultat, m. Ergebnis
résulter folgen, sich ergeben
résumé, m. Inbegriff, Uebersicht
rétablir wiederherstellen, aufrichten
retard, m. Verspätung; en r. verspätet
retarder verzögern, zurückhalten
retenir zurückhalten, bestellen
retentir wiederhallen
retenue, f. Zurückhaltung
retirer herausziehen, -nehmen; se r. sich zurückziehen, abziehen, ablassen
retour, m. Rückkehr, Rückfahrt; en r. zurück, dagegen
retourner umkehren, -wenden
retraite, f. Rückzug, Rücktritt, Zurückgezogenheit, Zufluchtsort
réunir vereinigen
réussir gelingen, gedeihen, Erfolg haben
revanche, f. Vergeltung; en r. zum Ersatze, dagegen
rêve, m. Traum
réveil, m. Erwachen
réveiller aufwecken, se r. aufwachen
révéler enthüllen, -schleiern, -decken; offenbaren
revendeur, se Wiederverkäufer, in
revenu, m. Einkommen, Einkünfte
rêver träumen
réverbère, m. Straßenlaterne
reverdir wieder grün werden
rêverie, f. Träumerei
révérer verehren
revers, m. Rück-, Umschlag, Rück-, Kehrseite
rêveur, se träumerisch; subst. Träumer, [in
revêtir bekleiden, versehen
révolter empören
revue, f. Musterung
rez-de-chaussée, m. Erdgeschoß
rhumatisme, m. Rheumatismus
ricaneur, se grinsend, hohnlachend
richard, m. Reicher, reicher Ranz
richesse, f. Reichtum
rideau, m. Vorhang
ridelle, f. (Wagen-)Leiter; char à ridelles Leiterwagen
rider runzeln, kräuseln
ridicule lächerlich; s. m. das Lächerliche
rieur, se Lacher, in; lachlustig, schäkernd
rigole, f. Abflußgraben
rigorisme, m. Strenge
rigueur, f. Strenge, Schärfe, Härte; être de r. unerläßlich sein
rigoureux, se streng, hart

riposter schnell antworten, zurückgeben
rire lachen; se r. de sich lustig machen
risible lächerlich [über
risque, m. Gefahr; au r. mit Gefahr
risquer wagen, riskieren
rivage, m. Ufer, Küste
rival, e Nebenbuhler, in, Rival
rivaliser wetteifern
rive, f. Ufer
rixe, f. Streit, Kampf
riz, m. Reis
robe, f. Robe, Kleid, Amtskleid
robinet, m. Hahn
robuste kräftig, stark
roc, m. Fels
roche, f. Fels, Stein
rocher, m. Felsen
rocheux, se felsig
rogner beschneiden, benagen
roide (raide) steif, starr
rôle, m. Rolle, Register
romance, f. Romanze (zartes Klagelied)
romancier Romanschriftsteller
romantisme, m. Romantismus, romantisches Wesen
romain, e römisch; subst. Römer
rompre brechen, unterbrechen, zerreißen
ronce, f. Brombeerstrauch, pl. Dornen
ronde, f Runde, Rundtanz; ganze Note
rosace, f. Rosette
roseau, m. Schilf, Rohr
rosée, f. Tau, m.
rossignol, m. Nachtigall
rôt auch rôti, m. Braten
rouage, m. Räderwerk
roue, f. Rad
rouge-gorge, m. Rotkehlchen
rougir erröten, rot färben
rouleau, m. Rolle, Walze
roulement, m. Rollen, (Trommel-) Wirbel
rouler rollen, wirbeln (v. Trommler), wälzen
Roumain, m. Rumäne
route, f. Straße, Weg, Fahrt
routinier, ère Gewohnheitsmensch, an der Gewohnheit hängend
royal, e königlich
royaliste, Royalist, royalistisch, königlich gesinnt
royaume, m. Königreich
royauté, f. Königtum
ruban, m. Band
rubis, m. Rubin
ruche, f. Bienenstock, -korb
rude rauh, abstoßend

rudesse, f. Rauheit, Härte, Derbheit
ruelle, f. Gäßchen
rugir brüllen, schnauben
ruiner niederreißen, verderben
ruisseau, m. Bach, Strom
ruisseler rieseln, rinnen
rumeur, f. Aufruhr, Aufregung, Lärm, Gerücht
russe russisch
Russie, f. Rußland
ruse, f. List, Schlauheit
rustique ländlich, verwildert, subst. m. Landbewohner
rythme, m. Ebenmaß, Rhythmus.

Sable, m. Sand
sableux, se sandhaltig, Sand-
sablier, m. Sanduhr
sablonneux, se sandig
sabre, m. Säbel
sac, m. Sack, Tornister
sac à cartouches Patronentasche
saccadé, e stoßweise
sac de nuit, m. Reisetasche
sacerdotal, e Priester-, priesterlich
sachons, Imperat. von savoir wissen
sacré, e heilig, geweiht
sacrifice, m. Opfer, Aufopferung
sacrifier opfern
sacristie, f. Sakristei
sage weise, artig
sagesse, f. Weisheit
saillie, f. Hervorsprudeln, Ausladung; porter en überragen, vorspringen
saillir hervorragen, heraussprudeln
sain, e gesund
saint, e heilig, subst. m. Heiliger
Saint-Martin heiliger Martin
Saint-Michel heiliger Michael
saisir ergreifen
saison, f. Jahreszeit
sale schmutzig
salé salzig, salzhaltig, gesalzen
saler salzen
salin, e salzig
saline, f. Salzgrube, -siederei
salle de visite, d'inspection Untersuchungssaal
salubre heilsam
saluer grüßen
salure, f. Salzigkeit
salut, m. Heil, Gruß
salutaire heilsam, gesund
salutation, f. Gruß, Begrüßung
sanctuaire, m. Hochaltarstätte
sang-froid, m. Kaltblütigkeit

sanglant, e blutig
sanglier, m. Eber
sanglot, m. Schluchzen
sangloter schluchzen
sansonnet, m. Star
santé, f. Gesundheit
sapin, m. Tanne
sarcasme, m. Sarkasmus, beißen Spott
sarcophage, m. Steinsarg, Grabmal Sarkophag
satin, m. Atlas
satisfaction, f. Genugthuung
sauf, ve wohlbehalten; prép. un schadet, ausgenommen
sauf que abgesehen davon, daß
sauge, f. Salbei
saule, m. Weide
saunier, m. Salzsieder
sauter springen, in die Luft fliegen
sauterelle, f. Heuschrecke
sauvage wild
sauvegarde, f. Schutz, Schirm
sauver retten
sauvetage, m. Rettung
savant gelehrt, gut unterrichtet, Gelehr
saveur, f. Geschmack
Savoie, f. Savoyen
savoir wissen, können, verstehen; a und zwar, nämlich
savon, m. Seife
savoureux, se wohlschmeckend
Savoyard, m. Savoyarde
scandale, m. Skandal, Ärgernis
scaphandre, m. bes. Taucherappar
sceau, m. Siegel
sceller versiegeln
scène, f. Schauplatz, Bühne, Szene
scie, f. Säge
science, f. Wissen, Wissenschaft
scientifique wissenschaftlich
scier sägen
scintillement, m. Funkeln, Blitzen
scintiller funkeln
scolaire, adj. Unterrichts-, Schul-
scrupuleux, se, -ment gewissenha peinlich, genau
scrutateur, trice forschend, prüfend
sculpter ausschnitzen, in Stein ha
sculpteur, m. Bildhauer
sculpture, f. Bildhauerarbeit, -kunst, Skulpt
séance, f. Sitzung
sébile, f. Mulde, Holzschale
sec, sèche trocken, hager
sécher trocknen
secondaire in zweiter Linie, setund

seconde, f. Sekunde
seconder beistehen, helfen
secouer rütteln, schütteln
secourir beistehen, helfen
secours, m. Hilfe
secousse, f. Erschütterung, Stoß
secret, ète geheim, e, subst. m. Geheimnis
section, f. Abteilung
seigneur Herr
sécurité, f. Sicherheit
seigneurial, e lehnsherrlich
seigneurie, f. Lehens-, Grundherrschaft
sein, m. Schoß, Busen
seing, m. Unterschrift
séjour, m. Aufenthaltsort
séjourner sich aufhalten
sel, m. Salz, marin Seesalz
selette, f. niedriger Sessel, Schemel
seller satteln
selon nach, gemäß
semblable ähnlich
semelle, f. Sohle
semence, f. Samen
semer säen
séminal, e Samen-
sens, m. Sinn, Richtung, bon s. gesunder Menschenverstand
sensation, f. Empfindung, Eindruck
sensible empfindlich
senteur, f. Geruch
sentir fühlen, empfinden, riechen
sentier, m. Pfad
sentiment, m. Gefühl, Empfindung
sentinelle, f. Schildwache
seoir anstehen, sitzen
séparer trennen
septentrional, e nördlich, nordisch
sépulture, f. Begräbnis, Grabstätte
séraphique engelhaft
serein, e heiter, froh, hell
serf, ve Leibeigner, Höriger
sergent, m. Sergeant; s. de ville Schutzmann
sériciculture, f. Seidenraupenzucht
série, f. Reihe
sérieux, se ernst
serment, m. Schwur, Eid
sermon, m. Predigt, Ermahnung
serre, f. Treibhaus
serrer drücken, zusammendrängen, schließen; serré, e eng, dicht, gedrängt
serrure, f. Schloß
serrurerie, f. Schlosserei, Schlosserarbeit
serrurier Schlosser
servage, m. Leibeigenschaft, Knechtschaft

servante, f. Magd, Dienstmädchen
service, m. Dienst, Bedienung
servir dienen, bedienen
servitude, f. Knechtschaft
seuil, m. Schwelle
sève, f. (Pflanzen) Saft; Kraft, Geist
sévérité, f. Strenge, Ernst
Sibérien, m. Sibirier (in)
siècle, m. Jahrhundert
siège, m. Sitz, Belagerung
siéger seinen Sitz haben
sieste, f. Siesta, Mittagsruhe
sifflement, m. Pfeifen, Zischen
siffler pfeifen
sifflet, m. Pfeife, Pfiff
signaler signalisieren, verkünden, auf etwas aufmerksam machen
signature, f. Unterschrift, Bezeichnung
signe, m. Zeichen
signer unterzeichnen
signifier bedeuten
silence, m. Schweigen
silencieux, se still, schweigend, schweigsam
sillon, m. Furche
sillonner durchfurchen, streifen
simple einfach
simplicité, f. Einfachheit, Einfalt
simplifier vereinfachen
simuler erdichten, fingieren
sincère aufrichtig
sincérité, f. Aufrichtigkeit
singe, m. Affe
singulier, ère einzig, eigentümlich, seltsam
sinistre unheilvoll, verderblich, unheimlich
sinon wenn nicht
site, m. Lage, Landschaft
situation, f. Lage
situé ge-, belegen
sinuosité, f. Biegung, Krümmung
sobriété, f. Mäßigkeit
soc, m. Pflugschar
sociable gesellig
social, e gesellschaftlich, auf die Gesellschaft bezüglich
société, f. Gesellschaft
Socrate Sokrates
sœur de charité, barmherzige Schwester
soie, f. Seide
soierie, f. Seidenware
soif, f. Durst
soigner pflegen
soigneux, se -ment sorgfältig
soin, m. Sorge, Sorgfalt, Bemühung
soirée, f. Abend(unterhaltung)
sol, m. Boden; für sou (Münze = 4 Pf.)
solennel, le feierlich

solide, -ment feſt, ſolid
solitaire einſam; subst. m. Einſiedler
solitude, f. Einſamkeit
solidité, f. Feſtigkeit
solive, f. Decken-, Tragebalken
solliciter anreizen, (nach) ſuchen
sollicitude, f. Sorge, Sorgfalt, Fürſorge
sombre düſter, dunkel
somme, f. Summe, m. Schläfchen
sommeil, m. Schlaf
sommet, m. Gipfel, Spitze
somptueux, se prächtig
son, m. Ton, Laut, Kleie
songe, m. Traum
songer denken, nachſinnen
sonner klingen, läuten
sonnette, f. Glocke, Klingel
sonneur, m. Glöckner
sonore tönend, klangreich, ſonor
sorbet, m. Sorbet, kühlendes Getränk
sorcier, ère Zauberer, Hexe
sort, m. Schickſal, Los
sorte, f. Art; en quelque s. gewiſſermaßen
sortie, f. Hinausgehen, Ausgang, Abzug, Ausfall, Ausfuhr
sortir hinausgehen, herauskommen
sot, te dumm; Dummkopf
sotie, f. mittelalterliche Poſſe
sou, m. Sou (Münze = 4 Pf.)
soubasement, m. Grundmauer
souci, m. Sorge, Kummer
soude, f. Soda, Natron
souffle, m. Hauch, Atem
soudain, e plötzlich, jäh, blitzſchnell
souffler atmen, blaſen, wehen, zuflüſtern
souffrance, f. Leiden, Schmerz
souffrir leiden, geſtatten
soufre, m. Schwefel
souhait, m. Wunſch, Glückwunſch
souhaiter wünſchen
souiller beſchmutzen, beſudeln
soulagement, m. Erleichterung
soulager erleichtern
soulas, m. Erleichterung, Troſt
soulèvement, m. Erhebung, Aufſtand
soulever aufrichten, -werfen, -heben, -wühlen, -wiegeln, verurſachen, entrüſten
soulier, m. Schuh
soumettre unterwerfen, -ziehen
soupçon, m. Argwohn, Verdacht
soupçonner argwöhnen, in Verdacht [haben
soupente f. Hängeboden

soupeser mit der Hand wiegen
soupir, m. Seufzer
soupirer ſeufzen
souple geſchmeidig
souplesse, f. Gelenkigkeit, Geſchmeidigkeit
source, f. Quelle
sourd, e taub, dumpf
sourire lächeln; subst. m. das Lächeln
souris, f. Maus
sous-bande, m. Kreuz-, Streifband
sous-marin, e unterſeeiſch
soustraire entziehen
soutenir aus-, aufrecht-, unterhalten, behaupten, ausdauern, anhalten
soutien, m. Stütze, Halt
soutirer abziehen, ablaſſen
souvenance, f. Erinnerung
souvenir, se ſich erinnern; subst. m. Erinnerung
souverain, m. Herrſcher
souveraineté, f. Oberherrſchaft, Staatsgewalt
sparte, m. ſpaniſches Pfriemengras
spécial, e, ment beſonderer, e; beſonders, ausdrücklich
spectacle, m. Schauſpiel, Gepränge; pièce à grand sp. Spektakelſtück
spectateur Zuſchauer
spéculateur Spekulant
spéculation, f Berechnung, Ueberlegung, Forſchung
spéculer berechnen, überlegen, ſpekulieren
sphère, f. Sphäre
spirale, f. Spirale
spirituel, le geiſtig, geiſtlich, geiſtreich
splendeur, f. Glanz, Pracht
splendide glänzend, prächtig
squelette, m. Skelett, Gerippe
stable beſtändig, dauerhaft
stalactite, f. Sialaktit, Tropfſtein
stalle, f. Klappſtuhl, Sperrſitz; st. d'orchestre Parketplatz
station, f. Stehen, Schildwache, Halteſtelle
stationnaire ſtillſtehend
stationner ſtehen (bleiben), halten, ſtationiert ſein
statue, f. Bildſäule, Standbild
stère, m. Ster (Holzmaß: kbm)
stérile unfruchtbar
stoique ſtandhaft, ſtoiſch
store, m. Vorhang
strangulation, f. Erdroſſelung
strident, e gellend
strict, e ſtreng, genau, ſtrikt; le str. nécessaire das unbedingt Notwendige
studieux, se fleißig, eifrig

stupeur, f. Betäubung, Erstarrung (vor Schrecken)
style, m. Stil
suave lieblich, anmutig, köstlich
subdiviser unterabteilen
subir erleiden
subit, e plötzlich
sublime erhaben
submersion, f. Untergehen, Untersinken im Wasser, völlige Ueberschwemmung
subséquent, e nachfolgend
subsister bestehen, existieren
substance, f. Stoff, Substanz, Lebensunterhalt
substituer ersetzen, an die Stelle setzen
succéder folgen
succès, m. Erfolg
successeur Nachfolger
successif, ve aufeinanderfolgend
succinct, e kurz, bündig, gedrängt
succomber unterliegen
succulent, e saftig
sucre, m. Zucker
sucrer zuckern
suer (aus)schwitzen
sueur, f. Schweiß
suffire genügen, ausreichen
suffoquer ersticken
suffrage, m. Wahl, Stimmrecht; s. universel allg. Wahlrecht
suggérer eingeben, an die Hand geben
suisse schweizerisch
sujet, te unterthan, unterworfen; subst. m. Unterthan, Gegenstand, Subjekt
suite, f. Folge, Gefolge, Fortsetzung; par s. infolge, tout de s. sofort
suivant prép. nach, gemäß
suivre folgen; se s. auf einander folgen
sulfate, m. schwefelsaures Salz
superbe prächtig
superficiel, le, -ment oberflächlich
supérieur, e überlegen
superposer aufeinander legen
superstition, f. Aberglaube
suppléer ergänzen, ersetzen
supplément, m. Ergänzung, Zuschuß, Supplement
supplice, m. Todesstrafe, Hinrichtung
supplicier hinrichten
supplier anflehen, inständig bitten
supportable erträglich
supporter ertragen
supposer annehmen, voraussetzen
supprimer unterdrücken, weglassen, abschaffen
suprême höchst, außerordentlich, letzter

sûr, e sicher, gefahrlos
sur, e sauer (Früchte)
surabondance, f. Ueberfluß
sûreté, f. Sicherheit
surexcitation, f. Ueberreizung
surexciter überreizen
surface, f. Oberfläche
surintendant, m. Oberaufseher
sur-le-champ auf der Stelle, sofort
surmonter überragen
surnommer einen Beinamen geben
surplus, m. Ueberschuß; au s., adv. außerdem, übrigens
surprendre überraschen
surprise, f. Überraschung
sursaut, m. plötzliches Auffahren
surveiller überwachen
survenir unerwartet eintreten, dazu kommen
suspendre aufhängen, aussetzen (fig.), [entheben
svelte schlank
symbole, m. Symbol, Sinnbild, Erkennungszeichen
symboliser versinnbildlichen
sympathique sympathisch
symptôme, m. Symptom, Krankheitserscheinung
Syrie, f. Syrien
système, m. System

Tabac, m. Tabak
tableau, m. Tafel, Gemälde, Verzeichnis
tablette, f. Brett, Fach
tablier, m. Schürze
tache, f. Flecken
tâche, f. Aufgabe
taffetas, m. Taft, Taffet
taille, f. Größe, Gestalt
tailler (zu)schneiden, hauen
tailleur Schneider; tailleur de pierre Steinhauer
taillis, m. Buschholz, Dickicht
taire verschweigen; se t. schweigen
talisman, m. Talisman, schützendes Zaubermittel
talon, m. Hacke, Ferse, Absatz
tambour, m. Tambour, Trommler
tambourin, m. Trommel
tambour-major, m. Regimentstambour
tamis, m. Sieb
tandis que während (Gegensatz)
tanné lohfarbig, sonnverbrannt
tantôt-tantôt bald—bald
taon, m. (Vieh-)Bremse
tapis, m. Teppich
tapisserie, f. Wandteppich, Wollstickerei
tapissier Tapezier

tarder zögern; il me tarde de es ver-
  langt mich, ich sehne mich
tardif, ve spät, verspätet
tarif, m. Preisverzeichnis, Taxe
tarir versiechen
tas, m. Haufen
tâtonner tasten
taureau, m. Stier
taxe, f. Taxe, Betrag
teint, m. Hautfarbe
teinte, f. Farbenschattierung, Tinte, Farbenton
tel, le, -ment so sehr, derartig
téléphone, m. Telephon, Fernsprecher
télescope, m. Fernrohr
téméraire kühn, tollkühn
témoignage, m. Zeugnis, Beweis
témoigner bezeugen; t. de zeugen von
témoin, m. Zeuge
tempe, f. Schläfe
tempérament, m. Gemütsstimmung, Naturanlage, Temperament
température, f. Witterung, Wärmegrad
tempérer, mäßigen
tempête, f. Sturm, Gewitter
temps, m. Zeit, Wetter
tenace zäh, hartnäckig
tenaille, f. Zange
tendance, f. Neigung
tendre, adj. zart, zärtlich; v. (dar)reichen
tendresse, f. Zärtlichkeit
ténèbres, f. pl. Finsternis
tenir halten, besitzen, t. à honneur es für eine Ehre ansehen; t. à lebhaft wünschen, großen Wert auf etwas legen, abhängen, herrühren; t. de ähnlich sein
tenir tête Stirn bieten
tentation, f. Versuchung, Anfechtung
tenter versuchen
tente, f. Zelt
tenture, f. Behang, Tapetenstoff
tenue, f. Haltung
terme, m. Ziel, Endziel, Ausdruck
terminer beschließen, beendigen
terne matt, trüb, glanzlos
terrain, m. Erdreich, Boden, Strecke Land, Raum
terreur, f. Schreck, Entsetzen
terrible schrecklich
territoire, m. Landgebiet
têtard, m. Kaulfrosch
textile, m. Gespinst
thème, m. Aufgabe, Exerzitium
thym, m. Thymian
tiède lau, mild

tiens, tenez! da nimm! ei sieh doch!
tige, f. Stengel, Halm, Stiel, Schaft
tigré, e tigerartig gefärbt, getigert
tilbury, m. (engl.) zweirädriger Wagen
tilleul, m. Linde
timbre, m. Klang, Klangfarbe, Stempel, Briefmarke
timbre-poste, m. Briefmarke
timbrer stempeln
timidité, f. Furchtsamkeit, Schüchternheit, Zaghaftigkeit
tintement, m. Klingen, Anschlagen
tirage, m. Abziehen (d. Weins); Abdruck, Abzug
tire-botte(s), m. Stiefelzieher
tire d'ailes schneller Flügelschlag
tirer ziehen, schießen, abziehen, hernehmen
tiroir, m. Schublade
tison, m. (Feuer-)Brand
tissage, m. Weben
tisser weben
tisserand Weber
tisseur, m. Weber
tissu, m. Gewebe, Weberei
titre, m. Titel, Berechtigung; à titre de als
toile, f. Leinwand, Theatervorhang
toise, f. altes Längenmaß (6 Pariser Fuß)
toit, m. Dach
toiture, f. Dachwerk
tôle, f. (Schwarz-)Blech
tombeau, m. Grab
tomber fallen, hereinbrechen
tondre scheren
tonnelle, f. Gartenlaube
tonnerre, m. Donner
topaze, f. Topas
toque, f. Barett
torche, f. Fackel
tordre (ver-)drehen, winden, ringen
torpilleur, m. Torpedo
torrent, m. Strom
torrentiel, le strömend
total, m. Gesamtsumme
tort, m. Unrecht
toucher (be)rühren
touffe, f. Büschel
tour, m. Umkreis, Gang, Tour, Streich, Runde; à mon t. meinerseits u. s. w.
tour, f. Turm
tour à tour abwechselnd
tourbillon, m. Wirbel(wind), Strudel
tourbillonner wirbeln
touriste, m. Tourist, Vergnügungsreisender

tourmente, f. Unwetter
tourmenter quälen
tournant, m. Wendung, Mühlengang; tournante, f. Läufer(stein)
tournée, f. Rundreise, Tour
tourner sich drehen, umdrehen, wenden
tournoiement, m. Wirbeln
tournoyer sich im Kreise herumdrehen
tout à coup plötzlich; t. de bon im Ernste
trace, f. Spur
tracer ziehen, zeichnen
tradition, f. mündliche Ueberlieferung
traduire überführen, vor Gericht fordern, übersetzen
tragédie, f. Trauerspiel, Tragödie
trahir verraten
trahison, f. Verrat
train, m. Zug
traineau, m. Schlitten
trainer ziehen, schleppen, herumliegen
train-omnibus, m. Personenzug
train-poste Postzug
traire melken
trait, m. Strich, Zug, Geschoß, Pfeil; trait d'union Bindestrich
traité, m. Vertrag, Vergleich, Abhandlung
traitement, m. Behandlung
trajet, m. Fahrt, Ueberfahrt, Strecke
trame, f. Gewebe, Einschlag
tranchant, p. pr. von trancher schneiden
tranche, f. Schnitte, Scheibe
tranchée, f. (Lauf-)Graben; colonel de Befehlshaber der Laufgrabenwache
transaction, f. Handelsgeschäft, Umsatz, Verkehr
tranquille ruhig
transférer versetzen, übertragen,
transhumer wandern (von Herden)
transformer verwandeln
transir starr machen
transparent, e durchsichtig
transit, m. Durchgang, Transit
translation, f. Beförderung, Ueberführung
transport, m. Transport, Fortschaffung; Aufwallung, Entzücken
transporté, p. p. entzückt, außer sich
transporter fortbringen, befördern; se t. sich begeben, übertragen
trapèze, m. Schwebereck
Trappe, f. eine Abtei, Trappistenorden
trappeur, m. Trapper
traversée, f. Uebergang, Ueber-, Durchfahrt, kurze Seereise

traverser hinüber, quer durch gehen, reisen, fahren; hindurchdringen, durchbohren
traversin, m. Bett-, Kopfpfühl(kissen)
treille, f. Weingeländer
tremblement, m. Erschütterung; tr. de terre Erdbeben
trembler zittern
tremper eintauchen, ein-, durchweichen
trépasser verscheiden
trépidation, f. Beben, Zittern
trésor, m. Schatz
tressaillir zittern
tresser flechten
tri m. (triage) Auswahl, Sonderung, Sortieren
tribu, f. (Volks-)Stamm
tribun Tribun, Volksvertreter, Redner
tribunal, m. Gerichtshof
tribut, m. Tribut, Abgabe, Zoll
tricot, m. gestrickter Stoff
tricoter stricken
trident, m. Dreizack
trier aussuchen, sortieren
triomphal, e Triumph-, Sieges-, triumphierend
triompher triumphieren
tripler (sich) verdreifachen
triste traurig
tristesse, f. Traurigkeit
troc, m. Tausch
trombe, f. Windhose; tr. d'eau, — de mer Wasserhose
trompe, f. Rüssel
tromper betrügen, täuschen, irren
tronc, m. Stamm, Rumpf
trophée, m. Trophäe, Siegeszeichen
tropique, m. Wendekreis
trot, m. Trab
trottoir, m. Fußweg, Steig
trou, m. Loch
trouble, m Störung, Unruhe
troubler stören, se t. sich beunruhigen
trouer durchlöchern
troupe, f. Truppe
troupeau, m. Herde
troupier, m. (altgedienter) Soldat
trousseau, m. Bündel
trousser aufschürzen
trouvaille, f. Fund
truelle, f. Kelle
tube, m. Rohr, Röhre
tubercule, m. Knöllchen, Knolle
tuer töten
tuile, f. Ziegel
tuilerie, f. Ziegelei
tumultueux, se lärmend

Tunisie, f. **Tunis**
turbulent, e ungestüm
Turquie, f. Türkei
tutélaire schützend
tuyau, m. Rohr, Röhre
type, m. Typus, Urbild
typographique typographisch

Unanime einmütig
unification, f. Einigung
uniforme gleichförmig; subst. m. Uniform
union, f. Vereinigung
unique einzig
unir vereinigen, glätten
unité, f. Einheit
univers, m. Weltall
universalité, f. Allgemeinheit
universel, le, -lement allgemein
usage, m. Brauch, Gebrauch
user brauchen, verbrauchen, abnützen
usine, f. Hüttenwerk, Fabrik
utile nützlich
utiliser nutzbar machen, ausnützen
utilité, f. Nutzen, Nützlichkeit

Vache, f. Kuh
va-et-vient, m. Kommen und Gehen, Hin- und Herlaufen
vague unbestimmt, ohne bestimmte Grenzen, s. f. Woge, Welle
vaillance, f. Tapferkeit
vaillant tapfer
vain, e eitel, vergeblich
vaincre siegen, besiegen
vainqueur Sieger
vaisseau, m. Schiff, Fahrzeug
Valais, m. Wallis
valet Knecht, Diener, Lakai
valeur, f. Wert, Tapferkeit, Wertpapier
valise, f. Koffer, Felleisen
vallée, f. Thal
vallon, m. Thal
valoir gelten, wert sein; valoir mieux besser sein; faire v. geltend machen, verschaffen, eintragen
vanité, f. Eitelkeit
vaniteux, se eitel
vanter rühmen
vapeur, f. Dampf, Dunst; m. Dampfschiff
vaporeux, se dunstig, nebelig
vareuse, f. kurzwollene Bluse
variable veränderlich
varier abwechseln, sich verändern; variieren
variété, f. Mannigfaltigkeit
vase, m. Vase, Gefäß; f. Schlamm
vaste weit, umfangreich

vaut, pr. ind. v. valoir: vaut mieux ist besser
vautour, m. Geier
veau, m. Kalb
vedette, f. Kavallerieposten, Vedette
végétal, e. Gewächs
végéter leben, vegetieren
véhicule, m. Fuhrwerk, Vehikel
veille, m. Vorabend, heil. Abend
veillée, f. Nachtwache, Abendunterhaltung
veine, f. Ader
velours, m. Samt, Sammet
venaison, f. Wildbret
venant, à tout v. dem ersten Besten; all' und jedem
vendange, f. Weinlese
vendeur, se Verkäufer, in
vénéneux, se giftig
vénérable ehrwürdig
vénérer verehren
vengeance, f. Rache
venger rächen
vengeur, se Rächer, in; rächend
venimeux, se giftig
venin, m. Gift
venir kommen; en venir à schreiten, greifen zu, à v. zukünftig
Vénitien Venetianer
ventre, m. Leib, Bauch
venue, f. Ankunft
ver à soie, m. Seidenraupe
verdâtre grünlich
verdir grünen
verdoyer grünen
verdure, f. Grün, grünes Laub
verge, f. Rute, Stab
verger, m. Obstgarten
vérifier prüfen, untersuchen, bestätigen, bewahrheiten
véritable wahrhaftig, wahr, wirklich
vérité, f. Wahrheit
vermeil, le hochrot
vermisseau, m. Würmchen
vernir firnissen, lackieren
vernis, m. Firniß, Lack
vernisseur Lackierer
vernisser glasieren
verrais, je. condit. von voir
verre, m. Glas
verroterie, f. Glaswaren
vers, m. Vers
versant, m. Abdachung, Abhang
verser gießen, schütten, ausstreuen; à verse in Strömen
verset, m. (Bibel) Vers
vert, e grün
vertige, m. Schwindel
verveine, f. Eisenkraut, Verbene

veste, f. Jacke
vestibule, m. Vorhof, Hausflur, Vorzimmer
veston, m. kurzer Herrenrock
vêtement, m. Kleid(ung)
vétéran ausgedienter Soldat, Veteran
vétusté, f. Alter
veuf, ve verwitwet; subst. Witwer, Witwe
veuillez, imper. von vouloir
vexation, f. Bedrückung, Plackerei
vexer drücken, placken, ärgern
viabilité, f. Wegbarkeit, Wegbeschaffenheit
viande, f. Fleisch, Speise
vice, m. Laster
vicier verderben
victime, f. Opfer
victoire, f. Sieg
victuaille, f. Lebensmittel
vide leer, s. m. Leere
vider leeren
vie, f. Leben
vieillard Greis
vieillerie, f. alter Trödelkram
vieillir veralten
Vierge, f. Jungfrau (Maria)
vierge jungfräulich, rein; s. f. Jungfrau
vif, ve -ment lebhaft
vigne, f. Weinrebe, Weinberg
vigoureux, se kräftig
vigueur, f. Kraft, Strenge
vil, e niedrig
vilain, e häßlich
village, m. Dorf
villageois Dorfbewohner
vinaigre, m. Essig
vinaigré, e mit Essig versehen, versetzt
vineux, se weinreich, mit Reben bepflanzt
vinosité, f. weinige Beschaffenheit
violence, f. Heftigkeit, Gewalt(thätigkeit)
violent, e heftig
violer verletzen, übertreten
violette violett, subst. f. Veilchen
violon, f. Geige
vipère, f. Viper, Otter
viril, e männlich
visage, m. Gesicht
visible sichtbar
visiblement zusehends
visière, f. (Mützen)schirm
visiter besuchen, besichtigen
visqueux, se klebrig, zähe
vitesse, f. Schnelligkeit
vitrail, pl. aux großes Fenster, Kirchenfenster
vitrier Glaser
vitrifiable verglasbar
vivace lebenskräftig, lebhaft
vivacité, f. Lebhaftigkeit

vivant, de son bei s. Leben, Lebzeiten
vivifier beleben
vivres, m. pl. Lebensmittel
vœu, m. Wunsch, Gelübde
voguer, m. schwimmen, treiben; vogue la galère! auf gut Glück
voie, f. Weg, Geleis
voie ferrée, f. Eisenweg, -Bahn
voile, m. Schleier; f. Segel
voiler verschleiern
voisinage, m. Nachbarschaft
voisin, e Nachbar, in, benachbart
voiture, f. Wagen
voix, f. Stimme: de vive v. mündlich
vol, m. Flug, Diebstahl
volaille, f. Geflügel
volage flatterhaft, unbeständig
volatile, m. geflügeltes Tier
volcan, m. Vulkan
volcanique vulkanisch
voler fliegen, stehlen
volet, m. Fensterladen
voleur, m. Dieb
volière, f. Vogelhaus
volontaire Freiwilliger, Volontär
volonté, f. Willen
volontiers gern
voltiger flattern
volume, m. Band (ein. Buches), Umfang, Rauminhalt
volumineux, se umfangreich
volupté, f. Wonnegefühl, Hochgenuß
voluptueux, se üppig, wonnig
vomir speien, sich übergeben
Vosges, f. Vogesen
voter abstimmen, genehmigen
vouer weihen, widmen
voûte, f. Gewölbe
voûter wölben
voyageur, m. Reisender
vraiment wahrhaftig
vrille, f. Bohrer
vu, p. p. v. voir. prép. in Ansehung, angesichts
vue, f. Gesicht, Ansicht, Anblick, en v. de in Hinsicht auf
vue d'oiseau, f. Vogelperspektive
vulgaire gemein, volkstümlich, Volks

Wagon, m. Waggon
Wisigoth Westgothe

Yack, m. Grunzochse
yeuse, f. immergrüne Eiche, Steineiche

Zélande, f. Seeland
zéphyr, m. } Westwind
zéphyre, m. }
zone, f. Zone, Gürtel

Deutsch-französ. Wörterverzeichnis.

Das Geschlecht der französischen Substantive ist nur dann angegeben, wenn es von dem der deutschen abweicht.

Abendländisches Reich empire d'Occident
Abendmahl sainte Cène, t., communion, f.
abergläubisch superstitieux
Abkunft origine, descendance
ablassen rabattre
Absatz talon [crable
abscheulich atroce, abominale, exé-
Abschlagen (Spiel) jouer à la tape
Abzeichen marque, f.
Ahle alêne
ahnen se douter
Akt acte
Altertum antiquité, f.
Amerika Amérique, f.
angenehm agréable, doux
anhalten s'arrêter
anlangen arriver, parvenir
Annehmlichkeit agrément, m.
Anordnung ordre, m.
Anstalt établissement, m., institution, f.
anstrengen, sich se fatiguer
anwidern dégoûter
Anteil part, f.
Apfelkompott compote de pommes, f.
Apfelschnitte beignet de pommes, m.
Aprikose abricot, m.
Art espèce
Ärmel manche, f.
armselig misérable, mesquin, e
Atheist athée
Atlantischer Ocean Océan atlantique
Augenlicht vue, f.
Augenlid paupière, f.
auffassen saisir
Aufgabe leçon (mündl), devoir, m.
aufgehen se lever [(schrift.)

Aufgeld arrhes, f. pl.
aufpassen faire attention
aufregen exciter
Ausdauer endurance, persévérance
ausgeschnitten, weit ouvert à cœur
aushalten soutenir, supporter
Aushängezettel écriteau
Ausruf cri, exlamation, f.
ausschließen exclure
aussehen, gut (schlecht) avoir bonne (mauvaise) façon, mine
Auster huitre, t.
außerdem en outre
aussetzen, sich s'exposer
Aussprache prononciation
Ausstattung ameublement, m.
Avaren Avares

Badeort, bain, ville (lieu) d'eaux
Baiern Bavière   [thermales
Ballet ballet, m.
Ballspiel (jeu de la) paume, f.
Barett béret, m., barette, f.
Baukunst architecture
Bauwerk construction. f.
Bedienung service, m.
beeinflussen influencer
Befreiung délivrance
Begleitung compagnie
Begriff idée, notion, f.
begrüßen saluer
behaupten soutenir, maintenir, pré-
beiseite de côté, à part   [tendre
beißen mordre
Bekannter connaissance, f.
bekehren convertir
Bekenntnis confession, f.
bekommen recevoir

Belebtheit animation
Beleidigung offense, injure
Benefizvorstellung représentation à Bern (Stadt) Berne [bénéfice
beruhigen calmer, tranquilliser
Berühmtheit célébrité
bescheiden modeste
besonders particulièrement, spéciale-
bestellen (Grüße) faire [ment
bestellt sein être pris, arrêté, retenu
bestrafen, m. d. Tode punir de mort
Betragenszeugnis bulletin de con-
Betreff, in à l'égard [duite, m.
beweglich remuant
Beweisführung raisonnement, m.
billig à bon marché
billigen approuver
Binde bandage, m.
bitten demander à, prier
blenden éblouir
Blindekuh colin-maillard
blitzend étincelant
Blöken, n. bêlement, m.
Blumenmarkt marché aux fleurs
Blumenverläuferin marchande de
Bohne haricot, m. [fleurs
Böse, das mal, m.
Braten rôti m., rôt m. (als Gang)
brauchen avoir besoin, il (me) faut
Bruder frère
Büchergestell bibliothèque, f., rayon, m.
Bürger bourgeois, citoyen
Bursche garçon

Christ Chrétien
christlich chrétien, ne
Cylinderhut chapeau haut de forme

dafür en revanche, par contre
dafürhalten estimer, prendre pour,
Damenspiel dames, f. pl. [croire
darauf ankommen importer
darum c'est pourquoi, pour cela
davon machen, sich s'enfuir, s'esquiver
dazwischen au milieu de, parmi
Dekoration décoration, décors, m.
Deckengemälde fresque de plafond
Domino dominos, m. pl.
Draht fil; Pechdraht fil poissé
drohen menacer
dunkel obscur, foncé (Farbe)
Dunkelheit obscurité, f.
durchwinden, sich se faire jour à, tra-
    verser; passer à travers
durstig sein avoir soif, f.

Echo écho, m.
Ekarté écarté, m.
Ehrenmann homme d'honneur ou de
    bien; honnête homme
ehrwürdig vénérable
Ehrgeiz ambition, f.
Eifer zèle
Eigenheit particularité, singularité
Einbildung imagination
Eindruck impression, f.
einflößen inspirer
Einladungsbrief lettre d'invitation, f.
einnehmen (fig.) occuper
Einrichtung institution
einschließen envelopper, enfermer
eintreffen arriver
einverstanden d'accord
Einwand objection, f.
Eisengitterwerk treillis de fer, m.
Elementarschule école primaire
Empfangszimmer salon
empfehlen recommander
Ente canard, m., junge caneton, m.
entleihen emprunter
Entschluß résolution, f.
Erbse petit pois, m.
erfahren savoir, apprendre
erfordern exiger, réclamer
erhalten recevoir
erlangen atteindre, obtenir
erleben voir, expérimenter
erleiden souffrir, essuyer, supporter
Erlöser sauveur
ertrinken se noyer
erwähnen mentionner
erweitern élargir
Erwerb, m. acquisition, f.
Erziehung éducation

Falsch faux, sse; incorrect, e
famos fameux
Faust poing, m.
Federballspiel jeu de volant
fehlen falloir, manquer
feindselig ennemi, e (adj.)
Feldfrucht fruit des champs, m.
fertig sein avoir fini
fesseln enchaîner
fest ferme, solide, robuste
Flachland pays plat
flehen, um Gnade demander grâce
Fleckenreiniger dégraisseur
Fleischbrühsuppe consommé, m.,
    bouillon m.,
fleißig assidu, assidûment, appliqué
Fleißnote note d'application

Flöte flûte
Folge conséquence, resultat, m.; zur Folge pour résultat
Fortschritt progrès
Frack habit noir, m.
Freien, im en plein air, au grand air, en pleine nature
fremdsprachlich de langues étrangères
freundlich affable, bienveillant, aimable
frisch frais, fraiche-ment
früherer ancien, ne
Fußbekleidung chaussure

Garderobe vestiaire, m.
gebieterisch absolu, impérieux
gebildet bien élevé, instruit
Gebrauch coutume, f., cérémonie. f.
Gedränge foule, presse, f. [(relig.)
Geduld patience
gefallen plaire, p. p. plu
Gefallen finden trouver plaisir
gegenseitig mutuel, le-ment, réciproque-ment
Gegenstand sujet, m.
Gehalt, m. valeur, f., mérite, m.
gehören zu appartenir, compter parmi
Geige violon, m.
geistig intellectuel, le-ment, spirituel,
Geistlicher prêtre [le-ment
Geld argent; Kleingeld monnaie, f.
Gelenkigkeit souplesse, flexibilité
gemahlen moulu, inf. moudre
Gemäldesammlung collection de peintures
Gemeinde communauté
Gemüsemarkt marché aux légumes
gemütlich aisé, confortable
Gemütsart tempérament, m.
genau exact, e (von Kleidern) juste, bien
genießen manger, jouir
Genuß jouissance, f.
Geplauder bavardage, m.
gerade adv. juste(ment), exactement, précisément
geräuschlos sans bruit
Gericht (Speise) plat, m.
gerinnen coaguler
germanisch germanique
gern volontiers
Gerste orge
Geschicklichkeit adresse, habileté,
Geschrei les cris [dextérité
Gesell garçon, ouvrier, compagnon
gesellen zu, sich se joindre à
Gesellschaft société, compagnie

Gesellschaftsanzug habillement de
Gesetz loi, f. [cérémonie, m.
Gesichtsfarbe teint, m.
gesund bien portant, sain; wieder
Getöse bruissement [(ges.) rétabli
Getreide blé, m., céréales, f. pl.
Getreideart espèce de blé
Gewalt violence, force; mit G. de force
Gewandtheit agilité
Gewerbe industrie, f.
Gewerbetreibender industriel
Gewinn gain, profit
Gewühl cohue, f.
Gipfel comble, sommet
Glacéhandschuh gant de peau
glänzend éclatant, e, brillant, e
Glaube foi, croyance, f.
Gläubiger fidèle, croyant
Glockenzeichen coup de cloche, de [sonnette
Glück wünschen, sich s'applaudir
Götzenbild idole, f., simulacre, m.
Graf comte
Granne barbe, arête
Greis vieillard
Grenze confins, m. pl., frontière, f.
Grieche Grec, f. Grecque
gründlich à fond
Gründung fondation
Gut bien, m.
gürten, sich se ceindre
Güte qualité, bonté

Hafer avoine, f.
Halbkreis hémicycle
Halbstiefel bottine, f.
Halm tige, t.
Handel commerce
Handelsunternehmung entreprise commerciale
harmlos inoffensif, ve; innocent, e
hartnäckig opiniâtre, acharné, obstiné, entêté
Haselnuß noisette, f.
häßlich vilain, laid
Hauptmann capitaine
Haushalt ménage
Heidekorn sarrasin, m., blé noir
heidnisch païen, ne
heilig saint, e
heilsam salutaire, salubre
hell clair, éclairé
herausgeben rendre
Herrschsucht désir immodéré (soir, envie immodérée) de régner (dominer)
hiermit avec cela (ça)

himmelblau azur (e), bleu de ciel
hinablaufen descendre
hinunterfahren descendre
Hirfe millet
hoffentlich j'espère
holländisch de Hollande, hollandais
hören auf jem. écouter, qn.
Horizont horizon
Hörnchen cornet, m.
Hülfe balle
Hummer homard, m.
Hundescherer tondeur de chiens
Hyacinthe hyacinthe, jacinthe

Inbegriffen y compris
inne werden s'apercevoir
innerer, intérieur, e, interne, intrin-
italienisch italien, ne   [sèque

Jahreszeit saison
Jesus Christus Jésus-Christ
Jude Juif

Käfig, cage, f.
Kaiserkrone couronne impériale
Karte, nach der à la carte
Kartenspiel jeu de cartes
Katalog catalogue, m.
Katholik Catholique
Kaviar caviar
Kirschwasser kirsch, m.
Klapphut chapeau à claque
Klavier piano
Kleiderschrank garde-robe, armoire, f.
Kloster couvent, m., cloître, m.
Kohl chou
kosten goûter
Kräuter herbes, f.; mit feinen K.
   aux fines h.
Kreiselspiel jeu de sabot, de toupie
Kriegsfall cas de guerre
Kriegsherr souverain
Kriegsspiel jeu de guerre
Küchengerät, batterie de cuisine, f.,
   ustensiles, m. pl.
Küchenpflanze plante potagère
Kugelspiel jeu de boules
Kunde, m. client, pratique, f. chaland, m.
Kunstgewerbeschule école des arts et
Künstler artiste   [métiers
Kunststück tour d'adresse

Laie laïque, profane
Landhaus maison de campagne
Landschaft, paysage, m.
Langeweile ennui, m.
Langobarde Lombard, Longuebard

Lebensmittel denrée alimentaire, f.,
   vivres, m. pl.
Lebhaftigkeit vivacité, animation
Leder cuir, m.
lehren instruire, enseigner
Lehrer instituteur, maître, professeur
Lehrerin institutrice, maîtresse
lehrreich instructif, ve
leicht léger, ère-ment; facile-ment
leichtgläubig crédule
Leidenschaft passion, f.
Leisten forme, f.
lenken, auf sich attirer
Licht, lumière, f.
Liebenswürdigkeit amabilité
lieber (thun) aimer mieux
Liebhaberei marotte, passion, pré-
Linse lentille, f.   [dilection
Litteratur littérature
Litteraturgeschichte histoire de la litté-
Lob louange, f.   [rature
Longobarden Lombards
Lust goût, m., envie, f.

Makrele maquereau, m.
Maler peintre
Malerei peinture
mancher maint, quelque
Mandel amande, f.
Masern rougeole, f.
Mauren Maures
maurisch mauresque
meinen croire
meisten, die la plupart
   „   am pour la plupart
merkwürdig curieux, remarquable
Messias Messie
Meubel meuble
Mienenspiel jeu muet, pantomime, m.
mieten louer, arrêter
Mieter locataire
Militärschule école militaire   [d'école
Mitschüler camarade ou compagnon
Mittelländisches Meer Méditerranée
Mobiliar mobilier
Muhamed Mahomet
Muhamedaner Mahométan
Mühe peine
Mühseligkeit fatigue
München Munich
Musikkursus cours de musique

Nachbilden reconstruire
Nachbildung reconstruction
nächstens prochainement
Nachtrab arrière-garde, f.

nachzählen vérifier, contrôler
nageln clouer
Nähe voisinage, m., proximité, f.; in der Nähe de près
Nähmaschine machine à coudre
naturgemäß naturellement
Neigung inclination, penchant, m.
Nelke œillet, m.
Neuzeit temps modernes, m. pl.
niederwerfen renverser, jeter à terre
Nierenbraten noix de veau
Not nécessité, détresse
Nudelsuppe potage au vermicel(le)
nur seulement
Nußbaum(holz) noyer

Obendrein par dessus le marché
Obstmarkt marché aux fruits
Oelsardine sardine à l'huile
Ofen fourneau, poêle
ordnen arranger, régler, ordonner

Pantoffel pantoufle, f.
Partei parti, m.
Partner partenaire
passen convenir à; von Kleidern aller bien, être juste, seoir
passend convenable
Pech poix, f.
Pfirsich pêche, f.
pflegen cultiver, soigner
Pfrieme poinçon, m.
Plattform étage, m., plate-forme
polstern rembourrer
Portrait portrait, m.
Preis prix; zu festen Pr. à prix fixe
preußisch prussien, ne
Protestant Protestant

Radischen radis, m.
Rat conseil
räuchern fumer
Realschule école réale ou profes- [sionnelle
Rebhuhn perdrix, f.
  „   junges perdreau, m.
Rechnung addition, f., (Restaur.) compte, mémoire, m., note
reden discourir, parler
Regensburg Ratisbonne
regieren gouverner, régir
Regierung gouvernement, m.
Reifenspiel jeu de cerceaux
Reihe série
reiten aller, monter à cheval
Reiz charme
Religion religion
religiös religieux

Rheinwein vin du Rhin
Riesenstadt ville gigantesque
Rispe panicule
Roggen seigle
Roggenhalm tige de seigle, f.
Rolle rôle, m.
romanisch roman, e
Röte rougeur
Rückübersetzung version
Ruhm gloire, f.

Saat blé vert, m., herbe, f.
Sache affaire, chose
Sauerkraut choucroute, f.
Schach échecs, m. pl.
Schafschur tonte, tondaison
Schaft tige, f.
Scharlach, n. scarlatine, f.
Schärpe écharpe
Schauspiel drame
Schauspieler (in) acteur, trice
Scheingefecht combat simulé
Schellfisch aigrefin u. égrefin
schenken donner, présenter
Schere (Schaf-) forces, pl.
Scherer tondeur
schimpfen insulter
Schlaraffenland pays de Cocagne
Schließer (in), ouvreur, se
schließlich enfin
Schlittschuhläufer patineur
Schnecke escargot, m.
schonen épargner
Schönes, etwas de belles choses, qu.
Schöpfung création [ch. de beau
Schreibsekretär secrétaire
Schritt pas: Sch. thun faire des dé-
Schuhmacher cordonnier [marches (f.)
Schuhwerk chaussure, f.
Schulbibliothek bibliothèque d'école
schulden devoir
Schutz protection, f.
schützen (be-) défendre, protéger
schwach werden s'affaiblir
Schwarzwald forêt Noire, f.
schweben planer
Schweiz, französische Suisse romande
Schweizerkäse fromage, m., f de Gruyère
Schwimmer nageur
Schwindel vertige; Schw. bekommen, avoir, prendre le vertige
schwitzen transpirer, suer
Seefisch poisson de mer
Seezunge sole
Segen bonheur, bénédiction, f.
Seitenstraße rue latérale

Siegeslaufbahn carrière victorieuse
sinnverwirrend déconteriant, embarrassant
Sitten mœurs
Sofa sofa, divan
Sohle semelle, f.
Sorge chagrin, m., souci, m.
spalten, sich se diviser
Spargel asperge, f.
Spatz, Sperling moineau
Spazierfahrt promenade en voiture
Speise mets, m., viande, f.
Speisefolge menu, m.
Spielerei amusement, m.
Spitzbub, Dieb voleur, filou
Statist(en) figurant, comparses, pl.
Steinbutt turbot, m.
Stelle lieu, endroit
stellen, sich feindre
Stiefelputzer décrotteur
Straßenverkäufer marchand de rue
Streben tentative, f.
Strecke étendue de terrain
strecken étendre
streng sévère-ment, stricte-ment
Strömen (regnen in) à verse, à ondées
Stubenvermieten jouer aux quatre coins
Stufe marche, rang, m.

Tadel blâme, m.
Tageskarte carte du jour
täglich journalier, ère, quotidien, de chaque jour, de tous les jours; adv. journellement, tous les jours
Taugenichts vaurien
Thatsache fait, m.
Theaterzettel affiche, f. programme
Thräne larme, pleurs (m. pl.)
thut nichts n'importe
tosen bruire, mugir
Trägheit paresse
Traurigkeit tristesse
Treiben mouvement, m. activité, f.
trinken boire
Trüffelfilet, filet aux truffes
tüchtig adv. bravement
Tumult tumulte

Überhaupt en général, après tout, du tout, enfin
überlegen sein être supérieur
überschreiten franchir, traverser
Uebersetzung thème, m.
Umstand circonstance, f.
unangenehm désagréable
unaufmerksam inattentif, ve
unausgebacken peu cuit

unbekannt inconnu
unbequem incommode
ungefähr environ
Ungewißheit incertitude
Unglücksfall accident
unharmonisch discordant
Uniform uniforme, m.
unmittelbar immédiat, e-ment
unreif vert, e
unstreitig sans contredit
unterbrechen interrompre
unterhaltend intéressant
unterstützen supporter, assister
Unterthan sujet
unterwegs en passant, en chemin, en route
untröstlich inconsolable
unzählig innombrable
urteilen juger

Verarbeiten employer
verarmen appauvrir
verarmt appauvri, réduit à l'indigence
verbünden, sich mit s'allier à
verderben pervertir, gâter, ruiner, corrompre
verdoppeln doubler, redoubler
verdrehen tordre
verflossen passé
verfolgen poursuivre
Verfolgung poursuite
verkrüppelt estropié, rabougri
verlassen quitter; sich v. auf se fier à
verleben passer
verlöschen s'éteindre
vermehren augmenter
vermieten louer
vermitteln transmettre, communiquer
Vermögen fortune, f., bien, m.
vernichten anéantir, ruiner
verpflanzen transplanter
verschieben remettre à, renvoyer
verschiedenartig divers, e
verschönern embellir
Versprechen promesse, f.
versuchen tenter, essayer
vertreiben chasser
verurteilen condamner
verwandt parent, apparenté, semblable
verwirren embarrasser, troubler, confondre
verwüsten ravager, dévaster
Vogelperspektive perspective ou vue à vol d'oiseau; aus der V. à vol, à vue d'oiseau
Vollendung perfection
Vorhang toile, f. rideau, m.

Vorschlag proposition, f.
Vorschrift prescription, précepte, m.
vorsichtig circonspect, prudent
Vorspeise entrée, hors-d'œuvre, m.
vorstellen présenter
vorstellen, sich se figurer, s'imaginer
vortrefflich supérieurement, à merveille

Wahrheit vérité
wälzen rouler
Wange joue
Ware marchandise
Waschtisch lavabo
wechselnd varié, e
Weinkarte carte de(s) vins
weis machen faire accroire
Weißzeug linge, m.
Weizen froment
wenn nicht sinon
Werkzeug outil, m., instrument, m.
Wesen naturel, m., être, m.
Whist whist, m.
Widerstand résistance, f.
wieder de nouveau
Wirklichkeit réalité
Wissenschaft science
wohl fühlen, sich se sentir à son aise

wohlgeordnet bien ordonné, organisé, réglé
Wohlstand prospérité, f., bien-être, m.
Wurst saucisse, f., saucisson, m.

Zart tendre
Zeitungsverkäufer marchand de journaux
Zeugnis certificat, m., bulletin m., note
Zeugnisnote note
Ziel bout, m., but, m., fin, f., terme m.
ein Z. setzen mettre terme à
Zucht discipline
züchtigen châtier
Zufall accident, hasard
Zuflucht refuge m. seine Z. nehmen avoir recours à
zugeben convenir, admettre
Zügel rêne, f.
zugleich en même temps
zurückwerfen rejeter, refouler
zusagen promettre
zuweilen parfois
zuziehen, sich encourir
zwar il est vrai
Zwischenakt entr'acte
Zwischenspeise entremets, m.

Appendice.

Ma Normandie.

Frère Jacques.

Canon à 4 parties.

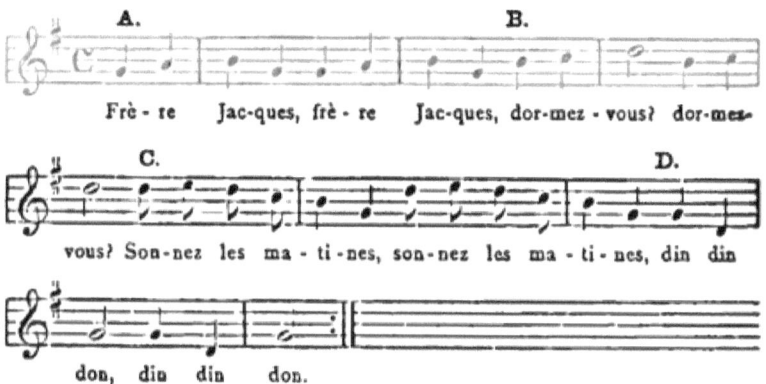

A.
B.
Frè - re Jac-ques, frè - re Jac-ques, dor-mez - vous? dor-mez-
C.
D.
vous? Son-nez les ma - ti - nes, son-nez les ma - ti - nes, din din
don, din din don.

Partant pour la Syrie.

Romance.

Mouvement de marche.

Paroles et Musique de la reine *Hortense.*

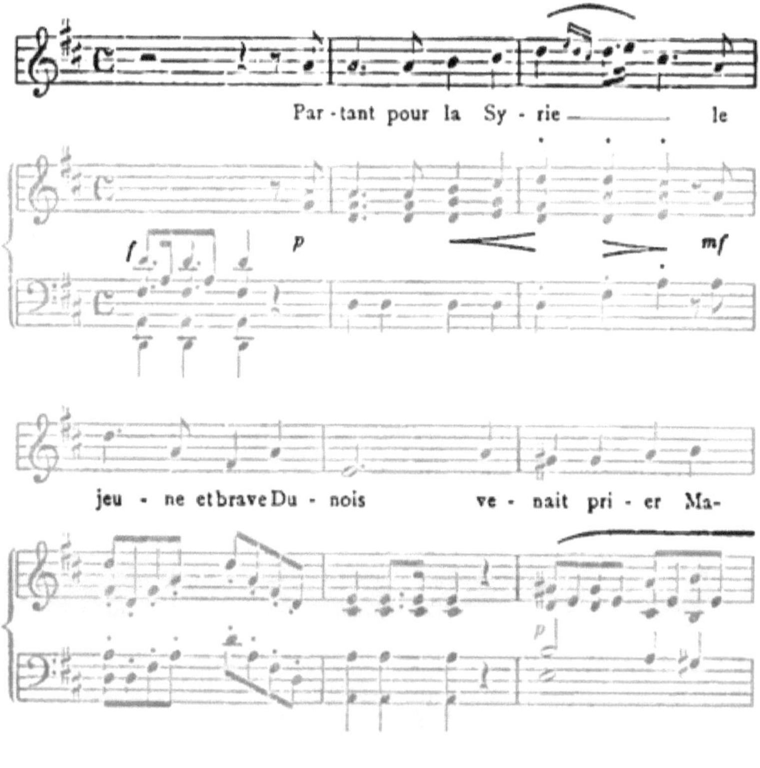
Par - tant pour la Sy - rie le
p
mf
jeu - ne et brave Du - nois ve - nait pri - er Ma-
p

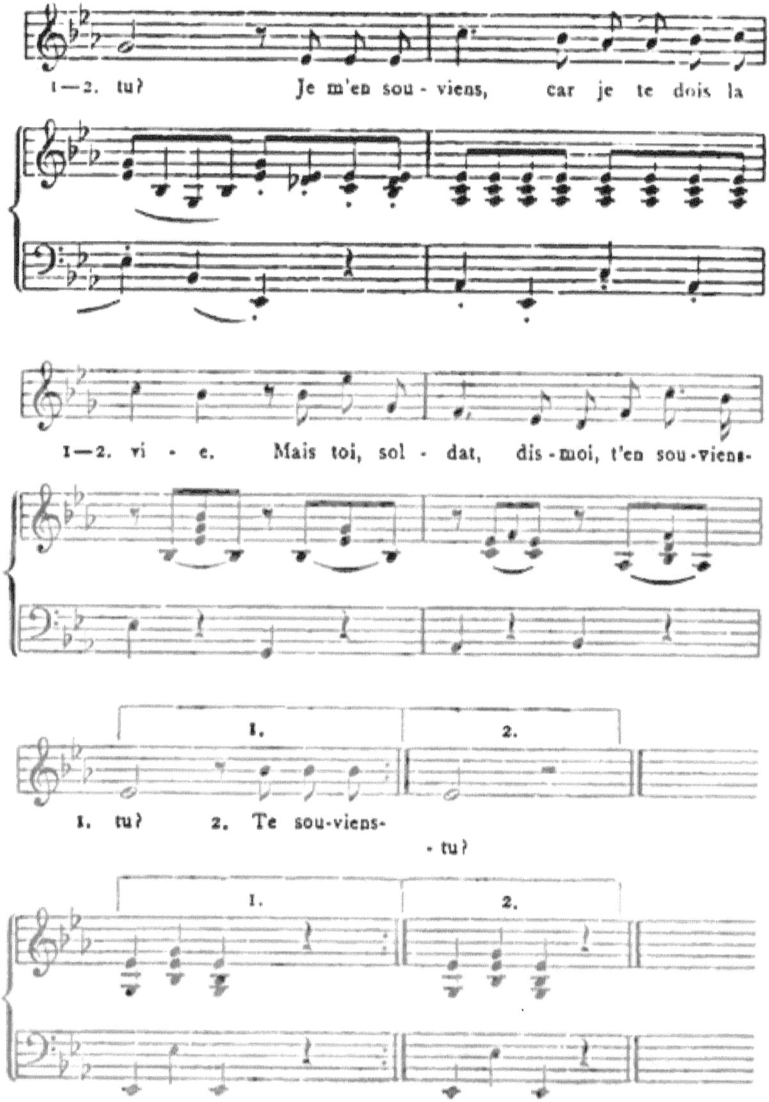
1—2. tu? Je m'en sou - viens, car je te dois la
1—2. vi - e. Mais toi, sol - dat, dis - moi, t'en sou - viens-
1.
2.
1. tu? 2. Te sou-viens-
- tu?
1.
2.

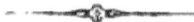

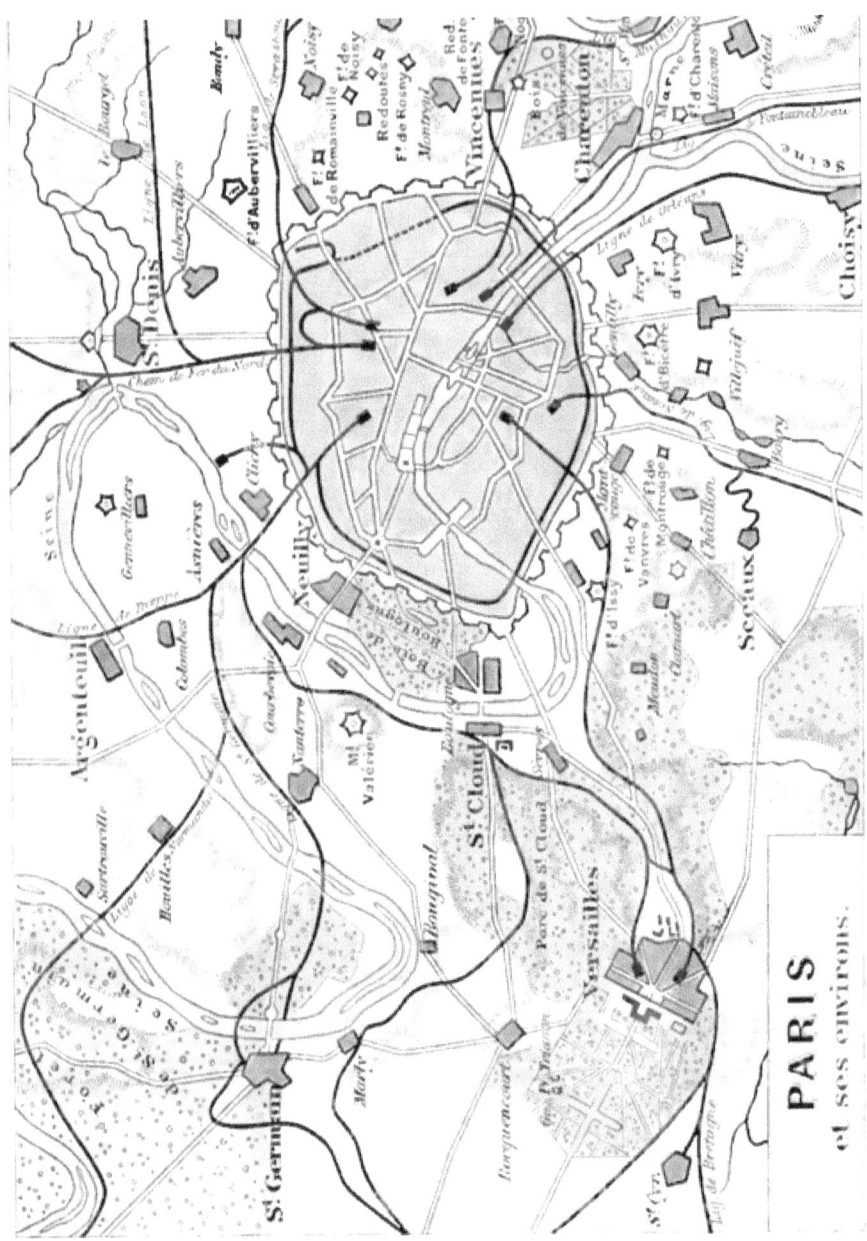

www.ingramcontent.com/pod-product-compliance
Lightning Source LLC
Chambersburg PA
CBHW032000300426
44117CB00008B/850